I0741361

LETTRES

DE

M.r DESCARTES.

Où il répond à plusieurs difficultez qui luy ont esté proposées sur la Dioptrique, la Geometrie, & sur plusieurs autres sujets.

TOME TROISIESME,
ET DERNIER.

A PARIS,

Chez CHARLES ANGOT, ruë S. Iacques,
au Lion d'Or.

M. DC. LXVII.

AVEC PRIVILEGE DV ROY.

PREFACE.

E troisiéme Volume des Lettres de Monsieur Descartes est le dernier de ce genre que i'ay à donner
au public. Ie l'ay reserué pour le dernier, tant
parce qu'il contient des matieres qui ne sont pas de
la portée de tout le môde, que parce qu'il m'a fallu
beaucoup de temps pour en tracer les Figures, & le disposer dans
l'ordre que vous le voyez auiourd'huy. Dans les deux premiers on
a pû voir les doctes & subtiles réponses qu'il a faites aux diuerses demandes que le desir de sçauoir a tirées de la bouche ou de la
plume des Curieux ; Mais dans celuy-cy l'on y verra les contestations qu'il a euës auec les Sçauants, lesquelles sont peut-estre la
cause de cette contradiction qui s'est éleuée contre luy pendant sa
vie, & de cette mortelle jalousie qui regne encore dans l'esprit de
quelques-vns apres sa mort. C'est vne chose estrange que cette
passion, elle n'en veut qu'aux choses qui meritent le moins nostre
haine, & d'vn objet qui ne deuroit attirer que nos loüanges, elle
en fait le sujet de son auersion & de son mépris. Mais ce seroit
en vain que ie tascherois de guerir le monde de cette maladie, il
y a long-temps que l'on a dit que c'estoit vne affection attachée
à la nature des hommes, qui ne pouuant souffrir de se voir au
dessous des autres, par l'éclat de leur sçauoir ou de leur vertu,
taschent de s'éleuer au dessus d'eux, par la censure qu'ils font
de leurs actions ou de leurs écrits. Que le monde donc ait telle
estime qu'il voudra de Monsieur Descartes ; qu'il le regarde si
bon luy semble comme vn diseur de contes & de fables, & comme
vne personne qui a pris plaisir à nous entretenir de ses songes &
de ses réveries ; il me suffit pour moy que ses fables me paroissent
plus vray-semblables que tout ce que les autres nous debitent pour
des veritez, & que ses réveries soient si ingenieuses & si bien

ã ij

PREFACE.

liées les vnes aux autres, & mesme auec vne suite & vn enchaîf-
nement de pensées si iuste, que les plus longues veilles des plus
studieux n'ont ce me semble produit iusques icy aucun ouurage
qui soit comparable à ses songes.

Iamais homme a-t'il mieux rêvé, que lors que dans ses Meditations Metaphysiques, il nous a clairement fait connoistre la
distinction réelle qui est entre l'Ame & le Corps; & lors que pouffant plus loin ses pensées pour estendre de plus en plus ses con-
noissances, il a déduit & demonstré l'existence de Dieu par vn
argument si conuaincant & si naturel, que nous nous seruons tous
les iours sans y penser d'vn semblable, & mesme nous n'en auons
point d'autre, pour nous assurer de l'existence de tous les Estres qui
sont dans le monde.

Quand il auroit medité toute sa vie pour tascher à décounrir la
Nature & les proprietez des meteores, & pour rendre raison de
tous leurs effets; quand il auroit feüilletté tous les Liures des Anciens pour s'en instruire; quand il auroit appris tout ce que l'on en
monstre publiquement dans les écoles; & enfin quand il auroit veu
tout ce qu'Aristote & ses Sectateurs en ont écrit; il n'en auroit
iamais tant sceu, il ne les auroit iamais si bien compris, & n'auroit iamais mieux rencontré, qu'il a fait dans ses songes & ses
rêveries.

Et c'est peut-estre pour cette raison qu'vn des plus habiles de
nos Poëtes ayant à faire instruire par vn Ange le Grand Charles,
de tous les effets de la Nature que l'on voit icy bas, dans ce beau
Poëme qu'il a nagueres mis au iour, sous le nom de Charlemagne
ou de l'Eglise vangée, a iugé ne pouuoir mieux faire, que de
mettre dans la bouche de cét Ange, les mesmes pensées qui s'estoient
autrefois presentées comme d'elles-mesmes à l'Esprit de Monsieur
Descartes, & de faire voir à son Charles en vision, les visions
qu'il auoit euës. En quoy il a si bien reüssi, que ie ne pense pas que
Monsieur Descartes luy-mesme, si son genie l'eust porté à l'exprimer dans ce genre d'écrire, eust pû s'expliquer mieux qu'il a
fait; Et mesme l'adjoûteray, que comme les choses qu'il dit semblent sortir de la bouche d'vn Ange, elles impriment plus de respect, & se font rendre plus de creance que lors qu'on les voit dans
ses Liures.

PREFACE.

Ce qui d'abord a estonné tous les Esprits, & qui a pû les toucher de jalousie, a esté que dans le premier Liure qu'il a mis au iour, comme vn essay de ce qu'il sçauoit & pouuoit faire, il y a traitté de deux matieres qui auoient esté auant luy long-temps recherchées, mais qu'on n'auoit iusques-là fait qu'esleurer, comme la Geometrie, ou dans lesquelles on n'auoit point touché au but, comme la Dioptrique ; Et ce qu'il en a dit dans ses essais est tel, qu'à l'égard de la Dioptrique il n'a rien laissé à desirer; ayant éclaircy toute cette matiere si solidement, que ie puis dire auec assurance, que tous ceux qui en écriront apres luy, s'éloigneront de la verité à mesure qu'ils s'écarteront de ses principes. Et pour ce qui est de la Geometrie, quoy que ce soit vne matiere inépuisable, & qui n'a point d'autres bornes que celles de l'Esprit, neant-moins ; outre qu'il en a assez dit pour exercer long-temps l'estude & la curiosité des plus habiles, tout ce que l'on pourra iamais inuenter à l'auenir sur ce sujet, se trouuera renfermé dans le petit traitté qu'il en a fait comme dans son principe ; Puis qu'il ne s'est pas contenté de le commencer par où les autres auoient finy; mais qu'en finissant luy-mesme, il a donné les lumieres & les ouuertures, & monstré le chemin qu'il falloit prendre, pour pousser plus loin qu'il n'a voulu aller; s'estant contenté en cela d'ouurir la voye, & de la marquer; Iugeant d'ailleurs qu'il auoit assez donné de temps à vn exercice qui ne sçauroit de rien profiter au reste des hommes, & qui ne va qu'à contenter l'Esprit de celuy qui s'ap-plique à cette estude, par la découuerte que l'on fait chaque iour de quelque nouuelle verité; qui est vne chose si douce & si agrea-ble à l'Esprit, que pour inutile qu'elle soit, on ne laisse pas d'y trouuer de la satisfaction, du charme & du plaisir; A quoy Monsieur Descartes a bien voulu renoncer, pour s'attacher à quelque chose de plus vtile, & qui pust estre plus profitable.

Cependant ce sont ces deux parties-là qui ont esté les premieres & le plus fortement attaquées, comme l'on verra dans la suite. La Dioptrique ne parust pas plustost, qu'on en fit vn sujet de dispute Mathematique au College de Clermomt, où elle fut com-battuë auec toute la force & l'animosité qui a coustume de s'éle-uer contre les opinions nouuelles, principalement quand celuy qui

PREFACE.

les propose à quelque reputation d'en sçauoir plus que les autres;
on en triompha mesme en apparence auec beaucoup d'éclat &
de bruit; Mais le mal-heur a voulu que tout cét applaudissement
n'a duré qu'autant que le choc & le chamaillis de la dispute, &
que toute cette gloire s'est éuanouïe auec le son des paroles. Les
réponses que Monsieur Descartes a faites aux objections du Reuerend Pere Bourdin, qui seruent de sujet à quelques-vnes de
ses Lettres, seruiront aussi de preuue à ce que i'auance, & feront
connoistre lequel des deux a veritablement triomphé de l'autre.

Si le Pere Bourdin n'auoit point fait d'objections contre les
Meditations Methaphysiques de Monsieur Descartes, ou si en
ayant fait, il les auoit écrites d'vn stile plus serieux & moins
emporté, ie ne trouuerois rien à redire en tout ce qu'il a fait contre
luy dans ses disputes de College, & dans ses Theses, où l'on sçait
bien que souuent l'on auance des choses que l'on ne croit point du
tout, pour ouurir vn plus beau champ à la dispute, & fournir
plus de matiere pour argumenter. Mais il deuoit se contenter
d'auoir contredit publiquement la Dioptrique, & d'en auoir
fait, comme i'ay dit, vn sujet de dispute, en attribuant tout
exprés à Monsieur Descartes des opinions qu'il n'auoit point, pour
donner plus de sujet de le deffendre, ou pour auoir plus de moyen
d'en triompher; estant de l'honneur du Maistre & du Répondant
de paroistre au moins sortir victorieux du combat qu'ils entreprennent. Il auroit pû s'excuser sur la coustume, qui semble authoriser en quelque façon ces petites fourbes & déguisemens; à
cause que l'on est préuenu de cette pensée, que tout ce qui se passe
dans ces actions n'est qu'vn jeu & vn diuertissement d'Esprit, qui
ne porte aucune consequence pour la verité des opinions de l'Autheur que l'on combat; estant tres-facile de se détromper & de
s'éclaircir sur ce point, par la lecture mesme de ses ouurages.

C'est ce qui a fait que toutes ces disputes qui se sont faites
depuis quelques années auec beaucoup de pompe & d'appareil
contre la doctrine de Monsieur Descartes ne m'ont point surpris
ny estonné; ie m'en suis mesme souuent réjoüy; & l'honneur que
l'on m'a presque tousiours fait de m'y conuier, a fait que ie n'ay
pû refuser quelquefois, selon que mes forces & ma santé me l'ont

PREFACE.

ph permettre, de me presenter au combat, & d'entrer en lice comme
les autres. Pour le succez ie ne m'en mets pas en peine, & ce n'est
point à moy à en iuger; Car outre que ceux qui se battent pour vn
prix, ne sont pas, & ne doiuent pas estre eux-mesmes les iuges du
merite des combattans; cette sorte de dispute se fait auec trop
de precipitation, & souuent auec trop de chaleur, pour pouuoir
sans le champ bien iuger de la valeur des raisons qui sont auancées
par chacun des partis; lesquelles n'entrent pas tousiours du premier coup dans l'Esprit de ceux qui pourroient en iuger, mais demandent du temps & de l'attention pour se faire gouster, &
pour surmonter toutes les préoccupations dont on peut estre preuenu. Seulement puis-ie dire que i'eus beaucoup de joye la der-
niere-fois que ie paru sur les rangs, de voir qu'ayant à faire à
vn des plus habiles & des plus fermes soûtenans contre qui ie me
sois iamais éprouué, il me sembla que la victoire demeura vn
peu en balance, & que ie leus quelque temps sur le visage des
assistans, quelque sorte d'inclination pour le party que ie deffen-
dois; Mais ne pouuant pas resister dauantage à son adresse &
à sa force, il fallut à la fin me rendre, & luy demander quartier;
ce qu'il m'accorda de si bonne grace, & auec tant de bonté, que
ma retraitte mesme fut glorieuse.

    Mais ce que ie ne puis souffrir sans quelque sorte de colere &
d'indignation, ou du moins sans me plaindre, est de voir qu'im-
punément on accuse sa doctrine de fauoriser en quelque façon les
libertins & les Athées. Sans mentir c'est traitter cruellement vn
Philosophe qui a suppé les deux principaux fondemens du liber-
tinage & de l'Atheïsme, en prouuant inuinciblement l'existence
de Dieu, & l'immaterialité de nos Ames, & qu'on peut dire
auoir mieux merité par là qu'aucun autre de la Religion, que
de luy faire de semblables reproches. Que l'on dise ce que l'on
voudra de ses principes de Physique, mais qu'on ne touche point
à ses mœurs; Qu'on se raille de ses opinions, mais qu'on épargne
sa personne; Qu'il soit permis, à la bonne-heure, de traitter
d'extrauagance ses petits globes & sa matiere subtile; Que l'on
croye si l'on veut qu'il falloit que la ceruelle luy tournast, quand
la pensée luy est venuë de placer des tourbillons dans le Ciel, &

PREFACE.

d'en égaler le nombre à celuy des Estoilles ; *Que* l'on considere
comme vn jeu de Marionettes, & comme des tours de passe-passes,
le mouuement du cœur, la circulation du sang, les diuerses agitations de la glande, & le cours ou la distribution des esprits animaux
qui en depend, tout cela est de peu d'importance, pourueu qu'on
ne luy fasse point cette injure que de croire qu'il a chancelé dans
sa Foy, qu'il a esté aussi inconstant dans sa Religion que la
pluspart des Philosophes le font dans leurs opinions, & que son
cœur n'a pas répondu à ses paroles. Ie ne trouueray rien à dire
quand pour maintenir les regles establies dans les Academies, on
iugera plus à propos de s'en tenir aux vieilles maximes, tout obscu-
res & incertaines qu'elles sont, plustost que d'en introduire de
nouuelles, pour éuidentes qu'elles puissent estre. En effet y auroit-
il apparence, qu'vn nouueau venu, né pour ainsi dire depuis trois
iours, de nostre païs, de nostre Religion, nourry aux armes, &
éleué à la Fléche, pust auoir en luy seul autant d'Esprit, & mesme
auoir veu plus clair en Philosophie, que le plus sage des siecles
passez, né dans la Grece, dans le temps des plus florissantes Academies, au milieu de tant de Sçauants, dans le plus fort du
Paganisme, qui a eu pour Maistre ce fameux disciple de Socrate, & pour disciple le plus grand Prince qui ait iamais esté?
Ne voyons-nous pas que toutes choses vont en degenerant? comment donc seroit-il croyable que nostre siecle eust pû produire vn
homme capable de faire des leçons à ce Prince des Philosophes?
Que l'on dise toutes ces choses, & qu'on traitte tout ce qu'il a fait
de Chymere & de Fable, ie laisseray tout dire, & ne m'y opposeray
point, pourueu qu'on n'accuse pas ny luy ny sa doctrine de pecher
contre la Morale, & d'estre dangereuse pour les mœurs. Qu'on
ait telles opinions que l'on voudra en Physique, ce n'est pas à moy
à m'en soucier. Qu'on attribuë si l'on veut, par exemple, à la
firme substantielle du Sel, plustost qu'à la roideur & à la disposition de ses parties, cette vertu qu'il a de piquer, & d'empescher
la corruption ; *Que* l'on dise tant que l'on voudra que le Fer est
attiré par l'Ayman, par vne qualité occulte qui est en luy, plu-
tost que de dire qu'il est poussé vers luy par le mouuement d'vne
matiere imperceptible ; *Qu'*on se contente de regarder l'Arc-en-
Ciel

PREFACE.

Ciel comme vn miracle & vne merueille, plustost que d'on expliquer les couleurs, par la modification qui arriue aux rayons de
lumiere qui se rompent en passant au trauers des goutes de pluye;
Qu'on croye, si bon le semble, que les Couleurs, les Sons, les
Odeurs, les Saueurs, & le reste, sont des accidens réels, plustost
que des sentimens en nous, qui resultent de l'action ou de l'impression que font les objets exterieurs sur les organes de nos sens,
ie ne m'en mettray point en peine, pourueu qu'on n'offense point
la pureté de la doctrine de nostre-Philosophe, & qu'on ne veuille
point la noircir & la rendre coupable d'vn crime, dont elle est fort
innocente, & qu'on pourroit peut-estre à meilleur titre, & sans
beaucoup de peine, rejetter sur celle à qui la sienne semble faire
ombrage. En sorte qu'on pourroit faire à ceux qui la combattent
le mesme reproche que nostre Seigneur faisoit autrefois aux Iuifs:
Hypocrites, ostez premierement la poutre qui est dans vostre œil,
& apres cela vous verrez comment vous pourrez tirer la paille
de l'œil de vostre frere. Car en effet si la doctrine de Monsieur
Descartes toute claire qu'elle est dans ses principes, puis qu'il
n'en admet point d'autres en Physique que ceux des Mathematiciens mesmes, à sçauoir les grandeurs, les figures, & les mouuemens; & toute certaine dans ses conclusions, puis qu'elles sont
toutes tirées selon les maximes de la vraye Logique, c'est à dire,
selon les regles du bon sens, ne laisse pas de leur sembler obscure,
incertaine, & extrauagante; Que ne doit-on point dire de la
Philosophie qu'ils cultiuent, puisque les principes en sont ob-
scurs, & par consequent incertains, comme ils le confessent eux-
mesmes, & comme tout le monde le reconnoist auec eux; & que plus
ils en tirent de consequence, en pensant bien philosopher, plus ils
s'éloignent de la verité? De mesme que celuy qui s'est vne fois
écarté de sa route, s'en éloigne dautant plus, que plus il auance
dans le chemin qu'il a pris. Ne deuroient-ils pas, pour s'e-
xempter de ce blasme, trauailler à oster l'obscurité qui se rencontre
dans leurs principes, & dans tout ce qui s'en déduit, auant que
de condamner ce qu'ils n'entendent pas dans l'explication que
donne Monsieur Descartes aux matieres les plus difficiles.
Mais si on les vouloit obliger à changer de principes, & à n'en

PREFACE.

point receuoir d'autres, qui ne fussent clairs & euidens, ils se
verroient bien-tost reduits à admettre ceux que Monsieur Descartes a establis, n'y en ayant point de plus clairs ny de plus intelligibles, & ainsi à s'en tenir à ce qu'ils rejettent & condamnent
auec tant d'animosité. Mais puisque sans pouuoir monstrer auec
raison en quoy peche cette Philosophie dans ses principes & dans
ses conclusions, il leur plaist neantmoins de declamer contre elle;
& que bien loin de la reconnoistre pour bonne, ils taschent au
contraire à la decrier autant qu'ils peuuent, ils ne trouueront
pas mauuais si ie leur demande s'ils en sçauent vne meilleure, ou
seulement s'ils nous peuuent faire conceuoir l'idée d'vne Philosophie plus claire, plus certaine, & plus vtile que celle-là; Que
s'ils n'ont rien à nous proposer de meilleur, comme en effet ils ne le
sçauroient, qu'ils disent donc qu'il ne faut point du tout philosopher, & qu'il faut entierement renoncer à l'estude & à la raison,
& se laisser conduire comme des bestes de compagnie, ou bien qu'ils
confessent que ce siecle n'a pas manqué d'vn homme qui ait monstré le premier aux autres le veritable chemin qu'il faut suiure.
Vne des plus grandes injustices qu'ils commettent en cela, est, que
toute leur Philosophie estant obscure, & n'y ayant pas vne
seule question qu'ils puissent decider auec clarté; au contraire
toutes les decisions que donne Monsieur Descartes à toutes les
questions qu'il examine, qui sont en tres-grand nombre, estant
claires & intelligibles, si elles ne sont veritables; Ils aiment
neantmoins mieux preferer leurs tenebres à ses lumieres, & osent
se vanter de l'emporter par dessus luy, à cause que dans certaines
questions difficiles & épineuses, & qui sont au dessus de la portée
de nos Esprits, ils parlent auec autant d'assurance que s'ils en-
tendoient ce qu'ils disent, là où Monsieur Descartes & ses Sectateurs confessent ingenuëment leur ignorance. Et cependant c'est
sous ce beau pretexte qu'ils condamnent & rejettent sa Philosophie, comme n'allant pas si loin que la leur; Comme si pour resoudre vne difficulté, il n'estoit question que de parler, sans se
mettre en peine de se faire entendre. Ainsi, par exemple, si
vous leur demandez comment se fait la vision, ils vous diront
tout aussi-tost, & auec vne hardiesse incroyable, que l'objet en-

PREFACE.

noye son image, que cette image est receuë dans l'œil, que de là elle est portée au sens commun, d'où elle passe à l'imagination, puis de là à la fantaisie, & enfin qu'à la presence de cette image corporelle que l'entendement ne connoist point, l'entendement en forme vne spirituelle, qui est semblable à cette image, laquelle il apperçoit, & par elle l'objet. A les entendre parler de la sorte, & auec cette confiance, vous diriez qu'ils ayent raison, & qu'ils s'entendent fort bien ; Cependant ils ne sçauent ny ce que c'est que cette image, ny comment l'objet la forme, ny comment il la peut former, ny comment il l'enuoye, ny comment elle est receuë dans l'œil, ny comment elle est portée au sens commun, ny comment elle passe de là à l'imagination, puis à la fantaisie, ny ce que c'est que la fantaisie, que l'imagination, & que le sens commun ; & apres tout ce beau langage, qui à vray dire ne signifie rien, & qui fait voir seulement qu'ils sçauent parler hardiment & en beaux termes d'vne chose qu'ils n'entendent pas, ils triomphent de Monsieur Descartes, qui conduit fort bien & fort intelligiblement toute cette action iusques-là, à cause que quand il en est venu à ce point, il confesse qu'il ne sçait point d'autre raison, pourquoy vn tel mouuement qui se fait dans le cerueau excite vne telle pensée dans l'Ame, sinon que l'Ame a esté faite de telle nature, que certains mouuemens du corps ont esté joints à certaines pensées de l'Ame, & reciproquement certaines pensées de l'Ame à certains mouuemens du Corps, par l'ordre & la disposition du Createur qui a fait & vny ensemble ces deux natures, & qui les a jointes si conuenablement l'vne auec l'autre, qu'il est impossible de pouuoir rien feindre de mieux. Ne prenans pas garde qu'apres auoir prouué, comme il a fait, la réelle distinction qui est entre l'Ame & le Corps, & auoir monstré que ces deux natures sont tellement differentes entr'elles, qu'elles n'ont aucun attribut qui soit commun & qui se ressemble, & que nous puissions conceuoir pouuoir appartenir à vn seul & mesme sujet, il est impossible de pouuoir rendre vne autre raison de leur vnion, & de tous les accidens qui la suiuent & qui l'accompagnent, comme est la force qu'a l'Ame de mouuoir le corps, & celle qu'a le corps d'agir sur l'Ame, en causant ses sentimens, ses appetits & ses passions,

PREFACE.

que la volonté de leur Autheur; Et que de vouloir qu'on leur en
donne vne autre raison, c'est ne connoistre pas le Corps ny l'Ame
(comme en effet ils témoignent assez ne les pas connoistre partout
ce qu'ils disent des actions des animaux, où ils se contredisent à
tout moment, & confondent l'vn auec l'autre) & c'est ne pas
sçauoir non plus iusqu'où peut aller nostre connoissance.

Mais ce n'est pas icy le lieu de tout dire, ie n'en ay peut-estre
desia que trop dit; Et ie ne doute point qu'il n'y en ait qui me blâ-
meront en lisant cecy, de voir que ie fais, ce semble, vne apolo-
gie ou vne inuective au lieu d'vne Preface; i'auoüe qu'ils auront
raison; Et en effet quand i'ay pris la plume pour commencer cette
piece, ie ne songeois à rien moins qu'à dire tout ce que i'ay dit;
mais insensiblement le sujet m'y a porté; & mon imagination se
trouuant échauffé, & sentant mon Esprit animé d'vne juste colere
pour la deffense de nostre Philosophe, ie me suis abandonné à
l'effort qu'il a pris, de peur que le voulant trop contraindre, il ne
me fust infidele dans le reste de ce que i'ay à dire. Ie reuiens donc
à mon sujet.

Celuy qui apres le Pere Bourdin s'est le plus opposé à la Dioptrique de Monsieur Descartes a esté Monsieur de Fermat, il en
écriuit d'abord au Pere Mersenne, qui enuoya aussi-tost à Monsieur Descartes les objections qu'il luy auoit proposées, ausquelles,
selon la promesse qu'il auoit faites, il ne manqua pas de faire
réponse; Mais soit qu'il ne se fust pas assez bien expliqué, ou
que Monsieur de Fermat n'en fust pas satisfait, il fit des repliques à ses réponses, ausquelles Monsieur Descartes adjoûta les
siennes; & apres plusieurs contestations, ne s'estant pû accorder
sur leurs differens, l'affaire demeura assoupie; Iusques à ce que
M. de Fermat prenant sujet d'en écrire de nouueau à Monsieur
de la Chambre en l'année 1657. & en 1662. plus de dix ans
apres la mort de Monsieur Descartes, à l'occasion du Liure de la
Lumiere que Monsieur de la Chambre auoit fait nouuellement
imprimer, il luy en parla dans les mesmes termes qu'il auoit fait
vingt ans auparauant à Monsieur Descartes; & sembloit inuiter
quelqu'vn de ses Amis à reprendre cette ancienne querelle; A
quoy ie m'offris dautant plus volontiers qu'il me designoit par

PREFACE.

mon nom dans cette Lettre, & que ie tenois à tres-grand honneur
qu'vne personne du merite de Monsieur de Fermat ne dedaignast
pas de s'éprouuer contre moy. I'ay donc crû ne rien faire contre
l'attente du Lecteur, qui par le titre du Liure ne se doit promettre que de voir des Lettres ou des Réponses de Monsieur Descartes, d'y inserer les miennes, auec celles de Monsieur de Fermat,
qui l'instruiront pleinement du demeslé que nous auons eu ensemble, qui seruiront à éclaircir quantité de difficultez qu'il pourroit
rencontrer dans la lecture du Liure, & qui le laisseront juge de
ces anciens & noueaux differens.

La Geometrie toute demonstratiue qu'elle est n'a pas laissé de
receuoir deuerses atteintes; Les plus rudes sont celles qui luy ont
esté portées par Monsieur de Roberual; Et ie me suis souuent
estonné comment il estoit possible que deux personnes qui sans
contredit ont esté les deux plus sçauants en cette science que l'on
ait veu depuis plusieurs siecles, n'ayent pû s'accorder dans vne
matiere où la demonstration doit oster tout sujet de dispute. Aussi
leur plus grand different n'a pas esté touchant le traitté que M.
Descartes en a fait, mais touchant certaines questions, qui
estant proposées à l'vn & à l'autre, comme il est arriué quelquefois que Monsieur de Roberual s'est trouué court, il n'a pû souffrir
patiemment qu'vn autre ait fait voir qu'il en sçauoit en cela
plus que luy, & a cherché dans les solutions que Monsieur Descartes auoit données des occasions de pointiller, pour éluder la
force de la conuiction.

Pour ce qu'il a dit, & qu'il dit encore contre son traitté de
Geometrie, il me permettra de luy dire qu'il feroit mieux de s'en
taire : Car apres l'approbation vniuerselle que ses plus grands
ennemis mesme luy donnent, d'auoir esté le premier homme de son
siecle en cette science, il ne faut pas qu'il se persuade qu'il puisse
iamais faire accroire à personne, qu'il soit capable de voir en
cela plus clair que Monsieur Descartes; ny que Monsieur Descartes ait pû manquer en vne chose où il a monstré qu'il en sçauoit
plus luy seul que tous ceux qui l'auoient precedé, & que tous ses
Contemporains pris ensemble; Et de fait quand il répond aux
objections que luy fait Monsieur de Roberual, il semble le ren-

PREFACE.

uoyer à l'école, puis qu'il dit qu'il seroit bien fasché de n'auoir
pas commis les fautes dont il l'accuse, & qu'il croyroit en auoir
fait vne d'y auoir manqué.

S'il n'y auoit que ce seul different entr'eux, il ne seroit pas
mal-aisé de les mettre d'accord, puisque toute leur contestation
n'est fondée le plus souuent que sur quelque méchant équiuoque,
ou sur vne mes-intelligence affectée; qui fait que pas vn ne voulant demordre, ils semblent se contredire, en ce que ne voulant
pas s'entendre, & ayant tous deux raison, ils ne disent pas la
mesme chose; mais quand on est vn peu éclairé, il est aisé de s'en
appercevoir, & de les accorder malgré eux.

Mais si dans la Geometrie ils ne sont opposez qu'en apparence,
il n'en est pas de mesme en Physique, où leurs sentimens sont tout
à fait contraires; Et quoy qu'ils conuiennent ensemble, en ce qu'ils
ne parlent pas tous deux comme l'on fait dans nos écoles, neantmoins ils sont si éloignez de sentiment, que si l'vn est pour le plein,
l'autre est pour le vuide; Si l'vn dit que le mouuement se peut
faire dans le plein, l'autre dit qu'il ne se peut faire que dans le
vuide; Si l'vn rejette les atomes, l'autre les admet; Si l'vn sou-
tient que la matiere est diuisible à l'indéfiny, l'autre ou ses semblables soûtiennent qu'elle ne l'est pas, & qu'il est impossible
qu'elle le soit; Enfin si l'vn dit que l'estenduë en longueur, largeur, & profondeur constituë toute l'essence du corps, les autres y
adjoûtent certaines qualitez, comme l'insecabilité, & par consequent vne figure determinée & inalterable dans chaque petit
atome, ou dans chaque petit corps, qui sont choses fort opposées,
& où l'on ne peut pas simplement dire qu'il y ait de la mes-
intelligence, mais où l'on voit vne manifeste contrarieté de sentimens.

I'aurois icy vn beau champ pour m'estendre, si c'estoit le lieu
de le faire, & si apres estre desia vne fois sorty des bornes d'vne
Preface, ie ne craignois de passer pour vn homme qui cherche
noise mal à propos. I'aduertiray saulement icy, que Monsieur de
Roberual se vantant par tout qu'il a vnefois fermé la bouche en
bonne compagnie à Monsieur Descartes, qui ne sceut lors que luy
répondre aux difficultez qu'il luy proposoit touchant le mouue-

PREFACE.

ment dans le plein, ou touchant quelques autres points de Physique, que, dis-ie, Monſieur Deſcartes ne s'abſtint alors de luy
répondre, que pour l'obliger de mettre ſes difficultez par écrit,
auſquelles il s'offrit de répondre & de ſatisfaire, en cas qu'il les
vouluſt ſoûmettre à l'examen que ſouffre le papier; A quoy ledit
ſieur de Roberual ne voulut point ſe ſoûmettre, & ne l'a iamais
voulu faire depuis, quelque inſtance qu'on luy en ait pû faire
autrefois dans l'aſſemblée de Monſieur de Montmor, qui eſtoit
peut-eſtre vne auſſi bonne compagnie, & ſans doute pour le moins
auſſi ſçauante que l'autre pouuoit eſtre.

Et pour monſtrer que Monſieur Deſcartes n'auoit pas mauuaiſe raiſon d'en vſer ainſi auec luy; Monſieur de Roberual
ayant pluſieurs fois proposé ces meſmes objeſtions dans cette
aſſemblée, quelques réponſes qu'on luy ait faites, il les a toûjours éludées, en diſant qu'on prenoit mal ſon ſens, & qu'il ne
diſoit pas ce qu'on luy faiſoit dire. Et quoy que pour ne le point
faire parler autrement qu'il vouloit, on luy ait ſouuent preſénté
la plume pour mettre luy-meſme ſes pensées ſur le papier, il ne
l'a iamais voulu faire; & meſme chacun l'ayant priſe à ſon tour,
& luy ayant demandé ſi ce n'eſtoit pas là ſon ſens, il n'a iamais
voulu conuenir d'aucune choſe qu'il euſt dite; de ſorte que parmy
vn ſi grand nombre d'habiles gens, il ne s'en eſt trouué pas vn,
qui à ſon dire ait pû bien prendre ſa pensée, & la bien rediger
par écrit; Il eſt vray que s'eſtant preſque touſiours expliqué differemment, il auoit raiſon de dire qu'on ne prenoit pas bien ſes
pensées, l'vne ſouuent deſtruiſant l'autre; & c'eſtoit pour cela
que pour le fixer on vouloit luy faire mettre ſes raiſons par écrit;
mais il a fallu en demeurer là, voyant qu'il ne vouloit demeurer
d'accord de rien.

Ce que m'ayant eſté rapporté au retour de la campagne où
i'eſtois allé, moy qui ſçauois toute l'hiſtoire de ce qui s'eſtoit paſſé
dans cette premiere aſſemblée, & qui n'ignorois pas les raiſons
du ſilence que Monſieur Deſcartes y auoit gardé, ie crû eſtre
obligé de m'en expliquer à Compagnie; Et pour le faire plus
galamment & auec plus d'authorité, ie feignis que i'auois vne
Lettre de Monſieur Deſcartes qui en reueloit le ſecret, & qui en

PREFACE.

mesme temps répondoit aux difficultez que Monsieur de Roberual auoit proposées ; Elle fut leuë dans l'assemblée, où les plus clair-uoyans iugerent bien que c'estoit vne piece faite à la main ; Et pour la rareté du fait, i'ay pensé que plusieurs ne seroient pas faschez de la voir, c'est pourquoy ie l'ay inserée dans ce Volume. Mais si Monsieur de Roberual, pour détromper le monde qui est infatué du nom & des opinions de Monsieur. Descartes, luy qui dit auoir des demonstrations que toute sa Physique ne vaut rien, parce qu'elle peche dans le principe, vouloit charitablement nous instruire en mettant ses pensées & ses raisons sur le papier, ie luy promets d'y acquiescer, ou de luy répondre. Mais s'il n'en veut rien faire, comme ie me doute bien qu'il n'en fera rien, pour ne pas perdre le droit dont il se flatte de se pouuoir ainsi vanter, & pour éuiter peut-estre la honte qu'il auroit, si apres auoir fait tant de bruit il venoit à ne produire que de mauuaises raisons, ie le prie de ne pas trouuer mauuais, si ie prefere les sentimens d'vn homme qui me parle & que i'enten, à ceux qu'il dit auoir, & qu'il ne veut pas me découurir ; & si pour rendre témoignage à la verité, i'ay acheué vne histoire dont il ne rapportoit que la moitié. Il doit mesme me sçauoir gré, de ce que tout opposé que ie sois à ses sentimens, ie ne laisse pas de le regarder comme vn homme qui peut estre mis en parallele auec Monsieur Descartes en ce qui concerne la Geometrie, & qui pourroit beaucoup auan-cer en Physique, s'il ne trauailloit point sur des principes qui l'empeschent d'aller aussi loin que le pourroit porter la force de son genie.

Mais ie ne luy sçaurois pardonner vne chose, qui est, qu'apres la mort du Pere Mersenne s'estant rendu maistre de toutes les Lettres que Monsieur Descartes luy auoit écrites, il a refusé de me les communiquer, pour corriger sur ces Originaux les défauts qui pouuoient estre restez dans les Minutes que Monsieur Des-cartes s'estoit reseruées. Il croyoit sans doute que ie me mocquois, quand ie luy disois que i'en auois les Minutes, & ne pouuoit se persuader qu'vn iour le public seroit informé de tout ce qui s'estoit passé entr'eux. Mais apres luy auoir fait voir par vne experience assez sensible, à sçauoir, par l'impression de deux Volumes entiers,

PREFACE.

entiers, que ie n'estois pas vn mocqueur, il pouuoit me croire dans ce qui le regardoit, & deuoit ce me semble m'offrir de luy-mesme toutes ces Lettres, qui ne luy appartiennent point, afin que celles que ie ferois imprimer fussent plus fideles & plus correctes, & que par erreur ou autrement ie ne misse rien du mien qui puss estre à son desa-uantage. Mais nonobstant ce refus, qui auroit peut-estre irrité vne personne moins scrupuleuse ou plus emportée que ie ne suis, ie n'ay pas laissé d'agir auec luy dans cette rencontre auec toute la ciuilité qu'il pouuoit desirer de moy, car auant que ces Lettres fussent impri-mées, ie me suis offert à les luy monstrer, afin qu'il les corrigeast s'il y auoit des fautes, & qu'il en retranchast tout ce dont il se pourroit offenser. Mais il n'a voulu faire ny l'vn ny l'autre, Et apres m'auoir dit qu'il sçauroit bien faire voir, par les Originaux qu'il auoit en ses mains, la verité, s'il m'arriuoit de n'estre pas fidele dans le rapport que i'en ferois, il adjoûta qu'il s'en remettoit à moy pour le reste, que les paroles le touchoient fort peu, & que si le siecle present ne luy faisoit justice, la posterité la luy feroit.

Tout ce que i'ay donc pû faire a esté de m'en rapporter à mes Mi-nutes, ainsi que i'ay desia fait, & iusques icy il ne s'est trouué per-sonne qui s'en soit plaint, & qui m'ait accusé d'aucune falsification; Comme en effet, ie le prie de croire luy & les autres, que ie ne suis pas capable de semblables laschetez, & que s'il m'arriue de manquer en quelque chose, ce ne sera que parce que dans la confusion où i'ay trouué ces Minutes, ie n'auray pû faire mieux.

Pour ce qui est d'auoir apporté quelque adoucissement aux paroles aigres, que l'animosité qui est dans le cœur laisse quelquefois couler du bout de la plume, ie confesse que ie l'ay tousiours fait autant que i'ay pû, & que i'ay iugé le deuoir faire, sans rien diminuer de la force des raisons, qui dans certaines rencontres consiste toute dans cette viue piqueure que les mots portent auec soy, & qu'ils doiuent faire ressentir pour bien signifier les choses; Et c'est là tout le déguisement que i'ay apporté à ces Lettres, & le seul dont on me puisse accuser; Si toutes-fois c'est vne faute d'auoir corrigé ou couuert celles d'autruy.

Ie ne sçay maintenant si l'on ne trouuera point à redire, de ce que dans ce Volume i'ay joint la version Françoise aux Lettres Latines que Monsieur Descartes ou ses Amis ont écrites; Mais s'il y en a

PREFACE.

qui s'en plaignent, ce ne peut estre que parce que cela leur aura fait
acheter le Liure plus cher. Car ceux qui aimeroient mieux que la
version n'y fust point, n'ont qu'à ne la pas lire; & peut-estre y en
aura t'il plusieurs, de ceux-là mesme qui sont capables de lire le Latin,
à qui cette version ne nuira point; Et pour ceux qui voudroient que le
tout fust François, ie croy qu'on n'a que faire de leur deffendre de lire
le Latin, ils témoigneront assez par là qu'ils ne l'entendent point, &
ainsi il leur sera aisé de passer par dessus, & de prendre la peine de
tourner deux ou trois fueillets; mais ils ne doiuent pas enuier aux autres la satisfaction qu'ils auront de voir l'original.

Et mesme pour rendre raison de ma conduite, ie diray icy que quand
ie fis imprimer le premier Volume des Lettres, ie crû estre obligé de les
donner au public comme Monsieur Descartes les auoit écrites; Mais
parce qu'il y en auoit quantité qui estoient Latines, quand il fut
question d'imprimer le second Volume, les Libraires se plaignirent à
moy que cela auoit empesché plusieurs personnes d'en acheter; De sorte
que pour contribuer autant que ie pouuois au debit du Liure, ie ne mis
que du François dans le second, & me contentay de marquer à la teste
de chaque Lettre celles dont l'Original estoit Latin. Mais le bien que
ie crû faire aux vns fit vn mal aux autres; Et tous les Estrangers, qui
sont en plus grand nombre, & plus curieux que nous des ouurages de
Monsieur Descartes, se plaignirent, & mesme s'offenserent de cette
infidelité, qui les priuoit tout ensemble de l'instruction & de la satisfaction qu'ils auoient coustume de receuoir de la lecture de ses Lettres.
C'est pourquoy pour me garantir auiourd'huy de ce reproche, & satisfaire aux vns & aux autres, i'ay voulu joindre icy le François auec
le Latin; Dequoy i'espere que chacun me sçaura gré, aussi bien que
de la peine que i'ay prise dans toute cette impression.

Ie prendray maintenant occasion d'aduertir icy vn chacun, que de
toute cette riche succession des veritables biens de feu Monsieur Descartes, dont la fortune auoit enrichy feu Monsieur Chanut mon beau-
frere, & qu'il auoit bien voulu me confier, il ne m'en reste plus entre
les mains que dequoy faire vn Volume de Fragmens, qui sera vn
ramas de diuerses pieces, dont le triage est assez mal-aisé à faire, &
dont ie me déchargeray volontiers sur le premier qui voudra bien en
prendre la peine: Car me voyant presentement plusieurs affaires sur

PREFACE.

les bras, ie ne sçay pas quand ie pourray auoir assez de loisir pour y
vacquer; Ce que ie dis, afin que s'il se presentoit quelqu'vn pour y
trauailler, le public pust jouir plustost de la satisfaction qu'il s'en
peut promettre, ou s'il ne se presente personne, qu'il attente auec patience ma commodité.

I'ay finy ce dernier Volume de Lettres par vne des miennes, que
i'ay autrefois écrite à feu Monsieur de la Forge, ce fameux Medecin
de Saumur, laquelle luy fit entreprendre son traitté de l'Esprit de
l'Homme, qu'il a mis au iour vn peu deuant sa mort, & qui luy a
peut-estre auancé les siens; Et pour ce qu'il m'en remercia alors en des
termes qui m'ont depuis fait croire que cette Lettre n'estoit pas mauuaise, i'ay pensé que ie pouuois sans scrupule finir l'ouurage du Maistre, par où le Disciple auoit pris occasion de commencer le sien. Nous
auons fait en sa personne vne perte que l'on ne sçauroit trop regretter;
Car outre que par ce qu'il a fait on peut iuger de ce qu'il pouuoit faire,
il m'auoit communiqué quelques-vns de ses desseins, qui n'alloient
pas à moins qu'à acheuer ceux que M. Descartes s'estoit proposez
luy-mesme; & ie luy voyois vn genie capable de tout executer. Mais
au lieu d'employer inutilement nos regrets, taschons plustost d'imiter
sa vertu, & d'approcher le plus que nous pourrons de la science & de
la sagesse qu'il s'estoit acquise; Elle auoit commencé en luy par la
haute estime qu'il auoit euë pour Monsieur Descartes, elle s'estoit ac-
creuë par la lecture de ses ouurages, & elle s'estoit perfectionnée par
les reflexions qu'il auoit faites dessus; Que si nous ne sommes pas
capables de ces profondes speculations, au moins le sommes-nous de
profiter de celles des autres.

Mais c'est trop long-temps retarder le plaisir de la lecture de ses
Lettres. Dispose-toy donc, Lecteur, à écouter le plaidoyer qu'il a enuoyé à Messieurs les Magistrats de la ville d'Vtrech, pour auoir raison
des injures & calomnies atroces de ses enuieux; C'est peut-estre vn des
plus beaux & des mieux faits que tu ayes iamais entendu; Et i'ay
voulu commencer par là cét ouurage, pour détromper & desabuser d'a-
bord ton Esprit, s'il auoit esté capable d'estre frappé de quelque mauuais soupçon contre luy, afin qu'estant vne fois conuaincu de la verité,
tu plaignes l'aueuglement de ceux qui en médisent, & que tu n'ayes
plus doresnauant pour luy que de la bien-veillance & de l'estime.

PREFACE.

Ie ne puis finir cette Preface par vne marque plus éclatante de cette estime, qu'en faisant connoistre à tout le monde iusqu'où s'est porté le zele que M. d'Alibert a eu pour la memoire de Monsieur Descartes. Car voulant rencherir sur celuy que luy a témoigné à sa mort feu Monsieur Chanut, lors Ambassadeur en Suede, il ne s'est pas contenté de faire reparer les ruines que le temps auoit faites au monument qu'il auoit fait eriger à sa gloire; Il n'a pû souffrir que la France fust plus long-temps priuée des pretieux restes d'vn homme dont les écrits l'ont renduë si glorieuse; & a fait en sorte par ses soins, que la Suede a bien voulu faire cette iustice & donner cette satisfaction à la France, que de luy rendre ce sacré depost, & ces cheres dépoüilles qu'elle luy auoit autrefois confiées. Cette entreprise sans doute est grande, & digne d'vne belle Ame; Glorieuse également pour le mort & pour le viuant. Mais s'il peut venir à bout de ses desseins, & si l'on permet à sa generosité d'aller iusques au bout, & d'ériger à la gloire de cét Illustre mort les trophées qu'il medite, l'on aura vn iour le plaisir de voir l'enuie surmontée, la vertu honorée, & le nom & la gloire du plus grand Geometre & Philosophe Chrestien qui ait iamais esté, magnifiquement & religieusement conseruée.

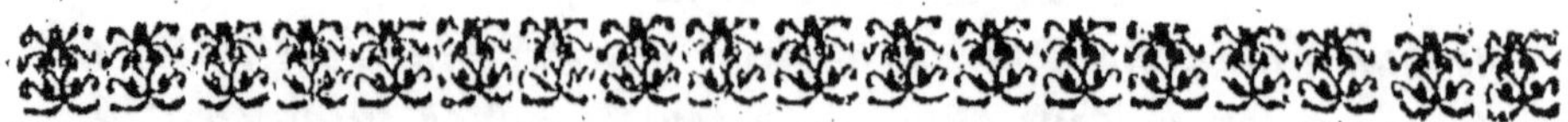

TABLE DES LETTRES
CONTENVES EN CE LIVRE.

ã iij

TABLE.

Extrait du Priuilege du Roy.

PAR grace & Priuilege du Roy, Signé DV FRESNE, Donné à Paris le 21. iour de Decembre 1656. Il est permis au SIEVR CLERSELIER, de faire imprimer par qui bon luy semblera toutes les Oeuures, Traittez, Lettres, ou autres Fragmens que MONSIEVR DESCARTES a composez touchant la Philosophie, la Medecine, les Mathematiques, & autres sciences Humaines, & qui n'ont point esté imprimez de son viuant, separément ou conjointement, & ce durant le temps & espace de sept années consecutiues, à compter pour chacun Volume, ou Traitté, du iour qu'il sera acheué d'imprimer pour la premiere fois. Et défenses sont faites à tous autres qu'à celuy ou ceux qu'il aura choisis, de les imprimer ou faire imprimer, vendre ny debiter sans son consentement, ou de ceux qui auront son droit, pendant ledit temps, à peine de mil liures d'amande, confiscation des Exemplaires, & autres peines, comme il est porté plus au long dans lesdites Lettres.

Et ledit SIEVR CLERSELIER a cedé & transporté son Priuilege à CHARLES ANGOT, Marchand Libraire à Paris, pour le present Liure intitulé, *Lettres de Monsieur Descartes, Tome troisiéme,* pour en iouïr conformément à icelles, suiuant l'accord fait entr'eux.

Acheué d'imprimer pour la premiere fois le septiéme septembre 1666.

Fautes principales à corriger.

PAge 5. ligne 17. lifez, ou qu'il luy. page 13. ligne 23. & d'enuoyer. p. 220. lig. 2. ne fçauroit. p. 227. lig. 19. l'interpofition. p. 239. lig. 18. *g* D K, B D G. p. 263. lig. 9. *in* N O *bis.* p. 283. lig. 5. de s'eftre. p. 333. lig. 22. lifez *a* , *e*. p. 372 lig. 24. pour des. p. 386. lig. 11. que font. p. 407. lig. 16. fes mots. p. 442. lig. 32. ou quarrée quarrée. p. 444. lig. 11. fubfifte fous. p. 471. lig. 16. vous la. p. 483. lig. 22. oftez finon. p. 492. lig. 18. cette proportion. p. 509. lig. 4. fans dire. p. 510. lig. 27. $\frac{3}{10}$.

p. 545. lig. 23. les lieux où elles entrent, ou. p. 556. lig. 24. en fa. p. 565. lig. 15. G. p. 566. lig. 23. H. p. 567. lig. 6. I. & lig. 23. K. p. 637. lig. 6. de vous écrire.

Fautes moins principales.

PAge 8. lig. 15. lifez ayant. p. 21. lig. 27. qui font. p. 64. lig. 18. ofté p. 150. lig. 30. *vel vtrum : neque.* chifre 192. p. 268. lig. 10. la refraction. p. 288. lig. 7. demeure. p. 294. lig. 34. pouffée. p. 314. lig. 3. l'Autheur. p. 324. lig. 22 laifferez. lig. 25. qui chifre 337. p. 421. lig. 6. trouué. p. 425. lig. 7. ie m'affure on. p. 456. lig. 7. en ce cas. p. 457. lig. 18. dés l'année. p. 461. lig. 8. des trois. p. 468. lig. 19. il y a. p. 471. lig. derniere, *authori tam.* p. 491. lig. 17. cylindrique, p. 505. lig. 13. réponfe. p. 506. lig. 13. ils. p. 527. dans la figure il manque vn O au centre. p. 548. ligne 16. aucune. p. 550. lig. 26. autant d'air. & 31. bâton. p. 577. lig. 31. les deux. p. 610. lig. 22. rarefaction, p. 613. lig. 1. n'a pas feint. p. 626. lig. 8. que ie penfe. p. 632. lig. 22. ie crains fort. p. 638. lig. 12. diftinguant.

LETTRE APOLOGETIQVE

DE Mr DESCARTES,

AVX MAGISTRATS

DE LA VILLE D'VTRECH,

Contre Meſſieurs Voëtius, Pere & Fils.

LETTRE I.

ESSIEVRS,

Ceux qui ſçauent les continuelles injures que i'ay receuës depuis quatre ans des Voëtius, trouuent eſtrange que ie n'aye point encore taſché de m'en reſſentir, non pas que l'on iuge que leurs paroles ou leurs écrits fuſſent dignes que ie m'arreſtaſſe aucunement à eux, s'ils ne ſe ſeruoient point de voſtre authorité pour m'offenſer, mais parce qu'ils appuyent toutes leurs calomnies ſur vn iugement qu'ils pretendent que vous auez donné contre moy, on croit que ie ſuis obligé à la deffenſe de mon honneur. Et de vray c'eſt

Tome III.   A bien auſſi mon opinion ; mais l'affaire que i'ay euë contre Schoock, & depuis celle qu'il a euë contre Giſber Voëtius, ſont cauſe que ie l'ay differée. I'ay ſouffert cependant toutes les brauades de ces Meſſieurs, qui m'appellent injurieuſement, *deſertorem cauſæ*, & me deffient d'aller en voſtre ville, comme ſi i'en eſtois banny : Ils diſent meſme, comme par menace, qu'ils gardent encore vne action contre moy, dont ils ſe ſeruiront en ſon temps ; en ſorte que quand ie ne le voudrois pas, ils me contraignent eux-meſmes à me deffendre.

Mais afin de proceder par ordre, & que ſi ie ne ſuis pas aſſez heureux pour vous ſatisfaire, ie puiſſe au moins ſatisfaire le reſte du monde, & faire voir à toute la terre que ie n'auray iamais rien obmis, non ſeulement de ce qui peut eſtre de mon deuoir, mais meſme de la ciuilité, pour meriter d'eſtre traité par vous tout autrement que ie ne l'ay eſté, ie vous expoſeray icy ſommairement la juſtice de ma cauſe, & l'injuſtice de mes ennemis, afin que i'en puiſſe auoir raiſon par vous meſmes, s'il eſt poſſible, & ſi ie ne le puis, que vous me faſſiez au moins la faueur de m'apprendre quelles ſont les procedures qui ont eſté faites contre moy dans voſtre ville, par quels iuges elles ont eſté faites, & ſur quoy elles ſont fondées ; car ie n'en ay encore rien ſceu que par leurs écrits, ou par les bruits qui ſont ſemez en leur faueur, ſur leſquels ie ne puis m'aſſurer.

En l'an 1639. au mois de Mars, Monſieur Æmilius, Profeſſeur en voſtre Academie, & le principal ornement qu'elle ait, fit vne oraiſon funebre en l'honneur de Monſieur Reuery, qui auoit auſſi eſté l'vn des premiers ornemens de la meſme Academie : Et entre pluſieurs choſes qu'il dit de luy, il employa la principale partie de ſon oraiſon à le loüer de l'amitié qu'il auoit euë auec moy, en me donnant de ſi grands eloges, que i'aurois honte de les redire. Ie mettray ſeulement icy le titre & la concluſion d'vn eloge qu'il joignoit à cette oraiſon funebre, lors qu'il la fit imprimer. Voicy le titre. *Ad manes defuncti, qui cum nobiliſſimo viro,*

Renato Descartes, nostri sæculi atlante & archimedæ vnico,
vixit conjunctissimè, abdita naturæ & cæli extima, penetrare
ab eodem edoctus. Et en la conclusion il parle ainsi au def-
funct.

> *Et noua quæ docuit, tibi nunc comperta patescunt,*
> *Omniaque in liquido sunt manifesta die;*
> *Vt meritò dubites, virùm magis illius arti,*
> *An nunc indigetæ sint mage clara tibi.*

Ces loüanges furent agreables aux plus honnestes gens
de vostre ville, comme il parut de ce qu'on trouua bon que
l'Imprimeur de vostre Vniuersité les rendist publiques; &
elles estoient hors de tout soupçon de flaterie, pource que
Monsieur Æmilius ne me connoissoit en ce temps-là que par
reputation & par mes Escrits. Ie ne les auois pas aussi recherchées; au contraire, quelques autres vers qu'il auoit faits
sur le mesme sujet m'ayant esté enuoyez pour les voir, &
par apres redemandez, pource qu'il n'en auoit point de
copie, & qu'il desiroit les faire imprimer, ie trouuay vne
excuse pour ne les luy pas renuoyer. Non que les loüanges
qui venoient d'vne personne de son merite me depleussent,
mais parce que sçachant qu'il est impossible d'estre vn peu
extraordinairement loüé par ceux qui sont tres-loüables
eux-mesmes, que ceux qui pretendent de l'estre & ne le sont
pas, ne s'en offensent, ce m'estoit assez de sçauoir la bonne
opinion qu'il auoit de moy, sans desirer qu'il la publiast.

Peu de temps apres, sçauoir au mois de Iuin de la mesme
année, G. Voëtius fit de longues Theses, *de atheismo :* Et
bien que ie n'y fusse pas nommé, ceux qui me connoissent
peuuent assez voir qu'il y a voulu ietter les fondemens de
l'opiniastre calomnie, en laquelle il a tousiours depuis persisté : Car il y a meslé parmy les marques de l'atheisme toutes
les choses qu'il sçauoit m'estre attribuées par le bruit commun, encore qu'il n'y en eust aucune qui ne fust bonne : Et
ce qui est icy remarquable, c'est qu'il ne me connoissoit aussi
que par reputation & par mes Escrits ; en sorte que les
qualitez qui auoient donné sujet aux loüanges d'Æmilius,

A ij

estoient les mesmes dont Voëtius tiroit le venin de sa medisance.

Ie ne diray point combien de personnes m'ont assuré depuis ce temps là, qu'il taschoit de persuader que i'estois Athée, & comment il répandoit ce venin de tous costez dans ces Prouinces; car il voudroit que ie luy prouuasse, & pendant qu'il aura le pouuoir qu'il a dans vostre ville, il n'y a personne qui fust bien aise d'y estre témoin contre luy. Ie me contenteray de dire que l'année suiuante il alla chercher iusques dans les Cloistres de France, vn des plus ardens protecteurs de la Religion Romaine, pour tascher à faire ligue auec luy contre moy, comme si i'eusse esté l'ennemy de tous les hommes. Ie repeteray icy quelques mots de la Lettre qu'il luy écriuit, dont i'ay l'Original entre les mains, & dont ie vous ay cy - deuant donné Copie. Voicy ces mots : *Renati Descartes Philosophemata quædam Gallicè in quarto edita vidisti procul dubio. Molitur ille vir, sed serò nimis vt opinor, sectam nouam, nunquam antehac in rerum natura visam, aut auditam; & sunt qui illum admirantur atque adorant, tanquam nouum Deum de cœlo lapsum. Et vn* peu apres : *Iudicio & censuræ tuæ* εὑρήματα *ipsius subijci debebant : A nullo Physico aut Metaphysico feliciùs deijceretur, quam à te; quippe qui eâ in parte Philosophiæ excellis; in quâ ille plurimum posse creditur; in Geometriâ scilicet & Opticâ. Certè dignus hic labor eruditione & subtilitate tuâ; Veritas a te asserta hactenus, & in Conciliatione Theologiæ ac Metaphysicæ & Physicæ cum Mathesi ostensa, te requirit vindicem &c.* Sur quoy ie vous prie de remarquer, que bien que ce ne soit pas vn crime d'auoir amitié auec des personnes de diuerse Religion, & de leur écrire (autrement vous seriez tous criminels, à cause de l'alliance que vous auez auec nostre Roy :) Toutesfois en ce saint Reformé, qui m'appelle ordinairement, *Iesuistastrum*, & qui n'a point de plus frequente raison pour me rendre odieux auprés de vous, que de me reprocher ma Religion, c'est vne preuue certaine qu'il ne garde pas les regles qu'il prescrit aux autres, & qu'il n'est

point ſi ſcrupuleux, quand il croit que le peuple n'en ſçaura
rien, qu'il ne ſoit bien-aiſe de rechercher l'amitié d'vn de
nos Religieux, & de le reconnoiſtre pour deffenſeur de la
verité, en luy diſant : *Veritas à te aſſerta, & in Conciliatione
Theologiæ oſtenſa*, &c. Pourueu qu'il puiſſe par ſon moyen
me faire quelque déplaiſir.

Et afin que vous ſçachiez que ce n'eſtoit point qu'il
trouuaſt quelque choſe à reprendre en mes opinions (leſquelles il n'eſtoit pas capable d'entendre) mais que c'eſtoit
par vne pure malignité qu'il taſchoit de me decrier, comme
l'autheur de quelque nouuelle hereſie, en diſant : *Molitur
ille vir ſectam nouam*, &c. *Et ſunt qui illum adorant tanquam
Deum*, &c. Ie diray icy ce que contenoit la réponſe que luy
fit ce docte & prudent Religieux, qui fut, qu'il ſeroit bien-
aiſe d'écrire contre mes opinions, en cas qu'il euſt quelques
raiſons pour les impugner, & que pour ce ſujet il le prioit
de luy enuoyer celles qu'il auoit, ou qui pourroient eſtre
fournies par ſes amis, & qu'il en chercheroit auſſi de ſon
coſté. Mais iamais Voëtius ne luy en a enuoyé aucune, bien
qu'on m'ait nommé des perſonnes qu'il auoit employées
pour en chercher. Il s'eſt ſeulement contenté de luy écrire
ſa comparaiſon auec Vaninus, qui eſt l'vne de ſes principales
calomnies, & de faire courre le bruit que ce Religieux
écriuoit contre moy.

De plus, afin qu'on ſçache que ie ne crains pas qu'on
impugne mes opinions en matiere de ſcience, & que ie ne
m'en offenſe en aucune façon, lors qu'on n'vſe point de
calomnies contre mes mœurs : Ie diray encore icy que ce
ſage Religieux m'enuoya ſa Réponſe ouuerte, en laiſſant à
ma diſcretion d'en faire ce que ie voudrois, & que ie l'ad-
dreſſay fidelement moy-meſme à Giſbert Voëtius, apres
que ie l'eu leuë & fermée. En quoy on ne peut dire qu'il y
ait aucune fineſſe ou colluſion : Car ce Religieux auoit
intention de faire ce qu'il promettoit ; Et ſi Voëtius auec
toute ſa cabale luy euſſent peu donner la moindre raiſon
contre moy, il n'euſt pas manqué de l'écrire, & moy i'en

euſſe eſté fort aiſe, comme il a paru, en ce qu'il en a luy-
meſme depuis écrit d'autres, que i'ay moy-meſme fait
imprimer ſous le titre de ſecondes objections contre mes
Meditations.

Ie ne parle point de ce qui s'eſt paſſé pendant ces années-
là au regard de Monſieur Regius, qu'on penſoit enſeigner
mes opinions touchant la Philoſophie, & qui a eſté en
hazard d'en eſtre le premier Martyr; bien que i'aye veu
depuis peu, par vn Liure qui porte ſon nom, qu'il en eſtoit
plus innocent que ie ne penſois: Car il n'a mis aucune choſe
en ce Liure, touchant ce qui peut eſtre rapporté à la Theologie, qui ne ſoit contre mon ſens. Mais ie ſuis obligé de
dire, que ſur vn mot de ſes Theſes, qui n'eſtoit d'aucune
importance, ny meſme different de l'opinion commune, de
la façon qu'il l'interpretoit, Voëtius fit d'autres Theſes
contraires qui furent diſputées trois iours durant, & que i'y
fus nommé, afin qu'on ne peuſt douter que ce ne fuſt moy
qu'il tenoit pour autheur des opinions auſquelles il donnoit
pour Eloge en ſes Theſes, que ceux qui les croyent ſont
Athées ou Beſtes: Et que comme ſi j'euſſe eſté le Chef de
quelque nouuelle ſecte d'heretiques, ou que i'euſſe voulu
faire le Prophete, il diſoit de moy par mocquerie, *Elias*
voniet. Et meſme qu'il fut ſur le point de declarer Monſieur
Regius heretique, au nom de ſa faculté de Theologie, ſi
l'vn des principaux de voſtre Corps ne l'euſt empeſché: Et
enfin qu'on publia en ſuite vn iugement, au nom de voſtre
Academie, où mes opinions eſtoient condamnées ſous le
nom de *Noua & præſumpta Philoſophia*: Apres quoy, il ne
luy reſtoit plus que d'employer ſa faculté de Theologie
(qui eſt toute à ſa deuotion, ainſi qu'il a paru depuis) pour
ſe plaindre de moy aux Magiſtrats, comme de l'autheur
d'vne doctrine ſi pernicieuſe, qu'elle auoit rendu l'vn de vos
Profeſſeurs heretique. Leſquelles choſes eſtant venuës à
ma connoiſſance, i'aurois eſté imprudent, ſi i'auois manqué
de m'oppoſer aux machinations de cét homme, Et ie ne le
pouuois faire d'aucune façon plus iuſte, plus honneſte, &

dont il euſt moins de ſujet de ſe plaindre, que de celle dont
i'vſay pour lors : Car ie me contentay de raconter par occaſion, dans vn écrit que i'auois alors ſous la preſſe, les
injures que i'auois receuës de luy, afin ſeulement d'éuenter
la mine, & de rompre le coup de ſes mediſances, en faiſant
ſçauoir à ceux qui les pourroient ouïr, qu'elles ne deuoient
pas eſtre creuës ſans preuues, dautant qu'il m'eſtoit ennemy.

Ce que i'écris icy, pour détromper ceux à qui cét homme
de bien a perſuadé que ie l'auois attaqué le premier ; car ie
ſeray bien aiſe qu'ils ſçachent, qu'outre les mauuais diſcours
que i'apprenois de toutes parts qu'il tenoit de moy en ſes
leçons, en ſes diſputes, en ſes preſches, & ailleurs, & outre
les Lettres écrites de ſa main, dont ie garde les originaux,
en l'vne deſquelles il me compare auec Vaninus, ſur quoy il
fonde la plus noire & la plus criminelle de toutes ſes mediſ-
ſances, ie puis conter ſept diuers imprimez, par leſquels il
auoit taſché de me nuire, auant que i'euſſe iamais rien écrit,
ou dit, ou fait contre luy. A ſçauoir quatre differens, *de
Atheiſmo* ; vn cinquiéme, qu'il nommoit, *Corollaria theſibus
de iubileo ſubiecta*, vn ſixiéme, qui eſtoit, *Appendix ad iſta
Corollaria* ; ou, *Theſes de formis ſubſtantialibus* ; & enfin le
Iudicium Academiæ Vltrajectinæ pour le ſeptiéme. Non pas
que ie veuille rien oſter de la part que ſes confreres pretendent à ce dernier ; mais parce qu'il eſtoit alors leur
Recteur, ils ne peuuent nier que la principale ne luy appar-
tienne. On dira peut-eſtre que ie n'eſtois point nommé en
la pluſpart de ſes imprimez ; mais il ne l'eſtoit point auſſi
dans le mien, ny meſme voſtre Academie, ny voſtre Ville.
En ſorte qu'il n'y auoit autre difference ſinon que les choſes
que i'auois écrites de luy, eſtant toutes vrayes, l'offenſoient
bien plus que ne m'offenſoient celles qu'il auoit écrites
contre moy, qui eſtoient non ſeulement fauſſes, mais auſſi
hors de toute apparence. En effet il ſe piqua de telle ſorte,
que i'appris vn peu apres qu'il conſultoit pour me faire vn
procez d'injures, & qu'il compoſoit cependant contre moy
diuers écrits, en ſorte qu'il auoit deſſein de me battre, &

de m'appeller en justice em mesme temps, afin que le battu payast l'amande.

Et i'estois auerty de diuers lieux qu'il écriuoit contre moy, on me le mandoit mesme de France ; tant cela estoit commun. On me disoit aussi des choses particulieres qui estoient en ses Escrits, & qui se trouuent maintenant les vnes dans la Preface du Liure qui porte le nom de Schoock, & les autres dans la Narration historique qui porte le nom de vostre Academie. Mesme on m'apprenoit qu'il deliberoit sur le choix des personnes qu'il feroit écrire contre moy, c'est à dire, qui publieroient sous leur nom les écrits qu'il composoit, *Stylum faciendo suum*, & adjoûtant du leur ce qu'ils pourroient ; & qu'en vne assemblée de plusieurs per-sonnes, quelqu'vn auoit dit qu'il deuoit employer son fils à cela ; mais que sa mere ayanr pris la parole, auoit répondu qu'il estoit encore trop ieune pour hazarder sa reputation, & que s'il falloit que quelqu'vn écriuist ce seroit plustost son Mary. On ne parloit pas encore de Schoock, & plusieurs sçauoient desia ce qui seroit dans le Liure qui a esté mis sous son nom. Ce que ie remarque, afin que vous consideriez combien il y auoit peu d'apparence apres cela, que Voëtius pust persuader (contre la conscience d'vne infinité de per-sonnes qui sçauoient les mesmes choses que moy) qu'il seroit innocent des Liures qu'on publieroit pour le deffen-dre, & que moy ayant receu les six premieres feüilles d'vn tel Liure, qui ne portoit le nom d'aucun autheur, i'auois tres-juste sujet d'addresser à Voëtius la Réponse que i'y voulois faire.

Mais le principal motif que i'ay eu pour écrire cette Réponse, n'a pas esté l'enormité des injures que ie trouuois dans ces feüilles ; elles estoient si absurdes, & si peu croya-bles, qu'elles me donnoient plus de sujet de mépris que d'offense. I'y ay esté poussé par trois autres plus fortes raisons : Dont la premiere est l'vtilité du public, & le repos de ces Prouinces, qui a tousiours esté desiré & procuré auec plus de soin par les François, que par plusieurs naturels

de ce

de ce païs ; Et bien que ie ne voulusse accuser Voëtius d'aucun crime, i'ay pensé que ie rendrois quelque seruice à cét Estat, si ie faisois connoistre aux plus simples les veritez que ie sçauois de luy, pour le recompenser des faussetez qu'il publioit de moy, en feignant que c'estoit *ad præmonitionem studiosæ iuuentutis.* Ma seconde raison a esté que i'ay crû particulierement faire plaisir à plusieurs de vostre ville, Non point à ceux qui sont ennemis de vostre Religion, ainsi qu'il tasche impertinemment de persuader (car ie croy qu'il n'y en a aucun qui ne le méprise de telle sorte, qu'ils seroient bien-aises que tous ceux qui la deffendent luy ressemblassent) mais à quantité des plus zelez & des plus honnestes gens de ceux qui la suiuent, mesme à quelques-vns de vos Ministres, ausquels ie dois cette loüange, que bien qu'il ait fait tout son possible pour les engager à son party, & qu'il ait mesme presenté requeste à cette fin, comme i'apprens des écrits de son fils, il n'a pû obtenir d'eux aucune chose à mon prejudice, & mesme, le témoignage qu'il a eu du consistoire fait voir qu'ils l'ont refusé : Car apres auoir transcrit de mot à mot la requeste qu'il leur auoit faite, en laquelle ie suis nommé, ils luy donnent vn simple témoignage de ses mœurs, tel qu'ils ne le peuuent honnestement refuser à aucun de leurs confreres, pendant qu'il n'a point encore esté repris de justice, & qu'ils ne le veulent point accuser ; mais ils n'y font aucune mention de moy, ny de rien qui me puisse toucher ; Et mesme ils declarent que c'est à vostre requeste qu'ils luy donnent ce témoignage : *Op het versoeck van de achtbaere heeren Magistraet der stade Vtrecht* &c. Sur la requeste de Messieurs les Magistrats de la ville d'Vtrech, en sorte qu'ils ne luy auroient peut-estre pas donné, si ç'auoit esté luy seul qui l'eust demandé ; Et maintenant encore i'ose croire, que si on separe de leur nombre ceux qui sont reconnus pour ses creatures, ou pour ses disciples, & qu'on demande aux autres leur sentiment, touchant le faux témoignage qu'il a prescrit à Schoock contre moy, ils ne manqueront pas d'en juger ainsi que la verité le re-

Tome III.   B

quiert. Ma troiſiéme raiſon eſt, que puiſque Voëtius me
vouloit faire vn procez d'injures, pour m'obliger à verifier
les choſes que i'auois miſes en paſſant & par abregé dans
mon écrit precedent, ie penſay que ie les deuois toutes expliquer, & prouuer ſi clairement par vn ſecond écrit, que
cela me puſt exempter de la peine de les prouuer deuant des
Iuges, & meſme luy oſter la volonté de m'y contraindre.

Ainſi ayant dreſſé mon ſecond écrit en telle ſorte qu'il ſe
pouuoit aſſez deffendre de ſoy-meſme, & deffendre auſſi le
premier ; & en ayant enuoyé des exemplaires à Meſſieurs
vos deux Bourgmaiſtres d'alors, leſquels leur furent donnez
par deux des plus qualifiez de voſtre Ville, qui leur firent
des complimens de ma part, i'auoüe que ie fus ſurpris, quelques ſemaines apres, lors que ie vis voſtre publication du 13.
Iuin 1643. Non pas que ie ne fuſſe bien-aiſe de ce qu'elle cô-
tenoit au regard de Voëtius : Car i'y trouuois ſa condamnation manifeſte, en ce que vous y determiniez, qu'il eſtoit
inutile, & meſme grandement nuiſible à voſtre Ville, ſi les
choſes que i'ay écrites de luy eſtoient vrayes, & i'eſtois aſ-
ſeuré de leur verité ; mais i'admirois que vous m'euſſiez cité
pour les verifier, comme ſi vous euſſiez eu quelque juriſdiction ſur moy ; i'admirois auſſi que cette citation euſt eſté
faite auec grand bruit au ſon de la cloche, comme ſi i'euſſe
eſté criminel ; Enfin j'admirois que vous euſſiez ſuppoſé
pour cela que vous eſtiez incertains du lieu de ma demeure;
car Meſſieurs vos Bourgmaiſtres pouuoient aiſément s'en
rendre certains, s'ils ne l'eſtoient pas, en prenant la peine
de s'en enquerir à ceux qui leur auoient donné mon Liure.
Toutesfois à cauſe que cette façon de proceder pouuoit
auoir diuerſes interpretations, & que ie penſois auoir merité
voſtre amitié & non pas voſtre haine, ie m'aſſuray que vous
n'auiez point deſſein de me nuire, mais ſeulement de faire
éclater l'affaire, afin que celuy qui eſtoit coupable, & ſujet
à voſtre juriſdiction, puſt eſtre puny auec l'approbation de
tout le monde.

C'eſt pourquoy ie fis imprimer auſſi ma Réponſe à cette

publication, dans laquelle apres vous auoir remercié de ce
que vous entrepreniez d'examiner les mœurs d'vn homme
qui m'auoit offensé, ie vous priay par occasion de vouloir
aussi vous enquerir s'il n'estoit pas complice du Liure imprimé sous le nom de Schoock, dans lequel ie suis calomnié;
Non point que i'assurasse pour cela qu'il en fust coupable,
mais, pource que tout le monde l'en soupçonnoit, i'auois
iuste raison de vous prier qu'il vous plust vous en enquerir;
I'y declaray aussi tres-expressément que ie ne voulois point
me rendre partie contre luy, & que ie protestois d'injure en
cas que vous voulussiez pretendre quelque droit de jurifdiction sur moy; Et enfin ie m'offrois, en cas qu'il se trouuast
quelque chose en mes écrits dont vous desirassiez plus de
preuues que ie n'en auois donné, de vous en donner de suffisantes, lors qu'il vous plairoit m'en auertir.

Apres vne telle Réponse, ie ne pensois pas qu'il fust possible que vous eussiez aucune intention de me molester, vû
principalement que i'apprenois de diuers lieux que mon
Liure auoit esté lû soigneusement par vne infinité de personnes, & mesme par plusieurs Magistrats des principales
Villes de ces Prouinces, sans qu'aucun y eust rien remarqué,
dont Voëtius eust droit de se plaindre, ou vous occasion
de me blâmer; Et que ma cause estoit si generalement approuuée, que ceux qui en auoient oüy parler à plusieurs
milliers de personnes, assuroient n'en auoir rencontré que
deux, qui taschoient de persuader que i'auois tort, & ces
deux estoient reconnus pour les fauteurs de Voëtius, ou
pour ses emissaires, comme parle Schoock, qui assure qu'il
en a plusieurs, & il le doit bien sçauoir.

Ie m'estonnois neantmoins de ne receuoir plus de nouuelles d'Vtrecht, ainsi que i'auois coustume auparauant, &
ie demeuray trois mois sans apprendre ce qui s'y passoit, au
bout desquels i'en receu deux Lettres, l'vne apres l'autre,
écrites d'vne main inconnuë, & sans nom, par lesquelles
i'estois auerty que vostre officier de justice m'auoit cité,
pour comparoistre en personne comme criminel, & que ie

n'estois pas mesme en seureté en cette Prouince, à cause que
par vn accord, qui est entre vous, les sentences qui se donnent en la vostre, s'executent aussi en celle-cy. Ie pensay
d'abord que c'estoit vne raillerie, & ne m'en émûs point.
I'allay neantmoins à la Haye pour m'en enquerir, & apprenant que la chose estoit telle qu'on ne l'auoit écrite, ie m'a-
dressay à Monsieur l'Ambassadeur de la Thuillerie, qui fut
tres-prompt à m'obliger, comme aussi generalement tous
les autres à qui i'eus l'honneur de parler, & ainsi ie n'eus
aucune difficulté à obtenir ce que ie desirois.

Mais ie n'auois demandé autre chose, sinon que le cours
de ces procedures extraordinaires fust arresté, parce que ie
croyois que ce fussent les premieres, & ie ne sçauois rien de
la sentence qu'on dit que vous auiez donnée auant ce temps-
là contre moy. Ie n'en appris aucunes nouuelles, que quelques semaines apres, que me rencontrant en conuersation
auec quelquesvns de ces Esprits nobles & genereux, qui
s'interressent pour la iustice, encore mesme qu'ils n'ayent
point de familiarité auec ceux ausquels ils se persuadent
qu'on a fait tort, i'appris d'eux qu'on auoit publié contre
moy vne sentence en vostre nom, par laquelle les deux Escrits où i'auois parlé de Voetius estoient condamnez, comme des libelles diffamatoires. Et pource que ie faisois difficulté de le croire, sur ce que i'auois des amis en vostre Ville,
qui ne m'en auoient aucunemét auerty, bien qu'ils n'eussent
point manqué auparauant de me donner auis de vostre publication du 13. Iuin, ils me répondirent que cette publication du 13. Iuin auoit esté faite d'vne façon plus celebre que
l'ordinaire, auec plus grande conuocation de peuple, &
qu'elle auoit esté imprimée, affichée, & enuoyée auec soin
en toutes les principales Villes de ces Prouinces, en sorte
que ce n'estoit pas merueille, que i'en eusse eu connoissance;
Mais que depuis la Réponse que i'y auois faite, on auoit entierement changé de style, & que mes ennemis auoient eu
autant de soin d'empescher que ce qu'ils preparoient contre
moy ne fust sceu, que si c'eust esté vn dessein pour surprendre

quelque ville de l'ennemy, Qu'ils auoient voulu neantmoins obseruer quelques formes, & que pour ce sujet la sentence qu'ils auoient obtenuë de vous, auoit esté leuë en la maison de Ville, mais que c'auoit esté à vne heure ordinaire, apres d'autres écrits, & lors qu'on iugeoit qu'aucun de ceux qui m'en pouuoient auertir n'y prendroit garde, & que pour les citations de vostre officier qui denoient suiure, ils ne s'en estoient pas tant mis en peine, pource qu'ils pensoient, que quand i'en serois auerty, ie n'y pourrois plus apporter de remede, à cause que mes Liures estant desia condamnez, & moy cité en personne, ils se doutoient bien que ie ne comparoistrois pas, & que la sentence seroit donnée par défaut, laquelle ne pouuoit estre plus douce, sinon qu'on me banniroit de ces Prouinces, qu'on me condamneroit à de grosses amandes, & que mes Liures seroient brûlez. Mesme quelques-vns assurent, que Voëtius auoit desia transigé auec le Bourreau, afin qu'il fist vn si grand feu en les brûlant, que la flame en fust veuë de loin.

On adjoûtoit aussi que leur dessein estoit apres cela de faire imprimer sous le nom de vostre Academie, vn long narré de tout ce qui auroit esté fait, & d'y adjoûter plusieurs témoignages, & plusieurs vers, tant pour loüer G. Voëtius, que pour me blâmer, & enuoyer soigneusement des Exemplaires en tous les endroits de la terre, afin que ie ne pusse plus aller en aucun lieu, où ie ne trouuasse mon nom diffamé, & où la gloire du triomphe de Voëtius ne s'estendist.

Pour preuue de cela, on me disoit que depuis que le cours de ces procedures auoit esté arresté, on auoit encore publié au nom de vostre Academie, le narré de ce qui s'estoit passé auant mon premier Escrit, auec quelques-vns de ces témoignages en faueur de Voëtius, & que c'estoit le reste de sa poudre qu'il auoit voulu tirer, apres auoir perdu l'esperance de l'employer mieux.

Ie demandois quels fondemens ou quels pretextes on auoit eu pour proceder contre moy de la sorte, mais on ne m'en pouuoit rien aprendre de certain. On disoit seulement

que depuis voſtre premiere publication , tous les fauteurs
de Voëtius auoient eſté continuellement occupez à médire
de moy en toutes les aſſemblées , & en tous les lieux où ils
auoient pû trouuer quelqu'vn pour les écoûter ; au moyen
dequoy ils auoient tellement animé le peuple , qu'aucun de
ceux qui ſçauoient la verité , & auoient horreur de leur calomnies, n'oſoit rien dire à mon aduantage, principalement
apres auoir veu de quelle ſorte Monſieur Regius eſtoit traitté , duquel ie ne raconte point icy l'hiſtoire , pource que
vous la ſçauez aſſez : Mais que neantmoins, lors qu'on examinoit toutes les choſes que ces fauteurs de Voëtius diſoient
de moy, on trouuoit qu'elles ſe rapportoient à deux points;
l'vn eſtoit que i'eſtois diſciple des Ieſuites, que c'eſtoit pour
les fauoriſer que i'auois écrit contre ce grand deffenſeur de
la Religion Reformée, G. Voëtius, & peut-eſtre meſme que
i'auois eſté enuoyé par eux pour mettre des troubles en ce
païs. L'autre point eſtoit, que ie n'auois iamais eſté offenſé
par Voëtius, & qu'il n'eſtoit aucunement auteur du Liure
écrit contre moy , mais Schoock ſeul, qui ſe trouuant auſſi
alors en voſtre Ville , l'en auoit entierement déchargé , &
vouloit en auoir tout l'honneur ou tout le blâme ; de façon
que i'auois eu tres-grand tort d'en accuſer Voëtius comme
i'auois fait , pour auoir pretexte d'écrire contre luy , & ainſi
apporter du ſcandale à voſtre Religion. Ce qui donnoit
occaſion de iuger que voſtre ſentence auoit auſſi eſté fondée
ſur ces deux points; Et il ſemble qu'on auoit raiſon , s'il eſt
vray qu'elle ſoit telle qu'on l'a imprimée dans le libelle ſans
nom , intitulé *Aengerangen proceduren* &c. dont Schoock
aſſure que leieune Voëtius eſt autheur.

Apres que i'eu appris toutes ces choſes , ie penſay que ie
deuois rechercher les moyens de me juſtifier , & de faire
ſçauoir l'équité de ma cauſe, à tous ceux qui pouuoient en
auoir mauuaiſe opinion. Mais pour le premier point , ie
n'auois aucune difficulté à m'en excuſer ; Car eſtant du païs
& de la Religion dont ie ſuis, il n'y a que les ennemis de la
France qui me puiſſent imputer à crime d'eſtre amy ou de

rechercher l'amitié de ceux à qui nos Rois ont couſtume de
communiquer le plus interieur de leurs penſées, en les choi-
ſiſſant pour Confeſſeurs : Or chacun ſçait que les Ieſuites de
France ont cét honneur ; & meſme que le Reuerend Pere
Dinet (qui eſt le ſeul auquel on me reproche d'auoir écrit)
fut choiſi pour Confeſſeur du Roy peu de temps apres que
i'eu publié la Lettre que ie luy addreſſois. Et ſi nonobſtant
cette raiſon, il y a des gens ſi partiaux, & ſi zelez pour la
Religion de ce païs, qu'ils s'offenſent qu'on ait communication auec ceux qui font profeſſion de l'impugner, ils
doiuent trouuer cela plus mauuais en Voëtius, qui voulant
eſtre *Eccleſiarum Belgicarum decus & ornamentum*, ne laiſſe
pas d'écrire à de nos Religieux, dont la regle eſt plus auſtere
que celle des Ieſuites, & de les appeller les deffenſeurs de la
verité, pour taſcher d'acquerir leurs bonnes graces, que non
pas en vn François, qui fait profeſſion d'eſtre de la meſme
Religion que ſon Roy. Mais outre cela, pour vous faire voir
combien Voëtius ſe plaiſt à tromper le monde, & à perſuader à ceux qui le croyent, des choſes qu'il ne croit pas luy-
meſme, ſi vous prenez la peine de lire le petit Liure intitulé
Septimæ objeſtiones, &c. qui contient la Lettre ſur laquelle
il s'eſt fondé pour m'objecter l'amitié des Ieſuites, & dont
il a obtenu de vous la condamnation, à ce qu'on dit; ou bien
s'il vous plaiſt ſeulement de demander à quelqu'vn qui l'ait
leu, dequoy c'eſt qu'il traitte, vous ſçaurez que tout ce Liure
eſt cõpoſé contre vn Ieſuite, duquel toutesfois ie fais gloire
d'eſtre maintenant amy, & ie veux bien que l'on ſçache que
mes Maiſtres ne m'ont point appris à eſtre irreconciliable;
vous ſçaurez auſſi que i'y auois écrit vingt fois plus de choſes
au deſauantage de ce Ieſuite, que ie n'auois fait au deſauantage de Voëtius, duquel ie n'auois parlé qu'en paſſant, & ſans le
nommer; En ſorte que lors qu'il a eſté cauſe que vous auez
condamné ce Liure, il ſemble s'eſtre rendu le procureur des
Ieſuites, & auoir obtenu de vous, en leur faueur, plus qu'ils
n'ont taſché ou eſperé d'obtenir des Magiſtrats d'aucunes
des Villes où l'on dit qu'ils ont le plus de pouuoir. Et il a pris

pretexte fur quelques mots de ciuilité que i'auois mis en ce
Liure, pour faire croire à ceux qui verroient feulement ces
mots, fans lire le refte, que i'auois grande intelligence auec
les Iefuites. Ce qui eft le mefme, que fi quelqu'vn m'accufoit, non pas en France, où des accufations fi friuoles feroient méprifées, mais en vn païs où l'inquifition feroit fort
feuere, d'auoir grande amitié auec Voëtius, & qu'il le
prouuaft, parce que ie le nomme *Celeberimum virum*, en
l'infcription d'vne longue Lettre que ie luy ay addreffée,
car ie m'affure que ceux qui fçauroient ce que contient cette
Lettre, verroient bien que celuy qui m'auroit ainfi accufé,
auroit pris plaifir à mentir, & fe feroit mocqué de ceux
aufquels il auroit dit de telles chofes.

Pour ce qui eft de l'autre point, encore que i'euffe affez
de témoins pour le refuter, fi ie les euffe voulu nommer, ie
penfay que le plus droit chemin que ie pouuois tenir, eftoit
de m'addreffer à Schoock, afin qu'il puft eftre puny en la
place de Voëtius, s'il vouloit fe charger de fon crime, ou
bien que s'il n'eftoit pas affez charitable enuers luy pour
cela, & qu'il vouluft meriter quelque excufe, il fuft obligé
de découurir la verité.

La prudence, l'integrité, & la generofité de ceux qui
gouuernent en la Prouince où il eft, me fit efperer qu'ils ne
me refuferoient pas juftice, lors qu'elle leur feroit demandée, nonobftant que ie n'euffe iamais eu l'honneur de parler
à aucuns d'eux auant ce temps-là, & que Schoock les euft
tous pour amis, & mefme qu'il fuft le Recteur de leur Vni-
uerfité, lors que ie formay ma plainte contre luy; Car
comme il n'y a rien que la Iuftice qui maintienne les Eftats
& les Empires, que c'eft pour l'amour d'elle que les premiers
hommes ont quitté les grottes & les forefts pour bâtir des
Villes, que c'eft elle feule qui donne & qui maintient la
liberté; comme au contraire c'eft de l'impunité des coupa-
bles, & de la condamnation des innocens, que vient la
licence, qui felon la remarque de tous les politiques a toûjours efté la ruine des Republiques, ie ne doutois point que
des

des Magiſtrats tres-prudens , qui deſirent le bien de leur
Eſtat , & ſont jaloux de leur authorité , n'euſſent grand
ſoin de rendre la juſtice, lors que ie la leur aurois demandée.

Vous auez ſceu depuis ce qui en eſt reüſſi, & comment
Meſſieurs les Profeſſeurs de l'Vniuerſité de Groningue, que
Schoock a deſiré auoir pour ſes Iuges, ayant vſé enuers luy
dautant de douceur qu'il en pouuoit ſouhaitter , n'ont pas
laiſſé neantmoins, par vne ſinguliere prudence, de me donner
toute la ſatisfaction que i'attendois , & que ie pouuois legitimement pretendre. Car les particuliers n'ont aucun droit
de demander le ſang, ou l'honneur , ou les biens de leurs
ennemis, c'eſt aſſez qu'on les mette hors d'intereſt, autant
qu'il eſt poſſible aux Iuges, le reſte ne les touche point, mais
ſeulement le public. Or le principal intereſt que i'auois en
cette affaire , eſtoit que la fauſſeté des accuſations qu'on
auoit faites contre moy en voſtre Ville fuſt découuerte ;
C'eſt pourquoy ils ne pouuoient auec juſtice me refuſer les
actes qui ſeruoient à cét effet, & que Schoock leur auoit
mis entre les mains pour s'excuſer. Mais ces actes ſont tels,
& font voir ſi clairement le crime de Giſbert Voëtius, & de
ſon collegue Dematius , ainſi que ie diray cy-apres, que lors
que ie les eu receus, ie me perſuaday que ces deux hommes
n'auroient pas manqué de s'en eſtre fuïs hors de voſtre Ville,
ſi-toſt qu'ils auroient eſté auertis de ce qui s'eſtoit paſſé à
Groningue ; C'eſt pourquoy ie me contentay de vous enuoyer ces actes, ſans vous faire aucune demande pour ce qui
me regarde en particulier , à cauſe que ie ne voulois point,
ny ne veux point encore, me rendre partie contre eux , &
que ie penſay que vous aimeriez peut-eſtre mieux faire juſtice de voſtre propre mouuement, en vne cauſe ſi publique &
ſi manifeſte, que ſi vous y eſtiez exhortez par quelqu'vn.

Mais ie n'ay encore pû remarquer, que les auertiſſemens
que i'eus l'honneur alors de vous enuoyer ayent produit
aucun effet , ſeulement quelques iours apres on me donna
copie de cét acte.

De Vroetſchap der ſtadt Vtrecht interdiceort ende verbiedt
Tome III.   **C**

vvel scherpelz de Boeckdruckers en Boeck vercopers binnen de
se stadt en de vrijheijt van dien te drucken oft te doen druchen,
mitsgars te vercopen oft doen vercopen einige boeckens oft
geschriften pro oft contra Descartes, op arbitrale correctie,
actum den 11. Iunij 1645.   Et signé C. DE RIDOLER.
De la Iustice de la ville d'Vtrecht, interdit & deffend fort
rigoureusement aux Imprimeurs & vendeurs de Liures dans
cette Ville & franchise de pouuoir imprimer ou faire imprimer, vendre ou faire vendre quelques petits liurets, ou
Escrits pour ou contre Descartes, sous correction arbitraire,
Fait le 11. Iuin 1645.   Et signé C. DE RIDOLER.

  Cela m'eust donné occasion de iuger que vous vouliez
entierement assoupir l'affaire, sinon que i'appris en mesme
temps que Voëtius auoit vn liuret contre moy sous la presse,
sçauoir vne Lettre au nom de Schoock, dont il faisoit acheuer l'impression sans le consentement de l'Autheur, pour
tascher de luy nuire & de publier de nouuelles calomnies
contre moy ; On a encore depuis imprimé plusieurs Liures
au nom de son fils, qui ont tous esté contre moy (bien qu'ils
ayent aussi esté contre d'autres) & ie m'assure que vous ne le
nierez pas, puisque vous auez condamné vn Liure, comme
estant contre Voëtius, bien qu'il n'y eust contre luy que
deux ou trois periodes, & que le reste fust contre vn Iesuite,
Mais ie n'ay point appris que les Libraires, qui ont imprimé
ou vendu ces Liures écrits contre moy, en ayent aucunement esté en peine.

  Outre cela Voëtius & Dematius ont si peu de crainte de
la Iustice, pour le crime dont ils sont conuaincus par leurs
propres écritures, qu'au lieu de s'en estre fuïs, ainsi que ie
m'estois persuadé, ils ont intenté vn procez d'injures contre
Schoock, comme s'il les auoit calomniez, à cause qu'il n'a
pas voulu persister en la malice qu'ils luy auoient enseignée,
& qu'il a osé declarer la verité à ses Iuges legitimes, lors
qu'il en a esté requis, & qu'il ne pouuoit éuiter les peines
que meritent les calomniateurs, sinon en la declarant. Mais
ce procez ayant esté au commencement debatu de part &

d'autre auec affez d'ardeur, a efté tout à coup arrefté, lors qu'il eftoit prefque en eftat d'eftre iugé, en forte que depuis quelques mois, i'apprens qu'il ne fe pourfuit plus.

Ce qui eft caufe que moy qui en attendois la decifion, efperant qu'elle feruiroit beaucoup à faire connoiftre les torts que i'ay receus, ie pourrois d'orefnauant eftre appellé *defertor caufæ*, comme les Voëtius me nomment defia, fi ie differois dauantage à faire tout mon poffible pour tafcher d'obtenir juftice. Et à cét effet, ie croy eftre obligé de vous dire icy en quelle forte le ieune Voëtius parle des procedures qu'il dit auoir efté faites contre moy en voftre Ville, & de celles qui ont efté faites à Groningue contre Schoock, afin que comparant les vnes auec les autres, vous puiffiez remarquer s'il vous oblige ou non, en écriuant de telles chofes, & que cela vous incite à me donner la fatisfaction que ie pretens.

Entre les diuers Liures que le ieune Voëtius a publiez pour fon pere, pendant fon procez contre Schoock, dont ie ne fçay pas le nombre, ily en a vn intitulé *Pietas in parentem*, dans lequel depuis la quatriéme page de la feüille premiere iufques à la deuxiéme de la feüille K, (les pages n'en font pas autrement cottées) il parle expreffement de la fentence qu'il affure que vous auez donnée contre mes Liures, & y dit entr'autres chofes que toute l'affaire a efté commife à des deputez, *ex ordine Senatorio & Collegio DD. Profefforum*, ou comme il parle en la page treiziéme de la feüille A, que *res omnis per deputatos Politicos & Academicos peracta eft*. Mais quelque foin que i'aye eu de m'enquerir qui ont efté ces deputez, ie n'ay encore pû apprendre les noms d'aucun d'eux. Il dit auffi qu'ils ont fondé la queftion dont ils ont voulu s'enquerir, fur ce qu'en ma Réponfe à voftre publication du treiziéme Iuin, ie vous ay prié, que puifque vous faifiez Voëtius criminel, & que vous auiez deffein d'examiner fa vie, il vous pluft entr'autres chofes vous enquerir, s'il n'eftoit pas complice des calomnies qui font dans le Liure écrit fous le nom de Schoock contre moy.

C ij

Enfuite dequoy il veut que l'on croye qu'ils ont fuppofé que i'affurois que Voëtius eftoit autheur de ce Liure, quoy qu'il foit tres-certain que ie n'ay expreffement affuré autre chofe, finon qu'il en eftoit refponfable, ayant efté fait pour luy, & de fon confentement, & ainfi qu'ils m'ont fait l'accufateur, ou le demandeur, & Gifbert Voëtius le criminel, ou le deffendeur, nonobftant qu'en cette mefme Réponfe, fur laquelle ils ont fondé leur queftion, à ce qu'il dit, i'auois tres-expreffement declaré que ie ne voulois point me rendre partie contre Voëtius, ny l'appeller en juftice deuant vous, & que vous n'auiez point de jurifdiction fur moy, & mefme que ie proteftois d'injures en cas que vous en vouluffiez vfur-per aucune.

De plus, il affure que fon pere n'a iamais efté oüy en cette affaire, & mefme qu'il ne l'a aucunement follicitée, ou pro-curée. *Nunquam (dit-il) ampliffimus Senatus parentem fuper hoc negotio interrogauit, nec parens illi quicquam refpondit, nec vnquam judicium Senatus de famofis Cartefij libellis follicitauit, aut procurauit.* Et il change entierement la queftion, car en voftre publication du treiziéme Iuin, vous auez declaré que fi les chofes que i'auois écrites de Voëtius eftoient vrayes, il eftoit indigne des charges qu'il a en voftre Ville, & mefme qu'il y eftoit grandement nuifible, & que pour ce fujet vous vouliez prendre l'affaire à cœur, & en recher-cher la verité, Ce qui ne fouffre point d'autre interpreta-tion, finon que vous vouliez vous enquerir, fi entre les chofes que i'auois écrites de luy, celles que vous iugiez le rendre indigne de fes charges, & luy deuoir eftre imputées à crime, eftoient vrayes. Mais la feule chofe que le ieune Voëtius dit que ces deputez ont examinée (à fçauoir, fi fon pere eftoit autheur du Liure qui porte le nom de Schoock) n'eft point de ce nombre, Car vous n'auez aucunement confideré ce Liure, comme vn crime au regard de celuy ou de ceux qui l'ont compofé : ainfi qu'il paroift de ce que Schoock s'en declaroit ouuertement l'autheur, lors qu'il eftoit en voftre Ville, & s'en chargeoit pour en defcharger

Voëtius, fans que vous ou vos deputez l'en ayez repris, &
mefme encore à prefent, en tous les écrits que publient le
ieune Voëtius, il loüe & deffend au nom de fon pere tout ce
qu'il y a de plus mauuais en ce Liure, fans toutesfois en eftre
puny. De façon, qu'au lieu que vous auiez auparauant declaré, que vous vouliez vous enquerir, fi Voëtius eftoit coupable des crimes que ie luy auois impofez, il affure que ces deputez fe font feulemét enquis d'vne chofe, que ny luy ny eux
n'ont point tenuë pour vn crime, & ainfi qu'ils m'ont condamné, pource qu'ils ont fuppofé que i'auois accufé Voëtius
d'vne chofe, pour laquelle on ne l'auroit point condamné,
encore qu'il en euft efté conuaincu; bien qu'il foit tres-vray
qu'il en eft coupable, & tres-faux que ie l'en euffe accufé;
Car i'auois declaré que ie ne voulois point me rendre partie
contre luy; Et dans mes Efcrits i'affure feulement que ce
Liure a efté fait pour luy, & luy le fçachant, ce qu'il ne defauoüe en aucune façon.

Outre cela toutes les preuues qu'il dit qu'on a cherchées
ne font autres, finon qu'on a examiné les raifons que i'auois
mifes en mon Liure, pour prouuer que fon pere eftoit autheur de celuy qui porte le nom de Schoock, & qu'on ne
les a pas trouuées fuffifantes. Mais il n'adjoûte pas que ie
n'auois point affuré que fon pere en fuft l'autheur, & au
contraire que i'auois mis expreffement en la page 261. de
l'Edition Latine de ce Liure, que ie ne le voulois point perfuader aux Lecteurs, mais feulement qu'il auoit efté fait
pour luy, luy le fçachant & y confentant; qui fonr des chofes
qu'il auoüe, & qu'il dit que fon pere n'a iamais niées.

Par quelle regle eft-ce donc qu'il veut perfuader, ie ne
diray pas que i'eftois obligé de prouuer autre chofe que ce
que i'auois écrit; mais ce qui eft encore plus eftrange, fuppofer que i'auois efté obligé de mettre dans mon Liure
affez de raifons pour prouuer vne chofe que ie n'affurois pas
eftre vraye.

Il n'adjoûte pas auffi que dans ma Réponfe à voftre publication du treizième Iuin, fur laquelle Réponfe il dit que

ces deputez se sont reglez, i'auois mis expressement, que
s'il y auoit quelque chose dans mes écrits qui sust d'importance, & dont on iugeast que ie n'eusse pas donné assez de
preuues, ie m'offrois d'en donner dauantage en cas que i'en
fusse requis : D'où il suit, qu'ils ne pouuoient *Methodo à me
ibi præscripta insistere*, comme il dit qu'ils ont voulu faire,
sinon en me demandant si ie n'auois point d'autres preuues
que celles que i'auois données.

Enfin, il dit que son pere *ad abundantiorem cautelam*, &
sans qu'il en fust besoin, auoit donné à l'vn des deputez les
declamations ou témoignages de cinq personnes : à sçauoir,
celuy de Schoock, auquel on a veu depuis combien il falloit adjoûter de foy, ayant declaré deuant ses Iuges à
Groningue, qu'il a esté sollicité par Voëtius, Dematius
& Waeterlaet, de donner ce témoignage, & qu'il auoit
souuent souhaitté, *vt in formâ de specialibus interrogaretur,
juxta conscientiam de illis responsurus*, d'estre interrogé des
circonstances suiuant les formes de Iustice, afin de pouuoir
descharger sa conscience ; Puis celuy du Libraire qui est
affidé aux Voëtius, & qui a encore imprimé depuis peu leur
Tribunal iniquum, en sorte que s'il n'a rien deposé de faux
pour l'amour d'eux, ce que ie ne puis dire, à cause que ie
n'ay pas veu son témoignage, il est aisé à croire qu'il n'a
aussi rien declaré, que ce qu'il leur a pleu, & qu'il a tû le
reste, puisque ce sont eux, & non les Iuges, qui luy ont fait
escrire ce témoignage. Le troisiéme est celuy de Waeterlaet,
que Schoock assure auoir esté employé par Voëtius &
Dematius pour aider à le corrompre, & ainsi qu'il n'a pas eu
besoin d'estre corrompu ; outre que c'est vn si reuerend
personnage, que bien qu'il soit *Intimæ admissionis apud
Voëtium*, neantmoins Schoock s'estime trop bon, pour
auoir quelque chose à demesler auec luy. Le quatriéme témoignage est de celuy qui se dit autheur d'vn ie ne sçay quel
Liure intitulé *Retorsio calumniarum*, &c. Mais cét homme
ne peut auoir declaré autre chose, sinon que c'est luy qui est
autheur de ce Liure, & non pas Voëtius, auquel ie ne l'ay

point expreſſement attribué ; j'ay ſeulement dit que pluſieurs l'en ſoupçonnoiẽt, & quand ie luy aurois attribué, cela
ne me pourroit eſtre imputé à crime, pource qu'il ne croit
aucunemẽt que ce ſoit vn crime de l'auoir fait, & qu'il le loüe
& le deffend encore à preſent le plus qu'il peut. Le dernier
eſt d'vn ie ne ſçay quel Eſtudiant, qui ne ſçauroit auſſi auoir
témoigné autre choſe, ſinon que c'eſt luy, & non pas Voëtius
qui eſt autheur de certains Vers injurieux diſtribuez en vôtre Academie en ſa faueur, & en ſa preſence, pendant des
diſputes: Mais ie ne l'ay iamais accuſé d'eſtre mauuais Poëte,
j'ay ſeulement dit qu'il auoit fait faire ces Vers, ou du moins
qu'il auoit permis qu'ils fuſſent faits ; Et cela ne peut eſtre
nié, outre que des Vers de telle ſorte, ſont ſi peu criminels
au iugement des Voëtius, que le fils en a encore depuis peu
fait imprimer d'autres, en des Theſes qui ſont de ce meſme
Eſtudiant, & autant injurieux que les precedens ; Meſme il
y fait cét honneur à voſtre Academie, que de dire de quelqu'vn, qu'on ſçait eſtre du nombre de vos Profeſſeurs, qu'il
eſt mon *ſinge*, ce qu'il exprime en ces termes, *Simia mendacis
Galli, mendacior ipſe*. Et il eſt aiſé à voir que ces deux derniers témoignages n'ont eſté joints aux trois precedens, que
pour faire nombre, & afin que Voëtius puſt dire, que la
ſentence n'a pas ſeulement eſté fondée ſur ce que ie luy ay
attribué vn Liure qu'il n'a point fait, mais ſur ce que ie luy
en ay attribué pluſieurs, & ainſi que ceux qui ſçauroient la
juſtice de ma cauſe, touchant chacun de ces Liures, peuſſent
penſer que ie l'ay peut-eſtre encore accuſé à tort de quelques autres, ſuiuant vne regle, que luy & ſon fils ont coû-
tume de pratiquer, & que toutesfois ils reprochent aux au- Tribunal
tres, en diſant, *Dolus verſatur in generalibus*. Mais ſi leurs iniquum
deputez ne ſe ſont fondez, comme ils diſent, que ſur ma pag. 126.
Réponſe à voſtre publication, ils n'ont pû s'enquerir que
du Liure qui porte le nom de Schoock, pource que ie n'y
ay parlé que de celuy-là : Et il eſt certain que ie n'ay point
aſſuré que G. Voëtius fuſt autheur ny de celuy-là, ny d'aucun autre, auquel il n'ait point mis ſon nom, & que ie ne

l'ay foupçonné d'aucun, qu'il n'ait rendu fien en le loüant &
le deffendant, ainfi que parle fon fils en fa *Pietas in parentem*, feüille B. page 14. ligne 9.

Vous voyez donc, Meffieurs, que fuiuant la defcription
que le ieune Voëtius fait de voftre fentence (en quoy ie ne
le veux nullement croire, fi ce n'eft que vous m'y obligiez)
elle a efté compofée par des deputez qui n'ont oüy aucune
des parties, ny aucuns témoins ; Qui ont fait accufateur
celuy qu'ils ont condamné, nonobftant qu'il euft declaré
qu'il ne fe vouloit point rendre partie, & qu'il ne fuft aucunement fujet à voftre jurifdiction ; Qui ont fait cela fans l'en
auertir, ny mefme vouloir eftre connus de luy, nonobftant
qu'il fe fuft offert à donner d'autres preuues que celles qu'il
auoit écrites, fi on luy en demandoit ; Qui ont changé la
queftion fur laquelle vous auiez fondé voftre premiere publication, & n'ont examiné qu'vne chofe qu'ils ont fuppofée, que l'accufateur auoit écrite, bien qu'il ne l'euft pas
écrite, qu'ils ont declaré eftre fauffe, bien qu'elle foit vraye,
qu'ils n'ont point confiderée comme vn crime au regard de
celuy qui l'auoit faite, mais feulement au regard de celuy
qu'ils fuppofoient l'en auoir accufé ; & enfin qui ne fe font
pas contentez d'abfoudre le criminel, en iugeant que ce
dont on l'auoit accufé eftoit faux, mais outre cela ont condamné celuy qu'ils auoient rendu accufateur.

Et toutesfois ie vous prie icy de remarquer, qu'il ne s'enfuit point d'aucunes loix, que de ce que le criminel eft ab-
fous, l'accufateur doiue eftre condamné ; fi ce n'eft qu'on
puiffe prouuer, qu'il a entrepris l'accufation *Animo calum-
niandi*, & fans auoir raifon de croire ce qu'il difoit : En forte
que bien qu'il euft efté faux que Voëtius fuft autheur des
principales calomnies de ce Liure, ce qui neantmoins eftoit
vray, & bien que ie l'en euffe accufé, ce que ie n'auois pas
fait, & qu'ils euffent iugé que l'autheur de ces calomnies
eftoit puniffable, ce qu'ils n'ont aucunement fait paroiftre,
& que i'euffe efté fujet à leur jurifdiction, & enfin qu'ils
euffent oüy les deux parties & les témoins, & obferué toutes

les

les formes d'vn procez legitime, ils n'auroient eu pour
cela aucun ſujet de me condamner ; pource que les preſom-
ptions, qui ſont tres-notoires à vn chacun, eſtoient ſuffiſantes pour prouuer que ie ne l'auois point accuſé, *Animo ca-
lumniandi*, & que i'auois eu iuſte raiſon de le faire.

On dira peut-eſtre que ie n'ay pas eſté condamné pour
l'auoir accuſé d'auoir fait ce Liure, mais pource que i'ay
écrit de luy pluſieurs autres choſes qu'on auroit punies en
luy, ſi elles euſſent eſté vrayes, leſquelles ayant eſté eſtimées
fauſſes, on s'eſtoit ſeulement enquis s'il auoit fait le Liure
qu'on a écrit contre moy, afin que s'il en euſt eſté l'autheur,
on puſt m'excuſer de ce que ie l'auois injurié le dernier. Mais
ſi cela eſtoit, ils deuoient donc ſpecifier quelque mot de
mes Eſcrits par lequel il puſt pretendre d'auoir eſté injurié,
& m'en auertir, afin que ſi ie ne l'auois pas encore aſſez
verifié, ie puſſe en donner d'autres preuues. Or cela n'a
point eſté fait, Et ie puis aſſurer que les deux Eſcrits, qu'on
dit que vous auez condamnez, ne contiennent aucune choſe,
non ſeulement qui ne ſoit tres-vraye, mais meſme qui fuſt
aſſez d'importance pour fonder vn procez d'injures, ſi elle
auoit eſté fauſſe, excepté vne, qui eſt, que ie l'ay nommé
calomniateur & menteur, Mais ie l'ay ſi clairement prouué En laLettre ad celeber-
au lieu meſme où ie l'ay écrit, qu'il ne luy auroit pas eſté rimum vi-
auantageux de s'en plaindre, Et ſi on m'en euſt demandé rum p. 136.
des témoins, i'en auois, non pas vn ou deux, mais iuſques à
treize entierement irreprochables, tous de voſtre Religion, S. Mareſſ
& des plus qualiffiez de la ville de Boiſſeduc, qui aſſurent Epiſt. Apo-
qu'il les a calomniez, & ils ont rendu leur témoignage pu- logetica
blic, en le faiſant imprimer. page 45.

Ie puis aſſurer auſſi que bien que les Voëtius ayent publié
pluſieurs libelles depuis mon ſecond Eſcrit, intitulé *Epiſtola
ad celeberrimum virum*, &c. dans leſquels ils taſchent de le
refuter, ils n'y ont toutesfois ſceu ſpecifier aucune choſe en
quoy ils pretendent que ie leur aye fait tort, ſinon que i'ay
dit que G. Voëtius eſtoit coupable du Liure de Schoock,
Et que pour perſuader à ceux qui ne le liroient qu'en Fla-

Tome III.   D

mend, qu'il y a beaucoup d'injures dans le Latin, qui ont
esté obmises par l'interprete, ils ont remarqué que *scurrilia
dicteria* n'a pas esté bien tourné par *Poetische schimpuorden*:
Mais outre que ç'a esté la faute de l'Imprimeur, qui a mis
poetische au lieu de *poetsighe*, ils se plaignent en cela de
n'auoir pas esté assez battus, plûtost que de l'auoir trop esté.

Ainsi, Messieurs, vous pouuez voir qu'ils se vantent d'a-
uoir obtenu de vous la condamnation d'vn Escrit, dans lequel ils ne peuuent remarquer eux-mesmes aucun sujet de se
plaindre. Et afin que vous sçachiez que lors qu'ils décriuent
les particularitez de cette condamnation, en disant que G.
Voëtius ne l'a point sollicitée ny procurée, qu'il n'a iamais
esté ouy par vos deputez, qu'il a luy-mesme donné à l'vn
d'eux les declarations des témoins, qui n'ont point aussi esté
ouïs, & plusieurs autres choses semblables, ce n'est pas pour
vous faire honneur, ny pour persuader leur innocence ou
mon crime à ceux qui liront leurs Escrits, (car on sçait bien
que si i'auois le moindre tort, i'aurois esté appellé deuant
mes Iuges legitimes, & que G. Voëtius & vous, si vous desi-
riez entreprendre sa cause, auriez eu assez de credit pour
obtenir d'eux la justice, sans suiure des voyes si extraordinaires) mais que c'est plûtost pour faire gloire du pouuoir
qu'ils ont auprés de vous, & pour se rendre formidables à
ceux qui sont vos sujets, sçachant que la connoissance qu'on
a de leurs crimes les rendra d'oresnauant méprisables au
reste du monde, ie vous prie de vouloir considerer que dans
le mesme Liure où le ieune Voëtius écrit de vous toutes ces
choses, & encore dans vn autre intitulé *Tribunal iniquum*,
qu'il a fait depuis tout exprés, pour calomnier Messieurs de
Groningue, à cause de la Iustice qu'ils m'ont renduë, il leur
reproche impudemment, & sans aucune raison, les mesmes
choses qu'il declare que vous auez faites, & prend de là sujet
de les injurier & blâmer, auec toutes les plus odieuses inuectiues qu'il puisse inuenter.

I'en mettray seulement icy deux ou trois exemples tirez
de ce *Tribunal iniquum*. Le premier est en l'Epistre p. 9. où

il dit ces paroles : *Licebit protestari contra iniquam illam sen-*
tentiam, ac judicium in quo nihil est judicij ; Imo in quo tot fere
nullitates, quot ab imperitissimis rerum juridicarum committi
possent : quales sunt judicis incompetentia, allegationum falsita-
tes ; neglectæ citationes partium, litis contestatio, & plura alia,
quæ in libro meo notata reperiuntur. Ainsi il appelle cela vne
sentence inique, & vn iugement qu'on a fait sans iugement,
pource qu'il suppose que le Iuge a esté incompetent, les al-
legations fausses, la citation des parties negligée, & où la
cause n'a point esté debatuë. En la quinziéme page du Liure
il prononce contre eux ces sentences : *Quicunque nocentem*
justificat, ac innocentem condemnat, vterque Deo abominatio,
& supplicijs ille dignus, qui cum debuerit vindicare oppressum,
ipsum opprimere reperitur. Et dans les pages 31. 32. & 33. il
nomme & décrit chacun des Iuges en particulier, en feignant d'eux tout le pis qu'il peut, pour tascher de les rendre
suspects. Ie ne croy pas qu'aucun de vous, ou de Messieurs
vos deputez, fust bien-aise d'estre décrit de la sorte ; Et
i'aurois peur de vous ennuyer, si ie m'arrestois icy danauta-
ge à remarquer combien il vous offense lors qu'il écrit toutes ces choses.

Mais ie suis obligé de vous representer combien il offense
Messieurs de Groningue par l'iniquité de ses calomnies. Et
premierement, pour l'incompetance qu'il leur reproche,
elle est hors de toute apparence : Car ma cause a esté addressée & recommandée par Monsieur l'Ambassadeur, à Messieurs les Estats de la Prouince, en laquelle Schoock, dont
ie me plaignois, est Professeur, & elle a esté decidée par les
autres Professeurs, qui selon les priuileges de leur Academie
estoient ses Iuges legitimes, & qui par consequent en cela
n'ont pas simplement agi comme Professeurs, mais comme
Magistrats. Outre cela, leur iugement a esté reueu, examiné,
& confirmé par Messieurs les Curateurs de la mesme Academie, qui sont des Estats de la Prouince ; Et toutesfois le ieune
Voëtius ose écrire tout vn Liure contre ce iugement, auec
vn titre si odieux que de le nommer *Tribunal iniquum*, & se

fie tant en voftre protection , qu'il ne craint pas d'offenfer
par ce moyen toute la fouueraineté d'vne Prouince.

Il dira peut-eftre que l'ay auffi ofé écrire contre vn iugement de voftre Academie: Mais il n'y a aucune comparaifon
de l'vn à l'autre ; Car en ce iugement pretendu de vos Profeffeurs, il n'eftoit queftion ny du ciuil ny du criminel (dequoy auffi vos Profeffeurs n'ont aucun pouuoir de iuger)
mais feulement de la Philofophie , touchant laquelle , ie
m'affure que plufieurs eftiment que ie fuis juge auffi compe-
tant pour le moins que toute voftre Academie ; Et il y a
autant de difference entre le iugement qu'impugne le ieune
Voëtius , & celuy que i'ay cy-deuant impugné , qu'il y a
entre les vrais combats qui fe font en guerre, où l'on eft en
hazard de fa vie, & les combats des Theatres , ou bien les
difputes qu'on fait contre des Thefes en voftre Academie,
fans aucune effufion de fang , & mefme fans aucunement fe
fafcher , quand ceux qui difputent font gens d'honneur.
Iamais on n'a veu que des Migiftrats fe foient melez des difputes qui arriuent ainfi entre les gens de Lettres , touchant
des matieres de Philofophie , comme au contraire ie n'ay
iamais veu , ny oüy dire , que quelqu'vn ait impugné info-
lemment , auec des fauffetez manifeftes , & des calomnies
infupportables , vn iugement fait par des Iuges legitimes,
qui font amis & confederez de ceux aufquels il eft fujet, fans
en eftre rigoureufement puny.

Or le ieune Voëtius ne peut eftre excufé des reproches
qu'il fait à Meffieurs de Groningue, fur ce que fon pere n'eft
pas de leur jurifdiction , & qu'on ne l'a pas cité , ny debatu
la caufe auec luy : Car fon pere n'a efté ny demandeur ny
deffendeur en cette affaire , & on n'a rien du tout iugé contre luy, on a receu feulement les depofitions de Schoock
comme on fait en tous les procez criminels , lors que ces
depofitions peuuent feruir pour excufer le crime de celuy
qui eft accufé. Par exemple, fi on fe plaint de quelqu'vn,
pour auoir receu de luy vn payement en fauffe monnoye, &
que cettuy-cy pour s'excufer, die qu'il n'a point fceu que

cette monnoye fuſt fauſſe, & que ce n'eſt pas luy qui l'a
faite, mais qu'elle luy a eſté donnée par vn autre, ſi cét autre
n'eſt pas de meſme juriſdiction, ſes Iuges n'ont pas droit de
le citer, ny de luy faire ſon procez; mais ils ne peuuent pour
cela refuſer de receuoir les depoſitions qui ſont faites contre
luy, ny meſme d'en examiner la verité, entant qu'elle ſert
pour la deſcharge de celuy dont ils doiuent iuger : Et ſi elles
contiennent des preuues ſi claires que cela les oblige à luy
pardonner, ils doiuent faire part de ces preuues à celuy à
qui cette fauſſe monnoye a eſté donnée en payement, afin
qu'il puiſſe auoir ſon recours contre celuy qui l'a fabriquée.

Les injures & calomnies qui ſont dans le Liure de
Schoock, peuuent à bon droit eſtre comparées à cette fauſſe
monnoye; Et pource que, lors que ie me ſuis plaint de luy à
l'occaſion de ces injures, il a voulu s'excuſer ſur ce que ce
n'eſt pas luy, mais G. Voëtius, qui les a fabriquées, & que
ne me connoiſſant pas il a ignoré qu'elles eſtoient fauſſes,
ſes Iuges ont eſté obligez de conſiderer s'il diſoit vray, auant
que de le condamner ou de l'abſoudre, & il a mis de tels actes
en leurs mains, qu'ils ne pouuoient me rendre la juſtice que
ie leur auois demandée, ſinon en me les enuoyant.

Le ieune Voëtius n'a point auſſi ſujet de ſe plaindre, de
ce que le procez n'a pas duré fort long-temps, que ie n'ay
agi que par vne Lettre, ſans auoir ny Aduocat ny Procureur,
& enfin qu'on n'a pas vſé de toutes les formalitez que la
chicane a inuentées, pour rendre les procez immortels : Car
ces formalitez ne peuuent eſtre requiſes, que lors que le
droit eſt douteux, Et c'eſt l'ordinaire en toutes les Cours de
Iuſtice, que lors qu'vne des parties a ſi mauuais droit qu'on
voit par ſon propre plaidoyé qu'elle doit perdre ſa cauſe,
on ne prend pas la peine d'ouïr les repliques de l'autre: Ainſi
on a bien donné à Schoock autant de loiſir qu'il en a deſiré
pour conſulter ſon affaire, & pour la deffendre, Il ne ſe
plaint point qu'on luy ait fait aucun tort en cela; & il ne
peut dire auſſi que l'eloquence de mes Aduocats, ou la ſubtilité de mes Procureurs, ait ſurpris ſes Iuges, il n'y a eu que

l'euidence de mon bon droit qui ait plaidé pour moy, mais les Iuges ont esté si equitables, & ma demande si moderée & si iuste, qu'ils me l'ont entierement accordée.

Le ieune Voëtius n'a point non plus de raison de tascher de rendre ce iugement suspect, sur ce qu'il contient vn mot ou deux qui ne luy sont pas agreables, à sçauoir, *scelerata manus*, & *scenæ seruire*; ny aussi sur ce que l'vn des Iuges m'est amy, & n'est pas amy de son pere. Car pour les mots qu'il trouue rudes ce sont les plus doux dont pouuoient vser des Iuges vertueux, & qui ont les vices en horreur, pour exprimer le crime dont il estoit question; Outre que ces mots ne sont mis que comme des depositions de Schoock, qui apparemment en auoit dit beaucoup d'autres plus odieux au regard de G. Voëtius, pour se descharger en l'accusant; Et pour exprimer l'iniquité de ceux qui auoient inseré dans son Liure, sans qu'il en sceust rien, des calomnies assez criminelles pour le mettre en peine, que pouuoit-il moins que de dire sans nommer personne, que ces calomnies auoient esté inserées *à scelerata manu*? Ainsi, puisque G. Voëtius prend cela pour soy, c'est seulement son crime qui l'offense, & non pas ceux qui l'ont nommé.

Que peut-on dire aussi de plus doux, que de comparer à vne comedie, non point vostre iugement (comme Voëtius tasche de vous persuader, afin de vous engager en ses querelles en vous animant contre Messieurs de Groningue, ainsi qu'il vous a voulu cy-deuant animer contre moy) mais les intrigues dont il s'est seruy, en fabriquant de faux témoins, & faisant toutes les autres choses qu'il doit auoir faites pour obtenir de vous la sentence qu'il a obtenuë, & pouuoir apres cela se vanter, comme il fait, qu'il ne l'a iamais sollicitée ny procurée.

Pour ce qui est de l'amitié qu'il pretend que i'ay auec l'vn des Iuges, il me fait tort de penser qu'il n'y en ait qu'vn qui me soit amy, car ie m'assure qu'ils le sont tous, comme aussi de mon costé, il n'y a aucun d'eux que ie n'estime & que ie n'honore. Mais l'amitié qui est entre eux & moy, n'est pas

de mesme espece que celle que G. Voëtius a contractée
auec Schoock, Dematius, Waeterlaet, & semblables, qu'il
engage peu à peu en ses querelles, & oblige à sa deffense,
en les rendant ses complices, & les poursuiuant à outrance,
comme de tres-cruels ennemis, lors qu'ils témoignent auoir
enuie de se repentir ; comme il a paru en l'exemple de
Schoock, qu'il auoit appellé en justice pour ce sujet ; Et
apres s'estre reciproquement menacez, qu'ils découuri-
roient les secrets l'vn de l'autre, la crainte qu'on ne sçache
ces misteres, semble les auoir ralliez. Il n'y a point de tels
secrets, entre Messieurs les Professeurs de Groningue &
moy, leur bien-veillance n'est fondée sur aucun interest,
ny mesme sur aucune conuersation : Car ie n'ay iamais parlé
que deux fois à celuy dont il me reproche particulierement
l'amitié, & ie ne luy ay point écrit durant cette affaire,
pource qu'il auoit témoigné ne vouloir pas s'en méler.

La haine aussi que le ieune Voëtius dit que le mesme porte
à son pere est si iuste, & G. Voëtius l'a si bien meritée, que
ie ne la sçaurois nier; Toutesfois celuy qu'il prend ainsi pour
son ennemy, a tasché tant de fois de se reconcilier auec luy,
qu'il a monstré n'auoir point de haine pour la personne de
Voëtius, mais seulement pour ses vices ; Et ie croy que cette
mesme haine a esté aussi en tous les autres, & qu'il n'y en a
aucun qui n'ait eu de l'horreur & de l'auersion pour le crime
de G. Voëtius, lors qu'ils ont veu les actes que Schoock a
produits : Car ces actes sont tels, que par le propre témoi-
gnage du fils, plusieurs ont creu, lors qu'ils les ont veus, que Tribunal
ny luy ny Dematius ne pourroient plus d'oresnauant estre iniquum p.
receus au nombre des gens d'honneur ; Mais cette bien- 2. præfatio-
veillance & cette haine n'ayant esté fondées que sur le zele nis.
de la justice, dautant plus qu'elles ont esté grandes, &
qu'elles ont rendu ma cause plus fauorable, & celle de
Voëtius plus odieuse, à ceux qui en ont eu connoissance,
dautant mieux prouuent-elles l'equité de leur iugement.

Quoy qu'il en soit, ce ne peut estre ny l'amitié ny la haine
des Iuges qui ont rendu G. Voëtius & Dematius criminels,

ce sont les actes écrits de leur main, lesquels ils n'ont point iusques icy desauoüez ; qui les rendent manifestement coulpables d'auoir tasché de corrompre Schoock, & mesme de l'auoir corrompu, pour donner vn faux témoignage contre moy. Car premierement pour connoistre ce que Voëtius a voulu que Schoock assurast en justice, il faut seulement considerer, que dans le principal de ces actes, qui est vne forme de témoignage écrite de la main de Voëtius, & qu'il a enuoyée à Schoock, pour la suiure, il veut expressément qu'il assure que c'est, *motu proprio & sponte suâ*, de son propre mouuement qu'il a entrepris d'écrire contre moy ; Et qu'il a fait son Liure partie à Vtrecht, & partie à Groningue, *Et quidem solum, ita vt nec D. Voëtius nec quisquam alius eius autor, siue in totum siue ex parte fuerit, aut quod ad materiam, aut quod ad dispositionem, aut quod ad stylum :* Et ainsi qu'il nie que Voëtius luy ait fourny aucune matiere. A quoy on peut adjoûter vne Lettre du mesme Voëtius écrite à Schoock, en datte du 21. Ianuier 1645, laquelle Messieurs du Senat Academique de Groningue ont fait imprimer, dans le *Bonæ fidei sacrum*, page 35. où sont ces mots : *Summa huc redit. Te ex re consilium cepisse, & statuisse* (à sçauoir d'écrire contre moy) *teque opus illud quod ad materiam, formam, methodum, stylum, inchoasse, absoluisse; chartas & schedas à me tibi nullas suppeditatas aut submissas, nec vllam vel minimam pagellam præformatam, quam in describendo tuam feceris, &c.*

Puis afin de sçauoir que ces choses (qui ne consistent qu'en deux articles, le premier est que Schoock a écrit contre moy de son propre mouuement & sans que Voëtius l'y ait exhorté; l'autre qu'il ne luy a point du tout fourny de matiere pour écrire) sont tres-fausses, il suffit de voir vne autre Lettre du mesme Voëtius à Schoock, qui est aussi dans le *Bonæ fidei sacrum*, page 28. en datte du 2. ou 3. nonas Iunij 1642. car d'abord on y trouue ces mots : *Non pigebit denuò te hortari, vt in disputationibus contra scepticos pergas, & quidem quam primùm, sequestratis tantisper reliquis tuis meditationibus. Erit hæc pulcherrima occasio furiosi & ventosi istius promissoris*

missoris R. Descartes, hiatum obstruere : Appendix illa ad Me-
ditationes primæ Philosophiæ edita Amstelredami , in primis
te ad operis huius delineationem exstimulare debet. Est illa tot
furiosis & contradicentibus mendaciis ac calumniis in hanc A-
cademiam nostram, meamque imprimis professionem delibuta,
vt ferream quorumuis Lectorum patientiam vincat. Voilà
comme il parle d'vn innocent écrit, où ie n'auois rien mis
de luy qu'il n'eust merité au double. Et cecy monstre euidemment que Voëtius a exhorté Schoock à écrire contre
moy ; car il vse mesme des mots *hortari* & *exstimulare* ; &
qu'il l'y a exhorté plus d'vne fois, car il dit *denuò te hortari*;
& que ç'a esté à l'occasion de ce qu'il nomme, *Appendix ad*
Meditationes primæ Philosophiæ, qui est l'Escrit contre lequel est fait le Liure de Schoock. Ie sçay bien qu'il répond
à cela, qu'il l'exhortoit par cette Lettre à continüer d'écrire
des Theses *contra scepticos* & d'impugner mes opinions dans
ces Theses ; mais le titre du Liure que Schoock a fait depuis
contre moy, n'estant pas encore alors inuenté, il ne pouuoit
plus expressement l'exhorter à l'écrire, qu'en l'exhortant à
m'impugner ; Et bien qu'il donnast alors le nom de Theses,
ou de disputes, à ce qu'il vouloit estre fait contre moy , &
dont il a luy-mesme depuis inuenté le titre, ainsi que declare
Schoock, ce ne laissoit pas d'estre en effet le mesme Liure,
pource qu'il n'est aucunement question du nom , mais de la
chose, à sçauoir, des calomnies dont ie m'estois plaint.

Et afin que ie puisse mieux éclaircir cecy , ie vous priede
vouloir remarquer que trois diuers Escrits ont esté publiez
en cette occasion pour Voëtius, à sçauoir, le Liure intitulé
Admiranda methodus, ou bien *Philosophia Cartesiana,* qui
n'est autre chose qu'vn amas d'inuectiues contre moy, sous
pretexte d'impugner mes opinions ; puis la Preface de ce
mesme Liure, auec ses Paralipomenes, où l'on tasche expressement de répondre à ce que i'auois écrit de Voëtius, &
le troisiéme la Narration historique qui a parû au nom de
vostre Academie, où il est traitté des choses qui se sont pas-
sées au regard de Monsieur Regius. Or on voit clairement

par la Lettre du troisiéme Iuin 1642. que Voëtius auoit dés-
lors dessein de m'impugner en ces trois façons; Car outre la
premiere, à laquelle il exhorte Schoock, par les paroles
que i'ay desia citées, voicy comme il parle des deux autres:
De iis quæ Academiam nostram tangunt, videbunt DD. Pro-
fessores, nec patientur eum conqueri nos esse ipsi debitores. De iis
quæ in me immorentem congeret maledictis retundendis, etiamnum
deliberamus. Vt silentio litemus, nemo ex Collegis, quod sciam,
consulit; Sed per quem aut quâ ratione respondendum sit, ἐν δεῖν
μάλα θύμος. Sunt qui me, sunt qui filium, sunt qui te designant:
Sed de hoc amplius. Interim quæ ad veritatem historiæ pertinent
consignabuntur; etiam, vbi opus, testimoniis confirmabuntur.
Ainsi, il auoit deslors intention de faire que ses *DD. Pro-*
fessores s'interessassent en son party; Et pour ce qui le regardoit en particulier, qui est ce que contient la Preface du
Liure de Schoock, il estoit bien resolu de ne se pas taire:
Car il dit, *Vt silentio litemus nemo consulit;* Mais il estoit encore incertain, si ce qu'il écriroit ou feroit écrire sur ce
sujet, deuoit paroistre sous son nom, ou sous celuy de son
fils, ou pluſtost sous celuy de Schoock; Et il dit luy-mesme,
Sed de hoc amplius. Ce qui est proprement à dire, que les
autres luy conseillent d'écrire luy-mesme, ou de faire écrire
son fils, mais que son desir à luy est que ce soit Schoock qui
écriue. Et apres cela, il a voulu que Schoock declaraſt en
juſtice, que c'eſtoit *motu proprio*, & sans y eſtre incité par
Voëtius, qu'il auoit écrit.

   On voit aussi par la mesme Lettre qu'il luy a fourny de la
matiere, autant qu'il en a eſté capable; Car vn peu apres, il
y parle ainsi de mes opinions: *Operæ pretium feceris, si omnia*
iſtius farinæ paradoxa excerpseris, & cum antiquorum scepticis
aliisque hæreticis (apud Auguſt. & Epiphanium de hæresibus &
Gennadium) teratologiis comparata, refutaris; primò sacris
Litteris; secundò rationibus, tum directis, tum ducentibus ad
absurdum, & hominem in contradictionem adigentibus; tertiò
consensu patrum; quartò consensu antiquorum Philosophorum,
Scholaſticorum, & recentium Theologorum, ac Philosophorum;

scilicet reformatorum, Lutheranorum, Pontificiorum, vt appa-
reat esse communem causam Christianismi, & omnium scholarum.
Hoc autem vbique notandum, nihil noui eum producere, siue
quid sani, siue quid insani ostentet, &c. Ce sont de ces belles
matieres que le Liure de Schoock est composé ; Et on le
peut encore voir par vne autre Lettre du mesme Voëtius,
écrite cinq mois apres, à sçauoir, le 25. Nouembre 1642.
lors que le Liure de Schoock estoit sous la presse ; car on y
trouue ces mots : *Particulares opiniones Cartesij ventilare,*
alterius est operis & instituti. Tu modò remitte nobis nec verba
nec promissa, sed excerpta illa & chartas quas tecum hinc abstu-
listi. Lacuna si quæ sit in generali sciographia huius methodi,
nos dabimus operam vt hic suppleamus, nisi tu suppleueris : Et
hæc abundè sufficient hac vice ; particulares disputationes non
curamus. A quoy répond ingenieusement Monsieur Desma-   Vltima pa-
tientia pag.
413.
rais, *Quid ergo ? mera conuicia ?* Ainsi, l'on voit que le dessein
de tout le Liure n'a pas dependu de la volonté de Schoock,
qui eust desiré d'impugner mes opinions en particulier, &
cela auroit esté plus honneste, mais de celle de Voëtius,
qui a seulement voulu qu'on parlast de moyen general, &
qu'on employast tous ces lieux communs d'inuectiues, pour
tascher de me rendre odieux, & que par consequent il en est
l'autheur principal.

Si ces preuues, qui ne consistent qu'en des actes écrits de
la main de Voëtius, & qu'il ne desauoüe point, ne sont pas
suffisantes pour le conuaincre, mille témoins n'y suffiroient
pas : Mais outre cela, Schoock a declaré qu'il garde encore
tout le modele de la Preface, écrit de la main de Voëtius ; &
c'est vne Preface qui contient plus de soixante pages, & qui
est la plus criminelle partie de tout le Liure ; Il a declaré le
mesme de la comparaison auec Vaninus, qui est le seul fondement qu'ils prennent pour m'accuser d'Atheisme, à sçauoir ; que i'ay écrit contre les Athées, & que Vaninus auoit
feint d'écrire contre eux, bien qu'il fust Athée en effet ;
d'où ils concluent que i'enseigne secrettement l'Atheisme ;
Et il a expressément declaré que les mots qui assurent que

E ij

ſubdolò atque admodum occultè Atheiſmi venenum aliis affrico,
ont eſté écrit d'vne autre main que de la ſienne, c'eſt à dire,
à ſcelerata illà manu, dont i'ay parlé cy-deſſus, & c'eſt principalement de ces mots que ie me ſuis plaint, pource qu'ils
contiennent la plus noire & la plus puniſſable calomnie
qu'on ſçauroit imaginer, & que ſelon les loix, il faut determiner *certum crimen* pour ſe pouuoir plaindre en juſtice,
non pas *vagari in incertum* comme fait Voëtius, lors qu'il dit
que ie l'ay calomnié dans mes Eſcrits, ſans que toutesfois il
ait encore iamais pû ſpecifier aucun mot, en quoy ie luy aye
fait tort.

De plus, les Paralipomenes adjoûtez à la Preface, dont
la derniere periode ſeule contient autant d'aigreur & autant
d'amertume que tout le reſte du Liure, ont eſté dés le commencement deſauoüez de Schoock, & ne l'ont point eſté
de Voëtius.

Ie n'aurois iamais fait, ſi ie voulois icy ramaſſer toutes les
preuues qui monſtrent que le témoignage ſuggeré ou
preſcrit par luy eſt faux. Mais ie vous prie de conſiderer
que toutes celles que i'ay miſes icy ſont réelles, & ne dependent point de la relation de Schoock ; car pour le modelle de la Preface, & les autres Eſcrits qu'il dit auoir entre
ſes mains, & qui n'ont point eſté imprimez, s'il n'eſtoit pas
vray qu'il les euſt, on ſçait bien que le procez de Voëtius
contre luy, n'auroit pas manqué d'eſtre pourſuiuy : Ce qui
monſtre combien eſt impudente la calomnie du ieune Voëtius, lors qu'il reproche à Meſſieurs de Groningue, qu'ils
ont iugé ſur la depoſition d'vn ſeul témoin, qui eſt ce qu'il
leur reproche le plus ; Car quand ils n'auroient eu aucun
égard aux paroles de Schoock, ils ont eu aſſez de preuues
ſans cela. Et toutesfois il eſt euident que la declaration faite
à Groningue, eſt incomparablement plus croyable que
celle qu'il auoit donnée auparauant à Vtrech ; Car en celle
d'Vtrech, outre qu'elle luy auoit eſté ſuggerée, il ne depo-
ſoit que les choſes qu'il penſoit eſtre à ſon aduantage, à
ſçauoir, qu'il eſtoit autheur d'vn Liure, auquel il auoit deſia

mis son nom, & il n'estoit point en la presence des Iuges, il
n'auoit point peur d'estre repris, encore que ce qu'il declaroit ne fust pas vray, il le donnoit seulement par écrit à vn
amy, qu'il estimoit assez puissant pour le pouuoir tirer de
peine, encore que sa fausseté fust découuerte; au lieu qu'à
Groningue, il a deposé ce qu'il auoit honte qu'on sceust, &
qui deuoit grandement déplaire à ses plus intimes amis; & il
ne l'a pas deposé en secret, mais ç'a esté en la presence des
Iuges; Et ainsi, on peut s'assurer qu'il n'y a eu que la reuerence de la justice, & la crainte d'estre chastié, s'il mentoit,
& s'il se chargeoit du crime d'vn autre, qui l'a obligé à dire
ce qu'il a dit; Mesme il a declaré qu'il eust confessé dés
Vtrech les mesmes choses, s'il eust esté serieusement interrogé par des Iuges; Et il arriue presque tousiours, lors qu'on
examine vn criminel, ou vn témoin, qui a quelque interest
à celer la verité de ce qu'on luy demande, que la deposition
qu'il fait en iugement, est contraire à ce qu'il a dit hors de
la presence des Iuges, sans qu'on laisse pour cela de la croire.

Mais ce n'est pas assez d'auoir prouué que le témoignage
que Voëtius a prescrit à Schoock estoit faux, il ne croira pas
estre conuaincu, si on ne prouue qu'il l'a sollicité & importuné a donner vn tel témoignage; C'est pourquoy ie vous
prie de considerer qu'il ne l'en a pas seulement prié, mais
qu'il a fait pis, & qu'il luy a expressement commandé; car il
a mis ces mots au bas du témoignage: *Stylum facies tuum,
vbi opus fuerit, interim testimonij* ἀκρίβεια *seruatà vbique, quantum per Latinitatem illud fieri poterit, imprimis vbi subuir-
gulaui.* Ainsi il vouloit que ce fust la voix de Iacob, & les
mains d'Esaü; le style de Schoock, & les menteries de
Voëtius. Il luy commandoit de changer le style, mais de
retenir exactement le sens de tout ce qu'il luy prescriuoit,
principalement celuy des mots, au dessous desquels il auoit
tiré des lignes; Et il en auoit tiré au dessous de tous les mots
que i'ay cy-dessus rapportez. Ceux qui connoissent Voëtius
sçauent combien cette façon de prier, ou de commander, est
importune, principalement au regard de ceux qu'il croit luy

estre inferieurs, ou obligez, comme estoit Schoock, & on en a veu depuis l'experience, en ce qu'il l'a poursuiuy en justice, à cause qu'il n'auoit pas persisté à maintenir ce témoignage.

Puis outre cela, n'est-ce pas à Voëtius qu'on doit attribuer toutes les allées & venues de Waeterlaet, & tout ce qu'a fait Dematius, pour induire Schoock peu à peu à former son témoignage, suiuant le modelle qu'il luy auoit prescrit? Car ces deux n'y auoient aucun interest, que comme estant amis de Voëtius; Et neantmoins Schoock assure que Waeterlaet est allé plusieurs fois le trouuer pour ce sujet, & qu'il luy a enuoyé à Groningue le modelle du témoignage que Voëtius desiroit; mais que sa conscience ne luy permettant pas de donner vn tel témoignage, il leur en auoit enuoyé vn autre plus conforme à la verité. En effet on peut connoistre par ce qui a esté fait depuis, que dans le témoignage que Schoock auoit enuoyé à Voëtius, il auoit omis les mots qui contenoient la principale fausseté, à sçauoir ; *Et quidem solum, ita vt nec D. Voëtius, nec quisquam alius, eius autor, siue in totum siue ex parte fuerit, quoad materiam*, & qu'il en auoit mis quelques autres en leur place; Et que pour le *motu proprio*, & presque tout le reste il auoit tasché de le sauuer par vn equiuoque, en mettant par tout *Methodum*, où Voëtius auoit mis *Librum*, afin de ne signifier par *Methodum*, que l'ordre des chapitres & le style, dont il vouloit bien estre autheur, & ne rien assurer des injures & de la matiere, ainsi qu'il a declaré depuis. Et Voëtius ne se mettoit pas en peine de cét equiuoque : Car le Liure estant intitulé *Admiranda Methodus*, il ne doutoit point que tous ceux qui verroient ce témoignage, ne prissent *Methodum* pour tout le Liure. Mais il semble que les autres choses, en quoy Schoock n'auoit pas suiuy son modelle, ne le contentoient pas assez, & particulierement l'omission du mot *Et quidem solum*, &c. Car il garda ce témoignage plusieurs semaines, sans s'en seruir, iusques à ce que Schoock estant allé à Vtrech, il eust plus de commodité pour le faire induire à le reformer; A quoy derechef on employa Waeterlaet, qui luy apporta ce billet écrit de la main de Dematius.

Reuere. vir, velim in testimonio tuo quædpiam mutari; quænam autem illa sint paucis accipe. Linea 21. & 22. deleantur omnia quibus linea subscripta, & scribatur meque illum solū absoluisse.

Lineâ 30. Tantùm hæc retineantur, vix esse poteram ex amicis, quæsiuisse & didicisse.

Lineâ 31. Deleantur, ab alienâ manu esse; & scribatur; alterius authoris sunt, qui vbi necessum erit, vt puto, nomen suum aperiet, vel simile quidpiam.

Rationes, quare ita faciendum censeo, non expono, coram dicturus. Vale

Et le mot *meque illum* (à sçauoir *Librum*, ou bien *illam methodum*) *solum absoluisse*, est icy tres remarquable; Car il contient ce *solum*, pour exclure Voëtius, qui est le fondement de toute leur fourbe. L'autre mot, *vix esse poteram ex amicis*, &c. ne pourroit pas estre si facilement entendu, si Dematius luy-mesme ne l'auoit expliqué par vn Escrit où il tasche de se deffendre, qui est inseré dans le *Tribunal iniquum*, depuis la page 117. iusques à la page 126. Mais là il vous apprend, page 120. & 121. que Schoock auoit mis en son témoignage, qu'il auoit appris, partie de Voëtius & partie de ses autres amis, les choses particulieres qu'il auoit écrites touchant ce qui s'estoit passé à Vtrech, ainsi qu'il luy auoit esté prescrit par Voëtius; & que luy Dematius ne croyant pas que Schoock eust aucun autre amy à Vtrech que Voëtius duquel il eust rien appris de ces choses, auoit iugé qu'il ne deuoit pas mettre *partim à D. Voëtio, partim ab aliis amicis*, mais effacer le nom de *Voëtius*, & mettre seulement *ab amicis*. Dequoy il se deffend plaisamment: *Si quid hîc à me peccatum esset* (dit-il) *peccatum in eo statuendum esset, quòd collegæ mei, mihi charissimi & cui Ecclesia plurimum debet, innocentiæ, cautelâ forte superabundante, nemini tamen noxiâ, imò aliquibus vtili (vt quæ occasionem peccandi tolleret) cauendum esse iudicaui.* Ainsi ce saint homme appelle *cautelam nemini noxiam* de suborner des témoins pour tromper des Iuges, en leur faisant imaginer *alios amicos*, au lieu de

Voëtius, en vne chofe qu'il fçauoit ne venir que du feul
Voëtius, & par ce moyen faire condamner vn innocent, pour
luy ofter l'honneur, les biens, & mefme la vie, s'il en auoit
eu le pouuoir. Et on ne peut dire que ce Dematius, qui
auoit en cela plus de foin que Voëtius mefme pour tromper
les Iuges, ne fçauoit point que Schoock euft efté induit à
écrire ; Car puis qu'il fçauoit que c'eftoit de Voëtius feul
qu'il auoit appris ce qui s'eftoit paffé à Vtrech, il ne pouuoit
ignorer le refte, ny luy perfuader de mettre en fon témoignage *meque illum folum abfoluiffe*, qu'il ne fceuft bien que
ces mots contenoient vne fauffeté. Outre que par la depo-
fition de Schoock, qui eft dans le *Bonæ fidei facrum* page 4.
on apprend que ç'a efté dans vn feftin, en la prefence de
Dematius, que le premier deffein de ce Liure a efté pris, en
voicy les mots : *Nimirum cùm anno 1641. more fuo* (Schooc-
kius) *per ferias caniculares vltrajettum ad vifendos amicos
excurriffet, à Domino Voëtio vnà cum Clariffimis eius Academiæ
Profefforibus, nonnullifque aliis honeftis viris, lauto atque opi-
paro omninò conuiuio fuiffe exceptum. In eo menfis iam fublatis à
Clariffimo D. Dematio aliifque injettam mentionem Epiftolæ
Cartefij ad Dinetum, in quà Dominus Voëtius, Præceptor eius,
grauiter omnino vapularet ; rogatumque fe atque inftanti
hortatu inuitatum à D. Voëtio, vt pro fe, Præceptore fuo, ca-
lamum in Cartefium ftringeret.*

   N'eft-ce pas vne chofe admirable, que ce qui a efté fait fi
publiquement en des feftins, en prefence de plufieurs perfonnes qui doiuent auoir foin de leur confcience & de leur
honneur (car ie ne veux pas croire que tous ceux qui fre-
quentent Voëtius deuiennent femblables à luy) & qui eft
de foy fi probable, que ceux mefme qui n'en iugent que par
conjecture ne doutent point qu'il ne foit vray que Voëtius a
follicité Schoock à écrire contre moy, n'eft-ce pas dis-ie
vne chofe admirable & furprenante, que cela ait efté choifi
par luy, pour eftre nié deuant des Iuges, & pour feruir de
fondement à vne fentence par laquelle il auoit deffein de
me perdre ? Et on n'a aucun fujet de douter de la verité de
cette

cette depoſition faite par Schoock deuant ſes Iuges, car elle n'a pas meſme eſté contredite par ſes aduerſaires dans leur procez contre luy, où ils ont fourré tant d'autres choſes hors de propos & de moindre importance, qu'ils n'auroient pas obmis celle-là, s'ils n'euſſent eu peur d'eſtre conuaincus par les témoignages de ceux qui eſtoient de ce feſtin.

Mais cecy ne ſuffit pas pour conuaincre Dematius, il veut qu'on luy prouue qu'il a importunément ſollicité Schoock à ſuiure le billet qu'il luy auoit preſcrit : Car toute ſa deffenſe eſt de dire, *Nulla hic importunæ ſollicitationis ſpecies*. Comme ſi ce n'eſtoit pas aſſez importuner vn homme, apres qu'vn autre luy a preſcrit vn témoignage qu'il n'a pas entierement voulu ſuiure nonobſtant que cét autre euſt beaucoup d'authorité ſur luy, de luy enuoyer vn billet auec ces mots, *Velim in teſtimonio tuo quædam mutari*, &c. Ce qui eſt ſi manifeſtement contre les bonnes mœurs, & contre les loix, que quand bien ce billet ne côtiendroit rien qui ne fuſt vray, ceux qui l'ont enuoyé ne laiſſeroient pas de meriter d'en eſtre repris. Mais outre cela, il dit luy-meſme qu'il n'auoit aucune familiarité auec Schoock, & toutesfois il confeſſe qu'apres luy auoir enuoyé ce billet, il l'alla trouuer le lendemain, entre les ſix & ſept heures du matin ; ce qui monſtre, ce me ſemble, vne ſollicitation tres-importune. Vn homme âgé, Profeſſeur en Theologie, va de grand matin au logis d'vn autre plus ieune, auec lequel il n'a aucune familiarité, pour le prier d'vne choſe à laquelle il n'a point d'autre intereſt, comme il le declare, que pour faire plaiſir à ſon amy, & meſme de laquelle cét amy a déja eſté refuſé. On n'a pas couſtume d'aller trouuer quelqu'vn de cette fa-çon pour luy parler d'vne affaire, que ce ne ſoit à deſſein de l'en prier à bon eſcient, & de joindre ſes raiſons & ſes inſtan-ces auec celles de l'amy par qui on eſt enuoyé.

Mais j'aduoüe que ie ne ſçay point pourquoy Voëtius n'y alloit pas luy-meſme, ſinon qu'il vouloit en cela, auſſi bien qu'en faiſant écrire Schoock contre moy, imiter le ſinge qui ſe ſeruoit de la patte du chat pour tirer les marons du feu,

Tome III. F

Ou bien peut-estre qu'apres auoir desia fait de son costé
tout ce qu'il auoit pû sans en estre venu à bout, il esperoit
que les persuasions & l'authorité de plusieurs seroient plus
efficaces que celles d'vn seul, & qu'il falloit que Voëtius &
Dematius, deux Vieillards de reputation, & qui comme ie
croy composoient alors toute la faculté Theologique de
vostre Academie, pource que le troisiéme mourut en ce
temps-là, joignissent ensemble leurs artifices, pour corrompre la chasteté de cette Susane.

Mais s'il vous semble que toutes les preuues que vous pouuez auoir contre ces deux hommes, dont ie n'ay pû écrire
icy qu'vne partie, ne soient pas suffisantes pour les conuaincre, ie vous prie de considerer que celles du ieune Daniel
contre ces deux autres Vieillards de très-grande authorité
& les Iuges du peuple, qui auoient tasché comme eux de
faire par de faux témoignages que l'innocent fust condamné, estoient bien moindres : Car Daniel ne donna point
d'autres preuues contr'eux, sinon qu'ils ne s'estoient pas
accordez touchant le nom de l'arbre sous lequel ils preten-
doient que Susane auoit peché ; Sur quoy il est croyable que
ces Vieillards ne manquerent pas de trouuer diuerses excu-
ses, en disant qu'ils n'y auoient pas pris garde, qu'ils ne
sçauoient point les noms des arbres, qu'ils n'auoient pas
assez bonne veuë pour les reconnoistre de loin, qu'ils ne s'en
souuenoient plus, ou choses semblables, qui auoient beaucoup plus d'apparence qu'aucune de celles que Voëtius &
Dematius ont alleguées en la deffense de leur cause, & toutesfois ils ne laisserent pas d'estre condamnez.

En vn fait où les presomptions sont contraires aux preuues, on a sujet d'vser de beaucoup de circonspection, auant
que de rien determiner : Mais icy les preuues sont si claires
& si certaines (à sçauoir, des Escrits de la main des criminels,
& qui ne sont point desauoüez par eux) qu'on seroit obligé
de les croire, encore que les presomptions fussent contraires ; Outre cela, les presomptions s'accordent entierement
auec elles ; Et enfin ces presomptions sont si fortes, que

fuiuant le iugement du plus fage de tous les Rois, elles fuffi-
roient pour faire condamner Voëtius, encore qu'on n'euft
point d'autres preuues. Car Salomon ayant à iuger laquelle
de deux femmes eftoit la vraye mere d'vn enfant, pour lequel elles eftoient en difpute, ne fit aucune difficulté de le
donner à celle qui luy témoignoit le plus d'affection, encore
qu'il n'euft rien du tout pour prouuer qu'elle en fuft la mere,
finon cette feule conjecture. Il eft queftion tout de mefme de
fçauoir, lequel des deux, Schoock ou Voëtius, eft le vray pere
du Liure intitulé, *Admiranda methodus*, ou bien *Philofophia
Cartefiana* (car ce Liure a deux noms, à caufe qu'il femble
auoir eu deux peres) Or Schoock le defauoüe, & le renonce,
en forte qu'il a mefme declaré qu'il ne detefte rien tant de
toutes les actions de fa vie, que de ce qu'il s'eft employé à l'é-
crire, *Ex omnibus actionibus fuis nihil magis deteftari, quàm quòd
illi negotio fe immifcere vnquam paffus fit.* Mais Voëtius au contraire continüe toufiours conftamment à loüer & à deffendre ce Liure, ou à le faire deffendre par fon fils, & particulierement ce qu'il contient de plus criminel, à fçauoir, leur calomnie touchant l'Atheifme. Car le fils dit expreffément
dans fon Liure, *Pietas in parentem*, feüille H page 11. *Nec
puderet parentem, fi (vti non fecit) fcriptionis partem ipfe præ-
formaffet; imprimis etiam illam, quâ vertiginofi fcepticifmi, &
confequenter Atheifmi, abfurdis Cartefiana Philofophia promit-
tur*, & en plufieurs autres endroits de tous les Liures qu'il
a publiez depuis, il a eu foin de faire fçauoir aux Lecteurs
que fon pere approuue & deffend ce Liure. Et neantmoins
il fe vante que vous m'auez condamné, pource que ie l'en
auois accufé, comme fi ç'auoit efté vne grande calomnie,
d'auoir dit qu'il a fait vne chofe, laquelle il eftime bonne,
& qu'il n'auroit point de honte d'auoir faite; Mefme il veut
qu'on croye qu'il a tant de pouuoir en voftre Ville, qu'il a
obtenu cette condamnation fans l'auoir follicitée ny pro-
curée.

Ie ne veux point continuer à mettre icy des exemples de
la Bible, bien que celle du Roy Affuerus, qui eftant auerty

qu'Aman auoit abusé de sa faueur luy fit souffrir le supplice
qu'il auoit preparé à Mardochée, seroit peut-estre fort à
propos.

Au reste afin de conclure ce discours, ie ne veux point
vous representer que par vostre publication du 13. Iuin
1643. qui fut si celebre, que la memoire en durera plusieurs
siecles, vous auiez expressément declaré que vous vouliez
vous enquerir des mœurs de Voëtius, pource que si elles
estoient telles que ie les auois décrites, vous le iugeriez
tres-nuisible à vostre Ville, & que maintenant elles se trouuent pires que ie n'auois dit; en sorte que vous estes obligez
de tenir en cela vostre parole. Ie ne veux point vous animer
contre luy, en disant qu'il s'est mocqué de la iustice, lors
qu'il a voulu joüer le personnage d'vn criminel, sans estre
iamais interrogé; & me faire joüer celuy d'accusateur, sans
que i'en sceusse rien; & feindre que ie l'auois calomnié, pour
auoir dit qu'il a fait vne chose qu'il estime bien faire; & enfin
me faire condamner par des deputez dont ie n'ay iamais pû
sçauoir les noms; Ce qui ne merite rien moins, que d'estre
fait vne fois criminel de telle façon, qu'il n'ait pas sujet de
s'en mocquer. Ie ne veux point aussi vous animer contre
son fils, en disant que lors qu'il publie toutes ces choses, il
se rend pour le moins aussi coupable que Monsieur Regius,
qu'on dit auoir esté au hazard de perdre sa profession, pource qu'il estoit soupçonné de m'auoir auerty de ce qui s'estoit
passé en vostre Academie; bien que i'eusse interest de le
sçauoir, & que ce ne fussent point des secrets de la Republique, comme Voëtius vouloit persuader. Ie ne veux point
tascher de rendre ces Voëtius odieux, en disant qu'ils sont
tellement endurcis, & que la coustume de pecher sans estre
punis, les a rendus si effrontez, que non seulement ils se
mocquent de la iustice, mais aussi de leurs crimes; Et comme
si des témoignages apertement faux, écrits de la main de
Voëtius & de Dematius, pour induire Schoock à les dépo-
ser en iustice, & tromper les Iuges, estoient des choses de
peu d'importance, le ieune Voëtius les appelle *Amuleta*, des

bagateles de nulle vertu , que Messieurs de l'Vniuersité de
Groningue m'ont enuoyées ; Et il ne se contente pas de
faire vn saint Paul de son pere, en disant que, *nullius est sibi
conscius* , nonobstant que ces crimes soient connus par plusieurs milliers de personnes, & qu'il ne puisse rien apporter
que des injures & des impertinences pour les excuser ; Mais
mesme il va iusques à l'impudence de le comparer à Iesus-
Christ, en disant de Monsieur Desmarestz & de moy, que
*Herodes & Pilatus amici facti vt innoxiæ famæ , ac per Dei
gratiam illibatæ (huius scilicet Christi) maculam aspergerent.*
Enfin ie ne veux point vous demander justice contre ces
calomniateurs & ces faussaires ; c'est à vous à iuger s'il vous
est honneste ou vtile que leurs crimes demeurent impunis, ie
n'y ay point d'interest. Ie ne croy pas qu'il y ait d'oresnauant
personne qui adjoûte foy à ce qu'ils diront ou écriront contre moy ; toutes leurs machinations seront ridicules & sans
effet ; les enfans mesme s'en mocqueront, pourueu qu'ils ne
soient point fortifiez par vostre protection ; Car leurs vices
sont maintenant assez connus ; ou bien s'ils ne le sont pas
encore assez, i'ay interest de les faire sçauoir à tous ceux qui
pourront ouïr leurs menteries en ce siecle icy , ou aux suiuans , afin qu'elles ne me nuisent pas ; & ie tascheray de
n'omettre rien de ce qui sera de mon deuoir.

Mais ie vous prie de trouuer bon, qu'auec tout l'honneur
& le respect que ie dois,& que ie veux rendre aux Magistrats
d'vne Ville comme la vostre, ie me plaigne à vous de vous-
mesmes, à cause que par vos procedures, & par la sentence
que mes ennemis se vantent d'auoir obtenuë de vous contre
moy,vous auez donné autant d'authorité & autant de credit
à leurs calomnies, qu'il a esté en vostre pouuoir : C'est
pourquoy ie puis dire auec iuste raison, que c'est de vous
seuls que ie me dois plaindre. Ce n'est pas que ie pretende
pour cela vous donner aucun blasme des choses que vous
auez faites ; Ie sçay que les meilleurs Iuges du monde peuuent estre trompez par de fausses depositions de témoins;
Et ie ne sçay point toutes les intrigues & toutes les ruses

dont G. Voëtius s'eſt ſeruy pour obtenir les choſes qu'il a
obtenuës, Ie ne ſçay pas meſme certainement, s'il les a obtenuës ; Ie ſçay ſeulement qu'vn homme de ſon humeur, &
qui a le credit qu'il a en voſtre Ville, y peut obtenir beaucoup de choſes. Mais pource que la raiſon veut & que la
juſtice demande qu'on dedommage, & qu'on mette hors
d'intereſt, autant qu'on en a le pouuoir, non ſeulement ceux
qu'on a offenſez volontairement, mais auſſi ceux à qui on a
fait quelque tort ſans le ſçauoir, ou meſme auec intention
de bien faire ; Et pource que c'eſt l'ordinaire des hommes
vertueux, qui ſont jaloux de leur reputation & de leur honneur, d'auoir beaucoup de ſoin de reparer les torts qu'ils
ont ainſi faits ſans le ſçauoir, afin d'empeſcher qu'on ne ſe
perſuade qu'ils ont eu mauuaiſe intention en les faiſant,
comme au contraire ce ne ſont que les ames baſſes, laſches
& ſtupides, qui ayant fait du mal à quelqu'vn, bien que ç'ait
peut-eſtre eſté ſans y penſer, continüent apres de luy nuire
le plus qu'ils peuuent, pour cela ſeul qu'ils croyent auoir
merité d'en eſtre haïs, ou bien que s'eſtant vne fois mépris,
ils ont honte de ne pas maintenir ce qu'ils ont fait, bien
qu'en eux meſmes ils le deſaprouuent ; Enfin pource que ie
vous eſtime tres-genereux, tres-vertueux, & tres-prudens,
Ie ne doute point que maintenant que les fauſſetez de mes
ennemis ſont découuertes, & que vous ne les pouuez plus
ignorer, vous ne ſoyez bien-aiſes d'auoir occaſion de me
donner la ſatisfaction que ie vous demande.

C'eſt pourquoy, ie vous prie de conſiderer le tort & le
prejudice que vous m'auez fait ; Premierement par voſtre
publication du 13. Iuin 1643. en me citant au ſon de la cloche,
& par des affiches, qui furent meſmes enuoyées auec ſoin
de tous coſtez en ces Prouinces, comme ſi i'euſſe eſté vn
vagabond, ou vn fugitif, qui auroit commis le plus grand &
le plus odieux de tous les crimes, Car encore qu'on n'en
ſpecifiaſt point d'autre, ſinon que i'auois écrit contre Voëtius, toutesfois à cauſe que c'eſt vne choſe entierement
inouïe, & ſans exemple, de voir citer quelqu'vn d'vne façon

ſi extraordinaire, pour auoir écrit contre vn particulier, &
que le menu peuple, & generalement tous ceux qui n'ont
point eſtudié, ne ſçauent pas iuſqu'où ſe peut eſtendre le
peché de faire des Liures, vous leur donniez ſujet de penſer
que i'auois commis en cela vn ſi grand crime, qu'il eſtoit
auſſi ſans exemple. Et l'injure que ie receuois eſtoit dautant
plus grande que ie l'auois moins meritée : Car au ſonds ie
n'auois fait autre choſe, ſinon que ie m'eſtois deffendu, auec
beaucoup plus de moderation que ie n'auois eſté obligé d'en
obſeruer, contre les plus outrageuſes calomnies qui puiſſent
eſtre imaginées, & auſquelles la prudence ne permettroit pas
que ie differaſſe plus long-temps de m'oppoſer. Car outre
que i'ay fait voir cy-deſſus, que Voëtius auoit vn deſſein formé de longue-main, pour perſuader que i'eſtois Athée, i'ay
iuſte raiſon de penſer qu'il m'en vouloit meſme accuſer en
iuſtice, & taſcher de m'opprimer par de faux témoignages,
pource que ce n'eſt point luy faire tort, que de dire qu'il eſt
capable de corrompre des témoins, & que Schoock aſſure
que lors que ce Voëtius luy recommandoit de m'objecter
principalement l'Atheiſme en ſon Liure, il luy promettoit,
tales teſtes aliquando prodituros (à ſçauoir, pour me conuaincre
de ce crime) *qui poſſent reuerà aſſidui ſiue claſſici teſtes haberi*;
mais depuis qu'il a veu que ie veillois pour me deffendre, il
n'en a ſceu produire aucun. La ſeconde choſe par laquelle
vous m'auez grandement prejudicié, eſt la ſentence qu'on
dit que vous auez renduë, en laquelle condamnant mes
Eſcrits, vous donniez expreſſément action contre moy à
voſtre officier de Iuſtice, pour m'oſter entierement l'honneur & les biens, autant qu'il eſtoit en voſtre pouuoir. I'ad-
iouſte pour la troiſiéme, non ſeulement l'acte du 11. Iuin 1645.
par lequel vous deffendiez aux Libraires d'imprimer ou vendre les Eſcrits qui ſeroient pour moy & en ma faueur, au
meſme temps que ie receus le iugement de Meſſieurs de
Groningue, en datte du 10. Auril de la meſme année, lequel
ſeruoit à me juſtifier, & pendant que Voëtius faiſoit imprimer vne Lettre de Schoock, pour confirmer ſes calomnies

Neceſſaria
& modeſta
defenſio p.
48.

contre moy ; Mais auſſi, toute la protection que vous auez
donnée depuis quatre ans aux injures de Voëtius, & de tous
les autres qu'il a ſuſcitez pour me nuire ; Iuſques là qu'il
a eſté vn temps qu'aucun amy que i'euſſe en voſtre Ville,
n'oſoit ſans contrefaire ſon écriture, & celer ſon nom, m'a-
uertir des choſes qui s'y faiſoient à mon prejudice, bien
qu'elles ne puſſent eſtre faites legitimement, ſans que i'en
fuſſe auerty ; Et que pendant que Schoock obeïſſoit aux
paſſions de Voëtius, en écriuant pour luy complaire toutes
les plus criminelles calomnies qu'on puiſſe inuenter, il eſtoit
le bien venu en voſtre Ville ; & le témoignage qu'on auoit
tiré de luy contre moy y eſtoit receu pour bon en juſtice,
bien qu'il fuſt remply de contradictions, & d'équiuoques,
ainſi qu'il declare luy-meſme, & que ſon Liure fait auparauant contre moy le deuſt rendre entierement ſuſpect ; Mais
apres qu'il a eu confeſſé quelques veritez à mon auantage,
on luy a fait vn procez d'injures pour ce ſujet ; Et bien qu'il
les ait prouuées ſi euidemment, que Meſſieurs de Groningue
ne les ont aucunement miſes en doute, il n'a pû toutesfois
encore chez vous en eſtre abſous. En ſorte qu'il ſemble que
vous ayez fait depuis quatre ans, tout voſtre poſſible pour
me lier les mains, & empeſcher que ie ne me deffendiſſe,
pendant que mon ennemy me battoit, & qu'il deſchargeoit
toute ſa colere & toute ſa rage ſur moy.

Mais ie mettray auſſi s'il vous plaiſt entre les raiſons pour
leſquelles i'attens de vous vne iuſte & entiere ſatisfaction,
que ie n'ay point voulu rompre ces liens dont vous me rete-
niez, bien qu'il m'euſt eſté tres-facile ; & que i'ay ſouffert
patiemment toutes les injures que i'ay receües de Voëtius
depuis ce temps-là, ſans m'en reuancher, pour cette ſeule
conſideration, que i'ay veu que vous le couuriez tellement
de voſtre Corps, que ie ne pouuois pas aiſément le frapper
ſans vous toucher, & que ie ne voulois pas vous offenſer.
Auſquelles choſes ie vous ſupplie de vouloir auoir égard, afin
que ie puiſſe receuoir de vous la ſatisfaction que ie pretens.
Et ſi ie n'en puis obtenir d'autre, qu'il vous plaiſe au moins
m'octroyer

m'octroyer, ce qu'on n'a pas couſtume de refuſer aux plus
criminels, & de trouuer bon que ie ſçache qu'elle eſt la
ſentence qu'on dit auoir eſté donnée contre moy, par quels
Iuges elle a eſté donnée, ſur quoy ils ſe ſont fondez, &
quelles ſont toutes les charges ou les preuues qu'ils ont euës
pour me condamner; Sur quoy ie prie Dieu qu'il vous inſpi-
re les conſeils qui ſeront les plus vtiles à ſa gloire, & deſquels vous puiſſiez le plus eſtre loüez & eſtimez par tous
ceux qui aiment la vertu, afin que i'aye juſte raiſon de me
dire,

MESSIEVRS,

Voſtre tres-humble & tres-obligé
ſeruiteur, DESCARTES.

AV R. P. MERSENNE.

Du 22. Iuillet 1640.

LETTRE II.

MON REVEREND PERE,

Ce mot n'eſt que pour vous remercier de l'affection que vous m'auez témoignée en la diſpute contre les Theſes des Ieſuites ; I'écris à leur Recteur pour les prier tous en general de s'addreſſer à moy s'ils ont des objections à propoſer contre ce que i'ay écrit : Car ie ne veux point auoir affaire à aucun d'eux en particulier, ſinon entant qu'il ſera auoüé de tout l'ordre ; ſuppoſant que ceux qui n'en pourront eſtre auoüez n'auront pas vne bonne intention. Comme en effet il paroiſt ce ſemble par la velitation que vous m'auez en-uoyée, que celuy qui l'a faite a pluſtoſt deſſein d'obſcurcir que d'éclaircir la verité. I'y répondray dans huit iours com-me il merite, & à toutes vos autres Lettres, ce qui m'eſt im-poſſible pour ce voyage. Au reſte, ie feins d'ignorer l'au-theur de ces Theſes dans la Lettre que i'écris à leur Recteur, pour auoir plus d'occaſion de m'addreſſer à tout le Cors ; & en effet vous ne m'auiez point fait ſçauoir ſon nom dans vos premieres Lettres. Mais il me ſemble que vous m'auez autrefois mandé que ce Pere eſt parent de Monſieur P. Si cela eſt, ie ne m'eſtonne pas qu'il ait voulu engager ſa re-putation pour l'amour de ſon parent ; mais ie m'eſtonne de ce qu'il a oſé m'enuoyer ſa belle velitation, veu qu'elle ne ſert qu'à me monſtrer ſon impuiſſance ; pour ce qu'il n'y dit pas vn ſeul mot contre moy, mais ſeulement contre des chimeres qu'il a feintes pour les refuter, & me les attribuer à faux ; Comme ce qu'il me fait dire que *ceſſat determinatio*

deorſum; tanquam ſi annihilaretur, nec vlla ſuccederet ſurſum;
& que, manet ſola & eadem determinatio dextrorſum, faiſant
force ſur le mot de *ſola,* auquel ie n'ay iamais penſé. Ie ne
ſçay ſi i'ay bien deuiné; mais ie conjecture que cette velitation a eſté la preface que le Répondant a recitée, auant que
de commencer la diſpute. Vous m'apprendrez s'il vous plaiſt
ce qui en eſt. Ie vous enuoye icy d'autres Theſes, dans leſquelles on n'a rien du tout ſuiuy que mes opinions, afin que
vous ſçachiez que s'il y en a qui les rejettent, il y en a auſſi
d'autres qui les embraſſent. Peut-eſtre que quelques-vns de
vos Medecins ne ſeront pas marris de voir ces Theſes, & celuy qui les a faites en prepare encore de ſemblables ſur toute la Phyſiologie de la Medecine; & meſme, ſi ie luy voulois promettre aſſiſtance, ſur tout le reſte; mais ie ne la luy
oſe promettre, à cauſe qu'il y a mille choſes que i'ignore;
& ceux qui enſeignent, ſont comme obligez de dire leur
iugement de toutes choſes. Ie ſuis,

MON R. PERE,

Voſtre tres-humble & tres-obeïſſant
ſeruiteur, Dᴇsᴄᴀʀᴛᴇs.

AD REVERENDISSIMVM RECTOREM
Collegij Claromontani.

LETTRE III.

Rᴇᴠᴇʀᴇɴᴅɪssɪᴍᴇ ᴘᴀᴛᴇʀ,

Cùm ſummam in Patribus veſtræ Societatis ad docendum
benignitatem, & ſummam vtilitatis publicæ curam eſſe
ſciam; cùmque hæ meæ literæ non alio inſtituto ſcriban-
tur, quàm vt vobis docendi mei, multorumque hominum

vtilitati prospiciendi, ansam præbeant, confido eas vestræ
Reuerentiæ gratas fore. Nec idcirco vllam hîc præfabor
excusationem, quòd fortè ignotus vos interpellem, sed dicam tantùm me monitum fuisse, quasdam Theses in vestro
Parisiensi Collegio publicè nuper fuisse defensas, quas quidem integras non vidi, sed ex iis hæc excerpta ad me missa
sunt.

Ex pagina 11. Vt ad explicandam lucis & colorum actionem in oculos, non sufficit motio fictæ cuiusdam materiæ
subtilis per aërem fusæ, ita neque motus aëris satis explicare potest vim plane miram & actionem sonorum in aurem.

Et ex pagina 15. lucis & colorum actionem in oculos explicare per motum materiæ cuiusdam subtilis, fusæ per aëris
& transparentium corporum poros, quam lucida corpora
moueant, & quâ tangant oculos modis variis, atque omnino aliter quàm per species intentionales, est cicatricem cu-
rare nouo vulnere, & gratis implicare sese iisdem & insu-
per nouis difficultatibus, has afferre, & inanitatem subtilis
illius materiæ demonstrare.

Vniuersale hoc reflexionum principium, *Angulus reflexionis æqualis est angulo incidentiæ*, aliunde videtur demon-
strandum aut explicandum, quàm à distincta virtute, & determinatione, eâque geminâ, circa motum pilæ, exempli
gratiâ, aliisque id genus, ex quibus, nisi aliud afferatur,
contrarium manifestè concluditur. Idem censendum de
refractionum principiis, quæ qui vellet iisdem ex capitibus
demonstrare, is suâ delusus Analysi, oppositum conficeret.

Quoniam autem opiniones quæ ibi refutantur, neminem,
quod sciam, præter me authorem habent, summopere ga-
uisus sum, hinc mihi datam esse occasionem flagitandi vt
me errorum meorum monere dignemini, & quidem occasionem tam iustam, vt pro vestrâ prudentiâ & charitate, vix
id mihi recusare possitis. Nam certè neque nomen eius à quo
Theses illæ factæ sunt, ad me scriptum fuit, neque etiam
nomen scientiæ quam docet, etsi vel Physicam esse vel mathesim facilè ex argumento coniiciam. Cùmque nouerim

ōmnia membra vestri corporis tam arctè inter se esse con-
iuncta, vt nihil vnquam ab vno fiat, quod non ab omnibus
approbetur, habeātque idcirco multò plus authoritatis quæ
à vestris quàm quæ à priuatis scribuntur, non immeritò, vt
opinor, à V. R. vel potiùs à totâ vestrâ Societate peto, &
expecto, id quod ab vno ex vestris publicè fuit promissum.
Præterea profiteor me ab omni pertinaciâ quam maximè
esse alienum, nec minùs paratum ad discendum quàm vllus
alius possit esse ad docendum, quod iam ante etiam professus
sum in dissertatione de methodo, quæ meorum speciminum
Præfatio est, ibique expressè (pag. 75.) rogaui omnes qui
aliquid contra ea quæ proponebam dicendum häberent,
nę suas ad me objectiones mittere grauarentur. Inter illa
autem quæ proposui, vnum ex præcipuis est materia ista
subtilis, cujus inanitatem coram discipulis vestris haud dubiè demonstrastis, nec etiam ex vltimis ea sunt quæ de reflexione & refractione scripsi, in quibus meâ me delusum
fuisse Analysi, haud dubiè etiam iis probastis. Neque enim
fas esse existimo suspicari tantos viros aliquid in Thesibus
suis affirmare, & inter disputandum auditoribus promittere,
quod non rectè sciant, & priùs discipulos suos accuratè do-
cuerint. Sed rogo, & obtestor, vt quandoquidem opiniones
meæ dignæ visæ sunt, quæ publicè in scholis vestris refuta-
rentur, me quoque non indignum iudicetis ad quem refu-
tationes istas mittatis, quique inter vestros discipulos cen-
seri possim. Atque vt non tantùm ad illa de quibus in Thesibus egistis, sed etiam ad reliqua quæ à me scripta sunt examinanda, & quæcunque in iis à veritate aliena erunt refutan-
da, vos inuitem, liberè hîc dicam, non paucos esse in mundo,
& non contemnendi ingenij, qui ad meas opiniones ample-
ctendas valdè propendent, ideoque communi rei literariæ
bono multùm interesse, vt maturè, si quidem falsæ sint, refutentur, ne fortè familiam ducant. Neque profecto vlli
sunt, à quibus id commodiùs fieri possit, quàm à Patribus
vestræ Societatis, Habetis enim tot millia præstantissimo-
rum Philosophorum, vt singuli tam pauca non possint af-

G iij

ferre, quin ſi illa ſimul iungantur, facilè omnia quæ à quiꞋ
buſlibet aliis poſſent obijci, comprehendant. Hoc itaque,
ſi placet, à vobis expectabo, dudumque ſanè expecto, tum
quia rationi valdè conſentaneum videtur, tum etiam quia
hoc ipſum iam ante duos aut tres annos ab aliquibus ex
veſtris flagitaui; Et quia olim per nouem ferè annos in vno
ex veſtris Collegiis fui inſtitutus, tantam ab ineunte ætaré
doctrinæ & virtutis veſtræ admirationem reuerentiamque
hauſi, vt longè malim à vobis quàm ab vllis aliis reprehendi.
Sumque

R. P.

V. R. Deuotiſſimus famulus, Renatvs
Descartes.

❦❦❦❦❦❦❦❦❦❦❦❦❦❦❦❦❦❦❦❦❦❦❦

AV REVEREND PERE RECTEVR
du College de Clermont.

LETTRE IV. *Verſion de la precedente.*

MON REVEREND PERE,

Comme i'ay reconnu de tout temps dans les Peres de
voſtre Societé vne tres-grande bonté & diſpoſition à enſeigner, & que ie ſçay auſſi que vous vous intereſſez fort en
tout ce qui regarde l'vtilité publique, i'eſpere que voſtré
Reuerence ne trouuera pas mauuais ſi ie prens auiourd'huy
la liberté de luy écrire, n'ayant autre deſſein que de luy
donner vne occaſion d'vſer de cette bonté enuers moy, &
par meſme moyen de veiller à l'vtilité du public. C'eſt pourquoy ie ne luy feray point icy d'excuſes, ſi tout inconnu
que peut eſtre ie luy ſuis, i'oſe bien l'importuner de quelque
priere; mais ie diray ſeulement que i'ay eſté auerty qu'on

soutint publiquement, il n'y a pas long-temps, dans vostre
College de Paris, certaines Theses, lesquelles à la verité ie
n'ay pas veües toutes entieres, mais dont on m'a seulement
enuoyé les extraits suiuans.

*De la page 11. Comme il ne suffit pas pour expliquer l'action
de la Lumiere & des Couleurs sur les yeux, de dire qu'elle procede de la motion ou du mouuement d'vne certaine matiere aussi
imaginaire que subtile répanduë dans l'air; De mesme aussi il
est inutile de pretendre que par le mouuement de l'air on puisse
expliquer assez clairement cette force tout à fait admirable &
cette action des sons sur l'oreille.*

*De la page 15. De vouloir expliquer l'action de la Lumiere
& des Couleurs sur les yeux, par le mouuement d'vne certaine
matiere subtile, répanduë dans les pores de l'air & des autres
Cors transparens, que les Cors qu'on nomme Lumineux poussent
vers nos yeux, & par le moyen de laquelle ils les touchent & les
affectent en plusieurs diuerses façons, & ne se pas vouloir seruir
pour cela des especes intentionelles, c'est en effet guerir vne
playe par de nouuelles blessures, & prendre plaisir à s'embarasser
dans de nouuelles difficultez sans sortir de ses premieres tenebres;
bref c'est en faisant voir le peu d'éclaircissement qu'on tire de ces
especes, monstrer en mesme temps l'inutilité de cette matiere subtile, & découurant les deffauts de nos Philosophes, ne rien auancer
qui vaille mieux.*

*Ce principe vniuersel des Reflexions, à sçauoir, l'Angle de
reflexion est egal à l'Angle d'incidence, semble deuoir tirer
sa preuue ou son explication d'ailleurs, que de la distinction qui
est entre la force qui fait qu'vne balle se meut, & sa determination à se mouuoir plûtost vers vn costé que vers vn autre, & mesme
d'ailleurs que de la diuision de cette determination, en vne qui la
porte en bas, & vne autre qui la fait aller vers le costé droit; de
toutes lesquelles choses, & autres semblables, si l'on n'adjoute
rien de plus, on conclud manifestement le contraire. Il faut dire
le mesme des principes que l'on apporte pour les refractions; car
si quelqu'vn vouloit par là entreprendre d'en rendre raison, il
verroit que, se laissant tromper par son Analyse il concluroit tout
le contraire.*

Mais dautant que les opinions que l'on refute dans ces
Theses, ne reconnoissent point que ie sçache d'autre autheur
que moy, i'ay esté tres-aise d'auoir eu de là occasion de vous
prier, côme ie fais tres-instâment, de vouloir prendre la peine
de m'auertir de mes erreurs, & mesme vne occasion si iuste,
qu'il est ce me semble de vostre prudence & de vostre charité de ne me pas refuser. Et certes encore que ie ne sçache ny
le nom de celuy qui a composé ces Theses, ny de quelle
science il fait particulierement profession, toutesfois il est
aisé de conjecturer par ce qu'il traitte, qu'il enseigne la Physique ou les Mathematiques. Et comme ie sçay que tous
ceux qui composent vostre Corps, sont tellement vnis ensemble, que iamais pas vn d'eux ne publie & ne fait aucune
chose qui n'ait auparauant receu l'approbation de tous les
autres, ce qui fait que ce qui vient de quelqu'vn des vostres,
a bien plus d'authorité que ce qui ne vient que de quelques
particuliers, ce n'est pas sans raison que ie souhaite & que
ie me promets d'obtenir de vostre Reuerence, ou plûtost
de toute vostre Societé, vne chose qui a esté publiquement
promise par vn des Peres de vostre Compagnie. De plus, ie
vous declare sincerement, que ie ne suis point de ces opiniâ-
tres qui ne veulent iamais demordre de leurs premiers sentimens, & que ie ne pense pas qu'il y ait personne qui soit
plus disposée à enseigner, que ie le suis à apprendre. Ce que
i'ay desia assez declaré dans le discours de la Methode qui
sert de Preface à mes Essais, dans lequel page 75. i'ay prié
en termes exprés tous ceux qui auroient quelques objections
à faire contre ce que i'ay écrit, de prendre la peine de me les
ennoyer. Or entre les choses que i'ay proposées, vne des
plus considerables est cette matiere subtile, de laquelle sans
doute vous auez demonstré l'inutilité en presence de vos
écoliers. Ce que i'ay aussi écrit de la reflexion & de la refraction n'est pas des moindres, mais ie ne fais point de doute
que vous ne leur ayez aussi fait voir qu'en cela mesme i'ay
esté trompé par mon Analyse. Car ie n'estime pas qu'il puisse
entrer dans la pensée, que de si grands hommes voulussent

dans

dans leurs Theſes auancer des choſes, & qu'ils les oſaſſent
meſme promettre à ceux qui aſſiſtent à leurs diſputes, s'ils ne
les ſçauoient parfaitement, & s'ils ne les auoient auparauant
enſeignées à leurs diſciples. Mais ie vous prie, que puis
qu'on n'a pas trouué mes opinions indignes d'eſtre refutées
publiquement dans vos Ecoles, vous ne me iugiez pas auſſi
indigne d'apprendre ce qui a eſté dit pour les refuter, & de
pouuoir par ce moyen eſtre encore conté au nombre de vos
diſciples. Et pour vous conuier à examiner auec ſoin, non
ſeulement ce que vous auez deſia agité dans vos Theſes,
mais auſſi le reſte de mes Eſcrits, & à refuter par de bonnes
raiſons tout ce qui s'y trouuera de contraire à la verité; Ie ne
feindray point de vous dire icy qu'il s'en trouue pluſieurs, &
meſme des meilleurs Eſprits, qui ſemblent incliner à vouloir
ſuiure mes opinions. C'eſt pourquoy il importe beaucoup
pour le bien commun de la Republique des Lettres de les
refuter de bonne heure, ſi elles ſe trouuent fauſſes, pour
empeſcher qu'elles n'ayent de la ſuite. Et à dire le vray ie ne
penſe pas que cela ſe puiſſe faire plus commodement que
par les Peres de voſtre Societé; car vous auez parmy vous
vn ſi grand nombre de ſçauants Philoſophes, que ſi chacun
d'eux vouloit ſe donner la peine de me faire ſeulement vne
objection, ie ne fais point de doute que toutes enſemble elles
ne compriſſent tres-aiſément toutes celles que les autres me
pourroient faire. C'eſt pourquoy vous me permettrez s'il
vous plaiſt d'attendre cela de vous; & ie vous confeſſe qu'il
y a deſia quelque temps que ie me l'eſtois promis, non ſeulement parce que cela me ſembloit raiſonnable, mais auſſi
parce que i'en auois deſia prié il y a deux ou trois ans quelques-vns des voſtres; & principalement parce qu'ayant autrefois eſté inſtruit prés de neuf ans dans vn de vos Colle-
ges, i'ay conceu depuis ma ieuneſſe tant d'eſtime, & i'ay
encore maintenant tant de reſpect pour voſtre vertu &
pour voſtre doctrine, que i'aime beaucoup mieux eſtre repris par vous que par d'autres. Ie ſuis, &c.

A VN REVEREND PERE IESVITE.

Du 14. Decembre 1646.

LETTRE V.

MON REVEREND PERE,

Encore que la Lettre que vous m'auez fait l'honneur de
m'écrire soit du 28. Septembre, ie ne l'ay neantmoins receuë
que depuis huit iours, autrement ie n'aurois pas manqué
d'y faire réponse plûtost, pour vous remercier des bons
conseils que vous m'auez fait la faueur de me donner, dont
ie vous suis extremement obligé, & pour vous assûrer que
i'ay dessein de les suiure tres-exactement. Ie vous remercie
aussi tres-humblement des *Aphorismi Physici*, & du *Sol
Flamma* qu'il vous a plû m'enuoyer. Il n'y a que trois semaines que i'ay receu ce dernier, & outre que ie tiens à
honneur d'y estre cité en la page cinquiéme, i'ay esté bien-
aise que les Peres de vostre Compagnie ne s'attachent pas
tant aux anciennes opinions, qu'ils n'en osent aussi proposer
de nouuelles. Pour les *Aphorismi Physici* ie ne les ay point
encore veus, mais on m'a promis de me les enuoyer à la premiere occasion. Au reste ie vous diray, que lors que i'écriuis
cy-deuant au R. P. Charlet, ie n'auois point encore apris qu'il
fust Prouincial de France, ie n'estois pas mesme asseuré qu'il
fust de retour de l'Amerique, & les choses dont ie luy par-
lois ne venoient point de Paris, mais de Brabant, de Rome, de
la Fleche & d'ailleurs; Et si ie me plaignois à luy, ce n'estoit
point qu'il y eust aucuns écrits imprimez contre moy, car
cela ne me sçauroit iamais offenser; Au contraire de quelque
stile, & de quelque façon qu'ils puissent estre, ie croiray
tousiours qu'ils seront à mon aduantage; pource que s'ils

font bons, i'auray du plaifir à y apprendre, ou à y répondre,
& s'ils ne le font pas, ils ne feruiront qu'à faire voir l'im-
puiffance de ceux qui m'auront attaqué. Ainfi ie vous puis
affurer que le Liure d'inftances de Monfieur Gaffendy ne
m'a iamais tant déplû, que m'a plû le iugement qu'en fit le
R. P. Mefland auant qu'il s'en allaft aux Indes, Car il m'é-
criuit qu'il l'auoit tout leu en fort peu de temps, pource
qu'il n'y auoit rien trouué contre mes opinions, à quoy il ne
peuft aifément répondre. Mais ce qui me defoblige le plus,
font des difcours particuliers, contre lefquels ie vous auoûe
que ie ne fçay point d'autre remede, que de faire fçauoir
au public, que ceux qui les font me font ennemis, afin qu'on
y adjoûte moins de creance. Toutesfois ie ne fuis pas fi difficile, ny fi injufte, que ie demande qu'vn chacun fuiue mes
fentimens, ou que ie m'offenfe, de ce que ceux qui en ont
d'autres difent franchement ce qu'ils iugent, I'ay crû feulement que ie deuois m'oppofer à ceux qui s'eftudieroient à
faire auoir mauuaife opinion aux autres, d'vne chofe de laquelle ils ne parleroient point du tout, s'ils n'en auoient
eux-mefmes bonne opinion. Et pource que cela feroit contraire à la probité, ie n'ay garde d'imaginer rien de tel des
Peres de voftre Compagnie, principalement de ceux de
France, où i'ay le R. P. Charlet, de la particuliere affection
& finguliere vertu duquel ie ne puis douter. Ie vous prie
auffi de ne douter aucunement que ie ne fois tout à vous de
cœur & d'affection, & de me croire,

MON R. P.

De V. R. Le tres-humble & tres-obeïffant
feruiteur, DESCARTES.

A VN REVEREND PERE IESVITE.

LETTRE VI.

MON REVEREND PERE,

Les Lettres que i'ay eu l'honneur de receuoir de la part de voſtre Reuerence m'ont extremement obligé, & i'auray ſoin d'empeſcher autant qu'il ſera en mon pouuoir, qu'aucun de mes amis ne faſſe rien contre les bons conſeils que i'y trouue. Ce m'eſt beaucoup qu'elles m'apprennent, que vous ne trouuerez point mauuais, ſi ſans attaquer perſonne en particulier, on dit ſon ſentiment en general de la Philoſophie qui s'enſeigne communement par tout. C'eſt vn ſujet auquel il eſt mal-aiſé de s'abſtenir de tomber, mais pource que ce qui auoit eſté commencé par vn de mes amis, ne m'a pas ſatisfait, ie l'ay prié de ne point continuer; & afin de pouuoir mieux vſer de toute la circonſpection & retenuë qui ſera requiſe pour faire que cela n'offenſe perſonne, ie penſe que ie prendray moy meſme la plume, non point pour en écrire vn long diſcours, mais pour mettre ſeulement par occaſion dans vne preface les choſes dont il me ſemble que ma conſcience m'oblige d'auertir le public. Car ie puis dire en verité, que ſi ie n'auois ſuiuy que mon inclination, ie n'aurois iamais rien fait imprimer, & que ie n'ay point d'autre ſoin que de m'acquitter de mon deuoir, ny d'autre paſſion que celle qui eſt excitée par le ſouuenir des obligations que ie vous ay, & qui me fait eſtre

MON R. P.

De V. R. Le tres-humble & tres-obeïſſant
ſeruiteur, DESCARTES,

AV R. P. MERSENNE.

LETTRE VII.

MON REVEREND PERE,

Ie vous suis tres-obligé, & à Monsieur Midorge des peines qu'il vous a plû prendre pour moy, & des soins que vous
auez de ce qui me touche, mais ie vous diray que pour ce qui
est de ma Lettre au R. P. Recteur des Iesuites vous auez eu
des considerations entierement contraires aux miennes: Car
les mesmes pour lesquelles il semble que vous auez trouué
bon qu'elle ne luy fust point donnée, sont cause que i'ay regret qu'il ne l'a pas receüe, & que ie vous supplie tres-humblement derechef de la luy vouloir donner, ou faire donner
par qui il vous plaira, puis qu'elle est entre vos mains. Ie
vous écrits vne Lettre latine que ie ioints auec celle-cy, &
que ie seray aussi bien aise qu'il voye, afin qu'il ne puisse ignorer les raisons pour lesquelles ie luy ay écrit, ou bien s'il ne
les veut pas entendre, qu'au moins ie les puisse faire entendre cy-apres au public, & à la posterité. Car enfin ayant
reconnu tant par l'action du Pere B. que par celles de plusieurs autres, qu'il y en a quantité parmy eux qui parlent de
moy desauantageusement, & que n'ayant point moyen de
me nuire par la force de leurs raisons, ils pourroient peut-
estre le faire par le grand nombre de leurs voix, Ie ne me
veux point addresser à aucun d'eux en particulier, ce qui
me seroit vn trauail infiny, & impossible; mais i'espere que
ie seray assez fort pour leur resister à tous ensemble, Et mon
dessein est de les obliger, ou à me proposer vne bonne fois
toutes les raisons qu'ils peuuent auoir contre ce que i'ay
écrit, ausquelles i'espere de pouuoir aisement satisfaire, &
d'authoriser la verité par mes réponses, & de finir bien-tost

auec eux par ce moyen, ou bien de me le refuſer, ce qu'ils
ne peuuent, ſans faire connoiſtre qu'ils n'ont rien de bon à
contredire; Et apres ce refus, ſi aucun d'eux parle contre
moy en mon abſence, on aura ſujet de ne le pas croire; Et
enfin ie taſche à les traitter auec tant de reſpect & de ſou-
miſſion, qu'ils ne peuuent témoigner aucune haine ou mépris contre moy, que cela ne leur tourne à blaſme, & ne
ſoit à leur confuſion. Et ie vous diray qu'il m'importe fort
peu qu'ils refuſent de receuoir ma Lettre, ou qu'ils la reçoiuent ſans me répondre, ou meſme qu'ils me répondent auec
aigreur ou mépris, ou enfin qu'ils faſſent tout le pis qui ſe
puiſſe imaginer, pourueu ſeulement que ie le ſçache, & que
ma Lettre leur ait eſté preſentée. Mais il m'importe beaucoup qu'elle leur ſoit preſentée, & que ie ſçache ce qu'ils
auront fait, à cauſe que i'aurois quelque tort de m'adreſſer
à eux par écrits imprimez, auant que de l'auoir fait par lettres particulieres, & ie preuoy qu'il me faudra dans quelque
temps en venir là. Vous ne m'auez point mandé ſi c'eſt le
Pere B. qui vous auoit donné luy-meſme ſa velitation pour
me l'enuoyer, & par quelle occaſion vous l'auez eüe, ce que
ie ſuis curieux de ſçauoir, à cauſe que n'y ayant rien du tout
dedans, en quoy il ne me ſemble qu'il a fait voir ou ſa mépriſe ou ſon ignorance, qui ſont deux choſes que ie ne puis
croire de luy, i'admire qu'il ait bien voulu que ie la viſſe.

Ie ne iuge pas que voſtre experience d'vn vaiſſeau de
plomb plain d'eau pour la condenſer puiſſe ſeruir, à cauſe
que la force de l'eau condenſée peut eſtendre le plomb.
Pour ce qui eſt de condenſer l'air le plus qu'on pourra dans
quelque vaiſſeau, & apres le peſer, ie croy que l'experience
en ſeroit vtile, afin de ſçauoir le poids de l'air, au moins s'il
ſe trouue ſenſible en cette façon; Et pour ſçauoir la quantité de l'air qu'on auroit peſé, il ne faudroit que le faire entrer dans vne veſſie toute vuide, lors qu'il ſortira du vaiſſeau
où il auroit eſté condenſé, & peſer derechef ce vaiſſeau
apres que cét air en ſeroit ſorty. Pour l'Inſtrument du Maiſtre des Mines, où il y a des aymans pour tous les metaux,

ie ne le puis croire iufques à ce que vous l'ayez veu : I'ay bien
oüy dire qu'ils vfent de certaines verges pour cònnoiftre les
lieux où il y a des mines foûterre, mais ie croy qu'il y a en
cela plus de fuperftition, ou de tromperie, que de verité.

Le principe que i'ay fuppofé dans ma Dioptrique, & qu'il
femble que les cauillations du P. B. vous ayent empefché de
remarquer, eft, que la force du mouuement n'eft point du
tout changée ny diminuée par la reflexion, d'où il fuit qu'à
la determination de haut en bas, il en doit neceffairement
fucceder vne autre de bas en haut, Et ainfi la bale ne peut
couler le lõg de la fuperficie qu'elle rencontre, fi ce n'eft lors
que cette fuperficie eft fi molle, qu'elle diminuë beaucoup
fon mouuement, mais ce n'eft pas de ces fuperficies qu'il eft
là queftion, car la reflexion ne s'y fait pas à angles égaux.

On peut bien faire vne machine qui fe foûtienne en l'air
comme vn oyfeau, *Metaphyficè loquendo* : Car les oyfeaux
mefmes, au moins felon moy, font de telles machines, mais
non pas *Phyficè* ou *Moraliter loquendo*, pource qu'il y faudroit des refforts trop fubtils, & tout enfemble trop forts,
pour eftre fabriquez par des hommes.

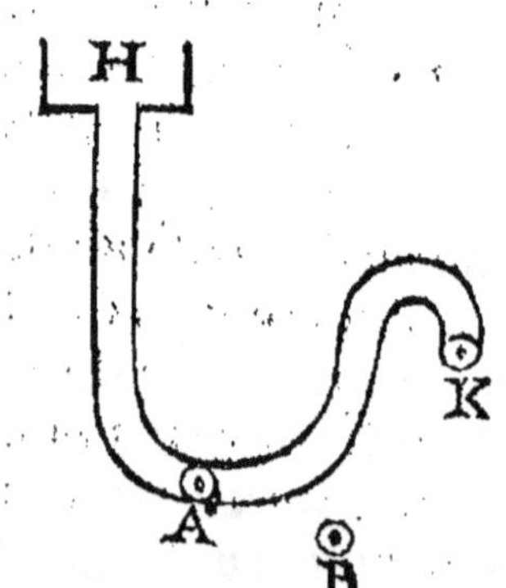

Vous n'auez pas bien pris ce que ie
defirois eftre experimenté pour le jeu
des eaux, ou plûtoft ie ne me fuis pas
affez fait entendre, Car ma difficulté
eft, fi ayant vn tuyau H A K, par tout
également large, excepté feulement
en vn endroit, où il foit bouché de
quelque Corps comme B, qui rem-
pliffe iuftement toute la capacité du
tuyau, & qui ait feulement vn trou au
milieu, par lequel l'eau puiffe paffer,
à fçauoir dis-ie, fi lors que ce bouchon B fera mis à l'endroit
du tuyau marqué A, il n'empefchera pas moins l'eau de
couler, que s'il eft mis à l'endroit marqué K.

Ie vous ay defia écrit plufieurs fois que ie ne croy point
que la viteffe des Corps qui defcendent, s'augmente toû-

jours *In ratione duplicatâ temporum*, mais qu'elle peut bien
s'augmenter à peu prés en cette sorte, au commencement
qu'ils descendent, bien qu'il s'en faille beaucoup que cela ne
continuë ; Car apres qu'ils ont acquis vne certaine vitesse,
elle ne s'augmente plus ; & ce que vous dites des goutes de
pluye le confirme.

Vous demandez pourquoy la colomne d'eau qui est dans

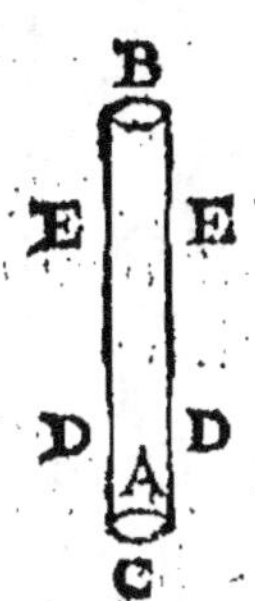

le tuyau A B , pese toute sur ma main
quand ie la tiens au dessous, & pourquoy
la colomne d'air qui est depuis B iusques
au Ciel n'y pese point en mesme façon :
ce qui vient de ce que si ma main est ostée
du point A, cette colomne d'air ne descen-
dra point pour cela, mais si fera bien celle
de l'eau. Car il faut sçauoir 1. qu'il n'y a
rien qui pese, que ce qui peut descendre,
lors que le Corps sur lequel il pese est
ostoé ; Et 2. que n'y ayant point de vuide , lors qu'vn Corps
descend en la place d'vn autre , cettuy-cy doit entrer en
la place d'vn autre , & ainsi de suite iusques à ce que le
dernier entre circulairement en la place du premier : comme l'eau qui est vers A descendant vers C, l'air qui est
vers C doit monter vers D, & celuy-cy doit monter vers E,
& enfin celuy-cy vers B en la place de l'eau qui descend , de
façon que toute la colomne d'air qui est au dessus de B iusques au Ciel ne se meut aucunement, & par consequent aussi
ne pese point. Et de cecy on peut entendre vne partie de ce
qui est au commencement de vostre seconde Lettre du 19.
Aoust, mais ie ne répons point à ce que vous me demandez
d'Archimede à cause que ie n'ay pas le Liure.

Il est certain qu'vn poisson qui nage dans vn vaisseau plain
d'eau, qui est dans l'vn des plats d'vne balance , ne le peut
rendre plus pesant ou plus leger, encore qu'il aille au fond
ou qu'il se soûtienne à moitié hors de l'eau. Et ie croy que
tous les poissons vifs sont à peu prés aussi pesans que l'eau, &
que lors qu'ils dorment il n'y a que leur pesanteur naturelle,

qui

qui les soûtienne ou au dessous ou au dessus de l'eau, selon
qu'ils sont plus pesans ou plus legers qu'elle.

I'admire ceux qui disent que ce que i'ay écrit ne sont que
Centones Democriti, & ie voudrois bien qu'ils m'apprissent
d'où i'ay emprunté ces *Centones*, & si on a iamais veu quelques écrits où Democrite ait expliqué comme moy le sel, la
nege hexagone, l'Arc-en-ciel, &c. Ces gens monstrent leur
mauuaise volonté, & leur impuissance, en disant des chóses
si hors d'apparence, aussi bien que ceux qui s'offensent de
ce que i'ay dit que les vœux sont pour remedier à la foiblesse
humaine; Car outre que i'ay tres-expressément excepté en
mon discours, tout ce qui touche la Religion, ie voudrois
qu'ils m'apprissent à quoy les vœux seroient bons, si les
hommes estoient immuables, & sans foiblesse. Et bien que
ce soit vne vertu que de se confesser, aussi bien que de faire
des vœux de Religieux, si est-ce que cette vertu n'auroit iamais de lieu, si les hommes ne pechoient point.

Il est certain que la figure empesche beaucoup la vitesse
des Corps pesans, bien qu'elle n'empesche pas tousiours le
mouuement, par exemple vne lame vn peu plus legere que
l'eau, viendra au dessus peu à peu, au lieu qu'vne boule de
mesme matiere y montera plus viste. Mais ce qui fait que les
aiguilles, ou autres tels Corps nagent sur l'eau, c'est que la
superficie de cette eau est plus difficile à diuiser que le dedans, & qu'ils l'enfoncent vn peu, comme i'ay écrit dans
mes Meteores. I'ay fait demander aux Elzeuirs les Escrits
de Viete que vous leur auez donné, ils ont répondu qu'ils ne
les pouuoient rendre, à cause qu'ils en auoient desia fait faire
les figures, & qu'ils auoient dessein de les imprimer, mais
qu'ils ne pouuoient dire quand ils commenceroient, &
qu'vn d'eux iroit bien-tost à Paris, qui vous en parleroit.
Ie suis,

MON R. PERE,

Du 30. Aoust 1640.Vostre tres-humble & tres-obeïssant
seruiteur, Descartes.

A V R. P. M E R S E N N E.

LETTRE VIII.

REVERENDISSIME PATER,

Cùm meæ ad Rectorem Collegij Claromontani Litteræ, nondum ei traditæ, sed à D. Mydorge rus forsan ituro apud Reuerentiam vestram relictæ sint, operæ prætium est, vt consilium quod in iis scribendis sum secutus, hîc exponam; Iudico enim amicissimum illum & prudentissimum virum, ad quem ipsas miseram, mihi timuisse, ne fortè omnes in me Patres Societatis Iesu irritarent, totque aduersariis sustinendis impar forem, & idcirco in iis tradendis cunctantiorem fuisse. Atqui tantum abest, vt mihi aliquod eâ de re periculum esse putem, quin econtra illorum beneuolentiam iis ipsis litteris demereri quam maximè cupio, & spero. Nam quantum illos noui, docilibus ingeniis præcipuè delectantur, & eos doctrinæ suæ participes facere nunquam recusant; Nihil autem aliud testor in istâ epistolâ, quam discendi cupidissimum me esse, & quidem discendi ab illis potiùs, quam ab vllis aliis, quia iam olim mei præceptores fuerunt, atque vt tales etiam nunc in honore summo habeo, & diligo. Nec vereor ne quid hîc simulatè dici arbitrentur, quia constans vitæ meæ ratio semper testata est, me & illos præcipuè obseruare, & nihil magis serio quærere, quam vt discam. Non vereor etiam ne vicio vertant, quod ad Rectorem Collegij scribere maluerim, quàm ad ipsum authorem earum Thesium quæ mihi scribendi ansam dedere. Nam primo illum non noram, atque etiam, vt verum fatear, quanto charitatis Christianæ zelo teneatur, ignorabam; tam expressè enim in dissertatione de methodo rogaui omnes, vt me errorum quos in meis scriptis inuenirent monere dignarentur,

tamque paratum ad illos emendandos me esse testatus sum,
vt non crediderim quemquam fore, qui vitam religiosam
profiteretur, qui me mallet absentem apud alios erroris condemnare, quàm mihimetipsi meos errores ostēdere, de cuius
saltem charitate erga proximū non mihi liceat dubitare. Neque ob hoc mihi reliqui Patres Societatis possunt irasci, quia
nullo modo in litteris de eo conquestus sum, & omnes sciunt
nullum vnquam esse corpus tam sanum, in quo non inter-
dum aliqua pars aliquantulum laboret. Deinde speraui me
longè plures, solidiores, & fortiores objectiones, ab omnibus simul, quam ab illo vno esse accepturum; nec vt opinor,
in eo studium meum reprehendent, quòd quam plurima, &
quam optima discere velim. Non vereor etiam ne forte nihil
inueniant in meis scriptis quod solidè possint refutare, atque
ideo mihi malè velint, tanquam si illos ad aliquid suscipien-
dum inuitassem, quòd non præstituros esse confidebam,
Nam neque ausim de meis qualibuscunque inuentis tantum
sperare, vt in nullo errauerim, neque, si fortè ita esset, ideò
ab optimis religiosis, & summis defensoribus veritatis, vllam
iram, vel odium, sed summam potiùs amicitiam expectarem.
Itaque non video quicquam obstare quominus istæ litteræ, quas audio à D. Mydorge apud Reuerentiam vestram
fuisse relictas, Reuerendissimo Rectori reddantur. Nihil
etiam ex quo scriptæ sunt noui accidit, propter quod eas
nunc minùs quam anteà dandas putem. Quin imo cùm in-
tellexerim egregiam illam velitationem ad quam respondi,
ab authore Thesium esse profectam, habeamque hîc testem
auritum & oculatum, qui affirmat se inter fuisse, quando illa
in frequentissimo auditorio declamatoriâ voce recitabatur,
ibique sub Anonymi personâ, paucis tantum quis ille Ano-
nymus esset ignorantibus, vapulassem, atque ea quæ nunquam dixi pro meis proponebantur, & monstra opinionum
vocabantur; Cùm inquam per hoc authorem illarum Thesium in manifestâ, & planè inexcusabili, vt quam mitissimè
loquar; cauillatione deprehenderim, nisi iam priores litteras
misissem, mei officij esse putarem nouas scribere, quibus eius

I ij

Superiores facti, tali Societate quantum iudico parum digni,
admonérem, Quia nemo melius quam ego nosse potest, quid
ille mihi affinxerit, & ipsos planè expedit scire, quàm obli-
quas vias secutus sit, vt veritati fucum faceret, & hominis nec
de se, nec de suis male vnquam meriti famam læderet. Quantum autem ad responsum, quod tanquam ab illis nùper accepi, nempe istas Theses à solo Patre B. reliquis Patribus
non consultis, factas fuisse, hunc autem mei offendendi
animum non habuisse, ac denique ipsum intra sex menses
aliquid esse scripturum, quod antequam lucem videat, mihi
legendum permittet, hoc etiam in causâ est, cur magis velim
meas ante scriptas litteras Reuerendissimo Rectori tradi,
quia scilicet ex illis agnoscet, me nihil tale quæsiuisse. Neque enim quæsiui an Pater B. Patres alios sui consilij participes fecisset, quia non credidi hoc ad rem pertinere, iam-
que lectâ eius velitatione magnam injuriam ipsis facere putarem, si quid tale suspicarer, Sed tantum istam arripui occasionem, vt illos omnes ad mea scripta examinanda quàm
potui amicissimè inuitarem. Neque etiam quæsiui, an ille
me offendere voluisset, nam sanè non is sum, qui offendar
ex eo quod meæ opiniones refutentur, sed contrâ gratissi-
mum mihi semper facient ij omnes, qui serio & solidè illas
impugnabunt, & si quis aliquid falsi in iis esse ostendat,
summo me sibi beneficio deuinciet. Quin etiam ij qui cauil-
lationibus & Sophismatis ipsas conuellere conabuntur, non
quidem à me magni fient, sed tamen non offendent, earum
enim veritatem hoc ipso confirmabunt, & eo pluris me ab
eiusmodi hominibus fieri credam, quò euidentius inuide-
bunt. Nec denique mihi magnæ curæ esset Patris B. scriptum videre, si ab illo solo veniret, audacter enim dicò, post
lectam eius velitationem, in quâ veritatem non quæri, sed
ea quæ nunquam scripsi, nec cogitaui, mihi affingi tam
manifestum est, vt nulla demonstratio Geometrica certior
sit, meo jure, quicquid imposterùm ab eodem authore solo proficiscetur, possum contemnere, & responsione, vel
etiam lectione indignum judicare, Sed post quam eius

Rector meas litteras acceperit, percupidè sanè expectabo,
& maximi faciendum esse putabo, id omne quod vel ab eodem Patre B. vel à quouis alio ex Patribus Societatis, de meis
opinionibus scribetur. Tunc enim certus ero, illud, cuiuf-
cunque tandem nomen ferat, non ab illo vno, sed à pluribus ex doctissimis & prudentissimis eiusdem Societatis, com-
positum, examinatum, & correctum fuisse. Nullasque idcircò in eo esse cauillationes, nulla Sophismata, nulla con-
uitia, nullamque inanem loquacitatem, sed tantum fir-
missimas & solidissimas rationes, atque ex iis argumentis
quæ iure in me afferri possunt, nullum planè fore omissum,
ad eo vt per illud vnum scriptum, erroribus me omnibus
meis liberatum iri confidam; & si quid ex iis quæ vulgaui
non fuerit in eo refutatum, à nemine posse refutari, sed
omninò verum & certum esse arbitrabor. Talia enim sunt ea
quæ scripsi, vt, cùm non aliis quam Mathematicis rationibus,
aut certa experientiâ nitantur, nihil falsi possint continere,
quod non facilè sit, viris tam ingeniosis & doctis euidenti
demonstratione refellere. Neque, vt spero, negligent illa
examinare, quia Mathematicis rationibus probata sunt, &
inter mathesim & Philosophiam distinguentes, hanc magis
quam illam profitentur: Egi enim de multis quæ soli Philosophiæ tribui solent, vt inter cætera de omnibus Meteoris,
& nihil optabilius esse puto in materiâ Philosophicâ, quam
vt Mathematica probatio habeatur. Et si autem fortè in
multis fuerim hallucinatus, non tamen vt spero in omnibus.
Nulla ironia vti volo, solent ipsimet mei inimici, cùm cætera
quæ ab amicis de me dicuntur negare student, fateri me in
Mathesi aliquid scire: Atqui, si non omnis mea Mathesis me
fefellit, & vel in vnâ tantum aut alterâ Philosopicâ quæstio-
ne veritatem eius ope sim assecutus, magnam à Reuerendissimis illis Patribus, qui omnem ætatem in eâ quærendâ in-
sumunt, gratiam inibo. Et quamuis in nulla non erassem,
non tamen ideò conatum hominis, candidè & ingenuè veritatem quærentis, & absque pertinaciâ doceri cupientis,
non laudare non poterunt, neque hunc hominem non

I iij

amare. Denique quoniam mea responsio ad velitationem
Patris B. non tantum ipsi, sed etiam R. P. *Phelippeaux* ostensa
est, non possunt iam reliqui Patres ignorare quid in illâ
contineatur. Memini autem me ibi litterarum quas ad Re-
uerendissimum Rectorem scripseram mentionem fecisse,
adeo vt iam mirari possit, cur sibi datæ nondum fuerint ; atque etiam, quia satis liberè ad velitationem istam respondi,
vtpotè quam ab vno ex Patribus Societatis scriptam fuisse
non suspicabar, occasionem habet hoc ipsum malè inter-
pretandi. Et certè non benè hac in re mecum actum est,
quod ipsis illa responsio, quæ admodùm grata esse non potest, ostensa sit, non autem datæ litteræ quibus eorum mihi
beneuolentiam conciliare studebam. Quas ob causas etiam
atque etiam rogo vestram Reuerentiam, vt litteras illas
Reuerendissimo Rectori quam primum tradi curet, vel si
non molestum est ipsamet tradat, Atque etiam si placet has
quas nunc scribo ei det legendas, vt tantò meliùs quare
ad illum scripserim, & quanta mea sit erga totam Societatem veneratio atque obseruantia intelligat. Vale.

Reuerentiæ tuæ addictissimus, R. DESCARTES.

AV R. P. MERSENNE.

LETTRE IX. *Version de la precedente.*

MON REVEREND PERE,

Puis que les Lettres que i'auois écrites au Reuerend Pere
Recteur du College de Clermont ne luy ont pas encore
esté renduës, mais qu'elles ont esté laissées entre les mains
de vostre Reuerence par M. Mydoge, dans la pensée peut-
estre qu'il auoit d'aller aux champs, il est important que ie
vous fasse sçauoir icy le dessein que i'ay eu en les écriuant,

Car i'eſtime que ce qui a empeſché ce prudent & fidele amy
à qui ie les auois envoyées de les rendre à leur addreſſe, a eſté
la crainte qu'il a eu que tous les Peres de cette Societé ne ſe
ſouleuaſſent contre moy , & que ie ne fuſſe pas aſſez fort
pour ſoûtenir le choc de tant d'aduerſaires ; Mais tant s'en
faut que i'aye ſujet de rien apprehender de ce coſté là, qu'au
contraire ie ne deſire rien tant que de m'acquerir par là
leur bien-veillance, & i'ay meſme ſujet de l'eſperer. Car
autant que ie les ay pû connoiſtre, il m'a touſiours ſemblé
qu'ils ſont bien aiſes d'auoir à faire auec des perſonnes d'vn
eſprit docile, & que iamais ils ne refuſent de leur faire part
de ce qu'ils ſçauent. Or dans la Lettre que i'ay écrite au R.
Pere Recteur, ie ne témoigne rien tant que le grand deſir
que i'ay d'apprendre, & meſme d'apprendre d'eux pluſtoſt
que d'aucun autre, parce qu'ils ont eſté autresfois mes Maî-
tres, & que comme tels ie les aime & les reſpecte encore. Et
ie n'apprehende pas qu'ils croyent que i'vſe icy de diſſimu-
lation, parce que i'ay touſiours témoigné par ma façon de
viure, que i'auois vn reſpect & vne veneration toute particuliere pour eux , & que ie n'auois rien tant à cœur que de
m'inſtruire, Ie ne crains pas auſſi qu'ils me blaſment de ce
que i'ay pluſtoſt addreſſé ma Lettre au R. Pere Recteur qu'à
l'autheur de ces Theſes qui m'ont donné occaſion de leur
écrire, Car premierement ie ne le connoiſſois point, & pour
dire la verité, ie ne ſçauois point qu'il fuſt remply du zele
qu'on dit qu'il a pour la charité Chreſtienne. Car i'ay prié
en termes ſi exprez dans mon diſcours de la Methode tous
ceux qui trouueroient quelques erreurs à reprendre dans
mes Eſcrits, de me faire la faueur de me les monſtrer, & i'ay
ce me ſemble témoigné ſi ouuertement qu'on me trouueroit touſiours preſt de les corriger , que ie n'ay pas crû qu'il
y en euſt aucun, qui fiſt profeſſion d'vne vie Religieuſe, qui
aimaſt mieux en mon abſence me condamner d'erreur deuant les autres, que de me les monſtrer à moy-meſme , de la
charité duquel il ne me fuſt au moins permis de douter. Et
ie ne penſe pas que pour cela les autres Peres de la So-

cieté se puissent fascher contre moy, car ie ne me suis plaint
de luy en aucune façon dans mes Lettres ; & tout le monde
sçait qu'il n'y eût iamais de Cors si sain, qui n'eût quelquefois
quelque partie vn peu malade. Enfin i'ay toûjours esperé que
ie receurois des objections en bien plus grand nombre, de
bien plus fortes, & bien plus solides, de toute sa Compagnie
que de luy seul ; Et ie ne pense pas qu'ils blasment en cela le
desir que i'ay d'apprendre le plus de choses & les meilleurs
qu'il m'est possible. Ie ne crains pas aussi que peut. estre ils
ne trouuent rien dans mes Escrits qu'ils puissent solidement
refuter, & que pour cela ils me veüillent du mal, comme si
ie les auois inuité à entreprendre vne chose dont ie croyrois
qu'ils ne pourroient iamais venir à bout : Car ie n'ose pas
tant me promettre de mes inuentions, que de croire qu'elles
soient exemptes de faute ; Et mesme quand cela seroit, tant
s'en faut que ie creusse meriter pour cela la colere ou la haine de personnes si Religieuses, & si deuotiées à la deffense
de la verité, qu'au contraire ie croyrois pluftost auoir merité
par là leur amitié & bien. veillance. C'est pourquoy ie ne voy
rien qui puisse empescher que ces Lettres ne soient renduës
au R. Pere Recteur. Et mesme depuis qu'elles sont écrites,
il n'est rien suruenu de nouueau, qui me donne auiourd'huy
moins de sujet qu'auparauant de souhaiter qu'elles luy soient
renduës ; Au contraire, depuis que i'ay sceu que cette belle
velitation, à laquelle i'ay répondu, venoit du mesme autheur
que les Theses, & que i'ay icy vn témoin auriculaire & ocu-
laire, qui m'a dit auoir esté present quand elle fut recitée en
plaine assemblée d'vn ton declamatoire, & que là, sous la
personne d'vn Anonyme, mais que tout le monde presque
connoissoit, i'y fus vn peu mal mené ; & qu'on y proposa
plusieurs choses pour miennes, que ie n'ay pourtant iamais
écrites, qu'on disoit estre de monstres d'opinion, depuis dis-
ie que par là i'ay surpris l'autheur de ces Theses dans vne
cauillation tres- manifeste, & tout à fait inexcusable, pour
ne rien dire de plus, si ie n'auois desia enuoyé mes premieres
Lettres, ie croyrois qu'il seroit de mon deuoir d'en écrire de
nouuelles,

nouuelles, pour auèrtir ses Superieurs d'vn procedé, qui selõ
mon iugement est peu digne d'vne telle Societé. Car il n'y a
personne qui puisse connoistre mieux que moy ce qu'il m'a
attribué à faux, Et il est de leur interest de sçauoir les mauuais
moyens qu'il a tenus pour obscurcir la verité , & pour attaquer la reputation d'vn homme qui n'a iamais desobligé ny
luy ny les siens en quoy que ce soit. Et pour ce qui est de la
réponse que i'ay receuë n'agueres comme de leur part, à sçauoir que ces Theses ont esté faites par le P.B. seul, sans l'auis
d'aucun de leurs Peres, mais qu'il n'auoit eu en cela aucun
dessein de m'offenser , & enfin que dans six mois il pourroit
écrire quelque chose qu'il ne mettroit point au iour que ie
ne l'eusse veuë, C'est cela mesme qui fait que ie desire danantage qu'on fasse tenir au R. P. Recteur les Lettres que ie luy
ay cy-deuant écrites, parce qu'il verra par là qu'il n'est point
question de tout cela. Car ie ne me suis point informé si le
Pere B. auoit communiqué son dessein aux autres, pource
que ie n'ay point crû que cela fist rien à l'affaire ; & apres
auoir veu sa velitation, ie croyrois leur faire grand tort , si
i'en auois le moindre soupçon ; mais seulement i'ay pris de
là occasion de les inuiter tous le plus ciuilement que i'ay pû
à examiner mes Escrits. Ie ne me suis point aussi informé s'il
auoit eu dessein de m'offenser ; Car ie ne suis nullement de
ceux qui s'offensent de ce qu'on refute leurs opinions ; au
contraire ie me tiendray tousiours tres-obligé à ceux qui
tout de bon & sans chicaner entreprendront de les impugner ; Et si quelqu'vn me faisoit la faueur de me monstrer
quelque chose en quoy ie me fusse trompé, il ne pourroit
m'obliger danantage. Et mesme ceux qui tascheront par
leurs Sophismes & cauillations de combattre mes opinions,
pourront s'asseurer, que si ie ne fais pas grand conte d'eux,
au moins ie ne m'en tiendray point offensé ; Car par là ils en
confirmeront la verité ; & plus ils feront paroistre d'enuie,
plus i'auray sujet de croire qu'ils m'estiment, ou qu'ils me
craignent. Et enfin ie ne me mettrois pas fort en peine de
voir l'écrit du P. B. si c'estoit de luy seul qu'il dût venir ; car

Tome III,   K

ie le dis hardiment a,pres auoir veu sa Velitation, où il paroist
manifestement qu'il n'a eu aucun soin de rechercher la verité , mais où il est tres-constant qu'il m'attribuë des opinions que ie n'ay iamais pensées ny écrites, ie pense auoir
droit de ne pas beaucoup estimer tout ce qui ne viendra
que de luy seul, & de le iuger indigne qu'on le lise & qu'on
y réponde. Mais apres que le Reuerend Pere Recteur aura
receu mes Lettres, i'attendray auec impatience, & verray
mesme auec plaisir & estime, tout ce que non seulement le
Reuerend Pere B. mais aussi les autres Peres de sa Societé
écriront contre mes opinions ; Car pour lors ie seray assuré,
que quoy que ce soit , & quelque nom qu'vn tel écrit porte, ce ne sera pas l'ouurage d'vn seul, mais qu'il aura esté
composé, examiné, & corrigé par plusieurs des plus doctes
& des plus sages de sa Compagnie ; Et par consequent qu'il
ne contiendra aucunes Cauillations, aucuns Sophismes, aucunes inuectiues, ny aucun discours inutile , mais seulement
de bonnes & solides raisons ; Et qu'on n'y aura omis pas vn
des argumens qu'on peut legitimement apporter contre
moy ; En sorte que par ce seul écrit i'auray sujet d'esperer
de pouuoir estre déliuré de toutes mes erreurs ; Et mesme si
dans le grand nombre des choses que i'ay écrites & expliquées, il y en auoit quelqu'vne qui ne s'y trouuast point refutée, i'auray lieu de croire qu'elle ne le peut estre par personne , & partant qu'elle est entierement vraye & indubitable. Car les choses que i'ay écrites sont telles, que n'é-
tant appuyées que sur des raisons Mathematiques, ou sur
des experiences certaines , elles ne peuuent rien contenir
de faux, qu'il ne soit tres-facile à des personnes si pleines
d'esprit & si sçauantes de le refuter par vne demonstration
tres-euidente ; Et ils ne negligeront pas comme i'espere de
les examiner, quoy que ie les aye prouuées par des raisons
Mathématiques, & que faisant distinction entre la Mathematique & la Philosophie, ils fassent vne plus ouuerte profession de celle-cy que de l'autre ; Car i'ay traitté de plusieurs
choses qu'on n'a coustume de traitter qu'en Philosophie,

comme entr'autres de tous les Meteores ; & ie penſe qu'on
ne ſçauroit rien ſouhaiter de plus en vne matiere de Philoſophie, que d'en pouuoir donner vne demonſtration Mathematique. Or encore que ie me ſois peut-eſtre trompé en
beaucoup de choſes, ie ne penſe pas toutesfois m'eſtre trompé en tout. Ie ne me mocque point, mes ennemis meſme
auoüent tous d'vn commun accord que ie ne ſuis pas tout à
fait ignorant dans les Mathematiques, quoy que dans les
autres choſes ils taſchent autant qu'ils peuuent de décrier
ce que mes amis diſent de moy. Mais ſi toute ma Mathematique ne m'a point trompé, & ſi par ſon moyen i'ay ſeulement découuert la verité dans vne ou deux queſtions de
Philoſophie, ie puis pretendre quelque part aux bonnes
graces de ces Reuerends Peres, qui employent vne bonne
partie de leur temps à vne ſi vtile recherche. Et encore qu'il
n'y en euſt aucune où ie ne me fuſſe trompé, ils ne pourront
toutesfois s'empeſcher de me vouloir du bien, & de loüer
mon entrepriſe, qui ne tend qu'à rechercher la verité auec
candeur, & à ſatisfaire au deſir que i'ay de m'inſtruire ſans
opiniaſtreté. Enfin puiſque ma Réponſe à la Velitation du
Reuerend Pere B. luy a eſté non ſeulement monſtrée, mais
auſſi au R. Pere Phelippeaux, les autres Peres de la Societé
ne peuuent pas maintenant ignorer ce qu'elle contient ; Et
ie me ſouuiens que i'y ay fait mention des Lettres que i'a-
uois écrites au R. Pere Recteur, en ſorte qu'il peut auoir
ſujet de s'eſtonner de ne les auoir point encore receuës, &
meſme auſſi de l'interpreter à mal, à cauſe que i'ay répondu
aſſez librement à cette Velitation, ne me doutant point
qu'elle vinſt d'aucun des Peres de cette Societé. Et certes
on ne m'a point en cela fait de plaiſir, de leur auoir monſtré
vne Réponſe qui ne ſçauroit leur eſtre fort agreable, & de
ne leur auoir pas monſtré mes Lettres par leſquelles ie taſ-
chois de me concilier leur bien-veillance. C'eſt pourquoy
ie prie tres-inſtamment voſtre Reuerence, de faire rendre
au pluſtoſt ces Lettres au R. Pere Recteur, ou meſme ſi
elle n'y a point de repugnance de prendre elle-meſme la

peine de les luy porter, & en mesme temps aussi de luy faire
voir la presente, afin qu'il connoisse dautant mieux ce qui
m'a porté à luy écrire, & combien i'ay de respect & de soû-
mission pour toute sa Societé.

AD R. P. MERSENNVM.

LETTRE X.

REVERENDISSIME PATER,

Legi Velitationem in meam Dioptricam ab homine qui
nominari noluit per Reuerentiam vestram acceptam, &
certè mirabundus legi ; non quòd mihi nouum sit videre
aliquos qui magno conatu nihil agunt, sed quia non possum
suspicari quo instituto eius author illam ad me mitti voluerit ; In eâ enim figmentum quoddam mihi tribuit, quod non
modò nunquam scripsi, vel cogitaui, sed præterea quod ab
omni verisimilitudine adeo alienum est, vt à nemine vnquam credi possit : Atque hoc vnum est quod refutat. Quo
sanè non videtur vllum mihi negotiũ facessere voluisse, nec
etiam ingenium suum aut candorem testari. Quid enim mihi
facilius est, quàm negare me scripsisse quod non scripsi ; &
quâ arte illi opus fuit ad rem tum excogitandam tum refu-
tandam, quæ ab omni verisimilitudine est aliena, & denique quo pacto potuit illam mihi affingere, quin sibi facti
conscius esset. Ei tamen hîc paucis respondebo ; non sanè
quòd eius scriptum aliquâ responsione dignum iudicem, sed
quia fortè eius author eâ fiduciâ ad me misit, quòd respon-
surum non esse speraret, interimque inter imperitos me
nihil respondendum habuisse iactare posset. Vt autem
quàm maximè pateat veritas, apponam hîc ipsissima eius
verba, ne minimo quidem apice mutato, measque animad-
uersiones in margine adiungam.

Scriptum sine titulo ad me missum.

Hîc *Anonymum quendam* me appellando, videtur expro-
brare velle quòd nomen meis scriptis non apposuerim ; sed
quàm prudenter, non intelligo ; cùm ipse nomen etiam
suum ad me scribi noluerit, Et sanè non vereor, ne qui scient
cur ego & cur ille nomina nostra tacuerimus, id mihi majori
vitio quàm illi vertant.

Hæc verba, *Cessat illa*, *& sola*, &c. malâ fide tanquam
mea referuntur ; scripsi enim determinationem mutari,
nempe Dioptricæ pag. 14. l. 16. & impediri, nempe pag. 15.
l. 12. nullibi autem scripsi illam cessare ; scripsi etiam restare
determinationem dextrorsùm , nullibi autem solam illam
restare, tanquam si nulla determinatio sursum , in locum
determinationis deorsum , succederet. Mirorque ingenium
hominis, qui cùm aliquid mihi vellet affingere quod refuta-
ret, id tantum affinxit quod nemini vnquam fiet verisimile
me sensisse ; quodque non modò ad conclusionem meam
nihil iuuat, sed contra illi manifestè aduersatur.

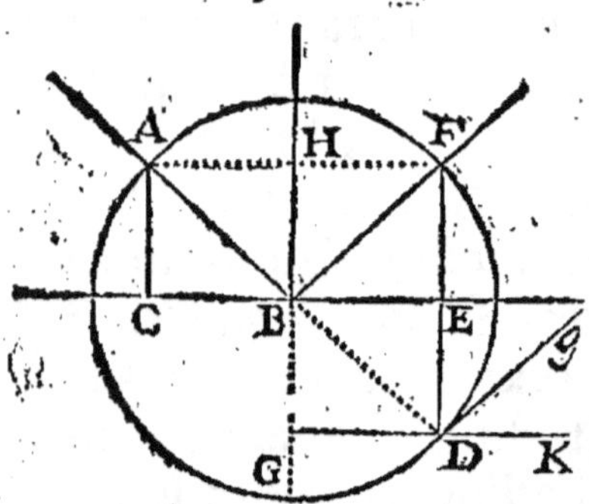

Cui enim persuadebit me de reflexione agentem nesciuisse mobile quod ex parte deorsum ten-
debat, dum mouebatur, ab A ad
B , tendere posteà ex parte sursum , dùm reflectitur à B ad F, &
quam verisimilitudinem habuis-
set mea ratio , si hoc negassem.
Non autem explicui istam muta-
tionem determinationis deorsum in sursum , quia per se est
satis nota ; sequitur enim ex eo quòd mobile incidens perpendiculariter in superficiem corporis duri , inde etiam perpendiculariter debeat resilire ; quod nemo vnquam , quod
sciam, in dubium reuocauit, nec mei moris est , in iis quæ
tam trita & facilia sunt explicandis immorari. Quod etiam
quam minimè facere debui illo in loco , vbi obiter tantùm
egi de reflexione, & in ordine ad refractionem, in quâ nulla

talis determinationis in contrariam mutatio reperitur.

C   Hîc rursus cauillatur, mihique impropriam & planè in-
eptam locutionem affingit; Neque enim est determinatio
dextrorsûm, quæ defert mobile ad quatuor palmas, vel
quæ facit quatuor palmas, vt infrà æquè ineptè loquitur,
sed virtus ipsa, vt determinata dextrorsûm; neque aliud
colligi potuit ex meis verbis, vt patet pag. 15. l. 2. aliisque
omnibus in locis, vbi de istâ re egi; dixi enim determinationem efficere, non vt mobile moueretur ad quatuor palmas,
neque simpliciter vt moueretur, tanquam si esset causa ipsius
motûs, sed vt dextrorsûm moueretur; quia nempè est causa,
non ipsius motûs, sed quòd ille motus dextrorsûm fiat.

D   Rem scilicet valdè reconditam hîc nos docet; tanquam
si ex eo quòd dixissem figuram à quantitate esse distinguen-
dam, valde opus esset me admonere, vt recordarer alteram
tamen ab alterâ non sejungi, nec dari vllum corpus exten-
sum, quod non quantitatem habeat & figuram.

E   Hîc queritur quòd non errarim, nec inciderim in salebras,
in quas ipse mox deuoluitur. Notandum enim occursum
superficiei, C B E, diuidere quidem determinationem in
duas partes, non autem idcirco vim diuidere; Neque id
mirum, quia etsi vis sine determinatione esse non possit, potest tamen eadem determinatio cum majore vel minore vi
esse conjuncta, & eadem vis manere, quamuis determinatio
quomodolibet mutetur. Quemadmodum etsi superficies
non existat sine corpore, potest tamen illa mutari, atque
augeri vel minui, hoc non mutato; & quamuis exempli gratiâ
cubi superficies sit in sex facies quadratas diuisa, non tamen
idcirco ipse cubus est diuisus in sex partes, sed vnicuique ex
istis faciebus totum eius corpus incumbit.

F   Hîc argumentatur in formâ æquè bene ac si diceret: Ad
scribendum requiritur necessariò & atramentum & charta;
charta autem est alba; ergo atramentum quoque album
esse debet. Nunquid egregiè ad libellam Analysis accuratæ
rationes suas expendit? Et quidem, etiam si hîc, vbi de reflexione tantùm agitur, verum posset concludi, quamuis

fingeretur vim fimul cùm determinatione diuidi, non tamen
id effet fingendum, quia conclufio non procederet ex vi
iftius fictitiæ diuifionis; Sed tantùm nouæ & fuperuacuæ
difficultates occurrerent, ad explicandum quomodo vires,
vna trium, alia quatuor palmorum, vt loquitur, fimul junctæ,
poffint componere vim quinque palmorum &c. Ac prætereà
cùm de refractionibus ageretur, non amplius verum, fed
falfum ex tali figmento concluderetur.

Hîc fatetur id verum effe, quod folùm requiritur ad vim
meæ conclufionis.

Notandum id omne quod admittere hîc recufat, pendere
à vocabulo *Solam*, quod mihi affinxit, eftque illi inftar chi-
mæræ quam debellandam fufcepit; Quod hîc patet, vbi nihil
probat, nifi non reftare *Solam* determinationem dextrorfum, quia alia etiam eft furfum.

Hîc verò nihil probat; Sed tanquam prorfus prælio feffus
de conditionibus pacis agere videtur; petendo fcilicet, vt
ipfe probem, primò cur perfeueret eadem determinatio
dextrorfum, non aucta, non imminuta; ac fecundò cur determinatio deorfum mutetur in furfum, nec majorem nec
minorem.

Quæ duo, ex eo quod hîc dat, & ex eo quod paulò antè
admifit ad G, manifeftiffimè demonftratur; Nam certè,
cùm maneat eadem vis quæ priùs, & fuperficies C B E non
opponatur determinationi dextrorfum, nihil excogitari
poteft propter quod hæc determinatio mutetur, ideoque
debet perfeuerare non aucta, non imminuta; Et quia fieri
non poteft vt mobile decurrat fecundo minuto quinque
palmos, fimulque maneat vis eadem, modo determinato
dextrorfum quo priùs, ita fcilicet vt mobile feratur illo
eodem fecundo minuto dextram versùs ad quatuor palmos,
nifi determinatio deorfum mutetur in furfum nec majorem
nec minorem, fequitur hinc debere fic mutari.

Sed nihilominus hîc rursùs in chimæram fuam fe conuertit,
componitque ad præliandum gradum; *Innoluta multa*, quæ
nempe inuoluit; *Non cohærent*, quæ difiunxit; *Nihil ex in-*

tecedentibus rectè deducitur, quia antecedentia ista distorsit, & quidem per scænicum verbulum *Sola*, vt mox patebit. Atque, vt idololatræ Deos adorant, quos manibus suis fabricarunt, ita hîc monstrum expauescit, quod ipse finxit, quodque nihil aliud est quàm impropria eius locutio, notata ad C. Et quidem vt pateat quàm accuratâ hîc vtatur Analysi, & quantam causam habuerit hoc monstrum effingendi, mox me induxit dicentem, remanet eadem virtus, & paulò pòst ad H, superest determinatio dextrorsum, (verbulum enim *Sola* nihil hîc ad rem) ergo mobile mouebitur dextrorsum, & idem faciet secundo minuto quod primo, palmos quatuor nempe mobile idem faciet, hoc est tantumdem mouebitur dextrorsum, in quibus nihil planè est inuolutum, aut non cohærens, aut malè ex antecedentibus deductum. Hîc verò vt monstrum habeat quod debellet, fingit me dixisse determinationem fecisse quatuor palmos, immemor hoc iamiam de mobili non de determinatione dictum fuisse.

N   Perseuerat vsque ad finem magno conatu nihil agere : Interrogat, vrget, respondet, atque ita scribit vt gesticulari & sudare videatur: Non enim vel minimum quidem inuenire est in egregiâ istâ velitatione, à me aliquando scriptum vel cogitatum, quod vel minimùm impugnetur, nihilque præter illa duo insulsissima figmenta, quæ ad B & C notata sunt.

O   Nihilominus hîc videri vult vicisse ; coëgit enim me scilicet vt faterer, remanere virtutem quinque palmorum, & determinationem dextrorsum; Iam non *Solam*, quia alteri deorsum succedit similis sursum; quod principio afferri debuit, nempe ab ipso, si bona fide agere voluisset.

Aduerto verò hîc illum ad nouam expeditionem se accingere, nouas enim chimæras hîc adornauit, quas fortè aliâ vice sit debellaturus; hîc enim repetit virtutem palmorum quinque idem esse ac virtutem palmorum trium & quatuor; & determinationi deorsum succedere similem sursum. Vbi in verbo *similem* captio est. Sed sanè prælietur in ventos si lubet, si meliora non afferat, non puto operæ pretium fore vt amplius illi respondeam. Satis enim apparebit iis qui hæc
legent,

legent, qualis ille fit; & quamuis plura possem scribere, non
tamen ideo possem efficere vt à pluribus legerentur. Ac
præterea commodùm expecto etiam objectiones in eandem
meam de reflexione & refractione opinionem à Reuerendis
Patribus Societatis Iesu; Audiui enim ipsos nuper in Thesibus publicis illam impugnasse; Ideoque per litteras antè
octiduum rogaui vt suas rationes me docerent, quod factu-
ros esse non dubito; Et vel vinci malim ab istis catafractis,
quam de isto velite triumphare.

AV R. P. MERSENNE.

LETTRE XI. *Version de la precedente.*

MON REVEREND PERE,

I'ay leu la Velitation contre ma Dioptrique, que vostre
Reuerence m'a fait la faueur de m'enuoyer de la part d'vne
personne qui n'a point voulu estre nômée; Et certainement
ie l'ay leuë auec quelque sorte d'étonnement; Non pas que
ce me soit vne chose nouuelle de voir des personnes qui
s'efforcent beaucoup, & qui ne font rien, mais parce que
ie ne puis comprendre à quel dessein il a desiré que ie la visse.
Car il ne fait autre chose que m'attribuer certaines chimeres, que non seulement ie n'ay iamais écrites ny pensées,
mais mesme qui sont si éloignées de toute vray semblance,
qu'il n'y a pas d'apparence que iamais personne les puisse
croire : Et cependant c'est cela seul qu'il refute. En quoy
certes il paroist n'auoir pas eu dessein de me tailler beaucoup de besogne, ny mesme de faire paroistre son esprit ou
sa sincerité. Car qu'y a-t'il qui me soit plus facile, que de
nier que i'aye écrit ce que ie n'ay iamais écrit; & où est l'addresse qu'il a dû employer soit à inuenter soit à refuter des
choses qui sont hors de raison, & qui n'ont aucune appa-

Tome III.   L

rence de verité, Et enfin comment a-t'il pû me l'attribuer
à faux fans s'en apperceuoir. Toutesfois ie luy répondray
içy en peu de mots, Non pas à la verité que i'eftime que fon
écrit foit digne d'aucune réponfe, mais parce que fon autheur pourroit me l'auoir enuoyé fous cette confiance que
ie ne luy répondrois point, & que cependant il pourroit fe
vanter parmy les ignorans que ie n'ay eu aucune réponfe à
luy faire. Et afin que la verité paroiffe toute entiere, ie
mettray icy fes propres paroles fans y changer vne feule lettre, fur lefquelles ie feray enfuite mes obferuations.

Efcrit qui m'a efté enuoyé fans le nom de l'Autheur.

A   Il femble icy qu'en m'appellant vn autheur Anonyme, il
veüille me reprocher de n'auoir pas mis mon nom en mes
Efcrits, mais s'il y a de la prudence en cela, ie m'en rapporte,
puifque luy-mefme n'a pas voulu que fon nom paruft en
l'écrit que vous m'auez enuoyé de fa part; Et certainement
ie n'ay pas peur que ceux qui fçauront pourquoy luy & moy
auons voulu taire nos noms, me blafment plus en cela que
luy.

B   Ces mots, à fçauoir, *La determination vers le bas ceffe, &*
ceffe toute feule, &c. ne font pas rapportez de bonne foy
comme venant de moy; Car i'ay écrit que cette determination eftoit *changée*, fçauoir en ma Dioptrique page 14. ligne
16. & qu'elle eftoit *empefchée* page 15. ligne 12. mais ie n'ay
écrit en aucun lieu, qu'elle ceffoit entierement. I'ay auffi
écrit que la determination vers la droite reftoit la mefme,
& n'eftoit point empefchée, mais non pas qu'elle reftoit
feule, comme fi aucune determination de bas en haut ne
fuccedoit en la place de celle de haut en bas. Et i'admire
l'efprit de cét homme, qui me voulant attribuer quelques
opinions qu'il puft refuter, m'en a feulement attribué de
telles que iamais perfonne ne fe perfuadera vray femblable-
ment que i'aye veües; & qui non feulement ne feruent de
rien pour ma conclufion, mais mefme qui luy font manifeftement contraires. Car qui pourra croire que traitant de la

Reflexion, ie n'aye pas sceu que le mobile qui tendoit en
partie en bas lors qu'il estoit meu d'A vers B, tendoit apres
cela en partie en haut lors qu'il est reflechy de B vers F; &
quelle vray semblance ie vous prie auroient eu mes raisons,
si i'eusse nié cela. Mais ie n'ay pas expliqué le changement
qui se fait de la determination de haut en bas, en celle de
bas en haut, parce que ce changement est assez clair de soy-
mesme; Car de ce qu'vn Corps qui se meut tombe perpendiculairement sur la superficie d'vn Corps dur, il s'ensuit
qu'il doit de mesme perpendiculairement reflechir ou rejaillir; ce que personne que ie sçache n'a encore iamais mis
en doute; Et ce n'est pas ma coustume de m'arrester à expliquer des choses qui sont si communes. Et mesme ie n'ay
pas dû le faire en ce lieu-là, où ie n'ay parlé de la Reflexion
qu'en passant, & seulement par rapport à la refraction, où
il n'arriue aucun tel changement, & où vne telle determination n'est point changée en celle qui luy est contraire.

    Il continuë encore icy ses Cauillations, & m'attribuë   **C**
vne façon de parler fort impropre, & tout à fait inepte;
Car ce n'est pas cette determination vers la droite qui porte
le mobile à quatre pieds, ou qui fait quatre pieds (comme il
dit vn peu plus bas) mais c'est cette vertu & cette force
mesme, entant qu'elle est determinée vers la droite; & il n'a
pû inferer autre chose de mes Escrits; comme il paroist en
la page 15. ligne 11. & en tous les autres endroits où i'ay traité
de cette matiere. Car i'ay dit que cette determination estoit
cause, non pas que le mobile se must à quatre pieds, ny simplement qu'il se must, comme si elle estoit la cause de son
mouuement, mais qu'il se must vers le costé droit; parce
qu'en effet cette determination est la cause, non pas de son
mouuement, mais de ce que son mouuement se fait vers le
costé droit.

    Il nous apprend icy vne chose fort difficile & fort cachée;   **D**
comme si de ce qu'ayant dit qu'il faut distinguer la figure de
la quantité, il estoit necessaire de m'auertir que ie me res-
souuienne que l'vne ne peut estre separée de l'autre, & qu'il

L ij

ne peut y auoir de Corps eftendu qui n'ait auffi fa quantité & fa figure.

Il fe plaint en cét endroit de ce que ie ne fuis pas tombé dans la mefme faute, ny dans les mefmes difficultez, où luy - mefme eft tombé incontinent apres ; Car il faut remarquer que la rencontre de la fuperficie C B E, diuife bien à la verité la determination en deux parties, & fait changer celle qu'auoit la balle d'aller en bas, en celle d'aller en haut, mais qu'elle ne diuife point pour cela la force. Et cela ne doit point fembler eftrange ; Car bien que la force ne puiffe eftre fans determination, toutesfois la mefme determination peut eftre jointe à vne plus grande ou moindre force ; & la mefme force peut refter, quelque changement qui arriue en la determination. De mefme que bien que la fuperficie n'exifte point fans le Corps, elle peut neantmoins eftre changée, c'eft à dire eftre augmenté ou diminué, quoy que le Corps ne change point ; Et bien que par exemple la fuperficie d'vn Cube foit diuifée en fix faces quarrées, toutesfois ce mefme Cube n'eft pas pour cela diuifé en fix parties, mais tout fon Corps repofe fur chacune de ces fix faces.

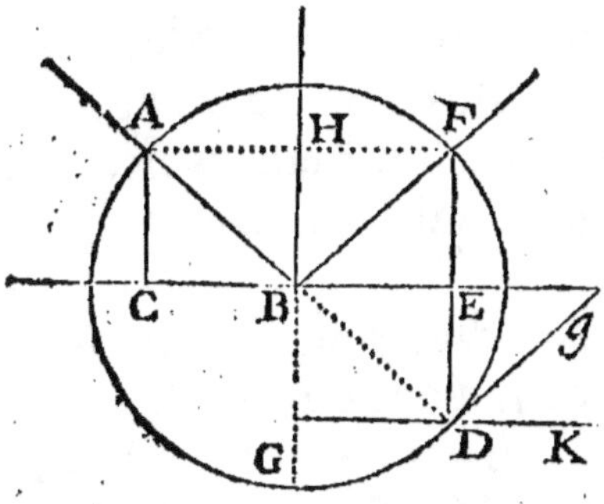

Il argumente icy auffi iuftement en forme que s'il difoit, pour écrire il faut neceffairement de l'ancre & du papier; Or eft-il que le papier eft blanc, donc il faut auffi que l'ancre foit blanche. A voftre aduis n'eft-ce pas bien raifonner, & n'eft-ce pas bien ajufter fes raifons au niueau ou aux regles d'vne exacte Analyfe? Et de vray, encore qu'icy où il s'agit feulement de la reflexion, on ne laiffaft pas de pouuoir tirer vne confequence veritable, en feignant que la force & la determination font conjointement diuifées, neantmoins il ne le faudroit pas feindre, parce que la conclufion ne procederoit pas de la force de cette diuifion imaginaire & fuppofée ; & cela ne feruiroit qu'à faire naiftre de nouuelles &

Inutiles difficultez, quand on viendroit à expliquer, côment
ces diuerses forces, l'vne de trois pieds & l'autre de quatre
(ainsi qu'il parle) pourroient, estant jointes ensemble, composer la force de cinq pieds &c. Et de plus, lors qu'il s'agiroit
des refractions, on ne pourroit plus de semblables fictions
tirer aucunes conclusions veritables, mais seulement d'absurdes & entierement fausses.

 Il demeure icy d'accord de la verité d'vne chose, qui seu- G
le suffit & est requise pour la force de ma conclusion.

 Il faut remarquer que tout ce qu'il ne veut pas icy admet- H
tre, depend du mot de *seule*, qu'il m'attribuë à tort, & dont
il s'est fait vne chimere, qu'il a entrepris de combattre ; Ce
qui est icy tres-euident, en ce qu'il ne prouue rien autre
chose, sinon que la determination vers la droite ne reste pas
seule, parce qu'il y en a encore vne autre qui tëd vers le haut.

 Il ne prouue encore rien icy ; Mais comme s'il estoit lassé I
du combat, il semble vouloir capituler & traiter des conditions de paix ; Et premierement il demande que ie prouue
pourquoy la determination vers la droite demeure tousiours
la mesme, sans estre augmentée ny diminuée ; Et secondement, pourquoy la determination de haut en bas se change
en celle de bas en haut, sans deuenir plus grande ny moindre.

 Or il est aisé de satisfaire à ces deux demandes, tant parce L
qu'il accorde icy, que parce qu'il a admis vn peu auparauant
en l'article G. Car certainement puisque la mesme force
qui estoit auparauant demeure, & que la superficie CBE
n'est point opposée à la determination vers la droite, on ne
sçauroit rien imaginer par quoy cette determination puisse
estre changée ; & par consequent elle doit perseuerer, sans
estre augmentée ny diminuée. Et dautant qu'il est impossible que le mobile dans la seconde minute parcoure vne ligne
de cinq pieds, & qu'en mesme temps la mesme force demeure determinée vers la droite comme auparauant (c'est
à dire en telle sorte que le mobile auance de quatre pieds
vers la droite pendant cette seconde minute) à moins que
la determination de haut en bas ne soit changée en vne de

bas en haut qui ne foit ny plus grande ny moindre, il s'enfuit de là qu'elle doit eftre ainfi changée.

M
Mais neantmoins il fe tourne icy derechef vers fa chymere,
& fe mettant en pofture pour la combatre, il y a, dit-il, icy
beaucoup de chofes embrouillées, il eft vray ; Mais c'eft
luy-mefme qui les a ainfi brouillées & confonduës ; il y en
a d'autres, adjoûte-t'il, qui ne font pas bien liées, i'en demeure d'accord ; Mais ce font celles qu'il a luy-mefme de-
funies & détachées ; Il ne trouue rien qui foit bien deduit
des antecedants ; Mais il ne s'en faut pas eftonner, puis
qu'il les a tournez à contre fens par ce miférable mot de
feule, qu'il a luy-mefme introduit fur la fcene, comme ie le
feray voir tout maintenant. Et tout de mefme que les Gen-
tils & Idolatres adoroient des Dieux qu'ils auoient eux-
mefmes fabriquez de leurs propres mains, ainfi cét homme

l.
redoute vn monftre qu'il s'eft forgé luy-mefme en fa phan-
taifie, & qui n'eft autre que cette façon de parler impropre
que i'ay marquée en C. Cependant pour faire voir combien
exacte eft l'Analyfe dont il fe fert, & combien fortes ont
efté les raifons qu'il a eu de fe figurer vn tel monftre, incontinent apres il me met en jeu, & me fait dire, *La mefme
force demeure* ; Et vn peu apres, fçauoir en l'article marqué
H, *La determination vers la droite demeure* (car icy le mot de
feule ne fait rien au fujet) donc le mobile fe mouura vers la
droite, & auancera autant vers ce cofté-là en la feconde
minute qu'en la premiere, c'eft à dire, qu'il auancera de
ce cofté-là de quatre pieds, ou qu'il fera autant mû vers
la droite qu'auparauant. Mais en tout cela il n'y a rien
d'embrouillé, rien qui ne s'entretienne, ou qui foit mal déduit des antecedans. Mais afin qu'il puiffe auoir icy vn phan-
tofme à combatre, il feint que i'aye dit que la determination vers la droite a fait quatre pieds, ne fe reffouuenant pas
que cela vient d'eftre dit tout à l'heure du mobile, & non
pas de la determination.

N
Il continuë iufques à la fin de fe tourmenter beaucoup, &
de ne rien faire; Il interroge, il preffe, il répond, & écrit

de telle sorte, qu'il semble se tremousser, & estre tout en
sueur ; Car on ne trouuera pas dans toute cette excellente
piece la moindre chose que i'aye ou écrite ou pensée qui
soit tant soit peu combattuë, & tout son feu n'est employé
qu'à insulter contre ces deux vaines fictions, que i'ay cy-
deuant remarquées en B & en C.

Toutesfois il veut paroistre icy auoir vaincu ; Car il m'a,
dit-il, contraint d'auoüer que la force de cinq pieds & la
determination vers la droite demeure, Non plus *seule* (comme il pretend que i'aye dit) parce qu'à la determination de
haut en bas il en succede vne autre toute semblable de bas
en haut, ce qui deuoit, dit-il, auoir esté dit dés le commencement ; oüy bien par luy, s'il eust voulu agir de bonne foy.

Mais ie m'apperçois icy qu'il se dispose à vne nouuelle
expedition, car ie voy qu'il prepare de nouuelles chymeres,
qu'il doit peut-estre combatre vne autre fois. Car il repete
icy qu'vne force ou vne vertu de cinq pieds est la mesme
chose qu'vne force de trois pieds, & vne autre de quatre ; &
qu'à la determination de haut en bas il en succede vne autre
toute semblable de bas en haut, où dans le mot de *semblable*
il y a de la caption.

Mais certes qu'il combate en l'air tant qu'il luy plaira, s'il
ne dit rien meilleur, ie ne croy pas que cela vaille la peine
que ie luy réponde dauantage. Car ceux qui liront cecy
connoistront assez quel il est ; Et encore que ie pusse écrire
beaucoup de choses, ie ne pourrois pas neantmoins faire en
sorte qu'elles fussent leuës de plusieurs ; Et de plus i'attens
des objections sur ce mesme sujet de la part des Reuerends
Peres Iesuites ; Car i'aprens que depuis peu ils ont impugné
dans leurs Theses publiques ce que i'ay écrit de la reflexion
& de la refraction ; C'est pourquoy ie les ay priez il y a huit
iours par mes Lettres, de me vouloir apprendre les raisons
qu'ils alleguent contre mes opinions, & ie m'assure qu'ils ne
refuseront pas de me les apprendre. Et mesme ie vous diray
que i'aimerois mieux estre vaincu par ces vieux guerriers ar-
mez de toutes pieces, que de triompher de ce carabin armé à
la legere. Ie suis &c.

AD R. P. MERSENNVM.

LETTRE XII.

REVERENDISSIME PATER,

Vidi responsionem à Reuerendissimis P. Societatis Iesu per R. P. Bourdin ad me scriptam, talisque apparet, vt maximas illorum virtuti & humanitati gratias me debere existimem, quod litteris ad ipsos datis significarem, nisi vererer ne forte iudicarent me scripturire nimis libenter, si rursus illos, vbi nihil est necesse, interpellem; Et quia major mihi familiaritas cum vestra Reuerentia quam cum illis intercedit, hic opportunius ea scribi posse arbitror, quæ illos à me scire velim. Nempè imprimis & gaudere me, & gratias agere, quod tam humaniter, & beneuolè responderint; Quod autem addant, *Nullum à se suscipi, nec iri susceptum peculiare prælium aduersus meas opiniones*, nescire an mihi gaudendum sit, vel dolendum. Nam si fortè abstineant, vt mihi gratificentur, tanquam si ex illorum numero essem qui ægrè ferunt sibi contradici, valde doleo nondum ipsis potuisse persuaderi, me nihil magis optare quam vt discam, atque vt meæ opiniones, si quæ falsæ sint, & maturè, & ab illis potissimum refutentur, ne fortè familiam ducant. Si vero aliam ob causam abstineant, quia tantum vna alia esse potest, quod nempè nihil (saltem quod sit operæ pretium) in meis scriptis inuenerint, quod falsitatis argui possit, admodum lætor. Et sanè sola est tenuitatis meæ conscientia, quæ prohibet ne in hanc maximè partem propendeam: Neque enim fit verisimile, illos negligere commodum quod vniuersa res litteraria ex errorum meorum, si quos habeam, refutatione colligeret, vt mihi commodi videantur. Et quicquid eà de re sit, cum non aliam ob causam Reuerendissimus

diſſimus Pater Bourdin nihil, vt ſcribit, antehac dederit
petitioni meæ, in diſſertationis de methodo pagina 75. ex-
poſitæ, quam quia illam non perlegerat, confido ſaltem in
poſterum, quoties alicui eorum aliquid occurret, quod meis
opinionibus aduerſabitur, illud mihi ab ipſo communicatum
iri, atque hoc priùs quam vlli ex iunioribus illorum diſcipu-
lis; tum quia ego antiquior ſum illorum etiam diſcipulus,
tum quia, ſi fortè (vt omnes homines ſumus, & iam Reuerendiſſimi P. Bourdin exemplum teſtatur) contingeret, illum non aſſecutum fuiſſe meam mentem, æquius eſt, vt me
ipſum eius ſumat interpretem, quam vt aliquid à veritate
alienum aliis dicat; tum denique quia illos omnes quam maximè ſemper colui, & obſeruaui.

Quantum ad gallicam epiſtolam quam veſtra Reuerentia ſimul miſit, vt ſibi antè aliquot ſeptimanas à Reuerendiſſimo P. Bourdin ad me datam, quamuis nec ſuper-
ſcripta, nec ſubſcripta, nec clauſa ſit, quia tamen video illam eſſe cuius ſit mentio in latina, his verbis, *Nihil addam
ab eo quod eidem Reuerendiſſimo P. pridem ſignificaui &c.* eiuſ-
demque Reuerendiſſimi P. Bourdin manu ſcripta eſt, non-
nihil puto etiam ad eam debere reſponderi ; Nempè nunquam me eſſe conqueſtum, quod nomen meum tacuerit, ſed
contra potius gratias agere, quod vbi debebam vapulare,
non niſi perſonatum produxerit. Mirari autem quod iterum
dicat, nec tamen probet, apparere ex meis ſcriptis, *ſolam
determinationem dextrorſum manere in reflexione*; nam
ſanè ipſummet nomen reflexionis ſignificat corpus deorſum
impulſum, non dextrorſum magis quam ſiniſtrorſum, ſed ne-
ceſſario ſurſum, reſilire. Ac deinde, quamuis de iſto reſultu
nihil dixiſſem, iuxta quam, quæſo, Analyſim ſequitur me
idcirco illum negaſſe? Pari iure quoties Geometræ loquuntur de quadrati angulis, nec expreſſè dicunt rectos eſſe, vel
de circuli Diametris, nec addunt eſſe inter ſe æquales, putandum erit illos id negare, Nullaque vllibi tam accurata
& Mathematica erit demonſtratio, in quâ non per facilè ſit
hac arte monſtra opinionum inuenire. Miror etiam quod

Tome III,   M

affirmet *M.eam de reflexione demonstrationem non valere, imo potius contrarium eius quod intendebam in ea concludi*, cum interim dicti nullam plane afferat rationem. Nam quia si verum diceret, ego ineptissimus & stultissimus essem putandus, vtpotè qui in re tam euidenti, tam turpiter essem hallucinatus, vt verba, nihil nisi contrarium eius quod intendebam probantia, pro Mathematicâ demonstratione venditassem, iniurius est mihi, quandiu hoc dicit & non probat. Neque illum excusant ij tractatus, quos eâ de re se composuisse affirmat; nec quod quædam ex iis excerpta se ad me mittere hîc scribat; nihil enim interim mittit; Nec magna in eo est æquitas, quod sibi velit in præsens credi, de re cuius rationes in diem tantum promittit, & fortè in diem nunquam venturam, quia nempè *aliter*, vt ait, *suaserunt amici*. Miror præstereà quod addat, *prætensam meam demonstrationem posse accommodari per vias sibi cognitas, sed quarum nulla vidit vestigia in meis scriptis, imo, vt ait, quas reijcio, tamquam ad rem non facientes*; Hæc enim conferendo cum quinta & sexta ex eius Thesibus opticis, pagina 9. cumque integrâ eius velitatione, nihil aliud mihi possum persuadere, quam illum de reflexione & refractione, eadem quæ ego, & quæ nullus ante me demonstrauit, discipulos suos docuisse, mutatis tantum & distortis verbis, vt aliud dicere videretur; atque quædam alia quæ culparet mihi affinxisse, vt ea deinde corrigeret. Nam quod affinxerit, ex velitatione manifestum est; quod verba distorserit, apparet ex quinta Thesi, in qua vocat angulum refractionis, non illum quem ego, cum cæteris omnibus opticis, sed illum alium qui angulus refractus solet nominari. Et cum ego Dioptricæ pag. 21. l. 8. dixerim inclinationem linearum esse mensurandam secundum perpendiculares, quæ nempè breuissimam lateris à latere distantiam designant, non autem secundum angulos, siue arcus Circulorum; hîc pro istâ inclinatione angulos substituit, aitque illos angulos esse mensurandos secundum breuissimam lateris à latere distantiam. Quod interim idem quod ego docuerit, patet tum ex eius velitatione, in quâ omnia, quæ ad meam demonstrationem requirebantur, concessit, nec nisi monstra illa quæ ipse finxerat oppugnauit; tum ex sextâ Thesi iam citata, quæ idipsum tantum continet, quod inuenti eâ in re mei præcipuum est; præterquam quod verba à meis diuersa nimium affectans, grauiter in eo errauerit, quod dixerit, *Vt medium in quo sit incidentia, ad medium in quo sit reflexio aut refractio &c.* Neque enim hæ fiunt in ipsis mediis, vt apud omnes Opticæ peritos est in confesso, sed refractio fit in superficiè quæ duo media interjacet; reflexio vero in eâ quæ vnum terminat: Nam nunquam, vbi sit, duo media occurrunt, quin refractio illi adjungatur. Neque hîc vllum habet effugium, nisi forsan dicat superficiem ipsam, medium à se appellari, quia media est inter duo illa spatia, quæ ab aliis media dicuntur, atque ita verborum significationes mutare pergat, & omnia confundere; Quæ hic obiter addo, vt intelligat, se non difficulter à me, si velit, impetraturum, quod hactenus ab ipso non potui, nempè vt meas, contra ea quæ in lucem edet, rationes ipsi exponam. Quod denique videri voluerit errores meos correxisse declarat eius epistola, in qua prætensam meam demonstrationem dicit posse accommodari per vias sibi cognitas, non autem mihi, qui illas, vt ad rem non facientes, rejeci; Quæ eadem multo adhuc magis illum apud alios, vbi nemo mihi ad est amicus, jactitare credendum est, quandoquidem in hac ipsâ ad me epistolâ scripsit, quod forte non fecisset, nisi vt apertam relinqueret. Cæterum hîc non dico illum in omnibus meas opiniones esse secutum, neque enim nisi valdè pauca ex eius scriptis vidi, sed planè affirmo neminem vnquam, contra ea quæ de hac materia vulgaui, argumentaturum, nec etiam quicquam dicturum, quod cum meis non consentiat, quin ab illo vel paralogismum vel cauillationem committi probem. Faciat modo periculum, vel in vnico exemplo, & quidem in eo quod optimum putabit ex iis omnibus, quibus se meas opiniones refutasse cum strepitu forte jactauit, & dabo libenter manus, si falsum aut ineptum esse non demonstrem. Sed si id præstem, vel si

recuſet mihi ſua argumenta declarare, rogo illum etiam atque etiam, ne amplius de me malè loqui perſeueret, ne tandem cogat me, meum ius etiam publicè deffendere. Malim
enim vt præterita ſopiantur, & me ſibi ſuiſque addictum
eſſe experiatur. Sum

R. PATER,

V. R. Deuotiſſimus famulus,
DESCARTES.

AV R. P. MERSENNE.

LETTRE XIII. *Verſion de la precedente.*

MON REVEREND PERE,

J'ay veu la réponſe des Reuerends Peres Ieſuites, que le
Reuerend Pere Bourdin a pris la peine de m'écrire de leur
part, & veritablement elle eſt telle que ie penſe leur en deuoir de tres-grands remercimens. Ce que ie prendrois moy-
meſme plaiſir de leur témoigner par mes Lettres, n'eſtoit
que ie craindrois de paſſer dans leur eſprit pour vn importun, ſi ie les ſollicitois de nouueau à m'écrire ſans ſujet.
Et dautant que l'ancienne correſpondance qui eſt entre
nous, me permet d'vſer de plus de familiarité auec vous
qu'auec eux, ie croy qu'il eſt plus à propos que ie mette icy
les choſes que ie ſuis bien-aiſe qu'ils ſçachent, que de leur
écrire à eux-meſmes. Premierement, que ie me réjouïs &
que ie les remercie de ce qu'ils ont vſé de tant de ciuilité, &
m'ont témoigné tant de bien-veillance dans leur Réponſe.
Et quant à ce qu'ils adjoûtent *qu'ils n'entreprennent, & qu'ils
n'entreprendront iamais aucun combat particulier contre mes
opinions*, que ie ne ſçay ſi ie dois m'en réjouïr ou m'en attri-
ſter; Car s'il eſtoit vray qu'ils ne s'en abſtinſent que pour

m'obliger, comme si i'estois de ceux qui ont de la peine à souffrir qu'on les contredise, ie serois tres-fasché de n'auoir pû encore leur persuader, que ie ne souhaite rien tant que de m'instruire, & de voir des personnes celebres comme eux s'employer à refuter mes opinions, s'il s'en rencontre quelques-vnes de fausses, de peur que n'estant pas refutées à temps, elles ne traisnent apres soy vne suite d'erreurs. Que s'ils s'en abstiennent pour quelqu'autre raison, comme ie n'en voy plus qu'vne seule qu'ils puissent auoir, sçauoir est, pource qu'ils ne trouuent rien dans mes Escrits, ou du moins rien de considerable, qui puisse estre repris de fausse-té, i'ay grand sujet de m'en réjouïr. Et à dire le vray, il n'y a que la connoissance que i'ay de mon insuffisance, qui m'em-pesche de croire que c'est ce qui les a retenus iusques à pre-sent: Car il n'est pas vray semblable que pour me fauoriser & m'épargner en cecy, ils voulussent negliger le bien & l'vtilité que la Republique des Lettres tireroit de la refuta-tion de mes erreurs, s'il y en a quelques-vnes dans mes Es-crits. Mais quoy qu'il en soit, puisque le Reuerend Pere Bourdin confesse luy-mesme dans sa Lettre, n'auoir cy-deuant rien accordé à cette inuitation solemnelle que i'ay faite dans la page 75. du Discours de la Methode, que parce qu'il ne l'auoit pas encore leuë, du moins i'espere que desor-mais toutes les fois que quelqu'vn d'entre eux croira auoir trouué quelque chose qui sera contraire à mes opinions, ils me feront la grace de m'en donner la communication par son moyen, auant mesme que d'en auoir parlé à aucun de leurs ieunes disciples; non seulement parce que ie suis aussi leur disciple, & mesme plus ancien que pas vn d'eux, mais aussi parce que, comme nous sommes tous hommes, & par consequent tous fautifs (ainsi que l'exemple du R. P. Bour-din le témoigne) s'il arriuoit par hazard que celuy-là n'eust pas bien pris mon sens, il est bien plus iuste de me prendre moy-mesme pour l'interprete de mes pensées, que de dire aux autres quelque chose de contraire à la verité. Et enfin parce que i'ay tousiours eu beaucoup de respect & de defe-rence pour eux.

Pour ce qui eſt de la Lettre Françoiſe que vous m'auez
en meſme temps enuoyée, comme vous ayant eſté miſe entre
les mains par le Reuerend Pere Bourdin quelques ſemaines
auparauant pour me la faire tenir, encore qu'il n'y ait ny
addreſſe, ny nom, & qu'elle ſoit ouuerte, toutesfois parce
que ie voy que c'eſt celle dont il eſt fait mention dans cette
Lettre Latine, en ces termes : *Ie n'adjoûteray rien à ce que
i'ay deſia fait ſçauoir au Reuerend Pere &c.* & qu'elle eſt
écrite de la main meſme du Reuerend Pere Bourdin, ie
penſe eſtre obligé d'y faire icy vn mot de réponſe. Et pour
y ſatisfaire, ie veux bien qu'il ſçache que ie ne me ſuis iamais
plaint de ce qu'il a celé mon nom, au contraire ie croy luy
eſtre bien obligé, de ce que dans les occaſions où i'auois à
eſtre mal traité, il m'a touſiours fait paroiſtre auec le maſque
ſur le viſage. Mais ie m'eſtonne de ce qu'il perſiſte à dire, ſans
toutesfois le prouuer, qu'il ſuit de mes Eſcrits que la ſeule
determination vers la droite demeure dans la reflexion. Car
il eſt certain que le mot meſme de reflexion porte auec ſoy
cette ſignification, qu'vn Corps qui eſt pouſſé en bas, rejaillit, non pas pluſtoſt vers la droite que vers la gauche, mais
rejaillit neceſſairement en haut ; Et apres tout, quand bien
meſme ie n'aurois point parlé du tout de ce rejailliſſément,
par quelle Analyſe, ie vous prie, ſuit-il de là que ie l'aye
nié. Ainſi donc toutes les fois que les Geometres parlent
des angles d'vn quarré, ſans dire expreſſément qu'ils ſont
droits, ou des diametres d'vn Cercle, ſans adjoûter qu'ils
ſont égaux entre eux, il faudra croire qu'ils le nient. Et par
ce moyen il n'y aura point de demonſtration, pour exacte
& Mathematique qu'elle ſoit, où l'on ne puiſſe tres-facilement trouuer des vices & des abſurditez. Ie m'eſtonne auſſi
de ce qu'il dit : *Que la demonſtration que i'ay donnée touchant
la reflexion eſt defectueuſe, & meſme qu'elle conclud pluſtoſt le
contraire de ma propoſition*, veu cependant qu'il ne donne
aucune raiſon de ſon dire, Car dautant que ſi ce qu'il dit
eſtoit veritable, ie deurois paſſer pour vn homme fort mal
auiſé & de fort peu de ſens, comme m'eſtant ſi lourdement

trompé dans vne chofe fi claire & fi euidente, que de vouloir faire paffer pour vne demonftration Mathematique des
paroles qui prouuent tout le contraire de ce que i'auois deffein de prouuer, c'eft ce me femble me faire injure que d'a-
uancer cela fans le prouuer, Et les traittez qu'il dit auoir
compofez fur ce fujet ne l'excufent point, non plus que ce
qu'il dit icy, qu'il m'en enuoye quelques extraits qu'il en a
tirez, car cependant il ne m'enuoye rien, Et il eft peu équi-
table de vouloir que prefentement on l'en croye touchant
vne chofe dont il promet les raifons de iour en iour, & peut-
eftre mefme en vn iour qui ne viendra iamais, puifque fes
amis, comme il dit luy-mefme, luy confeillent de ne les pas
donner. De plus ie m'eftonne de ce qu'il adjoûte, *Que ma
pretenduë demonftration peut eftre renduë bonne par de certains
moyens qu'il connoift, mais dont il n'a veu aucuns veftiges dans
mes Efcrits, & mefme que ie rejette*, à ce qu'il dit, *comme ne
faifant rien à mon fujet*. Car conferant tout cecy auec ce qu'il
dit dans la cinquiéme & fixiéme de fes Thefes d'Optique
page 9. & auec ce qu'il a dit dans cette velitation qu'il a faite
contre ma Dioptrique, ie ne puis me perfuader autre chofe,
finon qu'il n'a rien enfeigné à fes difciples touchant la reflexion & la refraction que ce que i'en ay écrit, & que nul
autre auant moy n'auoit demonftré, ayant feulement changé & détourné le fens de quelques paroles, afin qu'il fem-
blaft dire quelque chofe de nouueau que ie n'euffe pas dit,
Et qu'il m'a attribué plufieurs fauffes opinions, afin d'auoir
occafion de les reprendre, & de les corriger par apres. Car
qu'il m'ait attribué à faux diuerfes opinions, cela fe voit
manifeftement par fa velitation, Qu'il ait changé & détourné le fens de quelques paroles, cela fe voit par fa cinquiéme Thefe, où il nomme *Angle de refraction*, non pas
celuy à qui tous les Opticiens & moy auec eux donnons ce
nom, mais cét autre qu'on a couftume de nommer *Angle
rompu*. Et où i'ay dit dans la Dioptrique page 21. ligne 8.
qu'il faut prendre garde que l'inclination des lignes fe doit
mefurer par la quantité des perpendiculaires, comme celles

qui marquent la plus courte diftance qu'il y a d'vn cofté à
l'autre, & non pas par celle des Angles, ou Arcs de Cercles,
Luy tout au contraire, pour mefurer cette inclination fe fert
des Angles, & dit qu'il faut mefurer ces Angles par la plus
courte diftance qu'il y a d'vn cofté à l'autre. Qu'il n'ait
auffi rien enfeigné touchant cette doctrine que ce que
i'en ay écrit, cela fe voit encore par cette velitation dont
i'ay defia parlé, dans laquelle il a accordé toutes les chofes
qui eftoient requifes pour ma demonftration, & n'a com-
battu que les chymeres qu'il s'eftoit imaginé. Comme auffi
par fa fixiéme Thefe, que i'ay defia citée, qui ne contient
autre chofe que ce que i'ay dit, & qui eft le principal de
mon inuention, Si ce n'eft qu'affectant par trop des termes
differens des miens, il s'eft grandement mépris, en ce qu'il
a dit : *Que comme le milieu où fe fait l'incidence, eft au milieu
où fe fait la reflexion ou la refraction*, &c. Car elles ne fe font
pas dans les milieux mefmes, ainfi que demeurent d'accord
tous ceux qui fçauent tant foit peu d'Optique, Mais la refraction fe fait en la fuperficie qui eft entre les deux milieux,
Et la reflexion fe fait en celle qui termine vn des milieux:
Car iamais, quand il y a reflexion, il n'y a deux milieux, qu'il
n'y ait auffi quelque refraction. Et il ne peut icy s'échapper,
fi ce n'eft peut-eftre qu'il veüille dire, qu'il appelle la fuperficie mefme *le milieu*, parce qu'elle eft moyenne entre ces
deux efpaces que les autres appellent *milieux*, & qu'ainfi il
continuë de changer la fignification des mots, & par ce
moyen de confondre tout, Ce que ie remarque icy en paffant, afin qu'il fçache, que s'il le defire, il obtiendra de moy
fans beaucoup de peine vne chofe que ie n'ay pû encore obtenir de luy iufques icy, qui eft, que volontiers ie luy feray
voir les raifons que i'auray à propofer contre ce qu'il écrira
& donnera au public. Enfin qu'il ait eu deffein qu'on fceuft
qu'il a corrigé mes erreurs, cela fe voit par fa Lettre mefme,
où il dit que ma pretenduë demonftration peut eftre renduë
bonne, par de certains moyens qui luy font connus, mais non
pas à moy, qui les ay rejettez comme ne feruans de rien à
mon

mon sujet ; Et il est à croire qu'il se vante encore bien plus
de tout cecy dans les compagnies, où ie n'ay personne qui
me soit amy , & qui me deffende, puisque mesme dans la
Lettre qu'il m'a enuoyée il n'a pas feint de me l'écrire ; &
c'est peut-estre pour cela qu'il l'a laissée ouuerte. Au reste ie
ne dis pas icy qu'il ait suiuy en tout mes opinions, car ie n'ay
veu que fort peu de ses écrits ; mais seulement i'ose dire que
iamais personne ne dira rien contre ce que i'ay écrit touchant cette matiere, & mesme qu'on n'auancera iamais aucune chose qui ne luy soit pas conforme, que ie ne fasse voir
tres-clairement qu'il y a du Paralogisme, ou qu'on vse de
cauillation. Que le Reuerend Pere en fasse maintenant
l'épreuue dans vn seul exemple , & qu'il choisisse celuy qu'il
croira le meilleur de tous ceux à l'occasion desquels il s'est
peut-estre vanté auec beaucoup de bruit & de présomption
d'auoir refuté mes opinions ; Et ie donneray tres volontiers
les mains, & me confesseray vaincu, si ie ne monstre qu'il s'est
trompé. Mais si ie le monstre, ou s'il refuse de me faire voir
ses raisons, ie le prie tres-instamment de s'abstenir de plus
mal parler de moy, de peur qu'enfin il ne m'oblige à deffendre publiquement mon droit ; Car i'aimerois beaucoup
mieux oublier le passé, & viure auec luy & les siens comme
vne personne qui voudroit les seruir. Ie suis &c,

AV R. PERE MERSENNE,

Du 3. Decembre 1640.

LETTRE XIV.

MON REVEREND PERE,

Ce que vous me mandez de saint Augustin & de saint
Ambroise, que nostre cœur & nos pensées ne sont pas en

Tome III.   N

noſtre pouuoir , & que *mentem confundunt aliòque trahunt* &c. ne s'entend que de la partie ſenſitiue de l'ame, qui reçoit les impreſſions des objets,ſoit exterieurs,ſoit interieurs, comme les tentations &c. Et en cecy ie ſuis bien d'accord auec eux , & ie n'ay iamais dit que toutes nos penſées fuſſent en noſtre pouuoir,mais ſeulement que s'il y a quelque choſe abſolument en noſtre pouuoir,ce ſont nos penſées,à ſçauoir, celles qui viennent de la volonté & du libre arbitre , en quoy ils ne me contrediſent aucunement ; & ce qui m'a fait écrire cela, n'a eſté que pour faire entendre que la juriſdiction de noſtre libre arbitre n'eſtoit point abſoluë ſur aucune choſe corporelle , ce qui eſt vray ſans contredit.

I'admire qu'on vous ait fait lire le *Pentalogos* , & ſi c'eſt le meſme qui vous recommande le liure Allemand, où il y a de ſi hautes penſées , ie n'en puis auoir bonne opinion ; En effet ie voy que ſi ceux des petites Maiſons faiſoient des Liures , ils n'auroient pas moins de Lecteurs que les autres; Car ie ne tiens pas l'autheur du Pentalogos en autre rang. C'eſt vn Chymiſte Boëmien demeurant à la Haye, qui me ſemble m'auoir fait beaucoup d'honneur , en ce qu'ayant témoigné vouloir dire de moy tout le pis qu'il pouuoit, il n'en a rien ſceu dire qui me touchaſt.

Ie ſuis extremement obligé à Monſieur Des-Argues, & ie veux bien croire que le Pere Bourdin n'auoit pas compris ma demonſtration ; Car il n'y a gueres de gens au monde ſi effrontez , que de contredire à vne demonſtration qu'ils entendent , quand ce ne ſeroit que de crainte d'eſtre repris par les autres qui l'entendent auſſi ; & ie voy que meſme vos grands Geometres Meſſieurs Fer. & Rob. n'ont pas veu clair en celle-cy ; Mais cela n'empeſche pas que la velitation du Pere Bourdin ne contienne des cauillations, qui n'ont pas eſté inuentées ſeulement par ignorance , mais par quelque ſubtilité que ie n'entens point. Et pour ſon enclotteure, que vous dites conſiſter en ce qu'il ne pouuoit conceuoir comment l'eau ne retarde point la bale de gauche à droite, auſſi bien que de haut en bas,il me ſemble que ie l'auois aſſez preuenuë, en ce que page 18. i'auois fait confiderer la refraction dans vne toile pour monftrer qu'elle ne fe fait point dans la profondeur de l'eau, mais feulement en fa fuperficie, & en ce que i'auertis expreffément à la fin de la page 18. qu'il faut feulement confiderer vers quel cofté fe determine la bale en entrant dans l'eau, à caufe que par apres, quelque refiftance que l'eau luy faffe, cela ne peut changer fa determination ; Comme par exemple, fi la bale qui eft pouffée d'A

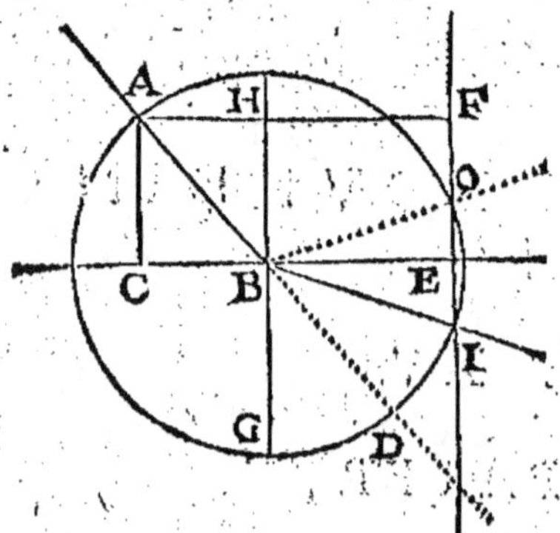

vers B, eftant au point B, eft determinée par la fuperficie CBE, à aller vers I, foit qu'il y ait de l'air au deffous de cette fuperficie, foit qu'il y ait de l'eau, cela ne changera point fa determination, mais feulement fa viteffe, qui diminuëra beaucoup plus dans l'eau que dans l'air ; Mais ie croy que ce qui l'aura auffi embaraffé fera le mot de *determination*, qu'il aura voulu confiderer fans aucun mouuement, ce qui eft chymerique, & impoffible, au lieu qu'en parlant de la determination vers la droite, i'entens toute la partie du mouuement qui eft determinée vers la droite ; toutesfois ie n'ay pas crû deuoir faire mention du mouuement en cela, pour n'embaraffer point le Lecteur de ce calcul furprenant de la velitation, où il dit que 3. & 4. font 5, & ne perdre point de paroles à l'expliquer ; Car on peut affez voir en ce que i'ay écrit, que i'ay tafché d'euiter les paroles fuperfluës.

I'ay veu la Philofophie de Monfieur de Raconis, mais elle eft bien moins propre à mon deffein que celle du Pere Euftache ; & pour les Conimbres, ils font trop longs, mais ie fouhaiterois bien de bon cœur, qu'ils euffent écrit auffi brieuement que l'autre, & i'ameroisbien mieux auoir affaire à la grande Societé, qu'à vn particulier : I'efpere, auec l'aide de Dieu, que mes raifons feront auffi bien à l'épreuue de leurs argumens que de ceux des autres. Au refte la derniere

Lettre que vous m'auez enuoyée m'apprend la mort de mon
Pere dont ie suis fort triste , & i'ay bien du regret de n'auoir
pû aller cét Esté en France , afin de le voir auant qu'il mou-
rust , mais puisque Dieu ne l'a pas permis, ie ne croy point
partir d'icy que ma Philosophie ne soit faite. Ie suis,

MON R. P.

AD R. PATREM BOVRDIN
ex Societate Iesu.

LETTRE XV.

REVERENDISSIME PATER,

Vltimas tuas Litteras septimo Augusti datas , non ante
diem hesternam, quæ sexta erat Septembris, accepi ; & ad
priores , etiam tardiùs quam ratio itineris postulabat mihi
redditas , ante tres hebdomadas respondi. Miror verò , quod
doctrinam , quam ais tibi visam esse dubiam , non dubitaris
impugnare, atque vt planè ridiculam & falsam condemnare,
cum me tamen reprehendas , quia scriptum , quod sine vllo
dubio falsum mihi visum est , refutaui. Neque etiam refert
integrumne opus fuerit , an inchoatum ; annon ego satis
multa argumenta reperi in inchoato, ad illud absque vlla
hæsitatione improbandum , tu in integro non satis multa,
vt fateris , nisi tandum ad dubitandum. Omitto cætera
quæ in epistolâ tuâ habes , iam enim satis superque aliâs ad
talia respondi. Sed vnum est quod te rogem , nempe , vt
quemadmodum ego tuum scriptum, quale acceperam, nullâ
eius syllabâ omissâ, simul cum meis notis edi curaui, sic etiam
tu , si quid in istas notas velis scribere, ne mutilas & imper-
fectas , sed integras simul cum epistolâ quam iis subjunxi

proponas. Adde etiam, si lubet, reliquas tuas quæstiones;
Sed si quam addas, caue ne quartam in quâ de Dei existentiâ
es acturus omiseris. Nosti enim Atheos, vt sunt improbi &
maledici; Certè si meis repudiatis argumentis nulla reponas
meliora, te nulla habere dicturi sunt, ac etiam fortè hoc
opprobrium, quod absit, in totam Societatem reijcient.
Denique non est quod metuas, ne intercedam, quominùs
tua in me scripta absoluas, & vulges ; nam contra planè sua-
deo, vt potius hoc agas, quàm in priuatis epistolis conscri-
bendis diutiùs ludas; hoc enim daret occasionem maleuolis
existimandi te tergiuersari, & quærere insidias, teque aperto
Marte nihil posse. Non etiam deprecor acerbitatem stili,
nec aduersariorum multitudinem aut celebritatem. Dudum
præcaui, ne quid veri de me dici possit, quod non audiam
libenter. Si qui autem calumnientur, spero me facilè ipsorum
technas palam esse facturum, & prudentum Lectorum ludi-
brio se exponent; Atque quò plures, quò majoris nominis
illi erunt, tantò magis mihi de inuidiæ magnitudine gratu-
labor. Sed quantum ad illos qui amant veritatem, quales
omnes patres Societatis esse confido, non dubito quin mihi
omnes sint amici; Et ego vt virorum omnium doctrinâ &
pietate insignium obseruantissimus sum cultor, ita etiam
amicorum omnium sum humillimus & obsequentissimus
famulus.

AV R. PERE BOVRDIN IESVITE.

LETTRE XVI. *Version de la precedente.*

MON REVEREND PERE,

Ie ne receus vos dernieres dattées du septiéme Aoust,
qu'auanthier, qui estoit le sixiéme Septembre. Et il y a trois
semaines que ie fis réponse à vos precedentes, qui m'auoient

auſſi eſté renduës plus tard qu'elles ne deuoient, eu égard
à la diſtance des lieux. Et ie m'eſtonne fort que vous n'ayez
point fait de difficulté d'impugner, & meſme de condamner
comme fauſſe & ridicule, vne doctrine que vous dites vous
auoir ſemblé douteuſe, veu que vous me reprenez d'auoir
refuté vn écrit, que ie n'ay point douté eſtre abſolument
faux. Et il importe fort peu que cét écrit fuſt acheué, ou
ſeulement commencé; Car n'ay-ie pas trouué dans le commencement aſſez d'argumens pour pouuoir hardiment le
condamner de fauſſeté; Et vous, n'auoüez-vous pas que
dans le mien, qui eſtoit complet, vous n'en auez pû trouuer
aſſez, que pour vous faire douter de ſa doctrine. I'obmets le
reſte du contenu de voſtre Lettre, pource que i'y ay deſia
aſſez répondu dans mes precedentes. Mais i'ay vne priere à
vous faire, qui eſt, que comme i'ay fait imprimer voſtre écrit,
auec les notes que i'ay faites deſſus, tel que ie l'auois receus,
ſans y chãger vne ſeule lettre, de meſme auſſi, s'il vous prend
enuie d'écrire quelque choſe contre mes remarques, ie vous
prie de ne les point propoſer eſtropiées & imparfaites, mais
de les faire voir toutes entieres, & telles qu'elles ſont, auec
la Lettre que i'y ay jointe. Adjoûtez-y auſſi, ſi bon vous
ſemble, toutes vos autres queſtions; Mais ſi vous en adjoûtez
quelqu'vne, gardez-vous bien d'oublier celle où vous deuez parler de l'Exiſtence de Dieu. Vous ſçauez combien les
Athées & les libertins ſont malicieux & médiſans; Et ſi apres
auoir rejetté mes argumens, vous n'en apportez point de
meilleurs, ſans doute qu'ils dirõt que vous n'en auez point, &
peut éſtre meſme (cē qu'à Dieu ne plaiſe) qu'ils rejetterõt cét
opprobre ſur tout le Corps de voſtre Societé. Enfin vous ne
deuez point craindre que de mon coſté, ie taſche à faire en
ſorte qu'on vous empeſche d'acheuer & de publier les écrits
que vous voulez faire contre moy; Car au contraire, ſi vous
me voulez croire, ie vous conſeille pluſtoſt de le faire, que
de vous amuſer plus long-temps à écrire des Lettres; Car
cela pourroit donner occaſion à ceux qui vous voudroient
du mal, de croire que vous cherchez à reculer, & à ruſer,

n'eſtant pas aſſez fort pour en venir à vn combat ouuert. Ie n'apprehende point auſſi l'aigreur du ſtile, ny la multitude ou la renommée de mes aduerſaires. Il y a long-temps que i'ay taſché de faire en ſorte qu'on ne puſt rien dire de moy de veritable, que ie ne vouluſſe bien entendre. Mais ſi quelques-vns vſent de calomnies, i'eſpere qu'il me ſera facile de découurir leurs fineſſes, & ils ne le pourront faire ſans s'expoſer au mépris & à la riſée de toutes les perſonnes ſages, Et meſme plus le nombre de mes aduerſaires ſera grand, & plus leur nom ſera celebre, dautant plus auſſi auray-ie ſujet de me glorifier de la grandeur de leur enuie. Mais pour ceux qui aiment la verité, tels que ſont ſans doute tous les Peres de voſtre Societé, ie ne doute point qu'ils ne me ſoient tous amis, Et comme ie fais vne eſtime toute particuliere de tous ceux qui excellent en pieté ou en doctrine, auſſi ſuis-ie entierement au ſeruice de ceux qui me font l'honneur de me mettre au rang de leurs amis, Ie ſuis,

A VN REVEREND PERE IESVITE.

LETTRE XVII.

MON REVEREND PERE,

Ie ſuis plus heureux que ie ne ſçauois, en ce que i'ay l'honneur d'eſtre allié d'vne perſonne de voſtre merite, & de vôtre Societé, & qui eſt particulierement verſé dans les Mathematiques. Car c'eſt vne ſcience que i'ay touſiours tant eſtimée, & à laquelle ie me ſuis tellement appliqué, que i'honore & cheris extremement tous ceux qui les ſçauent, & penſe auſſi auoir quelque droit d'eſperer leur bien veillance, au moins de ceux qui ſont Mathematiciens d'effet, autant que de nom, car il n'appartient qu'à ceux qui le veulent paroiſtre & ne le ſont pas, de haïr ceux qui taſchent à l'eſtre

veritablement. C'eſt ce qui m'a fait eſtonner du Reuerend
Pere Bourdin, duquel ie ne doute point que vous n'ayez remarqué la paſſion; Et i'oſerois vous ſupplier de me vouloir
mettre en ſes bonnes graces, ſi ie penſois que ce fuſt vne
choſe poſſible: Mais comme il a fait paroiſtre quelque ani-
moſité contre moy ſans aucune raiſon, & auant meſme que
ie ſceuſſe qu'il fuſt au monde, ainſi ie ne puis quaſi eſperer
que la raiſon le change. C'eſt pourquoy ie veux ſeulement
vous proteſter, qu'en ce qui s'eſt paſſé entre luy & moy, ie
ne le conſidere en aucune façon comme eſtant de voſtre
Compagnie, à laquelle i'ay vne infinité d'obligations, qui
ne peuuent entrer en comparaiſon auec le peu en quoy il m'a
deſobligé. Et pource que ie ſuis encore plus particulierement obligé à vous qu'aux autres, à cauſe de l'alliance de
mon frere, ie ſerois rauy ſi ie pouuois auoir occaſion de vous
témoigner combien ie vous honore & deſire obeïr en toutes
choſes. Et ie ne manquerois pas icy de vous écrire ce que
i'ay penſé touchant le flus & le reflus de la mer, s'il m'eſtoit
poſſible de l'expliquer, ſans vſer de pluſieurs ſuppoſitions,
qui ſembleroient peut-eſtre plus difficiles à croire que le reflus meſme, pour ceux qui n'ont point encore veu mes principes, leſquels i'eſpere de publier dans peu de temps, & de
vous ſatisfaire alors touchant cette partie, & peut eſtre auſſi
touchant pluſieurs autres.

Tout ce que ie puis dire du Liure *de Ciue*, eſt que ie juge
que ſon autheur eſt le meſme que celuy qui a fait les troiſié-
mes objections contre mes Meditations, & que ie le trouue
beaucoup plus habile en Morale qu'en Metaphyſique ny en
Phyſique; nonobſtant que ie ne puiſſe aucunement approuuer ſes principes ny ſes maximes, qui ſont tres-mauuaiſes,
& tres-dangereuſes, en ce qu'il ſuppoſe tous les hommes
méchans, ou qu'il leur donne ſujet de l'eſtre. Tout ſon but
eſt d'écrire en faueur de la Monarchie; ce qu'on pourroit
faire plus auantageuſement & plus ſolidement qu'il n'a fait,
en prenant des maximes plus vertueuſes & plus ſolides. Et il
écrit auſſi fort au deſaduantage de l'Egliſe & de la Religion
Romaine,

Romaine, en sorte que s'il n'est particulierement appuyé
de quelque faueur fort puissante, ie ne voy pas comment il
peut exempter son Liure d'estre censuré. Ie suis,

A VN REVEREND PERE IESVITE.

LETTRE XVIII.

MON REVEREND PERE,

I'ay esté extremement aise de voir des marques du souuenir qu'il vous plaist auoir de moy, & de receuoir les excellentes Lettres du R. P. Mesland. Ie tasche de luy répondre
tout franchement & sans rien dissimuler de mes pensées,
mais ce n'est pas auec tant de soin que i'eusse desiré; Car ie
suis icy en vn lieu où i'ay beaucoup de diuertissemens, & peu
de loisir, ayant depuis peu quitté ma demeure ordinaire
pour chercher la commodité de passer en France, où ie me
propose d'aller dans peu de temps, & s'il m'est aucunement
possible, ie ne manqueray pas de me donner l'honneur de
vous y voir; Car ie seray rauy de retourner à la Fleche, où
i'ay demeuré huit ou neuf ans de suitte en ma ieunesse, &
c'est là que i'ay receu les premieres semences de tout ce que
i'ay iamais appris, dequoy i'ay toute l'obligation à vostre
Compagnie. Si le témoignage de Monsieur de Beaune suffit
pour faire valoir ma Geometrie, encore qu'il y en ait peu
d'autres qui l'entendent, ie me promets que celuy du Reuerend Pere Mesland ne sera pas moins efficace pour authoriser mes Meditations, veu principalement qu'il a pris la
peine de les accommoder au stile, dont on a coustume de
se seruir pour enseigner, dequoy ie luy ay vne tres-grande
obligation. Et i'espere qu'on verra par experience, que mes
opinions n'ont rien qui les doiue faire apprehender & rejetter par ceux qui enseignent; Mais au contraire qu'elles se

trouueront fort vtiles & commodes. Il y a deux mois que
les principes de ma Philofophie euffent dû eftre acheuez
d'imprimer, fi le Libraire m'euft tenu parole, mais il a efté
retardé par les figures, qu'il n'a pû faire tailler fi-toft qu'il
penfoit; i'efpere pourtant de vous les enuoyer bien-toft, fi
le vent ne m'emporte d'icy, auant qu'ils foient acheuez. Ie
fuis,

A VN REVEREND PERE IESVITE,

LETTRE XIX.

MON REVEREND PERE,

Ayant enfin publié les principes de cette Philofophie,
qui a donné de l'ombrage à quelques-vns, vous eftes vn de
ceux à qui ie defire le plus de l'offrir, tant à caufe que ie vous
fuis obligé de tous les fruits que ie puis tirer de mes eftudes,
veu les foins que vous auez pris de mon inftitution en ma
ieuneffe, comme auffi à caufe que ie fçay combien vous
pouuez, pour empefcher que mes bonnes intentions ne
foient mal interpretées par ceux de voftre Compagnie qui
ne me connoiffent pas. Ie ne crains point que mes Efcrits
foient blafmez ou méprifez par ceux qui les examineront;
Car ie feray toufiours bien-aife de reconnoiftre mes fautes,
& de les corriger, lors qu'on me fera la faueur de me les
apprendre; Mais ie defire éuiter autant que ie pourray les
faux prejugez de ceux à qui c'eft affez de fçauoir que i'ay
écrit quelque chofe touchant la Philofophie (en quoy ie
n'ay pas entierement fuiuy le ftile commun) pour en conceuoir vne mauuaife opinion. Et pource que ie voy defia par
experience que les chofes que i'ay écrites ont eu le bon-
heur d'eftre receuës & approuuées d'vn affez grand nombre
de perfonnes, ie n'ay pas beaucoup à craindre qu'on refute

mes opinions. Ie voy mesme que ceux qui ont le sens commun assez bon, & qui ne sont point encore imbus d'opinions contraires, sont tellement portez à les embrasser, qu'il y a apparence qu'elles ne pourront manquer auec le temps d'être receuës de la pluspart des hommes, & i'ose mesme dire des mieux sensez. Ie sçay qu'on a crû que mes opinions estoient nouuelles, & toutesfois on verra icy que ie ne me sers d'aucun principe, qui n'ait esté receu par Aristote, & par tous ceux qui se sont iamais meslez de philosopher. On s'est aussi imaginé que mon dessein estoit de refuter les opinions receuës dans les Escoles, & de tascher à les rendre ridicules, mais on verra que ie n'en parle non plus, que si ie ne les auois iamais apprises. Enfin on a esperé que lors que ma Philosophie paroistroit au iour, on y trouueroit quantité de fautes, qui la rendroient facile à refuter, & moy au contraire ie me promets, que tous les meilleurs Esprits la iugeront si raisonnable, que ceux qui entreprendront de l'impugner, n'en receuront que de la honte, & que les plus prudens feront gloire d'estre des premiers à en porter vn fauorable iugement, qui sera suiuy par apres de la posterité s'il se trouue veritable. A quoy si vous contribuez quelque chose par vostre authorité & vostre conduite, comme ie sçay que vous y pouuez beaucoup, ce sera vn surcroist aux grandes obligations que ie vous ay desia, & qui me rendent, &c.

A VN REVEREND PERE IESVITE.

LETTRE XX.

MON REVEREND PERE,

Voicy enfin les principes de cette malheureuse Philosophie, que quelques-vns ont tasché d'étouffer auant sa naiſ-

sance ; I'espere qu'ils changeront d'humeur en la voyant, &
qu'ils la trouueront plus innocente qu'ils ne s'estoient imaginé. Ils y trouueront peut-estre encore à redire, sur ce que
ie n'y parle point des animaux ny des plantes, & que i'y
traitte seulement des Corps inanimez ; Mais ils pourront
remarquer que ce que i'ay obmis n'est en aucune façon necessaire pour l'intelligence de ce que i'ay écrit. Et encore
que mon traitté soit assez court, ie puis dire pourtant que i'y
ay compris tout ce qui me semble estre necessaire pour l'intelligence des matieres dont i'ay traitté, en sorte que ie
n'auray iamais plus besoin d'en écrire. I'ay eu ces iours passez
beaucoup de satisfaction d'auoir eu l'honneur de voir le Reuerend Pere Bourdin, & de ce qu'il m'a fait esperer la faueur
de ses bonnes graces. Ie sçay que c'est particulierement à
vous que ie dois le bon-heur de cet accommodement, aussi
vous en ay-ie vne tres-particuliere obligation, & ie seray
toute ma vie, &c.

A VN REVEREND PERE IESVITE.

LETTRE XXI.

MON REVEREND PERE,

La bien-veillance que vous m'auez fait la faueur de me
promettre, lors que i'ay eu l'honneur de vous voir, est cause
que ie m'adresse icy à vous, pour vous supplier de vouloir
receuoir vne douzaine d'exemplaires de ma Philosophie, &
en ayant retenu vn pour vous, de prendre la peine de distri-
buer les autres, à ceux de vos Peres de qui i'ay l'honneur
d'estre connu ; Comme particulierement ie vous supplie
d'en vouloir enuoyer vn ou deux au Reuerend Pere Charlet,
& autant au Reuerend Pere Dinet, auec les Lettres que ie
leur écris, & les autres seront s'il vous plaist pour le R. P. F.

mon ancien Maiſtre, & pour les Reuerends Peres Vatier,
Fournier, Meſland, Grandamy, &c.

AV R. PERE CHARLET IESVITE.

LETTRE XXII.

MON REVEREND PERE,

I'ay vne tres-grande obligation au Reuerend Pere Bourdin, de ce qu'il m'a procuré le bon-heur de receuoir de vos
Lettres, leſquelles m'ont rauy de joye, en m'apprenant que
vous prenez part en mes intereſts, & que mes occupations ne
vous ſont pas deſagreables. I'ay eu auſſi vne tres-grande ſatisfaction de voir que ledit Pere eſtoit diſposé à me donner
part en ſes bonnes graces, leſquelles ie taſcheray de meriter
par toutes ſortes de ſeruices. Car ayant de tres-grandes
obligations à ceux de voſtre Compagnie, & particulierement à vous, qui m'auez tenu lieu de Pere pendant tout le
temps de ma ieuneſſe, ie ſerois extremement marry d'eſtre
mal auec aucun des membres dont vous eſtes le Chef au
regard de la France. Ma propre inclination, & la conſideration de mon deuoir, me porte à deſirer paſſionnément
leur amitié, Et outre cela le chemin que i'ay pris en publiant
vne nouuelle Philoſophie, fait que ie puis receuoir tant d'a-
uantage de leur bien-veillance, & au contraire tant de deſauantage de leur froideur, que ie croy qu'il ſuffit de connoiſtre que ie ne ſuis pas tout à fait hors de ſens, pour aſſurer
que ie feray touſiours tout mon poſſible pour me rendre digne de leur faueur. Car bien que cette Philoſ. ſoit tellement
fondée en demonſtrations, que ie ne puiſſe douterqu'auec le
temps elle ne ſoit generalement receuë & approuuée, toutesfois à cauſe qu'ils ſont la plus grande partie de ceux qui en
peuuent iuger, ſi leur froideur les empeſchoit de la vouloir

lire, ie ne pourrois esperer de viure assez pour voir ce temps-
là ; au lieu que si leur bien-veillance les conuie à l'examiner,
i'ose me promettre qu'ils y trouueront tant de choses qui
leur sembleront vrayes, & qui peuuent aisément estre sub-
stituées au lieu des opinions communes, & seruir auec auantage à expliquer les veritez de la Foy, & mesme sans contredire au texte d'Aristote, qu'ils ne manqueront pas de les
receuoir, & ainsi que dans peu d'années cette Philosophie
acquerra tout le credit, qu'elle ne pourroit acquerir sans cela qu'apres vn siecle. C'est en quoy i'auoüe auoir quelque interest ; car estant homme comme les autres ie ne suis pas de
ces insensibles qui ne se laissent point toucher par le succéz;
& c'est aussi en quoy vous me pouuez beaucoup obliger.
Mais i'ose croire aussi que le public y a interest, & particulierement vostre Côpagnie, car elle ne doit pas souffrir, que
des veritez qui sont de quelque importance soient plustost
receuës par d'autres que par elle. Ie vous supplie de me pardonner la liberté auec laquelle ie vous ouure mes sentimens,
ce n'est pas que i'ignore le respect que ie vous dois, mais
c'est que vous considerant comme mon Pere, ie croy que
vous n'auez pas desagreable que ie traitte auec vous de la
mesme sorte que ie ferois auec luy s'il estoit encore viuant.
Et ie suis auec passion, &c.

A VN REVEREND PERE IESVITE,

LETTRE XXIII.

MON REVEREND PERE,

Ie ne vous sçaurois exprimer combien i'ay de ressentiment
des obligations que ie vous ay ; lesquelles sont extremes, en
ce que ie me persuade que vostre faueur & vostre conduite
sont causes, qu'au lieu de l'auersion de toute vostre Com-

pagnie, dont il sembloit que les preludes du Reuerend Pere
Bourdin m'auoient menacé, i'ose maintenant me promettre
sa bien-veillance. I'ay receu des Lettres du Reuerend Pere
Charlet qui me la font esperer, & outre que mon inclination, & les obligations que i'ay à vous & aux vostres de l'in-
stitution de ma ieunesse me la font desirer auec affection, il
faudroit que ie fusse depourueu de sens, pour ne la pas desirer
pour mon interest : Car m'estant meslé d'écrire vne Philosophie, ie sçay que vostre Compagnie seule peut plus que
tout le reste du monde, pour la faire valoir ou mépriser;
C'est pourquoy ie ne crains pas que des personnes de iugement, & qui ne m'en croyent pas entierement depourueu,
doutent que ie ne fasse tousiours tout mon possible pour la
meriter. Ie n'ay pas peu de satisfaction d'apprendre que
vous auez pris la peine de la lire, & qu'elle ne vous est pas
desagreable; Ie sçay combien les opinions fort éloignées
des vulgaires choquent d'abord, & ie n'ay pas esperé que les
miennes receussent du premier coup l'approbation de ceux
qui les liroient ; mais bien ay-ie esperé que peu à peu on
s'accoustumeroit à les gouster, & que plus on les examine-
roit, plus on les trouueroit croyables & raisonnables. I'estois
allé cét Esté en France pour mes affaires domestiques, mais
les ayant promptement terminées, ie suis reuenu en ces païs
de Hollande, où toutesfois aucune raison ne me retient,
sinon que i'y puis vacquer plus commodement à mes diuertissemens d'estude, pource que la coustume de ce païs ne
porte pas qu'on s'entreuisite si librement qu'on fait en
France; Mais en quelque lieu du monde que ie sois, ie seray
passionnément toute ma vie, &c.

A VN REVEREND PERE IESVITE,

LETTRE XXIV,

MON REVEREND PERE,

 Ie vous ay beaucoup d'obligation des foins qu'il vous plaift de prendre pour moy, & particulierement de ce que vous m'auez fait voir des Lettres du Reuerend Pere Char-let; Car il y a fort long-temps que ie n'auois eu la faueur d'en receuoir; & c'eft vne perfonne de fi grand merite que ie l'honore extremement, & tiens à beaucoup de gloire de luy eftre parent, outre que ie luy fuis obligé de l'inftitution de toute ma ieuneffe, dont il a eu la direction huit ans du-rant, pendant que i'eftois à la Fleche, où il eftoit Recteur. Ie vous remercie auffi du defir que vous témoignez auoir de me reuoir à Paris, ie voudrois bien que mes diuertiffemens d'eftude, qui requierent fur tout le repos & la folitude, peuffent compatir auec l'agreable conuerfation de quantité d'amis que i'ay là, car elle me feroit extremement chere fi i'eftois affez heureux pour en jouïr : Et ie vous puis affurer que l'vne des raifons qui me feroit principalement defirer le fejour de Paris, feroit pour auoir plus d'occafion de vous y rendre des preuues de mon feruice, & vous faire voir que ie fuis de cœur & d'affection, &c.

AV R. PERE MESLAND IESVITE.

LETTRE XXV.

MON REVEREND PERE,

La Lettre que vous m'auez fait l'honneur de m'écrire, en datte du quatriéme Mars, ne m'a esté enuoyée auec vne autre du Reuerend Pere Charlet, en datte du troisiéme Avril, que depuis huit iours, en sorte qu'il semble que le Courrier de Rome à Paris ait moins tardé par les chemins que celuy d'Orleans, mais cela importe peu. Ie vous ay obligation de la faueur que vous m'auez faite de me mander vostre sentiment touchant mes Principes, mais i'eusse souhaitté que vous m'eussiez specifié vos difficultez, & ie vous auoüe que ie n'en puis conceuoir aucune touchant la rarefaction; Car il n'y a rien ce me semble de plus aisé à conceuoir, que la façon dont vne éponge se dilate dans l'eau, & se resserre en se sechant. Pour l'explication de la façon dont Iesus-Christ est au saint Sacrement, il est certain qu'il n'est nullement besoin de suiure celle que ie vous ay écrite pour l'accorder auec mes principes; aussi ne l'auois-ie pas proposée à cette occasion, mais comme l'estimant assez commode pour éuiter les objections des Heretiques, qui disent qu'il y a de l'impossibilité & contradiction à ce que l'Eglise croit. Vous ferez de ma Lettre ce qu'il vous plaira, & pource qu'elle ne vaut pas la peine d'estre gardée, ie vous prie seulement de la rompre, sans prendre la peine de me la renuoyer. Au reste ie souhaitterois que vous eussiez assez de loisir pour examiner plus particulierement mes Principes, i'ose croire que vous y trouueriez au moins de la liaison & de la suitte; en sorte qu'il faut nier tout ce qui est contenu dans les deux dernieres parties, & ne le prendre que pour

Tome III.   P

vne pure hypothefe, ou mefme pour vne fable, ou bien l'approuuer tout, Et encore qu'on ne le prift que pour vne hypothefe, ainfi que ie l'ay propofé, il me femble néantmoins
que iufques à ce qu'on en ait trouué quelqu'autre meilleure,
pour expliquer tous les Phainomenes de la Nature, on ne
la doit pas rejetter. Mais ie n'ay pas fujet de me plaindre
iufques icy des Lecteurs, Car depuis que ce dernier traitté
eft publié, ie n'ay point appris que perfonne ait entrepris de
le blafmer ; & il femble que i'ay au moins gaigné cela fur
plufieurs, qu'ils doutent fi ce que i'ay écrit ne pourroit
point eftre vray. Toutesfois ie ne fçay pas ce qui fe dit en
mon abfence, & ie fuis icy en vn coin du monde, où ie ne
laifferois pas de viure fort en repos & fort content, encore
que les iugemens de tous les doctes fuffent contre moy. Ie
n'ay nulle paffion au regard de ceux qui me haïffent, i'en ay
feulement pour ceux qui me veulent du bien, lefquels ie
defire feruir en toutes fortes d'occafions, & comme ie vous
ay toufiours reconnu eftre de ce nombre, auffi fuis-ie de tout
mon cœur,

MON R. P.

Voftre tres-humble & tres-affectionné
feruiteur, DESCARTES.

A VN REVEREND PERE IESVITE.

LETTRE XXVI.

MON REVEREND PERE,

Ie vous fuis tres-obligé de ce qu'il vous plaift prendre la
peine de voir le Liure que ie vous auois enuoyé ; & ie reçoy
en tres-bonne part la faueur que vous me promettez de me
traitter en amy, bien que vous l'interpretiez, que ce fera en

toute rigueur ; Car ne deſirant rien autre choſe que de connoiſtre la verité, i'aime beaucoup mieux la rigueur, c'eſt à
dire, le ſoin & la diligence à remarquer tout, au moins en
ceux de voſtre ſorte, que ie ſçay n'eſtre portez que d'vn bon
zele, & n'eſtre pas capables de commettre aucune injuſtice,
que ie ne ferois leur negligēce. Et ie ne ſuis nullement preſſé
d'entendre voſtre iugement, car i'oſe me promettre qu'il me
ſera dautant plus fauorable qu'il viendra plus tard. Sur tout
ie voudrois qu'il vous pluſt prendre la peine d'examiner ma
Geometrie, c'eſt vne choſe qui ne ſe peut faire que la plume
à la main , & ſuiuant tous les calculs qui y ſont , leſquels
peuuent ſembler d'abord difficiles, à cauſe qu'on n'y eſt pas
accouſtumé , mais il ne faut que peu de iours pour cela, & ſi
vous paſſez du premier Liure au troiſiéme , auant que de lire
le ſecond , vous y trouuerez plus de facilité que peut-eſtre
vous ne croyez. Si i'auois des aiſles pour voler , comme
Dedale, ie voudrois m'aller rendre pour huit iours auprés
de vous, afin de vous en faciliter l'entrée, mais vous vous la
pourrez aſſez ouurir de vous-meſme , & ie me promets, que
vous ne plaindrez point par apres le temps que vous y aurez
employé. C'eſt vn traitté que ie n'ay quaſi compoſé que
pendant qu'on imprimoit mes Meteores, & meſme i'en ay
inuenté vne partie pendant ce temps-là ; mais ie n'ay pas
laiſſé de m'y ſatisfaire, autant ou plus que ie ne me ſatisfaits
d'ordinaire de ce que i'écris. Mon Neveu eſt heureux de
vous auoir pour Maiſtre, & ie ſuis,

MON R. P.

Voſtre tres-humble & tres-acquis
ſeruiteur, DESCARTES.

A MONSIEVR ****.

LETTRE XXVII.

MONSIEVR,

I'ay eu beaucoup de joye & d'admiration de voir la belle regle que vous auez trouuée pour resoudre les problemes solides auec l'hyperbole ; ie ne croy pas qu'il soit possible d'en trouuer aucune plus courte, ny plus belle que celle-là. Mais ie n'ay pas eu moins de honte des complimens trop extraordinaires, & des termes trop excedans en courvoisie, dont vous auez vsé en mon endroit ; obligez-moy de me traitter plus humainement vne autre fois, & en sorte que ie puisse croire que ce soit à moy que vous écriuez, c'est à dire, à vne personne qui ne reconnoist en soy aucune qualité extraordinaire, ny qui merite le moindre des titres que vous luy donnez, mais qui seroit bien-aise de vous rendre seruice, & qui pour vous monstrer vn exemple de naïueté vous dira icy tout simplement ce qu'il iuge de ce que vous luy auez enuoyé. La regle de l'hyperbole ne sçauroit estre mieux qu'elle est, & ie voy en tout le reste, que vous estes sans comparaison plus auancé que ie n'aurois crû ; i'approuue bien aussi que vous vous portiez à chercher les choses plus difficiles, comme de resoudre en nombre les equations de six dimensions, & en lignes celles de huit ; Mais à cause qu'il s'y trouuera peut-estre plus de difficultez que vous n'en auez preueu, ie croy qu'il y faut venir par degrez, & que vous pourriez auparauant faire des regles pour soudre les Problemes solides, auec telle section conique donnée qu'on voudra ; & aussi examiner le second Liure de ma Geometrie, car vous y trouuerez quelque chose de la Nature des lignes Courbes ; Et il faut prendre garde aux solutions des Proble-

mes , qu'on n'y doit iamais employer des lignes Courbes
d'vn genre composé , que lors qu'il est impossible de faire ce
qui est requis auec des lignes de plus simple genre. I'ay aussi
remarqué beaucoup d'esprit en vos considerations touchant
la bataille, nonobstant que ce soit vne matiere où l'experience & la prudence naturelle auec la presence de l'esprit,
que perdent ceux qui ont peur dans les occasions, seruent
plus que les preceptes. Et enfin i'ay trouué vostre stile Latin
si beau & si net, que ie n'en aurois iamais attendu de tel
d'vn homme de vostre profession ; Ie vous conseille de continuer à cultiuer ces belles qualitez, & si i'y puis contribuer
en quoy ce soit, vous me ferez faueur de m'employer. Ie
suis,

MONSIEVR,

Vostre tres-humble & tres-affectionné
seruiteur, DESCARTES.

AV R. P. MERSENNE.

LETTRE XXVIII.

MON REVEREND PERE,

Vos Lettres ont esté gelées par les chemins, car la datte
m'apprend que ie les deuois receuoir il y a quinze iours, ce
qui est cause que ie n'ay pû y répondre plustost. Ie vous remercie de ce que vous m'écriuez de la part des Peres Iesuites, & vous verrez en ma Lettre Latine de quelle façon i'y
répons ; mais ie vous prie de la faire voir à leur Prouincial,
& ie voudrois bien qu'vne autre fois, s'ils vous prient derechef de me faire sçauoir quelque chose de leur part, vous le
rufusassiez, si ce n'est qu'ils le missent eux-mesmes par écrit,
à cause qu'ils peuuent mieux desauoüer leur parole que leur

écriture ; Et ie preuoy defia qu'ils defauoüeront vne partie
de ce que vous m'auez cette fois écrit de leur part, & à quoy
i'ay efté obligé de répondre, mais n'importe, cela vous fer_
uira d'excufe pour ne vous plus charger de leurs commif_
fions, s'ils ne les écriuent. Ie vous renuoye la Lettre du
Pere Bourdin que i'ay trouuée peu iudicieufe, mais ie n'en
ay pas voulu toucher vn feul mot, à caufe que vous me l'a_
uiez deffendu. Ie croy bien que fon Prouincial l'a enuoyé
pour vous demander s'il eftoit vray que i'écriuiffe contre
eux, mais non pas pour me menacer de chofes qu'ils fçauent
bien que ie ne crains pas, & qui peuuent bien plus m'obliger
à écrire, que m'en empefcher. Il eft certain que i'aurois
choifi le Compendium du Pere Euftache, comme le meil_
leur, fi i'en auois voulu refuter quelqu'vn ; mais auffi eft-il
vray que i'ay entierement perdu le deffein de refuter cette
Philofophie ; car ie voy qu'elle eft fi abfolument & fi clairement détruite, par le feul eftabliffement de la mienne, qu'il
n'eft pas befoin d'autre refutation ; mais ie n'ay pas voulu
leur en rien écrire, ny leur rien promettre, à caufe que ie
pourray peut-eftre changer de deffein, s'ils m'en donnent
occafion. Et cependant ie vous prie de ne craindre pour moy
aucune chofe ; car ie vous affure que fi i'ay quelque intereft
d'eftre bien auec eux, ils n'en ont peut-eftre pas moins d'é-
tre bien auec moy, & de ne fe point oppofer à mes deffeins:
Car s'ils le faifoient, ils m'obligeroient d'examiner quel_
qu'vn de leurs Cours, & de l'examiner de telle forte, que ce
leur feroit vne honte à iamais. I'ay feint de n'ofer pas vous
prier de faire voir ma Lettre au Pere Prouincial, mais ie
ferois pourtant bien marry qu'il ne la vift point. Ie fuis,

MON R. PERE,

Le 22. Decembre 1641.　　　　Voftre tres-humble & tres-obeïffant
　　　　　　　　　　　　　　　　feruiteur, DESCARTES.

AV R. PERE MERSENNE.

LETTRE XXIX.

REVERENDISSIME PATER,

Legi partem Epistolæ ad vestram Reuerentiam ex An-
glia missæ, hîcque à D. de Zuylichem mihi concessæ, &
valde miratus sum, quod cum ex modo scribendi eius author
ingeniosus & doctus appareat, in nullâ tamen re, quam vt
suam proponit, à veritate non aberrare videatur. Omittam
initium de animâ & Deo corporeis, de spiritu Interno, &
reliquis quæ me non tangunt : Etsi enim dicat materiam
meam subtilem eandem esse cum suo spiritu Interno, non
possum tamen id agnoscere. Primo quia illum facit causam
duritiei, cum mea potiùs econtra mollitiei sit causa ; deinde
quia non video quâ ratione iste spiritus valde mobilis corporibus duris ita includi possit, vt nunquam ex iis egrediatur, nec quomodo ingrediatur mollia cum durescunt. Sed
venio ad ea quæ scribit contra Dioptricam. Imprimis ait

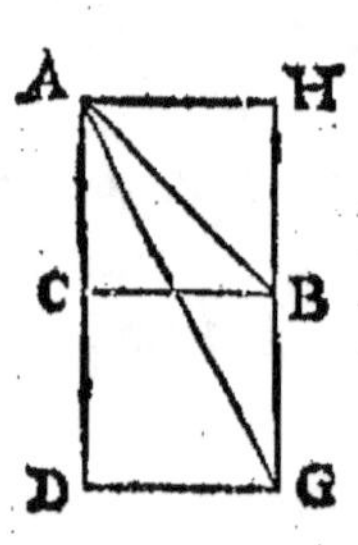

me clariùs locuturum fuisse, si pro determinatione, motum determinatum dixissem ; quâ in re ipsi non assentior : Etsi enim
dici possit velocitatem pilæ ab A, ad B,
componi ex duabus aliis, scilicet ab A, ad
H, & ab A, ad C. Abstinendum tamen
esse putaui ab isto modo loquendi, ne fortè
ita intelligeretur, vt istarum velocitatum
in motu sic composito quantitas, & vnius
ad alteram proportio, remaneret, quod nullo modo est ve-
rùm. Nam si exempli causâ ponamus pilam ab A, ferri dextrorsùm vno gradu celeritatis, & deorsùm vno etiam gradu,
perueniet ad B, cum duobus gradibus celeritatis, eodem

tempore quo alia, quæ ferretur etiam ab A, dextrorfum vno
gradu celeritatis, & deorfum duobus, perueniet ad G, cum
tribus gradibus celeritatis : Vnde fequeretur lineam A B,
effe ad A G, vt 2. ad 3. quæ tamen eft vt 2. ad r. 10. &c.

Quod ait pofteâ, terram tollere celeritatem deorfum, eft
contra hypothefim : fuppofui enim nihil planè de celeritate
detrahi ; & contra omnem experientiam : alioqui enim pila
perpendiculariter in terram incidens nunquam refiliret.
Nulla igitur in parte laborat mea demonftratio ; fed ille fe-
ipfum valde fefellit, quia motum à determinatione non di-
ftinxit : motus enim ipfe nullo modo minui debet, vt reflexio fiat ad angulos accuratè æquales. Præereà id quod af-
fumpfit, *Nullâ vi amoueri quod non cedit leuiſſimæ*, nullam
habet fpeciem veritatis ; quis enim credat, exempli gratiâ,
in bilance pondus centum librarum aliquantulum cedere
ponderi vnius libræ in aliâ lancis parte pofitæ, quoniam cedit ponderi 100. librarum. Concedo tamen libenter partem
terræ in quam pila impingit aliquantulum ei cedere, vt etiam
partem pilæ in terram impingentem non nihil introrfum re-
curuari, ac deinde, quia terra & pila reftituunt fe poft ictum,
ex hoc iuuari refultum pilæ ; Sed affirmo hunc refultum magis femper impediri ab ifta incuruatione pilæ & terræ, quam
ab eius reftitutione iuuetur ; Atque ex eó poffe demonftrari
reflexionem pilæ, aliorumque eiufmodi corporum non extremè durorum, nunquam fieri ad angulos accuratè æquales ; Sed abfque demonftratione, facilè eft experiri pilas
molliores non tam altè refilire, nec ad tam magnos angulos, quam duriores. Vnde patet quam perperàm adducat
iftam terræ mollitiem ad æqualitatem angulorum demon-
ftrandam ; præfertim cum ex eâ fequatur, fi terra & pila
tam duræ effent, vt nullo modo cederent, nullam fore reflexionem, quod eft incredibile. Patet etiam quam merito
ego & terram & pilam perfectè duras affumpferim, vt res
fub examen Mathematicum cadere poffit.

Non felicior eft circa Refractionem, cum diftinguit eam
quæ fit quando corpus motum permeat media, ab eâ quæ fit
quando

quando non permeat; vtraque enim fit versus eandem partem, à corpore eiusdem generis. Nec satis intellexit id quod scripsi eâ de re: Non enim dico lumen facilius propagari in denso quam in raro; sed in duro (in quo scilicet materia subtilis non communicat motum suum parietibus meatuum quibus inest) quàm in molli, siue hoc sit rarius, siue densius; habeoque eius rei & experientiam & demonstrationem, tam de ipso lumine, quam de corporibus quæ tactu sentiuntur; Nec valet exceptio ex tapetis asperitate desumptâ, in tapete enim ex serico vel corio nullomodò aspero idem continget. Quod ait ab amico suo esse demonstratum non vidi, nec ideo possum de eo iudicare. Miror vero quod subiungat meam demonstrationem non esse legitimam, cum tamen nihil planè afferat ad eam impugnandam, nisi quod dicat quædam repugnare experientiæ, quæ cum experientia consentiunt, & sunt verissima. Sed non videtur aduertisse differentiam quæ est inter refractionem pilæ, aliorumue corporum in aquam incidentium, & refractionem luminis; cum tamen sit duplex & maxima. Primo, quia vna refractio fit versus perpendicularem, alia modo contrario; Et cum radij luminis tertia sui impetus parte, aut circiter, faciliùs per aquam transeant quam per aërem, non tamen ideo pila mulctari debet ab eadem aquâ, tertiâ parte suæ velocitatis, nullaquè est inter ista duo connexio. Deinde quia lumen quidem debile, non ad alios angulos quam forte, ab eadem aquâ refringitur; Sed planè aliud est de pila, quæ magnâ vi in aquam impulsâ, non tantâ parte suæ velocitatis ab eâ potest mulctari, quam si lentiùs procedat. Ideoque non mirum est, quod expertus sit globum plombeum, maximâ vi sclopeto emissum, aquam ingredi in eleuatione quinque graduum, quia tunc forte non millesimâ suæ velocitatis parte mulctabatur. Affingit mihi posteà quod supposuerim omnem iacturam velocitatis computandam esse in motu deorsum: dixi enim constantissimè computandam esse in toto motu simpliciter sumpto. Modus vero quo ipse vtitur ad refractionis causam explicandam, vel ex eo apparet non

Tome III.   Q

esse accuratus, quod apertè pugnet cum eo quod antè admisit, vt ab amico suo demonstratum; Nempe esse in refractione, vt sinus anguli inclinationis vnius ad sinum anguli inclinationis alterius, ita sinum anguli refracti in vna inclinatione ad sinum anguli refracti in altera; exurgit enim ex eius Parallelogrammo planè alia, & quidem maximè irrationalis inter sinus proportio. Reliquum Epistolæ nondum vidi, nec ideo possum respondere. Sum

R. PATER,

V. R. Deuotissimus famulus,
DESCARTES.

AV R. PERE MERSENNE.

LETTRE XXX. *Version de la precedente.*

MON REVEREND PERE,

J'ay leu vne partie de la Lettre qui vous a esté enuoyée d'Angleterre, que Monsieur de Zuytlichem m'a fait la faueur de me prester, & ie me suis fort estonné de ce que celuy qui l'a écrite, paroissant par son stile homme d'esprit & sçauant, s'éloigne neantmoins de la verité en tout ce qu'il propose de luy-mesme. Ie ne répondray point au commencement de sa Lettre, où il parle de Dieu & de l'Ame comme de choses corporelles, ny à ce qu'il dit de son esprit Interne, & de beaucoup d'autres choses qui ne me touchent point: Car bien qu'il dise que ma matiere subtile soit la mesme chose que son esprit Interne, ie ne le puis neantmoins reconnoistre. Premierement, parce qu'il veut que son esprit Interne soit la cause de la dureté, quoy que ma matiere subtile au contraire soit plustost la cause de la mollesse. Et aussi parce que ie ne voy pas par quel moyen cét esprit, qui de sa nature

eſt tres-mobile, peut eſtre ſi bien renfermé dans les corps
durs, qu'il n'en puiſſe iamais ſortir, ny comment il ſe gliſſe
& entre dans les corps mols, lors qu'ils deuiennent durs.
Mais ie viens aux raiſons par leſquelles il taſche de refuter
ma Dioptrique. Premierement, il dit que i'aurois parlé plus
clairement, ſi au lieu de dire la determination, i'auois dit le
mouuement determiné, en quoy ie ne ſuis pas de ſon aduis.

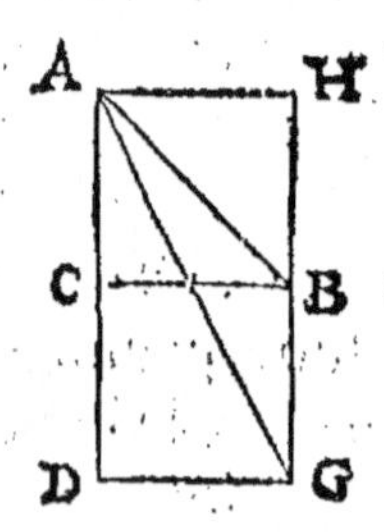

Car encore bien que l'on puiſſe dire que la
viteſſe de la balle qui va d'A vers B ſoit
compoſée de deux autres viteſſes, à ſçauoir
de celle d'A vers H, & de celle d'A vers
C, i'ay crû neantmoins que ie deuois m'abſtenir de cette façon de parler, de peur que
par là l'on ne vinſt à entendre, que dans le
mouuement ainſi compoſé, la quantité de
ces viteſſes, & la proportion de l'vne à l'au-
tre, demeure, ce qui n'eſt nullement vray. Car ſi cela eſtoit,
ſi nous ſuppoſions par exemple, qu'vne balle fuſt meuë d'A
vers la droite auec vn degré de viteſſe, & de haut en bas
pareillement auec vn degré, elle paruiendra au point B auec
deux degrez de viteſſe, dans le meſme temps qu'vne autre
balle qui ſeroit auſſi meuë d'A vers la droite auec vn degré
de viteſſe, & de haut en bas auec deux degrez, paruiendra
au point G auec trois degrez de viteſſe, d'où il s'enſuiuroit
que la proportion de la ligne A B à la ligne A G ſeroit comme 2. d 3. laquelle toutesfois eſt comme 2. à r. 10. &c.

Ce qu'il dit enſuite, à ſçauoir, que la terre oſte, ou fait
perdre la viteſſe qui portoit la balle en bas, eſt contre mon
hypotheſe, car i'ay ſuppoſé tout au contraire que la balle ne
perdoit rien du tout de ſa viteſſe, Et meſme contre l'experience, Car autrement vne balle tombant perpendiculairement ſur la terre iamais ne rejailliroit: Ie ne voy donc point
que ma demonſtration peche en quoy que ce ſoit. Mais il
s'eſt luy-meſme grandement trompé, pour n'auoir pas di-
ſtingué le mouuement d'auec la determination, car il eſt
certain que le mouuement ne ſe doit en aucune façon dimi-

Q ij

nuer, pour faire que la reflexion se fasse à angles égaux.

De plus ce qu'il auance comme vn Principe, à sçauoir, que ce qui ne cede point à la moindre force ne peut estre emporté par quelque force que ce soit, n'a aucune apparence de verité. Car qui croira, par exemple, que le bassin d'vne balance chargé de cent liures, cede tant soit peu au poids d'vne liure qui est mis de l'autre costé, à cause qu'il cede & peut estre enleué par le poids de deux cens liures. Ie demeure pourtant bien d'accord que la partie de la terre sur laquelle tombe vne balle cede ou preste tant soit peu, comme aussi que la partie de la balle qui touche la terre se recourbe aussi quelque peu en dedans; Et mesme, de ce que la terre & la balle reprennent aussi-tost apres leur premiere situation, que cela est en partie cause du bond de la balle; Mais ie soûtiens que le bond qu'elle fait, est tousiours plus empesché de ce que la balle & la terre cedent l'vne à l'autre, qu'il n'est aidé par leur ressort; Et que de là l'on peut demonstrer que la reflexion d'vne balle, & des autres semblables corps qui ne sont pas entierement durs, ne se fait iamais precisément à angles égaux; Mais cela se voit sans aucune demonstration par la seule experience, qui nous monstre que les balles les plus molles ne rebondissent pas si haut, ny par des angles si grands, que celles qui sont plus dures. D'où l'on voit combien vainement & inutilement il apporte pour raison de cette égalité des angles en la reflexion cette mollesse de la terre; veu principalement que de là il s'ensuiuroit, que si la terre & la balle estoient si dures qu'elles ne pussent en aucune façon prester ou se courber en dedans, il ne se feroit aucune reflexion, ce qui est incroyable & contre le sens commun. Et cela fait voir aussi auec combien de raison i'ay supposé que la terre & la balle estoient parfaitement dures, afin de reduire la chose à vn examen Mathematique.

Il n'est pas plus heureux en ce qu'il dit touchant la Refraction, lors qu'il distingue celle qui se fait quand le corps qui est meu parcourt les deux milieux, d'auec celle qui se

fait quand il ne les parcourt pas ; car l'vne & l'autre se fait
d'vn mesme costé par vn corps de mesme nature. Et il n'a
pas assez bien conceu ce que i'ay écrit touchant cela ; Car ie
ne dis pas que la lumiere se répande plus facilement dans vn
milieu dense que dans vn rare, mais qu'elle se transmet plus
aisément dans vn corps dur que dans vn mol, soit que celuy-
cy soit plus rare ou plus dense que l'autre ; à cause que dans
vn corps dur, la matiere subtile ne communique pas de son
mouuement aux paroys des pores dans lesquels elle se trouue. Et i'ay de cecy l'experience & la raison pour moy, tant
en ce qui est de la lumiere, qu'en ce qui est des autres corps
sensibles & palpables. Et l'exception qu'il apporte, tirée
de l'aspreté d'vn tapis, n'est aucunement considerable ; car
la mesme chose arriuera dans vn tapis de soye ou de cuir, qui
n'aura aucune aspreté. Pour ce qu'il dit auoir esté demonstré
par vn sien amy, ie ne l'ay point veu, & partant ie n'en puis
rien iuger. Mais i'admire grandement qu'apres cela il adjoûte que ma demonstration n'est pas legitime, quoy que
neantmoins il n'apporte autre chose pour la combattre, sinon qu'il dit qu'elle contient des choses qui ne s'accordent
pas auec l'experience, lesquelles neantmoins y sont tres-
conformes, & sont tres-veritables.

Mais il semble n'auoir pas bien remarqué la difference
qui est entre la refraction d'vne balle, ou des autres corps
qui tombent dans l'eau, & celle de la lumiere, quoy que
neantmoins il y en ait deux fort considerables. La premiere
est, que celle de la lumiere se fait en approchant de la perpendiculaire, & l'autre tout au contraire en s'en éloignant,
Et bien que les rayons de la lumiere passent plus facilement
au trauers de l'eau que de l'air, de la troisiéme partie ou enuiron de l'effort ou de l'impetuosité de leur mouuement, on
ne doit pas pour cela s'imaginer qu'vne balle doiue se ralen-
tir ou estre retardée par l'eau de la troisiéme partie de sa vitesse, n'y ayant aucun rapport ou conuenance entre ces
deux choses. La seconde est, qu'vne lumiere foible & debile
souffre vne pareille refraction dans l'eau, qu'vne lumiere

plus forte ; Mais il n'en n'est pas de mesme d'vne balle, laquelle estant iettée dans l'eau auec grande force, n'est pas
retardée par elle d'vne si grande partie de sa vitesse, que si
elle estoit iettée auec vne moindre force; Et partant ce n'est
pas merueille, s'il dit auoir experimenté qu'vn boulet de
canon, tiré à cinq degrez d'éleuation estoit entré dans l'eau,
& s'y estoit enfoncé au lieu de rejaillir, parce qu'alors peut-
estre ne s'estoit-il pas affoibly de la milliéme partie de sa
vitesse. Il veut apres cela faire accroire que i'aye supposé
que toute la perte de la vitesse de la balle doit estre imputée
au mouuement de haut en bas, où au contraire i'ay tousiours
dit que cette perte deuoit estre imputée à tout le mouuement, pris & consideré simplement. Et quant au moyen
dont il se sert pour expliquer la cause de la refraction, il est
aisé de voir qu'il n'est pas fort exact, puis qu'il repugne manifestement à ce qu'il a dit auparauant auoir esté demonstré
par son amy ; C'est à sçauoir qu'en la refraction, comme le
sinus de l'angle d'vne inclinaison, est au sinus de l'angle de
l'autre inclinaison ; ainsi le sinus de l'angle rompu en vne
inclinaison, est au sinus de l'angle rompu en l'autre inclinaison ; Car de son Parallelogramme mesme, il resulte tout-
vne autre proportion entre les sinus que celle-là, & mesme
vne proportion fort irrationnelle. Ie n'ay pas encore veu le
reste de sa Lettre, c'est pourquoy ie ne puis icy y répondre,
Ie suis,

MON R. PERE,

Vostre tres-humble & tres-obeïssant
seruiteur, DESCARTES.

AV R. PERE MERSENNE.

Réponse de M. Hobbes à la precedente.

LETTRE XXXI.

REVERENDISSIME PATER,

Quod ea quæ superiori Epistolâ tuo iussu tibi scripsi, Domino Descartes minùs arrideant, plurimùm doleo, tùm quod ingenium eius plurimi æstimo, tùm quod nullam rationem adhuc inuenio propter quam ea quæ reprehendit debeam mutare; Libentissimè enim mutarem (si Paralogismos meos possem detegere) quæ minus rectè dicta sunt, quippe qui nihil edidi in publicum, quo tenear, vnâ cum honore, errores meos pertinaciter defendere; Ne tamen tanti viri authoritate existimatio mea apud te opprimatur, visum est mihi, Epistolâ hâc, objectionibus eius, eo ordine quo à te relatæ sunt, paucis quantum possum & quâ possum perspicuitate respondere.

Dicis primo loco, Dominum Descartes, non agnoscere spiritum illum Internum, quem ego ibi suppono, eundem esse cum materia subtili quam supponit ille.

Respondeo, certè ego per spiritum intelligere me dixi corpus subtile & fluidum, quid autem intersit inter corpus subtile & materiam subtilem, equidem non intelligo.

Adducis proximo loco, causas quare hoc non agnoscit, quas dicis esse duas; primam, quia ego statuo spiritus Internos causam esse duritiei, ille materiam subtilem causam esse mollitiei; Secundam, quia non videt ille, quâ ratione iste spiritus valde mobilis corporibus duris ita includi possit, vt nunquam ex iis egrediatur, nec quomodo ingrediatur quando mollia durescunt.

Quæso te Reuerendissime Pater (tibi enim nunc soli satisfacere satago)nunquid tibi capere impossibile est,spiritum fluidum & subtilem, talem & tam velocem motum habere posse, vt partes eius minùs cedant tactui & impulsui nostro, quam si eædem, alio motu, & minùs veloci concitarentur. Quid autem est durum, præter id cuius partes, stante toto, minùs; molle, præter id cuius partes magis, corporis incurrentis impulsui cedunt?Quodsi sit verum (nam supposui tantùm huiusmodi motuum in spiritibus diuersitatem, vt rem possibilem) sequetur idem corpus tenue, siue materiam subtilem, causam fore & mollitiei & duritiei, prout diuersâ velocitate, & diuerso modo mouebitur; Prima ergo causa propter quam negat eandem esse rem, spiritum & materiam subtilem, ostendit potius voluntatem, quam rationem dissentiendi. Quod attinet ad secundam causam dissentiendi, nempe quod non vidit qua ratione &c. Dico eam non esse sufficientem causam quare dissentiret, sed potius quare diligentius consideraret. Neque enim ego dixi durescere corpora per ingressum spirituum, neque mollescere per exitum eorundem; Sed spiritus subtiles & liquidos, vehementiâ motûs sui, posse constituere corpora dura, vt adamantem; & lentitudine, alia corpora mollia, vt aquam vel aërem. Hypothesis autem illa vehementiæ motûs spirituum in vno corpore, majoris quam in alio,ad saluandum Phænomenon duritiei, mihi quidem non videtur inferior illâ Domini Descartes, qui ponit atomorum suarum nodos & implicationes quasdam, quibus partes corporum durorum debeant cohærere. Si quis enim interrogaret illum, quibus vinculis & quibus nodis particulæ illarum partium crassiorum, quas in duris supponit, inter se cohæreant, credo hæreret, neque se sciret vllo modo meliùs extricare,quam supponendo motum aliquem materiæ subtilis in illis ipsis atomis quas ponit pro minimis.

Dicis tertio, quod vbi dixerim illum clariùs locuturum fuisse, si pro determinatione, posuisset motum determinatum, cum mihi non assentiri, sed respondere, his verbis.
Etsi

Etſi enim dici poſſit velocitatem pilæ ab A ad B componi
ex duabus aliis, ab A ad H, & ab A ad C; abſtinendum tamen eſſe putaui ab iſto modo loquendi ne forte ita intelligeretur, vt ipſarum velocitatum, in motu ſic compoſito,
quantitas, & vnius ad alteram proportio, remaneret; quod
nullomodo eſt verum. Nam ſi exempli
gratiâ ponamus pilam ab A ferri dextrorſum vno gradu celeritatis, & deorſum vno
etiam gradu, perueniet ad B cum duobus
gradibus celeritatis, eodem tempore quo
alia quæ ferretur etiam dextrorſum vno
gradu celeritatis,& deorſum duobus, perueniet ad G cum tribus gradibus celeritatis, vnde ſequeretur lineam A B eſſe ad A
G vt 2. ad 3. quod tamen eſt, vt 2. ad r. 10.

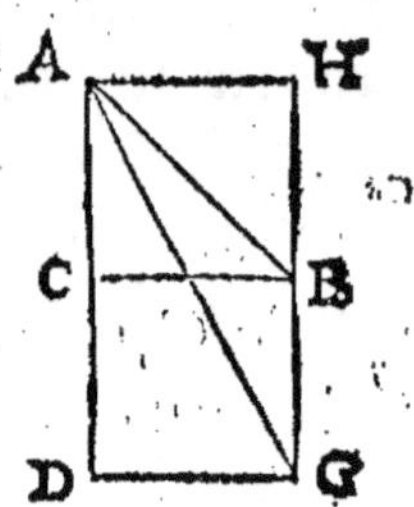

 Reſp. Quoniam confitetur Dominus Deſcartes, dici
poſſe velocitatem pilæ ab A ad B componi poſſe ex duabus
aliis ab A ad H & ab A ad C, debebat confiteri quoque, id
verum eſſe; nam exiſtimat is, à Philoſopho, in Philoſophiâ,
nihil dici poſſe, quod non ſit verum. Sed abſtinuit ab iſto lo-
quēdi modo, quoniam inde colligi videtur poſſe id quod falſum eſt, nempe rationem lineæ A B, non eſſe ad lineam A G
vt 2. ad r. 10. ſed vt 2. ad 3. quæ ratio abſtinendi non eſt iuſta.
Nam ſi non rectè infertur ab iſto modo loquendi falſitas
illa, non debebat timere à Paralogiſmis quos alij poſtea ſibi-
metipſis poſſent facere; Sed ipſe putauit illationem illam
veram eſſe, quam ideò ipſe quoque colligit, ſed fallaci ratio-
cinatione. Nam & ſi pilam ponamus ferri ab A dextrorſum
vno gradu celeritatis, & deorſum vno etiam gradu, non tamen perueniet ad B duobus gradibus celeritatis, ſimiliter ſi
A feratur dextrorſum vno gradu, deorſum duobus, non tamen perueniet ad G tribus gradibus, vt ille ſupponit. Sup-
ponamus enim duas rectas conſtitutas ad angulum rectum,
A B, A C, ſitque velocitas ab A verſùs B in ratione ad velocitatem ab A verſùs C, quam habet ipſa A B ad ipſam A C,
hæ duæ velocitates componunt velocitatem quæ eſt à B

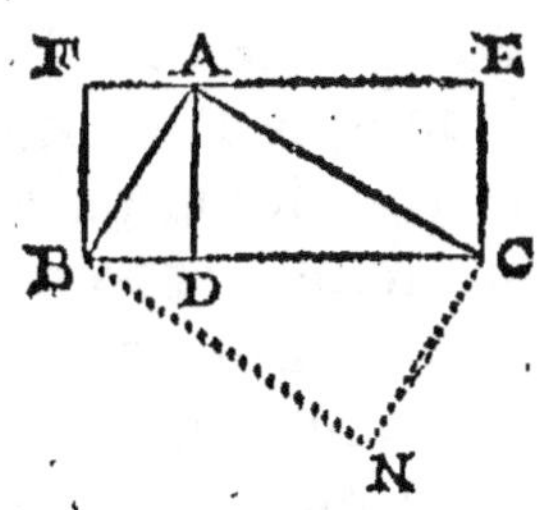

versùs C. Dico velocitatem à B versùs C, esse ad velocitatem ab A versùs C, vel ab A versùs B, vt recta B C ad rectam A C vel A B. Ducatur ab A recta A D, perpendicularis ad BC, & per A, recta F A E eidem B C Parallela, item B F, C E, perpendiculares ad F E. Quoniam igitur motus ab A ad B componitur ex motibus ab F ad A, & ab F ad B, non contribuet motus compositus A B plus celeritatis ad motum à B versùs C, quam possunt contribuere componentes F A, F B; sed motus F B nihil côtribuit motui à B versùs C, motus enim ille determinatur deorsum, nec omnino tendit à B versùs C. Solus igitur motus F A dat motum à B versùs C. Similiter probatur A C dare motum à D versùs C in virtute solius A E; sed celeritas quam participat A B, ab F A, & quâ operatur à B versus C, est ad celeritatem totam A B, in proportione F A vel B D ad A B. Item celeritas quam habet A C, virtute A E, est ad celeritatem totam A C, vt A E, vel D C, ad A C. Sunt ergo ambæ celeritates junctæ, quibus fit motus à B versùs C, ad celeritatem simpliciter sumptam in A C, vel in A B, vt tota B C, ad A C vel A B. Quare sumptâ præcedenti figurâ erunt celeritates per A B, A G, vt ipsæ A B, A G, hoc est vt r. 2. ad r. 5. hoc est vt r. 4. ad r. 10. hoc est vt 2. ad r. 10. & non vt 2. ad 5. Non igitur sequitur absurdum illud ab isto modo loquendi, quod putabat D. Descartes. Vides Pater quàm pronum sit etiam doctissimis viris per nimiam securitatem quandoque

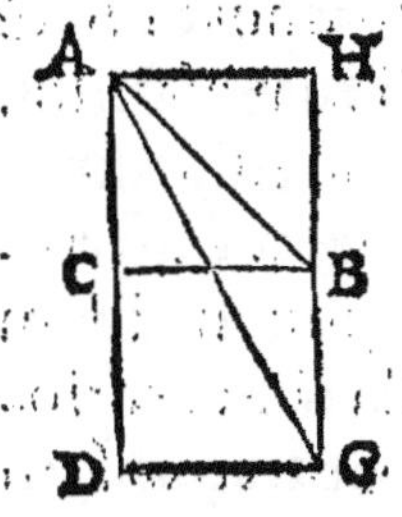

παραλογίζεδϑαι.

Quartò, scribis dicere illum, non debuisse me dicere, celeritatem sublatam esse à terra, propterea quòd ille contrarium supposuerat, & propterea quòd contra experientiam est, alioqui enim pila perpendiculariter in terram incidens nunquam resiliret.

Respondeo, certè ego in Epistolâ meâ hypothesim illius non sustuli, sed dixi ipsum eam sustulisse, ideoque eâ vti non debuisse (nam quantum ad meam de ea re opinionem attinet, puto sanè dari motum qui neque tolli neque ideo minui vnquam possit) sed vt iudices vtrùm suam ipsius abstulerit hypothesim , nec ne , repetamus figuram. Supponit

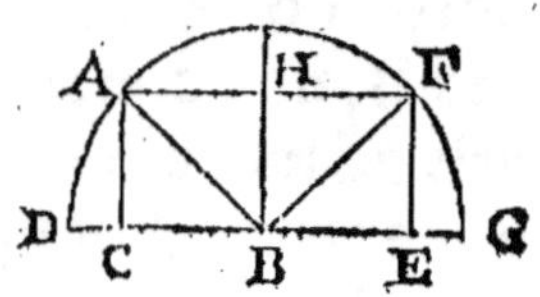

ille, moueri A versùs B, motu quidem nunquam cessaturo , sed tamen qui non semper erit in eâ determinatione vt ille loquitur, hoc est, ibit semper æqualiter quod mouetur, sed non ibit semper per eandem viam , siue lineam directam; Concedo. Præterea componitur determinatio (siue via) ab A versùs B, à duabus aliis viis (siue determinationibus) quarum vna est deorsum ab A versùs C, altera lateralis ab A versùs H. Concedo quoque. Ex his probare se putat motum ab A in B procedere à B in F per angulum F B E æqualem angulo A B C, sine destructione hypothesis suæ ; quod negaui. Quando enim pila quæ mouetur ab A versùs B peruenerit ad B, perdit determinationem (siue viam) quam habebat deorsum ab A H versùs C B, restat ergo determinatio quæ dextrorsum erat ab A C versùs H B, retinetur autem gradus velocitatis quem habebat ab initio , ibit igitur ad circumferentiam circuli in G. Oportuit igitur illum demonstrasse quòd retentâ velocitate integrâ quam habebat ab A versùs B, impossibile esset pilam promoueri longiùs in eâdem determinatione, quàm ad E, quod facere non potuit, nisi determinatio illa ab A versùs H sumeretur pro motu. Sed & ipse videtur determinationem illam intelligere pro motu, quoniam in demonstratione eius, attribuit ei quantitatem; determinatio enim, siue via pilæ, non habet quantitatem, nisi quatenus, secundum eam, pila lineam describit tantâ vel tantâ longitudine. Iam verò si determinationes illæ duæ perpendicularis & lateralis sint motus, manifestum est pilam, quando venit ad B, perdere partem illam motûs sui quam habebat ab A versùs C. Ideoque post impactum in B,

minùs velociter fertur quam ante, quę est proprię hypothesis suæ destructio. Quod addit talem motus diminutionem
esse contra experientiam, quia videmus ea quæ incidunt in
terram perpendiculariter, ad perpendiculum resurgere, miror quomodo ab experientiâ sciri potest vtrum reflexio hæc
ad perpendiculum fiat, ab eo quod nulla sit motûs jactura,
an vero à motûs restitutione; nam idem effectus fieri potest vtrouis modo. Verum est, quod experientia docet fieri
reflexionem per angulos æquales, sed non à quâ causâ.

Scribis quinto, Dominum Descartes libenter concedere
partem terræ incurrenti pilæ aliquantulum cedere, ipsiusque
pilæ partem incurrentem non nihil introrsum incuruari, &
vtrumque, scilicet pilam & terram, se restituere, *Et nullâ vi
amoueri quod non cedit leuissimæ*, videri ipsi nullam habere
veritatis speciem.

Resp. ostenderam tamen, si vis leuissima non faciet cedere id
cui impingit, saltem aliquantulum, dupla vis non sufficit, quia
bis nihil, nihil est, & sic quotiescunque multiplicaueris vim
illam, fiet nihil. Quæ sanè demonstratio est, cuius vitium ille
non detegit; sed ait pugnare cum experientia; quia in bilance, appensum pondus 100. librarum mouebitur à 100.
libris ex altera parte iugi appensis, ab vna libra non mouebitur; quasi ego dixerim vim leuissimam sufficere ad mouen-
dum à loco suo non modo partem in quam impingit & quam
tangit, sed etiam totum quod illi parti adhæret. Quando is
concedit partem terræ cui incurrit pila, aliquantulum cedere, intelligitne totum telluris orbem loco cedere? Puto
non. Quare igitur non sufficit ad confirmationem proposi-
tionis meæ, quod sicut terra premitur, & parte sua aliqua re-
cedit, propter pilam impactam, ita iugum bilancis aliquantulum premitur, & pars eius deprimitur, propter pilam sus-
pensam. Et sicut multiplicata vis impactæ pilæ, sufficit ad
mouendam totam tellurem, ita multiplicata vis suspensæ
libræ, vel pilæ, vel si placet plumæ, sufficit ad tollendum
pondus 100. librarum.

Sexto, quod dicis eum affirmare resultum pilæ magis

impediri ab ista incuruatione pilæ & terræ, quam ab eius restitutione iuuetur, atque ex eo posse demonstrari reflexionem pilæ, & aliorum eiusmodi corporum non extremè durorum, nunquam fieri ad angulos accuratè æquales.

Respondeo, verum hoc est de pila & eiusmodi corporibus, proptereà quod non modo velocitas in iis continuò
minuitur vel augetur à grauitate, sed etiam corpora in quæ
incidunt, non perfectè compensant jacturam illam velocitatis; ideoque quatenus loquutus sum de pila, in exemplum
reflexionis luminis, supponebam motum eius neque minui
eundo, & perfectè restitui quod perdiderat in occursu corporis resistentis. Sed in lumine, cuius motus neque à grauitate neque à leuitate diuertitur, & cuius materia facillimè
mobilis est; ideoque motus eius restitui à resistente integrè
potest, angulorum æqualitas rectè ex tali restitutione saluari
potest.

Septimo ais, dicere illum, perperam à me adduci istam
terræ mollitiem ad æqualitatem angulorum demonstran-
dam, præsertim cum ab eâ sequatur, si terra & pila tam duræ essent, vt nullo modo cederent, nullam fore reflexionem,
quod est incredibile.

Resp. primùm me non adscribere reflexionem mollitiei
terræ, sicut neque vitri vel chalybis; Sed scire me, docente
experientiâ, fortiorem esse reflexionem, quo durius est corpus in quod impingitur, & quod impingit, modò non sit
durities ea actu infinita (quod est impossibile) Nam si non sit
ea durities actu infinita, cedet vi alicui, & proinde etiam vt
ante ostensum est leuissimæ. Dura autē quo magis sunt dura,
tanto magis se restituunt, ideoque tantò fortiorem faciunt
reflexionem. Quod si supponeret quis duritiem illam actu

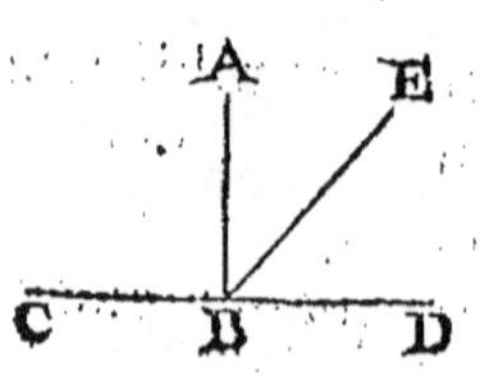

infinitam & impossibilem, tam in im-
pingente, quam in eo in quod impingitur, nemo vnquam experientiâ co-
gnoscet, vtrum reflexio fieret nec ne;
Sit enim durum actu in infinitum, tam
quod descendit per A B, quam quod

fubfternitur in C D. Quæ ratio reddi poteft quare non vel quiefcat in B id quod ibi impingit, vel fi frangi poteft quare non pars altera moueatur per B C altera per B D, vel fi def. cenderit obliquè per E B, quid impedit (fi frangatur) quo minus pars moueatur, fortaffe pars major, per B C, altera pars minor, per B D. Nam quod aliter fieri videmus, id prouenire poteft ex eo quod nõ dentur corpora infinitæ duritiei.

Octauo quod dicis, diftinctionem quam attuli inter refractionem eorum quæ media permeant (vt quando pila permeat aërem & aquam) & eorum quæ non permeant, ab eo non approbari, propterea quod vtroque modo, fi corpora fint eiufdem generis, refringuntur versùs eafdem partes.

Refpondeo, me non fatis intelligere quæ corpora ille fub eodem, & quæ fub diuerfo genere collocat. Ego fanè duo genera propagationis motûs pofui, quamquam in eodem genere corporis; Poteft enim pila corpus durum perfringere, in quo cafu dico viam pilæ refringi intra durum, in partes à perpendiculo auerfas; poteft etiam eadem pila à duritie corporis repelli, ita tamen vt motus propagetur fucceffiuè per totam corporis craffitiem, vt quãdo campana percutitur malleo, (vel, quando, vt ego cenfeo, lumen propagatur per medium durius eo ex quo venerat) & dixi in hoc cafu, fieri refractionem versùs perpendiculum, quam ille diftinctionem non confutauit, neque ego mutare debeo, nifi Dominus Defcartes demonftret aliquid in contrarium. Nam fuppofitiones illæ de pororum parietibus, & de velociori motu luminis in duro quam in molli, vel in denfo quam in raro, (vtro enim modo loquendum fit nefcio, donec mihi definitiones fuas duri, mollis, denfi, & rari communicauerit, quod in libris fuis non fecit) aberrant, meâ quidem fententiâ, à verâ methodo demonftrandi.

Nono fcribis, Domino Defcartes videri, me nihil attuliffe contra demonftrationem eius refractionis, quam tamen damnaueram; neque aduertiffe differentiam quæ eft inter refractionem pilæ aliorumque corporum in aquam incidentium, & refractionem luminis.

Respondeo me illam distinctionem & animaduertisse, & attulisse, nempe illam ipsam quam ille proximè suprà damnauit, & ego defendi. Vtrum autem nihil attulerim contra eius explicationem refractionis, iudicabis tu Reuerendissime Pater, qui ipsam meam Epistolam apud te habes; Confitetur tamen objecisse me repugnantiam quandam cum experientiâ in hypothesi eius, quod certè ipsum non est parum, cui tamen objectioni non respondet. Obseruaui quidem in fluminibus, velociùs ferri aquam inter nauigia quam liberam, & vbi non impeditur; Applicari autem hoc præsenti dubio non potest, quia id accidit ex eleuatione aquæ, vnde sequitur motus velocior à grauitate, quod fieri non potest in materia subtili dum permeat poros corporum durorum, quia nulla ibi fit eleuatio, neque est vlla grauitas materiæ eius subtilis; Similiter quando corpus graue mouetur tardiùs super tapetem sericum quam super mensam marmoream, ratio eius rei est quod insurgentes tapetis partes anteriores, opponunt se prementi graui, & impediunt motum totius, propter consistentiam eius; Id tamen accidere non potest materiæ subtili, quæ & fluida est maximè, & minimè grauis; Adde quod corpus planum faciliùs mouetur super tapetem sericum, sequendo inclinationem pilorum, modò extremitas corporis moti, promineat vltra extremitatem tapetis, & supposito quod tapes pressus non conetur se restituere. Quæ omnia impedimenta absunt à motu materiæ subtilis per duri poros.

Scribis decimo loco, quod queritur Dominus Descartes me affinxisse ei, quod computauerit omnem jacturam velocitatis in motu deorsum; dixisse autem illum constantissimè computandam esse in motu toto simpliciter sumpto.

Respondeo, fateor dixisse illum directè, computandam esse illam jacturam in motu toto; Sed cum dixit determinationem perpendicularem tantum & non lateralem, minui in primâ duri penetratione, dixit per consequens motum totum perpendicularem minui; nam determinatio minui non potest, nisi per determinationem intelligat motum.

Non ergo conſtantiſſimè dixit jacturam motus computandam eſſe in toto motu ſimpliciter. Si igitur ille vtrumque
contradictoriorum dixit, ego autem alterum eorum ei ad-
ſcribo, non eſt hoc ei aliquid affingere. Prætereà, ſi ille jacturam velocitatis totam computat in toto motu, nullam autem
computat in motu laterali, neceſſe eſt vt totam computet
in ſolo perpendiculari,

Vides Reuerendiſſime Pater, quam clarè & perſpicuè illius
objectionibus, breuiter tamen, reſpondi. Ex quo patet do-
ctiſſimum & ingenioſiſſimum virum, vel incuriâ vel præiudi-
cio, non ſatis intendiſſe animum ad ea quæ ſcripſeram, nihilominus liberum tibi ſit, communicare ei reliqua quæ in
eadem Epiſtolâ continentur circa refractionem ; videbit
enim Parallelogrammum illud quo vſus ſum, ad explicandam refractionem pilæ, minimè pertinere ad refractionem
luminis, prout ille ſuſpicatur. Quod attinet ad demonſtrationem amici mei, eam, niſi periit eo quem noſti caſu, credo
me habiturum proximâ ſeptimana, ſi habuero, tibi eam
communicabo, neque Domino Deſcartes eandem inuidebo,
in quo iudicandi facultatem ſummè admiror, diligentiam
deſidero, quam ſi auctore te in legendis meis adhibere velit,
nemo eſt cui ego cenſuram eorum libentiùs deferrem. Plurimum vale, & faue

Tui obſequentiſſimo
HOBBES.

Pariſiis Feb. 7. 1641.

AV

AV R. PERE MERSENNE.

Réponse de M. Hobbes à la Lettre precedente.

LETTRE XXXII. *Version de la precedente.*

MON REVEREND PERE,

I'ay bien du regret de ce que les difficultez que par voſtre ordre ie vous auois propoſées dans ma derniere n'ont pû plaire à Monſieur Deſcartes ; tant parce que ie fais beaucoup d'eſtime de ſon Eſprit, que parce que ie ne voy encore aucune raiſon pourquoy ie doiue changer ce qu'il reprend en ce que ie vous ay écrit ; Et ſans mentir ie me corrigerois fort volontiers de mes fautes, ſi ie pouuois reconnoiſtre en quoy ie me ſuis trompé ; Car iuſques icy ie n'ay encore rien donné au public, qui me puiſſe obliger à les deffendre auec opiniaſtreté, pour ſoûtenir par là en quelque façon mon honneur. Toutesfois, afin que l'eſtime quelle qu'elle ſoit que vous pouuez faire de moy ne ſoit point opprimée par l'authorité d'vn ſi grand homme, i'ay crû que ie deuois répondre icy, auec toute la clarté & la brieueté qu'il m'eſt poſſible, aux objections qu'il vous a faites, ſelon l'ordre que vous me les auez enuoyées.

Vous dites premierement que Monſieur Deſcartes ne reconnoiſt point que cét eſprit Interne que ie ſuppoſe, ſoit la meſme choſe que ſa matiere ſubtile.

A quoy ie répons, que par cét eſprit i'ay dit que i'entendois vn corps ſubtil & fluide ; Or ie ne voy pas quelle difference il y a entre vn corps ſubtil & vne matiere ſubtile.

En ſecond lieu, vous apportez les raiſons qu'il a de ne le pas reconnoiſtre, qui ſont deux ; la premiere, que ie dis que cét eſprit Interne eſt la cauſe de la dureté, là où il veut que

fa matiere fubtile foit la caufe de la molleſſe ; la feconde,
parce qu'il ne voit pas comment cét efprit, qui de fa nature
eſt tres-mobile, peut eſtre ſi bien renfermé dans les corps
durs qu'il n'en forte iamais, ny comment il y entre pour les
rendre durs.

Mais ie vous demande mon Reuerend Pere (car c'eſt vous
feul que ie tafche maintenant de fatisfaire) vous eſt-il impoſſible de conceuoir que cét efprit fluide & fubtil puiſſe
auoir vn tel mouuement & ſi prompt, que fes parties feront
plus de reſiſtance, ou cederont moins à noſtre attouchement
& impulfion, que ſi ces mefmes parties eſtoient meuës d'vne
autre façon & moins viſte ? Or qu'eſt-ce qu'vn corps dur,
ſinon celuy dont les parties, quand le tout fubfifte, cedent
moins à l'effort du corps qui eſt pouſſé contre luy ; & vn
corps mol, ſinon celuy dont les parties cedent dauantage?
Que ſi cela eſt veritable, comme il le peut eſtre (car i'ay feulement fuppofé cette diuerfité de mouuement dans les efprits, comme vne chofe poffible) il s'enfuiura que le mefme
corps fubtil, ou la mefme matiere fubtile, fera la caufe de
la dureté & de la molleffe, felon qu'elle fe mouura plus ou
moins viſte, & d'vne certaine ou differente façon. Par confequent la premiere raifon qu'il allegue pour nier que cét
efprit Interne foit la mefme chofe que fa matiere fubtile, fait
pluftoſt voir la volonté que la raifon qu'il a de contredire.
Quant à la feconde, c'eſt à fçauoir, qu'il ne voit pas comment
cét efprit, qui de fa nature eſt tres-mobile, peut eſtre ſi bien
renfermé dans les corps durs qu'il n'en forte iamais, ny comment il y entre pour les rendre durs, ie dis qu'elle n'eſt pas
non plus fuffifante pour le porter à contredire, mais bien
pour faire qu'il examine la chofe de plus prés & auec plus de
foin ; Car ie n'ay pas dit que les corps deuenoient durs par
l'entrée de ces efprits, ny qu'ils deuenoient mols par leur
fortie, mais que ces efprits fubtils & liquides pouuoient par
la vehemence de leur mouuement conſtituer des corps durs,
comme des diamans, & par leur lenteur pouuoient en conſtituer de mols, comme de l'eau ou de l'air. Or cette hy-

pothese, qui pour rendre raison de la dureté, suppose dans
les corps durs, plus de vehemence dans le mouuement des
esprits, que non pas dans les autres, ne me semble pas inferieure à celle de Monsieur Descartes, qui la fait consister
dans de certains entrelacemens & entortillemens de ses atomes, par le moyen desquels les parties des corps durs demeurent jointes & attachées les vnes aux autres. Car si quelqu'vn luy demandoit par quels liens & par quels nœuds les
parcelles de ces plus grosses parties qu'il suppose estre dans
les corps durs se joignent ensemble, ie m'assure qu'il auroit
de la peine à répondre, & qu'il ne pourroit trouuer vn meilleur moyen pour se démesler d'vne semblable question,
qu'en supposant vn certain mouuement de la matiere subtile dans ces atomes mesmes qu'il dit estre les plus petits.

En troisiéme lieu, vous dites qu'il ne demeure pas d'accord qu'il eust parlé plus clairement, si au lieu de dire la determination, il auoit dit le mouuement determiné, & voicy
sa raison. Car, dit-il, encore bien que l'on puisse dire que la
vitesse de la balle qui va d'A vers B soit composée de deux
autres vitesses; à sçauoir, de celle d'A vers H, & de celle d'A
vers C, i'ay crû neantmoins que ie deuois m'abstenir de cette
façon de parler, de peur que l'on ne vinst à entendre par là,
que la quantité de ces vitesses & la proportion de l'vne à
l'autre, demeure dans le mouuement ainsi composé, ce qui
n'est nullement vray. Car si cela estoit, si nous supposions
par exemple qu'vne balle fust meuë d'A vers la droite auec
vn degré de vitesse, & de haut en bas pareillement auec vn
degré, elle paruiendra au point B auec
deux degrez de vitesse, dans le mesme
temps qu'vne autre balle qui seroit aussi
meuë d'A vers la droite auec vn degré de
vitesse, & de haut en bas auec deux degrez, paruiendra au point G auec trois
degrez de vitesse. D'où il s'ensuiuroit que
la proportion de la ligne A B à la ligne A
G seroit comme 2. à 3. laquelle toutesfois
est comme 2. à r. 10,

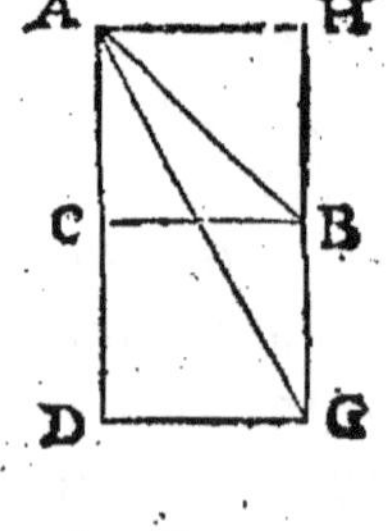

Ie répons à cela, que puisque Monsieur Descartes confesse qu'on peut dire que la vitesse de la balle qui va d'A vers
B est composée de deux autres, à sçauoir de celle d'A vers
H, & de celle d'A vers C, il deuoit aussi confesser que cela
est vray; puis qu'il dit luy-mesme qu'vn Philosophe ne peut
rien dire en bonne Philosophie qui ne le soit. Mais il s'est
abstenu de cette façon de parler, parce que de là il semble,
dit-il, qu'on en peut conclure vne chose fausse; c'est à sçauoir, que la raison de la ligne A B à la ligne A G n'est pas
comme 2. à r. 10. mais comme 2. à 3. Toutesfois ie ne voy
pas qu'en cela il ait eu raison: Car si c'est à tort qu'on en infere cette fausseté, il ne deuoit pas se mettre en peine des
Paralogismes dans lesquels les autres pouuoient tomber.
Aussi ie ne puis croire que ce soit cela qui l'ait empesché de
s'en seruir; c'est plustost qu'il a crû luy-mesme qu'on en
pouuoit veritablement tirer cette consequence; car on voit
en effet qu'il la tire, mais par vn faux raisonnement, ainsi
que ie vas vous faire voir. Car bien que nous supposions
qu'vne balle soit meuë d'A vers la droite auec vn degré de
vitesse, & de haut en bas auec aussi vn degré, ce n'est pas à
dire qu'elle paruienne en B auec deux degrez de vitesse; De
mesme si elle est meuë vers la droite auec vn degré de vitesse, & de haut en bas auec deux degrez, elle ne paruiendra
pas en G auec trois degrez de vitesse, comme il le pretend
ou le suppose. Et pour le prouuer, supposons les deux lignes
droittes A B, A C inclinées l'vne vers l'autre en sorte qu'elles fassent vn angle droit; & que la vitesse d'A vers B soit à la
vitesse d'A vers C comme A B est à A C, ces deux vitesses

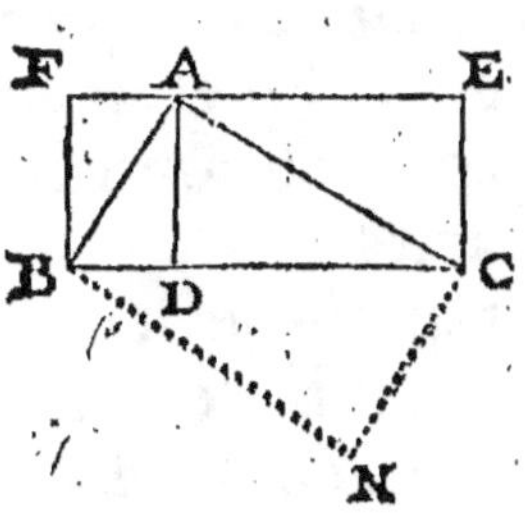

composent la vitesse qui est de B vers
C. Ie dis que la vitesse de B vers C, est
à la vitesse d'A vers C, ou bien à celle
d'A vers B, comme la droitte B C est
à la droite A C, ou A B. Maintenant
du point A soit menée la ligne A D
perpendiculaire à B C, & par le mesme point soit menée la ligne F A E

parallele à la mesme ligne B C; Puis des points B & C soient
abaissées sur F E les perpendiculaires B F, C E ; Puis donc
que le mouuement d'A vers B est composé des deux mouuemens d'F vers A, & d'F vers B, le mouuement composé A B
ne contribuera pas plus de vitesse au mouuement de B vers
C, que luy en peuuent contribuer les deux dont il est composé, à sçauoir F A & F B. Mais celuy de F B ne contribuë
rien au mouuement de B vers C, car il est determiné vers le
bas, & ne tend point du tout de B vers C. Il n'y a donc que
celuy de F A qui sert au mouuement de B vers C. De mesme
on prouuera que le mouuement A C ne contribuë au mouuement de D vers C que par celuy d'A E. Mais la vitesse
que le mouuement A B tire de celuy d'F A , & par laquelle
le mouuement A B contribuë à celuy de B vers C, est à vitesse totale d'A B, comme F A ou B D est à A B. De mesme
la vitesse que A C tire d'A E est à la vitesse totale d'A C,
comme A E ou D C est à A C. Par consequent les deux vitesses qui contribuent au mouuement de B vers C jointes
ensemble, sont à la seule vitesse qui est en A G, ou à celle
qui est en A B , comme la tout● B C est à la ligne A C ou
A B. Et partant en la figure precedente les vitesses d'A B,
A G seront entre elles comme les lignes mesmes A B, A G.
C'est à dire comme r. 2. à r. 5. ou bien comme r. 4. à r. 10.

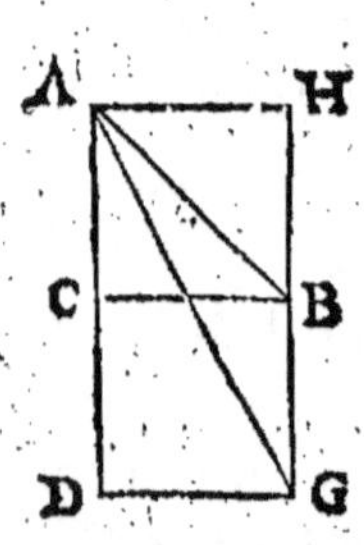

ou enfin comme 2. à r. 10. & non pas comme 2. à 3. Ce qui monstre que cette absurdité ne suit nullement de cette façon de
parler, ainsi que le croyoit Monsieur Descartes. Et par là vous voyez mon Reuerend Pere, combien il est facile aux plus
sçauans mesme, de tomber quelquefois en
Paralogisme, par la trop grande confiance qu'ils ont en leur capacité.

En quatriéme lieu, vous me mãdez qu'il dit que ie ne deuois
pas dire que la terre faisoit perdre la vitesse de la balle, parce
qu'il auoit supposé le contraire ; & que cela est contre l'experience ; autrement vne balle tombant perpendiculaire-

ment fur la terre iamais ne rejailliroit.

Ie répons que dans ma Lettre ie n'ay point du tout changé ou deſtruit ſon hypotheſe, mais i'ay dit que luy-meſme
l'auoit renuerſée, & partant qu'il n'auöit pas dû s'en ſeruir,
(car quant à mon opinion, i'eſtime que le mouuement ne ſe
peut perdre ou oſter, ny partant diminuer.) Mais afin que
vous puiſſiez iuger vous meſme s'il a deſtruit ou non ſon
hypotheſe, ſeruons nous de ſa figure,

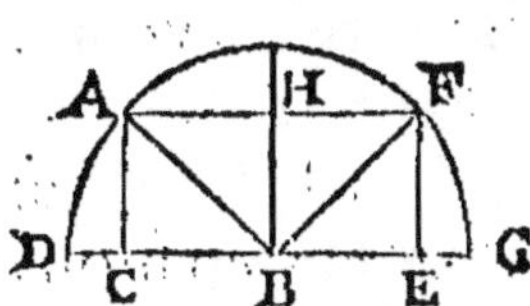

Il ſuppoſe qu'A ſe meut vers B, & qu'il
va touſiours d'égale viteſſe, mais
neantmoins qu'il ne ſuit pas touſiours
la meſme determination, c'eſt à dire
que le mobile va touſiours auſſi viſte, mais qu'il ne va pas
touſiours par le meſme chemin, ou par la meſme ligne de direction, ie luy accorde. De plus il dit que la determination
qui fait que le mobile va d'A vers B, eſt compoſée de deux
autres, dont l'vne le porte en bas, à ſçauoir d'A vers C, &
l'autre vers la droite, ou d'A vers H ; ie luy accorde auſſi.
De là il croit prouuer que le mouuement qui a fait aller la
balle d'A iuſques à B, la doit apres cela faire aller de B vers
F, par l'angle F B E égal à l'angle A B C ſans changer ou
deſtruire ſon hypotheſe ; & c'eſt ce que i'ay nié, Car quand
la balle qui ſe meut d'A vers B ſera paruenuë au point B, elle
doit perdre la determination qu'elle auöit d'aller en bas,
c'eſt à dire d'A H vers C B ; il luy reſte donc la determination qu'elle auoit d'aller vers la droite, ou d'A C vers H B;
Or ſelon luy elle retient touſiours le meſme degré de viteſſe
qu'elle auoit au commencement, elle ira donc dans le meſme temps au point G de la circonference du cercle A F G.
Il a donc dû monſtrer que la balle retenant toute la viteſſe
qu'elle auoit quand elle s'eſt meuë d'A vers B, il eſtoit impoſſible qu'elle allaſt plus loin dans la determination vers la
droite que iuſques en E, ce qu'il n'a pû faire ſans prendre
cette determination d'A vers H, ou vers la droite, pour vn
mouuement. Auſſi y a-t'il de l'apparence qu'il l'a priſe pour
vn mouuement, puiſque dans la demonſtration qu'il apporte

il luy attribuë de la quantité ; Car la determination ou le
chemin que fuit la balle n'a point de quantité, finon entant
que felon ce chemin elle décrit vne ligne d'vne telle ou telle
longueur. Or maintenant, fi ces deux determinations l'vne
perpendiculaire & l'autre laterale font des mouuemens, il
eft manifefte que quand la balle eft paruenuë au point B,
elle perd cette partie de fon mouuement qui la portoit d'A
vers C, & partant apres auoir rencontré la terre au point B,
elle va moins vifte qu'elle n'alloit auparauant, ce qui ren-
uerfe entierement fon hypothefe. Quant à ce qu'il adjouf-
te, qu'il eft contre l'experience que la terre faffe perdre la
viteffe qui portoit la balle en bas, puifque nous voyons que
les corps qui tombent perpendiculairement fur la terre re-
jailliffent auffi perpendiculairement. Ie m'eftonne comme
il pretend que l'experience nous puiffe apprendre, fçauoir fi
la reflexion qui fe fait vers la perpendiculaire vient de ce
que le mouuement ne fe perd point, ou bien de ce qu'il fe re-
ftituë par la force du reffort ; car ce mefme effet fe peut faire
de ces deux manieres. Et ie demeure d'accord que l'experience nous apprend que la reflexion fe fait à angle égaux,
mais elle ne nous apprend pas par quelle caufe.

En cinquiéme lieu, vous dites que Monfieur Defcartes
demeure volontiers d'accord que la partie de la terre fur laquelle tombe la balle cede tant foit peu, & que l'endroit de
la balle qui touche la terre fe courbe auffi vn peu en dedans,
& que l'vne & l'autre fçauoir la balle & la terre fe reftituent
en leur premier eftat, & que neantmoins il luy femble que
cét axiome, à fçauoir, *Ce qui ne cede point à la moindre force
ne peut eftre emporté par quelque force que ce foit*, n'a aucune
apparence de verité.

Réponfe, I'auois pourtant monftré, que fi cette moindre
force ne fait tant foit peu ceder le corps contre lequel elle
heurte, ou qu'elle rencontre, le double de cette mefme force
ne fera pas fuffifant, à caufe que deux fois rien, ce n'eft rien,
& ainfi multipliez cette force tant qu'il vous plaira, ce ne
fera toufiours rien, Ce qui fans doute eft vne demonftration

dont il ne nous a point fait voir le vice. Mais il se contente
de dire que cela repugne à l'experience, parce que si vous
mettez dans vne balance 100. liures, ces cent liures seront
meuës, & emportées par 200. liures que vous mettrez de
l'autre costé, & ne le seront point par vne liure, Comme si
i'auois dit que la moindre force suffit pour mouuoir de sa
place non seulement la partie qu'elle heurte & qu'elle touche, mais aussi tout le corps qui est attaché à cette partie.
Quand il demeure d'accord que la partie de la terre que
rencontre la balle cede quelque peu à son effort, entend-il
que toute la terre change de place? Ie ne le croy pas. Pourquoy donc ne sera-ce pas assez pour la preuue de ma proposition, de dire que de mesme que la terre est pressée & en-
foncée en partie par l'effort d'vne balle qu'on a iettée contre, de mesme aussi le fleau d'vne balance est vn peu tiré, &
deprimé ou abbaissé en partie, par le poids d'vne balle qui y
est suspendue. Et de mesme que la force dont vne balle est
poussée contre la terre estant multipliée, suffit pour mouuoir toute la terre, de mesme aussi la force du poids d'vne
liure, ou d'vne balle, ou si vous voulez mesme d'vne plume,
estant multipliée, suffit pour enleuer le poids de cent liures.

En sixiéme lieu, quant à ce que vous dites, qu'il soûtient
que le bond ou le rejaillissement d'vne balle, est tousiours
plus empesché de ce que la balle & la terre cedent l'vne à
l'autre, qu'il n'est aidé par leur ressort, Et que de là l'on
peut demonstrer que la reflexion d'vne balle, & des autres
semblables corps qui ne sont pas tout à fait durs, ne se fait
iamais precisément à angles égaux.

Ie répons, que cela est vray à l'égard d'vne balle & des
autres semblables corps, parce que non seulement leur vitesse est continuellement diminuée par la pesanteur, mais
aussi parce que les corps sur lesquels ils tombent ne recõpen-
sent iamais parfaitement la perte de cette vitesse, c'est pourquoy quand ie me suis seruy de l'exemple d'vne balle, pour
le rapporter à la reflexion que fait la lumiere, ie supposois
que son mouuement ne se diminuoit point en allant, & que
celuy

celuy qu'elle perdoit à la rencontre du corps qui luy faisoit
resistance luy estoit entierement restitué. Mais quant à la
lumiere, dont le mouuement n'est point empesché ou diuerty, ny par la pesanteur, ny par la legereté, & dont la matiere est tres-mobile, & partant donc tout le mouuement
peut tres-aisément estre restitué par le corps qui luy fait
resistance, il est euident que l'égalité des angles d'incidence
& de reflexion peut aisément estre expliqué par ce ressort
des corps.

En septiéme lieu, il dit que c'est vainement & inutilement que i'apporte pour raison de l'égalité des angles de
reflexion cette mollesse de la terre, veu principalement que
de là il s'ensuiuroit que si la terre & la balle estoient si dures
qu'elles ne peussent en aucune façon se plier ou courber en
dedans, il ne se feroit aucune reflexion ; ce qui est, dit il,
incroyable & contre le bon sens.

Ie répons premierement, que ie n'attribuë point la reflexion à la mollesse de la terre, non plus qu'à celle du verre
ou de l'acier ; Mais que l'experience m'a appris que plus les
corps qui se rencontrent sont durs, & plus forte est la reflexion ; pourueu que leur dureté ne soit pas actuellement infinie (ce qui est impossible) Car si leur dureté n'est pas actuellement infinie, elle cedera à quelque force, & partant aussi
à la moindre, comme i'ay monstré cy-deuant ; Or les choses
dures, plus dures elles sont, & plus fortement elles se resti-
tuent, & font ressort, c'est pourquoy la reflexion en est
dautant plus grande ou plus forte. Que si quelqu'vn vouloit
supposer que la dureté fust actuellement infinie (ce que ie
tiens impossible) tant de la part du corps qui en rencontre
vn autre, que de la part de celuy qui est rencontré, iamais

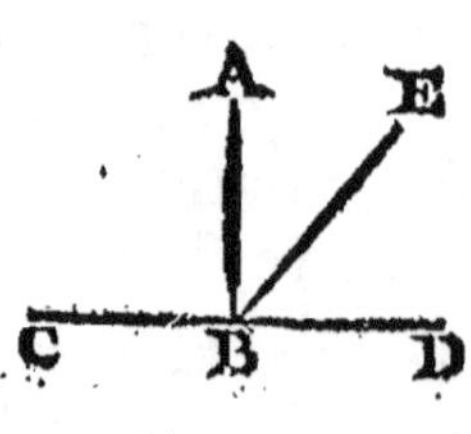

personne ne pourra connoistre par experience s'il se feroit reflexion ou non.
Car par exemple que le corps qui descend par la ligne A B soit infiniment
dur, & que celuy sur lequel il descend,
& qu'il rencontre au point B le soit

auſſi, quelle raiſon peut-il y auoir pourquoy il ne s'arreſte pas en B, ou pourquoy (poſé qu'il ſe puiſſe rompre) vne partie ne ſe mouura pas par la ligne B C, & l'autre par la ligne B D. Que s'il tombe obliquement ſur C D par la ligne E B, qui empeſche (poſé qu'il ſe rompe) qu'vne partie, & peut-eſtre la plus grande, ne s'en aille par B C, & que la moindre aille par B D ; Car de ce que nous voyons que cela ſe fait autrement, cela peut venir de ce qu'il n'y a point de corps qui ſoient infiniment durs.

En huitiéme lieu, quant à ce que vous dites qu'il n'approuue pas la diſtinction que i'ay apportée entre la refraction des corps qui parcourent les deux milieux, comme quand vne balle va & paſſe de l'air dans l'eau, & celle de ceux qui ne les parcourent point, à cauſe, dit-il, qu'aux vns & aux autres la refraction ſe fait vers le meſme endroit, quand les corps ſont de meſme genre.

Ie répons, que ie ne conçois pas bien quels ſont les corps qu'il range ſous vn meſme ou ſous vn different genre. Pour moy ie conçois deux differentes ſortes de propagation du mouuement, quoy que dans vn meſme genre de corps. Car par exemple, vne balle peut rompre le corps dur qu'elle parcourt, & ſe faire paſſage au trauers, & alors ie dis que le chemin de la balle ſe rompt dans le corps dur en s'éloignant de la perpendiculaire ; ou bien la meſme balle peut eſtre repouſſée par la dureté du corps où elle paſſe, en ſorte neantmoins que le mouuement ſe répand & ſe continuë ſucceſſiuement dans toute l'épaiſſeur de ce corps (ainſi que le mouuement ſe répand dans toute la cloche quand elle eſt frappée par vn marteau, ou bien comme la lumiere ſe répand quand elle paſſe dans vn corps plus dur que celuy d'où elle venoit) & alors i'ay dit que la refraction ſe fait vers la perpendiculaire ; Or Monſieur Deſcartes n'a point refuté cette diſtinction, & partant ie ne dois point la changer, s'il ne m'apporte quelque raiſon ou experience au contraire. Car pour les ſuppoſitions qu'il auance touchant les paroys des pores par où la lumiere paſſe, & touchant le plus ou

moins de viteſſe dans vn corps dur que dans vn mol, ou
dans vn denſe que dans vn rare (car ie ne ſçay pas bien encore lequel des deux ie dois dire, iuſques à ce qu'il nous ait
donné ſes definitions du corps dur & du corps mol, comme
auſſi celle du denſe & du rare, ce qu'il n'a point encore fait
dans les Eſcrits qu'il nous a donnez) elles ne ſont rien moins
à mon aduis que des demonſtrations, puis qu'elles n'en ſuiuent pas les regles & la methode.

En neufiéme lieu, vous dites que Monſieur Deſcartes
n'eſtime pas que i'aye rien dit contre ſa demonſtration touchant la refraction, laquelle pourtant i'auois condamnée,
& qu'il luy ſemble que ie n'ay pas pris garde à la difference
qui eſt entre la refraction d'vne balle & des autres corps qui
tombent ou entrent dans l'eau, & celle de la lumiere.

Ie répons, que i'ay fort bien remarqué cette diſtinction;
Ie l'ay meſme rapportée & ſoûtenuë en l'article precedent
contre Monſieur Deſcartes qui l'auoit condamnée. Maintenant, de ſçauoir ſi ie n'ay rien dit contre ſon explication
de la refraction, c'eſt à vous, mon Reuerend Pere à en iuger,
vous qui auez ma Lettre entre les mains. Il confeſſe pourtant
que ie luy ay objecté quelque repugnance de ſon hypotheſe
auec l'experience, & cela n'eſt pas peu de choſe, cependant
il n'y répond point. I'ay à la verité obſerué dans les fleuues,
que l'eau alloit plus viſte entre les batteaux qu'aux autres
lieux où elle eſt libre, & où elle n'eſt point empeſchée, Mais
cét exemple ne ſe peut appliquer à noſtre queſtion; parce
que dans les fleuues, le mouuement plus rapide de l'eau qui
coule entre des batteaux, vient de ſon éleuation, & comme
elle eſt en ces lieux là plus chargée qu'ailleurs, ſa peſanteur
luy donne du mouuement & de la viteſſe; Ce qui ne peut
arriuer à la matiere ſubtile qui coule dans les pores des corps
durs: car il ne ſe fait là aucune éleuation, & cette matiere
ſubtile n'a point de peſanteur. De meſme, quand vn corps
peſant ſe meut plus lentement ſur vn tapis de ſoye que ſur
vne table de marbre, cela vient de ce que les parties de
deuant du tapis qui ſont éleuées, s'oppoſent au corps pe-

T ij

fant qui les touche & qui les preffe , & empefchent le mouuement du tout , à caufe de l'vnion & de la confiftence de fes parties ; mais cela ne peut arriuer à la matiere fubtile qui eft fort fluide, & qui n'a point de pefanteur ; Adjoûtez à cela qu'vn corps plat fe meut plus facilement fur vn tapis de foye, du fens que fes petits poils font couchez, que de l'autre, pouruen que l'extremité du corps qui eft meu foit tant foit peu éleuée au deffus de l'extremité du tapis, & que fes petits poils ne faffent point d'effort pour fe reftituer en leur fitua-tion ; Tous lefquels empefchemens ne fe rencontrent point dans le mouuement de la matiere fubtile lors qu'elle coule dans les pores des corps durs.

En dixiéme lieu , Monfieur Defcartes fe plaint , dites-vous , que ie luy veux faire accroire qu'il a imputé toute la perte de la viteffe au mouuement d'en bas , là où au contrai-re il a toufiours tres-conftamment dit que cette perte fe doit imputer à tout le mouuement confideré fimplement.

Réponfe; l'auoüe qu'il a dit en termes exprés qu'il falloit imputer cette perte à tout le mouuement. Mais ayant dit dans le premier exemple qu'il a apporté , que la feule deter-mination perpendiculaire , & non la laterale ou vers la droi-te , eftoit diminuée par la rencontre de la toile ; Il a dit par confequent que tout le mouuement perpendiculaire eftoit diminué; Car la determination ne le peut eftre, fi par elle l'on n'entend le mouuement. Par confequent il n'a pas toufiours conftamment dit que la perte du mouuement fe deuoit im-puter à tout le mouuement fimplement pris. Si donc il fe trouue auoir dit l'vne & l'autre de ces deux chofes contra-dictoires, il ne doit pas trouuer mauuais fi ie luy en attribuë l'vne ; & ce n'eft point luy rien impofer, ou attribuer à faux. De plus , s'il impute toute la perte de la viteffe à tout le mouuement, & s'il n'en impute aucune au mouuement la-teral ou vers la droite , il faut par neceffité qu'il impute toute cette perte au feul mouuement perpendiculaire.

Vous voyez fi ie ne me trompe, mon R.P. par toutes ces ré-ponfes, qu'il ne m'a pas efté difficile de répondre clairement

& briéuement neantmoins à toutes ſes objections, D'où
il eſt manifeſte que cét homme ſçauant & qui a beaucoup
d'eſprit, ſoit par negligence ou par preuention, n'a pas
donné aſſez d'attention aux choſes que i'auois écrites ; Ie
veux bien pourtant que vous luy faſſiez voir le reſte du contenu en cette meſme Lettre, qui concerne la refraction, car
il verra par là que le Parallelogramme dont ie me ſuis ſeruy
pour expliquer la refraction de la balle, n'appartient point
du tout à la refraction de la lumiere, comme il s'imagine.
Pour ce qui eſt de cette demonſtration de mon amy, ſi elle
ne s'eſt perduë par l'accident que vous ſçauez, i'eſpere l'a-
uoir la ſemaine prochaine, ſi ie l'ay ie vous la feray voir, &
ie n'empeſcheray point auſſi que Monſieur Deſcartes ne la
voye. I'admire la force de ſon eſprit, mais ie ſouhaitterois
qu'il apportaſt aux choſes vn peu plus de diligence ; Et ſi par
voſtre moyen i'eſtois ſi heureux qu'il la vouluſt employer à
lire mes ouurages, il n'y a perſonne à la cenſure de qui ie
vouluſſe plus volontiers les ſoûmettre. Ie ſuis,

AV R. PERE MERSENNE.

LETTRE XXXIII.

REVERENDISSIME PATER,

Etſi ſperaſſem ea quæ in ſuperioribus meis Litteris reſ-
ponderam ad initium ſcripti à doctiſſimo quodam Anglo ad
Reuerentiam veſtram miſſi, me liberatura eſſe onere ad reliqua reſpondendi ; quia tamen nihilominus vltima octo
folia ſcripti à veſtra Reuerentia hodie accepi, ſimulque ad-
moneor aliquos eſſe ex doctis viris, qui ea quæ ibi de refractionibus, aliter quam in meâ Dioptricâ traduntur, pro veris
& rectè demonſtratis admittant, officij mei eſſe exiſtimo,

breuiter hîc monere quibus ex notis aurum ab orichalco dignofci poſſit.

In fine 3. folij vtitur valde inani ratione, vt refutet id quod ſcripſi pag. 19. quia inquit, ſequeretur pilæ ineſſe intellectum rerum Geometricarum, tanquam ſi ex eo quod aliquid fiat in natura iuxta leges Geometriæ, ſequatur idcircò in corporibus in quibus id fit eſſe intellectum. Ego vero ſatis eſſe putaui ad demonſtrandum quid fieret, quod Geometriæ leges docerent ita fieri opportere; Nec ille quicquam noui hîc affert, ſed tantum rem à me traditam magis explicat, dicendo in magna inclinatione reſiſtentiam aquæ ſuperare impulſum deorſum, quod, vt intellectu facillimum, explicare neglexeram; Sed hoc explicando in magnam difficultatem à ſuis principiis adducitur, Quomodo ſcilicet pila ſurſum reſiliat; an enim dicet aquæ ſuperficiem incuruari etiam inſtar arcus, & dum ſe reſtituit pilam ſurſum repellere.

In reliquis omnibus agit tantum de refractione, & in prima ſua hypotheſi falſum aſſumit, quod nempe omnis actio ſit motus localis. Cum enim, exempli cauſa, baculo innixus terram premo, actio meæ manus communicatur toti iſti baculo, & tranſit vſque ad terram, quamuis nullo planè modo baculum illud, nec quidem inſenſibiliter vt infrà aſſumit, moueri ſuppohamus.

Quintam etiam hypotheſim, quod aër ſit minus contumax aduerſus motum luminis, quam aqua vel vitrum, non probat; cumque eius contrarium in Dioptricâ demonſtrarim, ille vero nullam dicti ſui afferat rationem, quæro vtri magis ſit credendum: Neque enim veriſimilitudinem aliquam in eo eſſe putandum eſt, quod aër facilius cedat motui manuum, quam aqua vel vitrum; ne, que enim actio luminis eſt in ipſis corporibus aëris & aquæ, ſed in materia ſubtili eorum poris contenta.

Hîc autem ex occaſione aduerto, me in præcedenti Epiſtola ſcripſiſſe lumen facilius propagari in duro, quam in molli; quod ita eſt intelligendum, vt durities iſta non referatur ad tactum manuum noſtrarum, ſed ad motum materiæ

ſubtilis tantùm; ne forte quis putet inde ſequi, refractionem eſſe debere multo majorem in vitro quam in aquâ; etſi
enim vitrum ſit multo duriùs reſpectu manuum noſtrarum,
non tamen multo magis reſiſtit motui materiæ ſubtilis.

Prima propoſitio planè eſt, imaginaria, deſtruiturque
eius probatio ex eo quod vtatur ad ipſam probandam, primâ
ſuâ hypotheſi iam refutatâ.

Secunda propoſitio, ſi in ipsâ, pro *rejectione* ponatur *repul-
ſio*, vt de ſolâ impulſione non de motu poſſit intelligi, vera
eſt, & mea.

Quæ in tertiâ habet de Syſtole planè deſtruuntur ex iam
dictis, vt & eaquæ dicit in corollario de inclinatione, quam
vult eſſe motum, hocque ob egregiam rationem, quia, inquit, principium motus eſt motus; quis enim illi conceſſit
inclinationem eſſe principium ſiue partem primam motus.

In propoſitione quartâ malè dicit radium eſſe ſpatium
ſolidum, meliùs forte dixiſſet, eſſe vim per ſpatium ſolidum
diffuſam; Sed adhuc meliùs, ſi cum omnibus Opticis illum
tantum vt lineam conſideraret: vtitur enim tantum poſteà
radij latitudine, vt & ſuâ lineâ lucis, ad imaginarias rationes
adornandas.

Sed præcipuus eius error eſt in causâ Phyſicâ refractionis
radiorum explicandâ: tota enim fictitia eſt, & à mechanicæ
principiis aliena. Fictitia, quia nititur latitudine quam radiis
gratis affingit, quamque in decimâ quartâ propoſitione iiſdem detrahit, & nihilominus eodem modo refringi fatetur;
Et quia ſi vera eſſet, multo magis haberet locum in motu
pilæ quam in radiis luminis, quod tamen ipſe ſuprà negauit,
atque experientiæ repugnat; Vt & ratio propter quam ſuprà voluit pilam in aquâ refrangi à perpendiculari, radiis
luminis meliùs, vel ſaltem æque benè ac motui pilæ; poteſt
applicari; In ipsâ enim nulla ſit mentio motus ſucceſſiui;
In altera autem quam affert pro radiis, fictitij cuiuſdam Parallelogrammi conſiderat motum ſucceſſiuum, eſtque à le-
gibus mechanicæ aliena; cum quia ſupponit motum partis
D, Parallelogrammi A B C D, tantundem tardari à ſuper-

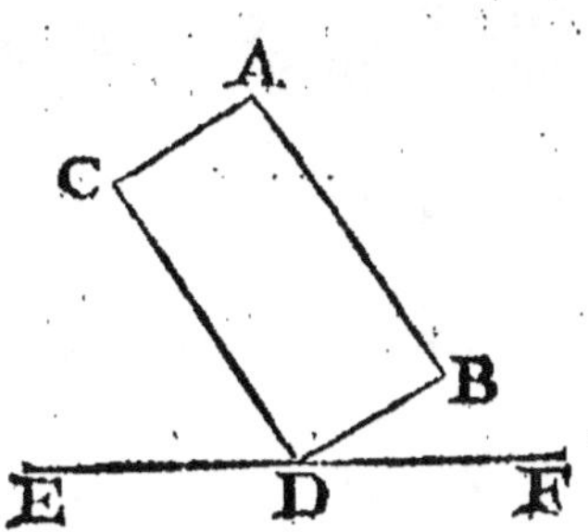

ficiè aquæ E D F, cum primum illam ingreditur, quam paulò pòſt, cum plures partes lineæ C D in aquam demerſæ ſunt, tum quia in tranſitu radij à medio denſiori in rarius vult augeri celeritatem motus, nec tamen dare poteſt vllam cauſam iſtius augmenti; facilè enim intelligitur motum tardari à denſitate medij; Sed non inde ſequitur, vbi non eſt tantà denſitas illum augeri, ſed tantum minus imminui; tum propter alias cauſas quas omnes recenſere eſſet longum.

Quintà propoſitio, quod radius obliquè incidens ſit conſiderandus vt habens latitudinem, iam eſt refutata, & pugnat cum decimà quartà; nec valet eius probatio, ad quam gratis aſſumit *conſiderari radium vno termino longiùs operari quam altero.* Quod nemo ipſi concedet qui radium abſque latitudine conſiderabit.

Sequentia, vſque ad decimam quartam propoſitionem, ſatis vt puto ſequuntur ex eius principiis, dico, vt puto, quia ſatis attente non legi, vt auſim affirmare. Cæterùm non mirum eſt quod ex falſis hypotheſibus ſequatur verum, quia illas hypotheſes ad veritatem ſibi ante cognitam accommodauit.

In fine de Coloribus nihil habet quod non ante ſcripſerim, niſi quod rem ſufficienter non explicet; Et malè ait me globulos ſupponendo, priorem meam hypotheſim deſtruxiſſe; quia illos globulos deſcribendo, non affirmaui nihil eſſe in ſpatiolis quæ ipſi non replent; nec opus habui plura explicare, quam quæ ad inſtitutum meum faciebant; Denique vt verbo abſoluam, ne minimam quidem rationem in toto hoc ſcripto reperi à meis diuerſam, quæ vera & legitima eſſe videatur.

AV.

AV R. PERE MERSENNE.

LETTRE XXXIV. *Version de la precedente.*

MON REVEREND PERE,

Quoy que i'esperasse que ce que i'auois dernierement répondu au commencement d'vn certain écrit qui vous auoit esté enuoyé par vn sçauant Anglois, me dust déliurer de la peine de répondre au reste ; Toutesfois parce que i'en viens de receuoir tout maintenant de la part de vostre Reuerence les huit dernieres feüilles, & que i'apprens en mesme temps qu'il y en a quelques-vns de ceux que l'on met au rang des doctes, qui tiennent pour de vrayes & legitimes demonstrations ce qui est contenu dans cét Escrit, & qui est contraire à ce que i'ay publié depuis quelque temps touchant les refractions, ie pense qu'il est de mon deuoir, de faire voir icy en peu de mots par quelles marques on peut reconnoistre, ce qui doit estre pris en cette matiere pour du verre, ou pour des diamans.

A la fin de la troisiéme feüille, il se sert d'vne raison tres-friuole pour refuter ce que i'ay écrit dans la page 19. de la Dioptrique ; *Car*, dit-il, *il s'ensuiuroit qu'vne balle auroit la connoissance des loix de la Geometrie* ; Comme si de ce qu'vne chose se fait dans la Nature selon les loix de la Geometrie, il s'ensuiuoit pour cela qu'il y eust de l'entendement ou de la connoissance dans les corps où ces loix s'executent. Pour moy i'ay toussours crû que c'estoit assez pour monstrer ce qui se feroit, que de faire voir que les loix de la Geometrie nous enseignoient qu'vne telle chose se deuoit faire. Et il ne dit rien du tout icy de nouueau ; mais seulement il explique vn peu plus au long la mesme chose que i'ay dite ; en disant, que lors que l'inclination est grande, la resistance de l'eau

eſt plus forte que l'impulſion vers le bas ; ce que i'auois negligé d'expliquer , comme vne choſe que tout le monde
peut facilement conceuoir. Mais cependant , l'explication
qu'il en fait le iette par ſes principes meſmes dans vne grande difficulté ; ſçauoir eſt, comment ſelon ſes principes la
balle rejaillit à la rencontre de l'eau ; Car dira-t'il que cela
ſe fait à cauſe que la ſuperficie de l'eau ſe courbe comme fait
vn arc, & qu'en reprenant ſa premiere ſituation elle repouſſe
la balle

Dans tout le reſte il ne traitte que de la Refraction ; Et
dans la premiere hypotheſe il ſuppoſe vne choſe fauſſe , à
ſçauoir, que toute action eſt vn mouuement local. Car , par
exemple , lors qu'eſtant appuyé ſur vn baſton ie preſſe la
terre, l'action de ma main eſt communiquée à tout le baſton,
& paſſe iuſques à la terre , encore que nous ſuppoſions que
ce baſton ne ſe meuue point du tout , non pas meſme inſenſiblement , comme il ſuppoſe vn peu plus bas.

Pour ſa cinquiéme hypotheſe , à ſçauoir , que l'air reſiſte
moins au mouuement de la lumiere que ne fait l'eau ou le
verre, il ne la prouue point. Et ie demande icy à qui de nous
deux on doit adjoûter plus de creance , ou à luy qui n'apporte aucune raiſon de ce qu'il aduance , ou à moy qui ay demonſtré le contraire dans ma Dioptrique ; Et l'on ne doit
pas s'imaginer qu'il y ait en cela quelque vray ſemblance, de
ce que l'air reſiſte moins au mouuement de nos mains , que
ne fait l'eau ou le verre ; Car l'action de la lumiere n'eſt pas
dans les corps de l'air & de l'eau, mais dans vne matiere tres-
ſubtile qui eſt contenuë dans leurs pores.

Ie veux icy vous aduertir par occaſion, que quand dans ma
Lettre precedente i'ay dit que la lumiere ſe tranſmet ou ſe
répand plus facilemẽt dans les corps durs que dans les mols,
cela ſe doit entendre de telle ſorte , que cette dureté ne ſe
rapporte pas à l'attouchement de nos mains, mais ſeulement
au mouuement de la matiere ſubtile ; De peur que peut-eſtre
quelqu'vn ne ſe perſuade qu'il s'enſuit de là que la refraction
doit eſtre bien plus grande dans le verre que dans l'eau ; Car

bien que le verre foit beaucoup plus dur que l'eau au refpect de nos mains, toutesfois il ne refifte gueres dauantage au mouuement de la matiere fubtile.

La premiere propofition eft tout à fait imaginaire; & fa preuue fe deftruit, de ce qu'il fe fert pour la prouuer de fa premiere hypothefe, qui a defia efté refutée.

Si dans la feconde propofition, au lieu de dire que la balle eft *rejettée*, on dit qu'elle eft *repouffée*; en forte que cela s'entende feulement de l'impulfion, & non pas du mouuement, cette propofition eft vraye, & n'eft point differente de la mienne.

Ce qu'il dit dans la troifiéme touchant la Syftole, fe détruit entierement par ce qui a defia efté dit; Comme auffi ce qu'il auance dans fon Corollaire touchant l'inclination à fe mouuoir, qu'il veut eftre vn mouuement, & cela par vne fort belle raifon; à caufe, dit-il, que le principe du mouuement eft vn mouuement; Car qui a iamais dit que l'inclination à fe mouuoir fuft le principe ou la premiere partie du mouuement.

Dans la quatriéme propofition il parle mal, quand il dit que le rayon eft vn efpace folide; Il auroit peut-eftre mieux parlé, s'il euft dit que c'eft vne vertu ou vne force répanduë dans vn efpace folide. Mais il auroit encore mieux fait, fi auec tous les Opticiens il l'euft confideré feulement comme vne ligne; Car par apres il ne fe fert que de la largeur de ce rayon, comme auffi de fa ligne de lumiere, pour fonder & eftablir fes raifons imaginaires.

Mais fa principale erreur eft dans l'explication de la caufe Phyfique de la refraction des rayons; Car celle qu'il en apporte eft non feulement chymerique, mais auffi contraire aux loix de la Mechanique. Elle eft chymerique, parce qu'elle eft fondée fur la largeur qu'il attribuë gratuitement aux rayons, & que par apres il leur ofte dans fa quatoziéme propofition, & neantmoins il confeffe qu'ils fe rompent en mefme façon que s'ils en auoient; Et auffi parce que fi cette caufe eftoit vraye, elle deuroit pluftoft auoir lieu dans le

V ij

mouuement d'vne balle, que dans les rayons de lumiere,
ce qu'il a neantmoins nié auparauant, & qui eſt contre l'experience ; Comme auſſi la raiſon pour laquelle il a voulu cy-
deuant qu'vne balle ſe rompiſt dans l'eau en s'éloignant de
la perpendiculaire, ſe peut mieux appliquer aux rayons de
lumiere, ou du moins auſſi bien, qu'au mouuement d'vne
balle ; Car il n'y fait aucune mention du mouuement ſucceſſif. La ſeconde cauſe Phyſique qu'il apporte de la refraction des rayons, dans laquelle il conſidere le mouuement ſucceſſif d'vn Parallelogramme imaginaire, eſt contraire aux loix de la Mechanique ; tant parce qu'il ſuppoſe
que le mouuement de la partie D, du Parallelogramme A
B C D, eſt autant retardé par
la ſuperficie de l'eau E D F, lors
qu'elle commence à la penetrer, qu'vn peu apres, lors que
pluſieurs parties de la ligne CD
ſont enfoncées dans l'eau, Que
parce qu'il veut que la viteſſe
du mouuement ſoit augmentée
au paſſage que fait le rayon d'vn
milieu plus denſe dans vn plus

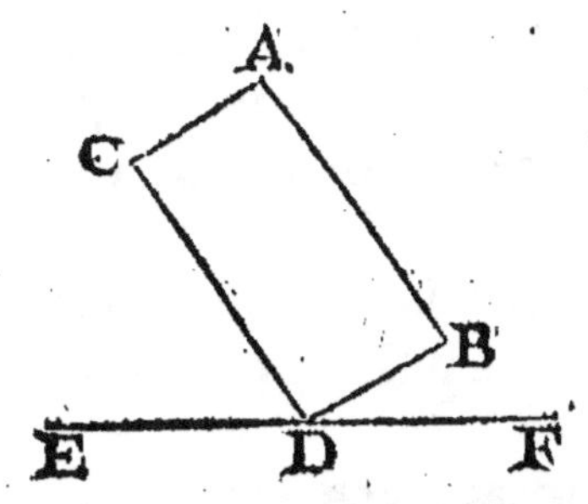

rare, & neantmoins il ne ſçauroit donner aucune raiſon de
cette augmentation ; Car on conçoit aiſément que le mouuement eſt retardé par la denſité du milieu ; Mais il ne s'enſuit pas qu'où il n'y a pas tant de denſité le mouuement
s'augmente, mais ſeulement qu'il eſt moins diminué ; Comme auſſi pour d'autres raiſons qu'il ſeroit trop long de rapporter icy.

Sa cinquiéme propoſition, à ſçauoir, que le rayon qui
tombe obliquement doit eſtre conſideré comme ayant de la
largeur, a deſia eſté refutée, & repugne à ſa quatorziéme
propoſition ; Et meſme la preuue n'en vaut rien, où il auance
ſans raiſon & gratuitement qu'on doit prendre garde que
le rayon opere ou s'eſtend plus loin par vne partie de ſon extremité que par l'autre, ce que iamais perſonne ne luy ac-

cordera, qui voudra confiderer le rayon fans aucune largeur.

Ce qui fuit iufques à la quatorziéme propofition fuit affez bien, comme ie penfe, de fes principes ; Ie dis, comme ie penfe, parce que ie ne l'ay pas leu auec affez d'attention pour l'ofer affurer. Mais ce n'eft pas merueille fi la verité fuit quelquesfois de fauffes hypothefes ; Car il a accommodé ces hypothefes à la verité qui luy eftoit auparauant connuë.

Sur la fin de cét Efcrit, il ne propofe rien touchant les Couleurs, que ie n'aye écrit auant luy, fi ce n'eft qu'il n'explique pas affez cette matiere. Et c'eft fort mal à propos qu'il dit, qu'en fuppofant, comme i'ay fait, de petits globes, i'ay deftruit ma premiere hypothefe ; Car en les décriuant ie n'ay pas dit qu'il n'y auoit rien dans les efpaces que ces petits globes ne rempliffent point ; & ie n'ay pas dû expliquer plus de chofes qu'il n'en falloit pour mon deffein. Enfin, pour le dire en vn mot, ie n'ay pas trouué dans tout cét Efcrit la moindre raifon qui fuft differente des miennes, qu'on puft dire eftre vraye & legitime.

AV R. P. MERSENNE.

Réponfe de Monfieur Defcartes à la Lettre de Monfieur Hobbes.

LETTRE XXXV.

MON REVEREND PERE,

Ayant leu à loifir le dernier Efcrit de voftre Anglois, ie me fuis entierement confirmé en l'opinion que ie vous mandé il y a huit iours que i'auois de luy ; & ie iuge que le meilleur eft que ie n'aye point du tout de commerce auec luy, & pour cette fin que ie m'abftienne de luy répondre, Car s'il eſt de l'humeur que ie le iuge, & s'il a les deſſeins que ie croy qu'il a, il ſeroit impoſſible que nous euſſions communication enſemble, ſans deuenir ennemis; & i'aime mieux qu'il en demeure où il en eſt. Ie vous prie ſeulement, ſi vous luy auez promis de me faire faire réponſe à ce dernier Eſcrit, de luy dire que ie vous ay mandé que ce qui m'empeſche d'y répondre, eſt que ie me promets que vous me ferez la faueur de répondre pour moy, & que vous me deffendrez beaucoup mieux, que ie ne me pourrois deffendre moy-meſme; outre que i'ay des occupations qui ne me permettent en aucune façon de donner du temps à de telles conferences; En ſuitte dequoy vous pourrez l'aſſurer, s'il y auoit encore par hazard quelqu'autre pacquet de luy par les chemins, que ie n'y répondray pas vn ſeul mot, & que ce ſeroit peine perduë de m'en enuoyer dauantage. Mais cependant afin que vous ne penſiez pas que ce ſoit faute de ſçauoir que dire, que ie m'abſtiens de luy répondre, ie mettray icy mon ſentiment touchant les quatre premiers points.

Primò, per ſpiritum, inquit, intelligere me dixi corpus ſubtile & fluidum, ergo idem eſt cum eius materiâ ſubtili, tanquam ſi omnia quæ ſub eâdem aliquâ generali deſcriptione conueniunt, eadem idcirco abſolutè dicenda ſint, vt equus eſt animal quadrupes, caudatum, & lacerta etiam eſt animal quadrupes, caudatum; ergo equus & lacerta idem ſunt.

Secundò, quandoquidem vult ſuſtinere ſuum ſpiritum Internum & meam materiam ſubtilem eſſe vnum & idem, duo hîc contradictoria habet probanda, nempè idem corpus ſubtile vi ſuæ agitationis eſſe cauſam duritiei, vt ille opinatur, & ſimul vi etiam ſuæ agitationis eſſe cauſam mollitiei, quod ego exiſtimo. Sed mutat quæſtionem, & poſt quam finxit duritiem eſſe à motu magis veloci, mollitiem verò à motu minus veloci, vult hoc ſufficere ad ſuum inſtitutum; quamuis ego contra putem motum magis velocem efficere mollitiem, & duritiem eſſe à quiete; Addítque me hîc oſtendere potiùs voluntatem quam rationem diſſentiendi, nempe, quia nolo admittere eâ, quæ planè contraria ſunt, eſſe vnum & idem,

Nunquid ille potiùs oftendit fibi perindè effe quid fuftineat,
modo tantum poffit difputare; Nam quid ad rem, fi eius
corpus fubtile idem fit quod mea materia fubtili, vel non fit,
cum præfertim fi idem fit, poffim dicere illum à me effe mu-
tuatum, quia prior fcripfi; quidque magis abfonum, quam
quod velit vt fatear, me fentire planè contrarium eius quod
reuerà fentio, & mille in locis teftatus fum me fentire, vt
fcilicet ipfi affentiar. Cætera quæ hîc addit non funt minus
abfona; & mihi affingit opinionem de causâ duritiei, quam
nunquam habui, vt nofti; fed rogo ne plura ex te difcat de
meis principiis, quam iam nouit.

Ad tertium, quod faffus fum dici poffe, credidi aliquo
fenfu poffe intelligi, quo verum effet; Sed & alio etiam fenfu,
eoque communiori, poffe intelligi, quo erit falfum; Ideoque
ab ifto loquendi modo abftinui, vt minus apto, & qui Lecto-
ribus errandi occafionem præbuiffet, quæ caufa fuit iuftiffi-
ma; Ille verò valdè iniuftus eft, quod pro iuftâ non admittat,
& planè importunus, quod indè velit inferre me rem non
rectè intellexiffe, cum ipfe illam ne nunc quidem intelligat,
vt mox patebit; audetque hîc fpeciem quandam demonftra-
tionis proponere, vt non intelligentibus illudat. Nam primo
vellem fcire quid fupponat cum ait, *Sitque velocitas ab A
versùs B in ratione ad velocitatem ab A versùs C, quam habet
ipfa A B ad ipfam A C, hæ duæ velocitates componunt velocitatem quæ eft à B, versùs C.* Non enim poteft fupponere pilam
ab A moueri eodem tempore versùs B & C, hoc enim fieri
nequit; fed procul dubio voluit dicere velocitatem à B versùs

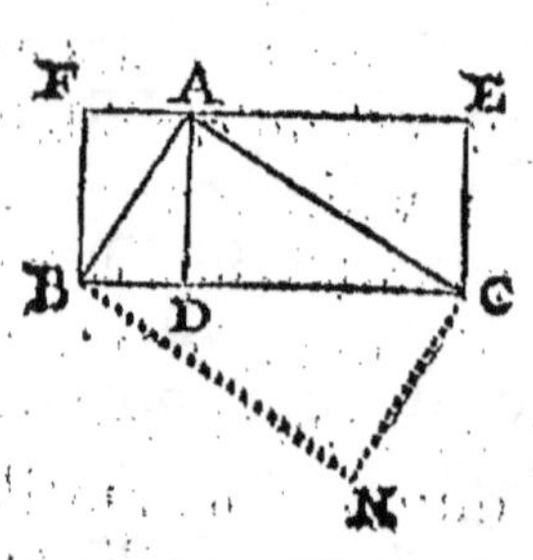

A & C; ita fcilicet vt intelligatur pila
moueri à B versùs A, fuprà lineam B
A, & tota hæc linea BA moueri versùs
N C, ita vt eodem tempore pila perueniat à B, ad A, & linea B A ad lineam N C, fic enim motus pilæ defcri-
bet lineam B C; Sed fortè ifta de in-
duftriâ turbauit, vt aliquid dicere videretur, cum tamen reuerâ nihil dicat,

quod non sit planè nugatorium; vt enim probet velocita-
tem à B, ad C, componi ex velocitatibus à B, ad A, & ab A,
ad C, diuidit vtramque, dicendo, quoniam motus ab A, ad
B (hoc est à B, ad A,) componitur ex motibus ab F, ad A,
& F ad B, non contribuet motus compositus A B, plus celeritatis ad motum à B, versùs C, quam contribuit F A; nec
A C, quam contribuit A E, &c. Vnde inferre debuisset
B C, componi ex F A, & A E; non autem ex B A, & A C;
atque hîc apparet nugatio; nam F A, & A E, est ipsa B C;
Idemque egit ac si probare vellet securim componi ex silua
& ex monte quia silua contribuit lignum ad manubrium, &
mons ferrum ex eius fodinis erutum. Post hæc verò homo
scilicet vrbanissimus, me arguit, tanquam si quem Paralogismum admisissem; quâ in re quæso? nempe, vbi dixi me
tam improprio loquendi modo vti noluisse.

Ad quartum, hîc ostendit se in eo ipso errare, in quo paulò
antè dixit *Me non debuisse timere à Paralogismis, quos alij
posteà sibimetipsis facerent.* Nam in hoc ipso Paralogismum
sibi fingit, quod motum determinatum loco determinationis consideret. Ad quod intelligendum, putandum est motum determinatum esse ad ipsam motus determinationem,
vt est corpus planum ad planitiem, siue superficiem eiusdem
corporis: Nam quemadmodum mutatâ vnâ superficie, non
sequitur alias mutari, vel plus corporis vel minus illis adiun-
gi, etiamsi sint in eodem corpore, & non possint esse sine
ipso, ita mutatâ vnâ determinatione, non sequitur aliam
mutari, vel plus motus siue celeritatis illi adjungi, quamuis
neutra possit esse sine motu; Quod si noster intellexisset,
non diceret *oportuisse me demonstrasse, quod retentâ integrâ
velocitate ab A, versùs B, impossibile esset pilam promoueri
longiùs in eadem determinatione quam ad E;* Vidisset enim id
ex hoc ipso esse demonstratum, quod

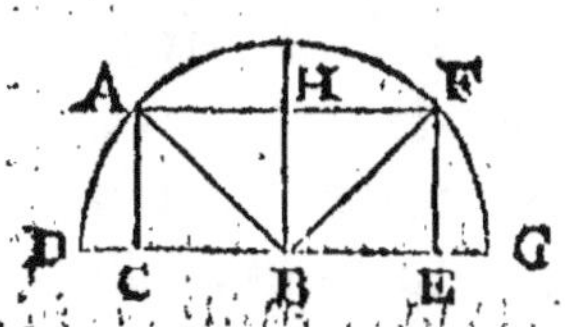

demonstrarim determinationem dextrorsum, non esse mutatam; quia non
potest augeri vel minui motus in illam partem, quin tantundem illi determinationi

terminationi accedat vel recedat, vt neque poteſt corpus in ſuperficie mutari, quin etiam ſuperficies mutetur ; Nec tamen determinatio eſt motus, vt neque ſuperficies eſt corpus. Nec poſteà dixiſſet, *jam vero ſi determinationes illæ ſint moitus, &c.* Neque enim ſunt magis motus quam ſuperficies ſunt corpora ; Sed in hoc ſe ipſum fallit, quod motum determinatum conſideret loco determinationis, vt dixeram me probaturum. Puderet me reliqua eius verba hîc perſequi tempuſque in re tam inutili conſumere.

Premierement, *Quand i'ay parlé d'eſprit, i'ay entendu,* dit-il, *vn corps ſubtil & fluide, donc c'eſt la meſme choſe que ſa matiere ſubtile;* Comme ſi toutes les choſes qui conuiennent enſemble ſous vn certain genre, ou ſous quelque generale deſcription, eſtoient pour cela abſolument les meſmes ; par exemple, vn cheual eſt vn animal à quatre pieds qui a vne queuë, & vn lezard eſt auſſi vn animal à quatre pieds qui a vne queuë; donc vn cheual & vn lezard ſont la meſme choſe.

Secondement, puis qu'il pretend que ſon eſprit Interne & ma matiere ſubtile ne ſont point differens, il a icy à prouuer deux choſes qui ſont contradictoirement oppoſées ; c'eſt à ſçauoir, que le meſme corps ſubtil en vertu de ſon agitation eſt la cauſe de la dureté, ainſi qu'il eſtime, & qu'en vertu de la meſme agitation il eſt la cauſe de la molleſſe, ainſi que ie penſe. Mais il change l'eſtat de la queſtion ; Et apres auoir ſuppoſé que la dureté depend d'vn mouuement fort viſte, & la molleſſe au contraire d'vn mouuement plus lent, il pretend que cela ſuffit pour ſon deſſein ; quoy que i'eſtime tout au contraire qu'vn mouuement fort viſte cauſe la molleſſe, & que la dureté vient du repos des parties ; A quoy il adjoûte que ie fais pluſtoſt voir icy la volonté que la raiſon que i'ay de contredire, à cauſe que ie ne veux pas croire que des choſes qui ſont tout à fait oppoſées, ſoient vne meſme choſe. Mais n'eſt-ce pas luy au contraire qui fait voir qu'il ne luy importe pas quoy qu'il ſoûtienne, pourueu ſeulement qu'il ait lieu de diſputer. Car que fait cela à l'affaire, que ſon corps ſubtil ſoit la meſme choſe que ma ma-

Tome III. X

tiere fubtile, ou qu'elle ne le foit pas ; veu principalement
que fi c'eft la mefme chofe, ie puis dire qu'il a emprunté cela
de moy, puifque i'en ay écrit le premier ; Et qui a-t'il de plus
hors de raifon que de vouloir que pour luy applaudir, ie
confeffe que ie fuis dans vn fentiment que ie n'ay point,
& que i'ay defia plufieurs fois témoigné ne point auoir. Ce
qu'il adjoûte en fuite ne l'eft pas moins ; & il m'attribuë vne
opinion touchant la dureté, laquelle comme vous fçauez ie
n'ay iamais euë ; Mais ie vous prie que par voftre moyen il
n'apprenne rien de plus de mes Principes que ce qu'il en
fçait defia.

Troifiémement, ce que i'ay auoüé dans ma precedente fe pouuoir dire, i'ay crû qu'il pouuoit eftre entendu en vn fens auquel il feroit vray ; mais qu'il pouuoit auffi
eftre entendu en vn autre fens, & mefme plus commun,
auquel il fera faux ; Ce qui a fait que ie n'ay pas voulu me
feruir de cette façon de parler, comme eftant moins propre,
& qui auroit pû donner aux Lecteurs occafion de fe tromper ; & cela m'a femblé vne raifon tres-iufte pour ne m'en
pas feruir ; Mais il me femble fort injufte de ne la vouloir
pas receuoir pour vne raifon valable ; & mefme ie le trouue
grandement importun de vouloir inferer de là que ie n'ay
pas bien entendu la chofe, veu que luy-mefme ne l'entend
pas bien encore, comme ie feray voir tout maintenant ; &
d'ofer propofer icy pour demonftration, vne chofe qui n'en
a que l'apparence, pour furprendre ceux qui ne font pas
affez intelligens.

Car premierement, ie voudrois
bien fçauoir ce qu'il fuppofe quand
il dit, *Que la viteffe d'A vers B foit à
la viteffe d'A vers C, comme la ligne
A B à la ligne A C, ces deux viteffes
compofent la viteffe qui eft de B vers C.*
Car il ne peut pas fuppofer que la
balle fe meuue en mefme temps d'A
vers B & vers C, puifque cela eft im-

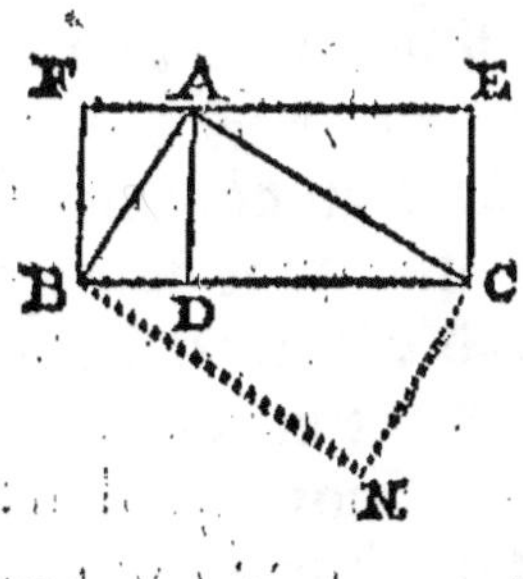

poſſible ; mais ſans doute qu'il a voulu dire la viteſſe de B vers A & C; en telle ſorte que l'on conçoiue que la balle ſe meuue de B vers A, ſur la ligne B A, & que toute cette ligne B A ſe meuue vers N C; ſi bien qu'en meſme temps la balle paruienne de B en A, & la ligne B A à la ligne N C; Car par ce moyen le mouuement de la balle décrira la ligne B C; Mais peut-eſtre qu'il a embaraſſé cela tout exprés, pour faire ſemblant de dire quelque choſe, quoy qu'il ne diſe pourtant rien qui ne ſoit inutile. Car pour prouuer que la viteſſe de B vers C, eſt compoſée de celles de B vers A, & d'A vers C, il les diuiſe toutes deux, en diſant, que parce que le mouuement d'A vers B (c'eſt à dire de B vers A) eſt compoſé des mouuemens d'F vers A, & d'F vers B, le mouuement compoſé A B ne contribuëra pas plus de viteſſe au mouuement de B vers C, qu'en a contribué F A, ny le mouuement compoſé A C, plus qu'en a contribué A E, &c. D'où il euſt dû conclure que B C eſtoit compoſé de F A & d'A E, & non pas de B A & d'A C; Mais cela ne dit rien; Car la ligne F A & A E n'eſt autre que B C. En quoy il a fait de meſme que s'il euſt voulu prouuer qu'vne coignée eſt compoſée d'vne foreſt, & d'vne montagne ; à cauſe que la foreſt a fourny le bois pour faire le manche, & que la montagne a fourny le fer, qui a eſté tiré de ſes mines. Et apres tout cela il m'accuſe fort ciuilement d'auoir commis vn Paralogiſme; Mais en quoy penſez-vous que conſiſte ce Paralogiſme ? en ce que i'ay dit que ie n'auois pas voulu me ſeruir d'vne façon de parler ſi impropre.

Quatriémement, il monſtre icy qu'il ſe trompe en cela meſme, où vn peu auparauāt il auoit dit, *Que ie ne deuois point auoir peur des Paralogiſmes que les autres pouuoient commettre:* Car il en commet vn luy meſme, en ce qu'il conſidere le mouuement determiné au lieu de la determination. Et pour bien entendre cecy, il faut ſçauoir que le mouuement determiné eſt à la determination meſme du mouuement, comme vn corps plan eſt au plan ou à la ſurface de ce corps; Car de meſme qu'vne ſurface eſtant changée, il ne s'enſuit pas

que les autres le foient auffi , ou qu'il leur arriue plus ou
moins de corps, encore qu'elles foient dans le mefme corps,
& qu'elles ne puiffent eftre fans luy ; de mefme auffi, de deux
determinations l'vne eftant changée , il ne s'enfuit pas que
l'autre le foit auffi , ou qu'il luy arriue plus de mouuement
ou de viteffe , encore que ny l'vne ny l'autre ne puiffe eftre
fans mouuement. Que fi noftre Philofophe auoit entendu
cela , il ne diroit pas comme il fait , *Que ie deuois auoir demonftré , que la balle retenant toute la viteffe qu'elle auoit quand
elle eft venuë d' A vers B, il eft impoffible
qu'elle puiffe aller plus loin vers la mefme determinatiõ, à fçauoir vers la droite,
que iufques en E;* Car il auroit veu que

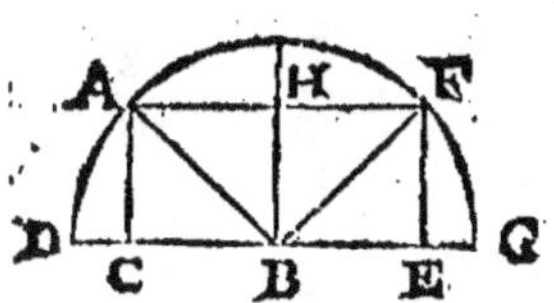

cela mefme auoit efté demonftré, de
ce que i'auois prouué que la determination vers la droite
n'eftoit point changée; Car le mouuemẽt ne peut eftre augmenté ou diminué vers ce cofté-là, que cette determination
n'augmente ou ne diminuë à proportion ; de mefme qu'vn
corps ne peut eftre changé en fa fuperficie, que fa fuperficie
ne foit auffi en mefme temps changée ; Et neantmoins la determination n'eft pas le mouuement, non plus que la fuperficie n'eft pas le corps. Et il n'auroit pas dit apres cela, *Maintenant, fi les determinations font des mouuemens, &c.* Car les determinations ne font pas pluftoft des mouuemens, que les
fuperficies font des corps ; mais il fe trompe luy-mefme, en
ce qu'il confidere le mouuement determiné au lieu de la determination, ainfi que i'auois promis de faire voir. I'aurois
honte de m'arrefter plus long-temps à refuter le refte de fes
difcours, & de perdre dauantage de temps à vne chofe fi inutile. C'eft pourquoy ie vous promets de ne répondre iamais
plus à tout ce que vous me pourriez enuoyer de luy; Et ie ne
me laiffe nullement flatter par les loüanges que vous me
mandez qu'il me donne; Car ie connois qu'il n'en vfe que
pour faire mieux croire qu'il a raifon en ce où il me reprend,
& où il m'impute fauffement des fautes.

Tous vos amis ont bien parlé de l'arc ; mais Monfieur de

Roberual a confideré le premier moment auquel la fleche commence à fe mouuoir, & les autres ont confideré celuy auquel elle ceffe d'eftre pouffée par la corde. Ie fuis,

*Et dans vne autre Lettre on trouue ce qui
fuit, dont voicy la verfion.*

VERSION.

OVant à ce que vous me mandez de l'Anglois, qui dit que fon Efprit & ma matiere fubtile font la mefme chofe, & qu'il a expliqué par fon moyen la lumiere & les fons dés l'année 1630. ce qu'il croit eftre paruenu iufques à moy, c'eft vne chofe puerile & digne de rifée. Si fa Philofophie eft telle qu'il ait peur qu'on la luy dérobe, qu'il la publie; pour moy ie luy promets que ie ne me hafteray pas d'vn moment à publier la mienne à fon occafion. Ses derniers raifonne-mens que vous m'écriuez font auffi mauuais que tous les autres que i'ay veus de luy. Car premierement, encore que l'Homme & Socrate ne foient pas deux diuers fuppofts, toutesfois on fignifie autre chofe par le nom de Socrate que par le nom d'Homme, à fçauoir les differences indiuiduelles ou particulieres; de mefme le mouuement determiné n'eft point different du mouuement, mais neantmoins la deter-mination eft autre chofe que le mouuement.

Secondement, il n'eft pas vray que la caufe efficiente du mouuement foit auffi la caufe efficiente de la determination, par exemple, ie iette vne balle contre vne muraille, la mu-raille determine la balle à reuenir vers moy, mais elle n'eft pas la caufe de fon mouuement.

Troifiémement, il vfe d'vne fubtilité tres-legere, quand il demande fi la determination eft dans le mouuement, com-me dans vn fujet, comme s'il eftoit icy queftion de fçauoir fi mouuement eft vne fubftance ou vn accident; Car il n'y a point d'inconuenient ou d'abfurdité à dire qu'vn accident foit le fujet d'vn autre accident, côme on dit que la quantité

eſt le ſujet des autres accidens ; Et quand i'ay dit que le
mouuement eſtoit à la determination du mouuement, comme le corps plan eſt à ſon plan ou à ſa ſurface, ie n'ay point
entendu par là faire comparaiſon entre le mouuement & le
corps, comme entre deux ſubſtances, mais ſeulement comme entre deux choſes concretes, pour monſtrer qu'elles
eſtoient differentes de celles dont on pouuoit faire l'ab-
ſtraction.

Enfin c'eſt tres-mal à propos qu'il conclud, qu'vne determination eſtant changée, les autres le doiuent eſtre
auſſi ; parce, dit-il, que toutes ces determinations ne
ſont qu'vn accident, ſous diuers noms ; Si cela eſt, il s'enſuit
donc que ſelon luy l'Homme & Socrate ne ſont qu'vne
meſme choſe ſous deux noms differens, & partant pas vne
difference indiuiduelle de Socrate ne ſçauroit perir, par
exemple, la connoiſſance qu'il a de la Philoſophie, qu'en
meſme temps il ne ceſſe d'eſtre Homme. Ce qu'il dit en
ſuitte, à ſçauoir, qu'vn mouuement n'a qu'vne determination, eſt le meſme que ſi ie diſois qu'vne choſe eſtenduë
n'a qu'vne ſeule figure, ce qui n'empeſche pas que cette
figure ne ſe puiſſe diuiſer en pluſieurs parties, comme la determination le peut auſſi eſtre.

Ce qu'il reprend en la Dioptrique page 18. fait voir ſeulement qu'il ne cherche que les occaſions de reprendre, puis
qu'il me veut imputer iuſques aux fautes de l'Imprimeur ;
Car i'ay parlé en ce lieu-là de la proportion double, comme
de la plus ſimple, pour expliquer la choſe plus facilement,
à cauſe que la vraye ne peut eſtre determinée, pource qu'elle
change à raiſon de la diuerſité des ſujets. Mais ſi dans la figure, la ligne H F n'a pas eſté faite iuſtement double de la
ligne A H, c'eſt la faute de l'Imprimeur, & non pas la mienne. Et en ce qu'il dit eſtre contre l'experience, il ſe trompe
entierement ; à cauſe qu'en cela l'experience varie, ſelon la
variete de la choſe qui eſt iettée dans l'eau, & de la viteſſe
dont elle eſt meuë. Et ie ne me ſuis pas mis en peine de corriger en ce lieu-là la faute de l'Imprimeur, pource que i'ay

crû aiſément qu'il ne ſe trouueroit point de Lecteur ſi ſtu-
pide, qu'il euſt de la peine à comprendre qu'vne ligne fuſt
double d'vne autre, à cauſe que la figure en repreſente vne
qui n'a pas cette proportion, ny qui fuſt auſſi ſi peu iuſte, que
de dire que pour cela ie meritois d'eſtre repris. Enfin lors
qu'il dit que i'approuue cette partie de ces écrits que ie ne
reprens point, & dont ie ne dis mot, il ſe trompe encore;
Car il eſt plus vray que c'eſt que ie n'en ay pas fait aſſez de
cas, pour croire que ie deuſſe m'employer à la refuter.

LETTRE DE Mʀ DE FERMAT
AV R. PERE MERSENNE.
LETTRE XXXVI.

MON REVEREND PERE,

Ie vous ſuis extremement obligé du ſoin que vous prenez
pour ſatisfaire ma curioſité, m'ayant bien voulu faire part
d'vne Lettre que ie trouue tres-excellente, ſoit pour la
matiere qu'elle contient, ſoit pour les paroles dont on
s'eſt ſeruy; c'eſt celle qui eſt ſignée *Petit*, qui eſt vn nom
inconnu pour moy, mais qui m'a donné vn tres-grand deſir
d'eſtre connu de luy, ie ſeray rauy qu'il vous plaiſe de m'en
donner le moyen. Et i'ay crû que ny vous ny luy ne deſap-
prouueriez pas la liberté que i'ay priſe d'effacer ſur la fin
quelques paroles qui marquoient que ſes objections contre
la Dioptrique de Monſieur Deſcartes eſtoient plus fortes &
moins ſujettes à replique que les miennes. Ce n'eſt pas que
i'en doute, puiſque i'ay conceu vne tres-grande opinion de
ſon Eſprit; mais ie deſire, ſi vous l'agreez, d'eſtre vn peu
mis à l'écart, & de voir toutes ces belles diſputes pluſtoſt
comme témoin que comme partie. Vous adjoûterez vne

tres-grande obligation à toutes celles que ie vous ay defia, fi
vous me procurez la veuë de ce difcours que l'auteur de cette belle Lettre promet touchant *la refraction*. Et fi i'ofois efperer la communication des experiences qu'il a faites, peut-
eftre y mélerois-ie de la Geometrie, fi ie les trouuois conformes à mon fentiment. I'attendray cette fatisfaction auec
impatience, & vous renuoyeray par le premier Courrier
fon Efcrit, que ie retiens pour en tirer Copie. I'attens auffi
par voftre faueur les Réponfes que Monfieur Defcartes a
faites aux difficultez que ie vous ay propofées fur fa Dioptrique, & fes remarques fur mon traitté *De Maximis &*
Minimis, & de Tangentibus. S'il y a quelque petite aigreur,
comme il eft mal-aifé qu'il n'y en ait, veu la contrarieté
qui eft entre nos fentimens, cela ne vous doit point détourner de me les faire voir; Car ie vous protefte que cela ne
fera aucun effet en mon efprit, qui eft fi éloigné de vanité,
que Monfieur Defcartes ne fçauroit m'eftimer fi peu, que ie
ne m'eftime encore moins; ce n'eft pas que la complaifance
me puiffe obliger de me dédire d'vne verité que i'auray connuë, mais ie vous fais par là connoiftre mon humeur. Obligez-moy, s'il vous plaift, de ne differer plus à m'enuoyer
fes Efcrits, aufquels par auance ie vous promets de ne faire
point de replique. I'ay fort veu ces iours paffez Monfieur
d'Efpagnet, auec qui ie vis de longue-main comme vn amy
intime; S'il va à Paris, comme il efpere, il vous dira qu'il eft
de mon aduis en tous les petits difcours que i'ay faits, fans
en exclure la Dioptrique. I'attens de vos nouuelles, & fuis
&c.

     A Toulouze ce 10. Avril 1638.

     Quand vous voudrez que ma petite guerre contre Mon-
fieur Defcartes ceffe, ie n'en feray pas marry; & fi vous me
procurez l'honneur de fa connoiffance, ie ne vous en feray
pas peu obligé.

LETTRE DE MONSIEVR DE FERMAT,
au R. Pere Mersenne, qui contient quelques
objections contre la Dioptrique
de Monsieur Descartes.

LETTRE XXXVII.

MON REVEREND PERE,

Vous me demandez mon iugement sur le traitté de
Dioptrique de Monsieur Descartes; Il est vray que le peu
de temps que Monsieur de Beaugrand m'a donné pour le
parcourir, semble me dispenser de l'obligation de vous satisfaire exactement & par le menu; outre que la matiere
estant de soy tres-subtile & tres-épineuse, ie n'ose pas esperer que des pensées informes, & non encore bien digerées,
puissent vous donner vne grande satisfaction. Mais d'ailleurs
quand ie considere que la recherche de la verité est toûjours
loüable, & que nous trouuons souuent à tastons, & parmy
les tenebres, ce que nous cherchons, i'ay crû que vous ne
trouueriez pas mauuais que ie taschasse à vous debrouiller
vne mienne imagination sur ce sujet, laquelle estant encore
obscure & embarassée, i'éclairciray peut-estre dauantage
vne autre fois, si mes fondemens sont approuuez, ou si ie ne
change pas moy-mesme d'aduis.

La connoissance des Refractions a tousiours esté recher-
chée, mais inutilement, Alhasen & Vitellion y ont trauaillé
sans auancer beaucoup; Et ceux qui sont venus depuis ont
tres-bien remarqué, que tout se reduisoit à establir vne
certaine proportion, par le moyen de laquelle vne refraction estant connuë, on pust aisément trouuer toutes les
autres; De sorte que tous les fondemens de la Dioptrique

Tome III, Y

doiuent confister en ce point, c'eft à dire, en la conuenance
& au rapport qu'vne refraction connuë a à toutes les autres.

Cela fuppofé, il a efté neceffaire que ceux qui ont voulu
eftablir les principes de la Dioptrique ayent cherché cette
conuenance & ce rapport.

Maurolic Abbé de Meffine, en fon traitté pofthume *De
lumine & vmbrâ*, a foûtenu que les angles qu'il appelle d'incidence, font proportionnaux à ceux qu'il nomme de refraction. Si cette propofition eftoit vraye, elle fuffiroit pour
nous marquer les vrayes figures que doiuent auoir les corps
Diaphanes qui produifent tant de merueilles. Mais pource qu'elle n'a pas efté bien demonftrée par Maurolic, &
que l'experience mefme femble la conuaincre de faux, il en
eft refté affez à Monfieur Defcartes pour exercer fon efprit,
& pour nous découurir de nouuelles lumieres dans ces
corps, qui pour en eftre feuls capables, n'ont pas laiffé de
produire iufques à prefent de grandes obfcuritez.

Son traitté de la Dioptrique eft diuifé en plufieurs difcours, defquels les principaux font ce me femble les deux
premiers, qui parlent de la Lumiere, & de la Refraction,
pource qu'ils contiennent les fondemens de la Science,
dont on voit en fuite les belles conclufions & confequences
qu'il en tire.

Voicy à peu prés fon raifonnement. La Lumiere n'eft
autre chofe que l'inclination que les corps lumineux ont à
fe mouuoir. Or cette inclination au mouuement doit proba-
blement fuiure les mefmes loix que le mouuement mefme,
Et partant nous pouuons régler les effets de la Lumiere, par
la connoiffance que nous pouuons auoir de ceux du mouuement.

Il confidere en fuitte le mouuement d'vne balle dans la
Reflexion, & dans la Refraction, Et pource qu'il feroit
inutile & ennuyeux de copier icy tout fon difcours, ie me
contenteray de vous marquer fimplement les obferuations
que j'y ay faites.

Ie doute premierement, & auec raifon ce me femble, fi

l'inclination au mouuement doit fuiure les loix du mouuement mefme, puis qu'il y a autant de difference de l'vn à
l'autre, que de la puiffance à l'acte. Outre qu'en ce fujet, il
femble qu'il y a vne particuliere difconuenance, en ce que le
mouuement d'vne balle eft plus ou moins violent, à mefure
qu'elle eft pouffée par des forces differentes ; Là où la Lumiere penetre en vn inftant les corps Diaphanes, & femble
n'auoir rien de fucceffif. Mais la Geometrie ne fe méle point
d'approfondir dauantage les matieres de la Phyfique.

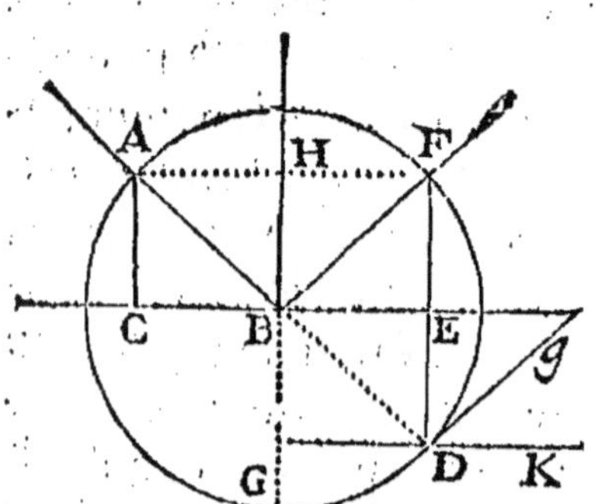

En la figure par laquelle il
explique la raifon de la reflexion, page 15. de la Dioptrique, il dit que la determination à fe mouuoir vers quelque
cofté, peut auffi bien que le
mouuement, & generalement
que toute autre quantité, eftre
diuifée en toutes les parties
defquelles on peut imaginer
qu'elle eft compofée, & qu'on peut aifément imaginer que
celle de la balle qui fe meut d'A vers B, eft compofée de
deux autres, dont l'vne la fait defcendre de la ligne A F
vers la ligne C E, & l'autre en mefme temps la fait aller de
la gauche A C, vers la droite F E, en forte que ces deux
jointes enfemble la conduifent iufques à B, fuiuant la ligne
droite A B.

Cela fuppofé, il en tire la confequence de l'égalité des
angles d'incidence & de reflexion, qui eft le fondement de
la Catoptrique.

Pour moy ie ne fçaurois admettre fon raifonnement pour
vne preuue & demonftration legitime ; Car par exemple en
la figure cy jointe, en laquelle A F n'eft plus parallele à C B,
& où l'angle C A F eft obtus. Pourquoy ne pouuons nous
pas imaginer que la determination de la balle qui fe meut
d'A vers B, eft compofée de deux autres, dont l'vne la fait
defcendre de la ligne A F vers la ligne C E, & l'autre la fait

auancer vers A F. Car il eſt vray de dire qu'à meſure que la balle deſcend dans la ligne A B, elle s'auance vers A F, & que cét auancement doit eſtre meſuré par les perpendiculaires tirées des diuers points qui peuuent eſtre pris entre A & B ſur la ligne A F. Et cecy pourtant ſe doit entendre lors qu'A F fait vn angle aigu auec A B, autrement s'il eſtoit droit ou ob-

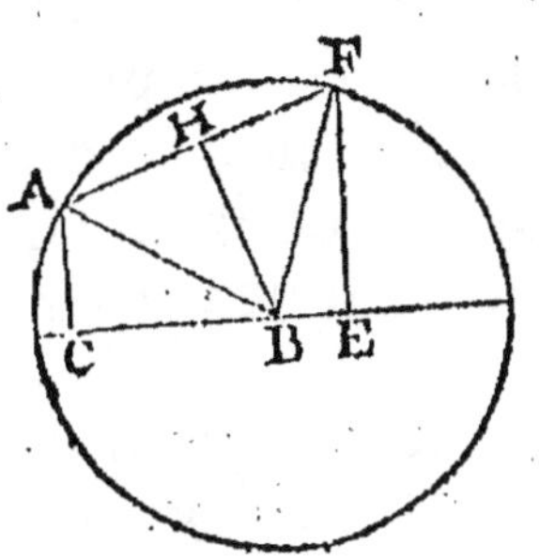

tus, la balle n'auanceroit pas vers A F, comme il eſt aiſé de comprendre. Cela ſuppoſé, par le meſme raiſonnement de l'autheur, nous conclurons que le corps poly C E n'empeſche que le premier mouuement, ne luy eſtant oppoſé qu'en ce ſens-là; De ſorte que ne donnant point d'empeſchement au ſecond, la perpendiculaire B H eſtant tirée, & H F faite égale à H A, il s'enſuit que la balle doit reflechir au point F; & ainſi l'angle F B E ſera plus grand qu'A B C. Il eſt donc euident que de toutes les diuiſions de la determination au mouuement, qui ſont infinies, l'autheur n'a pris que celle qui luy peut ſeruir pour ſa concluſion; Et partant il a accommodé ſon *Medium* à ſa concluſion; & nous en ſçauons auſſi peu qu'auparauant. Et certes il ſemble qu'vne diuiſion imaginaire, qu'on peut diuerſifier en vne infinité de façons, ne peut iamais eſtre la cauſe d'vn effet réel.

Nous pouuons par vn meſme raiſonnement refuter la preuue de ſes fondemens de Dioptrique, puis qu'ils ſont eſtablis ſur vn pareil diſcours.

Voila mon ſentiment ſur ces nouuelles propoſitions, dont les conſequences qu'il en tire, lors qu'il traitte de la figure que doiuent auoir les lunettes, ſont ſi belles, que ie ſouhaitterois que les fondemens ſur leſquels elles ſont eſtablies fuſſent mieux prouuez qu'ils ne ſont pas. Mais i'apprehende que la verité leur manque, auſſi bien que la preuue.

I'auois fait deſſein de vous diſcourir en ſuitte de mes pen-

fées fur ce fujet ; Mais outre que ie ne puis encore me fatisfaire moy-mefme exactement, i'attendray toutes les experiences que vous auez faites, ou que vous ferez à ma priere,
fur les diuerfes proportions des angles d'inclination & ceux
de refraction ; Vous m'obligerez beaucoup de m'en faire
part au pluftoft, & ie vous promets en reuanche de vous dire
de nouuelles chofes fur cette matiere.

Tout ce que ie viens de vous dire n'empefche pas que ie
n'eftime beaucoup l'efprit & l'inuention de l'Autheur, mais
il faut de commune main chercher la verité, que ie croy
nous eftre encore cachée fur ce fujet.

Vous m'auez encore enuoyé deux difcours, l'vn contre
Monfieur de Beaugrand, & l'autre de Monfieur Defargues.
I'auois veu defia le fecond, qui eft agreable & fait de bon
Efprit. Pour le premier il ne peut pas eftre mauuais, fi nous
en retranchons les paroles d'aigreur ; Car la caufe de Monfieur de Beaugrand eft tout à fait deplorée. Ie luy écriuis les
mefmes raifons de voftre imprimé à luy-mefme, dés qu'il
m'euft enuoyé fon Liure.

I'attens la faueur que vous me faites efperer de voir par
voftre moyen les autres Liures de Monfieur Defcartes, & le
Liure de Galilée *De motu.* Ie fuis,

MON R. P.

Voftre tres-humble feruiteur, FERMAT.

AV R. PERE MERSENNE.

LETTRE XXXVIII.

MON REVEREND PERE,

I'ay efté bien-aife de voir la Lettre de Monfieur de Fermat, & ie vous en remercie ; Mais le defaut qu'il trouue en

Y iij

ma demonſtration n'eſt qu'imaginaire,& monſtre aſſez qu'il n'a regardé mon traitté que de trauers ; Ie répons à ſon ob-jection dans vn papier ſeparé , afin que vous luy puiſſiez en-uoyer ſi bon vous ſemble , & ſi vous auez enuie par charité de le déliurer de la peine qu'il prend de réver encore ſur cette matiere. Il faut que la demonſtration pretenduë de la Geoſtatique ſoit bien defectueuſe, veu que meſme Monſieur de Fermat qui eſt tant amy de l'autheur, la deſaprouue, & que moy qui ne l'ay point veuë, ay iugé qu'elle eſtoit mal refutée , pour cela ſeul que ie n'ay pû m'imaginer qu'elle fuſt ſi peu de choſe , que ce que ie voyois eſtre refuté. Ie vous prie de continuer touſiours à me mander tout ce qui ſe dira ou s'écrira contre moy, & meſme de conuier ceux que vous y verrez eſtre diſpoſez à m'enuoyer des objections, leur promettant que ie leur en renuoyeray la réponſe ; comme en effet ie n'y manqueray pas, ny auſſi de les faire toutes im-primer , ſi-toſt qu'il y en aura aſſez pour faire vn Volume, I'en ay receu ces iours paſſez quelques-vnes de M. Fromon-dus de Louuain , auquel i'auois enuoyé vn Liure , à cauſe qu'il a écrit des Meteores , ie luy ay répondu dés le lende-main que ie les ay receuës ; Et en effet ie me réjouïs , lors que ie voy que les plus fortes objections qu'on me faſſe , ne valent pas les plus foibles de celles que ie me ſuis fait à moy-meſme, auparauant que d'eſtablir les choſes que l'ay écrites. Ie ſuis,

MON R. PERE,

Voſtre tres-humble & fidel ſeruiteur,
DESCARTES.

AV REVEREND PERE MERSENNE,
Réponse aux objections de M. de Fermat.

LETTRE XXXIX.

MON REVEREND PERE,

Vous me mandez qu'vn de vos amis, qui a veu la Dioptrique, y trouue quelque chose à objecter, Et premierement
qu'il doute, *Si l'inclination au mouuement doit suiure les mesmes loix que le mouuement, puisqu'il y a autant de difference de
l'vn à l'autre, que de la puissance à l'acte.* Mais ie me persuade
qu'il a formé ce doute, sur ce qu'il s'est imaginé, que i'en
doutois moy-mesme, & qu'à cause que i'ay mis ces mots en
la page 8. ligne 24. *Car il est bien-aisé à croire que l'inclination
à se mouuoir doit suiure en cecy les mesmes loix que le mouuement,*
Il a pensé que disant qu'vne chose est aisée à croire, ie voulois dire qu'elle n'est que probable. En quoy il s'est fort
éloigné de mon sentiment. Car ie repute presque pour faux,
tout ce qui n'est que vray semblable, & quand ie dis qu'vne
chose est aisée à croire, ie ne veux pas dire qu'elle est probable seulement, mais qu'elle est si claire & si euidente, qu'il
n'est pas besoin que ie m'arreste à la demonstrer. Comme
en effet on ne peut douter auec raison, que les loix que suit
le mouuement, qui est l'acte, comme il dit luy-mesme, ne
s'obseruent aussi par l'inclination à se mouuoir, qui est la
puissance de cét acte : Car bien qu'il ne soit pas tousiours
vray, que ce qui a esté en la puissance soit en l'acte, il est
neantmoins du tout impossible, qu'il y ait quelque chose en
l'acte, qui n'ait pas esté en la puissance.

Pour ce qu'il dit en suitte, *Qu'il semble y auoir icy vne particuliere disconuenance ; en ce que le mouuement d'vne balle est
plus ou moins violent, à mesure qu'elle est poussée par des forces*

differentes , là où la lumiere penetre en vn instant les corps Dia-
phanes , & semble n'auoir rien de successif.

Ie ne comprens point son raisonnement ; Car il ne peut
mettre cette disconuenance, en ce que le mouuement d'vne
balle peut estre plus ou moins violent, veu que l'action que
ie prens pour la lumiere peut aussi estre plus ou moins forte,
ny non plus, en ce que l'vn est successif & l'autre non ; Car
ie pense auoir assez fait entendre par la comparaison du bâton d'vn aueugle, & par celle du vin qui descend dans vne
cuue, que bien que l'inclination à se mouuoir se communique d'vn lieu à l'autre en vn instant, elle ne laisse pas de suiure le mesme chemin par où le mouuement successif se doit
faire, qui est tout ce dont il est icy question:

Il adjoûte apres cela vn discours, qui me semble n'estre
rien moins qu'vne demonstration. Ie ne veux pas icy repeter

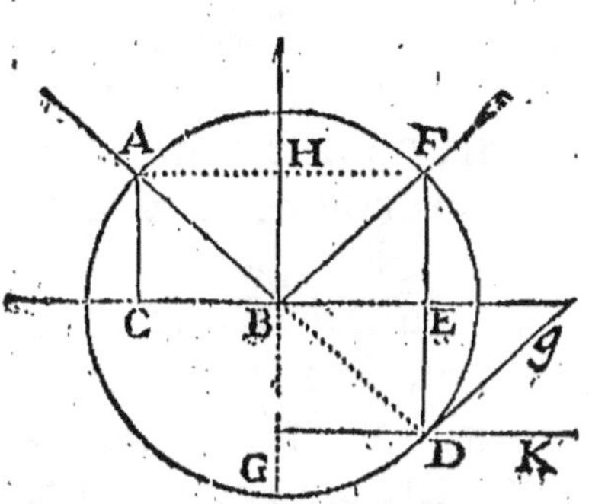

ses mots, pource que ie ne doute point que vous n'en ayez
gardé l'Original. Mais ie diray
seulement que de ce que i'ay
écrit que la determination à
se mouuoir peut estre diuisée
(i'entens diuisée réellement,
& non point par imagination)
en toutes les parties, dont on
peut imaginer qu'elle est com-
posée, il n'a eu aucune raison de conclure quela diuision de
cette determination, qui est faite par la superficie C B E,
qui est vne superficie réelle, à sçauoir, celle du corps poly C
B E, ne soit qu'imaginaire. Et il a fait vn Paralogisme tres-
manifeste, en ce que supposant la ligne A F, n'estre pas parallele à la superficie C B E, il a voulu qu'on pust nonobstant cela
imaginer que cette ligne designoit le costé auquel cette superficie n'est point du tout opposée ; sans considerer que
comme il n'y a que les seules perpendiculaires, non sur cette
A F tirée de trauers par son imagination, mais sur C B E, qui
marquent en quel sens cette surperficie C B E est opposée

au

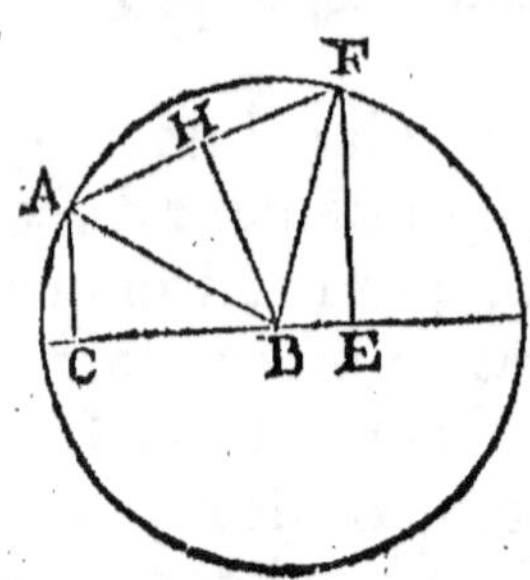

au mouuement de la balle ; aussi n'y a-
t'il que les paralleles à cette mesme C
B E, qui marquent le sens, auquel elle
ne luy est point du tout opposée. Mais
afin qu'on voye mieux la difference
quiest entre nos deux raisonnemens,
ie les veux appliquer à vne autre matiere. I'argumente en cette sorte.

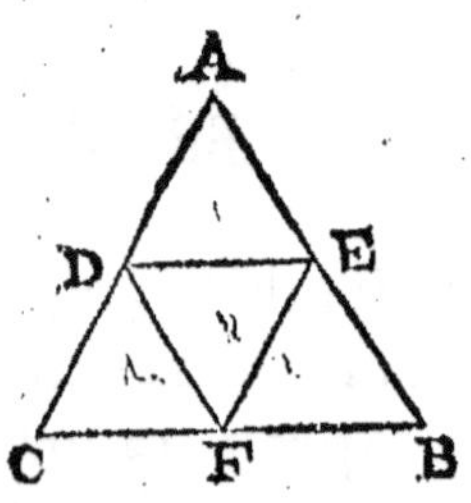

Premierement, le triangle A B C
peut estre diuisé en toutes les parties
dont on peut imaginer qu'il est composé. Secondement, or on peut aisément imaginer qu'il a esté composé
des quatre triangles égaux A D E,
F E D, E F B, D C F. Troisiéme-
ment, & en suitte il est aisé à entendre
que les trois lignes D E, E F & F D marquent les endroits
où ces quatre triangles doiuent se joindre pour le composer:
Donc, si on tire ces trois lignes, il sera réellement & veritablement diuisé par elles en quatre triangles égaux.

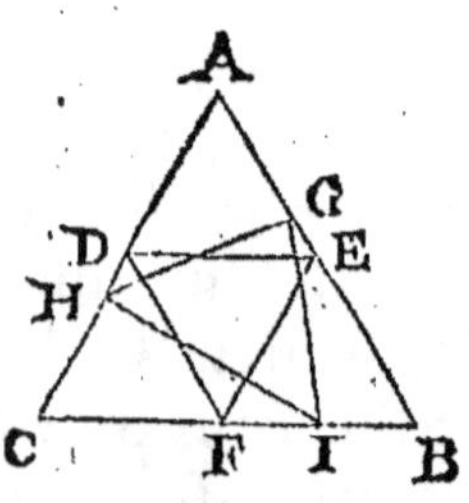

Voicy maintenant la façon dont
il argumente, ou du moins dont il
veut que i'aye argumenté. Le triangle A B C peut estre diuisé en toutes
les parties, dont on peut imaginer
qu'il est côposé; or on peut imaginer
qu'il est composé des quatre triangles inégaux A H G, I G H, H C I
I B G. Donc, si on tire les trois lignes
D E, E F & F D, elles diuiseront ce triangle en quatre autres
qui seront inégaux. Ie m'assure que quiconque voudra entendre raison, ne dira point que ces deux argumens soient
semblables. Mais de quelque qualité que soient les objections qu'on voudra faire contre mes Escrits, vous m'obligerez, s'il vous plaist, de me les enuoyer toutes, & ie ne
manqueray pas d'y répondre ; au moins si elles ou leurs

Tome III.   Z

autheurs en valent tant soit peu la peine, & s'ils trouuent
bon que ie les fasse imprimer, lors que i'en auray ramassé
pour remplir vn iuste volume ; car ie n'aurois iamais fait, si
i'entreprenois de satisfaire en particulier à vn chacū. Ie suis,

LETTRE DE MONSIEVR DE FERMAT
au R. Pere Mersenne, au sujet de la Dioptrique
de Monsieur Descartes, en replique
à ses Réponses.

LETTRE XL.

MON REVEREND PERE,

Art. 1.

I'ay veu dans la Lettre de Monsieur Descartes, que vous
auez pris la peine de m'enuoyer, des réponses succintes qu'il
fait aux objections que i'auois formées contre sa Dioptrique, ausquelles i'eusse plustost répondu, si mes occupations
necessaires ne m'eussent empesché de le faire, dequoy Monsieur de Carcaui me sera garand. Ie vous proteste d'abord
que ce n'est point par enuie ny par emulation que ie continuë cette petite dispute, mais seulement pour découurir la
verité ; dequoy i'estime que Monsieur Descartes ne me
sçaura pas mauuais gré ; dautant plus que ie connois son
merite tres-eminent, & que ie vous en fais icy vne declaration tres-expresse. I'adjoûteray, auparauant que d'entrer en
matiere, que ie ne desire pas que mon Escrit soit exposé à
vn plus grand iour que celuy que peut souffrir vn entretien
familier, dequoy ie me confie à vous.

2.

Ie tranche en quatre mots nostre dispute sur la reflexion,
laquelle pourtant ie pourrois faire durer dauantage, &
prouuer que l'Autheur a accommodé son *Medium* à sa conclusion, de la verité de laquelle il estoit auparauant certain ;

Car quand ie luy nierois que sa diuision des determinations
au mouuement n'est pas celle qu'il faut prendre , puisque
nous en auons d'infinies , ie le reduirois à la preuue d'vne
proposition qui luy seroit tres-malaisée ; Mais puisque nous
ne doutons pasque les reflexions ne se fassent à angles égaux,
il est superflu de disputer de la preuue, puisque nous connoissons la verité ; & i'estime que ie feray mieux, de venir sans
marchander à la refraction , qui sert de but à la Dioptrique.

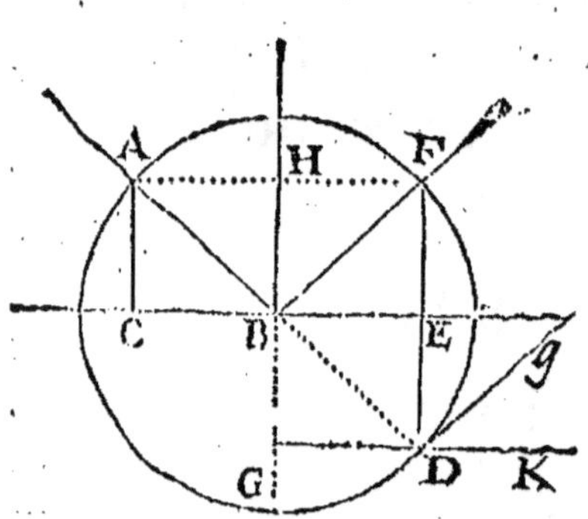

Ie reconnois auec Monsieur
Descartes que la force ou puissance mouuante est differente
de la determination , & par
consequent que la determination peut changer sans que la
force change, & au contraire.
L'exemple du premier cas se
voit en la figure de la page 15.
de la Dioptrique , où la balle
poussée du point A au point B , se détourne au point F , De
sorte que la determination à se mouuoir dans la ligne A B
change , sans que la force de son mouuement soit diminuée

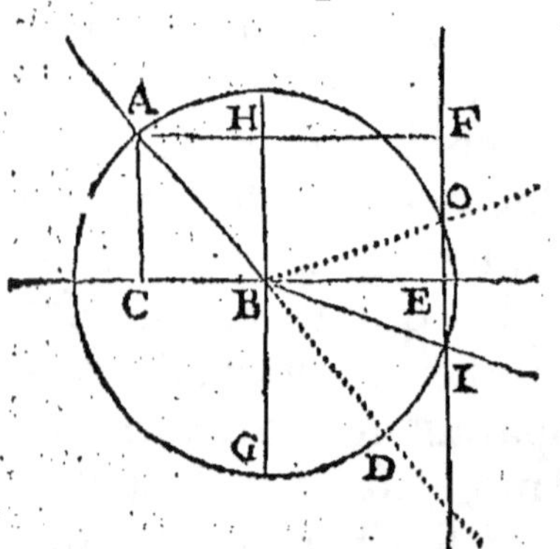

ou changée. Nous pouuons
nous seruir de la figure de la page 17. pour le second cas ; Car si
nous imaginons que la balle soit
poussée du point H iusques au
point B, puis qu'elle tombe perpendiculairement sur la toile C
B E, il est euident qu'elle la tra-
uersera dans la ligne B G , &
ainsi sa force mouuante s'affoi-
blira, & son mouuement sera retardé , sans que la determination change , puis qu'elle continuë son mouuement dans
la mesme ligne H B G.

Ie viens maintenant à la demonstration de la refraction sur
la mesme figure de la page 17. Consiz̧derons (dit l'Autheur)

que des deux parties dont on peut imaginer que cette determi-
nation est composée, il n'y a que celle qui faisoit tendre la balle
de haut en bas, qui puisse estre changée en quelque façon par la
rencontre de la toile ; & que pour celle qui la faisoit tendre vers
la main droite, elle doit tousiours demeurer la mesme qu'elle a esté,
à cause que cette toile ne luy est aucunement opposée en ce sens-là.

5.   Ie remarque d'abord, que l'Autheur ne s'est pas souuenu de la difference qu'il auoit establie, entre la determination & la force mouuante, ou la vitesse du mouuement. Car il est

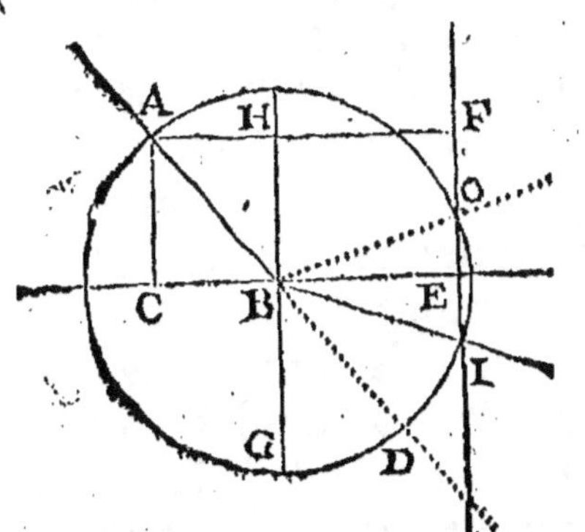

bien vray que la toile C B E affoiblit le mouuement de la balle, mais elle n'empesche pas qu'elle ne continuë sa determination de haut en bas ; & quoy que ce soit plus lentement qu'auparauant, on ne peut pas dire, que parce que le mouuement de la balle est affoibly, sa determination qui la fait aller de haut en bas soit changée ; Au contraire sa determination à se mouuoir dans la ligne B I, est aussi bien composée, au sens de l'Autheur, de celle qui la fait aller de haut en bas, & de celle qui la fait aller de la gauche à la droite, comme la premiere determination à se mouuoir dans la ligne A B.

6.   Mais donnons que la determination vers B G, ou de haut en bas, pour parler comme l'Autheur, soit changée, nous en pouuons conclure que la determination vers B E, ou de gauche à droite, est aussi changée : Car si la determination vers B G est changée, c'est pource qu'en comparaison du premier mouuement, la balle qui maintenant se détourne, & prend le chemin de B I, auance moins à proportion vers B G, que vers B E, qu'elle ne faisoit auparauant ; Mais nous pouuons aussi dire qu'elle auance à proportion dauantage vers B E que vers B G qu'elle ne faisoit auparauant ; Et si le premier nous fait comprendre que la determination vers B G est changée, le second nous peut bien faire conceuoir

 que la determination vers B E est aussi changée, puisque ce
changement est aussi bien causé par l'augmentation que par
la diminution.

Mais donnons encore que la determination de haut en
bas soit changée, & non pas celle de gauche à droite, & examinons la conclusion de l'Autheur, duquel voicy les mots:
*Puisque la balle ne perd rien du tout de la determination qu'elle
auoit à s'auancer vers le costé droit, en deux fois autant de temps
qu'elle en a mis à passer depuis la ligne A C iusques à H B, elle
doit faire deux fois autant de chemin vers ce mesme costé.*

Voyez comme il retombe dans sa premiere faute, ne di-
stinguant pas la determination de la force du mouuement.
Et pour mieux vous le faire comprendre, appliquons son
raisonnement à vn autre cas. Supposons en la mesme figure
que la balle soit poussée du point H au point B, il est certain
qu'elle continuëra son mouuement dans la ligne B G, &
que sa determination ne changera point, mais aussi son mouuement est plus lent dans la ligne B G, qu'il n'estoit auparauant. Et neantmoins si le raisonnement de l'Autheur estoit
vray, nous pourrions dire, puisque la balle ne perd rien du
tout de la determination qu'elle auoit à s'auancer vers H B
G (car c'est toute la mesme) doncques en autant de temps
qu'auparauant, elle fera autant de chemin. Vous voyez que
cette conclusion est absurde, & que pour rendre l'argument
bon, il faudroit que la balle ne perdist rien de sa determination ny de sa force, & partant voila vn Paralogisme tres-
manifeste.

Mais pour détruire plainement sa proposition, il faut
examiner deux sortes de mouuemens composez qui se font
sur deux lignes droites. Considerons par exemple les deux
lignes D A & A O, qui comprennent l'angle D A O, de
quelque grandeur que vous voudrez; & imaginons vn graue
au point A qui descende dans la ligne A C D, en mesme
temps que cette ligne s'auance vers A N, à telle condition
qu'elle fasse tousiours vn mesme angle auec A O, & que le
point A de la mesme ligne A C D, soit tousiours dans la

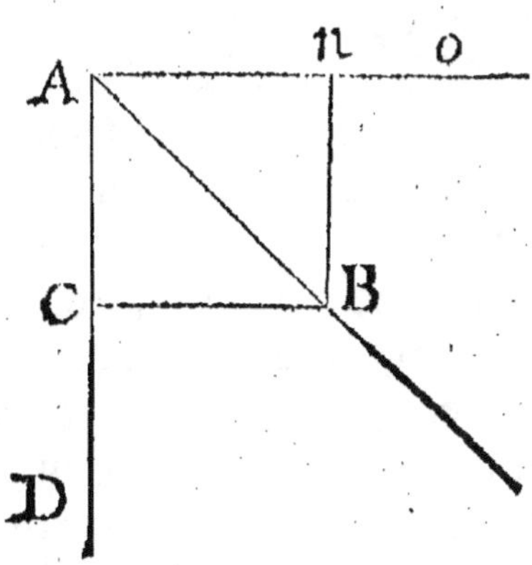

ligne A N ; Si les deux mouuemens de la ligne A C D vers
A O, & du mesme graue dans
la ligne A C D sont vniformes,
comme nous les pouuons supposer, il est certain que ce mouuement composé conduira toûjours le graue dans vne ligne
droite comme A B ; Dans laquelle si vous prenez vn point,
comme B, duquel vous tiriez les
lignes B N & B C, paralleles aux lignes D A & A O, lors que
le graue sera au point B, en vn temps égal (s'il n'y eust eu que
le mouuement sur A C D) il eust esté au point C, & s'il n'y
eust eu que l'autre mouuement tout seul, il eust esté au point
N ; Et la proportion de la force qui le conduit sur A D à la
force qui le conduit vers A O, sera comme A C à A N, ou
comme B N à B C. C'est de cette sorte de mouuemens
composez que se seruent Archimede & les autres anciens en
la composition de leurs Helices ; desquelles la principale
proprieté est que les deux forces mouuantes ne s'empeschent point mutuellement, ains demeurent tousiours les
mesmes. Mais parce que ce mouuement composé ne vient
pas si bien dans l'vsage, il le faut considerer d'vne autre façon, & en faire vne speculation particuliere.

10.   Supposons en la mesme figure vn graue au point A, lequel
en mesme temps est poussé par deux forces, dont l'vne le
pousse vers A O, & l'autre vers A D, si bien que la ligne de
direction du premier mouuement est A O, & celle du second
est A D. S'il n'y auoit que la premiere force toute seule le
graue se trouueroit tousiours sur A O, & sur A D s'il n'y
auoit que la seconde. Mais puisque ces deux forces s'empeschent & se resistent mutuellement ; Supposons (& il faut se
souuenir que nous supposons aussi tous ces mouuemens vniformes, car autrement le mouuement composé ne se feroit
pas sur des lignes droites) que dans vne minute d'heure

par exemple, la seconde force fait que le graue s'éloigne de
sa direction A O, selon la longueur N B, qu'il faut d'écrire
parallele à A D : Car le graue qui est emporté sur A D par la
seconde force, se trouuant empesché par la premiere, le
portera tousiours & s'auancera d'Avers D, par des paralleles
à A D. Supposons aussi que dans la mesme minute d'heure,
la premiere force fait que le graue s'éloigne de sa direction
A D, selon la longueur C B, parallele, par la precedente
raison, à la ligne A O. Il est certain que dans vne minute
d'heure le graue se trouuera au point B, qui est le concours
des deux lignes B N & B C; Le mouuement composé se fera
donc sur la ligne A B, & nous pourrons dire que le graue
parcourra la ligne A B dans vne minute.

Supposons maintenant que l'angle D A O soit changé,
& soit par exemple plus grand; En la figure suiuante, les
mesmes choses estant posées comme auparauant, ie dis que
dans vne minute d'heure le graue s'éloignera de sa direction
A O, selon la ligne B N, égale à celle que nous auons appellée de mesme nom en la precedente figure; Car puisque
les forces sont les mesmes, la seconde diminuëra également

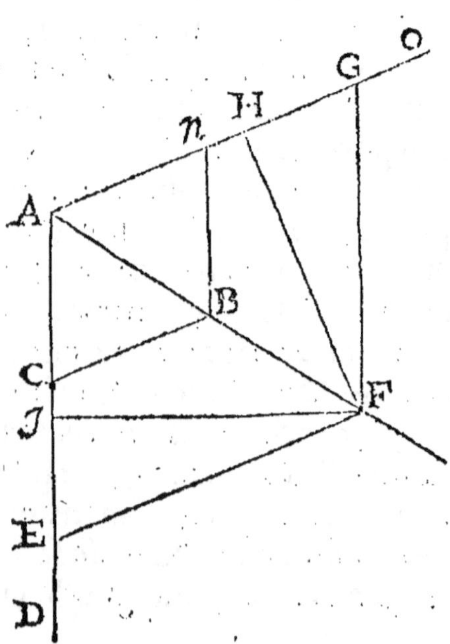

la determination de la
premiere, & fera en
temps égal éloigner le
graue de sa direction
autant comme aupara-
uant, pource que c'est
tousiours la mesme re-
sistance; nous conclu-
rons la mesme chose de
la ligne B C. Le mouue-
ment composé se fera
donc icy sur la ligne A
B, & la ligne A B sera
parcouruë comme de-
uant en vne minute
d'heure; Mais pource
que dans les deux trian-

gles A N B de la premiere & seconde figure, les costez A N
& N B de la premiere figure, sont égaux à ceux de la seconde, & que les angles A N B qu'ils comprennent sont inégaux, il s'enfuit que les bases A B seront inégales (& par
consequent le mouuement composé sera moins viste en la
seconde qu'en la premiere) & qu'il y aura telle proportion
de la vitesse du mouuement composé en la premiere figure,
à la vitesse du mouuement composé en la seconde, que de
la longueur de la ligne A B en la premiere, à la longueur de
la ligne A B en la seconde,

12,

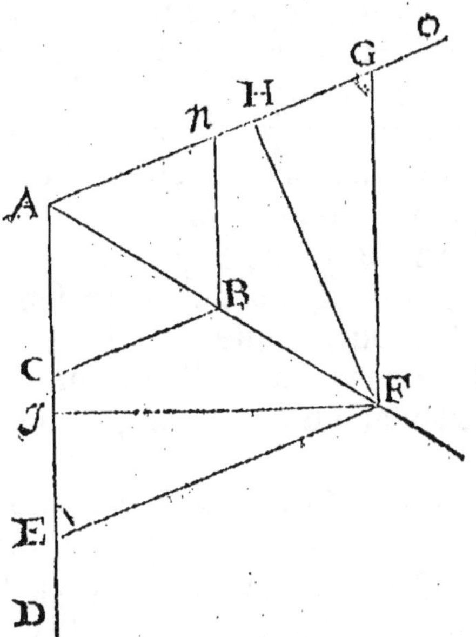

Ie prens maintenant
vn point à discretion
dans la ligne A B, com-
me F, duquel ie tire les
lignes F E, F G paral-
leles à A O, & à A D.
F E est à C B, comme
F A est à A B, c'est à
dire comme F G à B N,
comme la construction
nous marque; donc F E
est à F G comme C B
est à B N. Or en la pre-
cedente figure les lignes
B N & B C sont égales
chacune à la sienne, aux
lignes B N & B C de

cette seconde figure, (& nous pouuons par vn mesme raisonnement prendre vn point à discretion dans la ligne
A B de la premiere figure, pour en tirer vne conclusion
pareille à la precedente) doneques quelque point que vous
preniez dans la ligne A B, soit de la premiere, soit de la
seconde figure, les paralleles seront entr'elles comme B C
est à B N, c'est à dire tousiours en mesme proportion.
Maintenant du point F, tirons les perpendiculaires F H,
F I, sur les lignes A O & A D. Au Parallelogramme G A
E F,

E F, les angles A G F, A E F feront égaux entr'eux comme
eftant oppofez ; Donc les triangles G F H & E F I font
equiangles ; Et par confequent comme E F eft à F G, ainfi
F I eft à F H : Or F I eft à F H comme le finus de l'angle
D A F eft au finus de l'angle O A F, Et par confequent,
faifant fi vous voulez vne mefme conftruction en la precedente figure, vous conclurez, pour éuiter prolixité, que le
finus de l'angle D A B eft au finus de l'angle O A B en la
premiere figure, comme le finus de l'angle D A F eft au
finus de l'angle O A F en la feconde figure.

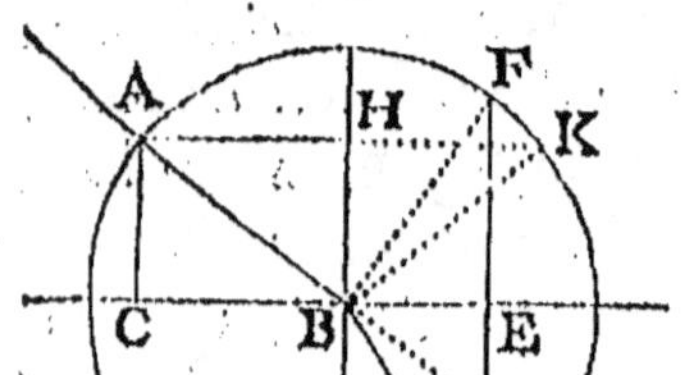

Cela ainfi fuppofé & demonftré, 13.
confiderons la figure de la page
20. de la Dioptrique, en laquelle
l'Autheur fuppofe que la balle
ayant efté premierement pouffée
d'A vers B, eft pouffée derechef
eftant au point B par la raquette
C B E, qui fans doute au fens de
l'Autheur pouffe vers B G, De
forte que de ces deux mouuemens, dont l'vn pouffe vers
B D & l'autre vers B G, il s'en fait vn troifiéme qui conduit
la balle dans la ligne B I.

Imaginons en fuitte vne feconde force pareille à celle-là, 14.
en laquelle la force de la balle & celle de la raquette foient
les mefmes, & que l'angle D B G foit feulement plus grand
en cette feconde figure, Il eft certain par les demonftrations
que nous venons de faire, qu'il y aura telle proportion du
finus de l'angle G B I au finus de l'angle I B D, en la figure
de l'autheur, que du finus de l'angle G B I, au finus de l'angle I B D, en la feconde figure que nous imaginons eftre
d'écrite, & que nous obmettons pour éuiter la longueur;
Là où, fi les propofitions de l'autheur eftoient vrayes, il y
auroit telle proportion du finus de l'angle G B D au finus
de l'angle G B I en la figure de l'Autheur, que du finus de
l'angle G B D au finus de l'angle G B I en cette feconde
figure que nous auons imaginée, Or puifque cette propor-

tion est differente de l'autre, il s'ensuit que celle-cy ne peut pas subsister.

15. D'ailleurs la principale raison de la demonstration de l'autheur est fondée, sur ce qu'il croit que le mouuement composé sur B I est tousiours également viste, quoy que l'angle G B D, compris sous les lignes de direction des deux forces mouuantes, vienne à changer ; ce qui est faux, comme nous auons desia demonstré.

16. Ce n'est pas que ie veüille assurer qu'en l'application qu'il fait de la figure de la page 10. à la refraction, il faille garder ma proportion & non pas la sienne ; Car ie ne suis pas asuré, si ce mouuement composé doit seruir de regle à la refraction, sur laquelle ie vous diray vne autre fois plus au long mes sentimens.

17. I'attendray la Réponse à cette Lettre, puisque vous me la faites esperer, & seray tousiours, mon Reuerend Pere, vostre tres-humble seruiteur.

L'excuse que vous auez veü au commencement de ma Lettre, me seruira encore, sur ce que ie ne vous ay point écrit de ma main.

AV R. PERE MERSENNE.

LETTRE XLI.

MON REVEREND PERE,

Ie dois réponse à trois de vos Lettres, à sçauoir, du huitiéme Ianuier, du huitiéme & du douziéme Février, dont ie n'ay receu la derniere qu'auiourd'huy, & il n'y a pas plus de huit iours que i'ay receu la premiere, Ie répondray par ordre à tout ce qui y est qui a besoin de réponse, apres vous auoir tres-affectueusement remercié en general de la fidelité auec laquelle vous m'auertissez d'vne infinité de choses

qu'il m'importe de sçauoir , & vous auoir asseuré que tant
s'en faut que ie me fasche des médisances qu'on auance contre moy , qu'au contraire ie m'en réjoüis , estimant qu'elles
me sont dautant plus auantageuses , & pour cela mesme plus
agreables , qu'elles sont plus enormes & extrauagantes,
car elles me touchent dautant moins ; & ie sçay que les
mal-veillans n'auroient pas tant de soin d'en médire , s'il n'y
auoit aussi d'autres personnes qui en dissent du bien , outre
que la verité a besoin quelquefois de contradiction pour
estre mieux reconnuë. Mais il faut se mocquer de ceux qui
parlent sans raison ny fondement ; Et particulierement
pour le S. N. ie m'estonne de ce que vous daignez encore
parler à luy , apres le trait qu'il vous a joüé. Ie serois bien-
aise d'en apprendre encore vne fois l'histoire au vray , car
vous me l'auez mandée à diuerses reprises, & diuersement, en
sorte que ie ne sçay ce que i'en pourrois dire ou écrire assurément , en cas qu'il se presentast occasion de l'en remercier
selon son merite, Pour ses discours & ceux de ses semblables,
ie vous prie de les méprifer , & de leur témoigner que ie les
méprise entierement. Ie vous supplie aussi tres-expressement de ne receuoir aucun écrit, ny de luy, ny de personne,
pour me l'enuoyer, si ceux qui vous en presenteront n'écriuent au bas qu'ils consentent que ie le fasse imprimer auec
ma réponse, à quoy s'ils font de la difficulté, vous leur direz,
s'il vous plaist, qu'ils peuuent donc si bon leur semble addresser leur écrit à mon Libraire , comme i'ay mis au discours de ma Methode page 75. mais qu'apres auoir veu la
derniere Lettre de M. de Fermat, où il dit qu'il ne desire pas
qu'elle soit imprimée , ie vous ay prié tres-expressement de
ne m'en plus enuoyer de telle sorte. Ce n'est pas à dire pour
cela que si les P.P. Iesuites, ou ceux de l'Oratoire, ou autres
personnes qui fussent sans contredir honnestes gens, & non
passionnez, me vouloient proposer quelque chose , il fust
besoin d'vser d'vne telle precaution , car ie m'accommode-
ray entierement à leur volonté, mais non point à celle des
esprits malicieux, qui ne cherchent rien moins que la verité,

Pour celuy que vous dites qui m'accuſe de n'auoir pas nommé Galilée, il monſtre auoir enuie de reprendre, & n'en auoir pas de ſujet; Car Galilée meſme ne s'attribuë pas l'inuention des Lunettes, & ie n'ay dû parler que de l'inuenteur. Ie n'ay point dû non plus nommer ceux qui ont écrit auant moy de l'Optique; Car mon deſſein n'a pas eſté d'écrire vne hiſtoire, & ie me ſuis contenté de dire en general, qu'il y en auoit eu qui y auoient deſia trouué pluſieurs choſes, afin qu'on ne puſt s'imaginer que ie me vouluſſe attribuer les inuentions d'autruy; en quoy ie me ſuis fait beaucoup plus de tort, qu'à ceux que i'ay obmis de nommer: Car on peut penſer qu'ils ont beaucoup plus fait, que peut-eſtre on ne trouueroit en les liſant, ſi i'auois dit quels ils ſont. Voila pour voſtre premiere Lettre.

Ie viens à la ſeconde, où vous me mandez auoir differé d'enuoyer ma Réponſe *De Maximis & minimis* à Monſieur de Fermat, ſur ce que deux de ſes amis vous ont dit que ie m'eſtois mépris. En quoy i'admire voſtre bonté, & pardonnez-moy ſi i'adjoûte voſtre credulité, de vous eſtre ſi facilement laiſſé perſuader contre moy par les amis de ma partie, leſquels ne vous ont dit cela que pour gagner temps, & vous empeſcher de la laiſſer voir à d'autres, donnant cependant tout loiſir à leur amy pour penſer à me répondre. Car ne doutez point qu'ils ne luy en ayent mandé le contenu; & ſi vous l'auez laiſſée entre leurs mains, ie vous prie de voir s'ils n'en auroient point effacé ces mots, *E, iuſques a*, & mis en leur place, *B, pris en*, Car ils me citent ainſi en leur Eſcrit, pour corrompre le ſens de ce que i'ay dit, & trouuer là deſſus quelque choſe à dire; Mais s'ils auoient changé quelque choſe dans le mien (dequoy ie ne veux pas les accuſer) il ſeroient fauſſaires, & dignes d'infamie & de riſée. I'enuoye ma Réponſe à Monſieur Midorge, & ie l'ay enfermée auec la Lettre que ie luy écris, afin que ſi vous craignez qu'ils trouuaſſent mauuais, que vous luy euſſiez fait voir pluſtoſt qu'à eux, vous puiſſiez par ce moyen vous en excuſer. Mais ie vous prie en donnant le pacquet à Monſieur

Midorge de luy communiquer aussi 1. La premiere Lettre
que Monsieur de Fermat vous a écrite contre ma Dioptrique. 2. La Copie de son Escrit *De Maximis & minimis*. 3.
Ma Réponse à cét Escrit. 4. La Copie de la replique de
M. de Roberual. 5. Et celle de la replique de Monsieur
de Fermat contre ma Dioptrique ; Car ces cinq pieces luy
sont necessaires pour bien examiner ma cause ; Et ce seroit
me faire grande injustice de ne monstrer leurs objections
& mes réponses qu'aux amis de Monsieur de Fermat, afin
qu'ils fussent ensemble juges & parties. Au reste, ie vous
supplie & vous conjure de vouloir retenir des Copies de
tout, & de les faire voir à tous ceux qui en auront la curiosité ; comme entr'autres ie serois bien aise que Monsieur
Desargues les vist, s'il luy plaist d'en prendre la peine ; Mais
il ne faut point faire voir vn papier sans l'autre, & pour cela
ie voudrois qu'ils fussent tous écrits de suitte en vn mesme
Cayer. Gardez vous aussi de mettre les Originaux entre
les mains des amis de Monsieur de Fermat, sans en auoir des
Copies, de peur qu'ils ne vous les rendent plus ; Et vous luy
enuoyerez s'il vous plaist mes réponses, si-tost que vous les
aurez fait copier. Tout Conseillers, & Presidens, & grands
Geometres que soient ces Messieurs-là, leurs objections &
leurs deffenses ne sont pas soûtenables, & leurs fautes sont
aussi claires, qu'il est clair que deux & deux sont quatre. La
Copie de l'écrit *De locis planis & solidis*, que ie vous renuoye, grossira extremement ce pacquet, mais c'est à ceux
qui le redemandent à en payer le port. Vne autre fois ie vous
prie de retenir des Copies de tout ce que vous m'enuoyerez,
& desirerez rauoir ; Mais ie vous prie aussi de ne m'enuoyer
plus de tels Escrits ; car ie ne pers pas volontiers le temps à
les lire, & ie n'ay encore sceu ietter les yeux sur celuy-cy.
Pour mes raisons de l'existence de Dieu, i'espere qu'elles
seront à la fin autant ou plus estimées, qu'aucune autre
partie du Liure, Le Pere Vatier monstre en faire estat, &
me témoigne autant d'approbation par ses dernieres touchant tout ce que i'ay écrit, que i'en sçaurois desirer de

personne; de façon que ce qu'on vous auoit dit de luy n'est pas vray semblable. I'admire derechef que vous me mandiez que ma reputation est engagée dans ma Réponse à Monsieur de Fermat, en laquelle ie vous assure qu'il n'y a pas vn seul mot que ie voulusse estre changé, si ce n'est qu'on eust falsifié ceux dont ie vous ay auerty, ou d'autres, ce qui se connoistroit aux litures, car ie croy n'y en auoir fait aucune. I'admire aussi que vous parliez de marquer ce que vous trouuerez de faux contre l'experience en mon Liure, Car i'ose assurer qu'il n'y en a aucune de fausse, pource que ie les ay faites moy-mesme, & nommément celle que vous remarquez de l'eau *chaude* qui gele plustost que la *froide*, où i'ay dit non pas *chaude & froide*, mais que l'eau qu'on a tenuë long-temps sur le feu se gele plustost que l'autre; Car pour bien faire cette experience, il faut ayant fait boüillir l'eau, la laisser refroidir, iusqu'à ce qu'elle ait acquis le mesme dégré de froideur, que celle d'vne fontaine, en l'éprouuant auec vn verre de temperament, puis tirer de l'eau de cette fontaine, & mettre ces deux eaux en pareille quantité & dans pareils vazes. Mais il y a peu de gens qui soient capables de bien faire des experiences, & souuent en les faisant mal, on y trouue tout le contraire de ce qu'on y doit trouuer. Ie vous ay répondu cy-deuant touchant les couronnes de la chandelle, & vous aurez maintenant receu ma Lettre.

Ie viens à vostre derniere que ie n'ay receuë qu'auiourd'huy, & il est minuict, car depuis l'auoir receuë i'ay écrit à Monsieur Midorge, à Monsieur Hardy, & la Réponse à la derniere de Monsieur de Fermat. I'admire vostre credulité de vous estre laissé abuser par ses amis, pardonnez-moy si ie vous le dis, ie m'assure qu'ils s'en mocquent entre eux. Ie m'attens fort à Monsieur Bachet pour iuger de ma Geometrie. I'ay regret que Galilée ait perdu la veuë; encore que ie ne le nomme point, ie me persuade qu'il n'auroit pas méprisé ma Dioptrique. Ie n'ay aucune memoire d'auoir iamais veu le sieur Petit que vous me nommez; mais qui que ce soit laissez-le faire, & ne le découragez point d'écrire contre moy ; feulement ferois-ie bien-aife de fçauoir ce que vous me mandez qu'il auoit mis dans fon Efcrit , que vous n'auez pas voulu que ie viffe, car ce ne peut eftre rien de fi mauuais, que ie ne puiffe entendre fans m'émouuoir ; c'eft pourquoy ie vous prie de me le mander tout franchement. Vos Ana-lyftes n'entendent rien en ma Geometrie, & ie me mocque de tout ce qu'ils difent ; Les conftructions & les demonftra-tions de toutes les chofes les plus difficiles y font, mais i'ay obmis les plus faciles, afin que leurs femblables n'y puffent mordre. Il y en a icy qui l'entendent parfaitement, entre lefquels deux font profeffion d'enfeigner les Mathematiques aux gens de guerre. Pour les Profeffeurs de l'Ecole pas vn ne l'entend, ie dis ny Golius, ny encore moins Hortenfius, qui n'en fçait pas affez pour cela. Il n'eft pas befoin que vous demandiez aucunes queftions à vos Geometres pour m'en-uoyer ; Mais s'ils vous donnent des objections receuez-les aux conditions mifes cy-deffus ; & du refte témoignez-leur franchement, qu'apres auoir veu leurs Efcrits, ie leur ay rendu dans mon eftime toute la juftice qu'ils meritent. Ie vous prie de me mander particulierement quelle eft la con-dition , & quelles font les qualitez de Monfieur Defargues, car ie voy qu'il m'a defia obligé en plufieurs chofes, & i'au-ray peut-eftre cy-apres occafion de luy écrire. Mais ie ne fouhaitte nullement qu'on trauaille à l'inuention des Lunet-tes par le commandement de Monfieur le Cardinal , pour les raifons que ie vous ay defia écrites. Sçachez que i'ay demonftré les refractions Geometriquement, & *A priori* en ma Dioptrique,& ie m'eftonne que vous en doutiez encore; Mais vous eftes enuironné de gens qui parlent le plus qu'ils peuuent à mon defauantge. Ie fçay que ceux qui ne m'aiment pas vous vont voir exprés pour ce fujet, & pour apprendre de mes nouuelles ; C'eft pourquoy ie dois pluftoft m'efton-ner de ce que nonobftant toutes leurs menées , vous ne con-tinuez pas moins de m'aimer, & de tenir mon party, dequoy ie vous fuis tres-particulierement obligé. Ie m'affure que vos Geometres , qui examinent en leur Academie tout ce qui

paroiſt de nouueau, n'y examineront gueres ma Geometrie,
faute de la pouuoir entendre; mais cette faute viendra plû-
toſt d'eux que de mon Eſcrit; Car il y en a icy qui l'entendent, & qui la trouuent autant, ou meſme, quelques-vns,
plus claire que la Dioptrique & les Meteores. Pour les refractions, ſçachez qu'elles ne ſuiuent nullement la proportion de la peſanteur des liqueurs; Car l'huyle de Tereben-
tine, qui eſt plus legere que l'eau, l'a beaucoup plus grande,
& l'Eſprit ou l'huyle de Sel, qui eſt plus peſante, l'a auſſi vn
peu plus grande. Ie vous remercie de l'auis que vous me
donnez du ſieur Riuet, ie connois ſon cœur il y a long-
temps; & de tous les Miniſtres de ce païs, pas vn deſquels
ne m'eſt amy, mais neantmoins ils ſe taiſent, & ſont muets
comme des poiſſons; Ie vous remercie auſſi de *l'Intus &
Foris*, Car dautant que vous m'écriuez plus de choſes, dautant me faites-vous plus de plaiſir, & ie ſuis de tout mon
cœur,

MON R. P,

Voſtre tres-humble & tres-obeïſſant
ſeruiteur, DESCARTES.

A MONSIEVR MIDORGE,
Réponſe à la replique de Monſieur de Fermat, au
ſujet de la Dioptrique.

LETTRE XLII.

MONSIEVR,

I'ay appris du Reuerend Pere Merſenne que vous auez il
y a quelque temps ſoûtenu mon party en ſa preſence, &
l'affection que vous m'auez touſiours témoignée m'aſſure
que vous faites le ſemblable en toutes les occaſions, leſquelles

quelles ne manquent pas sans doute d'estre frequentes; car i'apprens qu'on me met souuent sur le tapis en bonne compagnie. Ie ne veux pas m'estendre icy sur les complimens pour vous remercier, car mes paroles ne pourroient egaler mon ressentiment; Mais ie veux faire comme ceux qui ont coustume d'emprunter de l'argent; ils s'adressent tousiours plus librement à ceux à qui ils doiuent desia, qu'ils ne font à d'autres, & ainsi vous estant desia tres obligé, ie me veux obliger à vous encore dauantage, en vous suppliant de voir les pieces d'vn petit procez de Mathematique que i'ay contre Monsieur de Fermat, & d'en iuger, non point en me fauorisant, mais tout à fait selon la iustice & la verité, Il est vray que i'ay aussi à vous prier outre cela, de faire sçauoir vostre iugement à tous ceux qui en auront oüy parler, & c'est ce que ie tiendray pour vne tres-grande faueur. La premiere des pieces que ie vous prie de voir, est vne Lettre de Monsieur de Fermat au Pere Mersenne, où il refute ma Dioptrique. La seconde est ma réponse à cette Lettre, dont ie vous enuoye la copie. La troisiéme est vn Escrit Latin de Monsieur de Fermat *De Maximis & minimis*, qu'il m'a fait enuoyer, pour monstrer que i'auois oublié cette matiere en ma Geometrie, & aussi qu'il auoit vne façon pour trouuer les tangentes des lignes courbes, meilleure que celle que i'ay donnée. La quatriéme est ma réponse à cét Escrit. La cinquiéme est vn Escrit de quelques amis de Monsieur de Fermat, qui repliquent pour luy à ma réponse. La sixiéme est ma réponse à ses amis, laquelle ie vous enuoye en ce pacquet, & ie vous prie d'en retenir vne Copie auant que l'Original leur soit mis entre les mains par le Reuerend Pere Mersenne. La septiéme est vne replique de Monsieur de Fermat à ma premiere réponse touchant ma Dioptrique. Le Reuerend Pere Mersenne vous fournira toutes celles de ces pieces que ie ne vous enuoye pas, ou bien s'il luy en manque quelques-vnes, ie vous les enuoyeray si-tost que i'en auray auis, afin que mon procez soit tout instruit. Au reste, afin que vous puissiez plus commodément remarquer les fautes de la derniere Lettre de Monsieur de Fermat, à laquelle ie n'ay pas voulu répondre, pour la cause que vous verrez, ie mettray icy les principales. Premierement, où il dit que i'ay accommodé mon *Medium* à ma conclusion, & qu'il me seroit mal-aisé de prouuer que la diuision des determinations dont ie me sers est celle qu'il faut prendre, d'où il passe incontinent à d'autres matieres, il monstre n'auoir point eu du tout dequoy répondre à ma premiere Lettre, en laquelle i'ay clairement prouué ce qu'il demande, en faisant voir qu'il ne faut pas considerer la ligne tirée de trauers par son imagination, mais la parallele & la perpendiculaire de la superficie où se fait la reflexion pour la diuision de ces determinations.

En l'article qui commence, *Ie remarque d'abord*, il veut que i'aye supposé telle difference entre la determination à

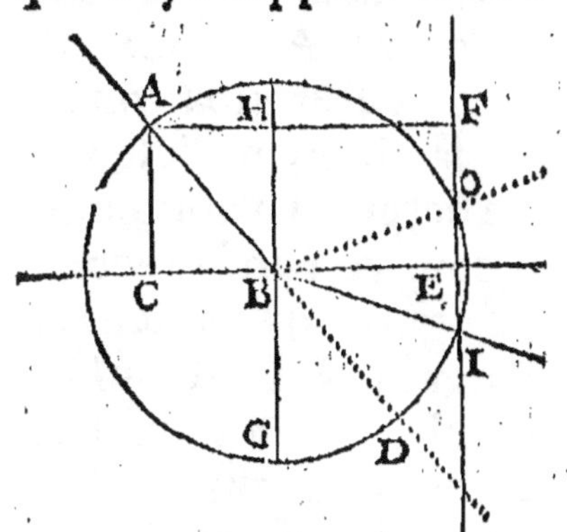

se mouuoir çà ou là, & la vitesse, qu'elles ne se trouuent pas ensemble, ny ne puissent estre diminuées par vne mesme cause, à sçauoir, par la toile C B E, ce qui est contre mon sens, & contre la verité; veu mesme que cette determination ne peut estre sans quelque vitesse, Bien qu'vne mesme vitesse puisse auoir diuerses determinations, & vne mesme determination estre jointe à diuerses vitesses.

En l'article suiuant, il y a vn Sophisme, ou ce qui est le mesme en matiere de demonstration, vn Paralogisme, en ces mots, *Elle auance à proportion moins vers B G que vers B E, donc elle auance à proportion dauantage vers B E que vers B G.* Il coule ce mot de *proportion*, qui n'est point du tout en mon Escrit, pour se tromper; Et de ce que, puis qu'elle auance moins vers B G que vers B E à proportion, (c'est à dire, en comparant seulement B G & B E l'vne à l'autre,) elle auance aussi dauantage à proportion vers B E, que vers B G, il con-

clud qu'il est vray, absolument parlant, qu'elle auance plus
vers *B E* qu'elle ne faisoit auparauant.

Vn peu apres, où il dit ces mots, *Voyez comme il retombe
en sa premiere faute.* C'est luy-mesme qui retombe en la
sienne, voulant que la distinction qui est entre la determination, & la vitesse ou la force du mouuement, empesche
que l'vne & l'autre ne puisse estre changée par la mesme
cause. Et il fait vn Paralogisme en ces mots, *Puisque la
balle ne perd rien de sa determination à la vitesse,* ce qu'il n'emprunte nullement de moy, veu que ie ne dis rien de semblable
ble en aucun lieu; & sa faute est dautant plus grande qu'il
m'accuse de faire vn Paralogisme en le faisant.

Tout ce qui suit apres, n'est que pour preparer le Lecteur
à receuoir vn autre Paralogisme, qui consiste, en ce qu'il
parle de la composition du mouuement, en deux diuers sens,
& infere de l'vn ce qu'il a prouué de l'autre. A sçauoir, au
premier sens, il n'y a proprement que la determination de
ce mouuement qui soit composée, & sa vitesse ne l'est pas,
sinon entant qu'elle accompagne cette determination, com-

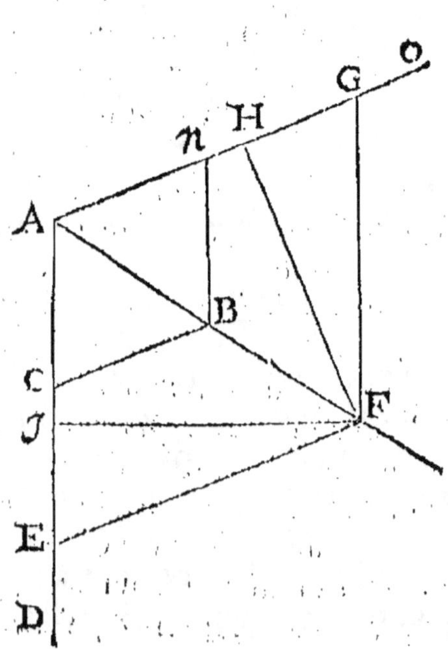

me on voit en la secon-
de figure, que faisant A
B égal à N A, & aussi à
B N, ce mouuement
composé, qui va d'A
vers B, n'est ny plus ny
moins viste que chacun
des deux simples, qui
vont, l'vn d'A vers N,
& l'autre d'A vers C, en
mesme temps ; & ainsi
on ne peut dire que ce
soit sa vitesse qui est
composée, mais seule-
ment que c'est sa deter-
mination, d'aller d'A
vers B, qui est compo-

ſée de deux, qui ſont l'vne d'aller d'A vers N, & l'autre d'A vers C; Et cependant la viteſſe du mouuement d'A vers B peut eſtre ou égale, ou plus grande, ou moindre, ſelon que l'angle C A N, eſt, ou de 110 degrez, ou plus aigu, ou plus obtus; Non pource qu'elle eſt compoſée de celle des deux autres mouuemens, mais entant qu'elle doit accompagner la determination compoſée, & s'accommoder à elle. Au lieu qu'en ſon ſecond ſens, qui eſt le mien, en la figure de la

oyez la
. P. 185.

page 20. il n'y a que la viteſſe du mouuement qui ſe compoſe, à ſçauoir, elle ſe compoſe de celle qu'auoit la balle en venant d'A vers B (car elle dure encore de B vers D) & de celle que la raquette qui là pouſſe au point B luy adjoûte. De façon que c'eſt icy la viteſſe ſeule qui ſuit les loix de la compoſition, & non pas la determination, laquelle eſt obligée de changer en diuerſes façons, ſelon qu'il eſt requis afin qu'elle s'accommode à la viteſſe. Et la force de ma demonſtration conſiſte en cela, que i'inferé qu'elle doit eſtre la determination, de ce qu'elle ne ſçauroit ſe trouuer autre que telle que ie l'explique, pour ſe rapporter à la viteſſe, ou pour mieux dire à la force qui la commence en B. Mais ſon Paralogiſme conſiſte en ce qu'il conclud, touchant la compoſition de la viteſſe, apres n'auoir rien prouué que touchant la compoſition de la determination, nommant l'vne & l'autre compoſition du mouuement.

Et il continuë ce Paralogiſme iuſques à la fin, où il conclud que le mouuement compoſé ſur B I (c'eſt à dire duquel la viteſſe eſt compoſée) n'eſt pas touſiours également viſte, lors que l'angle G B D, compris ſous les lignes de direction des deux forces (c'eſt à dire, ſous les lignes qui marquent comment ſe compoſe la determination de ces deux forces) eſt changé. Tirant cette concluſion, de ce qu'il a auparauant prouué, touchant le mouuement duquel la determination eſt compoſée, & non la viteſſe, que la viteſſe change, quand l'angle change. Mais vous ſçaurez mieux voir ſes fautes que moy, & s'il reſte quelque difficulté en tout cecy, que ie n'aye pas aſſez expliquée, vous m'obligerez, s'il vous plaiſt de m'en auertir.]

En ma réponse à son Escrit, *De Maximis & minimis*, ie n'ay pas voulu dire particulierement où estoit la faute de sa regle, ny celle de son exemple, pour trouuer la tangente de la parabole, tant pour éprouuer s'il les pourroit corriger de luy-mesme, que pource que i'ay crû qu'il ne trouueroit pas bon d'estre instruit par moy. Mais vous verrez que la faute de sa regle consiste principalement en ces mots : *In terminis sub A & E gradibus vt libet coefficientibus.* Ce qui ne vaut rien, comme il se voit par l'exemple que i'ay donné, touchant la parabole. Mais au lieu de *vt libet*, il faudroit mettre *vtis à prioribus diuersis*, ou bien *per diuersum medium*, ou quelque chose de semblable, & alors elle seroit assez bonne, & seruiroit en ce mesme exemple que i'ay donné pour la refuter. Il y auroit bien toutesfois encore quelqu'autre chose à y changer, mais qui n'est pas de si grande importance; car celle-cy est la piece la plus necessaire de toute la regle; en sorte que l'ayant mise, il monstre n'estre pas encore fort versé en l'Analyse, ou du moins n'y sçauoir encore rien de ferme & de solide. Pour sa faute en l'exemple où il cherche la tangente de la parabole, elle est extremement grossiere; Car il n'y met rien du tout qui determine la parabole, plustost que toute autre ligne que se puisse estre, sinon que *Major est proportio c d ad d i quam quadrati b c ad quadratum o i*, ce qui est autant ou plus vray en l'Ellipse, qu'en la parabole &c. Ie vous prie que Monsieur Hardy ait aussi la communication des pieces de mon procez. Et ie ne desire point qu'elles soient cachées à aucun autre de ceux qui auront enuie de les voir; Mais deux des amis de Monsieur de Fermat s'estant meslez de soûtenir sa cause, ie me suis promis que vous n'auriez pas desagreable que ie vous employasse tous deux pour la mienne. Au reste, permettez moy que ie vous demande comment vous gouuernez ma Geometrie, ie crains bien que la difficulté des calculs ne vous en dégouste d'abord, mais il ne faut que peu de iours pour la surmonter, & par apres on les trouue beaucoup plus courts, & plus commodes que ceux de Viete. On doit aussi lire le

troisiéme Liure auant le second, à cause qu'il est beaucoup
plus aisé. Si vous desirez que ie vous enuoye quelques ad-
dresses particulieres touchant le calcul, i'ay icy vn amy qui
s'offre de les écrire, & ie m'y offrirois bien aussi, mais i'en
suis moins capable que luy, à cause que ie ne sçay pas si bien
remarquer en quoy on peut trouuer de la difficulté. Ie suis,

LETTRE DE MONSIEVR DE FERMAT
à Monsieur Clerselier, sur la Dioptrique
de Monsieur Descartes.

A Toulouze le 3. Mars 1658.

LETTRE XLIII.

MONSIEVR,

I'ay receu vostre Lettre auec les deux Copies des écrits
de Monsieur Descartes, sur le sujet de nostre ancien demé-
lé; Ie voudrois bien, Monsieur, vous satisfaire ponctuellement, en ce que vous semblez souhaitter que ie refasse mes
Réponses d'Alors, qui se sont égarées; Mais comme ie
hay naturellement tout ce qui choque tant soit peu la verité; & qu'il me seroit aussi mal-aisé de rajuster ce vieux ouurage, qu'à vn Peintre de refaire mon portrait d'Alors sur
mon visage d'apresent, i'ay crû qu'il valoit mieux vous
écrire tout de nouueau vne Lettre qui contiendra mes raisons d'opposition, & vieilles & nouuelles, & c'est à quoy
ie trauailleray pour la huitaine. I'entre dans vos sentimens
pour ce qui concerne l'impression, Il y faudra changer les
termes les plus choquants & les plus aigres, mais n'y faire
point autrement de grand changement; & de cela ie m'en
remets à vous. Pour nostre question de Dioptrique, ie vous

protefte fans nulle feintife, que ie fouhaitte de m'eftre trompé; Mais ie ne fçaurois obtenir fur moy en façon quelconque,
que, que le raifonnement de Monfieur Defcartes foit vne
demonftration, & mefme qu'il en approche. Ie vous enuoyeray dans huit iours la Lettre qui éclaircira mes doutes
fur cete matiere. Et ie fuis de tout mon cœur,

   I'ay retenu cette Lettre, qui eftoit prefte à vous eftre
enuoyée dés la femaine paffée, parce que i'ay crû que Monfieur Digby, par la voye duquel i'ay pris la liberté de vous
écrire, ne feroit pas encore de retour à Paris. Vous receurez
donc les deux conjointement ; & fi la feconde eft vn peu
longue, affurez-vous, Monfieur, que i'ay pris peine à l'accourcir, & que ie pourrois dire beaucoup plus de chofes
que ie n'ay fait. Ie l'adjoûteray vn iour, fi les Geometres de
Paris foûtiennent la demonftration de Monfieur Defcartes.

LETTRE DE MONSIEVR DE FERMAT
à Monfieur Clerfelier, fur la Dioptrique
de Monfieur Defcartes.

Du 10. Mars 1658.

LETTRE XLIV.

MONSIEVR,

   Les conclufions qui fe peuuent tirer de la propofition qui
fert de fondement à la Dioptrique de Monfieur Defcartes
font fi belles, & doiuent naturellement produire de fi beaux
effets dans tous les ouurages de l'Art qui regardent la refraction, qu'il feroit à fouhaitter, non feulement pour la
gloire de noftre defunct amy, mais bien plus pour l'augmentation & embelliffement des Sciences, que cette propofition

fuſt veritable, & qu'elle euſt eſté legitimement demonſtrée,
& dautant plus qu'elle eſt de celles dont on peut dire que
Multa ſunt falſa probabiliora veris. Ie veux meſme paſſer
plus outre, & la comparer à ce fameux menſonge dont il eſt
parlé dans le Taſſe, & que ce Poëte aſſure eſtre plus beau
que la verité.

> *Quando Sarà il vero*
> *Si bello, che ſi poſſa à ti preporre?*

Ie commence par-là, Monſieur, afin de vous faire connoiſtre que ie ſerois rauy que le differend que i'ay eu autresfois ſur ce ſujet auec Monſieur Deſcartes, ſe terminaſt à ſon
aduantage; I'y trouuerois mon compte en toutes façons, la
gloire d'vn amy que i'ay infiniment eſtimé, & qui a paſſé auec
raiſon pour vn des grands Hommes de ſon temps, l'eſta-
bliſſement d'vne verité Phyſique des plus importantes, &
l'execution aiſée des effets merueilleux qui s'en pourroient
infailliblement deduire; Tout cela me vaudroit incomparablement mieux qu'vn gain de cauſe, quand meſme ie ne
deurois conter pour rien le

> *Mecum certaſſe feretur.*

Dont les amis de Monſieur Deſcartes peuuent touſiours
raiſonnablement conſoler ſes aduerſaires. Ie me mets donc,
Monſieur, en la poſture d'vn homme qui veut eſtre vaincu,
ie le declare hautement

> *Iamiam efficaci do manus Scientiæ.*

Mais parce que les demonſtrations ſont des raiſons for-
cées, & qu'à moins d'eſtre conuaincu par elles, on n'en ſçauroit eſtre perſuadé, voyons, Monſieur, ſi le conſentement
des Lecteurs peut échapper à noſtre Autheur, & ſi nous
pourrons nous défaire aiſément des objections qui ſemblent
luy pouuoir eſtre oppoſées. Il faut pour cela ſuiure ſa demonſtration mot pour mot, & il ſuffira d'enfermer par des
parentheſes ce qui ne ſera point à luy, & que i'adjoûteray
du mien. Voicy donc comme il parle ſur la fin de la page 19.
de ſa Dioptrique Françoiſe.

Et premierement, ſuppoſons qu'vne balle pouſſée d'A
vers

vers B rencontre au point B
non plus la superficie de la terre,
mais vne toile C B E, qui soit si
foible & si déliée que cette balle ait la force de la rompre & de
passer tout au trauers, en perdant seulement vne partie de sa
vitesse, à sçauoir, par exemple
la moitié. Or cela posé, afin de
sçauoir quel chemin elle doit

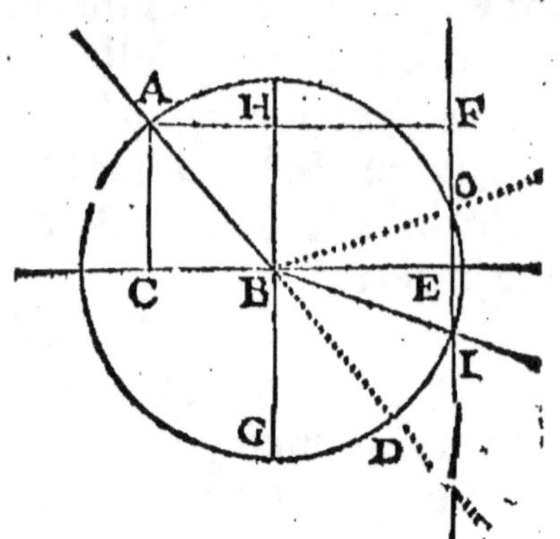

suiure, considerons derechef que son mouuement differe
entierement de sa determination à se mouuoir plustost vers
vn costé que vers vn autre, d'où il suit que leur quantité
doit estre examinée separément ; Et considerons aussi que
des deux parties, dont on peut imaginer que cette determination est composée, il n'y a que celle qui faisoit tendre la
balle de haut en bas qui puisse estre changée en quelque
façon par la rencontre de la toile, & que pour celle qui la
faisoit tendre vers la main droite, elle doit tousiours demeurer la mesme qu'elle a esté, à cause que cette toile ne luy est
aucunement opposée en ce sens-là. (Mais ce raisonnement
n'est-il pas vn peu opposé au sens commun ? L'extension
qu'il en fait de la reflexion à la refraction n'est-elle pas aussi
vn peu forcée? Dans la page 13. il suppose que la balle va toûjours d'égale vitesse, tant en descendant qu'en remontant,
qu'elle continuë son mouuement dans vn mesme milieu, il

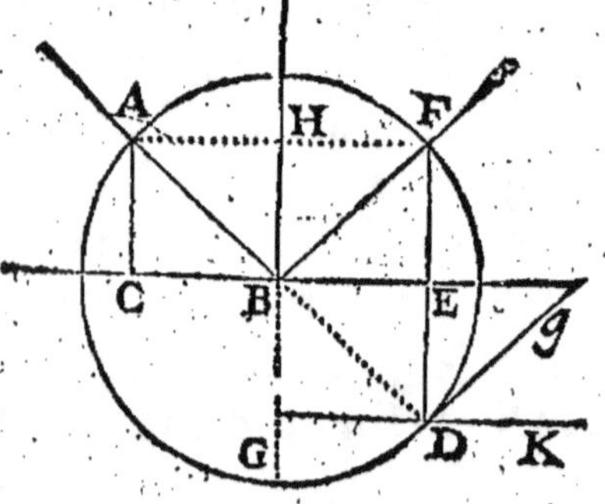

en deduit dans la page 15. que la
rencontre de la terre peut bien
empescher la determination
qui faisoit descendre la balle
d'A F vers C E, à cause qu'elle
occupe tout l'espace qui est au
dessous de C E, mais qu'elle ne
peut point empescher l'autre
qui la faisoit aduancer vers la
main droite, veu qu'elle ne luy est aucunement opposée en

ce sens-là, d'où il infere l'égalité des angles de reflexion &
d'incidence. Mais quand bien ce raisonnement seroit veritable en la reflexion, quelque Sceptique scrupuleux ne manquera point d'alleguer qu'il y a trois circonstances en la
refraction qui doiuent changer la consequence, ou du moins
seruir d'empeschement à la receuoir sans nouuelle preuue.
Premierement en la figure de la
page 17. ou en celle de la page
18. la balle ne continuë pas son
mouuement d'vne égale vitesse,
puisque par la supposition elle
perr, par exemple, la moitié de sa
vitesse dés le point B. Secondement elle ne passe pas tousiours
par vn mesme milieu, comme il
paroist en la figure de la p. 18. Et en-

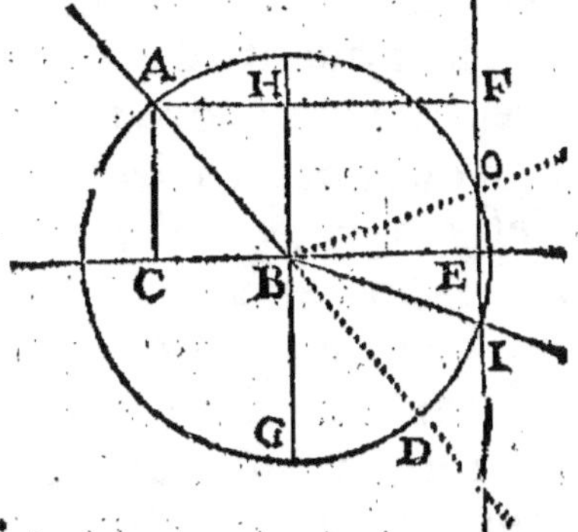

fin la determinatiõ qui la faisoit aller de haut en bas n'est pas
tout à fait empeschée par la rencontre dela toile, ou de l'eau,
mais changée seulemẽt ou diminuée. Or que la consequence
soit la mesme, nonobstant la diuersité de ces trois circonstances, il sera mal. aisé qu'vn mediocre Logicien le puisse accorder. Il alleguera pour excuse de sa Logique scrupuleuse,
qu'il n'a pas crû se faire grande violence, lors qu'en la figure
de la page 15. il a donné les mains, que la determination de la
gauche à la droite restoit la mesme, puisque la balle allant
tousiours de mesme vitesse, pouuoit conseruer l'vne de ses
visées ou determinations, lors que l'autre seule estoit empeschée ; que d'ailleurs le mouuement se faisoit dans vn mesme milieu, & qu'enfin la determination de haut en bas estant
entierement empeschée, il n'y auoit pas grand mal de consentir que celle de la gauche à la droite restast toute entiere;
Comme quand on perd vn œil on dit que la vertu visiue se
conserue entiere en celuy qui reste. Mais en la refraction
tout y est differend, veut on y obtenir le consentement de
nostre Sceptique sans preuue ? La determination de la
gauche à la droite demeurera t'elle la mesme, lors que tou-

tes les raisons qui le luy auoient perfuadé en la reflexion fe
font éuanouïes ? Mais ce n'eft pas tout, il a fujet d'apprehender l'equiuoque ; & lors qu'il aura accordé que cette
determination de gauche à droite demeure la mefme, il a
occafion de foupçonner que l'Autheur le chicanera fur l'explication de ce terme ; Car quoy qu'il ait protefté que la
determination eft differente de la puiffance qui meut, &
que leur quantité doit eftre examinée feparément, fi noftre
Sceptique luy accorde en cét endroit que cette determination de gauche à droite demeure la mefme en la refraction,
c'eft à dire , qu'elle conferue la mefme vifée ou direction,
il y a apparence que l'Autheur voudra l'obliger en fuitte à
luy accorder, que la balle, dont la determination vers la
droite n'eft point changée, s'auance autant & auffi vifte vers
la droite qu'elle faifoit auparauant, quoy que fa viteffe &
le milieu par où elle paffe foient changés. Mais parce qu'il
ne paroift pas fi-toft qu'on veüille luy faire vne fi grande
violence, il ne croit pas eftre encore temps de fe departir du
refpect qu'il doit au nom de Monfieur Defcartes , & il veut
bien luy aduoüer fur fa feule parole que cette determination
vers la droite demeurera la mefme, pouru
eu qu'il ne fe parle
point du temps que la balle doit employer à s'auancer de ce
cofté-là ; parce que Monfieur Defcartes mefme a aduoüé
que la force qui meut & la determination font deux quan-
tités qui n'ont rien de commun , & qu'elles doiuent eftre
feparément examinées.) Puis ayant d'écrit du centre B le
cercle A F D, & tiré à angles droits fur C B E les trois lignes
droites A C, H B, F E, en telle forte qu'il y ait deux fois
autant de diftance entre F E & H B, qu'entre H B & A C,
nous verrons que cette balle doit tendre vers le point I. Car
puis qu'elle perd la moitié de fa viteffe en trauerfant la toile
C B E, elle doit employer deux fois autant de temps à paffer
au deffous depuis B iufques à quelque point de la circonference du cercle A F D, qu'elle a fait au deffus à venir depuis
A iufques à B; Et puis qu'elle ne perd rien du tout de la determination qu'elle auoit à s'auancer vers le cofté droit, en

deux fois autant de temps qu'elle en a mis à passer depuis la ligne A C iusques à H B, elle doit faire deux fois autant de chemin vers le mesme costé. (C'est icy le guet à pan, & la trop grande credulité de celuy qui auoit franchy tous ses scrupules sur le premier article, reçoit en cet endroit vne nouuelle attaque. L'Autheur a subjet d'esperer que puisque noftre Sceptique luy a desia accordé que la determination vers la droite restoit la mesme, il ne doit pas le dédire non plus que cette determination ou cette visée & direction vers le costé droit ne soit également visté, & n'auance toûjours autant qu'elle faisoit auparauant. Mais le Sceptique commence à n'entendre plus raillerie; Et s'il a consenty de bonne foy que la determination vers la droite ne changeoit pas, il protefte qu'il n'eft point engagé à confentir qu'en changeant de milieu, elle faffe touſiours vn égal progrez, puifque l'Autheur a fi fouuent & fi folennellement afſuré que la determination & la force mouuante font tout à fait differentes & diftinctes. Et pour fe confirmer en fon doute, il adjoûte que fi dans la figure de la page 17. la balle eftoit pouffée depuis H iufques à B, & qu'elle continuaſt fon mouuement vers B G. Le raifonnemeut de celuy qui diroit, la determination de la balle fur la route H B G n'eft point changée au point B, car elle eft la mefme, & le mouuement perpendiculaire fe continuë dans la mefme ligne H B G, donc cette balle auance autant & auffi vifte au deffous de B qu'elle faifoit auparauant; Ce raifonnement, dis-ie, feroit ridicule; parce que la determination ou direction du mouuement differe de fa viteffe. Pourquoy donc noftre Sceptique fera-t'il obligé d'accorder gratuitement & fans preuue que le mouuement qui fe fait vers la droite dans la figure de la page 18. auance également vers ledit cofté droit, apres qu'il a changé de milieu. Ce n'eft pas que cette propofition ne puiffe eftre vraye, mais elle ne l'eft qu'au cas que la conclufion que Monfieur Defcartes en tire foit veritable, c'eft à dire, que la raifon ou proportion pour mefurer les refractions ait efté par luy legitimement & veritablement affignée. Il ne l'a donc pas prouuée par vne proposition ſi douteuſe & ſi peu admiſſible. En vn mot quand toutes les oppoſitions qu'on peut faire à ſon raiſonnement ſeroient fautiues, peut-il faire paſſer pour veritable ce qui n'eſt ny axiome, ny déduit par vne conſequence legitime d'aucune premiere verité? Les demonſtrations qui ne forcent pas de croire ne peuuent point porter ce nom. Et croyriez-vous, Monſieur, que ſi la propoſition de Monſieur Deſcartes eſtoit demonſtratiuement prouuée, ſon euidence & ſa clarté n'euſſent pas percé les tenebres de mon entendement pendant vingt années qui ſe ſont écoulées depuis noſtre ancien demeſlé, puiſque ie vous ay proteſté dés le commencement de ma Lettre, que ie trauaille ſincerement à me tirer d'erreur, & que ie ne cherche qu'vn honneſte pretexte à me rendre. Ie ſerois meſme rauy d'eſtablir l'honneur de Monſieur Deſcartes aux dépens du mien, & ie voudrois, s'il m'eſtoit poſſible, en reconnoiſſant la verité de ſa preuue, adjoûter auant que de finir,

Se clara videndam
Obtulit, & purà per noctem in luce refulſit.

Il en ſera pourtant ce que Monſieur le Cheualier Digby & vous, Monſieur, treuuerez bon. Ie vous ſoûmets à tous deux ma Logique & ma Mathematique, & ie conſens que vous en faſſiez vn ſacrifice à la memoire de cét Illuſtre, qui n'eſt plus en eſtat de ſe deffendre. Mais iuſques à ce que vous ayez prononcé, ie pretens que la veritable raiſon ou proportion des refractions eſt encore inconnuë. Et que Θεῶν ἐν γνύασι κεῖται, en compagnie de tant d'autres verités que l'aduenir découurira peut-eſtre mieux que n'a pû faire le paſſé. Excuſez ma longueur, & faites-moy l'honneur de me croire,

MONSIEVR,

Voſtre tres-humble & tres-affectionné
ſeruiteur, FERMAT.

RESPONSE DE M_r CLERSELIER
à Monsieur de Fermat.

À Paris le 15. May 1658.

LETTRE XLV,

MONSIEVR,

Ie ne veux pas m'arrester beaucoup à vous faire des excu-
ses d'auoir tant tardé à faire réponse aux deux vostres, l'v-
ne du troisiéme, & l'autre du dixiéme Mars dernier, parce
que ie me persuade que vous croyrez aisément qu'il m'a
fallu des obstacles inuincibles pour m'empescher de satisfaire à temps, à des témoignages si obligeans de vostre suf-
fisance & de vostre ciuilité. En effet vne maladie qui m'a
detenu dans le lit presque tout ce temps-là, & qui m'a osté
le moyen de pouuoir attacher mon Esprit à des speculations
si releuées, est la veritable cause qui m'a empesché de vous
témoigner pluftoft ma reconnoissance. Mais tout cela seroit
peu, si ie pouuois auiourd'huy répondre à tous les doutes
de vostre Sceptique, & satisfaire plainement aux difficultez
que vous proposez dans vostre derniere; Car comme elles
ne dependent point du temps, la Réponse n'en seroit de
rien moins receuable & conuaincante, pour n'estre pas venuë à temps. Neantmoins pourueu que ce soit à vous, Monsieur, que i'aye affaire, & non point à vostre Sceptique,
dont l'humeur seroit trop difficile à contenter, ie me promets de pouuoir éclaircir la pluspart de ses doutes, & de
faire voir, si ie ne me trompe, si clairement, en quoy il s'est
mépris luy-mesme dans ses raisonnemens, que vous prenant
vous-mesme pour l'arbitre de nos differens, & pour le juge
de nos conclusions, i'espere que vous reconnoistrez la sub-

tilité des siennes, & la verité des miennes, c'est à dire, de
celles de Monsieur Descartes.

Premierement, ie ne voy point que le raisonnement que
fait Monsieur Descartes, à l'occasion de la figure de la page
17. de sa Dioptrique, soit aucunement opposé au sens commun, ny que l'extension qu'il en fait de la reflexion à la re-
fraction soit forcée ; Car la 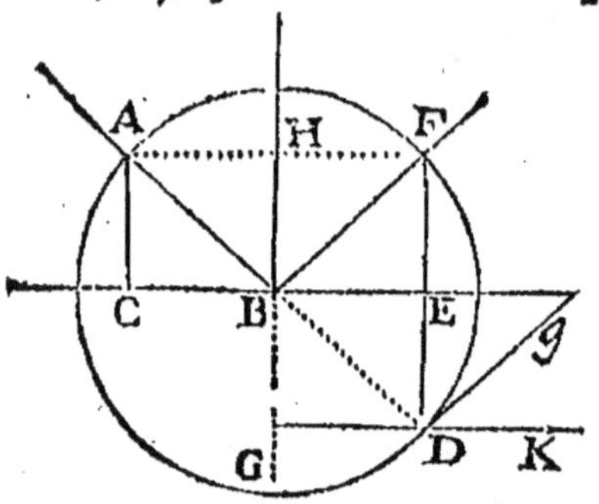
mesme raison qui luy a fait
conclure en la page 15. que la
terre C B E ne pouuoit empescher que la determination de
haut en bas, & non point celle
de gauche à droite, pource
qu'elle est entierement opposée à la premiere, & point du
tout à la seconde, la mesme luy a dû faire conclure dans la
figure de la page 17. ou 18. que la determination de haut en
bas pouuoit bien estre changée en quelque façon par la rencontre de la toile ou de l'eau, mais point du tout celle qui
fait tendre la balle vers la main droite, à cause que l'eau ou la
toile est en quelque façon opposée à l'vne, & point à l'autre.
Ie vous prie de remarquer icy la façon de parler de Monsieur Descartes (car c'est de là que depend en partie la solution de tous les doutes de vostre Sceptique) il ne dit pas simplement que la determination de haut en bas peut estre
changée par la rencontre de la toile, mais seulement qu'elle
peut estre changée *en quelque façon* ; Car en effet elle n'est
pas tout à fait changée, puisque la balle continuë de descendre, mais elle est changée en quelque façon, entant que
c'est changer en quelque façon la determination qu'vn mobile auoit à auancer vers vn certain costé, que de faire que
dans le mesme temps il n'auance pas tant vers ce costé-là
qu'il faisoit auparauant. Ce qui change la quantité de sa determination.

De plus les trois circonstances, que remarque vostre
Sceptique pour l'empescher d'admettre cette consequence,

ne la peuuent aucunement infirmer ; Car que la viteffe foit
diminuée, que le milieu foit changé, & que la determination
de haut en bas ne foit pas tout à fait empefchée ; mais que la
balle continuë de defcendre, tout cela ne doit point aporter
de changement à la determination de gauche à droite, à laquelle pas vne de ces circonftances ne s'oppofe, & ne met
obftacle ; puifque cette determination peut demeurer la
mefme, quoy que la viteffe foit changée, vne mefme determination pouuant eftre jointe à differentes viteffes ; Le
milieu ne peut auffi apporter aucun changement à cette determination, puis qu'il luy eft également facile de s'ouurir
& faire paffage d'vn cofté que d'autre ; Et bien que balle
continuë de defcendre, & ne remonte pas comme en la
reflexion, cette determination vers la droite fe peut auffi
bien faire & maintenir en defcendant qu'en remontant.

Iufques icy voftre Sceptique auroit ce me femble tort de
ne vouloir pas accorder que la determination de gauche à
droite demeure la mefme en la refraction, apres en eftre demeuré d'accord fans difficulté en la reflexion ; Et il ne doit
point apprehender qu'on le chicane fur l'explication de ce
terme, & qu'on l'oblige à rien auoüer qu'on ne prouue, &
qui ne foit tiré par vne confequence legitime de ce qu'on a
auancé auparauant ; Monfieur Defcartes ayant trop foigneufement fait remarquer la difference qu'il y a entre la
determination & le mouuement, ou comme vous dites, entre la determination & la puiffance qui meut, pour s'en oublier.

Mais voicy le point qui effarouche voftre Sceptique, &
qui luy fait perdre ce peu de refpect qu'il fembloit encore
porter au nom de M. Defcartes; C'eft à ce coup qu'il dit n'entendre plus de raillerie, & que s'il a confenty de bonne foy
que la determination vers la droite ne changeoit pas, il protefte qu'il n'eft point engagé à confentir, que la balle changeant de milieu, faffe toufiours vn égal progrez, & comme il
dit vn peu auparauant, aille auffi vifte vers la droite, apres
qu'il a efté fuppofé que la balle au point B perd la moitié de

sa vitesse, & que Monsieur Descartes a si solemnellement
asseuré que la determination & la force mouuante sont tout à
fait differentes & distinctes.

Mais ne voyez-vous pas que ce qui empesche vostre Sceptique d'y consentir & d'y dôner les mains, est qu'il ne distingue
pas assez luy-mesme la determination d'auec la force mouuante, ou la vitesse, & qu'il les côfond ensemble, croyant que
la perte que l'vne souffre, à sçauoir la vitesse, se doiue ressentir par l'autre, à sçauoir, par la determination vers la main
droite, quoy que rien ne se soit opposé qui ait pû changer
ou diminuer la quantité de la determination que la balle
auoit à auancer vers ce costé-là. Car s'il auoit bien pris garde
à ce que dit Monsieur Descartes, il n'auroit pas de peine à
comprendre que la vitesse estant diminuée de moitié au
point B, la determination de gauche à droite demeurant
tousiours la mesme en ce point-là qu'elle a esté auparauant,

Il est necessaire que la balle suiue la ligne B I, pour faire que
la determination qu'elle doit
prendre, se rapporte à la vitesse
ou à la force qui luy reste, & qui
la commence en B, Et quoy que
dans la route qu'elle prend, en
des temps égaux, elle auance autant vers la droite qu'elle faisoit
auparauant, & qu'ainsi la deter-

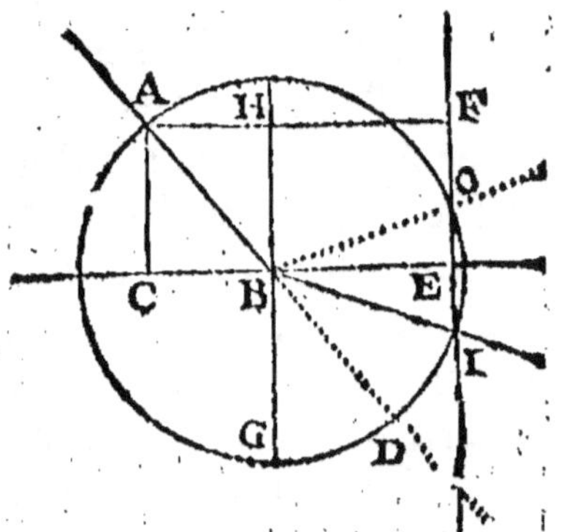

mination qu'elle auoit à auancer vers ce costé-là ne soit
point changée, il ne s'enfuit pas qu'elle aille aussi viste qu'elle faisoit auparauant, Ce que vostre Sceptique semble auoir
tousiours apprehendé qu'on luy vouluft faire accorder, puifque Monsieur Descartes auoüe luy-mesme qu'il luy faut le
double du temps pour faire autant de chemin qu'auparau-
uant, Mais comme dans la route qu'elle est obligée de prendre, elle incline plus qu'elle ne faisoit vers la droite, elle ne
laisse pas d'auancer autant vers ce costé-là, quoy qu'elle
aille deux fois moins viste.

Et c'eſt à mon auis ce qui fait la beauté & la force tout
enſemble du raiſonnement de Monſieur Deſcartes , de
faire voir qu'elle doit eſtre dans cette rencontre la route
veritable que doit prendre la balle , qui ne peut eſtre autre
que celle qu'il a expliquée en ce lieu-là , pour ſe rapporter à
la determination vers la droite , qu'elle doit garder , & à la
perte de la viteſſe qu'elle a ſoufferte en B.

Mais ce qui a le plus abuſé voſtre Sceptique , eſt vn raiſonnement, tres-ſpecieux à la verité , & tres-capable de ſur-
prendre les autres, & de faire qu'on y ſoit ſurpris ſoy-meſme,
ſi l'on n'y prend garde, mais qui pourtant eſt faux, & contre
l'intention de Monſieur Deſcartes; Ce raiſonnement eſt, que
comme Monſieur Deſcartes ſur la figure de la page 17. dit,
que la determination vers le coſté droit eſtant la meſme,
quoy que le mouuement de la balle ſoit diminué de moitié
au point B , en deux fois autant de temps elle doit auancer
deux fois autant vers la droite; Donc *à part* dit voſtre Sceptique, poſé que la balle ſoit pouſſée perpendiculairement
depuis H iuſques à B , & qu'elle
continuë ſon mouuement vers
B G, la determination de la balle
ſur la route B G n'eſtant point
changée au point B , & demeurant la meſme , puiſque le mouuement perpendiculaire ſe continuë dans la meſme ligne H B
G, en deux fois autant de temps,
elle doit auancer deux fois au-
tant, & auſſi viſte au deſſous de B, qu'elle auoit fait auparauant au deſſus; Ce qui eſt abſurde , puiſque l'on ſuppoſe
que la balle au point B, a perdu la moitié de ſa viteſſe.

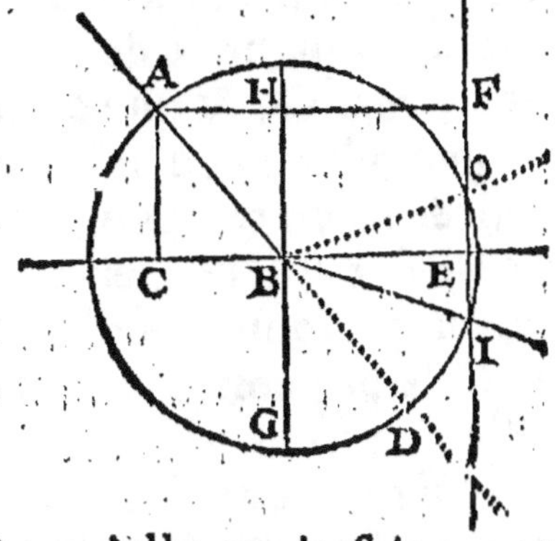

Veritablement, ſi la conſequence qu'il infere eſtoit bien
tirée de ce qu'a auancé Monſieur Deſcartes, ie conclurois
comme luy que Monſieur Deſcartes ſe feroit trompé dans
ſon raiſonnement, duquel il s'enſuiuroit vne telle abſurdité; Mais auſſi M. Deſcartes a-t-il dit toute autre choſe que

ce que voftre Sceptique luy veut faire dire ; Car quand il a
dit que la determination qu'auoit la balle à auancer vers le
cofté droit demeuroit la mefme, & que par confequent en
deux fois autant de temps elle deuoit faire deux fois autant
de chemin vers ce cofté-là, il a conclud cela, de ce que bien
qu'on fuppofe que la balle au point B perde la moitié de fa
viteffe, neantmoins elle ne perd rien du tout de la quantité
de la determination qu'elle auoit à s'auancer vers le cofté
droit, à laquelle determination la toile n'eft aucunement
oppofée en ce fens-là, & laquelle fe doit & fe peut accommoder à la viteffe qui refte en la balle, pour faire en forte,
que fans déroger à la perte qu'elle a foufferte, & qu'allant
moins vifte, elle ne laiffe pas d'auancer autant vers le cofté
droit, qu'elle euft fait fi elle n'euft rien perdu de fa viteffe.
Mais peut-on dire la mefme chofe de la determination d'v-
ne balle que l'on fuppofe tomber perpendiculairement fur
la mefme toile, à fçauoir, que la fuperficie fur laquelle elle
tombe ne luy eft aucunement oppofée en ce fens-là, &
qu'en perdant la moitié de fa viteffe, elle ne perd rien du
tout de la quantité de la determination qu'elle auoit à s'a-
uancer vers G, & que cette determination fe doit & fe peut
accommoder auec la viteffe qui luy refte, pour la faire
auancer en vn temps égal fur la mefme route, autant qu'elle euft fait fi elle n'euft rien perdu de fa viteffe : Certainement perfonne ne dira que ce cas foit femblable au premier, & par confequent la conclufion n'en peut eftre pareille.

Auffi tout le deffaut du raifonnement de voftre Sceptique
ne vient que de ce qu'il femble n'auoir pas pris garde que
cette fuperficie CBE, en laquelle la balle au point B perd la
moitié de fa viteffe, eft roufiours oppofée à fa determination de haut en bas, foit que la cheute foit perpendiculaire,
ou qu'elle ne le foit pas ; En forte que, quoy que la balle
continuë de defcendre, & mefme qu'elle defcende dans la
mefme ligne quand elle a efté pouffée perpendiculairement,
on ne fçauroit pas dire que cette determination vers le bas

foit la mefme, ayant efté changée en quelque façon, ainfi
que dit Monfieur Defcartes ; car la balle ne defcend plus
auec vne pareille determination, puifque dans vn temps
égal elle ne va pas fi loin qu'elle eftoit determinée d'aller,
auant qu'elle euft perdu la moitié de fa viteffe, ce qui eft vn
changement en la determination qu'elle auoit à auancer
vers ce cofté-là.

Et fi vous y prenez garde, tous les changemens de determination que Monfieur Defcartes a dit s'enfuiure en la balle, du changement qui arriue en fa viteffe, ou en la force
qui l'auance ou qui la retarde en B (felon les differentes
fuppofitions qu'il fait) ont tous efté en la determination de
haut en bas, & non point en celle de gauche à droite, à caufe,
comme il a dit en la page 17. ligne 13. que des deux parties
dont on peut imaginer que la determination de la balle fur
la route A B eft compofée, il n'y a que celle qui faifoit tendre la balle de haut en bas qui puiffe eftre changée en quelque façon, par la rencontre de la toile ; Mais à plus forte
raifon cette toile peut-elle faire changer la determination
perpendiculaire, à laquelle elle eft entierement oppofée,
qui eft fimple, & qu'on ne peut pas dire eftre compofée de
deux autres, à l'vne defquelles elle ne foit point du tout oppofée, ainfi qu'elle ne l'eft point à celle de gauche à droite,
quand la balle eft pouffée de biais, fuiuant la ligne A B.

Or quel changement peut-il arriuer en cette determination de haut en bas, que celuy qu'a expliqué M. Defcartes, à fçauoir, que cette balle en continuant de defcendre, auance tantoft plus & tantoft moins vers le bas, qu'elle
ne faifoit, felon le changement, c'eft à dire, felon l'augmentation ou la diminution que fa viteffe a receuë en B, &
felon le rapport que cette viteffe s'eft trouuée auoir auec la
determination vers le cofté droit, qui a dû toufiours demeurer la mefme, comme i'ay dit plufieurs fois, c'eft à dire,
qui a dû faire que la balle ait toufiours autant auancé de ce
cofté-là, qu'elle auoit fait auparauant.

Et partant tant s'en faut que l'abfurdité qu'auoit voulu

inferer voſtre Sceptique, ſoit vne ſuitte de ce qu'a dit M.
Deſcartes, qu'au contraire il ſe trouue que c'eſt luy meſme
qui au lieu de faire vn bon argument s'eſt embaraſſé dans vn
Sophiſme, en ſuppoſant que la determination de la balle
dans vne cheute perpendiculaire eſtoit la meſme, au meſme
ſens que celle de gauche à droite eſt dite eſtre la meſme,
quand la balle tombe obliquement.

Que ſi apres cela vous prenez la peine d'examiner la Réponſe que Monſieur Deſcartes a fait luy-meſme au reſte
des difficultez que voſtre Sceptique luy a autrefois propoſées par l'entremiſe du Reuerend Pere Merſenne, & auſquelles il ſatisfit alors, par vne Lettre qu'il addreſſa à M.
Midorge, dont ie vous ay n'agueres enuoyé la Copie, vous
trouuerez que ce qu'il dit eſt veritable, à ſçauoir, que voſtre
Sceptique s'eſt trompé, pour auoir parlé de la compoſition
du mouuement en deux diuers ſens, & inferé de l'vn ce qu'il
auoit ſeulement prouué de l'autre.

Ie ne repete point icy ce qu'il en a dit, Car, outre qu'il ſeroit inutile, comme i'en eſtois là, vn de mes amis appellé
M. Rohault, ſçauant Mathematicien, & des plus verſez
que ie connoiſſe en la Philoſophie de Monſieur Deſcartes,
m'eſt venu apporter vne Réponſe qu'il a faite à voſtre Lettre au Pere Merſenne, penſant que Monſieur Deſcartes n'y
auoit point répondu (car ie ne luy auois point monſtré cette
Lettre à Monſieur Midorge) & que vous n'euſſiez receu de
luy aucune réponſe, voyant que dans la Lettre que vous
m'auez fait l'honneur de m'écrire, laquelle ie luy auois fait
voir, vous continuez vos premieres difficultez, & que dans
celle à Monſieur de la Chambre, vous dites auoir autrefois
conteſté à Monſieur Deſcartes ſa demonſtration touchant
la refraction, à luy, dites-vous, *Viuenti atque ſentienti*, mais
qu'il ne vous ſatisfit iamais. Et pource qu'il entend beaucoup mieux que moy toutes ces matieres, & qu'il a répondu
article par article à voſtredite Lettre, ie m'abſtiendray de
vous ennuyer dauantage par mon diſcours, afin de vous
laiſſer plus de temps pour examiner la Réponſe qu'il y a

D d iij

faite. S'il me l'euſt apportée pluſtoſt , il nous auroit tous
deux ſoulagé ; moy d'écrire d'vn ſujet qui paſſe mes forces,
& vous de lire vne ſi mauuaiſe Lettre ; Mais comme c'en
eſtoit deſia fait , ie n'ay pas voulu perdre ma peine , & i'ay
penſé qu'il valoit mieux vous fatiguer de cette lecture , &
vous donner par meſme moyen des preuues du ſoin où ie
m'eſtois mis de m'acquitter de ce que ie vous deuois , que
de vous laiſſer venir la penſée que ie m'en ſerois peut-eſtre
oublié, & que i'aurois eſté bien-aiſe de m'en deſcharger ſur
vn autre.

Au reſte, Monſieur , ie vous prie d'excuſer ce qui peut
m'eſtre échappé de libre en répondant à voſtre Sceptique,
i'aurois agy auec tout vn autre reſpect ſi i'euſſe eu affaire à
vous ; mais bien loin de craindre que pour cela vous me re-
fuſiez juſtice, ie prens meſme l'aſſurance de vous demander
quelque grace ; il y a des rencontres où vn peu de faueur
n'offenſe point l'equité ; & ſi en celle-cy vous prenez mon
party, ie puis vous aſſurer qu'en toute autre occaſion ie ſeray entierement à vous, & que vous pourrez faire eſtat d'a-
uoir touſiours tout preſt en moy,

MONSIEVR,

Vn tres - humble & tres - obeïſſant
ſeruiteur, CLERSELIER.

RESPONSE DE MONSIEVR ROHAVLT
à la Lettre de M. de Fermat, page 178. qui
contient ses anciennes objections sur la
Dioptrique de Monsieur Descartes.

LETTRE XLVI.

MONSIEVR,

Ie ne sçay si le Pere Mersenne à qui cette Lettre estoit
addressée l'a communiquée à Monsieur Descartes, & si
l'ayant veuë ses occupations l'ont empesché d'y faire réponse ; Mais il paroist n'y auoir point répondu ; parce que
Monsieur de Fermat, qui l'auoit écrite il y a enuiron vingt
ans, repete encore à peu prés les mesmes difficultez dans
vne Lettre qu'il a écrite depuis peu à vn de mes amis. Ie m'en
vas donc essayer d'y répondre, puisque vous le desirez. Et
pour le faire plus commodément, ie suiuray de point en
point tous les articles de sa Lettre, que i'examineray les vns
apres les autres.

Article premier, *I'ay veu*, &c.

Le premier article ne contient qu'vn compliment, dont
Monsieur de Fermat a voulu honorer Monsieur Descartes,
& dont sa memoire luy sera tousiours redeuable.

Article second, *Ie tranche*, &c.

Quand Monsieur Descartes auroit accommodé son *Me-*
dium à sa conclusion, & qu'il auroit diuisé la determination
du mouuement d'vne certaine maniere plustost que d'vne
autre, on ne le deuroit non plus trouuer étrange, que si vn
Geometre s'estoit seruy d'vne construction plustost que
d'vne autre pour l'execution d'vn Probleme ; Et l'on ne
conteste iamais la voye qu'il a choisie, pourueu qu'il soit

venu à bout de ce qu'il auoit entrepris. Au reste, Monsieur Descartes a dû diuiser la determination de la balle qui se meut dans la ligne A B, en vne qui fust perpendiculaire à la superficie C B E, & en vne autre qui luy fust parallele, parce que celle-cy ne rencontrant aucune opposition, il estoit assuré qu'elle denoit demeurer la mesme, Et cela luy a esté vn moyen de trouuer la verité qu'il cherchoit, ce qu'il n'auroit pû faire s'il eust suiuy vne autre methode.

Article troisiéme, *Ie reconnois*, &c.

Monsieur de Fermat semble fauoriser Monsieur Descartes en auotiant qu'il est de son sentiment, touchant la difference qu'il establit entre le mouuement & la determination, & taschant mesme de le prouuer ; Cependant il semble aussi qu'il y ait de l'addresse, parce qu'il impute à Monsieur Descartes vne opinion qu'il n'a pas, à dessein ce semble de s'en seruir contre luy dans la suitte.

C'est dans le second exemple, où il assure, qu'vne balle poussée du point H au point B perpendiculairement sur la surface C B E, ne perd rien du tout de la determination qu'elle auoit à auancer vers B G, à cause dit-il, qu'en penetrant l'eau ou la toile, elle continuë de se mouuoir dans la mesme ligne droite. Mais il doit considerer que la determination d'vn mobile doit estre reputée changer, non seulement quand il quitte la ligne dans laquelle il se mouuoit auparauant, ou quand il se meut à contre sens dans la mesme ligne, mais encore en se mouuant du mesme sens dans la mesme ligne droite, pourueu que ce soit plus ou moins loin qu'il n'estoit determiné d'aller en ce sens-là. Et c'est en cette troisiéme façon que la quantité de la determination de la balle est deuenuë moindre, autant que le mouuement.

Article quatriéme, *Ie viens maintenant*, &c.

Cét article ne contient que le texte de M. Descartes.

Article cinquiéme, *Ie remarque d'abord*, &c.

Le manque de memoire qui est icy imputé à Monsieur Descartes, est fondé sur la croyance qu'a Monsieur de Fermat, que la determination de haut en bas de l'exemple de la
page

page 17. de la Dioptrique n'eſt point changée, qui eſt vne erreur ſemblable à celle qui a eſté remarquée ſur l'article troiſiéme. Et il ne ſert de rien pour prouuer ſa penſée, de Voyez la fig. p. 210. dire que la determination dans la ligne B I eſt compoſée en partie de celle qui fait aller le mobile de haut en bas, comme eſtoit celle qui le faiſoit auparauant mouuoir vers le meſme coſté dans la ligne A B; Il y a en cela de l'equiuoque; Et encore qu'on remarque touſiours vne determination de haut en bas, la ſeconde eſt autre que la premiere, de meſme que dix écus, ſont vne autre quantité d'écus que quinze écus, encore que ce ſoient touſiours des écus.

Article ſixiéme, *Mais donnons que*, &c.

Apres que Monſieur de Fermat ſemble auoir accordé comme par forme de paſſe-droit vne choſe qu'il auroit eu tort de conteſter, il s'efforce de prouuer que M. Deſcartes ne s'eſt pas apperceu que la determination de gauche à droite eſtoit auſſi bien changée que celle de haut en bas; ce qui veritablement rendroit nulle ſa demonſtration. La raiſon qu'il en apporte, c'eſt parce, dit-il, qu'on ne ſçauroit dire que la determination de haut en bas ſoit changée, ſinon parce que depuis que le mobile ſe meut dans la ligne B I, ſa quantité n'a plus la meſme raiſon auec celle de gauche à droite, qu'elle auoit quand il eſtoit porté dans la ligne A B. Ie ne ſçay ſi Monſieur de Fermat parle icy tout de bon, dautant qu'il raiſonne à peu prés comme feroit vne perſonne, qui apres auoir mis quinze écus dans l'vne de ſes pochettes, & trente dans l'autre, & en ayant perdu par ie ne ſçay quel accident quelques-vns des quinze, reconnoiſtroit cette perte par cela ſeulement que ce qui luy reſte des quinze, n'eſt plus la moitié de la ſomme qu'il a de l'autre coſté, & qui apres cela, pour ſe conſoler de ſa perte, viendroit à croire que la ſomme qu'il auoit de l'autre coſté eſt augmentée, parce qu'elle fait en recompenſe plus du double de l'autre. M. Deſcartes raiſonne d'vne autre façon, & à peu prés comme pourroit faire vn ieune hõme qui ſans auoir iamais appris ce que c'eſt que proportion, ſçauroit ſimplement conter; Car

Tome III.   E e

comme celuy-cy iugeroit qu'il auroit perdu vne partie de ses quinze écus, en comparant ce qui luy resteroit, auec ce qu'il auoit auparauant dans la mesme pochette, sans se soucier de les comparer auec les trente de l'autre; De mesme Monsieur Descartes iuge du changement arriué en la determination de haut en bas, parce que sa quantité n'est plus la mesme, depuis que le mobile est au dessous de la surface C B E, qu'elle estoit quand il estoit au dessus. Et il a raison d'asseurer que la determination de gauche à droite n'est pas changée, parce que sa quantité est la mesme, le mobile estant dans la ligne B I, qu'elle estoit quand il estoit porté dans la ligne A B.

    Article septiéme, *Mais donnons encore*, &c.

    Monsieur de Fermat semble encore accorder icy gratuitement vne chose qu'il auroit aussi tort de contester, comme il se voit par la remarque precedente. Ce qu'il y a de plus dans cét article n'est que le propre texte de M. Descartes.

    Article huitiéme, *Voyez comme il retombe*, &c.

    Monsieur Descartes est icy accusé de tomber pour la seconde fois dans vne mesme faute, pour ne s'estre pas souuenu de la difference qu'il y a entre la determination & le mouuement; Mais cette accusation n'est fondée que sur ce que Monsieur de Fermat prend icy vn peu rigoureusement les paroles de Monsieur Descartes : Car quand il dit *Que la balle doit faire deux fois autant de chemin vers le mesme costé*, cela ne signifie pas que la balle doiue se mouuoir dans vne ligne deux fois aussi grande qu'auparauant; Mais que, quelle que soit la longueur de cette ligne, la determination vers la droite doit tellement s'accommoder auec la vitesse qui luy reste, que la balle auance de ce costé-là deux fois autant qu'elle auoit fait; C'est là le sens qu'il falloit donner aux paroles de Monsieur Descartes, & non pas celuy par lequel on pretend qu'il confond deux choses diuerses. Et cela estoit assez euident, puisque là mesme il suppose que le mouuement total de la balle est diminué de moitié. Ce qui suit de cét article, & l'absurdité que Monsieur de Fermat y conclud,

ne fait rien contre Monſieur Deſcartes, qui nieroit tout
franc que la determination de haut en bas demeure la meſme, ſuiuant ce qui a eſté remarqué ſur l'article troiſiéme, &
ainſi tout cét appareil de raiſonnement s'en va en fumee.

Article 9. 10. 11. 12.

Ie paſſe pour vray tout ce qui eſt contenu dans ces articles,
mais cela ne fait rien du tout au ſujet, & n'a ſeruy qu'à tromper Monſieur de Fermat, qui y parle du mouuement compoſé, en vn autre ſens que n'a fait Monſieur Deſcartes.

Article treiziéme, *Cela ainſi ſuppoſé*, &c.

Monſieur de Fermat eſtime que dans la page 10. de la
Dioptrique, la ſuppoſition de Monſieur Deſcartes eſt, que
l'accroiſſement d'vn tiers de mouuement qui arriue à la
balle ſoit ſimplement de haut en bas, ou ſelon la ligne B G,
au lieu que c'eſt à le meſurer dans la ligne qu'elle a à décrire
ou parcourir actuellement; Et cela eſt aſſez aiſé à entendre,
parce que ſi cela eſtoit, Monſieur Deſcartes n'auroit pas
ſuppoſé comme il a fait, que la force du mouuement de la
balle eſt augmentée d'vn tiers, mais auroit ſuppoſé que la
determination de haut en bas eſt augmentée d'vn tiers, &
n'auroit pas parlé du mouuement total. Il ne faut donc pas
dire qu'au ſens de M. Deſcartes, la balle qui ſe meut en B I,

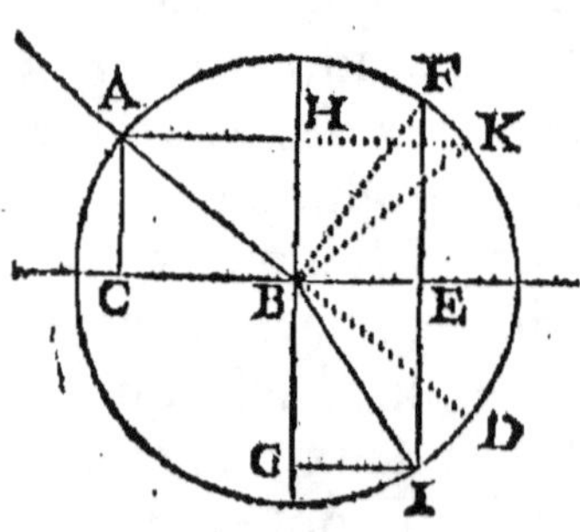

s'y meuue d'vn mouuement compoſé de celuy qu'elle auoit vers B
D, & d'vn nouueau vers B G, qui
augmente d'vn tiers la force qu'elle
auoit deſia en ce ſens-là; Mais bien
que le mouuement actuel de la balle
eſt d'vn tiers plus viſte qu'auparauant, laiſſant au raiſonnement à dé-
finir quel changement doit ſuiure
de là, en la determination de haut en bas.

Article quatorziéme, *Imaginons en ſuitte*, &c.

Ce que Monſieur de Fermat conclud dans cét article eſt
vray dans ſa ſuppoſition, laquelle (comme ie viens de remarquer) eſtant differente de celle de Monſieur Deſcartes,

il ne faut pass'eftonner s'ils eftabliffent tous deux des proportions differentes, l'vne defquelles par confequent en
fçauroit deftruire l'autre.

Article 15. *D'ailleurs la principale raifon*, &c.

Il eft vray que Monfieur Defcartes entend que le mouuement d'vn mobile accroift toufiours d'vne pareille quantité,
en penetrant vn mefme milieu, quoy qu'il tombe fur fa fur-
face auec des inclinaifons differentes; Et cela eft bien raifonnable, puifque l'augmentation de viteffe, ou la facilité
à fe mouuoir, que le mobile acquiert au point de rencontre
qui fepare les deux milieux, depend de la nature du fecond
milieu, laquelle ne change point, mais eft toufiours la mefme
dans toutes les inclinaifons. Et la principale faute que commet icy Monfieur de Fermat eft fondée fur ce qu'il croit que
le mouuement compofé en B I, n'eft pas toufiours également
vifte, comme s'il dependoit de la direction ou determination des deux forces mouuantes, au lieu que c'eft à elle à
s'accommoder à la force du mouuement, lequel eft compofé, & non pas la determination; Et c'eft ce qui a trompé
Monfieur de Fermat, & qui luy a fait faire tous fes faux raifonnemens; Et c'eft peut-eftre encore ce qui l'empefche à
prefent de receuoir la demonftration de Monfieur Defcartes. Auffi ce qu'il adjoûte en fuitte, & qu'il dit auoir demonftré eftre faux, n'eft vray que dans fa fuppofition, qu'il
croyoit eftre celle de Monfieur Defcartes; mais qui pourtant comme i'ay monftré en eft fort differente,

Article 16. *Ce n'eft pas que*, &c,

Monfieur de Fermat auoüe qu'il n'eft pas affuré qu'il
faille fuiure fa proportion, pluftoft que celle qu'il tafche de
combattre, Mais ie ne fais pas difficulté d'auoüer qu'il faudroit retenir la fienne, fi l'acceleration ou le ralentiffement
du mouuement dependoit icy de l'angle compris fous les
lignes de direction des deux forces mouuantes; Mais parce
qu'il depend de la nature du fecond milieu que le corps a à
parcourir, de faciliter ou de retarder fon mouuement, il eft
euident ce me femble que l'on doit retenir celle de M. Defcartes,

Nous sçaurons quand il plaira à Monsieur de Fermat les pensées qu'il a, touchant la refraction ; Mais ie puis desia dire icy par auance, que ce que i'en ay veu dans sa Lettre à Monsieur de la Chambre, m'a paru fort ingenieux, & digne de luy.

Si vous luy faites voir cecy, ie vous prie de luy taire mon nom, ou si vous trouuez à propos de le luy declarer, ie vous prie aussi qu'il sçache que ce n'est pas d'auiourd'huy que le bruit de son nom est venu iusques à moy ; que i'estime beaucoup son merite, & que ie tiendray à honneur s'il daigne me faire la grace de me mettre au rang de ses tres-humbles seruiteurs.

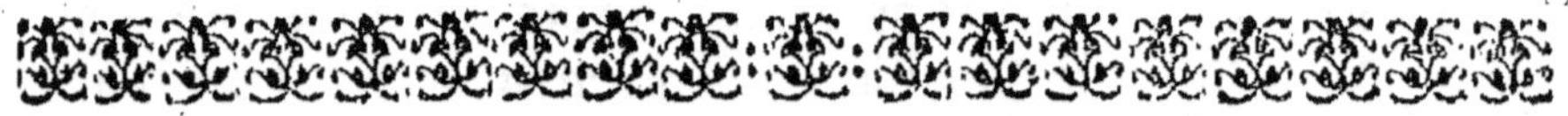

REPLIQVE DE MONSIEVR DE FERMAT
à Monsieur Clerselier.

Du 2. Iuin 1658.

LETTRE XLVII.

MONSIEVR,

Ie suis si passionné pour la gloire de Monsieur Descartes, que vous ne pouuez m'obliger plus sensiblement qu'en combattant les opinions du Sceptique qui s'oppose à ses sentimens. Mais prenez garde, Monsieur, qu'il importe de conduire vostre trauail iusques au bout, & de renuerser entierement sur leurs autheurs tout ce que vous appellez ou Paralogismes ou Sophismes. Il ne suffit pas de dire que le sens de Monsieur Descartes a esté mal pris par ceux qui le reprennent, il faut prouuer que l'explication que vous luy donnez va tout droit & sans détour à sa conclusion, & qu'enfin sa preuue est demonstratiue. Nous auions crû que la balle qui conserue sa direction & sa route ne perd point sa

Ee iij

determination ; & nous l'auions auec quelque raifon inferé
de la difference que Monfieur Defcartes eftablit entre le
mouuement & la determination. Mais fans nous empreffer
dauantage à prouuer la confequence que nous tirions de fon
raifonnement, nous nous tenons pour fuffifamment aduertis
de fa penfée, & de la voftre, qui veut que la determination
d'vn mobile foit reputée changer, non feulement quand il
quitte la ligne dans laquelle il fe mouuoit auparauant, ou
quand il fe meut à contre-fens dans la mefme ligne, mais
encore en fe mouuant du mefme fens dans la mefme ligne
droite, pourueu que ce foit plus ou moins loin qu'il n'eftoit
determiné d'aller en ce fens-là. Et c'eft en cette troifiéme façon, dites-vous, que la quantité de la determination
de la balle eft deuenuë moindre autant que le mouuement,
lors qu'elle fe meut fur la ligne H B G de la page 17. de la
Dioptrique. Mais prenez garde que ce ne foit tomber dans
la petition du principe. Vous entendez donc dans la page
17. que la toile n'eftant *aucunement* oppofée à la determination de gauche à droite, ces paroles veulent dire que cette
determination auance autant vers la droite qu'elle faifoit
auparauant ; C'eft ce que ie nie, & qu'il faut prouuer. Car
bien que la toile n'empefche point que la balle n'auance
toufiours vers la droite, elle ne laiffe pas d'auancer vers la
droite, foit que ce progrez foit plus lent, foit qu'il foit plus
vifte qu'auparauant. Or de cela feul que la toile n'empefche
pas le progrez vers la droite, vous en inferez que ce progrez
doit eftre iuftement le mefme, c'eft à dire, ny plus, ny moins
vifte qu'auparauant, c'eft donc αἴτημα, αἰτήματος; Et il faut de
deux chofes l'vne, ou que le medium foit le mefme que la
conclufion, ou que la conclufion en foit mal tirée. Peut-
eftre direz-vous que le mot *aucunement* fait tout le myftere,
& qu'en difant que la toile ne luy eft aucunement oppofée
en ce fens-là, tout le refte s'en deduit aifément ; Mais il en
faut toufiours reuenir là ; Si par le mot aucunement vous entendez que la toile n'empefche pas que la balle ne continuë
fa marche vers la droite, & que fon progrez ne fe faffe éga-

lement,& en temps égal, ie le nie,& c'eſt ce qu'il faut prouuer. Si vous entendez que la toile ne luy eſt aucunement
oppoſée, c'eſt à dire, qu'elle n'empeſche pas que la balle ne
continuë d'auancer vers la droite , ſans aſſurer encore ſi ſon
progrez doit ſe faire en temps égal, vous ne trouuerez iamais voſtre conte dans la concluſion. D'où il ſuit clairement
que Monſieur Deſcartes a voulu donner des paroles pour
des choſes ; & qu'en traittant deux propoſitions differentes
ſur le ſujet de la reflexion & de la refraction , il a voulu accommoder ſon raiſonnement à la premiere qu'il ſçauoit, &
à la ſeconde qu'il a peut-eſtre trop legerement cruë. Ce
n'eſt pas , comme ie vous ay deſia ſouuent proteſté , que ſa
proportion des refractions ne puiſſe eſtre vraye, Mais i'ay du
moins à vous dire que ie ne la tiens du tout point prouuée, Et
qu'en tout cas, vous auez trop de complaiſance , en faiſant
ſemblant d'approuuer ma penſée ſur ce meſme ſujet, puiſque , ſi ce que i'ay écrit là deſſus à Monſieur de la Chambre eſt veritable , ce que Monſieur Deſcartes croit auoir demonſtré eſt neceſſairement faux ; ces deux opinions eſtant
tout à fait contradictoires , & incompatibles. Mais ſuppoſons , ſi faire ſe peut , que la propoſition de Monſieur Deſcartes ſoit veritable , il faut du moins pouruoir à ce que rien
ne ſe démente dans les ſuittes , & c'eſt aux amis du defunct à
preuoir tous les cas qui pourroient faire de la peine à la verité ſuppoſée de cette propoſition. En voicy vn par exemple
qu'il vous faudra taſcher de reſoudre.
Suppoſez dans la page 17. que la balle rencontre , au
lieu de la toile ou de l'eau, vn corps dur & impenetrable, &
que lors que la balle arriue au point B, elle ne laiſſe pas de
perdre la moitié de ſa viteſſe (car cette ſuppoſition eſt poſſible) & quoy que le corps C B E ne contribuë rien à la diminution de ladite viteſſe , comme il fait en l'exemple de
Monſieur Deſcartes, lors que c'eſt de la toile ou de l'eau,
neantmoins nous pouuons imaginer & ſuppoſer, que lors
que la balle arriue au point B, elle perd iuſtement la moitié
de ſa viteſſe, ſans nous mettre en peine d'où prouient cette

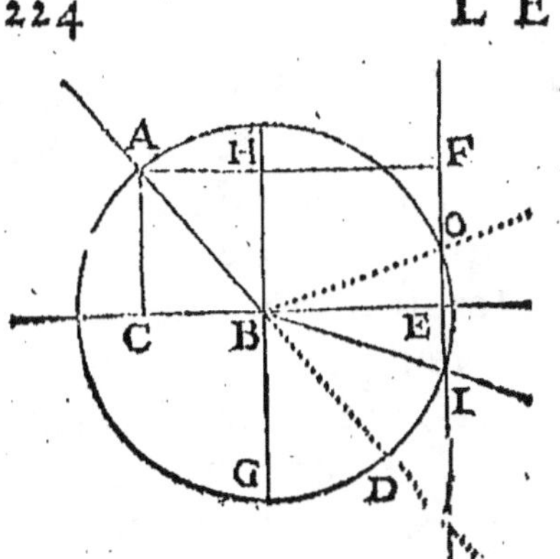

diminution , puifque le mefme
Monfieur Defcartes en la page
20. fuppofe ou imagine au point
B vne nouuelle puiffance qui
augmente le mouuement ou la
viteffe de la balle ; De forte que
ie ne croy pas que les amis de
Monfieur Defcartes foient affez
injuftes pour nier que cette fuppofition puiffe eftre non feule-

ment imaginée, mais reduitte en acte, Cela fuppofé, il ne faut
que transferer le raifonnement de Monfieur Defcartes au
deffus du plan ; Et on pourra dire auec luy que pour fçauoir
le chemin que la balle doit prendre, il faut confiderer que
fon mouuement differe entierement de fa determination à
fe mouuoir pluftoft vers vn cofté que vers vn autre ; d'où il
fuit que leur quantité doit eftre examinée feparément. Confiderons auffi que des deux parties dont on peut imaginer
que cette determination eft compofée , il n'y a que celle qui
faifoit tendre la balle de haut en bas, qui puiffe eftre changée
par la rencontre du plan C B E , & que pour celle qui la faifoit tendre vers la main droite, elle doit toufiours demeurer
la mefme qu'elle a efté, à caufe que ce plan ne luy eft aucunement oppofé en ce fens. là. Puis ayant décrit du centre B, le
cercle A F D, & tiré à angles droits fur C B E les trois lignes
droites A C, H B, F E, en telle forte qu'il y ait deux fois
autant de diftance entre F E & H B qu'entre H B & A C.
Nous verrons que cette balle doit tendre vers le point du
cercle où la ligne F E couppe le cercle au deffus du plan,
c'eft à dire au point O ; Car puifque la balle perd la moitié
de fa viteffe en rencontrant le plan au point B , & qu'elle ne
peut point le trauerfer par la fuppofition, elle doit employer
deux fois autant de temps à paffer au deffus depuis B iufques
à quelque point de la circonference du cercle A F D qu'elle
a fait à venir depuis A iufques à B, & puis qu'elle ne perd rien
du tour de la determination qu'elle auoit à s'auancer vers le
cofté

coſté droit , en deux fois autant de temps qu'elle en a mis à
paſſer depuis la ligne A C iuſques à H B, elle doit faire deux
fois autant de chemin vers ce meſme coſté. là ; & par conſequent arriuer à quelque point de la ligne droite F E, au meſme inſtant qu'elle arriue auſſi à quelque point de la circonference du cercle A F D ; Ce qui ſeroit impoſſible , ſi elle
n'alloit vers O ; dautant que c'eſt le ſeul point au deſſus du
plan C B E où le cercle A F D & la ligne droite F E s'en-
trecoupent. Si ce raiſonnement qui eſt iuſtement le meſme
que celuy de M. Deſcartes, en le transferant ſeulement au
deſſus du plan ne conclud pas ; Pourquoy de grace celuy de
M. Deſcartes conclura-t'il ? Ce qui eſt vne demonſtration
au deſſous , deuiendra-t'il vn Paralogiſme au deſſus ? Ie ne
croy pas que vous ſoyez de ce ſentiment , & que vous vouliez donner tout au ſeul nom , & à l'inſpiration (s'il faut
ainſi dire) de Monſieur Deſcartes.

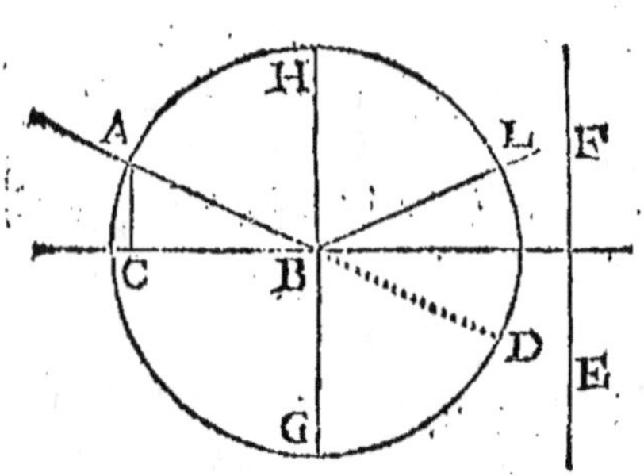

Cela eſtant, paſſons à la
figure de la page 19. & ſuppoſons de meſme que le
plan C B eſt vn corps dur &
impenetrable , & que la
balle arriuant au point B,
diminuë de ſa viteſſe , en
telle ſorte que la ligne F E
eſtant tirée comme en l'e-
xemple precedent, ne coup-
pe point le cercle A D ; Cette balle par la ſuppoſition ne
peut point penetrer au deſſous du plan ; elle ne peut non
plus ſe refléchir à angles égaux, car ſa determination vers
la droite ne ſeroit point la meſme ; Enfin quel qu'angle que
vous preniez pour ſa reflexion au deſſus du plan , ſon progrez vers la droite ſera touſiours moindre qu'auparauant ;
voire meſme quand vous la feriez rouler ſur le diametre C B,
ſa determination vers la droite changeroit encore, comme il
ſe voit à l'œil ; & comme il ſe deduit clairement de la ſuppoſition ; Car il faudroit qu'au meſme temps que la balle

arriue à quelque point de la circonference, elle arriuaſt auſſi à quelque point de la droite F E; Ce qui eſt impoſſible. Que deuiendra donc cette balle? C'eſt à vous, Monſieur, & aux amis de Monſieur Deſcartes à luy fournir vn paſſe-port, & à luy marquer ſa route, en la faiſant ſortir de ce point fatal. I'en dirois dauantage, ſi ie n'apprehendois de paſſer dans voſtre Eſprit pour vn homme qui auroit enuie de

Barbam vellere mortuo Leoni.

I'attens, Monſieur, voſtre replique, ou celle de Monſieur Rohault, que i'eſtime comme ie dois; & ie vous aſſure par auance que ie ne cherche que la verité ſans chicane, & que ie ſuis de tout mon cœur,

MONSIEVR,

Voſtre tres-humble & tres-affectionné
ſeruiteur, FERMAT.

AVTRE REPLIQVE DE MONSIEVR
de Fermat à Monſieur Clerſelier.

Du 16. Iuin 1658.

LETTRE XLVIII.

MONSIEVR,

Nous laiſſâmes dernierement la balle de Monſieur Deſcartes en grande peine; C'eſt dans la figure de la page 19. de la Dioptrique, où elle faiſoit tous ſes efforts pour ſortir du point B à l'honneur de Monſieur Deſcartes, mais elle y trouua toutes les iſſuës fermées en ſuiuant le raiſonnement de cét autheur; & nous ne pouuons meſme luy donner pre-

ſentement de ſeçours, ſi nous ne faiſons changer de biais à
ſa Logique.

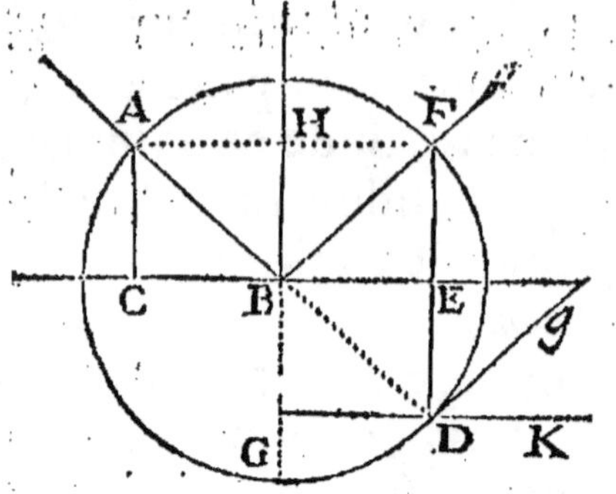

[Reprenons la figure de la page 15. & ſuppoſons que la balle qui va dans la droite A B diminuë ſa viteſſe de moitié en arriuant au point B. Si elle continuoit dans le meſme milieu, & que le plan C B E ne luy fuſt point oppoſé, elle iroit touſiours en ligne droite vers

D; auec cette difference pourtant qu'elle employeroit depuis B iuſques à D le double du temps qu'elle auoit mis depuis A iuſques à B. Mais ſi en ſuppoſant la meſme diminution de viteſſe au point B, nous ſuppoſons que le plan C B
E impenetrable à la balle ſe trouue maintenant entre deux,
& empeſche que la balle ne paſſe au deſſous; Ie dis qu'elle ſe
refléchira auſſi bien à angles égaux, que ſi la viteſſe & le mouuement demeuroit le meſme : Car puiſque l'interpretation
du plan n'empeſche que l'vne des parties dont la determination eſt compoſée, & que celle de gauche à droite demeure la meſme; donc la balle auancera autant vers la droite
qu'elle euſt fait au deſſous, ſi le plan n'euſt pas empeſché ſa
route. Or ſi le plan C B E ne faiſoit point d'obſtacle, la balle
qui diminuë ſa viteſſe de moitié au point B, mettroit le
double du temps depuis B iuſques à D, qu'elle auoit mis
depuis A iuſques à B; Et lors qu'elle ſeroit au point D, elle
auroit auancé vers la droite iuſques en E, elle mettroit donc
le double du temps à s'auancer depuis B iuſques à E, qu'elle
auoit fait à s'auancer depuis C iuſques à B; Et il y a meſme
raiſon de A B à B C, que de B D à B E, parce que les angles
A B C, D B E ſur les deux droites A D & C E ſont égaux;
& par conſequent les triangles A B C, D B E ſemblables.
Nous pouuons faire le meſme raiſonnement au deſſus, ſi
du point E nous éleuons la perpendiculaire E F, & dire que
lors que la balle ſera à l'vn des points de la circonference,

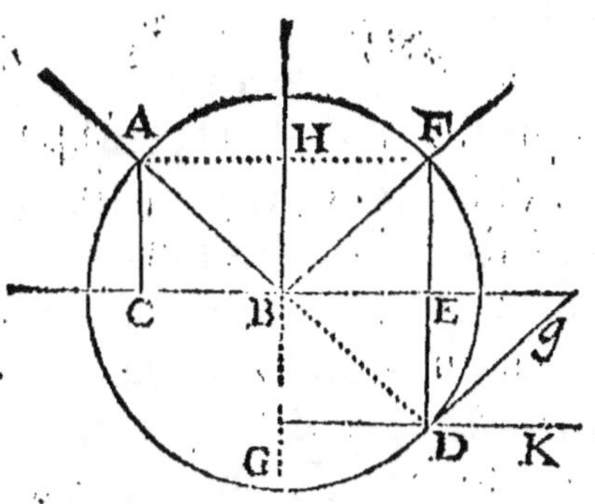

comme F, elle y aura mis le
double du temps qu'elle auoit
mis depuis A iusques à B; puisque le plan que nous supposons maintenant entre deux,
ne fait rien de nouueau qu'empescher la determination de
haut en bas; Et partant la determination de gauche à droi-
te sera pour lors marquée par le mesme point E; Et par
consequent comme F B sera à E B, ainsi la droite A B
sera à B C; D'où il suit que les angles A B C, F B E seront toûjours égaux, de quelque maniere & en quelque
proportion que la vitesse ou le mouuement changent. Si
Monsieur Descartes eust pris garde qu'en quelque maniere
que la vitesse change au point B, la reflexion ne laisse pas
de se faire à angles égaux, il n'eust pas esté en peine, ny ses
amis non plus, de tirer la balle du point B, où ils l'ont veuë
malheureusement engagée dans l'exemple de ma derniere
Lettre. Il n'eust pas soûtenu que la vitesse venant à changer
au point B, la balle ne laisse pas d'auancer vers la droite autant qu'elle faisoit auparauant. Il n'eust pas deduit d'vn
fondement non seulement incertain, mais encore faux, sa
proportion des refractions; Et enfin il n'eust pas esquiué
dans la figure de la page 19, de determiner sous quel angle
la balle estant au point B se refléchit vers le point L. Car
quoy qu'il paroisse par son discours, & par l'inspection mesme de la figure, qu'il a entendu que cette reflexion se fait
à angles égaux, il a laissé vn petit scrupule dans l'esprit des
Lecteurs, qui peuuent raisonnablement douter si dans l'e-
xemple de Monsieur Descartes la balle diminuë sa vitesse au
point B, ou non. Si elle la diminuë, la reflexion ne se pourroit pas faire à angles égaux en suiuant le raisonnement de
Monsieur Descartes. Que si la balle ne diminuë point sa
vitesse au point B, y a-t'il rien de plus contraire aux loix inuiolables de la pure Geometrie, qui ne veut point qu'on

puisse aller d'vne extreme à l'autre sans passer par tous les
degrez du milieu. Or Monsieur Descartes & ses amis soûtiennent que la balle qui est poussée sur l'eau, ou sur la toile,
diminuë sa vitesse également en toutes les inclinations, lors
qu'elle la trauerse, & que cette diminutiõ se fait dés le point
B. Comment donc peut-on conceuoir que dés le premier

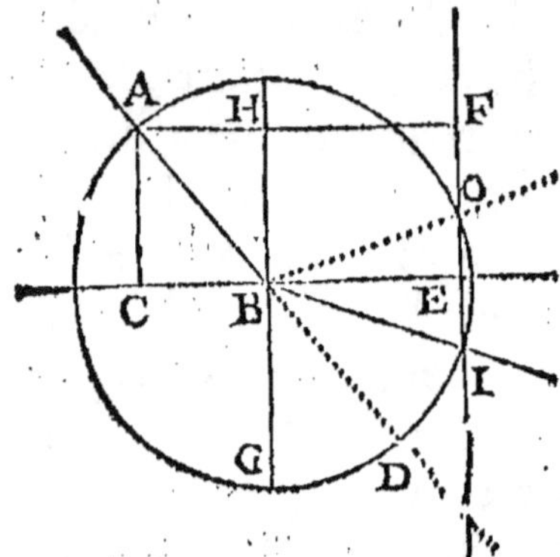

angle où elle se refléchit, sa vitesse ne diminuë point du tout,
& qu'il n'en puisse pourtant
estre pris aucun plus grand, auquel elle ne diminuë d'vne certaine quantité qui soit tousiours
la mesme ? Ne seroit-il pas plus
Geometrique & plus naturel de
soûtenir dans le sentiment de
Monsieur Descartes, que la di-
minution de la vitesse se fait inégalement ; Que cette diminution est la plus grande de toutes dans la cheute perpendiculaire d'H vers B, & qu'elle se rend tousiours moindre à
mesure que les inclinations varient, iusqu'à ce qu'elle de-
uienne nulle ; Ce que Monsieur Descartes a peut-estre crû
arriuer lors qu'elle se refléchit. Mais, parce que nous venons
de prouuer que soit que la vitesse augmente ou qu'elle diminuë au point B, la reflexion ne laisse pas de se faire à angles égaux, nous ne deuons pas nous mettre en peine de
rechercher plus soigneusement la conduitte secrette dont
se sert la nature en affoiblissant la vitesse de la balle ou également ou inégalement à mesure que les inclinations viennent à changer.

Mais que deuiendra le raisonnement qui se doit faire au
dessous du plan C B E en la page 17. par exemple, il sera le
mesme que le precedent ; Car que la vitesse diminuë au
point B, ou par la rencontre de la toile, ou par quelqu'autre
voye qui vienne d'ailleurs, c'est toute la mesme chose. Et
puisque qu'en la figure de la page 17. la balle perce la toile,
& qu'au point B la vitesse diminuë de moitié, elle ne peut

iamais auoir la determination vers la droite pareille à celle qu'elle auroit s'il n'y auoit point de toile, & que pourtant la vitesse diminuast de moitié au point B, qu'en continuant tousiours sa route dans la droite A B D. Vous repliquerez; Mais à ce conte-là, la determination de haut en bas ne chan-geroit pas non plus par la rencontre de la toile; ie l'auoûe. Et pour oster & éclaircir pleinement cette difficulté, il ne faut que dire que vous ne tirerez iamais autre chose du rai-sonnement des mouuemens & des determinations compo-sées de Monsieur Descartes, sinon que la reflexion se fait tousiours à angles égaux, & que la penetration du second milieu se doit tousiours faire en ligne droite; A quoy mesme se rapporte ce que vous dites dans vostre dernier Escrit, que la balle a tousiours vne mesme aisance à penetrer le second milieu en toutes sortes d'inclinations. D'où il doit suiure, dans l'application du raisonnement de Monsieur Descartes, qu'en toutes sortes de cas la reflexion se fera à angles égaux, & que la penetration se fera de mesme en tous les cas en li-gne droite; le mouuement de dessous en ligne droite suiuant les mesmes loix, & répondant iustement au mouuement de dessus à angles égaux, Mais il n'y aura donc point de refra-ction, me direz-vous? ie replique que le mouuement de la balle & la refraction ne se ressemblent que par la comparai-son imaginaire de Monsieur Descartes; Et qu'au pis aller, si le détour de la balle en passant par le second milieu est veritable, il en faut chercher la raison ailleurs que dans la composition des mouuemens, qui ne produira iamais en cet-te rencontre qu'vn cercle Dialectique, de quelque biais que vous le preniez ; Il faudra examiner les principes secrets dont se sert la Nature en produisant la refraction ; Et si celuy que i'ay touché dans ma Lettre à M. de la Chambre ne vous plaist pas, ie souhaitte qu'il vous en vienne vn meilleur en l'esprit, & que cette vieille dispute aboutisse enfin à la pleine & entiere découuerte de la verité, Ie suis de tout mon cœur,

MONSIEVR,

Vostre tres-humble seruiteur, FERMAT.

RESPONSE DE Mr CLERSELIER
aux deux precedentes de M. de Fermat.

Du 21. Aouſt 1658.

LETTRE XLIX.

MONSIEVR,

Ie me trouue auiourd'huy plus empeſché à répondre que
ie n'eſtois la derniere fois ; auſſi auez-vous changé de condition ; & de juge que vous eſtiez, vous eſtes deuenu partie.
Quand ie n'auois qu'à deffendre deuant vous la cauſe de
Monſieur Deſcartes contre voſtre Sceptique, ie ne me
promettois pas vn ſuccez moins fauorable que celuy que
i'ay eu ; I'auois vne bonne cauſe à deffendre, des ſubtilitez
à éclaircir, & vn juge clair-voyant pour m'entendre & pro-
noncer. Mais quand ie vous conſidere deſcendu de voſtre
ſiege, pour vous porter vous-meſme partie contre celuy
que ie deffens, le reſpect que ie vous dois en quelque eſtat
que vous paroiſſiez, la grande eſtime que i'ay touſiours
conceuë de vous, & qui s'augmente en moy à meſure que
vous vous faites dauantage connoiſtre, & le peu d'vſage
que i'ay dans la matiere que nous agitons, à comparaiſon
de celuy que vous vous y eſtes acquis, tout cela m'eſtonne,
& fait que ie ne ſçay encore quelle iſſuë me promettre de
tout ce demeſlé. Ie vous diray pourtant d'abord que ſi ie
voulois agir auec moins de franchiſe, que ne m'oblige l'honneſte procedé que vous gardez auec moy, ie pourrois vſer
d'vne exception, qui paroiſtroit peut-eſtre aſſez legitime
& receuable, en vous accordant tout ce que vous dites, &
pretendant que tout cela ne fait rien contre Monſieur Deſ.

cartes, & ne combat en aucune façon sa doctrine touchant la Reflexion & la Refraction.

Car ie veux que la balle de la figure de la page 19. de la Dioptrique, selon la supposition que vous faites dans voftre premiere Lettre, se trouue empefchée (comme vous dites sans doute agreablement) à trouuer quelque issuë pour prendre sa route ; Et ie veux mefme que le passe-port que vous luy auez donné par auance en voftre seconde, de peur que nous n'euffions pas affez de credit pour luy en obtenir vn, & mefme que la route que vous auez eu la bonté de luy marquer en cét endroit, luy fuft fi aifée & fi commode, qu'elle ne fift point de difficulté de la fuiure ; Que pourroit-on conclure de là contre Monfieur Defcartes? lequel n'ayant apporté en ce lieu là les exemples de la balle, que pour ex-pliquer certains effets particuliers de la Lumiere, à fçauoir, celuy de la reflexion, qui fe fait toufiours à angles égaux, & celuy de la refraction, qui fe fait toufiours de la mefme forte dans vn mefme milieu, & qui change felon la proportion qui eft entre le milieu d'où elle fort, & celuy où elle entre, ce qui fait que tantoft elle s'approche & tantoft elle s'éloigne de la perpendiculaire, qui, dis-ie, n'a eu aucune occafion d'expliquer le cas que vous propofez, pource qu'il n'a aucun rapport à fon deffein.

Il n'y en auoit que trois qui y puffent feruir, & il les a tous trois expliquez, & à mon auis d'vne maniere fi claire & fi fimple, qu'il n'y a que ceux qui veulent trop fubtilifer, qui y puffent trouuer de la difficulté.

Le premier cas qui explique la reflexion, eft celuy d'vne balle, qui eftant pouffée fuiuant la ligne A B, rencontre de biais dans fon chemin vn corps dur, impenetrable & iné-branlable ; Qu'y a-t'il de plus fimple & de plus clair, que cette balle, qui ne perd rien de fa viteffe, doit rejaillir à an-gles égaux, c'eft à dire, remonter auffi vifte qu'elle eft def-cenduë, & auancer autant qu'elle faifoit vers le cofté où ce corps dur n'eft point du tout oppofé.

Le fecond, qui fe rapporte à la refraction, lors qu'elle

s'éloigne

s'éloigne de la perpendiculaire, est celuy de la mesme balle,
qui estant poussée comme dessus, rencontre aussi de biais vn
autre milieu dans lequel elle penetre, & qui luy fait perdre
vne partie de sa vitesse. Quoy de plus clair & de plus simple, que de dire que cette balle ne pouuant plus aller si viste
qu'elle faisoit auparauant, doit pourtant conseruer toute
la determination qu'elle auoit à auancer vers le costé à
laquelle ce milieu n'est aucunement opposé, & à quoy la
perte qu'elle a soufferte en sa vitesse ne resiste point, & se
peut accommoder. Pourquoy vouloir obliger cette balle à
faire plus qu'elle ne doit, puisque la Nature ne fait rien en
vain.

Enfin le troisiéme cas, qui se rapporte à la refraction, lors
qu'elle s'approche de la perpendiculaire, & le seul qui restoit à Monsieur Descartes à éclaircir, s'explique heureuse-
ment par la mesme balle, qui estant poussée comme auparauant, rencontre aussi de biais dans son chemin vn autre
milieu, dans lequel elle penetre auec vne égale facilité de
tous costez, & qui augmente sa vitesse d'vne certaine quantité. Que peut-on penser de plus simple & de plus naturel,
que de dire que cette balle deuant aller plus viste qu'elle ne
faisoit auparauant, n'auance pourtant pas dauantage, selon
cette determination à laquelle ce corps par qui sa vitesse a
esté augmentée n'est point du tout opposé.

Le cas que vous proposez outre cela dans vostre premiere
Lettre est superflu, & ne peut seruir à expliquer aucun de
ces Phainomènes de la Lumiere, & par consequent il n'est
icy d'aucune consideration; Et quelque inconuenient qui
en pust suiure, cela ne pourroit prejudicier à ce que Monsieur Descartes a auparauant prouué, & par quoy il a expliqué si intelligiblement ces effets merueilleux de la Lumiere,
qui ne laisseroient pas d'estre vrais, & tels qu'il les a demon-
strez, quand vostre supposition seroit difficile à expliquer
par ses principes, ce que ie ne desespere pourtant pas de
faire, & quand elle se deuroit expliquer suiuant les vostres,
ce que ie n'estime pas.

Tome III.   Gg

Mais pource que c'eſt en cecy que conſiſte toute noſtre diſpute , il faut que i'éclairciſſe vne fois pour toutes vn point qui vous ſemble n'auoir pas eſté prouué par Monſieur Deſcartes , à cauſe que ſa preuue n'eſt pas purement Geometrique , mais qu'elle eſt en partie fondée ſur quelques principes de la Nature , ſi clairs qu'ils ne demandent aucune explication. Ces principes ſont, premierement que chaque choſe demeure en l'eſtat qu'elle eſt, pendant que rien ne la change. Secondement, que lors que deux corps ſe rencontrent , qui ont en eux des modes incompatibles , il ſe doit veritablement faire quelque changement en ces modes pour les rendre compatibles , mais que ce changement eſt touſiours le moindre qui puiſſe eſtre. Troiſiémement, qu'vn corps ne peut reſiſter , ou cauſer du changement dans vn autre , qu'entant qu'il luy eſt oppoſé.

Ainſi donc , ſi vne balle ſe meut d'A vers B , dans la figure de la page 15. auec vne certaine viteſſe , elle continuera touſjours d'aller auec la meſme viteſſe dans la meſme ligne , ſi rien ne la change. Mais ſi vous luy oppoſez le corps dur , impenetrable, & inébranlable C B E , pource que les modes de ces deux corps , l'vn qui tend

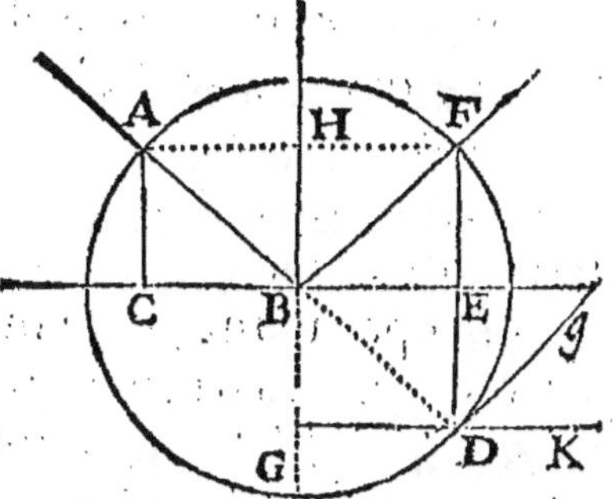

de B vers D , & l'autre qui s'oppoſe à cette route , ſont incompatibles , mais qui ne s'oppoſe point à ſa viteſſe , il faut qu'il arriue du changement en l'vn de ces modes , mais le moindre qui puiſſe eſtre ; C'eſt pourquoy la balle changera de determination , & gardera ſa viteſſe ; Et d'autant que le corps C B E n'eſt oppoſé qu'à l'vne des deux determinations, dont il eſt vray que celle de la balle eſt compoſée , eu égard au corps C B E ſur lequel elle tombe, à ſçauoir, à celle qui la faiſoit deſcendre , & non point à celle de gauche à droite , ce corps ne peut apporter de changement qu'à celle-là, & non point à l'autre , à laquelle il n'eſt point oppo-

fé; C'eſt pourquoy il oblige la balle de remonter, & la laiſſe
continuer à s'auancer vers la droite comme elle faiſoit auparauant, à quoy il ne change rien, le mode de ſon corps
n'ayant rien d'incompatible & d'oppoſé à celuy - là. Il ne
faut plus adjoûter à ce raiſonnement que ce qui appartient
à la Geometrie & la preuue ſera acheuée. Si vous n'appellez
pas cela vne preuue demonſtratiue, ie ne ſçay plus de quelles raiſons il faudra ſe ſeruir pour en compoſer vne ; mais
pour moy ie me contente de pareilles demonſtrations. Or
le meſme raiſonnement que ie viens de faire ſe peut accommoder à la figure de la page 17. & à celle de la page 19. & à
tous les cas qui ſe peuuent propoſer, & ie n'y voy rien de
different que les differentes ſuppoſitions ; A ſçauoir, que le
corps C B E tantoſt eſt dur & tantoſt liquide ; tantoſt pene-
trable & tantoſt impenetrable ; que la viteſſe tantoſt diminuë, tantoſt augmente, & tantoſt demeure la meſme ; &
que la balle tantoſt continuë de deſcendre & tantoſt eſt
obligée de remonter ; & meſme que tantoſt on peut oppoſer
vn corps au cours de la balle, & tantoſt non.

Examinons maintenant ces cas l'vn apres l'autre ſuiuant
ces principes, & voyons ce qui doit arriuer ; Et ie m'aſſure
que l'on ne trouuera point que la choſe doiue aller comme
vous dites, mais bien comme dit Monſieur Deſcartes, &
cela réponddra en meſme temps à toutes vos nouuelles difficultez.

Premierement, vous dites fort bien au commencement de
voſtre ſeconde Lettre, que ſi l'on ſuppoſe que la balle qui
va dans la ligne droite A B diminuë ſa viteſſe de moitié en
arriuant au point B, elle ira touſiours en ligne droite vers
D, ſi elle continuë d'aller dans le meſme milieu, & que le
plan C B E ne luy ſoit point oppoſé ; auec cette difference
ſeulement qu'elle employera depuis B iuſques à D, le double
du temps qu'elle auoit mis auparauant depuis A iuſques à
B ; Et cela à cauſe qu'vn corps doit touſiours demeurer dans
le meſme eſtat où il eſt, ou auquel on ſuppoſe qu'il ſoit, ſi
rien ne le change. Or n'y ayant rien qui change en la balle

que la viteſſe, ny rien par quoy la determination doiue eſtre
alterée plus d'vn coſté que d'vn autre, tout cela fait qu'elle
doit continuer dans la meſme ligne, & aller ſeulement
moins viſte ſelon cette determination ; De meſme que lors
qu'vn corps tombe perpendiculairement de l'air dans l'eau,
il continuë d'aller ſuiuant la ligne de ſa cheute, & va ſeulement dautant moins viſte que ſa viteſſe eſt diminuée à la
rencontre de l'eau.

Si pourtant i'euſſe eſté d'humeur à vouloir chicaner, (ce
qui ne m'arriuera iamais lors que i'auray affaire à vne perſonne d'honneur & de merite comme vous) i'aurois pû nier
que le cas que vous propoſez fuſt conceuable & admiſſible,
à ſçauoir, qu'vn mobile ſans changer de milieu puiſſe tout
d'vn coup paſſer d'vne viteſſe à vne autre, ſans paſſer par les
degrez qui ſont entre deux ; Ce que vous dites vous meſme
eſtre contraire aux loix inuiolables de la pure Geometrie;
Et qui meſme eſt contraire à cette loy de la Nature, qui eſt,
Que chaque corps continuë touſiours de demeurer dans le
meſme eſtat autant qu'il ſe peut, & que iamais il ne le change
que par la rencontre des autres. Le moyen donc de conceuoir qu'vn corps puiſſe tout d'vn coup eſtant arriué au point
B perdre la moitié de ſa viteſſe, lors qu'il ne rencontre rien
qui la luy puiſſe faire perdre. Mais ie veux bien vous accorder toutes vos ſuppoſitions, & ne vous rien nier que ce qui ne
ſe pourra abſolument admettre, à moins de renuerſer toutes
les loix de la Nature, & toutes les notions claires & ſimples
qui ſont en nous.

(Paſſons à voſtre ſeconde ſuppoſition, qui eſt à mon gré
vne des plus adroites que l'on puſt faire en ce genre, & dont
ſans doute i'aurois eu peine à appercevoir la ſubtilité, n'é-
toit qu'eſtant accouſtumé à ſuiure des voyes fort ſimples
dans mes raiſonnemens, ie me defie de tout ce que ie voy
qui s'en écarte.

Vous ſuppoſez apres cela que la balle perdant comme auparauant la moitié de ſa viteſſe au point B, le plan C B E
impenetrable ſe trouue entre deux, & empeſche que la balle

ne paſſe au deſſous ; & vous
dites que la balle refléchira
auſſi bien à angles égaux, que
ſi la viteſſe ou le mouuement
demeuroit le meſme ; Et certainement ie confeſſe que vous
le prouuez d'vne maniere la
plus ingenieuſe qu'il eſt poſſible, Mais permettez-moy auſſi

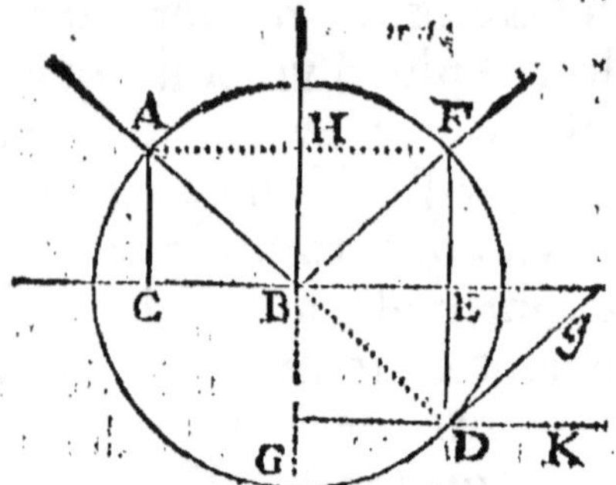

de vous dire qu'elle eſt captieuſe , & ſouffrez que ie vous
faſſe voir en quoy ie penſe que vous vous eſtes mépris.

Quand en l'exemple cy-deſſus ie ſuis demeuré d'accord
que la balle perdant au point B la moitié de ſa viteſſe, ne
laiſſoit pas de continuer ſon chemin ſuiuant la ligne B D,
auec cette ſeule difference qu'elle alloit de moitié moins
viſte, ç'a eſté parce que ne changeant point de milieu , &
aucun plan ne luy eſtant oppoſé , on ne pouuoit pas dire que
la determination de la balle ſuiuant la ligne A B fuſt compoſée de deux determinations , non plus que lors qu'vne
balle tombe perpendiculairement ſur vn plan. Mais icy où
vous ſuppoſez que le plan C B E luy eſt oppoſé, il eſt certain
qu'à ſon égard la determination de la balle ſur la route A B,
eſt compoſée de deux autres , l'vne qui la fait deſcendre
vers luy, & l'autre qui la fait auancer vers la droite, ou ho-
riſontalement , & que ce plan s'oppoſe à celle-là & non
point à celle cy.

Maintenant de deux choſes l'vne , où vous ſuppoſez qu'a-
pres que la balle eſt venuë auec deux degrez de viteſſe depuis A iuſques à B , eſtant au point B elle rencontre le plan
C B E qui luy fait perdre la moitié de ſa viteſſe, ou bien vous
ſuppoſez , que ſans que ce plan y contribuë, ayant perdu la
moitié de ſa viteſſe au point B, elle rencontre le plan C B E;
Et ſi i'ay bien compris le ſens de voſtre ſeconde Lettre, c'eſt
principalement à ce dernier cas qu'elle ſe rapporte. (Mais
remarquez encore icy en paſſant que ie vous accorde plus
que ie ne deurois; Car le moyen de conceuoir qu'vne balle

perde la moitié de sa vitesse au point B, sans la rencontre
d'aucun corps qui la luy fasse perdre.)

Au premier cas il est aisé de voir, qu'il ne faut (comme
vous auez fait dans voftre premiere Lettre) que transferer
le raisonnement de la figure de
la page 17. au dessus du plan; &
dire que puisque la balle ne perd
rien du tout de la determination qu'elle auoit à auancer vers
la droite, elle doit (toutes les
autres conditions estant gar-
dées) arriuer au point O, ainsi
que vous auez fort bien remarqué. C'est pourquoy ie n'aurois
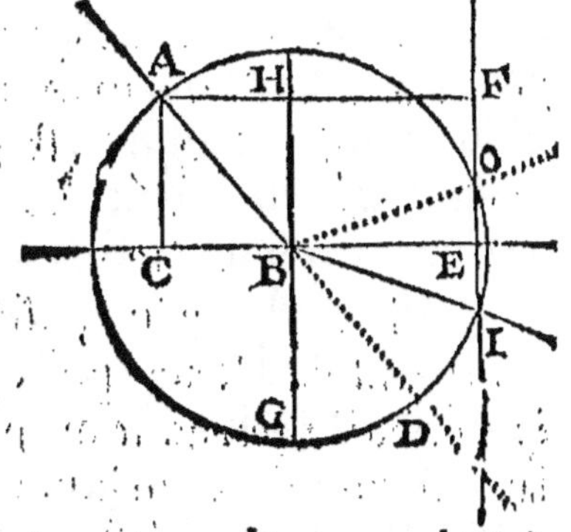
garde de dire comme vous faites, pourquoy de grace le rai-
sonnement de Monsieur Descartes conclura-t'il au dessous,
s'il ne conclud pas au dessus ? Ce qui est vne demonstration
en vn cas, deuiendra-t'il vn Paralogisme en l'autre ? Non
sans doute, l'vn & l'autre conclud également bien.

Au second cas, la balle peut suiure la route que vous auez
marquée dans voftre seconde Lettre, & refléchir toufiours
à angles égaux, de quelque maniere & en quelque proportion que la vitesse ou le mouuement change au point B;
Mais non pas à la verité par la raison que vous dites; Car la
mesme proportion ne doit pas estre gardée par vne balle
qui rencontrant de biais vn plan impenetrable est obligée
de refléchir, que celle qui est gardée par vne autre balle
que l'on suppose n'en point rencontrer; A cause qu'vne balle
qui ne rencontre aucun plan n'a qu'vne seule determination, elle ne va ny à gauche ny à droite, au lieu qu'vne balle
qui tombe de biais sur vn plan, y va toufiours auec deux determinations, à l'vne desquelles ce plan est opposé, & à
l'autre non, & cette circonstance en doit changer l'effet,
selon les principes cy-deuant posez.

Mais voicy comme la balle peut suiure la route que vous
auez marquée, & refléchir à angles égaux, à sçauoir, il

faut supposer que la balle estant au point B, & ayant perdu la
moitié de sa vitesse (ou telle autre quantité qu'il vous plaira)
commence là à suiure la route qu'elle suiuroit si elle auoit
commencé à ce point-là à se mouuoir auec la vitesse qui luy
reste ; Or il est constant, que si sans auoir égard à la ligne
A B, qu'elle a parcouruë auec deux degrez de vitesse, elle
commençoit à se mouuoir en B, auec la vitesse qu'on suppose
qui luy reste, & suiuant la direction qu'elle a veritablement
au point B, elle iroit vers D, auec vn degré de vitesse, &
y arriueroit en deux fois autant de temps qu'il luy en a fallu
pour venir d'A en B, si rien ne s'opposoit à son mouuement.
Et si au lieu de luy opposer le plan C B E au point B, on le luy
opposoit au point D, il est euident, par ce que nous auons
dit cy-dessus, que ce plan l'empeschant seulement de passer
outre, & non point d'auancer vers la droite, & ne diminuant
ny n'augmentant la vitesse auec laquelle elle seroit venuë
vers luy depuis B, elle rejailliroit vers G, & feroit vn angle
de reflexion D K, égal à celuy d'incidence B D L, lequel
se trouueroit égal à celuy de la premiere incidence A B C.
Or est-il qu'il doit arriuer au point B, le mesme changement en la determination de la balle, que celuy qui arriueroit au point D, si le plan C B E luy estoit opposé en ce
point là, puisque dés le point B la balle a toute la mesme
vitesse & la mesme determination qu'elle auroit au point
D, apres auoir parcouru la ligne B D, Et partant la balle,
selon vostre supposition, doit au point B rejaillir suiuant vn
angle egal à celuy d'incidence. Non point, comme i'ay dit,
par la raison que vous dites, Car il n'est pas vray que l'inter-
position du plan C B E n'empeschant que l'vne des parties
dont la determination est composée, celle de gauche à droite
reste la mesme qu'elle estoit quand la balle n'auoit aucun
plan qui luy fust opposé, Car en ce dernier cas, la balle
n'auoit qu'vne determination, & l'on ne peut pas dire
qu'elle auançoit vers la droite. C'est pourquoy la conclusion que vous en tirez n'est pas non plus veritable ; Donc
dites-vous la balle a dû auancer autant au dessus vers la

Voyez la fig. p. 234.

droite, qu'elle euſt fait au deſſous, ſi le plan n'euſt pas empeſché ſa route, Et comme lors qu'elle ſeroit au point D au
deſſous, elle auroit auancé en deux momens vers la droite
depuis B iuſques en E; de meſme auſſi pour auancer en deux
momens autant au deſſus vers la droite, elle doit aller au
point F, qui eſt autant auancé vers la droite que le point D,
& qui couppe le cercle au deſſus, en meſme proportion que
D le couppe au deſſous, & fait vn angle de reflexion egal à
celuy d'incidence. Car toute cette proportion de gauche
à droite, que vous dites deuoir eſtre gardée au deſſus, comme elle euſt eſté au deſſous, ſi le plan C B E n'euſt pas empeſché ſa route, n'eſt qu'vne proportion imaginaire, puis qu'au
deſſous, quand il n'y a aucun plan interpoſé, la balle n'a
aucune direction vers la droite, cette direction ou determination vers la droite eſtant touſiours relatiue au plan qu'on
luy interpoſe; Et par exemple, ſi le plan C B E luy euſt eſté
oppoſé d'vn autre ſens, comme en cette figure, où ſeroit
tout voſtre raiſonnement vers la droite;
Mais cela doit arriuer dans voſtre ſuppoſition meſme, & dans toute autre, par la
raiſon que i'ay dite, qui eſt conforme aux
loix de la Nature, & aux principes cy-
deuant eſtablis.

Pour éclaircir cecy encore dauantage,
ſuppoſons pour troiſiéme cas, comme a
fait Monſieur Deſcartes à la fin de la page 19. de la Dioptrique, que la balle ayant eſté premierement pouſſée d'A vers
B, rencontre au point B le plan C B E, qui augmente la force de ſon mouuement, ou ſa viteſſe, d'vn tiers, en ſorte
qu'elle puiſſe faire par apres autant de chemin en deux momens, qu'elle en faiſoit en trois auparauant; Et il ſuit manifeſtement qu'elle doit reiaillir en F, puiſque la determination vers la droite ne peut eſtre augmentée par le plan C B
E, à laquelle il n'eſt aucunement oppoſé; & non pas en K,
comme elle deuroit faire, ſi voſtre raiſonnement eſtoit veritable; Mais qui ne le peut eſtre, puis qu'il eſt contraire

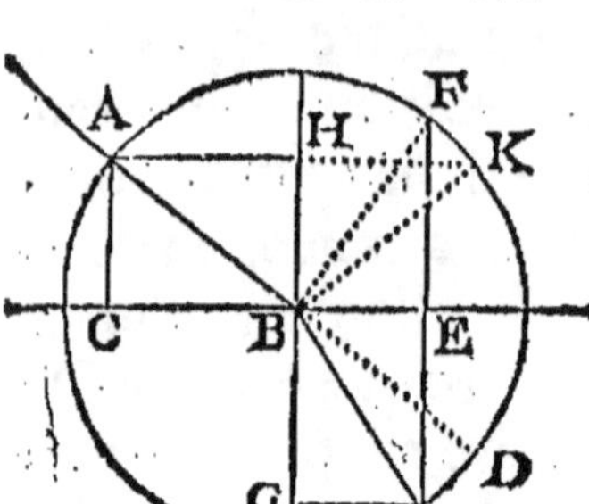

aux loix de la Nature ; & mesme
contre l'experience , qui nous
monstre que la reflexion d'vne
balle , & celle des autres semblables corps qui ne sont pas parfaitement durs , ou qui tombent sur
d'autres qui affoiblissent leur mouuement , ne se fait iamais à angles
égaux ; ainsi les balles les plus mo-
les ne rebondissent pas si haut, ny ne font pas des angles de
reflexion si grands que celles qui sont plus dures.

Et remarquez que puis qu'il est naturellement aisé de
conceuoir que pour faire que la reflexion se fasse à angles
égaux, le mouuement ne doit en aucune façon estre augmenté ny diminué par la rencontre du plan, il semble que
la raison nous doiue aussi naturellement porter à croire, que
lors que ce plan l'augmente ou la diminuë, l'angle de reflexion doit estre à proportion ou plus grand ou plus petit
que celuy d'incidence, & non pas qu'il doiue estre tousiours
égal, comme il suit de vostre raisonnement, qui pour cela
vous doit estre suspect, quoy qu'il soit tres-ingenieux.

Mais me direz-vous que deuiendra donc la balle dans la
supposition que i'ay faite à la fin de ma premiere Lettre, à
l'occasion de la figure de la page 19. Car c'est icy le point de
la difficulté, & enfin il la faut tirer de ce point fatal, où elle
paroist malheureusement engagée ; C'est aussi ce que ie pretens faire maintenant à l'honneur de Monsieur Descartes,
& sans faire changer de biais à sa Logique, en me seruant,
dans le cas que vous proposez icy, du mesme raisonnement
dont ie me suis desia seruy, quand i'ay passé à vostre seconde
supposition.

Si donc la balle estant arriuée au point B rencontre de
biais le plan dur impenetrable & inébranlable C B E, &
qu'elle perde à ce point B vne telle partie de sa vitesse que la
ligne F E estant tirée comme aux exemples precedens, soit
hors du cercle A D. Ie dis que, où vous entendez que le

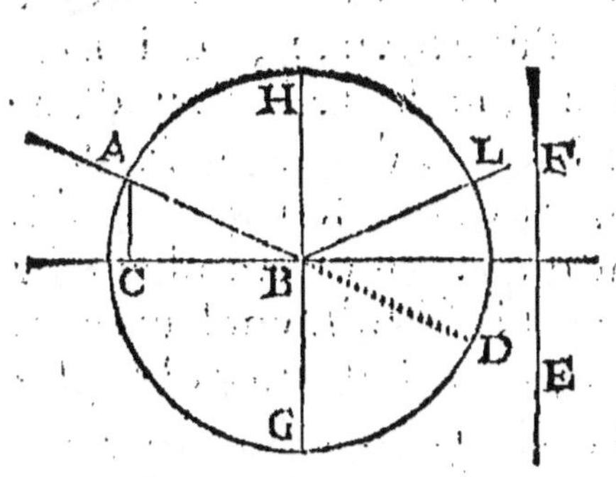

plan C B E contribuë à la perte de sa vitesse, où vous entendez qu'il n'y contribuë rien. S'il n'y contribuë rien, on ne peut pas conce-uoir autre chose, sinon que la balle apres auoir perdu les deux tiers de sa vitesse, & ayant dans cét estat vne direction determinée à al-ler vers D, en vn certain temps, à proportion de la force ou de la vitesse qui luy reste, & par consequent d'auancer aussi selon cette force d'vne certaine quantité vers la droite à l'egard du plan C B E qu'on luy oppose, lequel pourtant n'est point opposé à cette direction vers la droite, elle doit rejaillir estant au point B, comme elle feroit au point D, ainsi que i'ay dit cy-dessus. Et voila la route que ie luy aurois marquée, qui se trouue conforme à la vostre, mais par vne autre raison, qui ne m'oblige point à changer de Logique.

Mais remarquez que cette supposition mesme est impossi-ble, qu'vne balle perde les deux tiers de sa vitesse, sans la rencontre d'aucun corps qui la luy fasse perdre.

Que si maintenant le corps C B E contribuë à la perte de la vitesse, cela ne se peut faire en supposant le corps C B E parfaitement dur, impenetrable & inébranlable. Car le mouuement de la balle ne peut estre diminué par la rencon-tre d'vn corps, qu'entant que la balle luy transfere de son mouuement. Et si elle luy en transfere, cela ne se peut faire que du sens auquel le corps C B E luy est opposé, & par consequent elle ne luy peut transferer de son mouue-ment, que selon cette partie de sa direction, qui la fait ten-dre vers luy, & iamais la rencontre du corps C B E (que l'on doit supposer parfaitement vny) ne peut diminuer sa direction vers la droite, ou parallele, Or il est aisé de con-clure que si la balle au point B, a transferé au corps C B E, tout le mouuement qui la faisoit tendre en bas, elle doit

continuer ſon mouuement parallele , & rouler ſur luy en
auançant autant vers la droite, qu'elle faiſoit auparauant.

Que ſi nonobſtant cela vous voulez contre toute raiſon
faire cette ſuppoſition impoſſible, qu'elle perde vne telle
partie de ſa viteſſe au point B , qu'elle ne puiſſe plus auancer
autant vers la droite qu'elle faiſoit auparauant, & par conſequent qu'elle ait auſſi perdu vne partie du mouuement qui
la faiſoit auancer vers la droite, alors ie vous diray qu'elle
roulera ſur le Diametre auec la viteſſe qui luy reſte ; tout de
meſme que, lors que vous ſuppoſez que ſans rencontrer aucun plan elle vient à perdre de ſa viteſſe, elle doit continuer
ſon chemin dans la meſme ligne droite qu'elle auoit commencé à parcourir. Et ainſi il arriuera la meſme choſe à cette
balle , que ſi ayant eſté meuë auec vne certaine viteſſe le
long du plan C B E, il arriuoit qu'eſtant au point B (par vne
ſuppoſition impoſſible, & ſans aucune cauſe) elle vinſt à
perdre vne partie de ſa viteſſe , elle continueroit ſon chemin ſur le meſme plan auec la viteſſe qui luy reſteroit.

Mais remarquez que pour trouuer quelque choſe de defectueux aux raiſonnemens de Monſieur Deſcartes, il en faut
venir à des ſuppoſitions impoſſibles ; & partant ce ne ſeroit
pas merueille quand d'vne impoſſibilité poſée, il s'enſuiuroit
vne abſurdité.

Par tout ce que deſſus , il paroiſt que ce que vous dites
dans voſtre ſeconde Lettre tombe de ſoy-meſme, & n'a pas
beſoin de réponſe ; A ſçauoir, que ſi Monſieur Deſcartes
euſt pris garde qu'en quelque maniere que la viteſſe change,
c'eſt à dire, augmente ou diminuë au point B , la reflexion
ne laiſſe pas de ſe faire à angles égaux , il n'euſt pas eſté
en peine, ny ſes amis non plus, de tirer la balle du point B,
où ils l'ont veuë malheureuſement engagée dans l'exemple
de ma derniére Lettre ; il n'euſt pas ſoûtenu que la viteſſe
venant à changer au point B , la balle ne laiſſe pas d'auancer
vers la droite autant qu'elle faiſoit auparauant ; & n'euſt pas
déduit d'vn fondement non ſeulement incertain, mais encore faux, ſa proportion des refractions ; Tout cela dis-ie

n'eſtant plus appuyé d'aucunes raiſons valables ſe détruiſt
de ſoy meſme, auſſi bien que ce que vous adjoûtez à la fin
de la meſme Lettre, à ſçauoir, que le ſecond milieu ſe pouuant, comme i'ay dit, ouurir auec vne égale facilité de tous
coſtez pour faire paſſage à la balle, & que la balle ayant
touſiours vne meſme aiſance à penetrer le ſecond milieu en
toutes ſortes d'inclinations, il doit ſuiure, dites-vous, dans
l'application du raiſonnement de Monſieur Deſcartes,
qu'en toute ſorte de cas la reflexion ſe fera à angles égaux,
& que la penetration ſe fera de même en tous les cas en ligne
droite, le mouuement de deſſous en ligne droite ſuiuant les
meſmes loix, & répondant iuſtement au mouuement de
deſſus à angles égaux. Car ſi ie me ſuis aſſez bien fait entendre, vous deuez maintenant tirer d'autres concluſions que
celles-là des principes de Monſieur Deſcartes, & deuez
auſſi, ſi ie ne me trompe moy-meſme, auoir reconnu l'erreur
du raiſonnement duquel vous les auiez tirées. Et partant ne
dites plus que le mouuement de la balle & la refraction ne ſe
reſſemblent que par la comparaiſon imaginaire de Monſieur Deſcartes; Car c'eſt peut-eſtre la plus iuſte & la plus
claire que l'on puiſſe apporter pour l'expliquer; Mais pour
cela il faut conſiderer la balle ſans peſanteur, ſans groſſeur,
ſans figure, & ſans changement en ſa viteſſe dans toutes les
lignes qu'elle parcourt; toutes leſquelles choſes peuuent
cauſer vne infinité de varietez dans la reflexion & la refraction d'vne balle; Mais pource qu'elles n'ont point de lieu
en l'action de la Lumiere, à laquelle ſe doit rapporter tout
ce qu'il dit, Monſieur Deſcartes ne les a point conſiderées dans le mouuement de cette balle dont il parle; Et
principalement il n'a point conſideré cette circonſtance,
que ie vous prie de remarquer, qui eſt la plus commune, &
qui peut donner le plus d'occaſion de douter de ce qu'a dit
Monſieur Deſcartes; c'eſt à ſçauoir, que dautant que le
milieu que parcourt vne balle luy oſte pour l'ordinaire à
tous momens vne partie de ſa viteſſe, par le tranſport qu'elle luy en fait, de là arriue qu'vne balle peut auoir perdu au

point de la reflexion la moitié, par exemple, de la viteſſe
qu'elle auoit au commencement , qu'elle ne laiſſera pas
de refléchir à angles égaux, à cauſe qu'au moment qu'elle
vient à toucher le plan, la viteſſe a deſia eſté diminuée par
le milieu qu'elle a parcouru, & que la direction qu'elle a
alors ne laiſſe pas de la determiner d'aller ſuiuant la meſme
ligne, où ſa premiere direction la portoit quand elle eſt
ſortie de la main, ou de deſſus la raquette, (pourueu que
ſa peſanteur, ou ſa groſſeur, ou ſa figure n'ayent rien changé en cela.) Et ce que ie dis de la viteſſe quand le milieu la
diminuë, ſe doit auſſi entendre quand elle eſt augmentée à
tous momens par ſa peſanteur, Comme lors qu'vne balle
tombe le long d'vn plan incliné, elle rejaillira auſſi alors à
angles égaux, encore que ſa viteſſe ſe trouue augmentée au
point de la reflexion, & cela par la meſme raiſon, à ſçauoir,
que cette augmentation ne luy vient pas du plan , mais
qu'elle l'auoit auant que de le rencontrer ; Et ainſi vous
voyez combien les principes de Monſieur Deſcartes ſont
fermes, & ſes raiſonnemens bien ſuiuis. Ce qui monſtre que
la veritable raiſon des refractions ſe doit tirer du mouuement & des determinations compoſées , en les examinant
comme Monſieur Deſcartes a fait. Et ſans mentir Monſieur
Deſcartes eſtoit vn homme de trop bon ſens, & qui prenoit
garde de trop prés aux choſes, pour tomber dans des fautes
ou viſibles ou groſſieres ; Et il me ſemble qu'il nous a donné
ſujet d'auoir aſſez bonne opinion de luy, pour croire pluſtoſt
que nous nous méprenons, en ne comprenant pas ſon ſens
& ſes raiſons, que non pas de croire qu'il ſe ſoit trompé, au
moins quand l'erreur où nous croyons qu'il ſoit tombé eſt
apparente & groſſiere. A quoy i'adjoûteray ſeulement que
puiſque les diuerſes experiences qu'a fait icy Monſieur Petit
(que vous connoiſſez) en toutes ſortes de corps tranſparens,
s'accordent toutes auec la proportion que Monſieur Deſcartes a trouuée, il eſt à croire que les raiſons qui la luy ont
fait trouuer ſont veritables : Car le moyen d'arriuer en tant
de differens cas ſi iuſtement au vray par vn meſme raiſonne-

H h iij

ment, fi ce raifonnement eftoit faux.

Que fi apres tout cela vous ne voulez pas admettre les conclufions que i'ay tirées des principes que Monfieur Def-cartes a eftablis, receuez au moins pour vraye la conclufion de cette Lettre, & croyez que fi mes raifonnemens font fau-tifs, les proteftations de mon cœur font finceres, quand ie vous affure que ie veux eftre,

LETTRE DE MONSIEVR DE FERMAT
à M. de la Chambre touchant la Dioptrique.

A Toulouze le mois d'Aouft 1657.

LETTRE L.

MONSIEVR,

Ie n'auois garde de vous obeïr, lors que vous m'ordon-niez de receuoir voftre Liure fans le lire ; Le prefent que vous m'en auez fait eft vne marque trop precieufe de l'ami-tié dont vous m'honorez ; Mais fa lecture m'a fait conceuoir l'idée de cette amitié comme vn bien qui merite d'eftre conferué auec foin, auec refpect & auec eftime. Et pour vous le faire voir, ie ne vous parleray point de vos autres fpeculations de Phyfique, quoy qu'elles foient pleines d'vn raifonnement tres-folide & tres-fubtil ; Il me fuffira de vous entretenir vn peu fur la matiere de la reflexion & de la refra-ction ; quand ce ne feroit que pour reparer par cette Lettre la perte d'vn difcours que ie vous auois adreffé, il y a defia quelques années, fur ce mefme fujet, & que i'ay fceu n'eftre point venu en vos mains. Ce qui m'y confirme eft que i'en-tre par là dans quelque focieté d'opinion auec vous ; & i'ofe mefme vous affurer par auance, que fi vous fouffrez que ie joigne vn peu de ma Geometrie à voftre Phyfique, nous

ferons vn trauail à frais communs qui nous mettra d'abord
en deffense contre Monsieur Descartes, & tous ses amis.

Ie reconnois premierement auec vous la verité de ce
principe, que la Nature agit tousiours par les voyes les plus
courtes. Vous en deduisez tres. bien l'egalité des angles de
reflexion & d'incidence ; Et l'objection de ceux qui disent
que les deux lignes qui conduisent la veuë ou la lumiere
dans le miroir concaue sont tres. souuent les plus longues,
n'est point considerable, si vous supposez seulement comme vn autre principe indisputable, que tout ce qui appuye
ou qui fait ferme sur vne ligne courbe, de quelque Nature
qu'elle soit, est censé appuyer ou faire ferme sur vne droite
qui touche la courbe au point où la rencontre se fait ; Ce
qui peut estre prouué par vne raison de Physique, aidée
d'vne autre de Geometrie. Le principe de Physique, est
que la Nature fait ses mouuemens par les voyes les plus simples ; Or la ligne droite estant plus simple que la circulaire,
ny que pas vne autre courbe, il faut croire que le mouuement du rayon qui tombe sur la courbe, se rapporte plustost
à la droite qui touche la courbe, qu'à la courbe mesme.
Premierement, parce que cette droite de l'attouchement
est plus simple que la courbe. Secondement (& c'est ce qui
s'emprunte de la Geometrie) parce qu'aucune droite ne
peut tomber entre la courbe & la touchante, par vn principe d'Euclide ; De sorte que le mouuement est iustement le
mesme sur la droite qui touche que sur la courbe qui est touchée. Et cela supposé, on ne peut iamais dire que les deux
droites qui conduisent la lumiere ou le rayon soient quelquefois les plus longues, aux miroirs concaues, parce qu'en
ce cas mesme, elles se trouuent les plus courtes de toutes
celles qui peuuent se refléchir sur la droite qui touche la
courbe ; Et par consequent il ne faut ny supposer que la
Nature agisse par contrainte en ce cas, ny conclure qu'elle
suiue vne autre maniere de mouuement, que celle qu'elle
pratique aux miroirs plans, & en toute autre espece de miroirs ; de sorte que voila vostre principe plainement estably
pour la reflexion.

Mais puis qu'il a seruy à la reflexion , pourrons-nous en
tirer quelqu'vsage pour la refraction , il me semble que la
chose est aisée , & qu'vn peu de Geometrie nous pourra
tirer d'affaire. Ie ne m'estendray point sur la refutation de
la demonstration de Monsieur Descartes , ie la luy ay autrefois contestée , à luy dis-ie *Viuenti atque sentienti*, comme
disoit Martial , mais il ne me satisfit iamais. L'vsage de ces
mouuemens composez est vne matiere bien delicate , & qui
ne doit estre traittée & employée qu'auec vne tres-grande
precaution. Ie les compare à quelques-vns de vos remedes,
qui seruent de poison, s'ils ne sont bien & deüement preparez. Il me suffit donc de dire en cet endroit que Monsieur
Descartes n'a rien prouué , & que ie suis de vostre sentiment
en ce que vous rejettez le sien.

Mais il faut passer plus outre , & trouuer la raison de la
refraction dans nostre principe commun , qui est , que la
Nature agit tousiours par les voyes les plus courtes & les
plus aisées. Il semble d'abord que la chose ne peut point
reüssir, & que vous vous estes fait vous-mesme vne objection
qui paroist inuincible ; Car puisque dans la page 315. de
vostre Liure, les deux lignes C B, B A qui contiennent l'angle d'incidence, & celuy de refraction, sont plus longues que
la droite A D C qui leur sert de
base dans le triangle A B C, le
rayon de C en A, qui contient
vn chemin plus court que celuy
des deux lignes C B, B A, deuroit au sens de nostre principe
estre la seule & veritable route
de la Nature, ce qui pourtant
est contraire à l'experience.

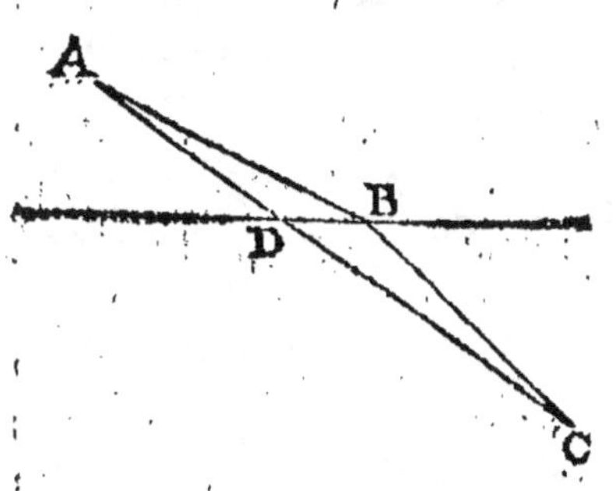

Mais on peut se defaire aisément de cette difficulté en supposant auec vous, & auec tous ceux qui ont traitté de cette
matiere, que la resistance des milieux est differente ; & qu'il
y a tousiours vne raison ou proportion certaine entre ces
deux resistances, lors que les deux milieux sont d'vne con-
siistance

fiftance certaine, & qu'ils font vniformes entr'eux.

Né vous eftonnez pas de ce que ie parle de refiftance, apres que vous auez decidé que le mouuement de la Lumiere fe fait en vn inftant, & que la réfraction n'eft caufée que par l'antipathie naturelle qui eft entre la Lumiere & la Matiere, Car foit que vous m'accordiez que le mouuement de la Lumiere fans aucune fucceffion peut eftre contefté, & que voftre preuue n'eft pas entierement demonftratiue, foit qu'il faille paffer par voftre decifion, à fçauoir, que la Lumiere fuit l'abondance de la Matiere, qui luy eft ennemie, ie trouue mefme en ce dernier cas, que puifque la Lumiere fuit la Matiere, & qu'on ne fuit que ce qui fait peine, & qui refifte, on peut fans s'éloigner de voftre fentiment, eftablir de la refiftance, où vous eftabliffez de la fuitte & de l'auerfion.

Soit donc par exemple en voftre figure le rayon C B, qui change de milieu au point B, où il fe rompt pour fe rendre au point A ; Si ces deux milieux eftoient les mefmes, la refiftance au paffage du rayon par la ligne C B, feroit à la refiftance au paffage du rayon par la ligne B A, comme la ligne C B à la ligne B A ; Car les milieux eftant les mefmes, la refiftance au paffage feroit la mefme en chacun d'eux, & par confequent elle garderoit la raifon des efpaces parcourus, D'où il fuit que les milieux eftant differens, & la refiftance par confequent differente, on ne peut plus dire que la refiftance au paffage du rayon par la ligne CB, foit à la refiftance au paffage du rayon par la ligne BA, comme la ligne C B à la ligne B A ; Mais en ce cas la refiftance par la ligne C B fera à la refiftance par la ligne B A, comme C B à vne autre ligne, dont la raifon à la ligne B A, exprimera celle des deux refiftances differentes :

Comme fi la refiftance par le milieu A eft double de la refiftance par le milieu C, la refiftance par C B fera à la refiftance par B A, comme la ligne C B au double de la ligne B A. Et fi la refiftance par le milieu C eft double de la refiftance par le milieu A, la refiftance par C B fera à la refiftance par B A, comme la ligne C B à la moitié de la ligne

B A, De sorte qu'en ces deux cas, les deux resistances par C B & par B A estant jointes, pourront estre exprimées, ou par la ligne C B jointe à la moitié de la ligne B A, ou par la ligne C B jointe au double de B A.

Vous voyez desià sans doute la conclusion de ce raisonnement. Car soient donnez par exemple les deux points C & A, en deux milieux differens, separez par la ligne D B, & qui soient de telle nature que la resistance de l'vn soit double de celle de l'autre, il faut chercher le point B, auquel le rayon qui va de C en A, ou d'A en C, soit couppé ou rompu.

Si nous supposons que la chose est desià faite, & que la Nature agit tousiours par les voyes les plus courtes & les plus aisées, la resistance par C B, jointe à la resistance par B A, contiendra la somme des deux resistances, & cette somme, pour satisfaire au principe, doit estre la moindre de toutes celles qui se peuuent rencontrer en quelqu'autre point que ce soit de la ligne D B. Or ces deux resistances jointes, sont en ce cas, comme nous auons prouué, representées, ou par la ligne C B jointe à la moitié de B A, ou par la mesme ligne C B, jointe au double de B A.

La question se reduit donc à ce Probleme de Geometrie, Estant donnez les deux points C & A, & la droite D B, trouuer vn point dans la droite D B, auquel si vous conduisez les droites C B & B A, la somme de C B & de la moitié de B A, contienne la moindre de toutes les sommes pareillement prises, ou bien que la somme de C B & du double de B A, contienne la moindre de toutes les sommes pareillement prises, Et le point B qui sera trouué par la construction de ce Probleme, sera le point où se fera la refraction.

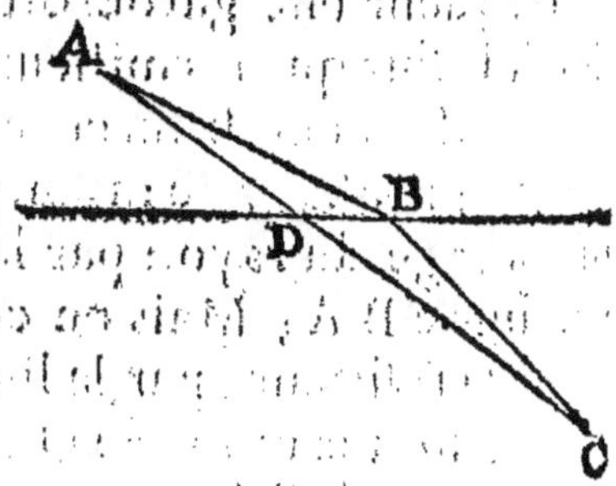

Vous voyez par là qu'il faut que le rayon se couppe & se rompe lors que les milieux sont differens, Car bien que la

somme des deux lignes C B & B A , soit tousiours plus grande que la somme des deux lignes C D & D A, ou que la toute
C A , neantmoins la ligne C B jointe à la moitié ou au double de B A, peut estre plus courte que la ligne C D jointe à
la moitié ou au double de D A.

Ie vous auoüe que ce Probleme n'est pas des plus aisez,
Mais puisque la Nature le fait en toutes les refractions, pour
ne se departir pas de sa façon d'agir ordinaire , pourquoy ne
pourrons-nous pas l'entreprendre.

Ie vous garantis par auance que i'en feray la solution
quand il vous plaira , & que i'en tireray mesme des conse-
quences qui establiront solidement la verité de nostre opinion, I'en deduiray d'abord que le rayon perpendiculaire
ne se rompt point , que la Lumiere se rompt dés la premiere
surface sans plus changer le biais qu'elle a pris ; Que le rayon
rompu s'approche quelquefois de la perpendiculaire , &
qu'il s'en éloigne quelqu'autrefois , à mesure qu'il passe d'vn
milieu rare dans vn plus dense , ou au contraire ; Et en vn
mot que cette opinion s'accorde exactement auec toutes les
apparences. De sorte que si elle n'est pas vraye, on peut dire
ce que disoit Galilée en vn sujet different , que la Nature
semble nous l'auoir inspirée , *per piggliarsi giocco di nostri
ghiribizzi.*

Mais i'ay tort de ne songer pas que le sujet de cette Lettre
ne deuoit estre qu'vn remerciment. Ie vous conjure , Monsieur, d'excuser sa longueur , quand ce ne seroit que par l'interest que vous y auez , & de la receuoir en tout cas comme
vn témoignage de l'estime que i'ay pour vostre sçauoir , &
du respect auec lequel ie suis,

MONSIEVR,

Vostre tres-humble & tres-affectionné
seruiteur, FERMAT.

LETTTRE DE MONSIEVR DE FERMAT
à M. de la Chambre, touchant la Dioptrique.

A Toulouze le 1. iour de l'An 1662.

LETTRE LI.

MONSIEVR,

Il est iuste de vous obeïr, & de terminer enfin par vostre entremise le vieux demeflé qui a esté depuis si long-temps entre Monsieur Descartes & moy, sur le sujet de la refraction, & peut-estre seray-ie assez heureux pour vous proposer vne paix que vous trouuerez auantageuse à tous les deux partis.

Ie vous ay dit autrefois dans ma premiere Lettre que M. Descartes n'a iamais demonstré son principe, Qu'outre que les comparaisons ne seruent gueres à fonder des demonstrations, il employe la sienne à contre-sens, & suppose mesme que le passage de la Lumiere est plus aisé par les corps denses que par les rares, ce qui est apparemment faux. Ie ne vous dis rien du défaut de la demonstration en elle-mesme, quand bien la comparaison dont il se sert seroit bonne & admissible en cette matiere, pource que i'ay traitté tout cela bien au long dans mes Lettres à Monsieur Descartes pendant sa vie, ou dans celles que i'ay écrites à M. Clerselier depuis sa mort. l'adjoûte seulement qu'ayant veu lemesme principe de M. Descartes dans plusieurs Autheurs qui ont écrit apres luy, leurs demonstrations, non plus que la sienne, ne me paroissent point receuables, & ne meritent point de porter ce nom. Herigone se sert pour le demonstrer des equiponderans, & de la raison des poids sur les plans incli-

nez, Le Pere Maignan y veut paruenir d'vne autre maniere,
mais il est aisé de voir qu'ils ne demonstrent ny l'vn ny l'autre, & qu'apres auoir leu & examiné auec soin leurs demonstrations, nous sommes aussi incertains de la verité du principe, qu'apres auoir leu Monsieur Descartes.

Pour sortir de cét embaras, & tascher de découurir la
veritable raison de la refraction, ie vous indiqué dans ma
Lettre, que si nous voulions employer dans cette recherche
ce principe si commun & si estably, *Que la Nature agit tou-*
jours par les voyes les plus courtes, nous pourrions y trouuer
facilement nostre compte. Mais parce que nous doutâmes
d'abord, que la Nature, en conduisant la Lumiere par les
deux costez d'vn triangle, puisse iamais agir par vne voye
aussi courte que si elle la conduisoit par la base, ou par la
soustendante, ie m'en vas vous faire voir le contraire de
vostre sentiment, ou plustost de vostre doute, par vn exemple aisé. Soit en la figure cy jointe, le cercle A C B G, du-

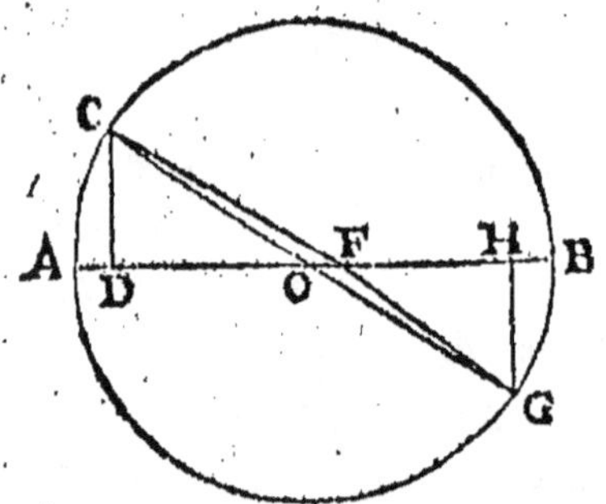

quel le Diametre soit A O B,
le centre O, & vn autre Diametre G O C. Des points G
& C, soient tirées les perpendiculaires sur le premier Diametre, G H, C D. Suppo-
sons que le premier Diametre
A O B separe deux milieux
differens, dont l'vn qui est

celuy de dessous A G B soit le plus dense, & celuy de dessus
A C B soit le plus rare, en telle sorte, par exemple, que le passage par le plus rare soit plus aisé que celuy par le plus dense
en raison double. Il suit de cette supposition que le temps
qu'employe le mobile, ou la Lumiere, de C en O, est moindre que celuy qui les conduit d'O en G, Et que le temps du
mouuement de C en O, qui se fait dans le milieu le plus rare,
n'est que la moitié du temps du mouuement d'O en G, Et
par consequent la mesure du mouuement entier par les deux
droites C O & O G, peut estre representée par la somme

de la moitié de C O & de la totale O G. De mefme, fi vous prenez vn autre point comme F, le temps du mouuement par les deux droites C F & F G, peut eftre reprefenté par la fomme de la moitié de C F & de la totale F G. Suppofons maintenant que le rayon C O foit 10. & par confequent le Diamettre total C O G fera 20. Que la droite H O foit 8. la droite O D foit auffi 8. Et qu'enfin la droite O F ne foit que 1. Ie dis qu'en ce cas le mouuement qui fe fait par la droite C O G, fe fera en vn temps plus long que celuy qui fe fait par les deux coftez du triangle C F, F G.

Car fi nous prouuons que la moitié de C O jointe à la totale O G, contient plus que la moitié de C F jointe à la totale F G, la conclufion fera manifefte, puifque ces deux fommes font iuftement la mefure du temps de ces deux mouuemens; Or la fomme de la moitié de C O & de la totale O G fait iuftement 15. & il eft euident par la conftruction que la droite C F eft égale à la racine quarrée de 117. & que la droite F G eft égale à la racine quarrée de 85. mais la moitié de la premiere racine jointe à la feconde, fait moins que $\frac{20}{4}$, & $\frac{40}{4}$ font encore moindres que 15. Donc la fomme de la moitié de C F & de la totale F G, eft moindre que la fomme de la moitié de C O & de la totale O G, & partant le mouuement par les deux droites C F, F G, fe fait pluftoft & en moins de temps, que par la bafe ou fouftendante C O G.

Ie fuis venu iufques là fans beaucoup de peine, mais il a fallu porter la recherche plus loin, & parce que pour fatisfaire à mon principe, il ne fuffit pas d'auoir trouué vn point comme F, par où le mouuement naturel fe fait plus vifte, plus aifément, & en moins de temps, que par la droite C O G, mais qu'il faut encore trouuer le point qui fait la conduitte en moins de temps que quelqu'autre que ce foit, pris des deux coftez, il m'a efté neceffaire d'auoir en cette occafion recours à ma Methode, *De Maximis & minimis*, qui expedie ces fortes de queftions auec affez de fuccez.

Dés que i'ay voulu entreprendre cette Analyfe, i'ay eu deux obftacles à furmonter; Le premier que bien que le

fuſſe aſſuré de la verité de mon principe , & qu'il n'y ait rien
de ſi probable ny de ſi apparent que cette ſuppoſition , Que
la Nature agit touſiours par les moyens les plus aiſez , c'eſt à
dire, ou par les lignes les plus courtes , lors qu'elles n'em-
portent pas plus de temps , ou en tout cas par le temps le
plus court , afin d'accourcir ſon trauail , & de venir pluſtoſt
à bout de ſon operation (ce qu'elle preſent calcul confirme,
dautant plus qu'il paroiſt par là que la Lumiere a plus de
difficulté à trauerſer les milieux denſes que les rares, puiſque
vous voyez que la refraction viſe vers la perpendiculaire
dans mon exemple , ainſi que l'experience le confirme , ce
qui pourtant eſt contraire à la ſuppoſition de Monſieur Deſcartes ;) Neantmoins i'ay eſté aduerty de tous coſtez , &
principalement par Monſieur Petit, que i'eſtime infiniment,
que les experiences s'accordent exactement auec la proportion que Monſieur Deſcartes a donnée aux refractions;
Et que bien que ſa demonſtration ſoit fautiue , il eſt à craindre que ie tenteray inutilement d'introduire vne proportion differente de la ſienne , & que les experiences, qui ſe
feront apres que i'auray publié mon inuention, la pourront
détruire ſur l'heure, Le ſecond obſtacle qui s'eſt oppoſé à
ma recherche a eſté la longueur & la difficulté du calcul,
qui dans la reſolution du Probleme dont ie vous parlay dans
ma Lettre , & que ie vous témoignois n'eſtre pas des plus
aiſez , preſente d'abord quatre lignes par leurs racines quarrées , & engage par conſequent en des aſymmetries qui
aboutiſſent à vne tres-grande longueur.
Ie me ſuis défait du premier obſtacle par la connoiſſance
que i'ay qu'il y a infinies proportions, differentes de la veritable, qui approchent d'elle ſi inſenſiblement, qu'elles peuuent tromper les plus habiles & les plus exacts obſeruateurs.
Ainſi n'y ayant que le 2. obſtacle à vaincre, ie m'eſtois reſolu tres-ſouuent d'employer la bien-aimée Geometrie, c'eſt
ainſi que Plutarque l'appelle, pour vous ſatisfaire , & pour
me ſatisfaire moy-meſme, Mais l'apprehenſion de trouuer,
apres vne longue & penible operation , quelque propor-

tion irreguliere & fantafque, & la pente naturelle que i'ay vers la pareffe, ont laiffé la chofe en cét eftat, iufqu'à la derniere femonce que M. le Prefident de Miremont vient de me faire de voftre part, que ie prens pour vne Loy, plus forte que ny mon apprehenfion ny ma pareffe ; Si bien que ie me fuis refolu de vous obeïr fans autre retardement.

I'ay donc procedé fans remife, en vertu de l'Obedience, comme parlent les Moines, à l'execution de vos Ordres, Et i'ay fait l'entiere Analyfe en forme, dans laquelle le defir paffionné que i'ay eu de vous fatisfaire m'a infpiré vne route qui a abregé la moitié de mon trauail, & qui a reduit les quatre afymmetries que i'auois eu en veuë la premiere fois, à deux feulement, ce qui m'a notablement foulagé.

Mais le prix de mon trauail a efté le plus extraordinaire, le plus impréueu, & le plus heureux qui fut iamais, Car apres auoir couru par toutes les equations, multiplications, antithefes, & autres operations de ma Methode, & auoir enfin conclu le Probleme que vous verrez dans vn feüillet feparé, i'ay trouué que mon principe donnoit iuftement & precifément la mefme proportion aux refractions que Monfieur Defcartes a eftablie.

I'ay efté fi furpris d'vn euenement fi peu attendu, que i'ay peine à reuenir de mon eftonnement ; I'ay reïteré mes operations Algebraïques diuerfes fois, & toufiours le fuccez a efté le mefme, quoy que ma demonftration fuppofe que le paffage de la Lumiere par les corps denfes foit plus mal-aifé que par les rares, ce que ie croy tres-vray & indifputable, & que neantmoins Monfieur Defcartes fuppofe le contraire.

Que deuons-nous conclure de tout cecy ? Ne fuffira-t'il pas, Monfieur, aux amis de Monfieur Defcartes que ie luy laiffe la poffeffion libre de fon Theoreme ? N'aura-t'il pas affez de gloire d'auoir connu les demarches de la Nature dans la premiere veuë, & fans l'aide d'aucune demonftration ? Ie luy cede donc la victoire & le champ de bataille ; Et ie me contente que M. Clerfelier me laiffe entrer du moins

dans

dans la focieté de la preuue de cette verité fi importante, &
qui doit produire des conféquences fi admirables.

I'adjoûte mefme en fáueur de fon amy, qu'il femble que
cette grande verité naturelle n'a pas ofé tenir deuant ce
grand Genie, & qu'elle s'eft renduë & découuerte à luy fans
s'y laiffer forcer par la demonftration, à l'exemple de ces
places, qui quoy que bonnes d'ailleurs, & de difficile prife,
ne laiffent pas fur la feule reputation de celuy qui les attaque
de fe rendre à luy fans attendre le canon.

Ie vous annonce donc, Monfieur, i'annonce à Monfieur
Clerfelier, & à tous les amis de Monfieur Defcartes, qu'il
ne tiendra plus à l'incredulité des Geometres, qu'on ne
doiue attendre ces merueilles que Monfieur Defcartes a fait
efperer auec raifon, de fes Lunettes Ellyptiques & Hyperboliques, pourueu qu'on puiffe trouuer des ouuriers affez
habiles pour les faire, & pour les ajufter;

Il refteroit encore vne petite difficulté, que la comparaifon de Monfieur Defcartes femble produire; C'eft qu'il
ne paroift pas encore pourquoy la balle qui eft pouffée dans
l'eau n'approche pas de la perpendiculaire, ainfi que la Lumiere; Mais outre qu'on pourroit foupçonner que la reflexion fe mefle dans cét exemple à la refraction, & que la figure ou la pefanteur peuuent contribuer à la difference de
ce mouuement, ie n'ay garde d'entrer dans vne matiere purement Phyfique; Ce feroit entreprendre fur vous, Monfieur,
qui en eftes le Maiftre, & faire irruption dans voftre domai-
ne. Ie finis donc, apres vous auoir declaré, que ie confens, fi
vous le trouuez à propos, que l'accommodement entre les
Cartefiens & moy foit publié dans les Academies; Et apres
vous auoir conjuré de receuoir au moins l'effet de ma prompte obeïffance, pour vne preuue certaine & plus que demonftratiue de la paffion auec laquelle ie fuis,

SI vous perfiftez toufiours à n'accorder pas vn mouuement fucceffif à la Lumiere, & à foûtenir qu'il fe fait en
vn inftant, vous n'auez qu'à comparer ou la facilité, ou la

fuitte & refiſtance plus ou moins grande , à meſure que les
milieux changent ; Car cette facilité ou cette reſiſtance
eſtant plus ou moins grande en differens milieux, & ce en
vne proportion diuerſe , à meſure que les milieux different
dauantage , elles pourront eſtre conſiderées en vne raiſon
certaine, & par conſequent tomber dans le calcul, auſſi bien
que le temps du mouuement, & ma demonſtration y ſeruira
touſiours d'vne meſme maniere.

Ie n'ay pas eſtendu mon operation toute entiere, il n'a pas
eſté neceſſaire , puiſque ma Methode eſt imprimée tout au
long dans le ſixiéme Tome du Cours Mathematique d'Herigone, & que i'en ay aſſez dit pour eſtre entendu. Si vous
m'ordonnez de parcourir tous les détours de l'Analyſe en
forme, ie le feray ; Et ie n'auray pas meſme beaucoup de
peine à faire la demonſtration par la compoſition, c'eſt à
dire, en parlant le langage d'Euclide.

ANALYSIS AD REFRACTIONES.

ESto circulus A C B I, cuius Diameter A D B ſe-
paret duo media diuerſæ naturæ , quorum rarius ſit ex
parte A C B, denſius ex parte
A I B. Ponatur centrum circuli punctum D, in quod inci-
dat radius C D à puncto C
dato. Quæritur radius Dia-
claſticus D I, hoc eſt punctum
I, ad quòd vergit radius refractus.

Ducantur ad Diametrum perpendiculares rectæ C F, I H ;
Cum datum ſit punctum C, & Diameter A B, nec non &
centrum D, datur pariter punctum F, & recta F D.

Sit ratio mediorum, siue ratio resistentiæ medij densioris, ad resistentiam medij rarioris, vt recta data D F ad datam extrinsecùs M, quæ quidem minor erit recta D F, cum resistentia medij rarioris sit minor resistentiâ medij densioris, ex axiomate plus quam naturali; Mensurandi igitur veniunt motus qui fiunt per rectas C D & D I, beneficio rectarum M & D F; Hoc est motus qui fit per duas rectas repræsentatur comparatiuè per summam duorum rectangulorum, quorum vnum sit sub C D & rectâ M, & alterum sub D I & rectâ D F.

Eò itaque deducitur quæstio, vt ita secetur Diameter A B in puncto H, vt ductâ ab eo perpendiculari H I, & junctâ D I, summa duorum rectangulorum sub C D & M, & sub D I & D F contineat minimum spatium,

Quod vt secundum nostram Methodum, quæ jam apud Geometras inualuit, & ab Herigono in cursu suo Mathematico ante annos plus minus viginti relata est, inuestigemus; Radius C D datus vocetur N; radius D I erit item N, recta D F vocetur B, & ponatur recta D H esse A; Oportet igitur $NM + NB$ esse minimam quantitatem.

Intelligatur quæuis recta D O, ad libitum sumpta, esse æqualis ignotæ E, & jungantur rectæ C O, O I; quadratum rectæ C O, in terminis Analyticis erit $N^2 + E^2 - 2BE$; quadratum vero rectæ O I, erit $N^2 + E^2 + 2AE$, ergo rectangulum sub C O in M, erit in iisdem terminis radix quadrata $[M^2 N^2 + M^2 E^2 - 2 M^2 BE$; Rectangulum vero sub O I in B, erit radix quadrata $B^2 N^2 + B^2 E^2 + 2 B^2 AE$; Hæc duo rectangula debent ex præceptis Artis adæquari duobus rectangulis M N & B N.

Ducantur omnia quadraticè, vt tollatur asymmetria, deinde ablatis communibus, & termino asymmetro ex vnâ parte collocato, fiet nouus ductus quadraticus; Quò peracto, demptis communibus, & reliquis per E diuisis, ac tandem elisis homogeneis, ab E affectis, iuxta præcepta methodi, quæ dudum omnibus innotuit, & facto parabolismo, fit tandem simplicissima æquatio inter A & M. Hoc est à

primo ad vltimum , & ruptis omnibus aſymmetriarum obſ-
cibus , recta D H , in figura , fit æqualis rectæ M. Vnde
patet punctum Diaclaſticum ita inueniri, ſi ductis rectis C D
& C F, fiat vt reſiſtentia medij denſioris ad reſiſtentiam
medij rarioris, ſiue vt B ad M, ita recta F D ad rectam D
H ; Et à puncto H excitetur recta H I, ad Diametrum
perpendicularis, & circulo occurrens in puncto I, quo refractio vergit ; Ideoque radius à medio raro ad denſum per-
tingens frangetur versùs perpendicularem. Quod congruit
omnino & generaliter inuento Theoremati Carteſiano, cujus accuratiſſimam demonſtrationem, à principio noſtro
deriuatam, exhibet ſuperior Analyſis.

Propoſuit Doctiſſimus Carteſius refractionum rationem,
experientiæ vt aiunt conſentaneam, ſed, eam vt demonſtra-
ret, poſtulauit, & neceſſe omnino fuit ipſi concedi, Luminis motum faciliùs & expeditiùs fieri per media denſa
quam per rara ; quod Lumini ipſi naturali aduerſari videtur.

Nos itaque dum à contrario axiomate (motum nempe
Luminis faciliùs & expeditiùs per media rara quam per denſa procedere) veram refractionum rationem deducere ten-
tamus ; In ipſam tamen Carteſij proportionem incidimus;
An autem contrariâ omnino viâ eidem veritati occurri poſſit
ἀπαραλογίστως, videant & inquirant ſubtiliores & ſeueriores
Geometræ. Nos enim miſsâ Mataeothecniâ fatiùs exiſtima-
mus veritate ipsâ indubitanter potiri , quam ſuperfluis &
fruſtratoriis contentionibus & iurgiis diutiùs inhærere.

Demonſtratio noſtra vnico nititur poſtulato, Naturam
operari per modos & vias faciliores & expeditiores, ità enim
ἀτόμως concipiendum cenſemus, non vt plerique , naturam
per lineat breuiſſimas ſemper operari. Vt enim Galilæus,
dum motum naturalem grauium ſpeculatur, rationem ipſius
non tam ſpatio quam tempore metitur ; pari ratione non
breuiſſima ſpatia aut lineas, ſed quæ expeditiùs, commodiùs, & breuiori tempore percurri poſſint, conſideramus.

Hoc ſuppoſito , ſupponantur duo media diuerſæ naturæ
in primâ figurâ, in qua circulus A H B M, cuius Diameter

A N B separat duo illa media, quorum vnum à parte M, est rarius, alterum à parte H est densius; Et à puncto M versùs

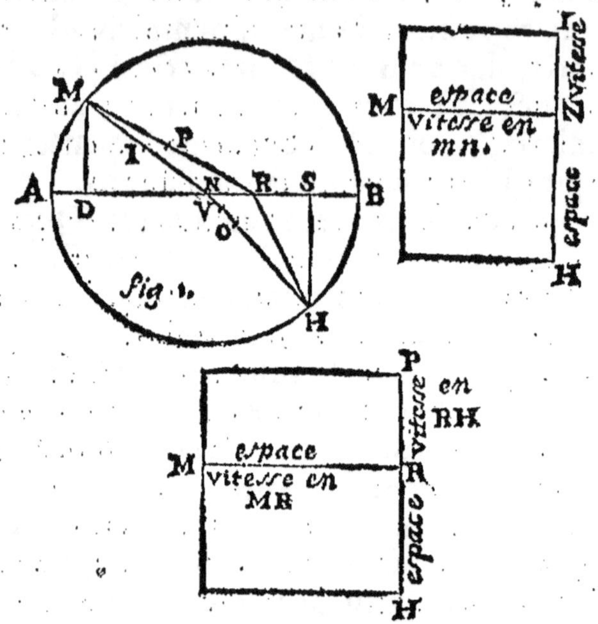

H, inflectantur quælibet rectæ M N H, M R H, occurrentes Diametro in punctis N & R. Cum velocitas mobilis per M N, quæ est in medio raro, sit major, ex axiomate, aut postulato, velocitate eiusdem mobilis per N H, & motus supponantur vniformes, in quolibet videlicet medio, ratio temporis motus per M N, ad rationem temporis motus per N H componitur, vt notum est omnibus, ex ratione M N ad N H, & ex reciprocâ ratione velocitatis per N H ad velocitatem per M N.

Si fiat igitur vt velocitas per M N ad velocitatem per N H, ita recta M N ad N I, tempus motus per M N ad tempus motus per N H, erit vt I N ad N H.

Pari ratione demonstrabitur, si fiat vt velocitas per medium rarius ad velocitatem per medium densius, ita M R ad R P, tempus motus per M R ad tempus motus per R H, esse vt P R ad R H. Vnde sequitur tempus motus per duas M N,

N H, esse ad tempus motus per duas M R, R H, vt summam
duarum I N, N H, ad summam duarum P R, R H.

Cum igitur Natura lumen à puncto M versùs punctum
H dirigat, debet inuestigari punctum, vt N, per quod, per
inflexionem aut refractionem, breuissimo tempore à puncto
M ad punctum H perueniat. Probabile namque est naturam, quæ operationes suas quam citissimè vrget, eò sponte
collimaturam. Si itaque summa rectarum I N, N H, quæ
est mensura motus, per inflexam M N H, sit minima quantitas, constabit propositum.

Hoc autem ex Theoremate Cartesiano deduci vera non
fucata Geometria statim demonstrabit.

Proponit quippe Cartesius, si à puncto M, ducatur radius
M N, & ab eodem puncto M demittatur perpendicularis
M D, fiat autem vt velocitas major ad minorem, ita D N ad
N S; à puncto autem S excitetur perpendicularis S H, &
jungatur radius N H, lumen à medio raro in punctum N
incidens, refringi in superficie medij densi versùs perpendicularem ad punctum H. Huic vero Theoremati Geometria nostra, vt constabit ex sequenti propositione purè
Geometricâ, non refragatur.

Esto circulus A H B M cuius Diameter A N B, centrum
N, in cuius circumferentiâ sumpto quouis puncto M, jungatur radius M N, & demittatur in Diametrum perpendicularis M D; Detur pariter ratio D N ad N S, & sit D N
major ipsâ N S, à puncto S, excitetur ad Diametrum perpendicularis S H, occurrens circumferentiæ in puncto H,
à quo jungatur centro N radius H N; Fiat vt D N ad N S,
ita radius M N ad rectam N I; Aio summam rectarum I N,
N H esse minimam; hoc est, si sumatur exempli gratia
quodlibet punctum R, ex parte Semidiametri N B, & jungantur rectæ M R, R H, fiat autem vt D N ad N S, ita M R
ad R P, summam rectarum P R & R H esse majorem
summâ rectarum I N & N H. Quod vt demonstremus,
fiat vt radius M N ad rectam D N, ita recta R N ad rectam
N O, & vt D N ad N S, ita fiat N O ad N V. Ex con-

ſtructione patet rectam N O minorem eſſe rectâ N R, quia
recta D N minor eſt radio M N; Patet etiam rectam N V
minorem eſſe rectâ N O, cum recta N S ſit minor rectâ N

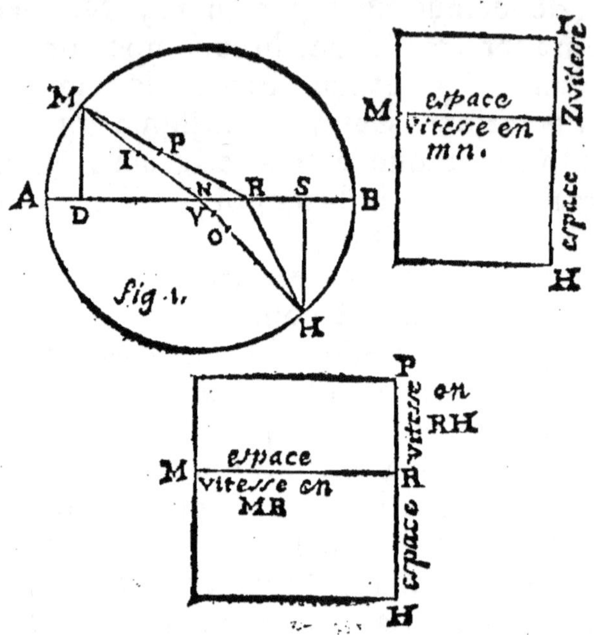

D. His poſitis, quadratum rectæ M R æquatur quadrato
radij M N, quadrato rectæ N R & rectangulo ſub D N in
N R bis, ex Euclide; Sed cum ſit ex conſtructione, vt M N
ad D N, ita N R ad N O; Ergo rectangulum ſub M N in
N O æquatur rectangulo ſub D N in N R; Ideoque rectangulum ſub M N in N O, bis æquatur rectangulo ſub D N
in N R bis. Quadratum igitur rectæ M R æquatur quadratis M N & N R & rectangulo ſub M N in N O bis. Quadratum autem rectæ N R eſt majus quadrato rectæ N O,
cum recta N R ſit major rectâ N O. Ergo quadratum rectæ
M R eſt majus quadratis rectarum M N, N O, & rectangulo ſub M N in N O, bis. At hæc duo quadrata M N,
N O, vnâ cum rectangulo ſub M N in N O, bis, ſunt
æqualia quadrato quod ſit ab M N, N O tanquam ab vnâ
rectâ; Ergo recta M R eſt major ſummâ duarum rectarum

M N & N O. Cum autem ex conſtructione ſit vt D N ad
N S, ita M N ad N I, & ita N O ad N V; Ergo erit vt D N ad
N S, ita ſummâ rectarum M N, N O, ad ſummam rectarum
I N & N V. Eſt autem etiam vt D N ad N S, ita M R ad
R P; Ergo vt ſumma rectarum M N, N O, ad ſummam rectarum I N, N V, ita recta M R ad R P. Eſt autem recta M R
major ſummâ rectarum M N, N O; Ergo recta P R eſt major
ſummâ rectarum I N, N V. Supereſt probandum rectam
R H, eſſe majorem rectâ H V, quo peracto conſtabit ſummam rectarum P R, R H eſſe majorem ſummâ rectarum
I N, N H. In triangulo N H R, Quadratum R H æquatur
quadratis H N, N R, mulctatis rectangulo ſub S N in N R,
bis, ex Euclide; Cum autem ſit ex conſtructione vt M N
radius, ſiue N H ipſi æqualis, ad D N, ita N R ad N O, vt
autem D N ad N S, ita N O ad N V; Ergo ex æquo erit vt
H N ad N S, ita N R ad N V. Rectangulum ergo ſub H N
in N V æquale eſt rectangulo ſub N S in N R; Ideoque
rectangulum ſub H N in N V, bis, æquatur rectangulo ſub
N S in N R bis. Quare quadratum H R æquatur quadratis
H N, N R, mulctatis rectangulo H N, N V, bis. Quadratum vero N R probatum eſt majus eſſe quadrato N V;
Ergo quadratum H R majus eſt quadratis H N, N V, mulctatis rectangulo H N, N V bis; Sed quadrata H N, N V
mulctata rectangulo H N, N V bis, æqualia ſunt ex Euclide,
quadrato rectæ H V; Ergo quadratum H R quadrato H V
majus eſt; Ideoque recta H R, major rectâ H V; quod ſe-
cundo loco fuit probandum.

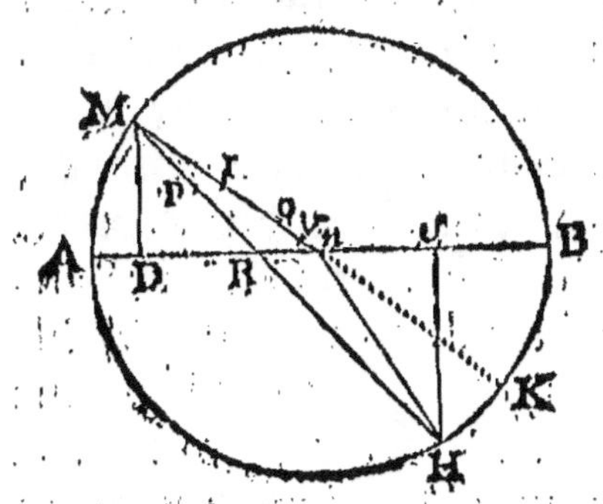

Quod ſi punctum R ſumatur
ex parte Semidiametri A N,
licet rectæ M R, R H ſint in
directum, & rectam lineam
conſtituant, vt in ſecunda figura (demonſtratio enim eſt
generalis in quolibet caſu)
idem continget. Hoc eſt rectarum P R, R H ſumma, erit
major

major summâ rectarum I N, N H. Fiat vt suprà , vt M N
radius ad D N, ita R N ad N O; Et vt D N ad N S, ita N O
ad N V; Patet rectam R N esse majorem rectâ N O, rectam
vero N O esse majorem rectâ N V; Quadratum M R æquatur quadratis M N, N R mulctatis rectangulo D N R bis,
siue ex superiori ratiocinio rectangulo M N O bis. Cum
autem quadratum N R sit majus quadrato N O; Ergo
quadratum M R erit majus quadratis M N, N O, mulctatis
rectangulo M N O, bis. Sed quadrata M N, N O mulctata
rectangulo M N O, bis , æquatur quadrato rectæ M O;
Ergo quadratum rectæ M R quadrato rectæ M O majus
erit; Ideoque rectâ M R erit etiam major rectâ M O. Cum
autem sit ex constructione vt D N ad N S, ita M N ad I N,
& ita N O ad N V; Ergo vt M N ad I N ita erit N O ad
N V, & vicissim vt M N ad N O ita erit I N ad N V; Et
diuidendo vt M O ad O N ita I V ad V N, & vicissim vt
M O ad I V ita O N ad N V, siue D N ad N S, siue M R
ad R P. Probatum est autem M R ipsâ M O esse majorem;
Ergo P R rectâ I V major erit. Superest ergo probandum,
(vt ex omni parte constet propositum) rectam R H esse
majorem summâ duarum rectarum H N & N V, quod ex
prædictis est facillimum. Quadratum enim R H æquatur
quadratis H N, N R vnâ cum rectangulo sub S N in N R
bis, siue ex prædemonstratis vnâ cum rectangulo sub H N
in N V bis. Quadratum autem N R est majus quadrato N
V; Ergo quadratum H R majus est quadratis H N, N V,
vnâ cum rectangulo sub H N in N V bis. Vnde sequitur
rectam R H ex superiùs demonstratis esse majorem summâ
rectarum H N, N V. Patet Itaque rectas P R , R H, siue
vnicam rectam P R H, (quando id contingit) esse semper
majores duadus rectis I N , N H. Quod erat demon-
strandum.

ANALYSE POVR LES REFRACTIONS.

VERSION.

SOit le cercle A C B I, dont le Diametre A D B fepare deux milieux de diuer-fe nature, le plus rare defquels foit du dofté A C B, & le plus denfe du cofté A I B. Que le centre du cercle foit D, où tombe le rayon C D du point donné C, Il eft queftion de chercher le rayon Diaclafti-

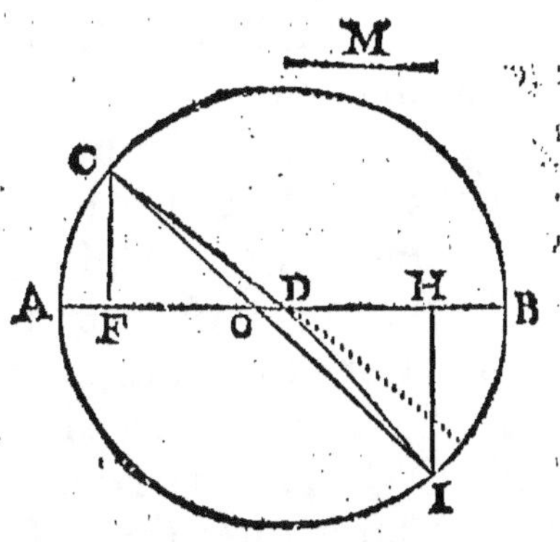

que D I, c'eft à dire, de trouuer le point I, où tend le rayon rompu.

Pour le faire foient menées fur le Diametre les deux li-gnes droites perpendiculaires C F, I H. Et puifque le point C eft donné, auec le Diametre A B, & le centre D, le point F eft auffi donné, & la ligne droite F D.

De plus, que la raifon des milieux, c'eft à dire, que la raifon de la refiftance du milieu le plus denfe foit à la refi-ftance du milieu le plus rare, comme la ligne droite donnée D F à vne autre mife hors le cercle, à fçauoir, M, laquelle fera plus petite que la ligne droite D F, puifque par vne raifon plus que naturelle la refiftance du milieu le plus rare eft moindre que celle du plus denfe

Nous auons donc à mefurer les mouuemens qui fe font par les lignes droites C D & D I, par le moyen des deux lignes droites M & D F, c'eft à dire, que le mouuement qui fe fait par les deux lignes droites C D & D I, eft reprefenté par la fomme de deux rectangles, dont l'vn eft contenu fous les lignes C D & M, & l'autre fous les lignes D I & D F.

La question se reduit donc à ce point, de coupper tellement le Diametre A B au point H, qu'ayant mené de ce point-là la perpendiculaire H I, & ayant joint du centre D au point I la ligne D I, il arriue que la somme des deux rectangles sous C D & M, & sous D I & D F contienne le moindre espace.

Et afin d'en venir à bout par nostre Methode, qui a desia eu cours parmy les Geometres, & qu'Herigone a rapportée dans le sixiéme Tome de son Cours Mathematique, il y a prés de vingt ans.

Que le rayon C D qui est donné soit nommé N, le rayon D I sera aussi N ; Que la droite D F soit nommée B, & soit supposé que la ligne droite D H soit A ; Il faut donc que N M † N B soit la moindre quantité.

Conceuons que la ligne droite D O prise à discretion est égale à l'inconnuë E, puis joignons les deux lignes droites C O, O I. Le quarré de la ligne droite C O, parlant en termes Analytiques sera $N^2 + E^2 - 2 B E$, & le quarré de la droite O I, sera $N^2 + E^2 + 2 A E$, par consequent le rectangle contenu sous les deux lignes C O & M, sera selon ces mesmes termes Analytiques la racine quarrée de $M^2 N^2 + M^2 E^2 - 2 M^2 B E$; Et le rectangle contenu sous les deux lignes O I & B sera la racine quarée de $B^2 N^2 + B^2 E^2 + 2 B^2 A E$. Or ces deux rectangles doiuent selon les preceptes de l'Art, estre égaux aux deux rectangles M N, & B N.

Apres cela il faut quarrer le tout, afin d'en oster l'asymmetrie, & apres auoir retranché les termes communs, & auoir mis d'vn costé le terme asymmetrique, on quarrera derechef le reste ; Apres quoy, ayant osté les termes communs, & diuisé les autres par E, & ayant enfin retranché les termes Homogenes qui sont affectez de la lettre E, selon les preceptes de nostre Methode, qui est connuë depuis long-temps de tout le monde, puis ayant fait vn parabolisme, il arriue enfin vne equation tres-simple entre A & M. C'est à dire, que depuis le premier iusqu'au dernier, & ayant

LI ij

ofté tous les obftacles des afymmetries , il fe trouue enfin
que la ligne droite D H dans la figure eft égale à la ligne
droite M.

D'où l'on voit que le point Diáclaftique fe trouue de la
forte. Si apres auoir mené les deux lignes droites C D &
C F, l'on fait que comme la refiftance du milieu denfe eft à
la refiftance du milieu rare , ou bien comme B eft à M , ainfi
la droite F D foit à la droite D H, & que du point H, l'on
éleue fur le Diametre la perpendiculaire H I, qui rencontre
le cercle au point I ; Ce point fera celuy où le refraction
portera le rayon. Et partant le rayon paffant d'vn milieu
rare dans vn denfe, fe rompra en approchant de la perpendiculaire. Ce qui s'accorde entierement & generalement
auec le Theoreme de Monfieur Defcartes,dont noftre Analyfe a fait voir la demonftration tres exacte tirée de noftre
principe.

Monfieur Defcartes tres - fçauant Geometre a propofé
vne raifon des refractions , laquelle à ce que l'on dit eft conforme à l'experience ; Mais pour en faire la demonftration,
il a demandé qu'on luy accordaft, & on a efté obligé de le
faire, Que le mouuement de la Lumiere fe faifoit plus facilement & plus vifte par vn milieu denfe que par vn rare ; Ce
qui toutesfois femble contraire à la Lumiere naturelle. Or
cela nous ayant porté à tafcher de deduire la vraye raifon
des refractions , d'vn axiome tout contraire , fçauoir eft,
Que le mouuement de la Lumiere fe fait plus facilement &
plus vifte par vn milieu rare que par vn denfe , il eft arriué
neantmoins que ie fuis tombé dans la mefme proportion
que Monfieur Defcartes. Cependant ie laiffe aux plus fubtils
& feueres Geometres à voir fi l'on peut par vne voye toute
oppofée rencontrer la mefme verité fans tomber dans le
Paralogifme, Car pour moy, pour parler fans feintife, i'aime
beaucoup mieux connoiftre certainement la verité , que de
m'arrefter plus long-temps à des debats & contentions fuperfluës & inutiles.

La demonftration que i'auance eft appuyée fur ce feul

poſtulat ou fondement, ſçauoir eſt : *Naturam per vias bre-*
uiores operari. C'eſt à dire, que la Nature agit par les moyens
ou par les voyes les plus faciles & les plus promptes, Car c'eſt
ainſi que i'eſtime que l'on doit entendre cét axiome, & non
pas comme font pluſieurs , Que la Nature agit touſiours
par les lignes les plus courtes.

Car tout de meſme que quand Galilée examine le mouuement naturel des corps peſans, il ne le meſure pas tant
par l'eſpace que par le temps ; De meſme ie ne conſidere
point icy l'eſpace plus petit ou la ligne la plus courte, mais ce
qui ſe peut parcourir plus promptement, plus commodément, & en moins de temps.

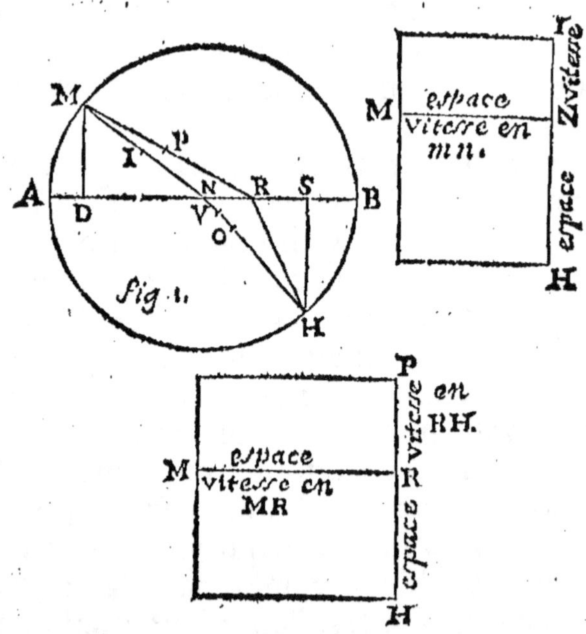

Cela poſé, ſuppoſons deux milieux de diuerſe nature
dans cette premiere figure, & que le Diametre A N B du
cercle A H B M ſepare ces deux milieux, dont l'vn qui
eſt du coſté de M ſoit le plus rare, & l'autre qui eſt du coſté
de H ſoit le plus denſe ; & du point M vers H ſoient menées
les lignes droites M N, N H, M R, R H, qui ſe rompent

dans le Diamettre aux points N & R. Puifque la viteffe du mobile par le milieu M N, qui eft fuppofé rare, eft plus grande, felon noftre axiome ou poftulat, que celle du mef-me mobile par le milieu N H, & que les mouuemens font fuppofez vniformes dans chacun de ces milieux, la raifon du temps du mouuement par le milieu M N, au temps du mouuement par le milieu N H, eft compofée, comme tout le monde fçait, de la raifon de l'efpace M N à l'efpace N H, & reciproquement de la raifon de la viteffe par le mi-lieu N H à la viteffe par le milieu M N.

Si donc l'on fait que comme la viteffe par le milieu M N eft à la viteffe par le milieu N H, ainfi la ligne droite M N eft à N I; Le temps par le milieu M N au temps par le mi-lieu N H fera comme I N à N H.

De mefme l'on demonftrera que fi l'on fait que comme la viteffe par le milieu plus rare eft à la viteffe par le milieu plus denfe ainfi la ligne M R eft à R P, le temps du mouue-ment par le milieu M R fera au temps du mouuement par le milieu R H comme la ligne P R eft à la ligne R H.

D'où il fuit que le temps du mouuement par les deux li-gnes M N, N H, eft au temps du mouuement par les deux autres M R, R H, comme l'agregé des deux lignes I N, N H, eft à l'agregé des deux autres P R, R H.

Quand donc la Nature dirige vn rayon de Lumiere du point M vers le point H, il faut chercher vn point quel qu'il foit, comme N, par lequel la Lumiere puiffe paruenir par inflexion ou refraction du point M au point H en moins de temps. Car il eft tres probable que la Nature qui auance toufiours le plus qu'elle peut fes operations tendra d'elle-mefme vers ce point-là. Si donc l'agregé ou la fomme des deux lignes droites I N, N H, qui eft la mefure du temps du mouuement par la ligne rompuë M N H, fe trouue eftre la moindre quantité, on aura ce que l'on cherche.

Or cela fuit du Theoreme propofé par Monfieur Defcar-tes, comme ie va vous faire voir par bonne Geometrie.

Car Monfieur Defcartes dit que fi du point M on mene

le rayon M N, & que du mesme point M on abbaisse la
perpendiculaire M D, & si auec cela l'on fait que comme
la plus grande vitesse est à la moindre, ainsi la ligne D N
est à N S, & que du point S soit eleuée la perpendiculaire
S H, & mené le rayon N H, pour lors le rayon de lumiere,
qui vient du milieu rare M au point N, se rompt à la rencontre du milieu dense, & va au point H, en approchant
de la perpendiculaire.

Or nostre Geometrie ne repugne en façon quelconque
à ce Theoreme, comme l'on verra par la proposition suiuante, qui est purement Geometrique.

Soit le cercle A H B M dont le Diametre soit A N B,

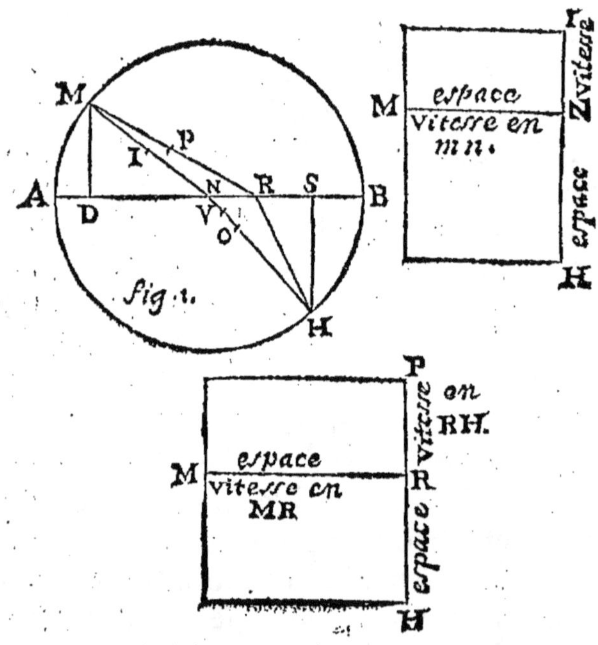

le centre N, dans la circonference duquel ayant pris vn
point à discretion comme M, soit mené le rayon M N, &
soit abbaissée sur le Diametre la perpendiculaire M D, que
l'on sçache outre cela la proportion qui est entre le plus ou
moins de facilité que les differens milieux donnent au passage de la lumiere, & qu'ainsi l'on fasse D N à N S. Que D N

ſoit plus grande que N S, & que du point S ſoit éleuée la perpendiculaire S H, qui rencontre la circonference du cercle au point H, duquel ſoit mené au centre le rayon H N; Puis ſoit fait comme D N eſt à N S, ainſi le rayon M N ſoit à la ligne droite N I. Ie dis que la ſomme des deux lignes droites I N, N H, qui eſt la meſure du temps par les deux lignes M N, N H, comme il a eſté prouué cy-deſſus, eſt la moindre de toutes; C'eſt à dire, que ſi par exemple l'on prend vn point tel que l'on voudra comme R, du coſté du Semidiametre N B, & ſi l'on joint les deux lignes droites M R, R H, & que l'on faſſe que comme D N eſt à N S ainſi M R ſoit à R P, pour lors la ſomme des deux droites P R & R H, qui eſt auſſi la meſure du temps par les deux lignes M R, R H, comme il a eſté auſſi prouué cy-deſſus, ſera plus grande que la ſomme des deux autres droites I N & N H.

Or pour le prouuer, ſoit fait comme le rayon M N eſt à D N, qu'ainſi R N ſoit à N O, & comme D N eſt à N S, qu'ainſi N O ſoit à N V. Il paroiſt par la conſtruction que la ligne N O eſt plus petite que la ligne N R, dautant que la ligne D N eſt plus petite que le rayon M N; Il eſt euident auſſi que la ligne N V, eſt plus petite que la ligne N O, puiſque la ligne N S eſt moindre que la ligne N D.

Cela eſtant poſé, le quarré de la ligne M R eſt égal au quarré du rayon M N, plus au quarré de la ligne N R, & à deux fois le rectangle ſous D N & N R par la 12. du 2. Mais puiſque par la conſtruction, comme M N eſt à D N, ainſi N R eſt à N O; Il s'enſuit que le rectangle fait de M N, N O, eſt égal au rectangle de D N, N R, par la 16. du 6. Et partant le rectangle de M N, N O, pris deux fois, eſt égal à deux fois le rectangle de D N, N R.

Par conſéquent le quarré de la ligne M R eſt égal aux deux quarrez M N, & N R, & à deux fois le rectangle ſous M N, N O. Or le quarré de la ligne N R eſt plus grand que le quarré de la ligne N O, puiſque N R eſt plus grand que N O. Partant le quarré de la ligne M R eſt plus
grand

grand que les deux quarrez M N, N O auec deux fois le rectangle fous M N, N O. Or est-il que ces deux quarrez M N, N O auec deux fois le rectangle fous M N, N O font égaux au quarré qui est fait des deux lignes M N, N O comme d'vne feule ligne droite, par la 4. du 2. Donc la ligne droite M R est plus grande que la fomme des deux lignes droites M N & N O.

Mais puifque par la conftruction comme D N est à N S, ainfi M N est à N I, & ainfi aufli N O est à N V, partant comme D N est à N S, ainfi fera la fomme des deux lignes M N, N O à la fomme des deux lignes I N, N V, par la 12. du 5. Or comme D N est à N S, de mefme aufli M R est à R P; Par confequent comme la fomme des deux lignes M N, N O est à la fomme des deux lignes I N, N V, ainfi la ligne M R est à R P. Or est-il que la ligne M R est plus grande que la fomme des deux lignes M N, N O, par confequent la ligne P R est aufli plus grande que la fomme des deux lignes I N, N V, par la 14. du 5.

Il ne refte plus qu'à prouuer que la ligne R H est plus grande, ou du moins n'est pas plus petite que la ligne H V, apres quoy il fera conftant que la fomme des deux lignes droites P R, R H est plus grande que la fomme des deux lignes droites I N, N H.

Dans le triangle N H R, le quarré R H est égal aux deux quarrez H N & N R, moins deux fois le rectangle fous S N, N R par la 13. du 2. Mais puifque par la conftruction, comme le rayon M N, ou fon égale N H est à D N, ainfi N R est à N O; & que comme D N est à N S, ainfi N O est à N V; Il s'enfuit qu'en raifon égale comme H N est à N S, ainfi N R est à N V, par la 22. du 5; où l'on voit que N R est plus grande que N V. Et partant le rectangle des deux lignes H N & N V est égal au rectangle de S N & N R, par la 16. du 6. Par confequent le rectangle fous H N & N V pris deux fois est égal à deux fois le rectangle fous S N & N R. C'est pourquoy le quarré

de H R eſt égal aux deux quarrez H N, N R, moins
deux fois le rectangle ſous H N, N V. Mais le quarré
N R a eſté prouué plus grand que le quarré N V, partant
le quarré H R eſt plus grand que les deux quarrez H N,
N V moins deux fois le rectangle ſous H N, N V. Mais
les deux quarrez H N, N V, moins deux fois le rectangle
ſous H N, N V, ſont égaux, au quarré de la droite H V,
par la 7. du 2. Par conſéquent le quarré de H R eſt plus
grand que le quarré de H V, & partant la ligne H R eſt
plus grande que la ligne H V. Ce qui nous reſtoit à prouuer.

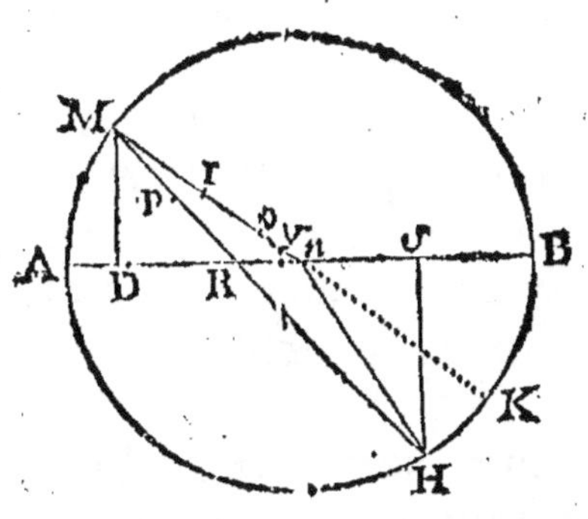

Que ſi l'on prend le point
R du coſté du Semidiametre
A N, quoy que les deux lignes
droites M R & R H ſe ren-
contrent directement, & ne
conſtituent qu'vne ſeule ligne
droite, comme dans la ſeconde figure, la meſme choſe arriuera (car la demonſtration eſt
generale, & pour toute ſorte
de cas) c'eſt à dire, que la ſomme des deux lignes droites
P R, R H ſera plus grande que la ſomme des deux lignes
droites I N, N H. Et pour le prouuer, ſoit fait comme
cy-deuant comme le rayon M N eſt à la ligne D N, ainſi
R N ſoit à N O, & comme D N eſt à N S, ainſi N O ſoit
à N V. Il eſt euident que la ligne R N eſt plus grande que
N O, & que la ligne N O eſt plus grande que N V. De
plus, le quarré M R eſt égal aux deux quarrez M N, N R,
moins deux fois le rectangle ſous D N, N R par 13. de 2.
ou bien comme il a eſté prouué cy-deſſus, moins deux fois
le rectangle M N, N O.

Mais puiſque le quarré N R eſt plus grand que le quarré
N O, il s'enſuit que le quarré M R ſera plus grand que les
deux quarrez M N, N O, moins deux fois le rectangle fait

ſous M N , N O. Or eſt-il que les deux quarrez M N, N O moins deux fois le rectangle fait ſous M N, N O, ſont égaux au quarré de la ligne M O par la 7. du 2. Par conſequent le quarré de la ligne M R eſt plus grand que le quarré de la ligne M O, & partant auſſi la ligne M R eſt plus grande que la ligne M O.

Mais puiſque par la conſtruction, comme D N eſt à N S, ainſi M N eſt à N I, & ainſi auſſi N O eſt à N V; Donc comme M N eſt à I N, ainſi N O eſt à N V; Et en permutant, comme M N eſt à N O, ainſi I N eſt à N V. Et en diuiſant, comme M O eſt à O N, ainſi I V eſt à V N; Et en permutant, comme M O eſt à I V, ainſi O N eſt à N V, ou D N à N S, ou M R à R P.

Or l'on a prouué auparauant que M R eſtoit plus grande que M O, donc P R eſt auſſi plus grande que I V. Partant il ne reſte plus qu'à prouuer, afin que la preuue ſoit entiere, ſinon que la droite R H eſt plus grande, ou du moins n'eſt pas plus petite, que la ſomme des deux lignes droites H N, N V, ce qui n'eſt pas difficile.

Car le quarré R H eſt égal aux deux quarrés de N H & N R joints à deux fois le rectangle ſous S N & N R, ou bien par ce qui a eſté prouué cy-deuant, joints à deux fois le rectangle ſous H N & N V; Mais le quarré R N eſt plus grand que le quarré N V, donc le quarré H R eſt plus grand que les deux quarrez H N & N V, auec deux fois le rectangle ſous H N & N V; Mais le quarré de H N, N V, comme vne ſeule ligne droite, eſt égal aux deux quarrez de H N, N V, auec deux fois le rectangle ſous H N, N V, par la 4. du 2. Donc le quarré de H R eſt plus grand que le quarré de H N, N V, comme vne ſeule ligne ; Et partant la ligne droite H R eſt plus grande que la ſomme des deux lignes droites , H N, N V, ce qui reſtoit à prouuer. D'où il ſuit, par ce qui a eſté monſtré cy deuant, que la ligne droite H R eſt plus grande que la ſomme des deux lignes droites H N, N V.

Partant il eſt euident que les deux lignes droites P R &

R H, ou la feule ligne droite P R H (quand il arriue que ce ne foit qu'vne feule ligne droite) font toufiours plus grandes que les deux lignes droites I N & N H ; ce qu'il falloit demonftrer.

LETTRE DE MONSIEVR CLERSELIER
à M. de Fermat, à l'occafion de fa derniere
à Monfieur de la Chambre, au fujet
de la Dioptrique.

Du 6. May 1662.

LETTRE LII.

MONSIEVR,

Ne croyez pas que ce foit à deffein de troubler la paix que vous prefentez à tous les Defcartiftes, que ie prens aujourd'huy la plume à la main, les conditions fous lefquelles vous la leur offrez leur font trop auantageufes, & à moy en particulier trop honorables, pour ne la pas accepter ; Et fi tous ceux qui ont iamais eu des demeflez auec leur Maiftre eftoient auffi finceres que vous, vous la verriez bien-toft eftablie par tout au contentement de tous les partis. Il y auoit encore deux fortes d'Efprits à fatisfaire au fujet de la refraction ; Les vns peu verfez dans les Mathematiques, qui ne pouuoient comprendre vne raifon prife de la nature des mouuemens compofez, & vous leur auez fait entendre raifon, en leur propofant vn autre principe, plus plaufible en apparence, & plus proportionné à leur portée, à fçauoir, Que la Nature agit toufiours par les voyes les plus courtes & les plus fimples ; Les autres qui y eftoient trop adonnez, & qui ne pouuoient fe rendre aux raifons pures & fimples de

la Metaphyſique, qu'il faut pourtant neceſſairement joindre
auec celles là, pour leur donner la force de la conuiction, &
vous leur auez oſté cét obſtacle, en conduiſant voſtre principe par vn raiſonnement purement Geometrique. Et comme ces deux ſortes de perſonnes eſtoient ſans doute beaucoup plus en nombre que les autres, vous meritez auſſi ſans
difficulté vne plus grande part dans la gloire qui eſt deuë à
vne ſi belle & ſi importante découuerte. Ie ne vous l'enuie
point, Monſieur, & vous promets de le publier par tout,
& de confeſſer hautement que ie n'ay rien veu de plus ingenieux ny de mieux trouué que la demonſtration que vous
auez apportée. Permettez-moy ſeulement de vous dire icy
les raiſons qu'vn Deſcartiſte vn peu zelé pourroit alleguer
pour maintenir l'honneur & le droit de ſon Maiſtre, & pour
ne pas relaſcher ſi-toſt à vn autre la poſſeſſion où il eſt, ny
luy ceder le premier pas.

1. Le principe que vous prenez pour fondement de voſtre
demonſtration, à ſçauoir, Que la Nature agit touſiours
par les voyes les plus courtes & les plus ſimples, n'eſt qu'vn
principe Moral, & non point Phyſique, qui n'eſt point, &
qui ne peut eſtre la cauſe d'aucun effet de la Nature. Il ne
l'eſt point; Car ce n'eſt point ce principe qui la fait agir, mais
bien la force ſecrette & la vertu qui eſt dans chaque choſe,
qui n'eſt iamais determinée à vn tel ou tel effet par ce principe, mais par la force qui eſt dans toutes les cauſes qui concourrent enſemble à vne meſme action, & par la diſpoſition
qui ſe trouue actuellement dans tous les corps ſur leſquels
cette force agit; Et il ne le peut eſtre, autrement nous ſup-
poſerions de la connoiſſance dans la Nature; & icy par la
Nature nous entendons ſeulement cét ordre & cette loy
eſtablie dans le monde tel qu'il eſt, laquelle agit ſans pre-
uoyance, ſans choix, & par vne determination neceſſaire.

2. Ce meſme principe doit mettre la Nature en irreſolu-
tion, à ne ſçauoir à quoy ſe determiner, quand elle a à faire
paſſer vn rayon de Lumiere d'vn corps rare dans vn plus
denſe. Car ie vous demande, s'il eſt vray que la Nature

doiue toufiours agir par les voyes les plus courtes & les plus fimples, puifque la ligne droite eft fans doute & plus courte & plus fimple que pas vne autre, quand vn rayon de Lumiere a à partir d'vn point d'vn corps rare pour fe terminer dans vn point d'vn corps denfe, n'y a t'il pas lieu de faire hefiter la Nature, fi vous voulez qu'elle agiffe par ce principe, à fuiure la ligne droite auffi-toft que la rompuë, puifque fi celle-cy fe trouue plus courte en temps, l'autre fe trouue plus courte & plus fimple en mefure, Qui decidera donc, & qui prononcera là deffus?

3. Comme le temps n'eft point ce qui meut, il ne peut eftre non plus ce qui determine le mouuement; Et quand vne fois vn corps eft meu & determiné à aller quelque part, il n'y a nulle apparence de croire que le temps plus ou moins bref, puiffe obliger ce corps à changer de determination, luy qui n'agit & qui n'a nul pouuoir fur luy. Mais comme toute la viteffe & toute la determination du mouuement de ce corps depend de fa force & de la difpofition de fa force, il eft bien plus naturel & c'eft à mon auis parler plus en Phyficien, de dire, comme fait Monfieur Defcartes, que la viteffe & la determination de ce corps changent par le changement qui arriue en la force & en la difpofition de cette force, qui font les veritables caufes de fon mouuement, que non pas de dire, comme vous faites, qu'elle changent par vn deffein que la Nature a d'aller toufiours par le chemin qu'elle peut parcourir plus promptement; deffein qu'elle ne peut auoir, puis qu'elle agit fans connoiffance, & qui n'a nul effet fur ce corps.

4. Comme il n'y a que la ligne droite qui foit determinée, il n'y a auffi que cette ligne-là feule où la Nature tende dans tous fes mouuemens; Et bien que par fois vn corps par fon mouuement décriue actuellement vne autre ligne; neant-moins à confiderer l'vn apres l'autre tous les points qu'il a parcourus, ils font pluftoft les points d'autant de lignes droites qu'il quitte succeffiuement, que ceux d'vne ligne courbe qu'il tende à décrire; & il les a pluftoft parcourus

comme tels, qu'autrement ; puifque fi-toft que ce corps eft
laiffé & abandonné à la force qui le meut en chaque point,
il fe porte à fuiure la ligne droite à laquelle ce point appartient, & point du tout la ligne courbe qu'il a décrite. Cela
eftant, s'il eft queftion de porter vn rayon de Lumiere du
point M au point H , il eft certain que la Nature l'enuoyera tout droit par la ligne M H , fi cela fe peut. Et de
fait quand le milieu eft femblable & égal elle n'y manque
iamais ; Mais quand le milieu par où la Lumiere paffe change de nature, & oppofe plus ou moins de refiftance à fon
paffage & à fon cours, qui fera changer fa direction à la rencontre de ce milieu? Que peut-on foupçonner qui en foit la
caufe? La brieueté du temps? nullement? Car quand le
rayon M N eft paruenu au point N, il luy doit eftre indifferent fuiuant ce principe , d'aller à tous les points de la circonference B H A, puis qu'il luy faut autant de temps à
paruenir aux vns qu'aux autres ; Et cette raifon de la brieueté du temps ne le pouuant emporter alors vers vn endroit
pluftoft que vers vn autre, il y auroit raifon qu'il deuft plûtoft fuiure la ligne droite ; Car pour choifir le point H plûtoft que tout autre, il faudroit fuppofer que ce rayon M N,
que la Nature n'a pû enuoyer vers là fans vne tendance in-
definie en ligne droite, fe fouuinft qu'il eft party du point
M , auec ordre d'aller chercher, à la rencontre de cét autre
milieu, le chemin qu'il puft parcourir en moins de temps,
pour de là arriuer en H. Ce qui à vray dire eft imaginaire,
& nullement fondé en Phyfique. Qui fera donc changer la
direction du rayon M N, (quand il eft paruenu au point N)
à la rencontre d'vn autre milieu , finon celle qu'allegue
Monfieur Defcartes? Qui eft, que la mefme force qui agit
& qui meut le rayon M N, trouuant vne autre difpofition à
receuoir fon action dans ce milieu que dans l'autre, ce qui
change la fienne à fon égard, conforme la direction de ce
rayon à la difpofition qu'elle a pour lors. Et pource qu'au
point de rencontre de cét autre milieu, c'eft la feule force
qui porte le rayon en bas, qui fe reffent de la diuerfité à re-

Voyez la fig. p. 174.

ceuoir son action, qui est entre le milieu d'où il sort & celuy où il entre, (celle qui le porte à droite ne s'en ressentant point, à cause que ce milieu ne luy est aucunement opposé en ce sens-là) le changement qui arriue à la façon dont l'action de la force qui le porte en bas est receuë dans ce point de rencontre, change aussi la direction du rayon, & le fait détourner du costé où il est attiré, selon la proportion qui se trouue alors entre l'action de cette force & celle de l'autre ; & cela me semble si clair, qu'il ne doit plus rester aucune difficulté.

5. S'il semble apparemment plus raisonnable de croire que la Lumiere trouue plus aisément passage dans les corps rares que dans les denses, ainsi que vous le supposez, fondé sur l'experience de tous les corps sensibles, qui l'ont sans doute plus libre dans ces sortes de milieux; Il est aussi ce me semble plus raisonnable de croire que les corps qui entrent dans des milieux qui font plus de resistance à leur passage que ceux d'où ils sortent, comme vous supposez que les corps denses font à la Lumiere, s'efforcent de s'en éloigner, & ne s'y enfoncent que le moins qu'ils peuuent ; Ce que l'experience confirme. Ainsi quand vne balle est poussée de biais de l'air dans l'eau, bien loin de continuer son mouuement en ligne droite, & beaucoup plus de s'enfoncer dauantage en approchant de la perpendiculaire, elle s'en éloigne autant qu'elle peut en s'approchant de la superficie. Et vous auez fort bien reconnu la force de cette objection, que vous appellez pourtant legere, mais que vous ne sçauriez resoudre que par le principe de Monsieur Descartes, qui ruine entierement le vostre : Car si par vostre principe mesme la balle doit s'éloigner de la perpendiculaire, pourquoy la Lumiere s'en approche-t'elle? Et si la balle ne suit pas vostre principe, comme en effet elle ne le suit pas, pourquoy la Lumiere le suiura-t'elle? Cela ne fait-il pas plustost voir, que dans l'vn & dans l'autre exëple, la Nature n'agit pas par vostre principe.

6. Cette voye que vous estimez la plus courte, parce qu'elle est la plus prompte, n'est qu'vne voye d'erreur & d'égarement,

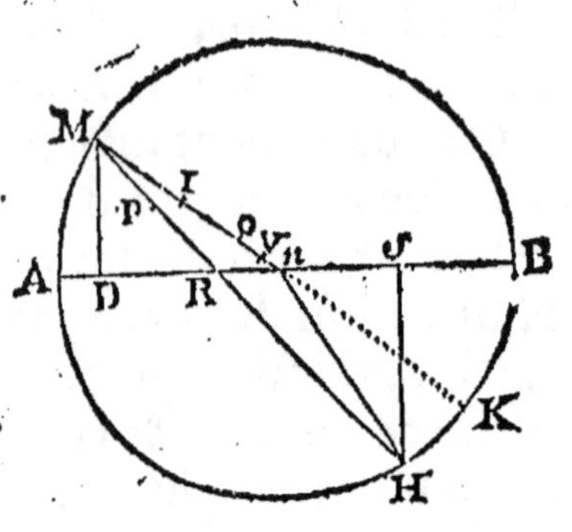

d'égarement, que la Nature
ne ſuit point, & ne peut auoir
intention de ſuiure; Car comme elle eſt determinée en tout
ce qu'elle fait , elle ne tend
iamais qu'à conduire ſes mouuemens en ligne droite ; Et
ainſi ſi vous voulez que d'a-
bord elle tende d'M vers H,
elle ne peut s'auiſer de dreſſer
vn rayon vers N , pource que ce rayon de ſoy n'y tend nullement ; Mais elle dreſſera ſon rayon vers R , & ce rayon
eſtant là vne fois paruenu, qui eſt le plus droit, le plus court,
& le plus bref de tous ceux qui peuuent tendre à ce point.
Pour aller maintenant d'R en H, le plus droit encore, le plus
court, & le plus bref, eſt d'aller tout droit vers H. Et ainſi
ſi la Nature agiſſoit par voſtre principe meſme, elle deuroit
aller directement d'M vers H; Car d'vn coſté elle eſt ne-
ceſſitée à diriger d'abord ſon rayon vers R , & de là, voſtre
principe meſme la porte vers H.

7. Et bien que vous ayez tres-clairement demonſtré,
ſuiuant voſtre ſuppoſition , que le temps des deux rayons
M N, N H pris enſemble, eſt plus bref que celuy de deux
autres quels qu'ils ſoient pris auſſi enſemble, ce n'eſt pourtant pas la raiſon de la briéueté du temps qui porte ces deux
rayons par ces deux lignes. Car ſeroit-il bien poſſible qu'vn
rayon qui eſt deſia dans l'air, qui a deſia ſa direction toute
droite, & qui ne tend nullement ailleurs, ſi toſt qu'on luy
oppoſe de l'eau ou du verre, s'auiſaſt de ſe détourner ainſi
qu'il fait, pour le ſeul deſſein d'aller iuſtement chercher vn
point, où ſon mouuement compoſé ſoit le plus bref de tous
ceux qui y peuuent aller du lieu de ſon départ ; Cette raiſon
ſeroit bien Metaphyſique pour vn ſujet purement materiel.
Ne doit-on pas pluſtoſt croire , ainſi que i'ay deſia dit, que
comme c'eſt la force du mouuement & ſa determination
qui ont conduit ce rayon dans la premiere ligne qu'il a dé-

crite, fans que le temps y ait rien contribué, c'eft le changement qui arriue dans cette force & dans cette determination, qui luy fait prendre la route de l'autre qu'il a à décrire,
fans que le temps y contribuë, puifque le temps ne produit
rien.

8. Enfin la difference que ie trouue entre Monfieur
Defcartes & vous, eft que vous ne prouuez point, mais que
vous fuppofez pour principe, *Que la Lumiere paffe plus
aifément dans les corps rares que dans les denfes*; au lieu
que Monfieur Defcartes prouue, & ne fuppofe pas fimplement, ainfi que vous dites, *Que la Lumiere paffe plus aifément dans les corps denfes que dans les rares*. Car pofé
voftre principe, & pofé encore que la Nature agiffe toûjours par les voyes les plus courtes, ou les plus promptes,
vous concluez fort bien que la Lumiere doit fuiure le chemin qu'elle tient, dans la refraction; là où Monfieur Defcartes, fans rien fuppofer, fe fert feulement de l'experience
mefme, pour conclure que la Lumiere paffe plus aifément
dans les corps denfes que dans les rares, & donne en mefme
temps le moyen de mefurer la proportion auec laquelle cela
fe fait. Et pource qu'il iugeoit bien que l'experience jour-
naliere que nous auons du contraire pourroit nous donner
lieu de nous en eftonner, il en rend la raifon Phyfique dans la
vingt-troifiéme page de fa Dioptrique, à laquelle on peut
auoir recours.

Mais s'il eft vray que la Lumiere paffe plus difficilement
dans les corps rares que dans les denfes, comme la raifon
alleguée en ce lieu-là par Monfieur Defcartes femble le
prouuer; Et s'il eft vray auffi que la Nature n'agiffe pas toûjours par les voyes les plus promptes, comme l'exemple de
la balle qui paffe de l'air dans l'eau le juftifie, adieu toute
voftre demonftration; Et mefme comme vous dites auoir
autrefois propofé vos difficultez à Monfieur Defcartes, à
luy, dites-vous, *viuenti atque fentienti*, fans que ny luy ny
fes amis vous ayent iamais fatisfait; Ne pourroit-on pas auffi
dire, qu'il vous a fait réponfe de fon viuant, & fes amis de-

puis fa mort, *tibi, inquam, viuenti, &, nifi dicere nefas effet, adderem, & non intelligenti*, puis'qu'il y en a qui fe perfua-dent de la bien entendre. Et enfin comme vous dites que la Nature femble auoir eu cette deference & complaifance pour Monfieur Defcartes, que s'eftre renduë à luy, & luy auoir découuert fes veritez fans s'y laiſſer forcer par la de-monſtration; Ne peut-on pas dire que vous auez forcé la Geometrie, toute feuere qu'elle eft, à vous en fournir vne, par le moyen de cette double fauſſe poſition. Apres quoy ie laiſſe aux plus feueres & plus clair-voyans Naturaliſtes à iuger qui de vous deux a le mieux rencontré dans la cauſe qu'il a aſſignée à la refraction.

Cela n'empefche pas qu'à conſiderer les choſes d'vne autre façon, ie ne fois d'accord auec vous que la Nature agit touſiours par les voyes les plus courtes & les plus prom-ptes: Car comme elle n'agit que par la force qui l'emporte neceſſairement, & qu'elle eft touſiours determinée dans fon action, elle fait touſiours tout ce qu'elle peut faire, & ainſi quelque route qu'elle prenne, c'eft touſiours la plus courte & la plus prompte qui fe pouuoit, eu égard à toutes les cauſes qui l'ont fait agir, & qui l'ont determinée.

Apres vous auoir ainſi propoſé ce qui me fait perſiſter dans mes premiers fentimens, ie ne laiſſe pas de me fentir obligé de me rendre, & d'acquiefcer en quelque façon aux voſtres; Et bien loin de vous difputer la gloire d'entrer dans la focieté de la preuue d'vne verité ſi importante, ie penfe auoir trouué vn moyen qui vous doit mettre tous deux d'ac-cord, en laiſſant à chacun la part qui luy appartient. Il fem-ble que comme la Lumiere eft la plus noble production de la Nature, elle la laiſſe auſſi agir d'vne maniere la plus re-guliere & la plus vniuerfelle; & qu'elle a fait que dans fon action, tout ce qu'elle employe de principes dans toutes les autres cauſes, fe rencontre tous enfemble dans celle-cy. Ainſi pource que les mouuemens des autres corps depen-dent de la force qui les meut & de la determination de cette force, la Lumiere fuiuant ces loix, tantoft fe continuë en

ligne droite, & tantoſt s'en écarte, en s'approchant ou s'éloignant de la perpendiculaire. Mais pource que nous voyons
auſſi que la Nature agit touſiours par les voyes les plus courtes, il falloit que la Lumiere s'accommodaſt à cette loy.
Monſieur Deſcartes a fait voir que la Lumiere ſuit dans la
refraction les loix ordinaires du mouuement de tous les
corps, Et vous, Monſieur, auez fait voir que quoy que la
Lumiere ſemble dans la refraction prendre vn détour, &
s'oublier qu'elle doit agir par les voyes les plus courtes, elle
obſerue neantmoins cette loy auec vne exactitude ſi grande
qu'on n'y ſçauroit rien deſirer. Et ainſi l'on peut dire que
vous auez trauaillé conjointement auec Monſieur Deſcartes à juſtifier en cela la Nature, & à rendre raiſon de ſon
procedé, Luy par des raiſons naturelles & communes à tous
les corps; & vous, Monſieur, par des raiſons Mathematiques, tirées de la plus pure & plus fine Geometrie; Et
meſme, comme cette preuue Geometrique eſtoit la plus
difficile à trouuer & à demeſler, ie veux bien que vous l'em-
portiez pardeſſus luy; & dés à preſent ie ſigne & ſouſcrits à
vne eternelle paix auec vous, & ne veux plus deſormais conteſter ſur l'ineficacité de voſtre principe, & ſur la difference
qui eſt entre le voſtre & le ſien, puis qu'il conclud vne meſme choſe, & nous enſeigne vne meſme verité. Ie ſuis,

AVTRE LETTRE DE Mr CLERSELIER
à Monſieur de Fermat, ſur le meſme ſujet,

Du 13. May 1662.

LETTRE LIII.

MONSIEVR,

C'eſt par l'ordre de l'aſſemblée qui ſe tient toutes les

femaines chez Monfieur de Montmort que ie vous écris
auiourd'huy, pour vous faire vne amande honorable d'vn
méchant mot Latin que i'ay mis dans la Lettre que ie me
donné l'honneur de vous écrire il y a huit iours, dont ie luy
fis la lecture Mardy dernier. Ce fut la feule chofe qu'elle y
trouua à redire, & ie l'auois bien fenty moy-mefme en l'é-
criuant, auffi auois-ie tafché de l'adoucir par le correctif
qui le precede, Cependant nonobftant cela i'en receus vne
reprimande publique, & auffi-toft ie me propofé de vous
en faire mes excufes au premier ordinaire, Ce que ie fais
auiourd'huy dautant plus volontiers, qu'outre que par cette
foûmiffion ie vous feray connoiftre l'ingenuité de mon procedé, cela me donnera auffi occafion de vous dire quelque
chofe que ie fus obligé de repliquer à quelques objections
qui me furent faites par quelques-vns de l'affemblée, afin
de rendre la penfée de Monfieur Defcartes, touchant la refraction, plus claire, par vn exemple familier, & qui eft tout
à fait propre au fujet. Si ie n'auois point efté fi impatient
que de vous enuoyer vne chofe qui eftoit prefte il y auoit
plus de quinze iours, & que l'engagement que i'auois, m'a-
uoit obligé de faire voir deflors à Monfieur de la Chambre,
i'aurois éuité le reproche de la compagnie, & ne ferois pas
tombé dans cette faute.

Mais i'eus peur qu'il me falluft encore differer plus long-
temps d'en parler à l'affemblée, qui auoit defia remis par
deux fois la lecture que ie luy en voulois faire, pource qu'elle
vouloit auffi auoir en méme temps les fentimens de M. Petit,
qui luy auoit fait connoiftre, dés la premiere fois que voftre
Lettre parut deuant elle, qu'il auoit plufieurs chofes à dire,
& contre ce que vous écriuez à Monfieur de la Chambre, &
contre ce que Monfieur Defcartes a écrit.

Pour moy, qui ne m'eftois pas trouué à l'affemblée, quand
voftre Lettre y fut leuë la premiere fois, & qui me difpenfois
alors fouuent de m'y trouuer, à caufe de quelques affaires
plus importantes, que la detention de Monfieur de la Haye
mon Gendre me donnoit, pour pourfuiure à la Cour fa li-

berté, ie ne l'eus pas pluſtoſt veuë que ie crû eſtre obligé
d'y faire réponſe, comme eſtant vne ſuitte des petits demé-
lez que nous auions deſia eu autrefois enſemble ſur la meſme Matiere, &, parce auſſi que vous me faites l'honneur de
me nommer par trois fois dans voſtre Lettre, & de ſembler
m'y conuier.

I'auois donc preparé ma Réponſe le pluſtoſt que i'auois
pû, & penſois la faire voir à la Compagnie, mais elle ne le
iugea pas à propos, pour ne point preuenir M. Petit dans la
repartie qu'il auoit promis de vous faire, Mais craignant que
cela n'allaſt trop en longueur, ie me reſolus de moy meſme
Samedy dernier de vous l'enuoyer, auant que de l'auoir fait
voir à la Compagnie, de qui i'ay receu les aduis trop tard
pour m'empeſcher de tomber dans cette faute, mais non
pas pour vous en faire mes excuſes, & vous en demander le
pardon.

Et pour le meriter en quelque façon, ſouffrez que ie
m'explique vn peu plus au long que ie ne fis la derniere fois,
pour vous faire comprendre ce que ie penſe de la penſée
qu'a eu Monſieur Deſcartes touchant la refraction.

Il eſt certain qu'à conſiderer tout ſeul le rayon A B, entant qu'il eſt dans l'air, il ne va ny à gauche ny à droite, ny
en haut ny en bas, mais toute ſa tendance eſt d'aller vers D,
& n'a qu'vne ſeule direction. Mais ſi-toſt qu'on luy oppoſe
vn autre milieu, par exemple C B E, dans lequel il ſoit

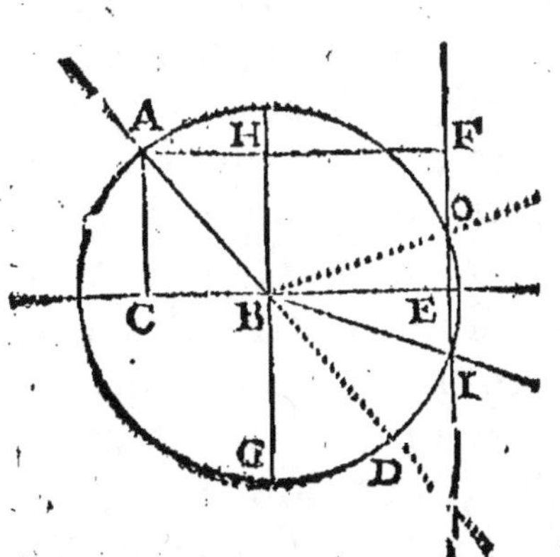

obligé de paſſer, on peut dire,
& il eſt vray, qu'à l'égard de ce
milieu il a diuerſes tendances;
Car ſi on le luy oppoſe directement, ſa cheute eſt perpendiculaire, & n'a qu'vne direction à
ſon égard; Mais ſi on le luy oppoſe de biais comme il eſt dans
la page 17. de la Dioptrique,
alors ce rayon à ſon égard a vne
double direction, l'vne qui le

fait tendre vers luy, qui eſt de haut en bas, & l'autre qui le
porte de gauche à droite, à laquelle ce milieu n'eſt point
du tout oppoſé ; & ſi on le luy oppoſoit d'vne autre façon, la
meſme direction qui maintenant eſt de gauche à droite,
pourroit eſtre celle qui le porteroit vers luy, & l'autre, celle
à laquelle ce milieu ne ſeroit point oppoſé ; Et ſelon que ce
milieu eſt plus ou moins incliné à ce rayon, les deux tendances ou directions qu'il a à ſon égard ſont diuerſes, & peuuent auoir l'vne à l'égard de l'autre diuerſes proportions.

Mais quand ie parle de tendance, de direction, ou de
determination, ne vous allez pas imaginer que i'entende
parler d'vne direction ſans force & ſans mouuement, ce
qui ſeroit chymerique & impoſſible, ne pouuant y auoir de
direction ſans mouuement, ou ſans effort ; mais i'entens par
ce mot de direction ou de determination vers quelqu'endroit, toute la partie du mouuement qui eſt determinée à
aller vers cét endroit-là.

Donc ſelon que le milieu eſt plus ou moins incliné au
rayon, la force, qui à ſon égard le porte vers vn certain endroit, peut eſtre plus ou moins grande que celle qui le porte
vers l'autre. Par exemple, ſi l'angle A B C eſt égal à l'angle A B H, les deux parties du mouuement, dont l'vne le
porte en bas & l'autre à droite, ſont égales, s'il eſt moindre
ſa force eſt moindre, & s'il eſt plus grand elle eſt plus grande ; Mais quelle que ſoit l'inclination du rayon ſur le milieu,
il y a touſiours vne partie de la force de ſon mouuement à
laquelle ce milieu eſt oppoſé, & vne autre à laquelle il ne
l'eſt point. Or tandis que le rayon eſt dans l'air, la proportion, quelle qu'elle ſoit, qui eſt entre ces deux parties du
mouuement, que nous ſuppoſons vniforme, le porte dans
la ligne A B ; & tandis que rien ne la change, ou tandis
qu'elles changent, en gardant touſiours entre elles vne
meſme proportion, le rayon va touſiours en ligne droite.

Mais lors que le rayon A B de la page 17. eſtant paruenu
au point B rencontre vn autre milieu, ſi ce milieu ne preſente pas au rayon la meſme facilité à ſe laiſſer penetrer,

qu'auoit l'air, il doit arriuer du changement au cours du
rayon, à cauſe que ce milieu n'eſt oppoſé qu'à la determi‑
nation, ou à la partie du mouuement qui le porte vers luy,
& non point à l'autre; Et s'il preſente moins de facilité au
paſſage du rayon que ne fait l'air, la reſiſtance qu'il apporte
à la partie du mouuement qui tend vers luy, & non point à
l'autre, laquelle en ce point de rencontre demeurent preci‑
ſément la meſme, fait que n'y ayant plus la meſme propor‑
tion entre ces deux parties du mouuement, qui toutes deux
enſemble portoient auparauant le rayon dans la ligne A B,
elles doiuent luy faire changer de determination, & le por‑
ter vers le point où tend la direction qui s'ajuſte auec la pro‑
portion qui ſe trouue alors entre elles; & ainſi le faire éloi‑
gner de la perpendiculaire.

Que ſi au contraire le milieu qu'on oppoſe au rayon A
B, preſente plus de facilité à ſon paſſage que ne faiſoit l'air,

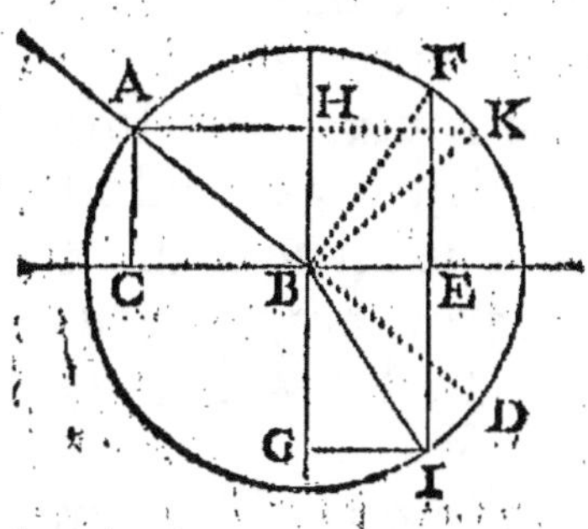

cette nouuelle facilité qu'il ap‑
porte, & qui n'eſt reſſentie que
par la partie du mouuement qui
tend vers luy, & non point par
l'autre, comme i'ay deſſa dit, doit
changer ſa direction, à cauſe que
cela change la proportion qui eſt
entre les deux parties, dont le
mouuement entier de la balle eſt
compoſé, & le détourner par conſequent vers la perpendi‑
culaire; ce qui arriue quand vn rayon de Lumiere paſſe de
l'air dans de l'eau ou dans du verre.

Et pour faciliter la comprehenſion de tout cecy par vn
exemple aiſé, repreſentez‑vous vn corps Spherique bien
dur & bien poly, mis ſur vne planche tres‑dure auſſi & tres‑
polie, dont le bout s'appuye ſur l'extremité d'vne table,
en ſorte que la planche ſoit inclinée ſur la table & faſſe vn
angle aigu auec elle. Il eſt certain que ce mobile roulera ſur
cette planche; & ce dautant plus vn moins viſte, que la
planche

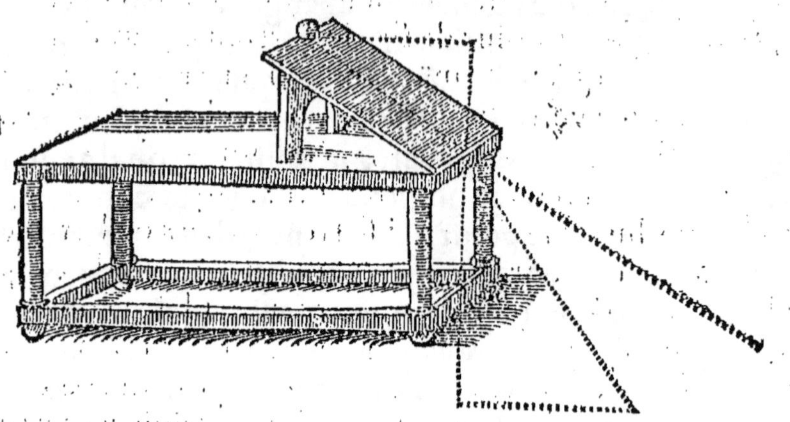

planche sera moins ou plus inclinée sur cette table. Mais
quel que soit le mouuement du mobile sur cette planche, il
est certain qu'à l'égard de la table il a deux determinations,
l'vne qui le porte vers elle, par laquelle il descend, & l'autre
qui le porte vers l'vne des murailles de la chambre par laquelle il auance de ce costé-là ; Et il est si vray qu'il a ces
deux impressions, qu'il les garde encore toutes deux lors
qu'il est en l'air hors de la planche ; & s'il ne luy en restoit
qu'vne, quand il est hors de dessus la planche, il ne suiuroit
que celle-là seule, par exemple, il tomberoit perpendiculairement à terre, si-tost qu'il a quitté la planche, s'il ne luy
restoit que celle de sa cheute.

Mais considerez ce qui arriue au mobile quand il est au
point où il quitte la planche, & vous verrez qu'il arriue la
mesme chose à la Lumiere quand elle passe de l'air dans l'eau ;
Et parce qu'alors la partie du mouuement qui porte le mobile en bas trouue plus de facilité ou moins de resistance à son
action, quand il est hors de dessus la planche & dans l'air,
qu'elle n'auoit quand il estoit sur la planche, & que celle
qui le porte vers la muraille demeure la mesme (bien que
ce soit encore la mesme force totale qui pousse en ce point-
là le mobile, & que la force des deux parties de son mouuement prises separément soit la mesme) neantmoins pource
que la proportion qui estoit auparauāt entre la facilité ou la

refiftance que prefentoit le milieu à ces deux forces eft changée, & que dans ce point de fortie il trouue plus de facilité
pour defcendre qu'auparauãt, fans qu'il en trouue ny plus ny
moins pour aller vers la muraille, pour cela il arriue qu'il ne
fuit plus la direction de la ligne qu'il auoit parcouruë fur la
planche, mais qu'il en prend vne autre, laquelle eft propor-
tionnée au plus de facilité qui fe trouue alors en l'vne de fes
forces plus qu'en l'autre; ce qui fait que le mobile en quit-
tant la planche s'approche de la perpendiculaire, comme fait
auffi la Lumiere en entrant dans l'eau, pour la mefme raifon.

Et c'eft à mon fens vne des chofes des plus aifées à conceuoir qu'il eft poffible, & c'eft auffi à mon aduis tout ce qu'a
voulu dire Monfieur Defcartes au fujet de la refraction. Ie
ne pretens pas neantmoins pour cela vous auoir perfuadé, il
fuffit que ie me fois donné à entendre, afin que vous ne
croyïez pas que ie fuiue aueuglément Monfieur Defcartes,
ou que ie vous contredife de gayeté de cœur. Ie vous reffem-
ble en ce point que ie n'aime & ne cherche que la verité, &
cette conformité que i'ay auec vous me fait efperer que
vous ne me defauotierez pas, quand ie m'auotieray par tout,
&c.

POur éclaircir dauantage cette matiere, i'apporteray
encore icy vn exemple, qui refout à mon aduis la plufpart des difficultez que l'on peut faire fur ce qu'a dit Monfieur Defcartes touchant la refraction dans fa Dioptrique.

Il eft conftant par l'experience, que de quelque façon
que la boule A foit pouffée au point B, par les boules C,
D, E, F, G, & quelles que foient les differentes determinations dont on peut fuppofer que celle de leur route foit
compofée, elles la poufferont toufiours vers H.

Premierement pour la boule E, il eft clair qu'elle la doit
pouffer vers H, puifque la boule A s'oppofe totalement à
fa determination, Mais ce qui eft clair pour la boule E, doit
pareillement eftre entendu des autres; qui bien qu'elles
viennent de biais vers la boule A, ne la touchent au point

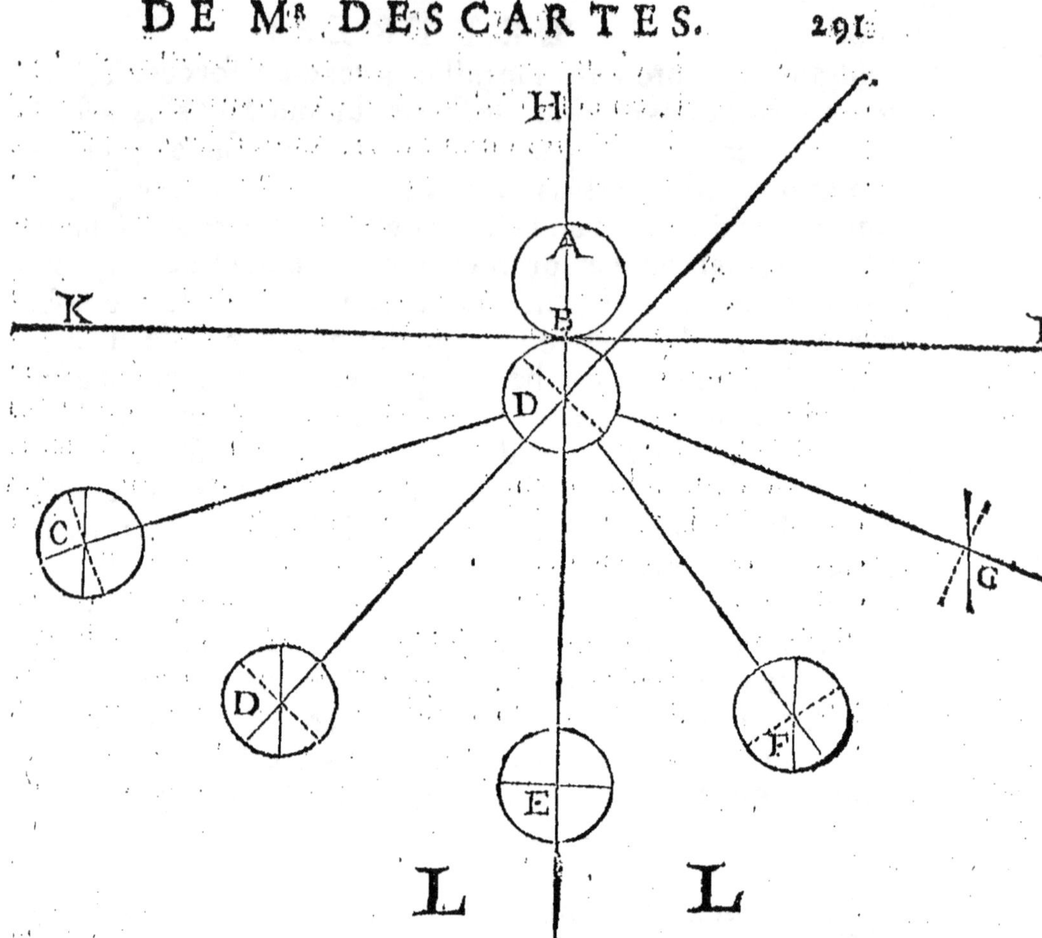

B, & ne la pouffent qu'entant qu'elles defcendent vers H,
& non point entant qu'elles vont vers I (ou vers K ;) c'eft
pourquoy elles ne fçauroient imprimer d'autre mouuement
à cette boule, finon de la faire aller vers H. Or quoy que
les determinations des boules D & F foient oppofées, entant que l'vne va à droite & l'autre à gauche, elles ne le
font point entant qu'elles defcendent, & ainfi elles doiuent
produire fur la boule A vn mefme effet, qui eft de la pouffer
vers H.

Mais fi nous fuppofons que la boule A foit dure & immobile, toutes ces boules, apres l'auoir rencontrée, feront

contraintes de changer la determination qu'elles auoient d'aller vers H, en celle d'aller ou de refléchir vers L, & de garder les autres si elles en auoient, ausquelles elle ne peut apporter de changement, à cause qu'elle ne leur est point opposée en ce sens-là : Et cecy explique la reflexion à angles égaux.

Que si nous supposons que ces boules ayent communiqué de leur mouuement à la boule A, ce ne peut estre qu'au sens qu'elle leur est opposée ; Et partant ce ne peut estre que le mouuement vers H qui puisse receuoir de l'alteration, & non point celuy vers I (ou vers K,) lequel par consequent doit demeurer le mesme, & en son entier. Si bien que ces boules perdant au point B de la force qui les determine à aller vers H, & ne perdant rien de celle qui les determine à aller vers I, elles sont contraintes de se détourner, & de prendre en ce moment vne autre direction, laquelle elles gardent tousiours, quelque resistance que le milieu apporte apres cela ; Qui peut bien les faire aller moins viste, mais non pas changer leur direction ; à cause qu'il peut bien estre opposé à leur vitesse, mais non point à la direction qu'elles ont prise, puisque nous supposons qu'il est également facile ou difficile à s'ouurir ou penetrer de tous costez. Et cela explique la refraction qui s'éloigne de la perpendiculaire.

Que si au contraire nous supposons que ces boules estant au point B, la boule A leur cede plus aisément, & les entraisne pour ainsi dire vers H ; Cela fait que ces boules descendent plus viste ; Mais cela ne change rien à leur mouuement vers la droite (ou vers la gauche) auquel elle n'est point opposée ; Et ainsi ces boules, au moment qu'elles sont au point B, estant plus disposées à aller vers H qu'elles n'estoient auparauant, & n'estant ny plus ny moins disposées qu'elles estoient à aller vers I, elles doiuent changer de direction, & la garder apres l'auoir prise ; Et cela explique la refraction vers la perpendiculaire.

Et pour faire voir que la resistance, plus ou moins grande du corps du milieu, n'y fait rien, & ne change point la determination que la boule prend au point B , confiderons ce qui peut arriuer à la boule A , felon les differens cas qu'on peut s'imaginer. Par exemple, fi la boule E tombe perpendiculairement fur A , & qu'elle luy communique la moitié de fon mouuement, où ira-t'elle ? Sans doute qu'elle ira vers H , & la force qu'elle reçoit en ce moment ne la peut determiner à aller que vers là ; Mais eft-ce à dire qu'en allant vers H , elle décrira en deux momens vne ligne auffi longue qu'a fait E en vn moment ? Ouy fans doute, fi vous fuppofez que le milieu qu'elle parcourt luy donne paffage auffi facilement qu'auoit fait l'autre ; mais fi ce milieu luy refifte dauantage elle en décrira vne plus courte ; Comme auffi elle en peut décrire vne égale, ou mefme vne plus longue, fi ce milieu refifte autant ou moins à la force qu'elle a receuë.

Que fi nous fuppofons que c'eft l'vne des autres boules C, D, F, G, qui rencontre A au point B, il s'enfuiura la mefme chofe, à fçauoir, qu'elle fera contrainte par la force qu'elle receura, de prendre fa determination vers H , comme auparauant, au moment mefme qu'elle en eft touchée ; Et la qualité du milieu ne changera point cette determination , finon qu'ayant receu moins de force, parce que n'eftant touchée que de biais elle n'eft pas pouffée par toute la force de la boule qui la touche, elle ira moins vifte.

Que fi nous fuppofons que la boule A eftoit defia en mouuement, & fe mouuoit vers I ; La cheute de l'vne de ces boules fur elle n'apporte aucun changement à la determination qu'elle auoit à aller vers là, c'eft à dire, à toute la force de fon mouuement qui la determinoit à aller vers I, & partant elle doit continuer d'y aller comme elle faifoit auparauant; mais elle doit auffi aller en mefme temps vers le cofté où la determine l'impreffion qu'elle a nouuellement receuë par la cheute de l'vne de ces boules ; fi bien que dés ce moment elle doit prendre fa direction.

Mais fi nous fuppofons que le milieu où elle fe trouue apres cela, luy refifte dauantage que ne faifoit l'autre, cela

contraintes de changer la determination qu'elles auoient
d'aller vers H, en celle d'aller ou de refléchir vers L, & de
garder les autres fi elles en auoient, aufquelles elle ne peut
apporter de changement, à caufe qu'elle ne leur eft point
oppofée en ce fens-là : Et cecy explique la reflexion à angles égaux.

Que fi nous fuppofons que ces boules ayent communiqué
de leur mouuement à la boule A, ce ne peut eftre qu'au fens
qu'elle leur eft oppofée ; Et partant ce ne peut eftre que le
mouuement vers H qui puiffe receuoir de l'alteration, &
non point celuy vers I (ou vers K,) lequel par confequent
doit demeurer le mefme, & en fon entier. Si bien que ces
boules perdant au point B de la force qui les determine à
aller vers H, & ne perdant rien de celle qui les determine à
aller vers I, elles font contraintes de fe détourner, & de
prendre en ce moment vne autre direction, laquelle elles
gardent toufiours, quelque refiftance que le milieu apporte
apres cela ; Qui peut bien les faire aller moins vifte, mais non
pas changer leur direction ; à caufe qu'il peut bien eftre oppofé à leur viteffe, mais non point à la direction qu'elles ont
prife, puifque nous fuppofons qu'il eft également facile ou
difficile à s'ouurir ou penetrer de tous coftez. Et cela explique la refraction qui s'éloigne de la perpendiculaire.

Que fi au contraire nous fuppofons que ces boules eftant
au point B, la boule A leur cede plus aifément, & les en-
traifne pour ainfi dire vers H; Cela fait que ces boules defcendent plus vifte ; Mais cela ne change rien à leur mouuement vers la droite (ou vers la gauche) auquel elle n'eft
point oppofée; Et ainfi ces boules, au moment qu'elles font
au point B, eftant plus difpofées à aller vers H qu'elles
n'eftoient auparauant, & n'eftant ny plus ny moins difpofées qu'elles eftoient à aller vers I, elles doiuent changer de
direction, & la garder apres l'auoir prife ; Et cela explique
la refraction vers la perpendiculaire.

Et pour faire voir que la refiftance, plus ou moins grande
du corps du milieu, n'y fait rien, & ne change point la de-

termination que la boule prend au point B, confiderons ce qui peut arriuer à la boule A, felon les differens cas qu'on peut s'imaginer. Par exemple, fi la boule E tombe perpendiculairement fur A, & qu'elle luy communique la moitié de fon mouuement, où ira-t'elle? Sans doute qu'elle ira vers H, & la force qu'elle reçoit en ce moment ne la peut determiner à aller que vers là; Mais eft-ce à dire qu'en allant vers H, elle décrira en deux momens vne ligne auffi longue qu'a fait E en vn moment? Oüy fans doute, fi vous fuppofez que le milieu qu'elle parcourt luy donne paffage auffi facilement qu'auoit fait l'autre; mais fi ce milieu luy refifte dauantage elle en décrira vne plus courte; Comme auffi elle en peut décrire vne égale, ou mefme vne plus longue, fi ce milieu refifte autant ou moins à la force qu'elle a receuë.

Que fi nous fuppofons que c'eft l'vne des autres boules C, D, F, G, qui rencontre A au point B, il s'enfuiura la mefme chofe, à fçauoir, qu'elle fera contrainte par la force qu'elle receura, de prendre fa determination vers H, comme auparauant, au moment mefme qu'elle en eft touchée; Et la qualité du milieu ne changera point cette determination, finon qu'ayant receu moins de force, parce que n'eftant touchée que de biais elle n'eft pas pouffée par toute la force de la boule qui la touche, elle ira moins vifte.

Que fi nous fuppofons que la boule A eftoit defia en mouuement, & fe mouuoit vers I; La cheute de l'vne de ces boules fur elle n'apporte aucun changement à la determination qu'elle auoit à aller vers là, c'eft à dire, à toute la force de fon mouuement qui la determinoit à aller vers I, & partant elle doit continuer d'y aller comme elle faifoit auparauant, mais elle doit auffi aller en mefme temps vers le cofté où la determine l'impreffion qu'elle a nouuellement receuë par la cheute de l'vne de ces boules; fi bien que dés ce moment elle doit prendre fa direction.

Mais fi nous fuppofons que le milieu où elle fe trouue apres cela, luy refifte dauantage que ne faifoit l'autre, cela ne change point la determination qu'elle a prife, mais fait feulement qu'elle le parcourt moins vifte qu'elle n'auroit fait ; Car enfin la proportion qui eftoit en ce moment entre fes deux forces l'ont determinée à aller quelque part ; & quelque facilité ou difficulté qu'apporte en fuitte le corps du milieu qu'elle doit parcourir, comme elle eft égale en tout fens, cela ne peut rien changer à la determination qu'elle à prife en fa fuperficie, & ne la doit ny plus ny moins détourner ; & la mefme proportion eft icy gardée qu'entre de forts ou de foibles mouuemens également proportionnez.

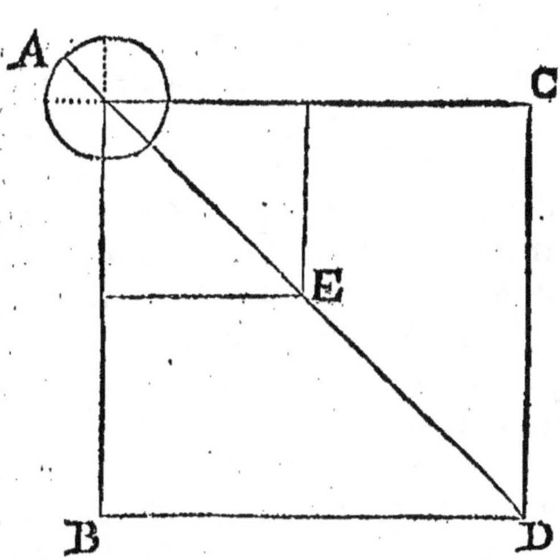

Par exemple, que la boule A foit pouflée par deux forces égales vers B & vers C en mefme temps, que doit-il arriuer fi elle eft dans l'air ? Il arriuera que ces deux forces ayant vn grand effet fur elle, la pouflèront en vn moment iufques en D ; Mais fi elle eftoit dans l'eau, alors ces deux forces n'ayant pas vn fi grand effet fur elle, ne la poufferont que iufques en E ; mais elle ne changera point pour cela de direction.

Et ce que ie dis de la boule A qui eft pouflée par des forces égales dans deux milieux differens, fe doit entendre tout de mefme, de toute autre forte de proportion qui foit entre ces deux forces : Sçauoir eft, que la diuerfité du milieu ne change point la direction à laquelle les forces qu'elle a la determinent au premier moment, mais peut feulement changer fa viteffe.

Par exemple que la boule A foit pouffé en mefme temps par deux forces, dont l'vne la pouffe du double plus fort vers C, que l'autre ne fait vers B, Que doit-il arriuer fi elle

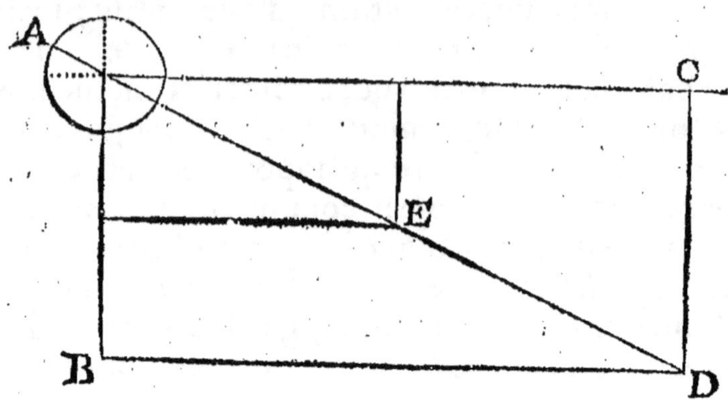

eſt dans l'air ? Il arriuera que ces deux forces ayant vn grand
effet ſur elle, la pouſſeront en vn moment iuſques en D;
Mais ſi elle eſtoit dans l'eau, alors ces deux forces n'ayant
pas vn ſi grand effet ſur elle, mais ne laiſſant pas de l'auoir
de tous coſtez proportionné à leur force, parce que l'eau
s'ouure également de tous coſtez, ne la pouſſeront que iuſques en E, mais elle ne changera point pour cela de direꝰ
ꝯtion, laquelle elle prend dés le premier moment.

Et ainſi ayant égard aux premieres ſuppoſitions que fait
Monſieur Deſcartes, lors qu'il ſe ſert de l'exemple d'vne
balle pour expliquer la reflexion & la refraction dans le
chapitre ſecond de ſa Dioptrique, c'eſt à dire, ſuppoſant
que ny la peſanteur ou la legereté de la balle, ny ſa groſſeur,
ny ſa figure, ny aucune telle cauſe eſtrangere ne change ſon
cours, ce qu'il dit en ſuitte eſt veritable, c'eſt à ſçauoir, qu'il
ne faut conſiderer que la determination que prend la balle
au moment qu'elle eſt au point B, ſans ſe mettre en peine de
ce qui peut arriuer de changement en ſa viteſſe dans le milieu qu'elle parcourt par apres, pource que c'eſt ſeulement
au point B qu'elle eſt contrainte de changer de direction, à
cauſe du changement qui arriue en ce point dans la proportion qui eſt entre les deux forces qui compoſent tout ſon
mouuement, & la direction qu'elle a vne fois priſe au point
B, elle la garde par apres, & la ſuit plus ou moins viſte ſelon
le plus ou moins de reſiſtance du milieu.

RESPONSE DE M. DE FERMAT
à Monſieur Clerſelier.

Du 12. May 1662.

LETTRE LIV.

MONSIEVR,

Vos deux Lettres des ſixiéme & treiziéme de May m'ont
eſté renduës en meſme temps ; elles me font plus d'honneur
que ie n'en deuois raiſonnablement attendre ; Et bien loin
que vos mots Latins m'ayent choqué, ie ſuis perſuadé que
dans la ſuppoſition de voſtre ſentiment ſur le ſujet de la demonſtration de Monſieur Deſcartes, il n'y en a point de plus
veritables en aucun endroit de vos Lettres ; Car ſi cette demonſtration eſt dans les regles des demonſtrations certaines
& infaillibles, il n'eſt rien de plus vray, ſinon que ceux qui
n'en ſont pas conuaincus ne l'entendent point ; La qualité
eſſentielle d'vne demonſtration eſt de forcer à croire ; de
ſorte que ceux qui ne ſentent pas cette force, ne ſentent pas
la demonſtration meſme, c'eſt à dire, qu'ils ne l'entendent
pas. Ie n'attribuë donc, Monſieur, qu'à vn excés de courtoiſie & de ciuilité cét adouciſſement que Meſſieurs de vôtre aſſemblée vous ont inſpiré, & ie vous en rends tres-
humbles graces. Pour la queſtion principale, il me ſemble
que i'ay dit ſouuent, & à Monſieur de la Chambre & à vous,
que ie ne pretens, ny n'ay iamais pretendu, eſtre de la con-
fidence ſecrette de la Nature ; Elle a des voyes obſcures &
cachées que ie n'ay iamais entrepris de penetrer ; ie luy auois
ſeulement offert vn petit ſecours de Geometrie au ſujet de
la refraction ſi elle en euſt eu beſoin ; Mais puiſque vous m'aſſurez, Monſieur, qu'elle peut faire ſes affaires ſans cela, &
qu'elle

qu'elle se contente de la marche que Monsieur Descartes
luy a prescrite, ie vous abandonne de bon cœur ma pretenduë conqueste de Physique, & il me suffit que vous me
laissiez en possession de mon Probleme de Geometrie tout
pur, *Et in abstracto*, par le moyen duquel on peut trouuer la
route d'vn mobile qui passe par deux milieux differens, &
qui cherche d'acheuer son mouuement le plustost qu'il
pourra. Et ie ne sçay pas mesme si la merueille ne sera point
plus grande, en supposant que i'ay mal deuiné le raisonnement de la Nature ; Car peut-on s'imaginer rien de plus
surprenant que ce qui m'est arriué. I'écriuis il y a plus de
dix ans à Monsieur de la Chambre que ie croyois que la refraction se deuoit reduire à ce Probleme de Geometrie, &
i'estois pour lors tout à fait persuadé que l'Analyse de ce
Probleme me donneroit vne proportion differente de celle
de Monsieur Descartes ; Et neantmoins en tentant le Probleme, qui est assez difficile, dix ans apres, i'ay treuué iustement la mesme proportion que Monsieur Descartes. Si
i'ay dit vn mensonge, n'ay-ie pas quelque raison de pretendre que c'est vn de ces mensonges fameux desquels il est dit
dans le Tasse, comme ie vous ay desia écrit,

> *Quando il Sarà il vero*
> *Si bello, che si possa à ti preporre.*

En voila de reste, ie croise les armes ; Permettez-moy
seulement, s'il vous plaist, d'assurer icy Monsieur Chanut, &
Monsieur l'Abbé d'Issoire son fils de mon obeïssance tres-
humble ; Ie n'ay pas l'honneur d'estre connu du Pere ; mais
pourquoy serois-ie le seul de toute l'Europe qui n'aurois pas
vne entiere veneration pour luy ; Ie suis,

MONSIEVR,

Vostre tres-humble & tres-obeïssant
seruiteur, FERMAT.

AV R. PERE MERSENNE.

LETTRE LV.

MON REVEREND PERE,

I'ay receu l'écrit de Monſieur de Fermat, auec vn billet que vous auiez mis dans le pacquet du Maire, & depuis i'ay attendu huit iours ſans y répondre, pour voir ſi ie ne rece-urois point cependant le pacquet que vous me mandez par ce billet m'auoir addreſſé au meſme temps ; mais ie ne l'ay point receu, & ainſi ie crains qu'il n'ait eſté perdu, au moins ſi vous ne l'auez enuoyé par vne autre voye que par la poſte. Ie vous renuoye l'Original de ſa demonſtration pretenduë contre ma Dioptrique, pource que vous me mandiez que c'eſtoit ſans le ſceu de l'autheur que vous me l'auiez enuoyé. Mais pour ſon écrit *De Maximis & minimis*, puiſque c'eſt vn Conſeiller de ſes amis qui vous l'a donné pour me l'en-uoyer, i'ay crû que i'en deuois retenir l'Original, & me con-tenter de vous en enuoyer vne Copie, veu principalement qu'il contient des fautes qui ſont ſi apparentes, qu'il m'ac-cuſeroit peut-eſtre de les auoir ſuppoſées, ſi ie ne retenois ſa main pour m'en deffendre. En effet, ſelon que i'ay pû iuger par ce que i'ay veu de luy, c'eſt vn Eſprit vif, plein d'in-uention & de hardieſſe, qui s'eſt à mon aduis precipité vn peu trop, & qui ayant acquis tout d'vn coup la reputation de ſçauoir beaucoup en Algebre, pour en auoir peut-eſtre eſté loüé par des perſonnes qui ne prenoient pas la peine, ou qui n'eſtoient pas capables d'en iuger, eſt deuenu ſi hardy, qu'il n'apporte pas, ce me ſemble, toute l'attention qu'il faut à ce qu'il fait. Ie ſeray bien-aiſe de ſçauoir ce qu'il dira, tant de la Lettre jointe à celle-cy, par laquelle ie répons à ſon écrit *De Maximis & minimis*, que de la precedente, où ie

répondois à sa demonstration contre ma Dioptrique ; Car
i'ay écrit l'vne & l'autre, afin qu'il les voye, s'il vous plaist;
Mesme ie n'ay point voulu le nommer, afin qu'il ait moins de
honte des fautes que i'y remarque, & parce que mon dessein
n'est point de fascher personne, mais seulement de me deffendre; Et pource que ie iuge qu'il n'aura pas manqué de se
vanter à mon prejudice en plusieurs de ses Escrits, ie croy
qu'il est à propos que plusieurs voyent aussi mes deffenses;
C'est pourquoy ie vous prie de ne les luy point enuoyer
sans en retenir Copie. Et s'il vous parle de vous renuoyer
encore cy-apres d'autres Escrits, ie vous supplie de le prier
de les mieux digerer que les precedens, autrement ie vous
prie de ne prendre point la commission de me les addresser;
Car entre nous, si lors qu'il me voudra faire l'honneur de
me proposer des objections, il ne veut pas se donner plus de
peine qu'il a pris la premiere fois, i'aurois honte qu'il me
fallust prendre la peine de répondre à si peu de chose, & ie
ne m'en pourrois honnestement dispenser, lors qu'on sçauroit que vous me les auriez enuoyées. Ie seray bien aise que
ceux qui me voudront faire des objections ne se hastent
point, & qu'ils taschent d'entendre tout ce que i'ay écrit,
auant que de iuger d'vne partie ; car le tout se tient, & la fin
sert à prouuer le commencement. Mais ie me promets que
vous me continuerez tousiours à me mander franchement
ce qui se dira de moy, soit en bien, soit en mal, & vous en
aurez d'oresnauant plus d'occasion que iamais, puisque mon
Liure est enfin arriué à Paris. Au reste, chacun sçachant
que vous me faites la faueur de m'aimer comme vous faites,
on ne dit rien de moy en vostre presence, qu'on ne presuppose que vous m'en auertissez, & ainsi vous ne pouuez plus
vous en abstenir sans me faire tort.

Vous me demandez, si ie croy que l'eau soit en son estat
naturel estant liquide, ou estant glacée, à quoy ie répons
que ie ne connois rien de violent dans la Nature, sinon au
respect de l'entendement humain, qui nomme violent ce
qui n'est pas selon sa volonté, ou selon ce qu'il iuge deuoir

P p ij

eſtre, & que c'eſt auſſi bien le naturel de l'eau d'eſtre glacée,
lors qu'elle eſt fort froide, que d'eſtre liquide, lors qu'elle
l'eſt moins, pource que ce ſont les cauſes naturelles qui font
l'vn & l'autre. Ie ſuis,

MON R. P.   Voſtre tres-humble & tres-obeïſſant
                               ſeruiteur, DESCARTES.

AV REVEREND PERE MERSENNE,
au ſujet du liure De Maximis & minimis de Monſieur de Fermat.

LETTRE LVI.

MON REVEREND PERE,

Ie ſerois bien aiſe de ne rien dire de l'Eſcrit que vous
m'auez enuoyé, parce que ie n'en ſçaurois parler autant
que ie voudrois à l'auantage de celuy qui l'a compoſé. Mais
à cauſe que ie reconnois que c'eſt celuy-là meſme, qui auoit
cy-deuant entrepris de refuter ma Dioptrique, & que vous
me mandez qu'il a enuoyé cecy apres auoir lû ma Geometrie, & s'eſtonnant de ce que ie n'auois point trouué la meſme choſe, c'eſt à dire, (comme i'ay ſujet de l'interpreter)
à deſſein d'entrer en concurrence, & de monſtrer qu'il ſçait
en cela plus que moy ; puis auſſi, à cauſe que i'apprens par
vos Lettres qu'il a la reputation d'eſtre fort ſçauant en Geometrie, ie croy eſtre obligé de luy répondre. Premierement
donc, ie trouue manifeſtement de l'erreur en ſa regle, &
encore plus en l'exemple qu'il en donne, pour trouuer les
tangentes de la parabole. Ce que ie prouue en cette ſorte.
Soit B D N la parabole donnée, dont D C eſt le Diametre, & que du point donné B, il faille tirer la ligne droite
B E, qui rencontre D C au point E, & qui ſoit la plus grande
qu'on puiſſe tirer du meſme point E, iuſques à la parabole.

Sic enim proponitur quærenda maxima. Sa regle dit, *Statuatur quilibet quæstionis terminus esse A*, Ie prens donc E C
pour A, ainsi qu'il a fait,

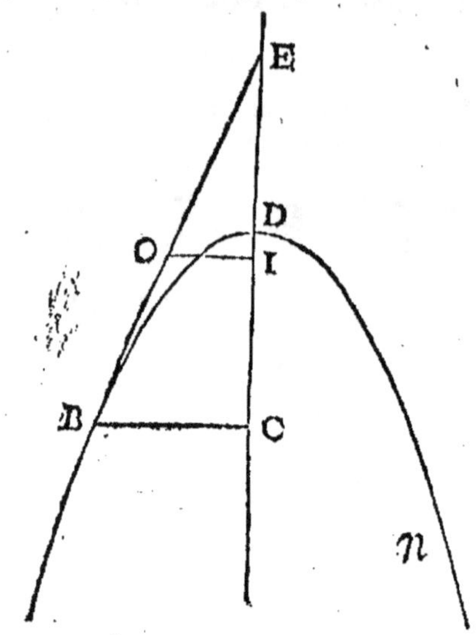

& *inueniatur maxima* (à
sçauoir B E) *in terminis,
sub A, gradu, vtlibet inuolutis.* Ce qui ne se peut faire
mieux qu'en cette façon ;
Que B C, soit B, le quarré
de B E sera A q † B q, à
cause de l'angle droit B C
E. *Ponatur rursum idem terminus qui prius, esse* A † E.
A sçauoir, ie fais que E C,
est A † E; (ou bien suiuant
son exemple A — E, car l'vn
reuient à l'autre) *Iterúm-
que inueniatur maxima* (à sçauoir B E) *in terminis, sub A, &
E, gradibus, vt libet coefficientibus.* Ce qui ne se peut mieux
faire qu'en cette sorte. Posons que C D ait esté cy-deuant
D, lors que B C estoit B, & le costé droit de la parabole sera
$\frac{B q}{D}$, à cause qu'il est à B C, la ligne appliquée par ordre,
comme B C est à C D, le segment du Diametre auquel elle
est appliquée. C'est pourquoy maintenant que C E, est
A † E, D C est D † E; & le quarré de B C, est $\frac{B q\ in\ D\ †\ B q\ in\ E}{D}$,
qui estant adjoûté au quarré de C E, qui est A q
† A in E bis † E q, il fait le quarré de B E. *Adæquentur duo
Homogenea maximè æqualia.* C'est à dire, que A q † B q
soit posé égal à B q $\frac{B q\ in\ E}{D}$ † A q † A in E bis † E q. *Et
demptis communibus.* Il reste $\frac{B q\ in\ E}{D}$ † A in E bis † E q égal à
rien. *Applicentur ad E, &c.* Il vient $\frac{B q}{D}$ † A bis † E. *Elidatur
E,* Il reste $\frac{B q}{D}$ † A bis, égal à rien. Ce qui ne donne point
la valeur de la ligne A, comme assure l'autheur, & par consequent sa regle est fausse.

Mais il se méconte bien encore plus en l'exemple de la parabole, dont il tasche de trouuer la tangente. Car outre qu'il ne suit nullement sa regle, comme il paroist assez de ce que son calcul ne se rapporte point à celuy que ie viens de faire, il vse d'vn raisonnement qui est tel, que si seulement au lieu de *Parabole* & *Parabolen*, on met par tout en son discours *Hyperbole* & *Hyperbolen*, ou le nom de quelque ligne courbe, telle que ce puisse estre, sans y changer au reste vn seul mot, le tout suiura en mesme façon, qu'il fait touchant la parabole, Iusques à ces mots : *Ergo probauimus C E, duplam ipsius C D, quod quidem ita se habet ; Nec vnquam, fallit methodus.* Au lieu desquels on peut mettre: *Non ideo sequitur C E, duplam esse ipsius C D, nec vnquam ita se habet alibi quam in parabole, vbi casu, & non ex vi præmissarum, verum concluditur; semperque fallit ista methodus.* Si cét Autheur s'est estonné de ce que ie n'ay point mis de telles regles en ma Geometrie, i'ay beaucoup plus de raison de m'estonner, de ce qu'il a voulu entrer en lice auec de si mauuaises armes. Mais ie veux bien luy donner encore le temps de remonter à cheual, & de prendre toutes les meilleures qu'il eust pû choisir pour ce combat, qui sont, que si on change quelques mots de la regle qu'il propose, pour trouuer *Maximam* & *minimam*, on la peut rendre vraye, & assez bonne. Ce que ie ne pourrois neantmoins icy dire, si ie ne l'auois sceu dés auparauant que de voir son Escrit; Car estant tel qu'il est, il m'eust plustost empesché de la trouuer, qu'il ne m'y eust aidé ; Mais quand ie l'aurois ignorée, & que luy l'auroit parfaitement sceuë, il ne me semble pas qu'il eust eu pour cela aucune raison de la comparer auec celle qui est en ma Geometrie, touchant le mesme sujet. Car premierement la sienne (c'est à dire, celle qu'il a eu enuie de trouuer) est telle, que sans industrie & par hazard, on peut aisément tomber dans le chemin qu'il faut tenir pour la rencontrer, lequel n'est autre chose qu'vne fausse position fondée sur la façon de demonstrer, qui reduit à l'impossible, & qui est la moins estimée & la moins

ingenieufe de toutes celles dont on fe fert en Mathematique; Au lieu que la mienne eft tirée d'vne connoiſſance de
la nature des Equations, qui n'a iamais efté, que ie ſçache,
aſſez expliquée ailleurs, que dans le troiſiéme Liure de ma
Geometrie. De ſorte qu'elle n'euſt ſceu eſtre inuentée par
vne perſonne qui auroit ignoré le fonds de l'Algebre; Et
elle ſuit la plus noble façon de demonſtrer, qui puiſſe eſtre,
à ſçauoir, celle qu'on nomme *à priori*. Puis outre cela, ſa
regle pretenduë n'eſt pas vniuerſelle comme il luy ſemble,
& elle ne ſe peut eſtendre à aucune des queſtions qui ſont vn
peu difficiles, mais ſeulement aux plus aiſées, ainſi qu'il
pourra éprouuer, ſi apres l'auoir mieux digérée il taſche de

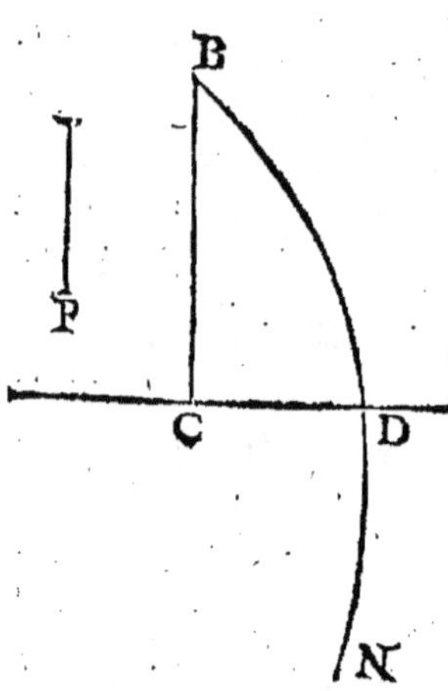

s'en ſeruir pour trouuer les tangentes, par exemple, de la ligne courbe
B D N, que ie ſuppoſe eſtre telle,
qu'en quelque lieu de ſa circonference qu'on prenne le point B,
ayant tiré la perpendiculaire B C,
les deux cubes des deux lignes B C,
& C D, ſoient enſemble égaux au
parallelipipede des deux meſmes
lignes B C, C D, & de la ligne
donnée P, (à ſçauoir, ſi P eſt 9. &
que C D ſoit 2. B C ſera 4. pource
que les cubes de deux & de quatre

qui ſont 8. & 64. font 72. & que le parallelipipede compoſé de 9. 2. & 4. eſt auſſi 72.) car elle ne ſe peut appliquer,
ny à cét exemple, ny aux autres qui ſont plus difficiles; Au
lieu que la mienne s'eſtend generalement à tous ceux qui
peuuent tomber ſous l'examen de la Geometrie; Non ſeulement en ce qui regarde les tangentes des lignes courbes,
Mais il eſt auſſi fort aiſé de l'appliquer à trouuer *Maximas*
& *minimas*, en toute autre ſorte de Problemes.

   De façon, que s'il l'auoit aſſez bien compriſe, il n'auroit
pas dit, apres l'auoir leuë, que i'ay obmis cette matiere en ma
Geometrie. Il eſt vray toutesfois que ie n'y ay point mis ces

termes *De Maximis & minimis*, dont la raiſon eſt, qu'ils ne
ſont connus que par ce qu'Appollonius en a fait l'argument
de ſon cinquiéme Liure, & que mon deſſein n'a point eſté
de m'arreſter à expliquer aucune choſe, de ce que quelques
Autheurs ont deſia ſceu; ny de reparer les Liures perdus
d'Appollonius, comme Viete, Snellius, Marinus Ghetaldus,
&c. Mais ſeulement de paſſer au de là de tous coſtez, comme i'ay aſſez fait voir en commençant par vne queſtion que
Pappus témoigne n'auoir pû eſtre trouuée par aucun des
anciens. Et par meſme moyen en compoſant & determinant
tous les lieux ſolides, ce qu'Appollonius cherchoit encore;
Puis en reduiſant par ordre toutes les lignes courbes, la
pluſpart deſquelles n'auoient pas meſme eſté imaginées, &
donnant des exemples de la façon dont on peut trouuer toutes leurs proprietez; Puis enfin, en conſtruiſant non ſeulement tous les Problemes ſolides, mais auſſi tous ceux qui
vont au ſurſolide, ou au quarré du cube, Et par meſme
moyen enſeignant à les conſtruire en vne infinité de diuerſes façons. D'où l'on peut auſſi apprendre à deguiſer en mille
ſortes la regle que i'ay donnée pour trouuer les tangentes,
comme ſi c'eſtoit autant de regles differentes. Mais i'oſe
dire qu'on n'en peut trouuer aucune, ſi bonne & ſi generale
que la mienne, qui ſoit tirée d'vn autre fondement. Au
reſte, encore que i'aye écrit que ce Probleme pour trouuer
les tangentes fuſt le plus beau & le plus vtile que ie ſceuſſe,
il faut remarquer que ie n'ay pas dit pour cela qu'il fuſt le
plus difficile, comme il eſt manifeſte, que ceux que i'ay mis
en ſuitte, touchant les figures des verres brulans, leſquels
le préſuppoſent, le ſont dauantage. De façon que ceux qui
ont enuie de faire paroiſtre qu'ils ſçauent autant de Geometrie que i'en ay écrit, ne doiuent pas ſe contenter de
chercher ce Probleme par d'autres moyens que i'ay fait,
mais ils deuroient pluſtoſt s'exercer à compoſer tous les
lieux ſurſolides, ainſi que i'ay compoſé les ſolides, & à expliquer la figure des verres brûlans, lors que l'vne de leurs
ſuperficies eſt vne partie de Sphere, ou de Conoïde donnée,

ainſi

ainſi que i'ay expliqué la façon d'en faire, qui ayent l'vne
de leurs ſuperficies autant concaue ou conuexe qu'on veut;
Et enfin à conſtruire tous les Problemes qui montent au
quarré de quarré de quarré, ou au cube du cube, comme i'ay
conſtruit tous ceux qui montent au quarré du cube. Et apres
qu'ils auront trouué tout cela, ie pretens encore qu'ils m'en
deuront ſçauoir gré, au moins s'ils ſe ſont ſeruis à cét effet
de ma Geometrie, à cauſe qu'elle contient le chemin qu'il
faut tenir pour y paruenir; Et que ſi meſme ils ne s'en ſont
point ſeruis, ils ne doiuent pas pour cela prétendre aucun
auantage par deſſus moy, dautant qu'il n'y a aucune de ces
choſes, que ie ne trouue autant qu'elle eſt trouuable, lors
que ie voudray prendre la peine d'en faire le calcul. Mais ie
croy pouuoir employer mon temps plus vtilement à d'autres
choſes. Ie ſuis,

A MONSIEVR ***.

Réponſe à vn Eſcrit des Amis de M. de Fermat.

LETTRE LVII.

MONSIEVR,

I'admire que l'écrit *De Maximis & minimis*, qui m'a eſté
cy-deuant enuoyé, & qui, comme i'apprens maintenant a
eſté compoſé par Monſieur de Fermat, ait trouué des deffenſeurs, mais ie ne voy pas qu'ils l'excuſent en aucune façon. Car premierement, ils me font dire vne choſe à laquelle
ie n'ay iamais penſé, afin par apres de la refuter; à ſçauoir,
ils ſuppoſent que ie parle *de tirer vne ligne droite du point B*,
dònné en la parabole B D N, ſçauoir, la ligne droite B E,
rencontrant le Diametre C D au point E, laquelle ligne B E,
ſoit la plus grande de toutes celles qui peuuent eſtre menées du

mefme point B, pris en la parabole, & couppant le mefme Dia-
metre C D.

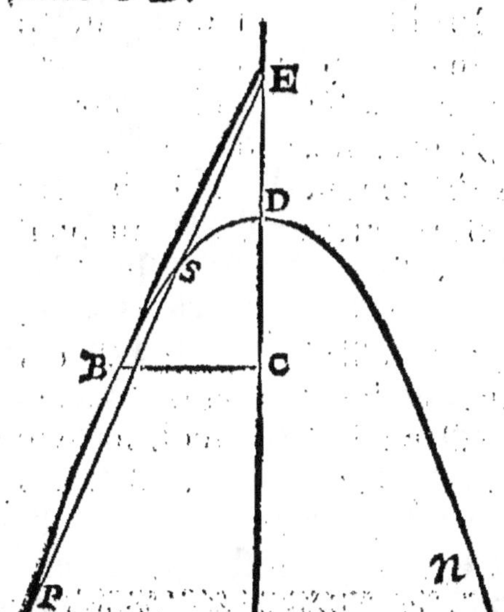

Ce font leurs mots, & ie
confeffe auec eux que cela
eft abfurde ; mais auffi ay-
ie dit toute autre chofe, à
fçauoir qu'il faut chercher
la ligne droite B E, qui ren-
contre D C au point E, &
qui foit la plus grande qu'on
puiffe tirer du mefme point E,
iufques à la parabole. Or il
eft éuident qu'on peut tirer vne ligne de ce point E,
vers la parabole, qui foit la
plus grande de toutes celles qui peuuent eftre me-
nées de ce mefme point E iufques à la mefme parabole, à
fçauoir, celle qui fera menée au point B, fi on fuppofe
qu'elle touche la parabole en ce point B. Car de dire, par
exemple, que E P eft plus grande que n'eft E B, ce n'eft rien
dire, à caufe que cette ligne P E, n'eft pas tirée iufques à la
parabole feulement, mais outre la parabole, & elle s'eftend
au delà, depuis S iufques à P, en forte qu'il n'y a que fa
partie E S qui foit menée iufques à la parabole, & E S
eft moindre que n'eft E B. Ce qui ne fçauroit eftre nié
par des perfonnes qui voudront entendre raifon, & auffi
n'ont-ils rien dit contre cela. En fuitte dequoy, i'ay fait
voir éuidemment que la regle de Monfieur de Fermat,
pour trouuer *Maximam & minimam*, eft imparfaite, & ie le
pourrois encore monftrer par vne infinité d'autres exemples, mais la chofe n'en vaut pas la peine ; Et ie diray feulement que cette regle eftant corrigée comme elle doit eftre,
le vray moyen de l'appliquer à l'inuention des tangentes
des lignes courbes, eft de chercher ainfi le point E, duquel
on puiffe tirer vne ligne iufques à B, qui foit la plus grande,
ou la plus petite qu'on puiffe tirer du mefme point E, iufques

à la ligne courbe donnée. Ce que Monsieur de Fermat témoigne n'auoir point sceu, puis qu'il en vse d'vne autre
façon, en cherchant la tangente de la parabole, à sçauoir,
d'vne façon en laquelle (pour nommer les choses par leur
nom, & sans auoir pour cela aucun dessein de l'offenser) il
se trouue vn Paralogisme, qui ne peut en aucune façon estre
excusé. Ie veux bien pourtant auoüer, que pour appliquer
son raisonnement à l'Hyperbole, il ne faut pas seulement
substituer *Hyperbolen* au lieu de *Parabolen*, mais qu'il y faut
outre cela changer vn petit mot, qui ne fait rien du tout à
la cause, & auquel ie n'ay pas honte de dire que ie n'auois
pas fait de reflexion ; Car d'abord i'auois reconnu si éuidemment le Paralogisme de cét Escrit, que ie n'auois pas
daigné par apres le regarder, & i'ay pensé que l'autheur
mesme ne pouroit faire aucune difficulté de le reconnoistre,
si tost qu'il en seroit auerty. Ce mot donc est, qu'au lieu de
dire, *Major erit proportio C D ad D I quam quadrati B C
ad quadratum O I*, Il faut en parlant de l'Hyperbole, dire
seulement, *Major erit proportio C D ad D I quam B C ad
O I*, ou bien *Major erit
proportio quadrati C D ad
quadratum D I, quam
quadrati B C ad quadra-
tum O I*. D'où tout le
reste suit en mesme façon
que si on compare les li-
gnes C D & D I aux quar-
rez de B C & O I. Et cecy
s'estend generalement à
toutes les lignes courbes
qui sont au monde. Mais
afin qu'on ne puisse chercher sur cela aucune excuse, qu'on mette, non pas
Hyperbolen, mais *Ellipsim
ou Circuli circonferentiam*.

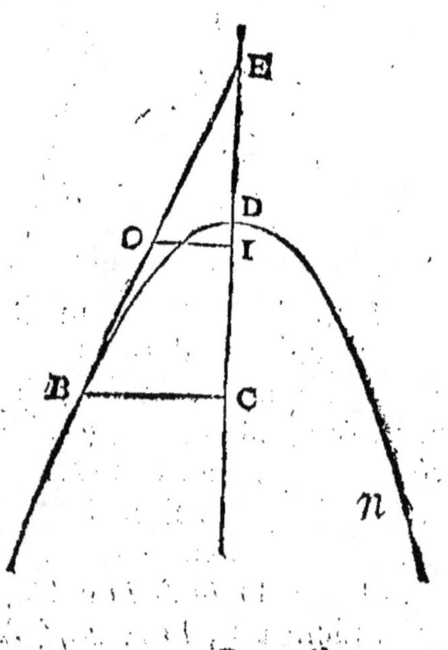

au lieu de *Parabolen* , & alors il ne faudra pas changer vn
feul mot en tout le refte , comme on verra icy manifeftement.

Raifonnement par lequel Monfieur de Fermat prétend trouuer la tangente de la Parabole.

SIt data parabole B D N, cuius vertex D, diameter
D C, & punctum in eâ datum B, ad quod ducenda eft
recta B E, tangens parabolen, & in puncto E, cum diametro concurrens ; Ergo fumendo quodlibet punctum in recta
B E, & ab eo ducendo ordinatam O I, à puncto autem B,

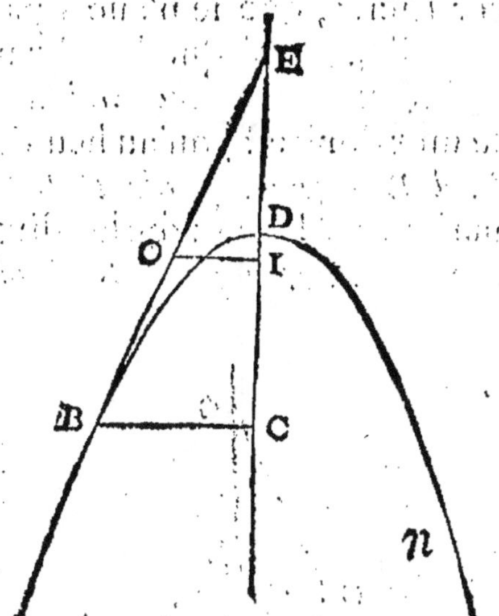

ordinatam B C, major erit
proportio C D ad D I,
quam quadrati B C, ad
quadratum O I. Quia pun-
ctum O eft extra parabo-
len. Sed propter fimilitu-
dinem triangulorum, vt B
C quadratum, ad O I qua-
dratum, ita C E quadra-
tum ad I E quadratum ;
Major igitur erit propor-
tio C D, ad D I, quam
quadrati C E, ad quadra-
tum I E. Cum autem pun-
ctum B detur, datur appli-
cata B C ; Ergo punctum C. Datur etiam C D. Sit igitur
C D, æqualis D datæ. Ponatur C E effe A. Ponatur C I,
effe E. Ergo D, ad D − E, habebit majorem proportionem
quam A *q*, ad A *q* † E *q* − A *in* E *bis*. Et ducendo inter fe
medias & extremas, D *in* A *q* † D *in* E *q* − D *in* A *in* E *bis*,
majus erit quam D *in* A *q* − A *q* *in* E. Adæquentur igitur
juxta fuperiorem methodum. Demptis itaque communibus,
D *in* E *q* − D *in* A *in* E *bis*, adæquabitur − A *q* *in* E, aut
quod idem eft, D *in* E *q* † A *q* *in* E, adæquabitur D *in* A

In E *bis*, omnia diuidantur per E.

Ergo D *in* E † A *q* adæquabitur D *in* A *bis*. Elidatur D *in* E. Ergo A *q* æquabitur D *in* A *bis*. Ideoque A æquabitur D *bis*. Ergo C E probauimus duplam ipfius C D, quod quidem ita fe habet ; Nec fallit vnquam methodus.

Application du mefme raifonnement à toutes les lignes
courbes, dans lefquelles les fegmens du Diametre ont
plus grande proportion entre eux (à fçauoir, le plus
grand au moindre) que les quarrez des lignes qui leur
font appliquées par ordre.

SIt data Ellipfis B D N, cuius vertex D, diameter D C, & punctum in eâ datum B, ad quod ducenda eft recta

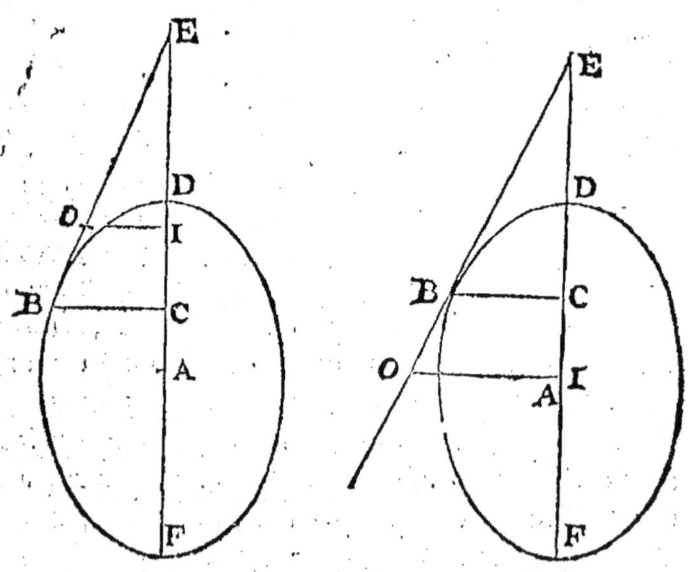

B E, tangens Ellipfim, & in puncto E, cum diametro con-currens ; Ergo fumendo quodlibet punctum in recta B E, & ab eo ducendo ordinatam O I, à puncto autem B, ordi-

natam B C, major erit proportio C D ad D I, quam
quadrati B C ad quadratum O I, quia punctum O est extra
Ellipsim. Sed propter similitudinem triangulorum, vt B C
quadratum ad O I quadratum, ita C E quadratum ad I E,
quadratum. Major igitur erit proportio C D ad D I, quam
quadrati C E ad quadratum I E. Cum autem punctum B
detur, datur applicata B C; Ergo punctum C. Datur etiam
C D. Sit igitur C D æqualis D datæ. Ponatur C E esse A.
Ponatur C I esse E. Ergo D, ad D − E habebit majorem
proportionem quam A q ad A q † E q − A in E bis. Et ducendo inter se medias & extremas, D in A q † D in E q − D in
A in E bis, majus erit quam D in A q. − A q in E. Adæquentur igitur juxta superiorem methodum. Demptis itaque communibus, D in E q − D in A in E bis, adæquabitur
− A q in E. Aut quod idem est D in E q † A q in E. Adæquabitur D in A in E bis. Omnia diuidantur per E.

     Ergo D in E † A q adæquabitur D in A bis. Elidatur D in E.
Ergo A q æquabitur D in A bis. Ideoque A æquabitur D bis.
Ergo C E probauimus duplam ipsius C D quod nullo modo
ita se habet; Sed semper fallit ista methodus.

Application du mesme raisonnement à l'Hyperbole,
& à toutes les autres lignes courbes.

SIt data hyperbole B D N, cuius vertex D, diameter D
C, & punctum in eâ datum B; Ad quod ducenda est
recta B E, tangens hyperbolen, & in puncto E, cum diametro concurrens; Ergo sumendo quodlibet punctum in recta
B E, & ab eo ducendo ordinatam O I, à puncto autem B
ordinatam B C, major erit proportio C D ad D I, quam quadrati B C ad quadratum O I, quia punctum O est extra hyperbolen. Sed propter similitudinem triangulorum, vt B C
quadratum ad O I quadratum, ita C E quadratum ad I E
quadratum; Major igitur erit proportio C D ad D I quam
C E ad I E, cum autem punctum B detur, datur applicata

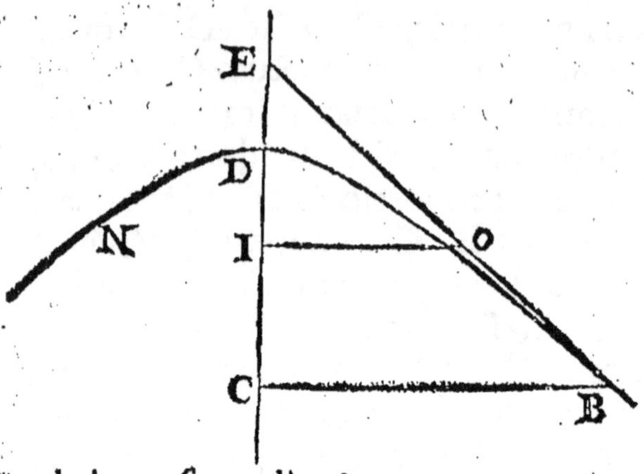

B C; Ergo punctum C. Datur etiam C D. Sit igitur C D æqualis D datæ. Ponatur C E esse A. Ponatur C I esse E. Ergo D ad D — E habebit majorem proportionem quam A ad A — E. Et ducendo inter se medias & extremas, D *in* A — D *in* E, majus erit quam D *in* A — A *in* E. Adæquentur igitur juxta superiorem methodum. Demptis itaque communibus, — D *in* E adæquabitur — A *in* E. Aut quod idem est D *in* E adæquabitur A *in* E. Omnia diuidantur per E.

Ergo A adæquabitur D, nihilque hic est elidendum. Sed A, æquatur D, quod nullo modo ita se habet, &c.

SI on auoüe que ce raisonnement soit bon pour la Parabole, on doit auoüer qu'il est bon aussi pour l'Ellipse & l'Hyperbole, & pour toutes les autres lignes courbes qui sont au monde, où toutesfois on voit clairement qu'il ne conclud pas la verité. Quant aux autres choses que ces Messieurs disent auoir esté inuentées par Monsieur de Fermat, i'en veux croire tout ce qu'il leur plaira; Mais n'ayant iamais rien veu de luy que cét écrit *De Maximis & minimis*, & la copie d'vne Lettre dans laquelle il pretendoit refuter le 2. discours de ma Dioptrique, & ayant trouué en l'vn & en l'autre des Paralogismes, ie n'ay pû iuger que sur les pieces qui sont entre mes mains. Cependant ie les supplie de croire que s'il y a quelque animosité particuliere entre luy & moy, ainsi qu'ils disent, elle est toute entiere de son costé; Car de ma part ie pense n'auoir aucun sujet de sçauoir mauuais gré à ceux qui se veulent éprouuer contre moy, en vn combat

où souuent on peut estre vaincu sans infamie. Et voyant
que Monsieur de Fermat a des Amis, qui ont grand soin de
le deffendre, ie iuge qu'il a des qualitez aimables qui les y
conüient. Mais i'estime aussi en eux extrememement la fidelité
qu'ils luy témoignent, & pource que c'est vne vertu qui me
semble deuoir estre cherie plus qu'aucune autre, cela suffit
pour m'obliger à estre leur tres-humble seruiteur.

Sur le point que ie fermois ce pacquet i'ay receu vne Lettre que Monsieur de Fermat a enuoyée au Reuerend Pere
Mersenne, pour réponse à ce que i'ay cy-deuant écrit sur
les objections qu'il auoit faites contre le second discours de
ma Dioptrique ; & pource que i'ay veu par les premieres
lignes, qu'il ne desire pas que son Escrit soit publié, i'ay
crû ne deuoir pas acheuer de le lire : Toutesfois ie n'ay pû
m'en empescher, & pour réponse i'assure que ie n'y ay pas
trouué vn seul mot qui excuse les fautes que i'auois remarquées en ses objections precedentes, ny qui ait aucune force
contre moy ; Mais en chaque article de ce qu'il objecte de
nouueau, il fait vn nouueau Paralogisme, ou bien corrompt
le sens de mes raisons, & monstre ne les pas entendre. Ce
que ie m'oblige de faire voir aussi clair que le iour, pourueu
qu'il trouue bon que le public, & la posterité en soit iuge,
suiuant ce que i'ay mis en la page 75, du discours de ma Methode : Car ie n'ay pas resolu d'abuser tant de mon loisir,
que de l'employer à répondre aux objections des particuliers, ny mesme à les lire, sinon entant que les publiant auec
mes Réponses, elles seruiront pour tous ceux qui pourroient
auoir les mesmes doutes, & pour faire mieux connoistre la
verité. Quant à ceux qui ont écrit le papier auquel i'ay répondu en cetuy-cy, puis qu'ils ont voulu estre les Aduocats
de ma partie, en vne cause la moins soûtenable de son costé
qu'on puisse imaginer, i'espere qu'ils ne voudront pas estre
mes juges, ny ne trouueront pas mauuais que ie les recuse,
aussi bien que quelqu'autres de ses amis. Car enfin ie ne
connois à Paris que deux personnes, au iugement desquels
je me puisse rapporter en cette matiere, à sçauoir, Monsieur
Mydorge

Mydorge & Monsieur Hardy. Ce n'eſt pas qu'il n'y en ait
ſans doute pluſieurs autres qui ſont tres-capables, mais ils
me ſont inconnus ; Et pour ceux qui ſe meſlent de médire
de ma Geometrie, ſans l'entendre, ie les mépriſe.

ESCRIT DE QVELQVES AMIS
de Monſieur de Fermat, ſeruant de Réponſe
à la precedente.

LETTRE LVIII.

QVand Monſieur Deſcartes aura bien entendu la Methode de Monſieur de Fermat, *De Maximis & mini-*
mis, & de inuentione tangentium linearum curuarum, alors
il ceſſera d'admirer que cette Methode ait trouué des deffenſeurs, & admirera la Methode meſme, qui eſt excellente
& digne de ſon Autheur. Or il n'eſt pas vray-ſemblable que
M. Deſcartes l'ait entenduë iuſques icy, puis qu'ayant fait
des objections abſurdes allencontre par ſon premier Eſcrit,
auſquelles nous auons répondu ſuiuant l'intelligence que
nous auons de la meſme Methode, il replique de ſorte, qu'il
s'enueloppe dans d'autres, autant ou plus abſurdes que les
premieres ; & tant aux vnes qu'aux autres, il fabrique des
raiſonnemens à ſa mode, leſquels il pretend déduire de cette
Methode, & ſuppoſe que Monſieur de Fermat en auroit
fait de pareils en pareilles queſtions ; quoy que ces raiſonnemens ſoient contraires, non ſeulement à la meſme Methode, mais auſſi à la Methode generale de raiſonner en tous
ſujets, ayant des défauts contre les regles ordinaires de la
Logique. En quoy Monſieur Deſcartes ne peut éuiter l'vn
des deux, ſçauoir, ou qu'il ignore la Methode, ſuiuant laquelle il raiſonne ſi mal, en des queſtions auſquelles il eſt
tres-facile de bien raiſonner ſuiuant la Methode meſme,

ou bien qu'il ne procede pas de bonne foy, ſi n'ignorant p
l'excellence de la Methode, il raiſonne mal exprés po
auoir occaſion de blaſmer l'Authaur ; Mais nous ne pouuo
croire ce dernier, parce qu'il ne pourroit pas éuiter qı
le blaſme ne retombaſt ſur luy-méſme, ſinon qu'il euſt a
faire à des ignorans ; Et nous eſtimons qu'il a trop de prı
dence pour s'expoſer à ce danger.

Pour venir au fait, Monſieur Deſcartes fait deux ol
jeſtions, toutes deux abſurdes ; La premiere eſt, qu'il ſuppoı
que la ligne E B, qui touche la parabole au point B, eſt ι
plus grande qui puiſſe eſtre menée du point E donné dar
le Diametre, iuſques à la parabole. Car nous voulons bie
que ce ſoit le point ε qui ſoit donné dans le Diametre, a

lieu qu'il auoit dit dans ſon
premier Eſcrit, que le point
donné fuſt в, en la parabole, ce qu'il a corrigé en ſon
ſecond Eſcrit. En quoy
nous reconnoiſſons qu'il
n'a pas bien conſideré nô-
tre Réponſe, dans laquelle
nous auons mis en 2. mots,
que l'vn & l'autre eſtoit
également, abſurde de pretendre de mener du point
в iuſques au Diametre, la
plus grande ligne, ou la
plus grande du point ε iuſ.

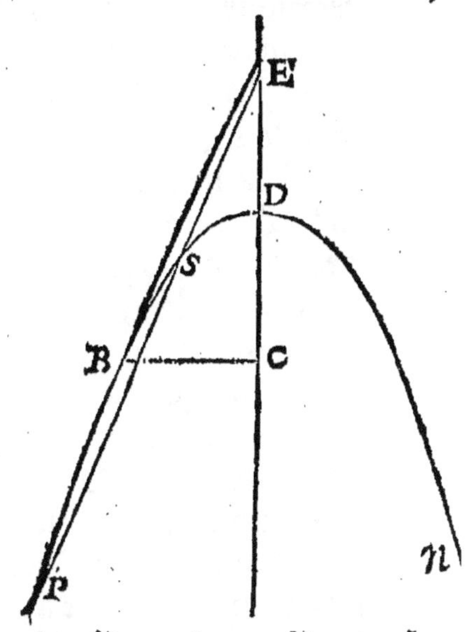

ques à la parabole, dautant qu'en l'vne & en l'autre ſorte
cette plus grande eſt infinie, & partant impoſſible, D'où l'ε
cellence de la Methode paroiſt dautant plus, puis qu'en de
queſtions abſurdes, elle fait découurir des abſurditez, qι
eſt tout ce que l'on peut eſperer d'vne bonne Methode e
pareil cas. Or qu'il ſoit abſurde que в ε ſoit la plus longu
ligne qui puiſſe eſtre menée du point в iuſques au Diametre
Monſieur Deſcartes le confeſſe par ſon Eſcrit, & il fau

qu'il auoüe de mefme, que ᴇ ʙ n'eft pas la plus longue qui puiffe eftre menée du point ᴇ donné au Diametre iufques à la parabole, puifque luy-mefme y mene ᴇ ᴘ, plus longue que ᴇ ʙ, le point ᴇ eftant au Diametre, & le point ᴘ en la parabole, & ainfi ᴇ ᴘ eft menée du point ᴇ donné au Diametre iufques à la parabole, à laquelle elle fe termine au point ᴘ. Car quant à ce qu'il dit que cette ligne ᴘ ᴇ n'eft pas tirée iufques à la parabole feulement, mais outre la parabole, cela eft auffi abfurde que de dire que le point ᴘ eft outre la parabole, lequel toutefois eft dans icelle, ainfi qu'vne infinité d'autres, plus & plus éloignez à l'infiny, aufquels on peut mener des lignes droites du point donné ᴇ, lefquelles croiftront toufiours, fans que l'on puiffe determiner la plus grande.

On pourroit par vne mefme abfurdité foûtenir que d'vn point donné hors vn cercle dans le plan d'iceluy, la plus grande ligne que l'on puiffe mener iufques à la circonference eft la touchante, & ainfi donner vn dementy à Euclide, qui a demonftré que cette plus grande eft celle qui eft menée du mefme point par le centre iufques à la circonference concaue ; de laquelle plus grande on pourroit dire par la raifon de Monfieur Defcartes, qu'elle n'eft pas feulement menée iufques à la circonference du cercle, mais outre la circonference, quoy qu'elle fe termine en vn point d'icelle circonference. De dire auffi que par la plus grande ligne, il entend celle qui ne rencontre la parabole qu'en vn point, c'eft fe contredire, puifque ce n'eft pas la plus grande ligne: Et en tout cas c'eft abufer du mot *de plus grande*, affignant pour icelle la touchante, laquelle Monfieur de Fermat a trouuée par vn raifonnement propre à ce faire, comme il paroift par fon Efcrit ; Et ainfi pour faire paroiftre que Monfieur de Fermat auroit tort, Monfieur Defcartes fabriqueroit vn raifonnement à fa mode, voulant faire croire que ce feroit le raifonnement de Monfieur de Fermat; ce qui ne fe peut attribuer qu'au défaut de connoiffance de Monfieur Defcartes, touchant la Methode dont eft queftion,

ou bien qu'il ne procede pas de bonne foy, fi n'ignorant pas
l'excellence de la Methode, il raifonne mal exprés pour
auoir occafion de blafmer l'Authaur ; Mais nous ne pouuons
croire ce dernier, parce qu'il ne pourroit pas éuiter que
le blafme ne retombaft fur luy-mefme, finon qu'il euft affaire à des ignorans ; Et nous eftimons qu'il a trop de prudence pour s'expofer à ce danger.

    Pour venir au fait, Monfieur Defcartes fait deux ob-
jections, toutes deux abfurdes. La premiere eft, qu'il fuppofe
que la ligne E B, qui touche la parabole au point B, eft la
plus grande qui puiffe eftre menée du point E donné dans
le Diametre, iufques à la parabole. Car nous voulons bien
que ce foit le point E qui foit donné dans le Diametre, au

lieu qu'il auoit dit dans fon
premier Efcrit, que le point
donné fuft B, en la parabole, ce qu'il a corrigé en fon
fecond Efcrit. En quoy
nous reconnoiffons qu'il
n'a pas bien confideré nô-
tre Réponfe, dans laquelle
nous auons mis en 2. mots,
que l'vn & l'autre eftoit
également, abfurde de pretendre de mener du point
B iufques au Diametre, la
plus grande ligne, ou la
plus grande du point E iuf-

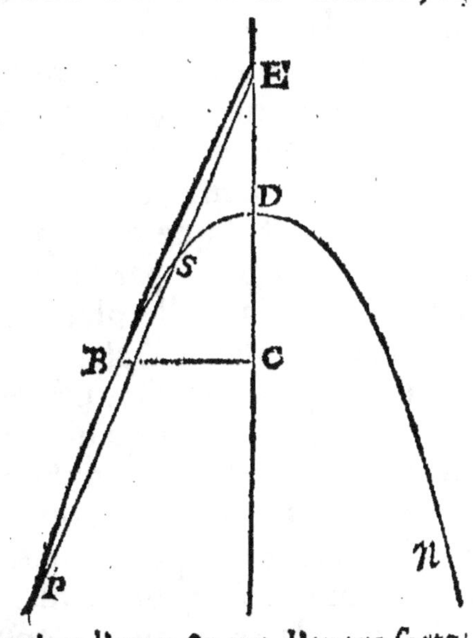

ques à la parabole, dautant qu'en l'vne & en l'autre forte,
cette plus grande eft infinie, & partant impoffible. D'où l'excellence de la Methode paroift dautant plus, puis qu'en des
queftions abfurdes, elle fait découurir des abfurditez, qui
eft tout ce que l'on peut efperer d'vne bonne Methode en
pareil cas. Or qu'il foit abfurde que B E foit la plus longue
ligne qui puiffe eftre menée du point B iufques au Diametre,
Monfieur Defcartes le confeffe par fon Efcrit, & il faut

qu'il auoüe de mesme, que E B n'est pas la plus longue qui
puisse estre menée du point E donné au Diametre iusques à
la parabole, puisque luy-mesme y mene E P, plus longue
que E B, le point E estant au Diametre, & le point P en la
parabole, & ainsi E P est menée du point E donné au
Diametre iusques à la parabole, à laquelle elle se termine
au point P. Car quant à ce qu'il dit que cette ligne P E n'est
pas tirée iusques à la parabole seulement, mais outre la parabole, cela est aussi absurde que de dire que le point P est
outre la parabole, lequel toutefois est dans icelle, ainsi
qu'vne infinité d'autres, plus & plus éloignez à l'infiny,
ausquels on peut mener des lignes droites du point donné
E, lesquelles croistront tousiours, sans que l'on puisse determiner la plus grande.

On pourroit par vne mesme absurdité soûtenir que d'vn
point donné hors vn cercle dans le plan d'iceluy, la plus
grande ligne que l'on puisse mener iusques à la circonference est la touchante, & ainsi donner vn dementy à Euclide,
qui a demonstré que cette plus grande est celle qui est menée du mesme point par le centre iusques à la circonference
concaue, de laquelle plus grande on pourroit dire par la
raison de Monsieur Descartes, qu'elle n'est pas seulement
menée iusques à la circonference du cercle, mais outre la
circonference, quoy qu'elle se termine en vn point d'icelle
circonference. De dire aussi que par la plus grande ligne,
il entend celle qui ne rencontre la parabole qu'en vn point,
c'est se contredire, puisque ce n'est pas la plus grande ligne:
Et en tout cas c'est abuser du mot *de plus grande*, assignant
pour icelle la touchante, laquelle Monsieur de Fermat a
trouuée par vn raisonnement propre à ce faire, comme il
paroist par son Escrit; Et ainsi pour faire paroistre que
Monsieur de Fermat auroit tort, Monsieur Descartes fabriqueroit vn raisonnement à sa mode, voulant faire croire
que ce seroit le raisonnement de Monsieur de Fermat; ce qui
ne se peut attribuer qu'au défaut de connoissance de Monsieur Descartes, touchant la Methode dont est question;

Car nous ne voulons pas foupçonner fa mauuaife foy ; Partant nous defirerions qu'il confideraft la Methode de plus
prés, & il verroit que pour trouuer la plus grande, Monfieur
de Fermat a employé le raifonnement propre pour la plus
grande, & que pour trouuer les touchantes, il a employé le
raifonnement propre pour les touchantes, n'abufant pas du
mot de plus grande, pour céluy de touchante, ainfi que
feroit Monfieur Defcartes en cette occafion, fi par la plus
grande il entendoit celle qui ne rencontre la parabole qu'en
vn point.

La feconde objection de Monfieur Defcartes eft contre
la Methode, par laquelle Monfieur de Fermat trouue les
touchantes des lignes courbes, & particulierement contre
l'exemple qu'il en donne en la parabole, duquel Monfieur
Defcartes auoit dit par fon premier Efcrit, que fi feulement
au lieu de *Parabole* & *Parabolen*, on met par tout *Hyperbole*
& *Hyperbolen*, ou le nom de quelqu'autre ligne courbe,
telleque ce puiffe eftre, fans y changer au refte vn feul mot,
le tout fuiuroit en mefme façon qu'il fait touchant la para-

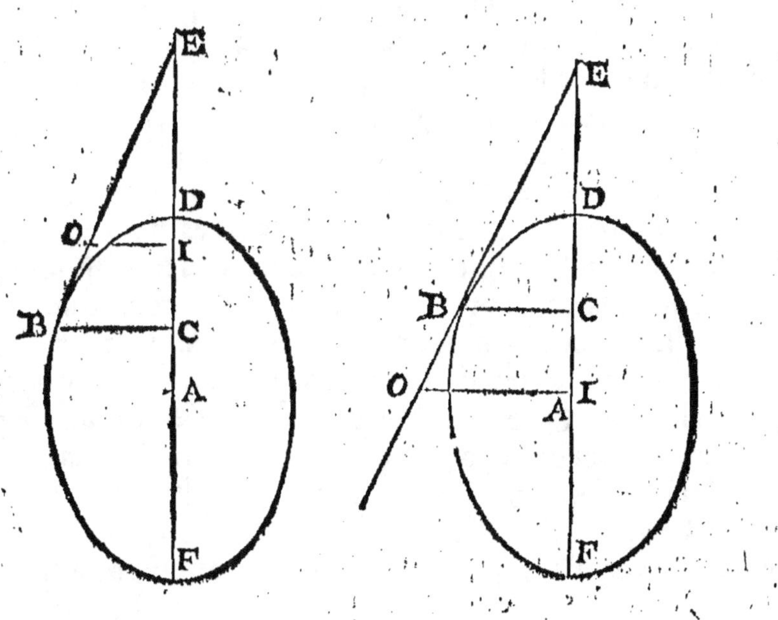

bole; dequoy toutesfois il s'enfuiuroit vne abfurdité. Mais
ayant veu noſtre Réponſe, & connu ſa faute, il pretend la
corriger par ſon ſecond Eſcrit, perſiſtant touſiours en ſon
objection. En quoy il reüſſit ſi mal, qu'au lieu d'vne faute,
il en faît deux ſignalées; La premiere eſt que voulant fabri-
quer vn raiſonnement à ſa mode appliqué à l'Ellipſe, pour
le mettre en parallele auec celuy que Monſieur de Fermat
fait en la parabole, afin d'en déduire vne abſurdité contre
ſa Methode, apres auoir ſuppoſé que la ligne B E touche
l'Ellipſe au point B donné, & rencontre le Diametre C D
au point E, il dit, *Ergo ſumendo quodlibet punCtum O, in reCta
B E; Et ab eo ducendo ordinatam O I, à punCto autem B ordinatam B C; Major erit proportio C D ad D I, quam quadrati
B C ad quadratum O I, quia punCtum O eſt extra Ellipſim.*
Ce raiſonnement n'eſt pas vray en l'Ellipſe de tous les points
qui ſont en la ligne B E vniuerſellement parlant comme le
veut la Methode; Et c'eſt ce qui a trompé Monſieur Deſcartes, qui n'a conſideré le point O qu'entre les points B E,
& non pas auſſi au delà du point B, comme il le falloit : Car
en cette figure en laquelle le point O eſt dans la ligne B E,
au delà du point B, il eſt faux, qu'il y ait plus grande raiſon
de C D à D I, que du quarré B C au quarré O I. Or pour
raiſonner ſuiuant la Methode, il faut qu'il ſoit vray de tous
les points qui ſont en la ligne B E, de part & d'autre du point
B, ce qui arriue en la parabole ſeule, à laquelle cette proprieté eſt ſpecifique; C'eſt pourquoy M. de Fermat s'en eſt
ſeruy en la parabole, ce que M. Deſcartes ny aucun autre
ne peut faire en l'Ellipſe, ny en aucunes autres lignes courbes, auſquelles cette proprieté n'eſt point ſpecifique; voire
meſme elle ne leur conuient nullement, & partant elle eſt
inutile pour conclure d'autres proprietez ſpecifiques des
meſmes lignes. Que ſi au lieu d'vne Ellipſe, on auoit propoſé vne Hyperbole, ayant pris le point O dans la ligne B
E, au delà du point B, alors il y auroit eu plus grande raiſon
de D C à D I, que du quarré B C au quarré O I; Mais le point
O eſtant pris entre les points B E, le raiſonnement auroit pû

R r iij

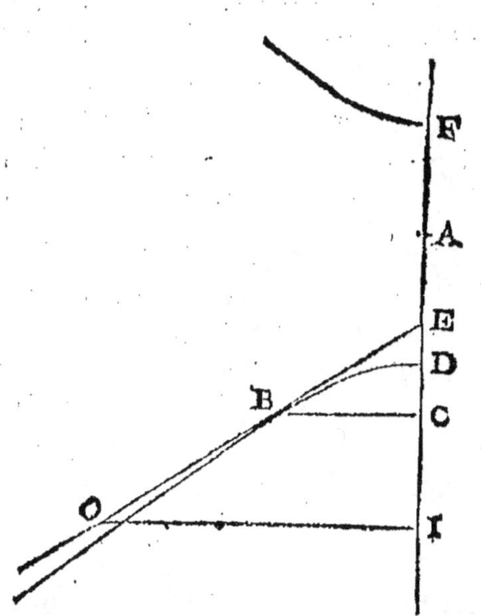

eſtre faux, & l'auroit eſté en effet lors que le point o ſeroit aſſez proche de b, Partant il eſt clair, que ce raiſonnement ne vaut rien, ny en l'Ellipſe ny en l'Hyperbole , & c'eſt faillir contre la Metho-de , de vouloir l'em-ployer en icelle, comme fait Monſieur Deſcartes, En quoy il y a vne choſe digne de remarque, ſça-uoir, qu'ayant raiſonné par vne proprieté ſpeci-fique de la parabole , & laquelle ne conuient pas à l'Ellipſe ny à l'Hyperbole , la force du raiſonnement luy a fait conclure vne autre proprieté ſpecifique de la parabo-le, que c e eſt double de c d, Que s'il veut raiſonner par vne proprieté ſpecifique de l'Ellipſe , ou de l'Hyperbole, telle qu'eſt celle-cy, poſant le Diametre d f, le centre a, & le reſte de la figure comme auparauant , il y a plus grande raiſon du rectangle f c d, au rectangle f i d, que du quarré b c au quarré o i, (ce qui eſt vray de quelque part que ſoit pris le point o à l'égard du point b) alors par la force de ce raiſonnement, il conclura vne autre proprieté ſpeci-fique de l'Ellipſe , ou de l'Hyperbole , ſçauoir , que a c ſera à c d, comme f c eſt à c e, laquelle proprieté eſt vraye en l'Ellipſe , ou en l'Hyperbole ſeule , & ſe trouue directe-ment par la Methode de M. de Fermat , ayant ſubſtitué comme il a fait, les quarrez b i & e c, au lieu des quarrez o i & b c, & donné vn nom, comme c, au Diametre d f, demeurans les autres noms comme ils ſont dans les Eſcrits, tant de Monſieur de Fermat, que de Monſieur Deſcartes.

La ſeconde faute de Monſieur Deſcartes eſt encore pire

que la premiere, & fort confiderable en luy, qui a traitté
de la Methode de bien raifonner, pource qu'elle eft directement contre les preceptes du bon raifonnement, & de la
vraye Logique; laquelle enfeigne que pour conclure vne
proprieté fpecifique de quelque fujet que ce foit, il faut dans
les propofitions, defquelles les argumens font compofez,
employer au moins vne autre proprieté fpecifique du mefme fujet, c'eft à dire, qu'elle foit tirée de fa nature propre,
& qu'elle ne conuienne qu'à luy; Autrement, fi on ne raifonne que fur des proprietez generiques, & qui conuiennent
à d'autres fujets, on ne conclura iamais des proprietez fpecifiques du fujet dont eft queftion; C'eft vne verité que doiuent fçauoir tous ceux qui font profeffion de bien raifonner,
& laquelle Monfieur de Fermat n'a pas ignorée, puifque
dans fon traité il n'y a rien qui ne luy foit conforme, & qu'il
employe dans fon raifonnement des proprietez fpecifiques
de fon fujet, lefquelles eftant dextrement meflées auec des
proprietez generiques & vniuerfelles, feruent pour conclure les autres proprietez fpecifiques defquelles il a befoin.

Au contraire M. Defcartes, voulant à tort contredire
M. de Fermat, fur le fujet des tangentes de l'Hyperbole,
fabrique vn raifonnement à fa mode, auquel il n'employe
que des proprietez fi vniuerfelles, qu'elles conuiennent non
feulement à toutes les fections coniques, mais encore aux
lignes droites, fans fe feruir d'aucune proprieté fpecifique.
Nous laiffons à iuger des confequences qui fe peuuent tirer
d'vn raifonnement fi imparfait, contraire non feulement à
la Methode dont eft queftion, mais auffi aux regles vniuerfelles de raifonner en toutes fortes de fujets. Le raifonnement eft comme s'enfuit. Ayant fuppofé la conftruction de la
fig. comme cy-deuant, il dit *Major eft proportio C D ad D I,
quam B C ad O I, quia punctum O eft extra Hyperbolen;*
Cette proprieté de la plus grande raifon de la ligne C D à
la ligne D I, que de la ligne B C à la ligne O I, outre qu'elle
ne feroit pas vraye fi le point O eftoit pris de l'autre part
du point B, qui eft vne faute pareille à la premiere, ne con-

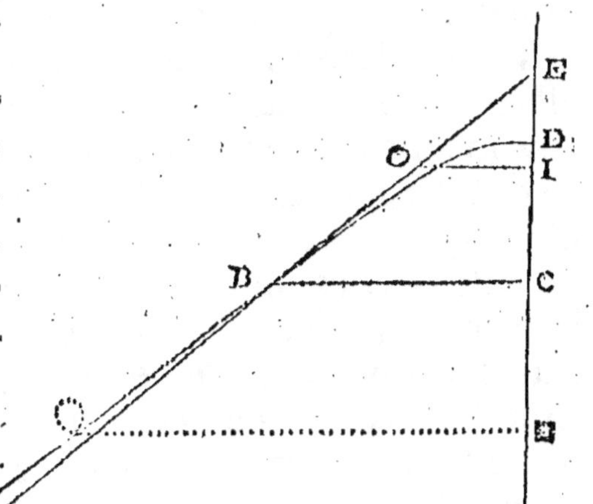

uient pas à l'Hyperbole feule, mais aufli à la Parabole, & à l'Ellipfe; & de plus aux lignes droites B E & C E, quand il n'y auroit ny Parabole, ny Ellypfe, ny Hyperbole; Partant par cette proprieté fi vniuerfelle, ainfi employée fans autres plus fpecifiques, il eft impoflible de trouuer les tangentes de l'Hyperbole, qui dependent de la Nature & des proprietez fpecifiques d'icelle. Si quelqu'vn vouloit dire, qu'au moins la Methode feroit défectueufe, en ce que l'Autheur n'auertit point qu'il faut raifonner par des proprietez fpecifiques, nous luy répondons, que ceux qui fe meflent de raifonner, ne doiuent point ignorer cette condition, qui eft de la pure Logique, laquelle il fuppofe eftre connuë par ceux qui liront fon Traitté, autrement il les renuoye aux écoles, pour y apprendre à raifonner, & les auertit qu'ils ne fe meflent point de reprendre fes Efcrits, qu'ils n'entendent bien la Logique, & le fujet dont il traitte.

Pour changer de difcours, nous auons lû affez attentiuement le Liure de Monfieur Defcartes, qui contient quatre traittez, defquels le premier fe peut attribuer à la Logique, le fecond eft meflé de Phyfique & de Geometrie, le troifiéme eft prefque purement Phyfique, & le quatriéme eft purement Geometrique. Dans les trois premiers, il déduit affez clairement fes opinions particulieres, fur le fujet de chacun; Si elles font vrayes ou non, celuy-là le fçait qui fçait tout; Quant à nous, nous n'auons aucunes demonftrations, ny pour ny contre, ny peut-eftre l'Autheur mefme, lequel fe trouueroit bien empefché, à ce que nous croyons, s'il luy falloit demonftrer ce qu'il met en auant; Car il pourroit

pourroit trouuer que ce qui passe pour principe à son sens,
pour fonder ses raisonnemens, sembleroit fort douteux au
sens des autres ; Aussi semble-t'il s'en soucier fort peu, se
contentant d'estre satisfait soy-mesme ; en quoy il n'y a rien
que d'humain, & qu'vn pere ne fasse paroistre tous les iours
enuers ses enfans. Ce ne seroit pas peu, si ce qu'il dit pouuoit
seruir comme d'Hypotheses, desquelles on pust tirer des
conclusions qui s'accordassent aux experiences ; Car en ce
cas l'vtilité n'en seroit pas petite. Dans le quatriéme traitté
nous luy marquerons vne omission, & vne chose qui nous
semble vne faute, l'omission est aux pages 404. 405. &
406. où il dit que le cercle ɪ ᴘ peut coupper la courbe ᴀ ᴄ ɴ
en six points, laquelle toutesfois il ne peut coupper qu'en
quatre ; Mais il a obmis sa compagne, décrite de l'autre part
de la ligne B K, par l'intersection de la parabole, & de la
regle, qui se fera au point F, laquelle compagne le cercle
pourra couper en deux points pour acheuer les six. La faute
est en la page 347. où ce qu'il dit d'vne équation qui a deux
racines égales, estant vray aux équations planes, & en celles
qui en dependent, il nous semble faux aux cubiques & en
celles qui en dependent. Qu'il y pense, s'il croit que la
chose en vaille la peine, & s'il desire communiquer sur ce
sujet, ou autres, il aura en nous auec qui traitter amiable-
ment. Nous trouuons tres bon qu'il nous recuse pour iuges
en la cause de Monsieur de Fermat, pource qu'il ignore que
nous ne connoissons ny luy ny Monsieur de Fermat que de
reputation. Que s'il nous doit soupçonner, c'est pour ce
que nous prononcerons en faueur du bon droit, de quelque
part qu'il soit ; Nous voulons bien aussi qu'il fasse imprimer
tout ce qui viendra de nous, pourueu qu'il ne change rien,
sinon qu'au lieu du nom de Monsieur de Fermat, il mette
l'Autheur du traitté *De Maximis & minimis*. Nous sommes
ses tres-humbles seruiteurs, R.

Monsieur Pascal est absent,

AV REVEREND PERE MERSENNE,
au sujet de l'Escrit precedent.

LETTRE LIX.

MON REVEREND PERE,

I'ay receu l'écrit des Amis de Monsieur de Fermat, & ie
n'y fais point de réponse, à cause que ie voy que celuy qui
l'a composé se pique; Mais lors que sa colere sera passée,
vous pourrez, s'il vous plaist, luy faire connoistre le peu de
raison qu'il a eu de s'échauffer à vouloir prouuer que la
ligne E B n'est pas absolument parlant la plus grande; au lieu
que ne pouuant nier qu'elle ne fust au moins la plus grande
sous certaines conditions, il eust dû monstrer comment on
la peut trouuer par la regle de Monsieur de Fermat, veu
qu'il auoit asturé que cette regle enseigne à trouuer les plus
grandes sous toutes sortes de conditions, & que la question
estoit de sçauoir si elle estoit bonne; Dequoy il n'a donné
aucune autre preuue en ces deux Escrits, sinon qu'il dit que
c'est vn témoignage de sa bonté, de ce qu'elle ne reüssit pas
en cét exemple. S'il croit que cela soit bien raisonner, ie
serois marry qu'il ne dist pas qu'il raisonne tres-mal ; Mais
ie voy bien que c'est la passion qui l'a transporté, & qui luy
a fait nommer toutes choses par d'autres noms qu'il ne deuoit. Ainsi, à cause que pour éclaircir & confirmer ce que
i'auois mis dans mon premier Escrit, i'ay adjoûté dans le
second qu'encore que ce ne fust pas le point B qui fust donné, mais le point E, la regle de Monsieur de Fermat ne reüs-
siroit pas mieux pour cela en cét exemple, il dit que ie me
suis corrigé, & que i'ay reconnu la faute que i'auois faite.
Ainsi il m'accuse d'auoir tres-mal raisonné en l'exemple de
l'Ellipse & de l'Hyperbole, que ie n'ay proposé que comme

tres-mauuais pour le mettre en parallele de celuy de Monfieur de Fermat touchant la parabole, & monftrer qu'il
n'y raifonne pas bien. En quoy il fait tout de mefme que s'il
accufoit vn Predicateur d'auoir juré, à caufe que pour
monftrer l'enormité du peché des blafphemateurs, il auroit
dit en Chaife qu'ils ne jurent pas feulement le nom de Dieu,
mais auffi par la mort, par le fang, par la tefte, &c. Ainfi
enfin ayant changé de difcours pour cenfurer les effais que
i'ay fait imprimer, il ne s'apperçoit pas qu'en penfant les
méprifer, il donne plus de fujet d'en auoir bonne opinion,
que ne font les loüanges de ceux qui les approuuent : Car
on peut penfer que les chofes qui plaifent à ceux-cy, les
empefchent de voir, ou bien leur font diffimuler les défauts
qu'ils pourroient fans cela y remarquer, Au lieu que luy, qu'õ
voit affez à fon ftile n'auoir pas eu deffein de m'épargner, y
reprend feulement deux chofes, qui n'eftant point du tout
fujettes à reprehenfion, font iuger qu'il n'y a reconnu aucune faute ; bien que ie ne veüille pas dire pour cela qu'il n'y
en ait point ; Et de plus, ce que i'ay écrit en Geometrie eft
vn peu au delà de fa connoiffance. Car pour ce qu'il nomme
vne faute en la page 347. c'eft vne verité tres-certaine, &
dont il ne pourra ignorer la demonftration, lors qu'il aura
affez eftudié ce que i'ay écrit au troifiéme Liure touchant
la nature des Equations. Et pour ce qu'il dit que i'ay obmis
en la page 404. à fçauoir, la compagne de la ligne courbe
que i'y décris, i'aurois commis vne grande faute fi i'auois
manqué de l'y obmettre : Car il eft tres-certain que cette
compagne n'a point de lieu en la regle que i'ay donnée, ny ne
peut iamais eftre couppée par le cercle en la façon que ie le
décris, & en fuppofant, comme i'ay fait, que toutes les
racines de l'Equation foient vrayes, & que la quantité connuë du troifiéme terme foit plus grande que le quarré de la
moitié de celle du fecond. (voyez page 403.) Et on ne peut
dire que ie n'aye pas connu cette ligne : Car ie l'ay mife tres-
expreffément en la figure de la page 338. où elle a lieu, & où
ie la nomme la contrepofée de l'autre, à caufe qu'elle en eft

feparée par vne aſſymptote, à la façon des hyperboles opſ
poſées. Mais ce qui l'a fait ſe méconter en cecy, c'eſt qu'il
n'a pû s'imaginer que cette ligne puſt eſtre couppée en ſix
endroits par le cercle, ce qui eſt neantmoins tres-vray ; Et
il arriue infailliblement, toutes & quantesfois que les ſix
vrayes racines de l'Equation ſont réelles, ſans qu'il y en ait
aucune de celles que ie nomme imaginaires ; comme il
pourra voir en examinant la demonſtration, qui commence
en la page 408. Mais la figure de la page 404. a aidé auſſi à
le tromper, à cauſe que la courbe n'y eſt couppée par le
cercle qu'en quatre endroits ; ce qui vient de ce que ſuppoſ
ſant les quantitez données ſuiuant les meſures de cette figure, il y a deux racines en cette Equation qui ne ſont qu'i-
maginaires ; Et ie l'ay ainſi fait faire tout à deſſein, à cauſe
qu'aux exemples où les ſix vrayes racines ſont réelles, le
cercle couppe ſi obliquement la ligne courbe, qu'on ne peut
bien diſtinguer les points de l'interſection, comme i'ay
aduerty en la page 412. ligne 15. Mais il faut qu'il ait fort
mauuaiſe opinion de moy, & fort bonne de ſoy-meſme, de
ſe fier aſſez ſur ſes pures imaginations, & ſans demonſtration,
pour reprendre des choſes que i'ay écrites en Geometrie.
Vous ne laſſerez pas de l'aſſurer, s'il vous plaiſt, que ie ſuis
ſon tres-humble ſeruiteur, & que ie ne m'offenſe non plus
de tout ce qui eſt en ſon papier, qu'on fait ordinairement
dans le jeu, de la colere de ceux qui perdent. Mais comme
il n'y a pas de plaiſir à joüer contre ceux qui ſe faſchent,
ainſi ie ne répondray iamais à aucun Eſcrit, où ie remarque-
ray plus de paſſion, que d'enuie de connoiſtre la verité, &
ie ne prendray pas meſme la peine de les lire, lors que ie
ſçauray qu'ils ſeront tels. Ie ſuis,

AV R. PERE MERSENNE.

LETTRE LX.

MON REVEREND PERE,

Il y a defia quelques iours que i'ay receu voftre derniere
du vingt-fixiéme Mars, où vous me mandez les exceptions
de ceux qui foûtiennent l'écrit de Monfieur de Fermat *De
Maximis*, &c. Mais elles ont fi peu de couleur, que ie n'ay
pas crû qu'elles valuffent la peine que i'y répondiffe. Toutesfois, pource que ie n'ay point eu depuis de vos nouuelles,
& que ie crains que ce ne foit l'attente de ma Réponfe qui
vous faffe differer de m'écrire, i'aime mieux mettre pour
vne fois tout ce que i'en penfe, afin de n'auoir iamais plus
befoin d'en parler. Premierement, lors qu'ils difent qu'il
n'y a point de *Maxima* dans la parabole, & que Monfieur
de Fermat trouue les tangentes par vne regle du tout feparée de celle dont il vfe pour trouuer *Maximam*, ils luy font
tort, en ce qu'ils veulent faire croire qu'il ait ignoré, que la
regle qui enfeigne à trouuer les plus grandes, fert auffi à
trouuer les tangentes des lignes courbes, ce qui feroit vne
ignorance tres-groffiere, à caufe que c'eft principalement
à cela qu'elle doit feruir ; Et ils dementent fon Efcrit, où
apres auoir expliqué fa Methode, pour trouuer les plus
grandes, il met expreffément *Ad fuperiorem Methodum,
inuentionem tangentium ad data puncta in lineis quibufcunque
curuis, reducimus.* Il eft vray qu'il ne l'a pas fuiuie en l'exemple qu'il en a donné touchant la parabole, mais la caufe en
eft manifefte : Car eftant défectueufe pour ce cas là, & fes
femblables, (au moins en la façon qu'il la propofe) il n'aura
pû trouuer fon conte en la voulant fuiure, ce qui l'aura obligé de prendre vn autre chemin, par lequel rencontrant d'a-

bord la conclusion qu'il sçauoit d'ailleurs estre vraye, il a pensé auoir bien operé, & n'a pas pris garde à ce qui manquoit en son raisonnement. Outre cela, lors qu'ils disent que la ligne E P, tirée au dedans de la parabole, est, absolument parlant, plus grande que la ligne E B, ils ne disent rien qui serue à leur cause : Car il n'est pas requis qu'elle soit plus grande absolument parlant, mais seulement sous certaines conditions, comme ils ont eux-mesmes définy au commencement de l'Escrit qu'ils m'ont enuoyé, où ils disent que cette inuention de Monsieur de Fermat, est touchant les plus grandes & les moindres lignes, ou *les plus grandes & les moindres espaces que l'on puisse mener, ou faire sous certaines conditions proposées*, & ils ne sçauroient nier que la ligne E B ne soit la plus grande qu'on puisse mener du point E iusques à la parabole, sous les conditions que i'ay proposées, à sçauoir, en sorte qu'elle n'aille que iusques à elle, sans la trauerser, comme ils ont assez dû entendre dés le premier coup. Mais pour faire mieux voir que leur excuse n'est aucunement valable, ie donneray icy vn autre exemple, où ie ne parleray ny de tangente ny de parabole, & où toutesfois la regle de Monsieur de Fermat manquera, en mesme façon qu'au precedent. Aussi bien vous vous plaignez, quand ie vous enuoye du papier vuide, & vous ne m'auez point donné d'autre matiere pour remplir cette fueille.

Soit donné le cercle B D N, & que le point E, qui en est dehors soit aussi donné, & qu'il faille tirer du point E, vers ce cercle, vne ligne droite, en sorte que la partie de cette ligne, qui sera hors de ce cercle, entre sa circonference & le point donné ɛ, soit la plus grande. Voicy comme la regle donnée par Monsieur de Fermat enseigne qu'il y faut proceder. Ayant mené la ligne E D N par le centre du cercle, & sa partie E D estant nommée B, & sa partie D N qui est le Diametre estant C, *Statuatur quilibet quæstionis terminus esse, A*; ce qui ne se peut mieux faire qu'en menant B C perpendiculaire sur ᴅ ɴ & prenant A pour C D, *Et inuenta maximâ*, &c. Pour trouuer donc cette *maximam*, à sçauoir ʙ ɛ, puisque

D C est A, & D N est C, le quarré de B C est A *in* C — A *q*, & puisque D C est A, & D E est B, le quarré de C E est A *q* † B *q* † A *in* B *bis*, lequel joint au quarré de B C, fait le quarré de la plus grande B E, qui est A *in* C † B *q* † A *in* B *bis*. *Ponatur rursus idem qui prius terminus esse A † E, iterumque inueniatur maxima.* Ce qui ne se peut faire autrement, en suitte de ce qui a precedé, qu'en posant A † E pour D C, & lors le quarré de B C est C *in* A † C *in* E — A *q* — A *in* E

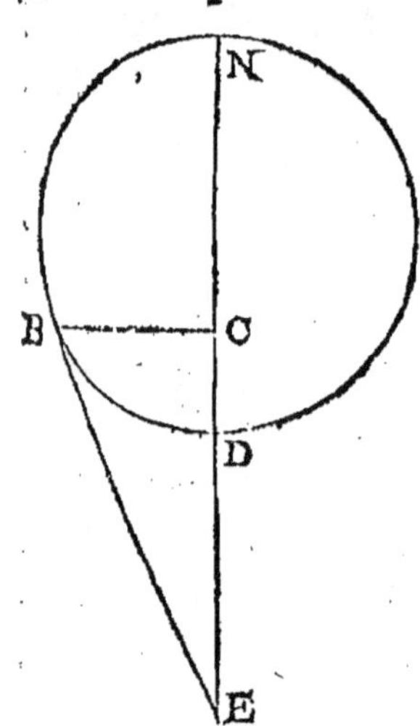

bis — E *q*. Puis le quarré de C E est A *q* † A *in* E *bis* † E *q* † B *q* † A *in* B *bis* † E *in* B *bis*, lequel estant joint à l'autre fait A *in* C † E *in* C † B *q* † A *in* B *bis* † E *in* B *bis*, pour le quarré de la plus grande B E; *Adæquentur*, c'est à dire, qu'il faut poser A *in* C † B *q* † A *in* B *bis*, égal à A *in* C † E *in* C † B *q* † A *in* B *bis* † E *in* B *bis*. *Et demptis æqualibus*, il reste E *in* C † E *in* B *bis*, égal à rien. Ce qui monstre manifestement l'erreur de la regle. Et afin qu'il ne puisse plus y auoir personne si aueugle qu'il ne la voye, ie diray icy en quelle sorte on la peut corriger. Car bien que i'en aye touché vn mot en ce que i'ay écrit à Monsieur Mydorge, il y est neantmoins en telle façon, que ie ne desirois pas encore que tout le monde le pust entendre. Premierement donc à ces mots. *Et inuentâ maximâ*, il est bon d'adjoûter. *Vel aliâ quælibet cujus ope possit posteà maxima inueniri.* Car souuent en cherchant ainsi la plus grande, on s'engage en beaucoup de calculs superflus. Toutesfois cela n'est pas vn point essentiel. Mais le principal, & celuy qui est le fondement de toute la regle, est obmis en l'endroit où sont ces mots: *Adæquentur duo Homogenea, maximæ & minimæ æqualia*, lesquels ne signifient autre chose, sinon que la somme qui explique *Maximam in terminis sub A gradu vtlibet inuolutis*, doit estre supposée égale à celle qui l'explique,

In terminis sub A & E gradibus, vtlibet coefficientibus. Et vous demanderez, s'il vous plaist, à ceux qui la soûtiennent, si ce n'est pas ainsi qu'ils l'entendent, auant que de les auertir de ce qui doit y estre adjoûté. A sçauoir, au lieu de dire simplement, *Adæquentur*, il falloit dire *Adæquentur tali modo, vt quantitas per istam æquationem inuenienda, sit quidem vna, cum ad maximam aut minimam refertur, sed emergens ex duabus quæ per eandem æquationem possent inueniri, essentque inæquales, si ad minorem maxima, vel ad majorem minima referrentur.* Ainsi, en l'exemple que ie viens de donner, ce n'est pas assez de chercher le quarré de la plus grande en deux façons; Mais outre cela, il faut dire, comme ce quarré, lors qu'il est A *in* C † B *q* † A *in* B *bis*, est au mesme quarré, lors qu'il est A *in* C † E *in* C † B *q* † A *in* B *bis* † E *in* B *bis*, ainsi C *in* A − A *q*, qui est le quarré de B C, est à C *in* A † C *in* E − A *q* − A *in* E *bis* − E *q*, qui est aussi le mesme quarré. Puis, multipliant le premier de ces quarrez par le quatriéme, on le doit supposer égal au second multiplié par le troisiéme, & apres en demeslant cette équation, suiuant la regle, on trouue son conte, à sçauoir, que C D est $\frac{C\ in\ B}{2\,B\,†\,C}$ comme il doit estre,

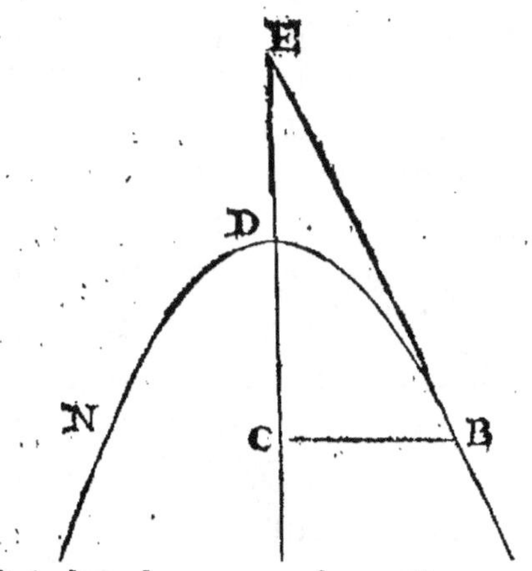

Tout de mesme en l'exemple de la parabole qui auoit esté pris par Monsieur de Fermat, & que i'auois suiuy en mon premier Escrit, voicy comme il faut operer, Soit B D N la parabole donnée, dont D C est le diametre, & que du point donné B, il faille tirer la ligne droite B E, qui rencontre D C au point E, & qui

soit la plus grande qu'on puisse tirer du mesme point E iusques à la parabole, (à sçauoir, au dehors de cette parabole, comme

comme ceux qui ne font point fours volontaires entendent
affez, de ce que ie la nomme la plus grande) ie prens B pour
B C, & D pour D C, d'où il fuit, que le cofté droit eft $\frac{B\,q}{D}$, &
fans m'arrefter à chercher la plus grande, ie cherche feulement le quarré de B C, en d'autres termes que ceux qui font
connus, en prenant A pour la ligne C E, & par apres, en prenant A † E pour la mefme, à fçauoir, ie la cherche premierement par le triangle B C E; Car comme A eft à B, ainfi A
† E eft à $\dfrac{A\,in\,B + E\,in\,B}{A}$ qui par confequent reprefente BC. Et
fon quarré eft $\dfrac{A\,q\,in\,B\,q + A\,in\,E\,in\,B\,q\,bu + E\,q\,in\,B\,q}{A\,q}$. Puis ie cherche
par la parabole, car quand E C, eft A † E, D C eft D † E, &
le quarrré de B C, eft $\dfrac{B\,q\,in\,D + B\,q\,in\,E}{D}$ qui doit eftre égal au
precedent, à fçauoir, $\dfrac{A\,in\,E\,in\,B\,q\,bu + E\,q\,in\,B\,q}{A\,q}$ égal à $\dfrac{B\,q\,in\,E}{D}$. D'où
l'on trouue en fuiuant la regle, que A, c'eft à dire C E, eft
double de D, c'eft à dire C D, comme elle doit eftre. Or
il eft à remarquer que cette condition qui eftoit obmife, eft
la mefme que i'ay expliquée en la page 346. comme le fondement de la methode dont ie me fuis feruy pour trouuer
les tangentes, & qu'elle eft auffi tout le fondement fur lequel la regle de Monfieur de Fermat doit eftre appuyée. En
forte que l'ayant obmife, il fait paroiftre qu'il n'a trouué
fa regle qu'à tâtons, ou du moins qu'il n'en a pas conceu
clairement les principes. Et ce n'eft pas merueille qu'il
l'ait pû former fans cela, car elle reüffit en plufieurs cas,
nonobftant qu'on ne penfe point à obferuer cette condition, à fçauoir, en ceux où l'on ne peut venir à l'équation,
qu'en l'obferuant, & la plus part font de ce genre. Pour ce
qui eft de l'autre article, où i'ay repris la façon dont fe fert
Monfieur de Fermat pour trouuer la tangente de la parabole, vous dites qu'ils affurent tous, qu'il faut prendre vne
proprieté fpecifique de l'hyperbole, ou de l'ellipfe, pour
en trouuer les tangentes, en quoy nous fommes d'accord,
car i'affure auffi la mefme chofe, & i'ay apporté expreffément les exemples de l'ellipfe & de l'hyperbole, qui con-

cluent tres-mal, pour monſtrer que Monſieur de Fermat
conclud mal auſſi touchant la parabole, dont il ne donne
point de proprieté ſpecifique. (Car de dire qu'il y a plus
grande proportion de C D à D'I, que du quarré de B C, au
quarré de O I, ce n'eſt nullement vne proprieté ſpecifique
de la parabole, veu qu'elle conuient à toutes les ellipſes, &
à vne infinité d'autres lignes courbes, au moins lors qu'on
prend le point O, entre les points B & E, comme il a fait, &
s'il l'euſt pris au delà, elle euſt conuenu aux hyperboles,)
De façon que pour la rendre ſpecifique, il ne falloit pas ſimplement dire *Sumendo quodlibet punctum in recta B E*, mais il
y falloit adjoûter *Siue ſumatur illud intra puncta B & E,
ſiue vltra punctum B, in lineâ E B producta*. Et cela ne peut
eſtre ſous-entendu en ſon diſcours, à cauſe qu'il y décrit la
ligne B E, comme terminée des deux coſtez, à ſçauoir, d'vn
coſté par le point B, qui eſt donné, & de l'autre par la rencontre du diametre C D.

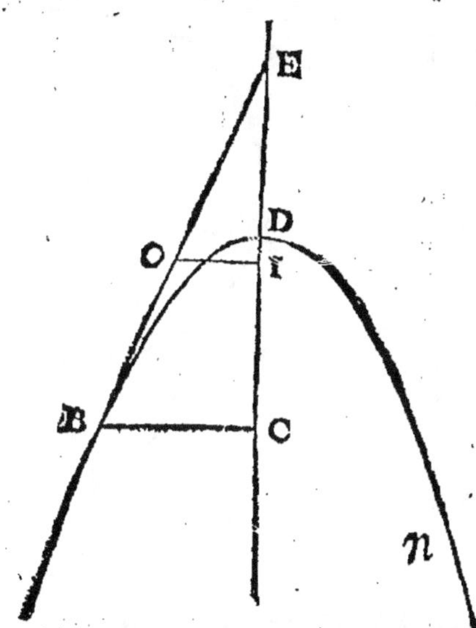

Outre cela il falloit faire
deux équations, & mon-
ſtrer qu'on trouue la meſme choſe, en ſuppoſant E
I eſtre A † E, que lors qu'on
le ſuppoſe eſtre A – E; Car
ſans cela le raiſonnement
de cette operation eſt imparfait, & ne conclud rien.
Voila ſerieuſement la verité de cette affaire.

Au reſte, pour ce que
vous adjoûtez que ces Meſſieurs qui ont pris connoiſſance de noſtre entretien,
ont enuie de nous rendre amis Monſieur de Fermat & moy,
vous les aſſurerez, s'il vous plaiſt, qu'il ny a perſonne au
monde qui recherche ny qui cheriſſe l'amitié des honneſtes
gens plus que ie fais, & que ie ne croy pas qu'il me puiſſe

fçauoir mauuais gré , de ce que i'ay dit franchement mon
opinion de fon Efcrit, veu qu'il m'y auoit prouoqué. C'eſt
vn exercice entierement contraire à mon humeur, que de
reprendre les autres, & ie ne fçache point l'auoir encore iamais tant pratiqué qu'en cette occafion. Mais ie ne la pouuois éuiter apres fon défi, finon en le méprifant, ce qui l'euſt
fans doute plus offenfé que ma Réponfe. Ie fuis ,

Billet adjoûté à la Lettre precedente.

POur entendre parfaitement la troifiéme page de ma
Lettre, & par mefme moyen le défaut de la regle de
Monfieur de Fermat, il faut confiderer ces trois figures, &
penfer que lors qu'il dit, *Statuatur idem qui prius terminus
effe A † E*, Cela fignifie qu'ayant pofé E C pour A , & E I

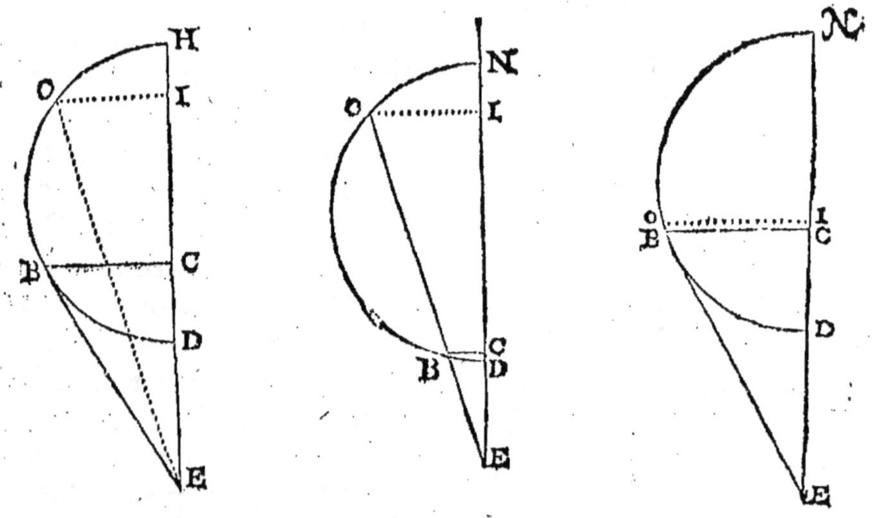

pour A † E , il imagine E I eſtre égal à E C , comme on voit
en la troifiéme figure, & que neantmoins il en fait le calcul
tout de mefme que fi elles eſtoient inégales, comme on le
voit en la premiere & feconde figures , en cherchant premierement E B par E C , qu'il nomme A , puis E O par E I

qu'il nomme A † E, & cela va fort bien ; Mais la faute est,
en ce qu'apres les auoir ainsi calculées, il dit simplement
Adæquentur. Et on la peut voir clairement par la premiere
figure, où si l'on suppose la ligne E O estre égale à E B, il n'y
a rien qui determine les deux points B & O, à s'assembler
en vn endroit de la circonference du cercle, plustost qu'en
l'autre, sinon que toute cette circonference ne fust qu'vn
seul point, d'où vient que toutes les quantitez qui demeurent en l'équation se trouuent égales à rien. Mais pour faire
que ces deux points B & O, ne se puissent assembler qu'en
vn seul endroit, à sçauoir, en celuy où E B est la plus grande
qu'elle puisse estre sous la condition proposée, il faut considerer la seconde figure ; & à cause des deux triangles semblables E C B & E I O, il faut dire, comme E C ou B C est
à E B, ainsi E I ou O I est à E O ; au moyen dequoy, on fait
qu'amesure que la quantité E B est supposée plus grande, la
quantité E O est supposée plus petite, à cause que les points
E B O sont tousiours là en mesme ligne droite ; & ainsi lors
que E B est supposée égale à E O, elle est supposée la plus
grande qu'elle puisse estre ; C'est pourquoy on y trouue son
conte. Et c'est là le fondement de la regle qui est obmis;
Mais ie croy que ce seroit pecher de l'enseigner à ceux qui
pensent sçauoir tout, & qui auroient honte d'apprendre
d'vn ignorant comme ie suis, vous en ferez toutesfois ce
qu'il vous plaira.

Notez que
ie suppose
icy que
c'est le
point E qui
est donné,&
non le
point B.

<hr>

A MONSIEVR HARDY.

LETTRE LXI.

M ONSIEVR,

Au reste ie vous suis tres-obligé, de ce que vous auez
soûtenu mon party, touchant la regle *De Maximis* de Mon-

sieur de Fermat, & ie ne m'estonne point de ce que vous
n'en iugez pas plus aduantageusement que ie n'ay fait ; Car
de la façon qu'elle est proposée, tout ce que vous en dites
est veritable.

Mais pour ce que i'ay mis dés mon premier Escrit, qu'on
la pouuoit rendre bonne en la corrigeant, & que i'ay tous-
jours depuis soûtenu la mesme chose, ie m'assure que vous
ne serez pas marry que ie vous en die icy le fondement, aussi
bien ie me persuade que ces Messieurs, qui l'estiment tant,
ne l'entendent pas, ny peut-estre mesme celuy qui en est
l'Autheur.

Soit donc la ligne courbe donnée A B D, & que le point
B de cette ligne soit aussi donné, à sçauoir, ie fais l'ordonnée
B C || b, & le diametre A C || c, & qu'on demande vn
point en ce diametre, comme E, qui soit tel, que la ligne
droite qui en sera menée vers B, couppe cette courbe en
B, & encore en vn autre point, comme D, en sorte que
l'ordonnée D F, soit à l'ordonnée B C, en raison donnée,
par exemple, comme g à h. Vous sçauez bien que pour

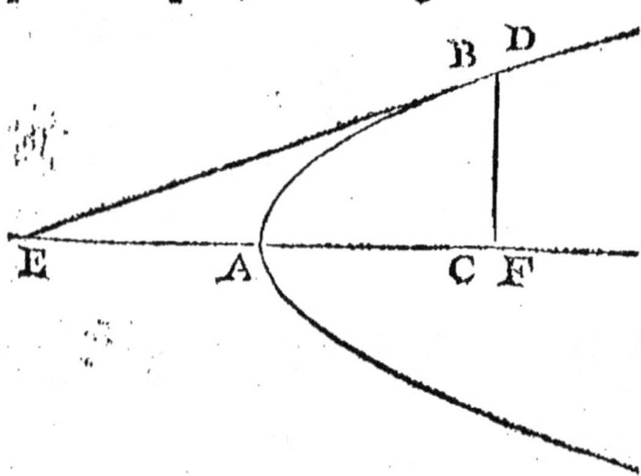

trouuer ce point E,
on peut poser E C
|| A, & C F || E, &
dire premierement,
à cause des trian-
gles semblables E C
B, & E F D, comme
C E || a, est à B C
|| b, ainsi E F || a
† e, est à D F, qui
par consequent est

D F || $\frac{b\,a\,†\,b\,e}{a}$. Puis, à cause que D F est l'vne des ordon-
nées en la ligne courbe, on la trouue aussi en d'autres termes,
qui seront diuers, selon les diuerses proprietez de cette
courbe. Par exemple, si c'est la premiere des lignes que
Monsieur de Fermat a imaginées, à l'imitation de la para-

bolc, c'est à dire, celle en laquelle les segmens du diametre
ont entr'eux mesme proportion que les cubes des ordon-
nées, on dira, commè $A\,C\,\|\,c$, est à $F\,A\,\|\,c\,\dagger\,e$, ainsi
le cube de $B\,C$ qui est b^3 est au cube de $D\,F$, qui par les ter-
mes trouuez cy-dessus, est $\dfrac{b^3.a^3. \dagger\ 3b^3.aae\ \dagger\ 3b^3.ace\ \dagger\ b^3.e^3.}{a^3}$

Car cecy est le cube de $\dfrac{b\,a\,\dagger\,b\,e}{a}$ Puis multipliant les moyen-
nes, & les extremes de ces quatre proportionelles, $c\,\|\,c\,\dagger\,e\,\|$
$b^3\,\|$ & $\dfrac{b^3.a^3. \dagger\ 3b^3.aae\ \dagger\ 3b^3.ace\ \dagger\ b^3.e^3.}{a^3}$ on a, $c\,b^3\,\dagger\,e\,b^3\,\|$
$\dfrac{cb^3.a^3. \dagger\ 3b^3.caae\ \dagger\ 3b^3.acee\ \dagger\ cb^3.e^3.}{a^3}$ Et diuisant le tout par
b^3, & le multipliant par a^3, il vient $a^3\,c\,\dagger\,a^3\,e\,\|\,c\,a^3\,\dagger\,3\,c\,a$
$a\,e\,\dagger\,3\,c\,a\,e\,e\,\dagger\,c\,e^3$, & ostant de part & d'autre $c\,a^3$, il reste
$a^3\,e\,\|\,3\,c\,a\,a\,e\,\dagger\,3\,c\,a\,c\,e\,\dagger\,c\,e^3$, Et enfin pour ce que le tout

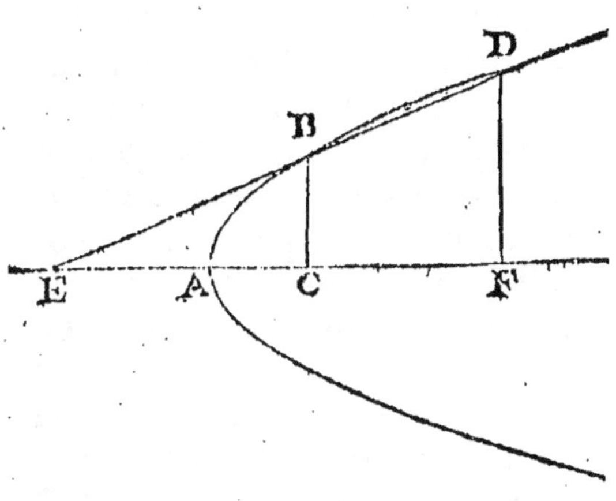

se peut diuiser par e,
il vient $a^3\,\|\,3\,c\,a\,a$
$\dagger\,3\,c\,a\,e\,\dagger\,c\,e^3$. Mais
pour ce qu'il y a icy
deux quantitez in-
connuës, à sçauoir a,
& e, & qu'on n'en
peut trouuer qu'vne
par vne seule équa-
tion, il en faut cher-
cher encore vne au-
tre, & il est aisé par la
proportion des lignes $B\,C$, & $D\,F$, qui est donnée, à sçauoir,
comme g est à h, ainsi $B\,C\,\|\,b$ est à $D\,F\,\|\,\dfrac{b\,a\,\dagger\,b\,e}{a}$, & par
consequent $b\,h\,\|\,\dfrac{g\,b\,a\,\dagger\,g\,b\,e}{a}$, ou bien $h\,a\,\|\,g\,a\,\dagger\,g\,e$, Et par le
moyen de cette équation on trouue aisément l'vne des deux
quantitez a ou e, au lieu de laquelle il faut par apres substituer en l'autre équation les termes qui luy sont égaux, afin
de chercher en suitte l'autre quantité inconnuë. Et c'est icy
le chemin ordinaire de l'Analyse pour trouuer le point E,
ou bien la ligne C E, lors que la raison qui est entre les lignes

B C, & D F est donnée. Maintenant pour appliquer tout cecy à l'inuention de la tangente (ou ce qui est le mesme de la plus grande) il faut seulement considerer, que lors que E B est la tangente, la ligne D F n'est qu'vne auec B C, & toutefois qu'elle doit estre cherchée par le mesme calcul que ie viens de mettre, en supposant seulement la proportion d'égalité, au lieu de celle que i'ay nommée de g à h ; A cause que D F est renduë égale à B C par E B, entant qu'elle est la tangente (au moins lors qu'elle l'est) en mesme façon qu'elle est renduë double, ou triple, &c. de B C, par la mesme E B, entant qu'elle couppe la courbe en tel ou tel point, lors qu'elle l'y couppe. Si bien qu'en la seconde équation, au lieu de h a || g a † g e, pour ce que h est égale à g, on a seulement a || a † e, c'est à dire, e égal à rien. D'où il est euident que pour trouuer la valeur de la quantité a, il ne faut que substituer vn zero, en la place de tous les termes multipliez par e, qui sont en la premiere équation, laquelle est a^3 || 3 c a a † 3 c a e † c c e, c'est à dire, qu'il ne faut que les effacer. Car vne quantité réelle estant multipliée par vne autre quantité imaginaire, qui est nulle, produit tousiours rien. Et cecy est l'elision des Homogenes de Monsieur de Fermat, laquelle ne se fait nullement gratis en ce sens-là. Or cette elision estant faite, il ne reste icy en nostre équation que a^3 || 3 c a a, ou bien a || 3 c ; D'où l'on apprend, que lors que E B est la tangente de la ligne courbe proposée, la lig. E C est necessairement triple de la ligne A C.

Voila donc le fondement de la regle, en laquelle il y a virtuellement deux équations, bien qu'il ne soit besoin d'y faire mention expresse que d'vne, à cause que l'autre sert seulement à faire effacer ces Homogenes. Mais il est fort vray-semblable que Monsieur de Fermat ne l'a point ainsi entenduë, & qu'il ne l'a trouuée qu'à tâtons, veu qu'il y a obmis la principale condition, à sçauoir, celle qui presuppose ce fondement, ainsi que vous pourrez voir, s'il vous plaist, par ce que i'ay mandé cy-deuant deuoir y estre corrigé, dans vne Lettre addressée au R. Pere Mersenne. Ie suis,

AV R. P. MERSENNE.
LETTRE LXII.

MON REVEREND PERE;

I'ay veu ce qu'il vous a plû me communiquer des Lettres que Monsieur de Fermat vous a écrites, & premierement, pour ce qu'il dit auoir trouué des paroles plus aigres en mon premier papier, qu'il n'en auoit attendu, ie le supplie tres-humblement de m'excuser, & de penser que ie ne le connoissois point, Mais que son *De Maximis*, me venant en forme de cartel, de celuy qui auoit desia tasché de refuter ma Dioptrique, auant mesme qu'elle fust publiée, comme pour l'estouffer auant sa naissance, en ayant eu vn exemplaire que ie n'auois point enuoyé en France pour ce sujet, il me semble que ie ne pouuois luy répondre auec des paroles plus douces que i'ay fait, sans témoigner quelque lascheté, ou quelque foiblesse. Et comme ceux qui se déguisent au Carnaual, ne s'offensent point qu'on se rie du masque qu'ils portent, & qu'on ne les saluë pas, lors qu'ils passent par la ruë, ainsi qu'on feroit s'ils estoient en leurs habits accoûtu-mez, il ne doit pas, ce me semble, trouuer mauuais que i'aye répondu à son Escrit, tout autrement que ie n'aurois fait à sa Personne, laquelle i'estime & honore comme son merite m'y oblige. Il est vray que ie m'estonne extremement, non pas de ce qu'il approuue les raisons de Messieurs Pascal & de Roberual, car la ciuilité ne luy permet pas de faire au-trement, & en effet ie ne sçache point qu'on en pust donner de meilleures pour le sujet, mais de ce que n'y en adjoûtant aucunes autres, il veut supposer que celles - là m'ont plai-nement persuadé, & se seruir de cette raison pour s'abste-nir d'enuoyer la tangente de la ligne courbe, que ie luy
auois

auois proposée. Car i'ay assez témoigné par toutes mes Lettres, qu'ils n'auoient répondu directement à aucune de mes objections ; & que de s'amuser à disputer , si la ligne E B doit estre nommée absolument la plus grande, ou bien seulement sous condition, ce n'est pas prouuer que la regle qui enseigne à trouuer cette plus grande soit bonne, Et enfin que ce n'est pas vn témoignage de la bonté de cette regle, que de dire qu'elle ne reüssit pas en cét exemple , qui est l'vnique raison qu'ils en ont donnée. Et pour tous les autres exemples que vous m'auez mandé à diuerses-fois vous auoir esté enuoyez par Monsieur de Fermat, encore qu'ils fussent vrais, ce que ie suppose, puisque ie ne les ay point veus, ils ne peuuent prouuer que sa Methode soit generalement bonne ; mais seulement qu'elle reüssit en certains cas, ce que ie n'ay iamais eu intention de nier , au moins pour sa regle *Ad inueniendam maximam* ; Car pour la façon dont il cherchoit la tangente de la parabole, sans considerer aucune proprieté qui luy fust specifique, i'ay conclu comme ie de-uois, que *Semper fallit ista methodus* ; Et la glose qu'il y ad-joûte en cette derniere Lettre, se rapportant à ce que i'ay dit par mes precedentes deuoir y estre corrigé , monstre assez qu'il auoüe tacitement que i'ay eu raison, aussi bien en cela, qu'au reste, à quoy il ne répond rien du tout. De façon que la ciuilité m'obligeroit à n'en parler plus, & à ne le point presser dauantage sur ce sujet, n'estoit que nonob-stant cela, il assure au mesme lieu, que sa Methode est in-comparablement plus simple , plus courte , & plus aisée, que celle dont i'ay vsé pour trouuer les tangentes. A quoy ie suis obligé de répondre, que i'ay donné en mon premier Escrit, & aux suiuans, des raisons qui monstrent le contraire, & que ny luy ny ses deffenseurs n'y ayant rien du tout ré-pondu, ils les ont assez confirmées par leur silence ; De façon que si la verité ne l'offense point, ie croy pouuoir dire sans blaspheme, qu'il fait tout de mesme que si ayant esté jetté à terre par quelqu'vn , & n'ayant pas mesme pû encore se

Tome III,   V u

releuer, il se vantoit d'estre plus fort & plus vaillant que celuy qui le tiendroit renuersé.

Au reste, encore qu'on reçoiue sa regle pour bonne estant corrigée, ce n'est pas à dire qu'elle soit si simple, ny si aisée, que celle dont i'ay vsé, si ce n'est qu'on prenne les mots de simple & aisée, pour le mesme que peu industrieuse, en quoy il est certain qu'elle l'emporte, à cause qu'elle ne suit que la façon de prouuer, qui reduit *ad absurdum*, comme i'ay auerty dés mon premier Escrit; Mais si on les prend en vn sens contraire, il en faut par mesme raison iuger le contraire. Et pour ce qui est d'estre plus courte, l'experience s'en pourra faire en l'exemple de la tangente, que ie luy auois proposée, si tant est qu'il vous l'enuoye, ainsi qu'il offre de faire; Car moy vous l'enuoyant aussi en mesme temps, vous pourrez voir lequel de nos procedez sera le plus court. Et afin qu'il n'vse plus d'aucune excuse, pour ne la point enuoyer, vous l'asseurerez, s'il vous plaist, que ie maintiens tousiours comme deuant, que ny cette tangente, ny vne infinité d'autres semblables, ne peuuent estre trouuées par sa Methode, & qu'il ne doit pas se persuader, que ie change d'auis, lors que ie l'auray mieux comprise; Car ie ne croy pas la pouuoir iamais mieux entendre que ie fais; Et ie puis dire auec verité, que ie l'ay sceuë vingt ans deuant que d'auoir veu son Escrit, sans m'en estre iamais estimé beaucoup plus sçauant, & sans auoir crû qu'elle meritast tant de lotianges qu'il luy en donne. Mais ie ne crains pas, que ceux qui voudront iuger de la verité par les preuues, ayent aucune peine à connoistre lequel des deux l'entend le mieux, ou celuy qui l'a imparfaitement proposée, & qui l'admire, ou bien celuy qui a remarqué les choses qui deuoient y estre adioûtées pour la rendre bonne, & qui n'en fait qu'autant d'estat qu'elle merite.

Ie n'adioûte rien dauantage, à cause que ie ne desire point aussi continuer cette dispute; & si i'ay mis icy ou ailleurs quelque chose qui ne soit pas agreable à M. de Fermat, ie

Ie supplie tres-humblement de m'en excuser, & de considerer que c'est la necessité de me deffendre qui m'y a contraint, & non aucun dessein de luy déplaire. Ie le supplie
aussi de m'excuser de ce que ie ne répons point à ses autres
questions; Car comme ie vous ay mandé par mes precedentes, c'est vn exercice auquel ie renonce entierement. Outre
que voyant qu'il vous mande, que ie n'ay pas plainement
satisfait à son Theoreme des nombres, bien qu'il n'y ait rien
à dire, sinon que i'ay negligé de poursuivre à l'expliquer
touchant les fractions, apres l'avoir expliqué touchant les
entiers, à cause qu'il m'a semblé trop facile pour prendre la
peine de l'écrire, ie crains que ie ne pourrois iamais le satisfaire plainement en aucune chose. Mais pour ce qu'il dit,
que cela mesme que i'ay obmis comme trop aisé, est tres-
difficile, i'en ay voulu faire l'épreuve en la personne du
ieune Gillot, lequel m'estant venu voir icy depuis deux
iours, s'y est rencontré fort à propos pour ce suiet. Ie luy
ay donc fait voir la Réponse que i'avois faite à ce Theoreme
de Monsieur de Fermat, & luy ay demandé, si, de ce que
i'avois demonstré touchant les nombres entiers, il en pourroit déduire le mesme touchant les rompus, ce qu'il a fait
fort aisément, & l'a écrit dans vn papier que ie vous envoye,
afin que vous connoissiez par son stile, que c'est vne personne qui n'a iamais esté nourry aux Lettres, qui a resolu cette
grande difficulté, & ie vous iure que ie ne luy ay aidé en
aucune façon. Ie luy ay fait aussi chercher la question que
Monsieur de Fermat propose à Monsieur de Sainte Croix
& à moy, qui est de trouuer trois triangles rectangles, desquels les aires estant prises deux à deux, composent trois
nombres, qui soient les costez d'vn triangle rectangle, &
il en a trouué la solution en vne infinité de façons; Car, par
exemple, il donne le triangle dont les costez sont $\frac{24}{5}$, $\frac{35}{12}$,
$\frac{337}{60}$, & l'aire est 7; puis celuy dont les costez sont $\frac{8}{3}$, $\frac{21}{2}$,
$\frac{65}{6}$, & l'aire est 14; auec celuy dont les costez sont 12, $\frac{7}{2}$,
$\frac{25}{2}$, & l'aire est 21. Car ces trois aires 7, 14, 21 prises deux
à deux font 21, 28, & 35, qui sont les costez d'vn triangle

rectanglé semblable à celuy dont les costez sont 3, 4, 5, qui est le plus simple qu'on puisse faire. Il a donné aussi les aires 15, 30, 45, lesquelles prises deux à deux composent vn triangle semblable au precedent. Item, les aires 14, 21, 70, qui composent vn autre triangle semblable à celuy dont les costez sont 5, 12, 13; les aires 22, 33, 110 font aussi le semblable, & les aires 30, 45, 150. Item, les aires 39, 65, 156 en composent vn semblable à celuy dont les costez sont 8, 15, 17; & les aires 126, 210, 504., & les aires 330, 550, 1320, font aussi le mesme; & enfin les aires 330, 440, 1310, en composent vn semblable à celuy dont les costez sont 7, 24, & 25. Ie croy que ces neuf exemples suffisent pour monstrer qu'il en peut aisément trouuer vne infinité; C'est pourquoy il n'a point desiré que ie vous en uoyasse sa regle. Ie luy ay dit aussi qu'il cherchast les centres de grauité de quelque fig. à cause que M. de Fermat a desiré qu'on m'en proposast quelques-vns; & ayant choisi celuy du Conoïde, qui a pour base vn cercle, & est décrit par vne parabole qui tourne autour de son aissieu, à cause que vous m'auez mandé en quelqu'vne de vos precedentes que le mesme vous a esté enuoyé par Monsieur de Fermat, il a trouué que le centre de grauité de ce corps diuise son essieu en trois parties égales, en sorte que la distance, depuis ce centre iusques au sommet de ce Conoïde, est double de celle qui est depuis ce mesme centre iusques à la base. N'étoit que Gillot doit partir d'icy demain matin, ie luy en ferois encore chercher d'autres, car il les peut trouuer tous, autant qu'il est possible, auec assez de facilité. Mais pour ce qu'il ira peut-estre à Paris dans quelque temps, i'aime mieux qu'il attende iusques à ce qu'il y soit, tant afin de n'estre point icy obligé de luy aider, qu'afin qu'on puisse voir qu'il n'a point en cela besoin de mon aide.

Ie luy ay aussi proposé la quatriéme question de Monsieur de Sainte Croix, qui est de trouuer deux nombres, chacun desquels, comme aussi la somme de leur aggregat, ne soit que de trois tetragones, à cause que vous me mandez que

c'est celle qui a semblé à Monsieur de Fermat la plus difficile ; Mais il n'a sceu non plus que moy y trouuer si grande
difficulté, ny iuger qu'elle se doiue entendre en vn autre sens
que celuy auquel ie l'ay resoluë, & auquel il pourroit aussi
la resoudre en d'autres façons, si ce n'est peut-estre qu'on
entende que chacun des nombres demandez soit tellement
composé de trois tetragones, qu'il ne puisse estre diuisé sans
fraction en trois autres tetragones ; Mais encore en ce sens-
là, il la peut aisément resoudre, & en vne infinité de façons,
comme il a monstré par les neuf exemples suiuans, chacun
desquels y satisfait. 3, 19, 22; & 3, 45, 46; & 6, 24, 30; & 6,
42, 48; & 11, 19, 30; & 11, 24, 35; & 11, 35, 46; &
11, 46, 57; & 22, 35, 57; Car on ne peut diuiser 22 qu'en
trois tetragones qui sont 9, 9, 4; ny 35 qu'en trois autres
qui sont 25, 9, 1; ny enfin leur aggregat 57, qu'en trois qui
sont 49, 4, 4, & ainsi des autres.

   Ie passe maintenant à la Geostatique, laquelle i'ay enfin
receuë, & bien que ce soit vn Escrit dont les fautes sont si
grossieres, qu'elles ne sçauroient surprendre personne, &
qui pour ce sujet doiuent estre plustost méprisées que con-
tredites ; toutesfois puisque vous desirez en sçauoir mon
opinion, ie la mettray icy en peu de mots.

   Ie n'ay trouué en tout ce beau Liure *Infolio*, qu'vne seule
proposition, bien que l'Autheur en conte 13; Car pour les
trois premieres & la dixiéme, ce ne sont que des choses de
Geometrie, si faciles & si communes, qu'on ne sçauroit entendre les Elemens d'Euclide sans les sçauoir; les 5. 6. 7. 8. 9.
& onziéme ne sont que des suittes ou des repetitions de la
quatriéme, lesquelles ne peuuent estre vrayes, si elle ne l'est;
Pour la 7. la 12. & la 13. il est vray qu'elles ne dependent pas
ainsi de cette quatriéme, mais pour ce que l'Autheur s'en sert
pour tascher de les prouuer, & mesme qu'il ne se sert pour
cela que d'elle seule, & que d'ailleurs elles ne sont, non
plus que les autres, d'aucune importance, elles ne doiuent
point estre contées. Si bien qu'il ne reste que la quatriéme
toute seule à considerer, Et elle a desia esté si bien refutée par

Monfieur de la Broffe, qu'il n'eft pas befoin d'y rien adjoûter. Car de cinq ou fix fautes qu'il y remarque, la moindre
eft fuffifante, pour faire voir que le raifonnement de cét
Autheur ne vaut rien du tout. Et i'eu grand tort l'année
paffée, en voyant cette refutation de Monfieur de la Broffe,
fans auoir veu le Liure qu'il refutoit, de ne la pas approuuer.
Mais la feule raifon qui m'en empefcha, fut, que ie ne pouuois m'imaginer que les chofes qu'il reprenoit fuffent fi abfurdes qu'il les reprefentoit ; & ie me perfuadois qu'il exa-
geroit feulement quelques omiffions, ou fautes commifes
par inaduertance, & qu'il ne touchoit point aux principales
raifons de l'Autheur ; Mais ie voy maintenant que ces principales raifons, que ie fuppofois deuoir eftre en fon beau
Liure, ne s'y trouuent point. Et bien que i'aye veu beaucoup
de quadratures du cercle, de mouuemens perpetuels, & d'autres telles demonftrations pretenduës, qui eftoient fauffes, ie
puis toutesfois dire auec verité, que ie n'ay iamais veu tant
d'erreurs jointes enfemble en vne feule propofition. Dans les
Paralogifmes des autres, on a couftume de ne rien rencontrer
à l'abord qui ne femble vray, en forte qu'on a de la peine à remarquer, entre beaucoup de veritez, quelque petit meflange
de fauffeté, qui eft caufe que la conclufion n'eft pas vraye;
Mais icy tout au côtraire, on a de la peine à remarquer aucune verité, fur laquelle cét Autheur ait appuyé fon raifonnement, & ie ne fçaurois deuiner autre chofe, qui luy ait donné
occafion d'imaginer ce qu'il propofe, finon qu'il s'eft équi-
uoqué fur le mot de Centre , & qu'ayant oüy nommer le
centre d'vne balance, auffi bien que le centre de la terre, il
s'eft figuré que ce qui eftoit vray au regard de l'vn, le deuoit
eftre auffi au regard de l'autre ; Et par confequent, que comme en la balance F
G D, le poids D
pefe dautant moins
que le poids F, qu'il
eft moins éloigné
que luy du centre G,

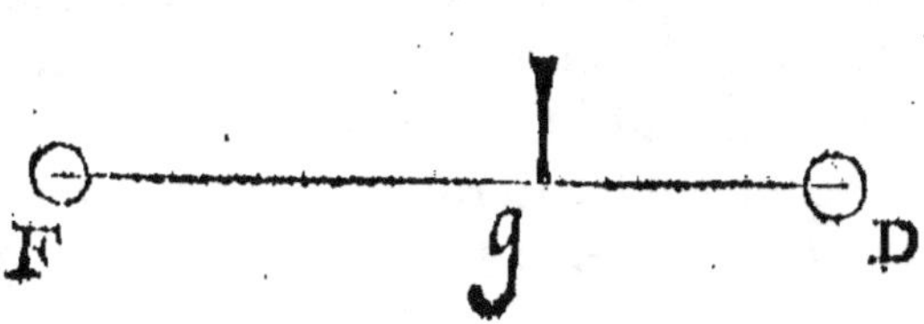

ainſi en general dans le monde, chaque Corps peſe dautant
moins ou dautant plus, qu'il eſt plus proche, ou plus éloigné
du centre de la terre; Et cette viſion luy a ſemblé ſi belle,
qu'il s'eſt ſans doute imaginé qu'elle eſt vraye. Mais afin de
la faire mieux receuoir par les autres, il a voulu l'habiller
à la guiſe d'vne demonſtration Mathematique; & à cét effet

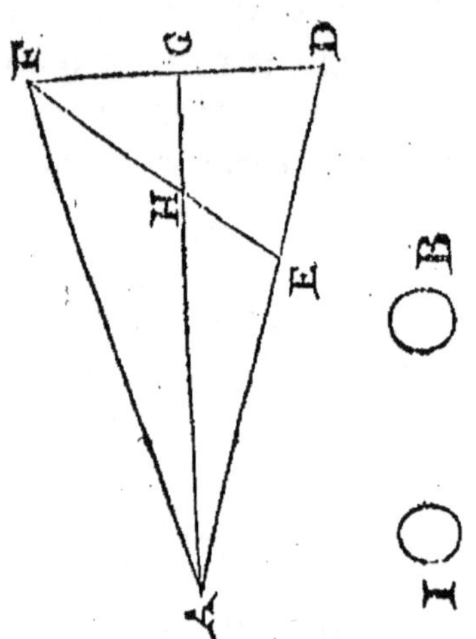

il a choiſi cette figure, en laquelle A repreſente le centre
du monde, G celuy d'vne balance, dont GF & GD ſont les
2. bras, puis mettant vn poids
au point F, & vn autre attaché
au point D, qui pend plus bas
iuſques au point E, il s'eſt ef-
forcé de prouuer que ce poids
E peſe dautant moins, qu'il
eſt plus proche du centre de
la terre. En quoy il a commis
les fautes ſuiuantes.

La premiere eſt, qu'encore
qu'il fuſt vray qu'vn poids ainſi poſé, peſaſt moins au regard
des autres poids qui luy ſeroient oppoſez dans cette balance,
il ne s'enſuit aucunement pour cela qu'il duſt peſer moins
eſtant conſideré tout ſeul hors de la balance.

La ſeconde eſt, qu'il ſe ſert de ce qu'ont dit Archimede,
Pappus, &c. touchant le centre de Grauité, à ſçauoir, que
celuy de deux corps peſans joints enſemble, diuiſe la ligne
droite qui conjoint leurs centres en raiſon reciproque de
leurs peſanteurs, bien que cela ne puiſſe eſtre vray, ny n'ait
iamais eſté pris pour tel par Archimede, ny par aucun autre
qui ait tant ſoit peu d'intelligence des Mechaniques, qu'en
cas qu'on ſuppoſe que les corps peſans tendent en bas par
des lignes paralleles, & ſans s'incliner vers vn meſme point;
Au lieu que pour ſon deſſein, il faut ſuppoſer tres-expreſſé-
ment le contraire, à cauſe que tout ſon raiſonnement n'eſt
fondé que ſur la conſideration du Centre de la Terre. Et il a

renducette faute inexcufable, en ce qu'il a tafché de l'excuſer, ſans apporter pour cela d'autre raiſon, ſinon qu'il nie qu'Archimede ait ſuppoſé dans les Liures *De Æquiponderantibus*, que les corps peſans deſcendent par des lignes paralleles. Car il monſtre par là, qu'il n'entend rien, ny dans Archimede, ny en general dans les Mechaniques.

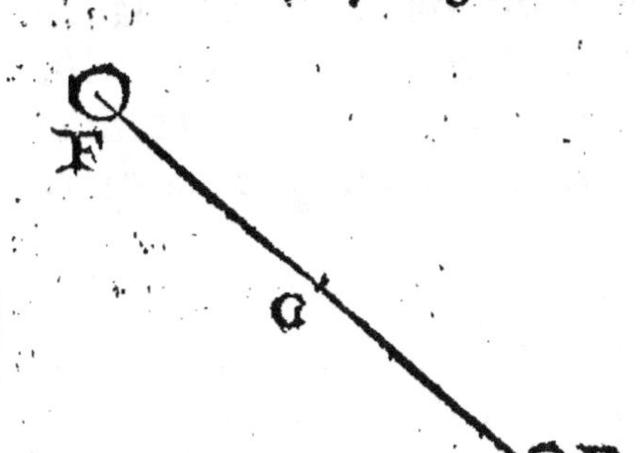

Sa troiſiéme faute paroiſt, en ce que ſi ſa propoſition eſtoit vraye, ce qu'il dit du centre de Grauité ſeroit faux, & ainſi il ne peut aucunement s'en ſeruir pour la prouuer. Car par exemple, ſi les poids F & D ſont égaux, leur commun centre de Grauité ſera ſelon Archimede au point G, qui diuiſe la ligne F D en parties égales, au lieu que ſelon cét Autheur, quand le poids D eſt plus proche du centre de la terre, que le poids F, ce centre de Grauité doit eſtre entre F & G. Et quand il en eſt plus éloigné, ce centre doit eſtre entre G & D.

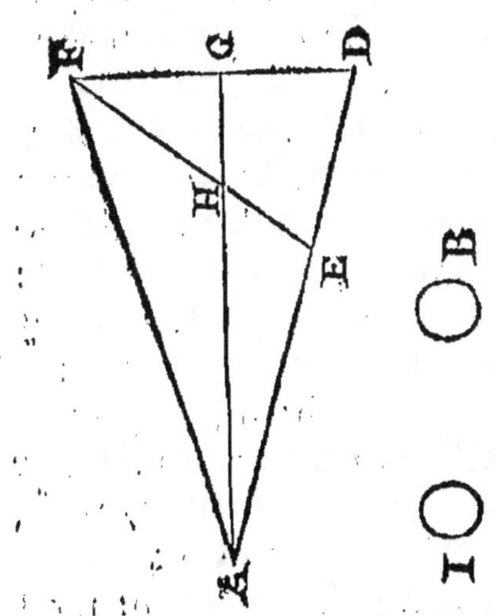

Sa quatriéme faute conſiſte, en ce qu'ayant ſuppoſé le poids I, eſtre au poids B, lors qu'ils ſont à pareille diſtance du centre de la terre, comme la ligne E H eſt à F H, il ne les met pas à pareille diſtáce, mais à vne diſtance fort diuerſe, à ſçauoir, l'vn au point F, & l'autre au point E, Puis il ſuppoſe que le point H eſt leur centre de Grauité, tout de meſme que s'ils eſtoient à égale diſtance. Et ainſi pour prouuer que ce changement de diſtance change la péſanteur, il ſup-

poſe

poſe qu'il ne la change point, & ſe contrarie à ſoy-meſme.

La cinquiéme eſt, qu'il appuye tout ſon raiſonnement ſur ce que le point F eſt en ſa figure plus éloigné du centre de la terre A, que n'eſt le point E, en ſorte que ſi on l'en ſuppoſe plus proche, & qu'on reçoiue tout le reſte de ſon diſcours comme vray, on en conclura tout le contraire de ce qu'il conclud; & toutesfois en conſtruiſant ſa figure, il laiſſe expreſſément la liberté d'y faire la ligne A F, de telle grandeur qu'on voudra; Ce que Monſieur de la Broſſe a fait voir fort clairement, & fort veritablement par ſes quatre figures diuerſes.

La ſixiéme faute eſt, que faiſant conceuoir la ligne F D, comme vne balance, dont le centre eſt G, & mettant vn poids au point F, & vn autre au point E, qui pend du point D, il cherche le centre de Grauité de ces deux poids en la ligne E F, comme s'ils eſtoient ſimplement joints enſemble par cette ligne. En quoy il témoigne deux ignorances tres-grandes. Car en premier lieu, le poids qui pend du point D iuſques à E, en ſorte que l'angle G D E peut changer, à meſure que la balance incline de part ou d'autre, ne peſe en cette balance, qu'autant qu'il tire le point D, & ainſi n'eſt oppoſé au point F, que ſuiuant la ligne F D, & non ſuiuant la ligne F E. Puis, en ſecond lieu, bien qu'il ſuppoſaſt que la ligne D E, fuſt fermement jointe à la ligne G D, en ſorte que l'angle G D E ne puſt ſe changer, toutesfois, à cauſe du point G, qui eſtant le centre de la balance doit eſtre fixe, le centre de Grauité des deux poids, l'vn en F, & l'autre en E, doit eſtre tout autre, que s'ils n'eſtoient point conſiderez en vne balance. Et il montre en cecy, qu'il n'a pas plus de connoiſſance de la Statique, dont il écrit, qu'vn aueugle en a des couleurs.

Au reſte, apres auoir ainſi fort vaillamment demonſtré ſa propoſition, il taſche à la confirmer par des authoritez, dont l'yſage eſt ridicule en telles matieres, & qui eſtant, ſans doute, fauſſes & deſauoüées par ceux qu'il cite, leſquels

font encore viuants, il fait voir par là qu'on ne doit pas adjoûter beaucoup de foy à ce qu'il écrit.

Puis en fuitte de cela, comme pour répondre aux objections qu'on luy peut faire, il entreprend de refuter l'opinion de ceux qui trouuent que la pefanteur des corps qui
font dans vne balance, doit fe mefurer par la grandeur des
perpendiculaires, tirées du centre de cette balance, vers les
lignes fuiuant lefquelles ces poids tendent à defcendre, &
ce par trois diuerfes abfurditez qu'il en déduit ; Mais qui different autant l'vne de l'autre, qu'vn bonnet blanc differe
d'vn blanc bonnet. Car la premiere eft, que les poids B &
C, eftant foûtenus par le point D (en la figure de la page 11.)
feroient en equilibre ; La feconde, qu'eftant foûtenus par
le point E, ils ne feront pas en equilibre ; Et la troifiéme
qu'eftant ainfi foûtenus par le point E, le poids qui feroit
vers B, feroit plus pefant que l'autre. Or pour prouuer que
cette confequence, ainfi deguifée en trois plats, eft abfurde,
il n'allegue rien du tout, que la fuppofition d'Archimede,
de Pappus, &c. touchant le centre de Grauité, laquelle il
deguife auffi en trois plats, & qui, comme i'ay defia dit, ne
peut eftre vraye, qu'entant qu'on fuppofe que les corps
pefans tendent en bas par des lignes paralleles ; au lieu que
toute cette queftion n'eft fondée que fur ce qu'ils n'y tendent pas ; Et mefme tout ce qu'il cite là d'Archimede, & de
Pappus ne peut eftre vray, que fa pretenduë demonftration
ne foit fauffe.

Ainfi ie puis dire pour conclufion, que tout ce que contient ce Liure de Geoftatique, eft fi peu de chofe, que ie
m'eftonne que des honneftes gens ayent iamais daigné prendre la peine de le lire, & i'aurois honte de celle que i'ay prife
d'en mettre icy mon fentiment, fi ie ne l'auois fait à voftre
priere. Ie fçay bien que vous ne me l'auez auffi demandé,
qu'à deffein de me faire dire mon opinion de la matiere qu'il
traitte ; & que vous ne vous fouciez pas beaucoup de la
façon dont il la traitte ; mais c'eft vn fujet qui merite bien

que i'y employe quelqu'vne de mes meilleures heures, au
lieu que ie n'en ay donné à celuy-cy qu'vne de celles que ie
voulois perdre. C'eſt pourquoy i'aime mieux vous l'enuoyer
ſeparément au prochain voyage. Auſſi bien ay-ie encore icy
beaucoup d'autres choſes à vous écrire.

A MONSIEVR DE FERMAT.

LETTRE LXIII.

MONSIEVR,

Ie n'ay pas eu moins de joye de receuoir la Lettre par
laquelle vous me faites la faueur de me promettre voſtre
amitié, que ſi elle me venoit de la part d'vne Maiſtreſſe, dont
i'aurois paſſionnément deſiré les bonnes graces. Et vos autres Eſcrits qui ont precedé me font ſouuenir de la Brada-
mante de nos Poëtes, laquelle ne vouloit receuoir perſonne
pour ſeruiteur, qui ne ſe fuſt auparauant éprouué contre
elle au combat. Ce n'eſt pas toutesfois que ie pretende me
comparer à ce Roger, qui eſtoit ſeul au monde capable de
luy reſiſter; mais tel que ie ſuis, ie vous aſſure que i'honore
extremement voſtre merite. Et voyant la derniere façon
dont vous vſez pour trouuer les tangentes des lignes courbes, ie n'ay autre choſe à y répondre, ſinon qu'elle eſt tres-
bonne, & que ſi vous l'euſſiez expliquée au commencement
en cette façon, ie n'y euſſe point du tout contredit. Ce n'eſt
pas qu'on ne puſt propoſer diuers cas, qui obligeroient à
chercher derechef d'autres biais pour les demeſler, mais ie
ne doute point que vous ne les trouuaſſiez auſſi bien que
celuy-là. Il eſt vray que ie ne voy pas encore pour quelle
raiſon vous voulez que voſtre premiere regle, pour chercher
les plus grandes & les moindres, ſe puiſſe appliquer à l'inuention de la tangente, en conſiderant la ligne qui la couppe

à angles droits, comme la plus courte, pluſtoſt qu'en conſiderant cette tangente, comme la plus grande, ſous les conditions qui la rendent telle : Car pendant qu'on ne dit point
la cauſe pourquoy elle reüſſit en l'vne de ces façons, pluſtoſt
qu'en l'autre, il ne ſert de rien de dire que cela arriue, ſinon
pour faire inferer de là que meſme lors qu'elle reüſſit elle eſt
incertaine. Et en effet, il eſt impoſſible de comprendre
tous les cas qui peuuent eſtre propoſez dans les termes d'vne
ſeule regle, ſi on ne ſe reſerue la liberté d'y changer quelque
choſe aux occaſions, ainſi que i'ay fait en ce que i'en ay écrit,
où ie ne me ſuis aſſujetty aux termes d'aucune regle, mais
i'ay ſeulement expliqué le fondement de mon procedé, &
en ay donné quelques exemples, afin que chacun l'appli-
quaſt apres ſelon ſon addreſſe aux diuers cas qui ſe preſente-
roient. Cependant ie m'écarte icy ſans y penſer du deſſein
de cette Lettre, lequel n'eſt autre que de vous rendre graces
tres-humbles de l'offre qu'il vous a plû me faire de voſtre
amitié, laquelle ie taſcheray de meriter, en recherchant les
occaſions de vous témoigner, que ie ſuis paſſionnément, &c.

A MONSIEVR DE FERMAT.

LETTRE LXIV.

MONSIEVR,

Ie ſçay bien que mon approbation n'eſt point neceſſaire,
pour vous faire iuger quelle opinion vous deuez auoir de
vous-meſme, mais ſi elle y peut contribuer quelque choſe,
ainſi que vous me faites l'honneur de m'écrire, ie penſe eſtre
obligé de vous auoüer icy franchement, que ie n'ay iamais
connu perſonne, qui m'ait fait paroiſtre qu'il ſceuſt tant
que vous en Geometrie. La tangente de la ligne courbe,
que décrit le mouuement d'vne roulette, qui eſt la derniere

chofe que le Reuerend Pere Merfenne a pris la peine de me
communiquer de voftre part, en eft vne preuue tres-affurée;
Car dautant qu'elle femble dependre du rapport qui eft
entre vne ligne droite & vne circulaire, il n'eft pas aifé d'y
appliquer les regles qui feruent aux autres; Et Monfieur de
Roberual qui l'auoit propofée, qui eft fans doute auffi l'vn
des premiers Geometres de noftre fiecle, confeffoit ne la
fçauoir pas, & mefme ne connoiftre aucun moyen pour y
paruenir. Il eft vray que depuis il a dit auffi qu'il l'auoit
trouuée, mais ç'a efté iuftement le lendemain apres auoir
fceu que vous & moy luy enuoyïons; & vne marque certaine
qu'il fe mécontoit, eft, qu'il difoit auoir trouué en mefme
temps que voftre conftruction eftoit fauffe, lors que la bafe
de la courbe eftoit plus ou moins grande que la circonference du cercle; Ce qu'il euft pû dire tout de mefme de la
mienne, finon qu'il ne l'auoit pas encore veuë, car elle s'accorde entierement auec la voftre. Au refte, Monfieur, ie
vous prie de croire, que fi i'ay témoigné cy-deuant n'approuuer pas tout à fait certaines chofes particulieres qui
venoient de vous, cela n'empefche point que la declaration
que ie viens de faire ne foit tres-vraye. Mais comme on remarque plus foigneufement les petites pailles des diamans,
que les plus grandes taches des pierres communes, ainfi i'ay
crû deuoir regarder de plus prés à ce qui venoit de voftre
part, que s'il fuft venu d'vne perfonne moins eftimée. Et
ie ne craindray pas de vous dire que cette mefme raifon me
confole, lors que ie voy que de bons Efprits s'eftudient à
reprendre les chofes que i'ay écrites, en forte qu'au lieu de
leur en fçauoir mauuais gré, ie penfe eftre obligé de les en
remercier. Ce qui peut, ce me femble, feruir à vous affurer
que c'eft veritablement, & fans fiction, que ie fuis, &c.

AV R. P. MERSENNE.

LETTRE LXV.

MON REVEREND PERE,

I'ay esté bien aise de voir les questions que vous dites que vos Geometres, ny Monsieur de Roberual mesme, qui est celuy que vous estimez le principal d'entr'eux, confessent ne sçauoir pas, car ie pourray éprouuer en les cherchant, si mon Analyse est meilleure que la leur.

La premiere de ces questions est de trouuer les tangentes des courbes décrites par le mouuement d'vne Roulette. A quoy ie répons que la ligne droite qui passe par le point de la courbe dont on veut trouuer la tangente, & par celuy de la base auquel touche la roulette pendant qu'elle le décrit, couppe tousiours cette tangente à angles droits. En sorte que si l'on veut, par exemple, trouuer la ligne droite qui touche au point B la courbe A B C, décrite sur la base A D par l'vn des points de la circonference de la roulette D N C, Il faut mener par ce point B la ligne B N parallele à la base A D, puis mener vne autre ligne du point N, où cette parallele BN rencontre la roulette DNC vers le point

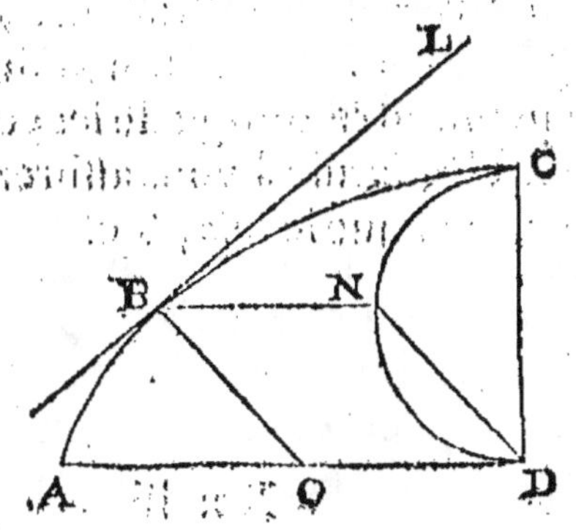

D, où cette roulette touche la base, & apres cela mener B O parallele à N D, & enfin B L qui la rencontre à angles droits; Car cette ligne B L est la tangente cherchée.

Dequoy ie ne mettray qu'vne demonstration, qui est fort courte & fort simple. Si on fait rouler vn polygone

rectiligne, quel qu'il soit, sur vne ligne droite, la courbe
décrite par l'vn de ses points, quel qu'il soit, sera composée
de plusieurs parties de cercles, & les tangentes de tous les
points de chacune de ces parties de cercles coupperont à
angles droits les lignes tirées de ces points vers celuy auquel
le poligone aura touché la base en décriuant cette partie.
En suitte dequoy considerant la roulette circulaire comme
vn poligone qui a vne infinité de costez, on voit clairement
qu'elle doit auoir cette mesme proprieté, c'est à dire, que
les tangentes de chacun des points qui sont en la courbe
qu'elle décrit, doiuent coupper à angles droits les lignes
tirées de ces points vers ceux de la base qui sont touchez par
elle au mesme temps qu'elle les décrit.

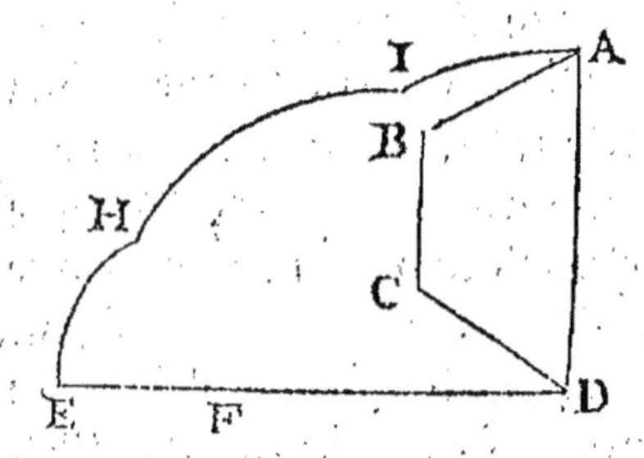

Ainsi lors qu'on fait rouler
l'hexagone A B C D sur la
ligne droite E F G D, son
point A décrit la ligne
courbe E H I A, composée
de l'arc E H, qu'il décrit
pendant que cét hexagone
touche la base au point F
qui est le centre de cét arc, de l'arc H I, dont le centre est G,
& de l'arc I A, dont le centre est D, &c. par lesquels centres
passent toutes les lignes qui rencontrent les tangentes de
ces arcs à angles droits. Or le mesme arriue à vn poligone
de cent millions de costez, & par consequent aussi au cercle.
Ie pourrois demonstrer cette tangente d'vne autre façon,
plus belle à mon gré, & plus Geometrique, mais ie l'obmets
pour m'épargner la peine de l'écrire, à cause qu'elle seroit
vn peu plus longue.

Or il faut remarquer, que lors que la base de cette courbe
est égale à la circonference du cercle qu'on imagine rouler
sur cette mesme base pour la décrire, ainsi que ie l'ay supposée en l'exemple precedent, cette courbe n'a que la voû-
ture d'vn demy cercle, C'est à dire qu'en chacun de ses
bouts, la tangente de son dernier point est perpendiculaire

ſur cette baſe. Mais lors que ſa baſe eſt plus courte, ſes deux bouts ſont repliez en dedans de part & d'autre, en ſorte que pluſieurs de ces reuolutions font vne telle figure.

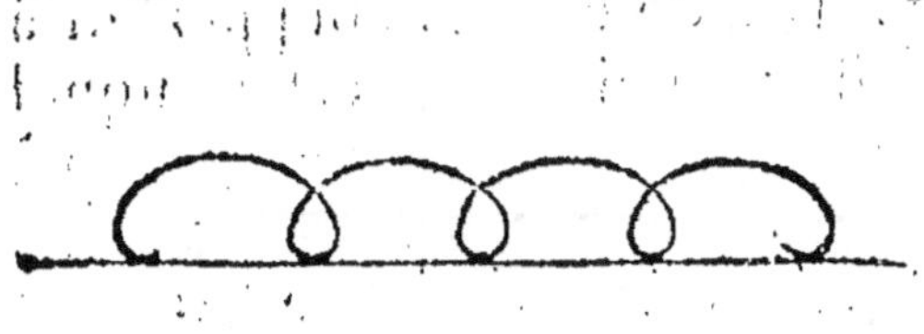

Or pour trouuer les tangentes de cette courbe, & ſçauoir exactement où elle commence à ſe replier, il faut imaginer que le point qui la décrit eſt au dehors de la roulette, & ſuppoſer deux baſes, l'vne ſur laquelle eſt décrite la courbe, comme icy AE, ſur laquelle la courbe ABCD eſt décrite par le point D, joint par dehors à la roulette F G, en telle ſorte qu'il décrit le cercle E N D au tour du centre de cette roulette, au meſme temps qu'il décrit la courbe A B C D ſur le plan A D; & vne autre baſe, comme B G, ſur laquelle ſe meut la roulette F G, dont la demy circonference doit eſtre égale à la demy baſe A E; Et les tangentes ſe meſurent icy par le cercle D E, & par le point G, où la roulette F G touche ſa baſe B G; en ſorte que pour trouuer la ligne qui touche cette courbe, par exemple au point C, il faut mener C N, parallele à la baſe, & joindre le point N, qui eſt dans le cercle D N E au point G, où la roulette touche ſa baſe, puis mener C P parallele à N G, & cette C P eſt perpendiculaire ſur C L, qui eſt la tangente cherchée.

En ſuitte dequoy on voit clairement que le point B, où la ſeconde baſe B G rencontre cette courbe, eſt celuy où elle commence à ſe replier en dedans; Car la tangente de ce point eſt perpendiculaire ſur la baſe A E.

Que ſi la baſe de cette courbe eſt plus longue que la circonference

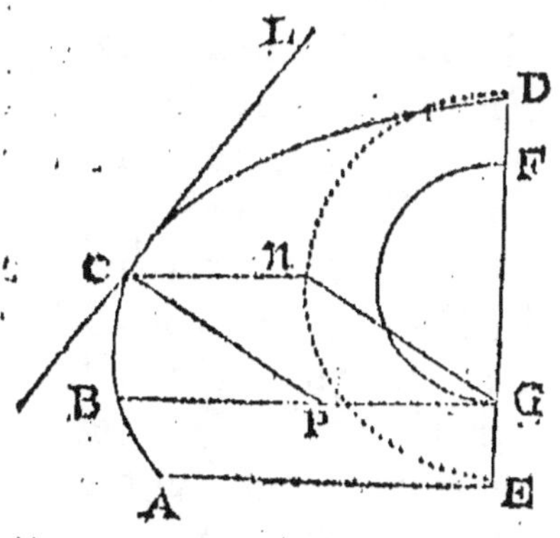

conference du cercle que trace autour du centre de la
roulette le point qui la décrit, ſes deux bouts ſont repliez
en dehors ; en ſorte que pluſieurs de ſes reuolutions font vne
telle figure.

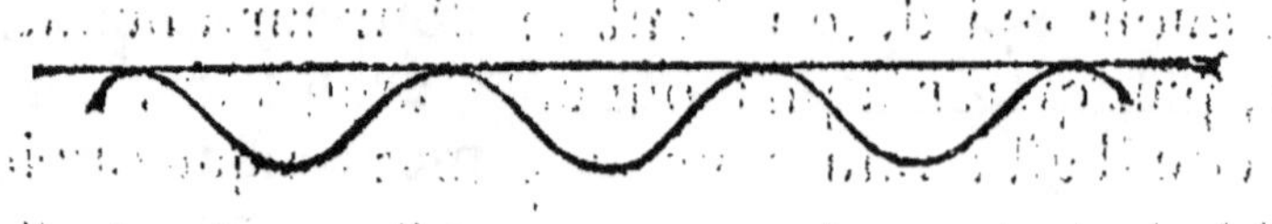

Et pour trouuer ſes tangentes, & ſçauoir où elle commence à ſe replier, il faut imaginer que le point qui la décrit
eſt au dedans de la roulette, & ainſi ſuppoſer vne ſeconde
baſe B G, ſur laquelle ſe meut la roulette F G, dont la
circonference eſt égale à cette baſe, pendant que le point
D, qui décrit la courbe ſur l'autre baſe A E, décrit autour
du centre de la roulette le cercle D E ; Puis pour touuer la
tangente du point C, pris à diſcretion en cette courbe, il
faut mener C N parallele à la baſe, & joindre le point N
qui eſt dans le cercle D E au point G, où la roulette touche
ſa baſe, puis tirer C P parallele à N G, & C L qu'elle rencontre à angles droits eſt la tangente cherchée.

En ſuitte dequoy pour trouuer le point H, où la partie de
la courbe A H ceſſe d'eſtre concaue, & H C D d'eſtre conuexe, il ne faut que tirer du point G vne ligne comme G R,
qui touche le cercle D R E au point R, & de ce point R mener
R H parallele à la baſe.
Et il eſt à remarquer
qu'il ne peut y auoir au-
cune ligne droite qui
touche cette courbe A
H C D en ce point H,
à cauſe qu'il fait la ſe-
paration de ſes deux
parties, dont l'vne eſt
concaue, & l'autre con-

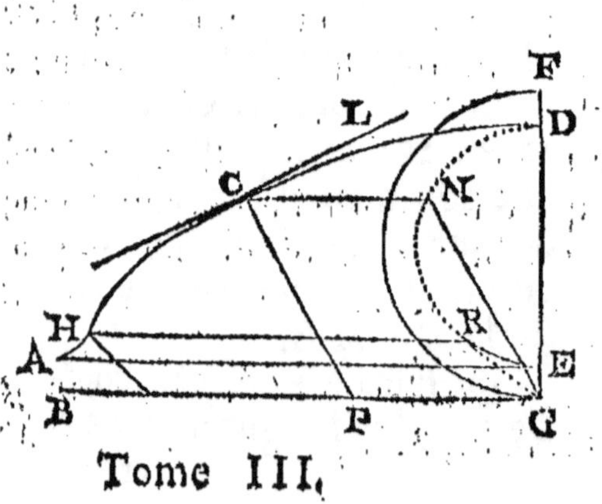

uexe. Or ces determinations si simples & si faciles peuuent
estre prises pour la seconde chose que Monsieur vostre habile Geometre a confessé ne sçauoir pas ; Car bien qu'il ait
dit en auoir vne demonstration, mais qui estoit longue, &
qu'il en desiroit seulement vne plus courte, il n'a pû toutesfois en auoir qui determinast exactement ancune de ces
choses, puis qu'il n'a pû trouuer les tangentes.

Au reste il est à remarquer que tant ce que i'ay icy écrit
des tangentes, que ce que ie vous auois mandé cy-deuant
touchant l'espace que contiennent ces lignes décrites par
vne roulette circulaire, se peut aussi estendre à toutes celles
qui sont décrites par des roulettes qui ont d'autres figures,
telles quelles puissent estre, excepté seulement que touchant l'espace il faut que les circonferences de ces roulettes
soient conuexes, & que leurs parties opposées soient semblables ; Comme lors qu'elles ont la figure d'vne ellipse, ou
de deux hyperboles ajustées l'vne contre l'autre, &c. Et il
est si aisé de leur appliquer les demonstrations que ie vous ay
enuoyées, que cela ne vaut pas la peine que ie l'explique.
Mesme il n'y faut changer que fort peu de choses, lors que
les circonferences de ces roulettes ne sont pas toutes conuexes ; Et ainsi ie ne croy pas qu'il y ait gueres rien à dire
touchant ces lignes, qui ne soit compris en ce peu que ie
vous en ay écrit.

Il faut aussi remarquer que les courbes décrittes par des
roulettes sont des lignes entierement Méchaniques, & du
nombre de celles que i'ay rejettées de ma Geometrie ; C'est
pourquoy ce n'est pas merueille que leurs tangentes ne se
trouuent point par les regles que i'y ay mises.

Mais pour cette autre tangente qu'il auoüe n'auoir pû
trouuer, à sçauoir, celle qui fait l'angle de quarante-cinq
degrez auec l'aissieu de la courbe que i'auois cy-deuant proposée, il ne faut que suiure ces regles tout simplement pour
la connoistre ; Et en voicy la façon.

Soit A C K F A l'vne des fetilles qui fait la partie de
cette courbe dont l'aissieu est A H, & le plus grand diametre

de la feüille eſt A K, & l'angle H A K eſt de quarante-cinq
degrez, ie cherche la tangente F E ou C B, parallele au
diametre A K, poſant que la proprieté de cette courbe eſt
telle que menant F G à angles droits ſur A H, l'aggregat des
cubes de F G & A G eſt égal au parallelipipede des meſines
F G & A G, & d'vne autre ligne donnée qui eſt double de

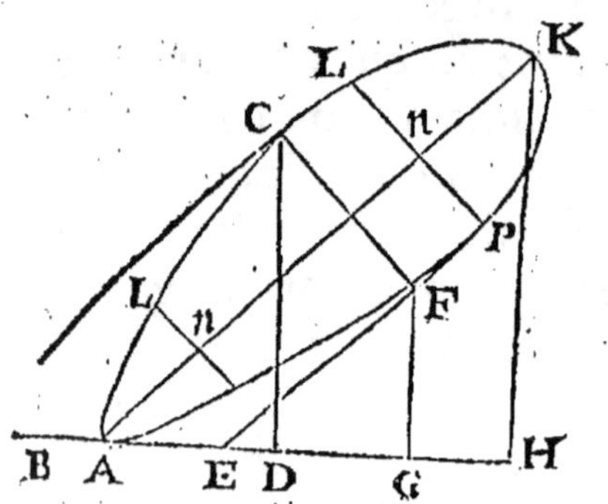

A H. Et ie fais A G $\|$ x, G
F $\|$ y, & le double de A H
$\|$ n; D'où i'ay $x^3 \dagger y^3 \| xyn$.
Puis ie fais A E $\| v$; De fa-
çon que E G eſt $x - v$; & pour
ce que l'angle E F G eſt de
quarante-cinq degrez, G F
eſt auſſi $x - v$, ce que ie ſubſtituë au lieu de y en l'équation precedente, & au lieu

de y^3, ie ſubſtituë ſon cube qui eſt $x^3 - 3 v x^2 \dagger 3 v^2 x - v^3$. Si
bien que i'ay pour mon équation $2 x^3 - 3 v x^2 \dagger 3 v^2 x - v^3$
$\| n x^2 - n v x$. Ce que ie compare auec $x^2 - 2 e x \dagger e^2 \| 0$.
Multiplié par $2 x - 2 f \| 0$. Et i'ay

$$2 x^3 - 4 e x^2 \dagger 2 e^2 x$$
$$- 2 f x^2 \dagger 4 e f x - 2 e^2 f \| 0.$$

De meſme forme que

$$2 x^3 - 3 v x^2 . \dagger 3 v^2 x - v^3 \| 0.$$
$$- n x^2 \dagger n v x.$$

Et les termes multipliez par x^2, me donnent $2 f \| 3 v$
$\dagger n - 4 e$, puis les termes multipliez par x me donnent

$$6 e v \dagger 2 e n - 6 e^2 . \| 3 v^2 \dagger n v. \text{ ou bien}$$
$$v^2 \| - \tfrac{1}{3} n v \dagger 2 e v \dagger \tfrac{2}{3} n e - 2 e^2 .$$

C'eſt à dire à cauſe que e eſt égal à x, que v eſt $x - \tfrac{1}{6} n =$
$V \tfrac{1}{36} n^2 \dagger \tfrac{1}{3} n x - x^2$, ce qui determineroit entierement la
tangente cherchée, ſi la quantité x eſtoit connuë, mais
pource qu'elle ne l'eſt pas, il faut pourſuiure en cette ſorte.

Puiſque y eſt égal à $x - v$, & que v vient d'eſtre trouué,
nous auons auſſi $y \| \tfrac{1}{6} n = V \tfrac{1}{36} n^2 \dagger \tfrac{1}{3} n x - x^2$, ce qui eſtant

subſtitué au lieu de y, & ſon cube au lieu de y^3 en la premiere équation on trouue en la demeſlant qu'elle ſe reduit à ces termes,

$$x^4 - \tfrac{1}{9} n^3 x + \tfrac{1}{54} n^4 \;||\; 0.$$

Et par ma regle qui eſt en ma Geometrie page 383. i'écris en leur place

$$z^6 - \tfrac{2}{27} n^4 z^2 - \tfrac{1}{81} n^6 \;||\; 0.$$

Puis par la page 381. ie trouue la valeur de z^2, qui eſt $\tfrac{1}{3} n^2$ & $z \;||\; n \sqrt{\tfrac{1}{3}}$. Au moyen dequoy par la page 383. ie diuiſe l'équation $x^4 - \tfrac{1}{9} n^3 x + \tfrac{1}{54} n^4 \;||\; 0$, en deux autres qui ſont,

$$x^2 - n x \sqrt{\tfrac{1}{3}} + \tfrac{1}{6} n^2 - \frac{n^2}{6\sqrt{3}} \;||\; 0.$$

Et

$$x^2 + n x \sqrt{\tfrac{1}{3}} + \tfrac{1}{6} n^2 + \frac{n^2}{6\sqrt{3}} \;||\; 0.$$

Et par la premiere de ces deux équations, ie connois la valeur de x, qui eſt $x \;||\; n \sqrt{\tfrac{1}{12}} = \sqrt{\dfrac{n^2}{6\sqrt{3}} - \tfrac{1}{12} n^2}$

Enfin à cauſe que cherchant en meſme façon la ligne A B par la tangente C B, il vient vne équation toute ſemblable, on apprend de là que la ligne A G eſt $n \sqrt{\tfrac{1}{12}} + \sqrt{\dfrac{n^2}{6\sqrt{3}} - \tfrac{1}{12} n^2}$, & que A D eſt $n \sqrt{\tfrac{1}{12}} - \sqrt{\dfrac{n^2}{6\sqrt{3}} - \tfrac{1}{12} n^2}$; & par conſequent que D G eſt $\sqrt{\dfrac{2n^2}{3\sqrt{3}} - \tfrac{1}{3} n^2}$, & que C F eſt $\sqrt{\dfrac{4n^2}{3\sqrt{3}} - \tfrac{2}{3} n^2}$; Ce qui eſt la plus grande largeur de la feüille qu'on demandoit; En ſorte que ſi la ligne n eſt 9, C F ſera $\sqrt{36\sqrt{3} - 54}$, & ſi n eſt 3, C F ſera $\sqrt{4\sqrt{3} - 6}$, & ainſi des autres.

Au reſte, puiſque ie voy qu'il a pris plaiſir à conſiderer la figure de cette ligne, laquelle il nomme vn galand, ou vne fleur de jaſmin, ie luy en veux icy donner vne autre, qui ne merite pas moins que celle-là les meſmes nóms, & qui eſt neantmoins beaucoup plus aiſée à décrire, en ce que l'inuention de tous ſes points ne depend d'aucune équation cubique. Celle-cy donc eſt telle qu'ayant pris A K pour l'aiſſieu de l'vne de ces feüilles, & en A K le point N à diſcretion, il faut ſeulement faire que le quarré de l'ordonnée

LN soit au quarré du segment A N, comme l'autre segment
N K, est à l'aggregat de la toute A K & du triple de A N,
& ainsi on aura le point L, c'est à dire, tous ceux de la
courbe, puisque le point N se prend à discretion.

Ie pourrois luy donner vne infinité d'autres lignes qui ne
seroient point d'vne nature plus composée que celle-là, &
toutesfois qui representeroient des fleurs ou des galands
beaucoup plus doubles & plus beaux; Mais pour en parler
ingenuëment, ie fais si peu d'estat de ces galanteries que
i'aurois honte de m'amuser à les écrire ; Et ie m'estonne de
ce qu'il semble pretendre quelque gloire pour auoir remarqué en gros la figure d'vne ligne dont ie luy auois enuoyé la
definition; Car elle se void à l'œil sans aucun esprit ny science, apres qu'on a pris la peine de la tracer.

Il ne reste plus icy à resoudre que sa derniere question
qui est telle; Les costez A D & A E du quadrilatere A D C E,
estant donnez auec l'angle D A E, & la longueur de la dia-
gonale A C, & enfin la proportion qui est entre les deux
lignes A G & A H, perpendiculaires sur les costez inconnus
C D & C E; il faut chercher le reste.

A quoy ie respons que ce Probleme estant ainsi generalement proposé, n'est ny plan ny solide, mais qu'il ne laisse
pas de pouuoir tousiours estre construit par les regles que
i'ay données en ma Geometrie, à cause qu'on le peut tou-
jours reduire au quarré de cube, ou à moins. Et en voicy la
façon.

Puisque les costez A D, A E, & l'angle D A E sont
donnez, la base D E est aussi donnée, & sa perpendiculaire
A F, & ses segmens D F, F E; C'est pourquoy ie fais A F
|| b, D F || c, F E || d, ie fais aussi A C || a, & que la
raison de A G à A H est comme g à h; Puis ayant mené
A B parallele à D E, ie cherche la perpendiculaire C B, que
ie nomme y; Et à cét effet ie prolonge A B iusques à K &
L, où elle rencontre C D & C E, sur lesquelles ie mene
les perpendiculaires L Q & K N. Or puisque i'ay fait C A

$\parallel e$, & C B $\parallel y$, i'ay A B $\parallel \sqrt{a^2 - y^2}$; Et comme C I qui est $y - b$, est à I E, qui est $d - \sqrt{a^2 - y^2}$, Ainsi C B qui est y est à B L, qui par consequent est $\dfrac{dy - y\sqrt{a^2 - y^2}}{y - b}$, & A L est $\dfrac{dy - b\sqrt{a^2 - y^2}}{y - b}$, & L C $\parallel \dfrac{y}{y - b}\sqrt{-2by + b^2 + d^2 + a^2 - 2d\sqrt{a^2 - y^2}}$. Tout de mesme comme C I $\parallel y - b$ est à I D $\parallel C + \sqrt{a^2 - y^2}$. Ainsi C B $\parallel y$ est à B K qui par consequent est $\dfrac{cy + y\sqrt{a^2 - y^2}}{y - b}$, & A k est $\dfrac{cy + b\sqrt{a^2 - y^2}}{y - b}$ & C k est $\dfrac{y}{y - b}\sqrt{-2by + b^2 + e^2 + a^2 + 2c\sqrt{a^2 - y^2}}$ & k L est $\dfrac{dy + cy}{y - b}$.

De plus ie fais A G $\parallel gz$, & A H $\parallel hz$, & comme A k est k L, ainsi A G est à L Q; D'où i'ay L Q $\parallel \dfrac{dygz + cygz}{cy + b\sqrt{a^2 - y^2}}$ Et comme A L est à k L, ainsi A H est à k N, ce qui m'apprend que k N est $\dfrac{dyhz + cyhz}{dy - b\sqrt{a^2 - y^2}}$. Enfin comme L Q est à k N, ainsi C L est à C k; D'où ie conclus que $dgy - bg\sqrt{a^2 - y^2}$ multipliez par $\sqrt{-2by + b^2 + c^2 + a^2 + 2c\sqrt{a^2 - y^2}}$ est égal à $chy + bh\sqrt{a^2 - y^2}$ multipliez par $\sqrt{-2by + b^2 + d^2 + a^2 - 2d\sqrt{a^2 - y^2}}$. Et en demeslant cette équation on void clairement qu'il n'y peut venir de plus haut terme que y^6. En sorte qu'on la peut tousiours resoudre par ma Geometrie, & il n'est pas besoin que ie passe outre, car il ne faut que le trauail d'vn apprentif pour l'acheuer, Mais pour conclusion ie puis dire, que si ie ne contente vos Geometres auec ces solutions, ie ne les sçaurois iamais contenter, non pas mesme si i'auois le don de faire des miracles, C'est pourquoy ie n'y tascheray iamais plus.

Pour ce qui est de Monsieur de Fermat, ie ne sçay quasi qu'y répondre; Car apres les complimens qui se font faits entre nous de part & d'autre, ie serois marry de luy déplaire; Mais il semble que l'ardeur auec laquelle il continuë à exalter sa Methode, & à vouloir persuader que ie ne l'ay pas en-

tenduë, & que i'ay failly en ce que ie vous en ay écrit, m'o-
blige à mettre icy quel-
ques veritez, qui me sem-
blent ne luy estre pas
auantageuses.

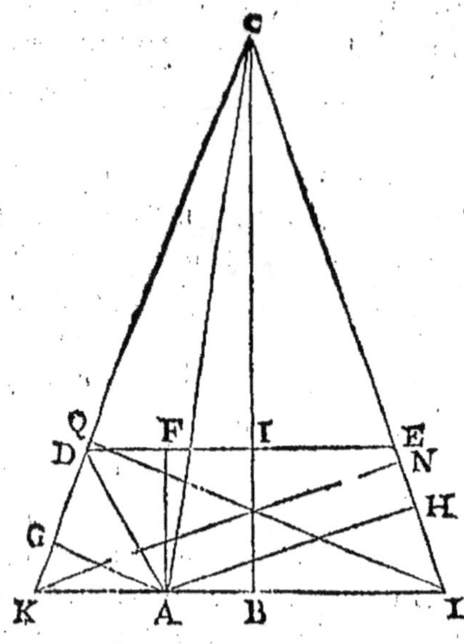

Vous m'enuoyastes l'hy-
uer passé de sa part vne
regle pour trouuer les
plus grandes & les moin-
dres en Geometrie, la-
quelle i'assuray estre défectueuse, & ie le veri-
fiay tres clairement, par
l'exemple mesme qu'il
auoit donné, Mais i'ad-
joûtay qu'en la corrigeãt
on la pouuoit rendre as-
sez bonne, bien que non pas si generale que son Autheur
pretendoit, & qu'on ne pourroit pas mesme s'en seruir en la
façon qu'elle estoit dictée, pour trouuer la tangente d'vne
certaine ligne que ie nommay. I'adjoûtay aussi que plusieurs
raisons me faisoient iuger qu'il ne l'auoit trouuée qu'à tâtons; Et enfin que s'il auoit enuie de s'éprouuer en Geometrie, ce ne deuoit pas estre en ce sujet, lequel n'est pas des
plus difficiles, mais en trois ou quatre autres que ie luy pro-
posay, qui sont toutes choses ausquelles il auroit sans doute
répondu depuis, s'il eust eu dequoy. Mais au lieu de cela,
quelqu'vn de Paris, qui fauorisoit son party, ayant veu mon
Escrit entre vos mains, tascha de vous persuader que ie m'é-
tois méconté; & vous pria de surseoir à le luy enuoyer. Vous
me le mandastes, & ie vous assuray que ie ne craignois rien
de ce costé là. Vous m'enuoyastes quelque temps apres vne
Réponse faite pour luy, par ce mesme homme de Paris qui
soûtenoit son party, en laquelle ne trouuãt autre chose, sinon
qu'il ne vouloit pas qu'vne certaine ligne EB pust estre nommée la plus grande, il me fit souuenir de ces Auocats, qui pour

faire durer vn procez, cherchent à redire en des formalitez, qui ne seruent de rien du tout en la cause. Ie vous auerty deslors, que ie voyois bien qu'il n'vsoit de cette procedure, que pour donner plus de loisir à ma partie de penser à me répondre ; Car bien que vous ne luy eussiez pas encore enuoyé ma Lettre, ie ne doutois point que d'autres ne luy en eussent mandé le contenu ; Et l'euenement monstre assez que mes conjectures ont esté vrayes. Or apres auoir esté ennuyé de ce que la chicanerie de la ligne E B duroit trop long-temps, ie leur ay enfin mandé tout au long ce qui deuoit estre adjoûté à la regle, dont il estoit question, pour la rendre vraye, sans pour cela changer la façon dont elle estoit conceuë, & suiuant laquelle i'auois dit qu'on ne pouuoit s'en seruir pour trouuer la tangente que i'auois proposée. Depuis ce temps-là, soit que ce que i'auois corrigé en cette regle luy ait donné plus de lumiere, soit qu'il ait eu plus de bonheur qu'auparauant, enfin *Quod felix faustumque sit*, apres six mois de delay, il a trouué moyen de la tourner d'vn nouueau biais, par l'aide duquel il exprime en quelque façon cette tangente. *Io triumphe*, ne voila pas vne chose qui vaut bien la peine de chanter si haut sa victoire. Ie ne m'arresteray point icy à dire que ce nouueau biais qu'il a trouué estoit tres-facile à rencontrer, & qu'il l'a pû tirer de ma Geometrie, où ie me sers d'vn semblable moyen, pour éuiter l'embaras qui rend sa premiere regle inutile en cét exemple ; Et que par là il n'a point satisfait à ce que ie luy auois proposé, qui n'estoit pas de trouuer cette tangente, veu qu'il la pouuoit auoir de ma Geometrie, mais de la trouuer en ne se seruant que de sa premiere regle, puis qu'il l'estimoit si generale & si excellente ; Et enfin, que ce n'est pas trouuer parfaitement les tangentes, que de les exprimer par les deux quantitez indeterminées x & y, comme il a fait ; Car ces quantitez X & Y, ne sont point données separément, mais on doit chercher l'vne par l'autre, Et ceux qui ont voulu depuis employer sa regle à chercher la tangente, qui fait l'angle de quarante-cinq degrez, auec l'aissieu de

cette

cette courbe, ont assez pû connoistre ce defaut par experience. Ie ne veux pas, dis-ie, m'arrester à toutes ces choses, Mais ie diray seulement qu'il luy eust esté, ce me semble, plus auantageux, de ne point parler du tout de cette tangente, à cause que le grand bruit qu'il en fait donne sujet à vn chacun de penser qu'il a eu beaucoup de peine à la trouuer, & de remarquer que puis qu'il s'est teu cependant de toutes les autres choses que ie luy ay objectées, c'est vn témoignage qu'il n'a rien eu du tout à y répondre ; & mesme qu'il ne sçait pas encore bien le fondement de sa regle, puis qu'il n'en a point enuoyé la demonstration, nonobstant que vous l'en ayez cy-deuant pressé, & qu'il l'eust promise, & que ce fust l'vnique moyen de prouuer sa certitude, laquelle il a tasché inutilement de persuader par tant d'autres voyes. Il est vray que depuis qu'il a veu ce que i'ay mandé y deuoir estre corrigé, il ne peut plus ignorer le moyen de s'en seruir, mais s'il n'a point eu de communication de ce que i'ay mandé depuis à Monsieur Hardy touchant la cause de l'elision de certains termes, qui semble s'y faire *gratis*, ie le supplie tres-humblement de m'excuser, si ie suis encore d'opinion qu'il ne la sçauroit demonstrer. Au reste, ie m'estonne extremement de ce qu'il veut tascher de persuader que la façon dont il trouue de cette tangente est la mesme qu'il auoit proposée au commencement, & de ce qu'il apporte pour preuue de cela qu'il s'y sert de la mesme figure, comme s'il auoit à faire à des personnes, qui ne sceussent pas seulement lire, Car il n'est besoin que de lire l'vn & l'autre Escrit, pour connoistre qu'ils sont tres-differens. Ie m'estonne aussi de ce que nonobstant que i'aye clairement demonstré, tout ce que i'ay dit deuoir estre corrigé en sa regle, & qu'il n'ait donné aucune raison à l'encontre, il ne laisse pas de dire que i'y ay mal reüssi, au lieu dequoy ie me persuade qu'il m'en deuroit remercier, Et mesme il adjouste que i'ay failly, pour auoir dit qu'il falloit donner deux noms à la ligne qu'il nomme B, &c. Ce qui ne reüssit, dit-il, qu'aux questions qui sont aisées, au lieu qu'il deuroit dire, que c'est donc luy-

mefme qui auoit failly, à caufe que i'ay fuiuy en cela fon
texte mot pour mot, ainfi que i'ay dû faire pour le corriger.
Eſt-ce pas vne chofe bien admirable, qu'il veüille que i'aye
trouué en fa regle, il y a ſix mois, ce qu'il n'y a changé que
depuis trois iours ; & que i'aye failly de ce que ie n'y ay pas
corrigé vne chofe, qui ne la rend nullement fauſſe ; Car,
comme il dit, eſtant prife en ce fens là, elle reüſſit aux queſtions aifées, bien qu'elle ne reüſſiſſe pas aux autres, ce qui
vient de ce qu'elle ne leur peut eſtre appliquée, & s'accorde
entierement auec ce que i'en auois écrit. Et afin qu'il ſçache
que fon nouueau biais ne s'eſtend pas ſi loin qu'il s'imagine,
qu'il tafche, s'il luy plaiſt, de s'en feruir à trouuer la tangente
d'vne ligne courbe qui a cette proprieté, que l'aggregat
des quatre lignes tirées de chacun de fes points vers quatre
autres points donnez, comme vers A, B, C, D, eſt touſiours
égal à vne ligne donnée, & ie m'aſ-
fure qu'il ne s'y trouuera pas moins
empefché, que s'il fe feruoit du premier, bien qu'elle foit incomparablement moins compofée, que fon

B

A·　　·D

C·

X ^{10} † B X ^{9} &c. qu'il allegue. Ie m'eſtonne auſſi de ce
qu'il s'attribuë ſi particulierement cette methode, qu'il femble à l'en ouïr parler qu'elle foit quelque grand fecret, qui
n'ait iamais pû eſtre trouué que de luy feul ; Car à le bien
prendre, il n'y a rien du tout en elle, qu'il fe puiſſe approprier
à meilleur droit, que le feu & l'eau, & les grands chemins,
finon les défectuoſitez auec lefquelles il l'a propofée. En
tout ce qu'elle a de bon, elle eſt ſi ſimple & ſi facile à rencontrer, qu'il n'y a perfonne qui fe mefle de l'Analyfe qui
n'en foit capable, pourueu feulement qu'on luy propofe,
ou bien qu'il fe propofe luy-mefme par hazard certaines
queſtions qui y conduifent ; Et s'il y en a quelques-vns qui
puiſſent y pretendre plus de droit que les autres, fe doiuent
fans doute eſtre ceux qui en ſçauent les fondemens & les
raifons, du nombre defquels ie n'ay pû connoiſtre iufques
icy qu'il fuſt. Ie n'adjoûte point que ie m'eſtonne, de ce

qu'il continuë à vouloir soûtenir lesobjections qu'il a cy-
deuant faites contre ma Dioptrique ; Car ie m'assure qu'il
y en a plusieurs autres qui s'en estonnent aussi bien que
moy, & ie serois marry de le détourner d'vn exercice que ie
sçay ne me pouuoir estre qu'auantageux. Mais i'admire sur
tout le raisonnement dont il vse à la fin de sa Lettre, dont
voicy les propres mots : *Pour ce que ie voy que ie n'ay rien
encore proposé, à quoy son écolier n'ait satisfait comme il vous
écrit, il est iuste qu'il trauaille à son tour aux propositions suiuantes.* Et en suitte de ces mots il me propose quatre Problemes ausquels ie répons, qu'encore mesme qu'ils valussent
la peine qu'on les cherchast, ce que ie n'ay nullement iugé
en passant les yeux par dessus; ou encore que ie les sceusse
desia, ce que ie ne voudrois pas dire estre vray, de peur
qu'on pensast que ie voulusse tirer vanité de si peu de chose;
Et enfin encore que ie n'eusse point d'autre meilleur exercice pour me diuertir, ie ne voudrois pas toutesfois luy en
enuoyer les solutions, de peur de sembler par là luy accorder, qu'il est iuste que i'y trauaille, & donner ainsi le pouuoir de me faire perdre du temps, à tous ceux qui en peuuent auoir enuie. Au reste, ie ne laisseray pas, s'il luy plaist,
d'estre tousiours son tres-humble seruiteur, aussi bien qu'à
ceux qui ont tasché de le deffendre. Et ie me promets qu'enfin la force de la verité les conuertira. Ie suis,

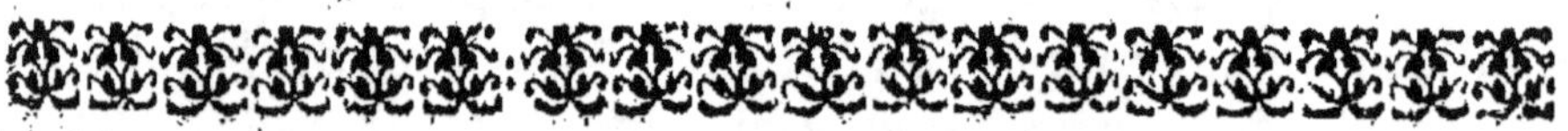

AV R. P. MERSENNE,

LETTRE LXVI.

MON REVEREND PERE,

I'ay esté tres-aise de voir ce que Monsieur de Sainte Croix
vous a écrit touchant la Réponse que i'auois faite à ses questions, & i'y apprens plusieurs considerations touchant les

nombres , dont ie n'auois point oüy parler ; Comme en-
tr'autres , la difference qu'il met entre le *milieu* , & *la moitié* ,
m'eſtoit inconnuë , & voulant faire diſtinction de ces deux
mots , ie n'aurois pas pris celuy de milieu pour l'vne des
parties de la quantité , mais ſeulement pour l'endroit où ſe
fait la ſeparation des moitiez. Ie ſçay bien que la regle que
i'ay donnée pour ſoudre ſa premiere queſtion euſt eſté meilleure , ſi i'y euſſe adjoûté quelque moyen pour determiner
tout d'vn coup les trigones vtiles , ſans faire examiner de
ſuitte tous les impairs. Mais il arriue ſouuent aux queſtions
de nombres , qu'on ne les peut pas ſi entierement determiner par regles , qu'il n'y reſte quelque choſe à chercher par
induction. Comme en la regle que donne Euclide pour
trouuer les nombres parfaits , il fait examiner tous les nombres qui ſuiuent de l'vnité , en proportion double , iuſques
à ce qu'on en trouue vn , duquel oſtant l'vnité , le reſte ſoit
vn nombre premier ; au lieu qu'il deuoit donner vn moyen ,
pour excepter tous ceux qui eſtant diminuez d'vne vnité ,
ne deuiennent pas nombres premiers. Par exemple , il en
deuoit excepter tous les nombres qui ſuiuent de 4. en proportion quadruple , comme 16 , 64 , 256 , &c. Car il eſt aiſé
à demonſtrer , qu'eſtant diminuez d'vne vnité , ils ſont neceſſairement diuiſibles par 3 , & tous ceux qui ſuiuent de 8 ,
en proportion octuple , comme 64 , 512 , 4096 , &c. Car
eſtant diminuez d'vne vnité , ils ſont neceſſairement diuiſibles par 7. Et ainſi ceux qui ſuiuent de 32 de 128 , &c. Mais
ie ne croy pas qu'il ſoit ſi aiſé de donner vne regle pour trouuer les trigones vtiles à la queſtion propoſée , ſans qu'on en
doiue examiner auſſi pluſieurs inutiles.

Pour la ſeconde queſtion , il y a ce me ſemble plus d'induſtrie à la ſoudre , en faiſant que les coſtez des trigones ſoient
des nombres rompus , qu'autrement , à cauſe qu'on ne ſçauroit y paruenir à tâtons , ainſi qu'on peut faire lors qu'on les
ſuppoſe eſtre entiers. Outre que les nombres qui ſeruent
à la reſoudre en fractions , ſeruent auſſi touſiours à la reſoudre en entiers , lors qu'ils ſont multipliez. Et ie ne comprens

point du tout, ce que Monsieur de Sainte Croix entend icy
par les coftez primitifs des trirectangles ; Car fi c'eftoit
qu'ils ne deuffent pas eftre diuifibles par aucun nombre, fon
exemple ne fatisferoit pas à la queftion, veu que 210, 720,
& 750 eftant diuifez par 30. produifent 7, 24, 25 qui font les
coftez primitifs du trirectangle.

Pour la troifiéme queftion, ie croy y auoir fatisfait, en
demonftrant qu'elle eft impoffible ; Et ainfi il ne refte que
la quatriéme, en laquelle ie n'euffe iamais deuiné qu'il falloit trouuer vn nombre compofé de trois quarrez, à l'ex-
clufion de 4 ; Car ne fçachant point la remarque de Monfieur Bachet fur ce fujet, ie ne voyois pas plus de raifon d'en
exclure les 4. quarrez, que les cinq, ou les fix, ou plus grand
nombre. Mais fi ie l'euffe fceu, i'aurois répondu, qu'en ce
fens-là, cette queftion ne peut eftre refoluë par d'autres
nombres, que par 3, 3, 6 ; 3, 11, 14 ; & 3, 21, 24 ; Car fuppofant
le Theoreme de M. de Sainte Croix, à fçauoir, que tout
nombre fe peut reduire à trois trigones, à quatre quarrez,
à cinq pentagones, &c. ou à moins, ie croy pouuoir demonftrer que tous les nombres diuifibles en trois quarrez
qui font au delà de 33, peuuent auffi eftre diuifez en quatre
quarrez, excepté feulement ceux qui fe produifent de 6,
ou de 14, multipliez par 4, comme 24, 96, 384, 1236, &c.
& 56, 224, 896, 3584, &c. lefquels ne fuffifent point pour
cette queftion, à caufe que l'aggregat de deux tels nombres
ne fçauroit iamais eftre égal à vn autre de mefme nature.

Mais pour ce Theoreme, qui eft fans doute l'vn des plus
beaux qu'on puiffe trouuer touchant les nombres, ie n'en
fçay point la demonftration, & ie la iuge fi difficile, que ie
n'ofe entreprendre de la chercher. Au refte, ie fuis tres-
obligé à Monfieur de Sainte Croix, du fauorable iugement
qu'il luy plaift faire de moy, & ie croy auoir tres-bien employé le temps que i'ay efté occupé en ces queftions, fi i'ay
pû acquerir par ce moyen quelque part en fes bonnes graces, aufquelles ie vous prie de me conferuer, en l'affurant
de mon tres-humble feruice.

Z z iij

Ie paſſe à la demonſtration de la Roulette, que ie ne vous auois point cy-deuant enuoyée, comme vne choſe d'aucune valeur, mais ſeulement afin de faire voir à ceux qui en font grand bruit, qu'elle eſt tres-facile. Et ie l'auois écrite fort ſuccintement, tant afin d'épargner le temps, que parce que ie penſois qu'ils ne manqueroient pas de la reconnoiſtre pour bonne, ſi-toſt qu'ils en verroient les premiers mots; mais puiſque i'apprens qu'ils la nient, ie l'éclairciray icy en telle façon, qu'il ſera facile à vn chacun d'en iuger.

Soit A k F G C, la moitié de la ligne courbe que décrit le point *a* de la roulette *a n q p b*, pendant que cette roulette ſe meut ſur la ligne droite A B, en ſorte que cette ligne A B, eſt égale à la moitié de ſa circonference, & la perpendiculaire C B, eſt égale à ſon diametre. Ie mene les perpendiculaires O E & D F, qui diuiſent A B & C B, en parties égales; Ie mene auſſi la ligne droite A C qui ferme le triangle A B C; Puis ie conſidere que le point O de la roulette, eſt ajuſté ſur le point O de la ligne A B; ſon centre *e* ſe trouue ſur le point E, ou A C, & D F, s'entrecouppent, à cauſe

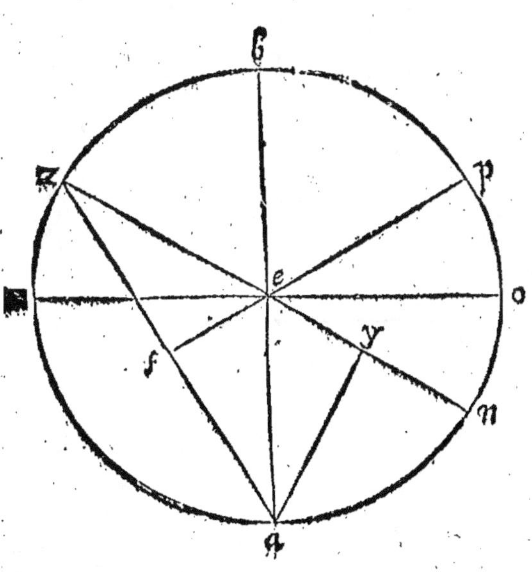

que C D eſtant la moitié de C B, D E doit eſtre égale à la moitié de B A, c'eſt à dire à B O. Ie conſidere auſſi que ſon demy-diametre *e a* ſe trouue alors appliqué ſur la ligne E F, qui par conſequent luy eſt égale, à cauſe que la ligne A O, eſtant égale au quarr de la circonference de cette roulette, l'angle *a e p*, doit eſtre droit

ainſi qu'eſt l'angle F E O, & enfin A E eſt égale à E C. De
plus, ayant pris les points N & P dans la ligne A B, des deux
coſtez du point O; autant éloignez de ce point O l'vn que
l'autre, & à telle diſtance de luy qu'on voudra, pourueu
que ce ſoit entre les points A & B; puis ayant pris auſſi dans
la roulette les points *n* & *p* qui leur coi reſpondent, en ſorte
que l'arc *a n* ſoit égal à l'arc *p b*, & auſſi aux droites A N
& P B, ie tire les diametres *n e*, *p e*; auec les perpendiculaires *a y*, *a x*; Et ie conſidere que le point *n* de la roulette,
eſtant appliqué ſur le point N de la droite A B, ſon point *a*
ſe trouue joint au point de la courbe marqué k, qui eſt tel,
que tirant k M parallele à B A, cette ligne k M eſt égale
à N B, plus *a y* (Car ſi on tiroit N R Q parallele à B C,
joignans k Q, les triangles k Q R, *a e y* ſeroient égaux,
& ſemblables, & partant *a y*, k R ſont égales) & que M D,
(ou Q R) eſt égale à *y e*.

　Ie conſidere tout de meſme que le point *p* de la roulette,

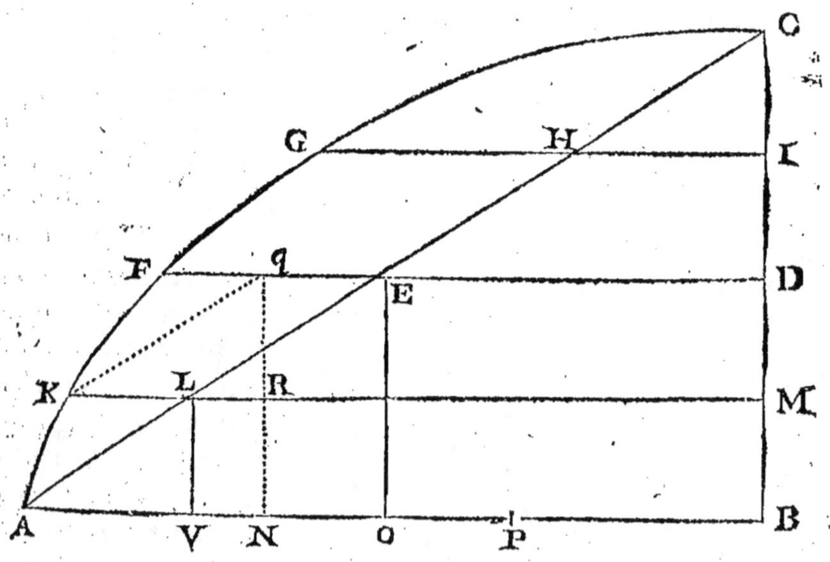

eſtant appliqué ſur le point P de la droite A B, ſon point *a*
touche la courbe au point G, qui eſt tel que la ligne G I eſt

égale à P B, plus *a f*, & que I D est égale à *fe*. Si bien que
les deux lignes ensemble G I plus k M, sont égales à la ligne
A B, plus la ligne *a z*; Car il est manifeste que *a f*, † *a y*
sont ensemble égales à la toute *a z*; & que N B plus P B
sont à égales à la toute A B, veu que A N est égale à P B.
Outre cela, ie considere que H estant le point où G I
couppe A C, & L celuy où k M couppe la mesme A C, les
lignes L M & H I sont ensemble égales à la toute A B; car
M B est égale à C I; Et si on mene L V, parallele à M B,
elle sera aussi égale à C I; & par consequent H I égale à
A V; car les triangles A V L, & H I C sont égaux & semblables, & L M est aussi égale à V B. Or puisque L M, plus
H I, sont égales à la ligne A B, & que k M, plus G I, sont
égales à la mesme A B, plus la ligne *a z*, il est euident que
les deux restes k L & G H sont ensemble égaux à cette ligne
a z, laquelle est autant éloignée du centre de la roulette *e*,
que k L & G H le sont du point E, c'est à dire, de la ligne
F E. Et pour ce que les points N & P ont esté pris à direction, excepté qu'ils sont également éloignez du point
O, (ce qui est cause que les lignes k L & G H sont aussi
également éloignées de la ligne F E,) cecy se doit entendre
generalement de toutes les deux lignes menées entre la
droite A C, & la courbe A F C, qui sont paralleles à F E,
& également distantes d'elle, l'vne d'vn costé, l'autre de
l'autre, à sçauoir, qu'elles sont ensemble égales à la ligne
droite inscrite dans la roulette, & autant éloignée de son
centre que ces lignes le sont du point E, ou bien de la ligne
F E.

D'où il suit, que si sur vne mesme ligne droite, comme
a β φ ω on décrit le demy cercle *a δ β*, égal à la moitié de la
roulette, & la figure *φ y κ ψ ω*, dont la partie *φ y κ θ ε*, soit
égale & semblable à F G C H E, & l'autre partie *ε θ κ ψ ω* soit
égale & semblable à E L A k F, (car A E, estant égale à
E C, & l'angle A E F à l'angle D E C, il est euident que
ces deux parties de figures peuuent ainsi estre jointes) la
base *φ ω*, sera égale à *a β*, & la hauteur de cette figure *φ κ ω*,
égale

égale à celle du demy cercle α δ β ; Et outre cela tous les
segmens des mesmes lignes droites paralleles à la base α β φ ω,
qui seront compris l'vn dans la figure φ κ ω, l'autre dans le
demy cercle, seront égaux l'vn à l'autre, comme γ ψ sera
égale à μ ν, 4, 5, à 2, 3, δ, 9, à 6, 7, & ainsi des autres.

Ce qui prouue assez que l'espace φ κ ω est égal au demy
cercle α δ β, pour ceux qui sçauent que generalement lors
que deux figures ont mesme base & mesme hauteur, & que
toutes les lignes droites paralleles à leurs bases qui s'inscriuent en l'vne, sont égales à celles qui s'inscriuent en l'autre
à pareilles distances, elles contiennent autant d'espace l'vne
que l'autre. Mais pour ce que c'est vn Theoreme qui ne
seroit peut-estre pas auoüé de tous, ie poursuis en cette
sorte,

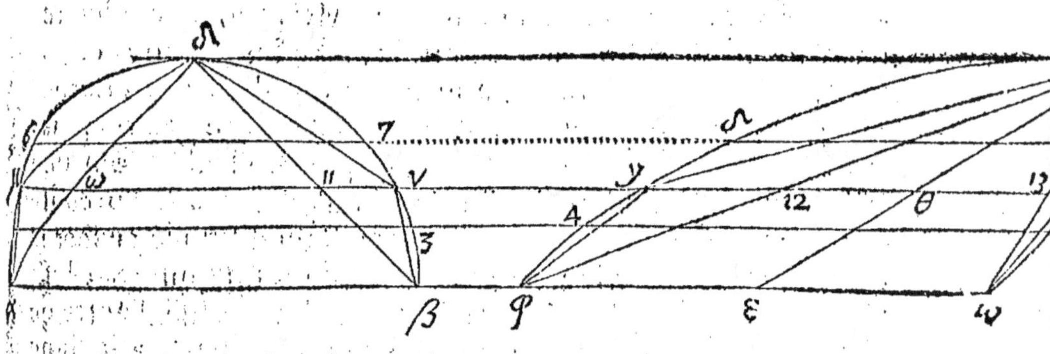

Ayant mené les lignes droites δ α, δ β, κ φ, κ ω, il est euident
que le triangle φ κ ω est égal au triangle α δ β, car ie prens
κ, & δ, pour les plus hauts points de ces deux figures. Tout
de mesme ayant mené les lignes μ α, μ δ ; ν δ, ν β ; γ κ, γ φ, ψ κ,
ψ ω, il est euident que les deux triangles γ κ φ, & ψ κ ω, sont
ensemble égaux aux deux μ δ α, & ν δ β ; Car φ ω, estant égale
à α β ; 12 13, est aussi égale à 10 11 ; & pour ce que γ ψ, est
égale à μ ν, γ 12, plus 13, ψ, qui sont les bases des triangles
γ κ φ, & ψ κ ω, sont ensemble égales à μ, 10, plus 11 ; ν, qui
sont les bases des triangles μ δ α, & ν δ β ; & ces quatre triangles ont mesme hauteur. Ainsi derechef inscriuant d'autres

Tome III,   A a a triangles des points 4 5, & 9, & 23, 67, & tant d'autres qu'on voudra à l'infiny, on trouuera tousiours en mesme façon, que ceux de la figure φ κ ω, seront égaux à ceux du demy cercle ; & par consequent toute cette figure est égale à ce demy cercle ; Car toutes les parties d'vne quantité estant égales à toutes celles d'vne autre, le tout est necessairement égal au tout. Et c'est vne notion si euidente, que ie croy qu'il n'y a que ceux qui sont en possession de nommer toutes choses par des noms contraires aux vrais, qui soient capables de la nier, & de dire que cela ne conclut qu'à peu prés.

Au reste, l'espace compris entre la droite A C & la courbe A K F G C, estant égal au demy cercle ; il est euident que tout l'espace A F C B est triple du demy cercle ; car le triangle rectiligne A B C est égal à tout le cercle, puisque la ligne A B est supposée égale à la moitié de sa circonference, & B C à son diametre. Mais encore que cette ligne A B fust supposée plus grande, ou plus petite, (comme lors qu'on imagine que le point qui décrit la courbe A F C est au dehors ou au dedans de la roulette, & non pas en sa circonference) l'espace compris entre la droite A C, & la courbe A F C, ne laisseroit pas d'estre tousiours égal au demy cercle, dont le diametre seroit égal à B C, en sorte qu'il n'y auroit que le triangle rectiligne A B C, qui changeroit de grandeur. Ainsi qu'il est assez manifeste de cela seul, que bien que la grandeur de la ligne A B soit changée, il ne faut rien changer pour cela en la demonstration que ie viens d'écrire, & ce que i'ay mis icy fort au long, afin de pouuoir estre entendu par ceux qui ne se seruent point de l'Analyse, peut estre trouué en trois coups de plume par le calcul.

Les deux feüillets precedens ont esté pour les autres ; Ie viens icy aux diuers articles de vostre Lettre, dont le premier est, que le sieur N. vous a dit que les Capucins auoient tous vnanimement admiré, estant en leur assemblée generale, ce qu'il a écrit contre moy, dequoy ie pense auoir sujet de me rire ; Car il n'y a aucune apparence que la deuotion de ces bons Religieux les rende ſi ſimples, qu'ils ne puiſſent remarquer les fautes qui ſont en toutes les lignes de ſon diſcours, ny qu'ils approuuent ſes impietez, qui ſont telles en quelques endroits, que s'il eſtoit en vn païs où l'inquiſition fuſt vn peu ſeuere, il auroit ſujet de craindre le feu. Outre que la profeſſion qu'ils font de reprendre les vices, les oblige à blaſmer le deſir de médire, dont on voit qu'il n'a pas eſté moins embrazé, que les plus Saints d'entr'eux le ſçauroient eſtre de l'amour Diuin. Pour moy ie ne crains pas que ceux qui ont du iugement, & qui me connoiſſent, s'imaginent qu'il me fuſt mal-aiſé de luy répondre, ſi ie penſois qu'il fuſt de la bien-ſeance que ie le fiſſe. Mais ie vous diray, que ie n'aurois pas moins de honte d'écrire contre vn homme de cette ſorte, que de m'arreſter à pourſuiure quelque petit chien qui aboyeroit apres moy dans vne ruë. Ce qui n'empeſche pas que ie ne veüille taſcher d'éclaircir les raiſons que i'ay données de l'Exiſtence de Dieu, mais i'en écriray en Latin; Et pource que la pluſpart des objections qu'on m'a enuoyées, & que i'ay deſſein de faire imprimer, lors que i'en auray vn aſſez bon nombre, ſont auſſi Latines, ie ſerois bien-aiſe que ceux qui m'en voudront faire à l'aduenir, les écriuiſſent en meſme langue; Et pource que i'ay quaſi opinion que les Ieſuites de la Fleche me feront l'honneur de m'en enuoyer, ie vous prie de les en faire auertir; car ie croy que ſi cela eſt, ils aimeront mieux les mettre en Latin qu'en François; mais que ce ſoit, s'il vous plaiſt, comme ſans deſſein & par occaſion, à cauſe que peut-eſtre ils ne penſent point à m'en enuoyer. Ie voudrois bien ſçauoir auſſi de quelle façon ils traittent mes Meteores en leur Philoſophie, ſçauoir, s'ils les refutent, ou s'ils s'en taiſent; Car ie n'oſe encore penſer qu'ils les ſuiuent, & cela ſe peut voir par leurs Theſes publiques, qu'ils font enuiron cette ſaiſon.

Monſieur Des-Argues m'oblige du ſoin qu'il luy plaiſt auoir de moy, en ce qu'il témoigne eſtre marry de ce que ie ne veux plus eſtudier en Geometrie; Mais ie n'ay reſolu de quitter que la Geometrie abſtraite, c'eſt à dire, la recherche

des queſtions qui ne ſeruent qu'à exercer l'eſprit ; Et ce afin
d'auoir dautant plus de loiſir de cultiuer vne autre ſorte de
Geometrie, qui ſe propoſe pour queſtion l'explication des
Phainomenes de la Nature. Car s'il luy plaiſt de conſiderer
ce que i'ay écrit du Sel, de la Neige, de l'Arc-en-Ciel, &c.
il connoiſtra bien que toute ma Phyſique n'eſt autre choſe
que Geometrie.

Pour ce qu'il deſire ſçauoir de mon opinion, touchant
les petites parties des Corps, ie vous diray que ie ne les
imagine point autrement, que comme les pierres dont vne
Muraille eſt compoſée, ou les planches, dont eſt fait vn
Nauire ; à ſçauoir, on peut plus aiſément les ſeparer les vnes
des autres, que les rompre, ou les rejoindre, ou leur donner
d'autres figures ; Mais on peut auſſi faire toutes ces choſes,
pourueu qu'on ait les outils qui ſont propres à cét effet.

Pour vos difficultez touchant la page 258, de mes Meteores,
elles requierent vn long diſcours, & c'eſt l'endroit le plus
difficile de tout le Liure ; Mais i'en ay écrit aſſez amplement
en ma Réponſe à quelques objections venuës de Louuain,
leſquelles i'eſpere que vous verrez imprimées auant la fin de
l'année. Et par prouiſion ie vous diray premierement, que
les boules qui ſont peintes en la figure de cette page, ne ſeruent que d'exemple, & doiuent eſtre priſes pour des boules
de bois, ou autres ; & non pour les parties de la matiere ſubtile. Secondement, qu'il ſeroit tres-mal-aiſé, & fort peu
vtile, de penſer à determiner abſolument la viteſſe du tour-
noyement des parties de cette matiere ſubtile ; & que ie l'ay
ſeulement determinée à comparaiſon du mouuement droit ;
à ſçauoir, que ſi le droit eſt ſurpaſſé par le circulaire, cela
produit le rouge, & les autres couleurs voiſines en forme de
nuance, à raiſon du plus ou du moins dont il en eſt ſurpaſſé ;
Et que ſi c'eſt le contraire, cela produit le bleu, &c. Ie ne
vous ay rien répondu cy-deuant touchant la penſée de
Monſieur Ga. pour expliquer les refractions, à cauſe qu'elle
ne ſe rapporte point du tout à la mienne.

Pour le Geoſtaticien, ie vous aſſure que ie me ſoucie fort

peu, fi luy ou fes femblables écriuent contre moy ; car plus
il y en aura qui s'en acquitteront mal , plus la verité pa-
roiftra , & ie fçay bien qu'il ne fçauroit s'en acquitter que
tres-mal.

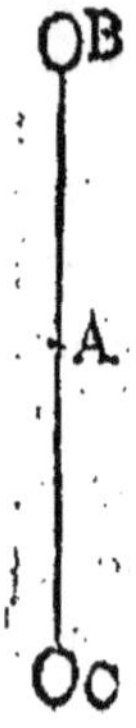

Le raifonnement dont Monfieur F. pretend
prouuer le mefme que le Geoftaticien , eft défe-
ctueux en deux chofes; La premiere eft , qu'il fuppofe que le poids C eftant paruenu au centre de la
terre , doit paffer plus loin de l'autre cofté , ce qu'il
luy faudroit prouuer ; car on le peut nier auec raifon ; Et la feconde eft , qu'il confidere B & C,
comme deux corps feparez , au lieu qu'eftant joints
par la ligne B C , qu'on fuppofe ferme comme vn
bâton , ils ne doiuent eftre confiderez que comme
vn feul corps , duquel le centre de grauité eftant au
point A , ce n'eft pas merueille , fi l'vne des parties
de ce corps fe hauffe , afin que les autres s'abaiffent , iufques
à ce que fon centre de grauité foit conjoint auec celuy de la
terre.

Ie remercie Monfieur Des-Argues de l'obferuation qu'il
dit auoir apprife des Mineurs ; Mais il eft mal-aifé de bien
iuger de la caufe de telles experiences , lors qu'on ne les
fçait que par le rapport d'autruy. Outre qu'il faudroit s'enquerir , fi le femblable arriue aux autres païs , & fi c'eft par
tout à mefme heure , car fi cela eft , la chofe eft grandement
confiderable , & me pourroit beaucoup feruir.

Encore que ce que i'ay écrit touchant la Geoftatique ne
merite en aucune façon d'eftre publié , toutesfois , fi felon
ce que vous me mandez, on defiroit qu'il le fuft, il m'importe
fort peu , pourueu que mon nom n'y foit point mis ; & s'il
vous plaift auffi qu'on en retranche ces mots : *Il témoigne en
cela qu'il n'a pas moins d'impudence & d'effronterie que d'ignorance.* Au lieu defquels on peut mettre : *Il fait voir par là
qu'on ne doit pas adjoûter beaucoup de foy à ce qu'il écrit.* Et
plus bas, où i'ay mis *que ce Liure eft fi impertinent , fi ridicule,
& fi méprifable* , on peut ofter *impertinent & ridicule* , &c

laiſſer ſeulement que *ce Liure eſt ſi mépriſable*. Ce n'eſt pas
que ces Epithetes ne luy conuiennent tres-bien, ny que i'aye
aucune peur de l'offenſer, mais c'eſt qu'il ne me ſemble pas
qu'il me conuienne de les écrire, & ils ne ſont échappez de
ma plume, qu'en faueur du tour qu'il nous a joüé pour le
Priuilege.

I'en eſtois paruenu iuſques icy, lors que i'ay receu voſtre
dernier pacquet du deuxiéme de ce mois, lequel ne contient
que des Eſcrits de Monſieur de Fermat, auſquels ie n'ay pas
beſoin de faire grande Réponſe; Car pour celuy où il explique ſa methode *Ad Maximas*, il me donne aſſez gaigné,
puis qu'il en vſe tout autrement qu'il n'auoit fait la premiere fois, afin de la pouuoir accommoder à l'inuention de la
tangente que ie luy auois propoſée; & ſelon ce dernier biais
qu'il la prend, il eſt certain qu'elle eſt tres-bonne, à cauſe
qu'elle reuient à celuy dont i'ay mandé cy-deuant qu'il la
falloit prendre. En ſorte que pour en dire entre nous la
verité, ie croy que s'il n'auoit point veu ce que i'ay mandé
y deuoir eſtre corrigé, il euſt eu de la peine à s'en demeſler.
Ie croy auſſi que toute cette chicanerie de la ligne E B,
ſçauoir, ſi elle deuoit eſtre nommée la plus grande, que ſes
Amis de Paris ont fait durer prés de 6, mois, n'a eſté inuentée
par eux que pour luy donner du temps à chercher quelque
choſe de mieux pour me répondre. Et ce n'eſt pas grande
merueille qu'il ait trouué en ſix mois de temps vn nouueau
biais pour ſe ſeruir de ſa regle; mais on n'auroit pas de grace
de leur parler de cela, car n'importe pas en combien de
temps, ny en quelle façon il l'a trouuée, puis qu'il l'a trouuée. On n'auroit pas de grace non plus de dire, que le quatriéme nombre dont les parties aliquotes font le double,
qu'il vous a enuoyé en ſa derniere Lettre, eſtant iuſtement
le meſme que ie vous auois enuoyé auparauant, il eſt fort
vray ſemblable, qu'il l'a eu de quelqu'vn de Paris, auquel
vous, ou Monſieur de Sainte Chroix l'auez fait voir, &
ie m'aſſure quaſi que cela eſt; car il le donne aſſez à connoiſtre par ce qu'il vous écrit en vous l'enuoyant, à ſçauoir,

qu'il l'a trouué par vne methode semblable à la mienne,
&c. Et particulierement aussi, parce qu'il met vn peu deuant touchant la quatriéme question de Monsieur de Sainte
Croix, que i'y auray peut-estre fait la mesme équiuoque,
qui luy arriua la premiere fois qu'elle fut proposée, & que
i'auray crû qu'il suffisoit que les nombres cherchez ne fussent ny quarrez, ny composez de deux quarrez, bien qu'ils
fussent composez de quatre, ce qui n'est pas pourtant selon
le sens de l'Autheur, &c. Car comment auroit-il deuiné,
que i'ay eu cette pensée, & comment oseroit-il assurer
qu'elle n'est pas selon le vray sens de l'Autheur, si cela mesme ne luy auoit esté écrit de Paris par quelqu'vn. Mais on
n'a point droit d'accuser vn homme de telle chose, si ce
n'est qu'on le puisse prouuer fort clairement, il est seulement
permis de le penser. Cependant toutes ces procedures indirectes me dégoustent si fort de leur conference, que ie ne
demande pas mieux que de la finir.

  Pour l'objection de Monsieur de Fermat contre ma
Dioptrique, il en écrit si serieusement, que ie commence
à me persuader qu'il croit auoir raison, & ainsi ie ne le prens
nullement en mauuaise part, mais ie pense auoir grand droit
de luy rendre ces mots, à sçauoir, que ie ne sçaurois comprendre, comment vn homme qui est d'ailleurs tres-habile
& de tres-bon esprit, entreprend de refuter des demonstra-

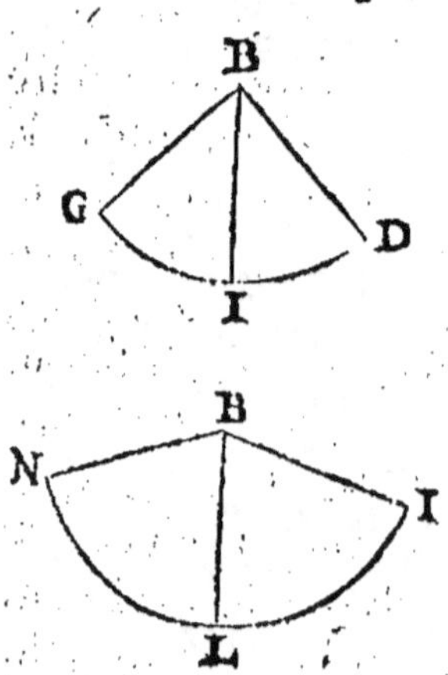

tions qui sont tres-fermes & tres-
solides, auec des argumens si fragi-
les, & ausquels il est si aisé de répondre. Car pour ce dernier, à sçauoir,
Que si la balle qui est au point B est
poussée par deux forces égales, dont
l'vne la porte de B vers D, & l'autre
de B vers G, elle se doit mouuoir
vers I, en sorte que l'angle G B I
soit égal à I B D ; Et que tout de
mesme estant poussée de B vers N
& vers I, elle doit aller vers L, qui

diuiſe l'angle N B I en deux parties égales ; Ces premiſſes
ſont vrayes, mais elles ne contiennent rien du tout qui regarde les refractions ; car elles ne ſont point cauſées par
deux forces égales qui pouſſent la balle, mais ſeulement par
la rencontre oblique de la ſuperficie où elles ſe font ; & ainſi
ie ne ſçay par quelle Logique il pretend inferer de là, que
ce que i'en ay écrit n'eſt pas vray. Mais ie ſuis bien-aiſe de
ce qu'il veut taſcher de répondre à ce que i'auois mandé à
Monſieur Mydorge, touchant ſes autres objections ; Car
ie me promets qu'en l'examinant de plus prés, il reconnoi-
ſtra enfin que ce qu'il nomme des ſubterfuges, ſont des
veritez tres-certaines, par leſquelles ie répons à des So-
phiſmes ; Et ſi ma demonſtration n'eſt pas compriſe par
pluſieurs, l'on ne doit pas iuger par là qu'elle manque d'eſtre
euidente, mais ſeulement que la matiere en eſt difficile,
Ainſi que les demonſtrations d'Appollonius & d'Archimede ne laiſſent pas d'eſtre fort euidentes, encore qu'il y ait
quantité d'honneſtes gens, & qui ſont tres-habiles en autre
choſe, qui ne ſçauroient les comprendre. Vous pourrez
enuoyer, s'il vous plaiſt, ces lignes à Monſieur de Fermat,
lors que vous luy écrirez.

Et Monſieur de Roberual me ſemble auſſi vain auec ſon
galand, qu'vne femme qui attache vn ruban à ſes cheueux,
afin de paroiſtre plus belle ; Car il n'a eu beſoin d'aucune
induſtrie pour trouuer la figure de cette ligne, puiſque ie
luy en auois enuoyé la définition ; Et ſon Eſcrit ne ſert qu'à
me faire connoiſtre qu'ils l'ont fort examinée, & fort trauaillé, auant que d'en pouuoir trouuer la tangente ; Car il
y a ſix ou ſept mois que ie leur auois propoſée, & ils n'ont
commencé à en parler que depuis vn mois. Mais ie vous
prie de ne me plus broüiller auec luy ; Car ie ſuis entierement degouſté de ſa conference, & ie ne trouue rien de raiſonnable en tout ce qu'il dit icy ; Comme, d'eſtimer la façon
de conclure *ad abſurdum* plus ſubtile que l'autre, c'eſt vne
choſe abſurde ; & elle n'a eſté pratiquée par Appollonius,
& par Archimede, que lors qu'ils n'ont pû donner de meilleures demonſtrations,

Vous

Vous verrez clairement pourquoy vn corps pendu à vne corde, pese moins estant proche du centre de son arrest, qu'en estant plus loin, si vous considerez ce que i'ay écrit du plan incliné, du leuier, & de la balance; Car il se meut suiuant vn plan beaucoup plus incliné sur l'horizon. Ie ne vous enuoye point le centre de grauité qu'ils demandent, car ie n'ay pas loisir à ce soir de le calculer, & ie croy vous en auoir enuoyé assez d'autres il y a quinze iours ; i'aime mieux le faire chercher à Gillot lors qu'il sera icy, où ie croy qu'il viendra dans cinq ou six semaines, afin de leur enuoyer de sa part. Et pour Gillot, ie vous diray, qu'encore qu'il ne pust peut-estre pas tant gaigner à Paris qu'icy, ie serois neantmoins bien-aise qu'il y fust, afin de faire entendre ma Geometrie. Et pourueu que ie fusse seulement assuré qu'il auroit moyen d'y subsister sans necessité, ie ne laisserois pas de l'y enuoyer; Car sans luy, i'apprehende que mal-aisément elle soit entenduë par ceux qui n'ont point sceu auparauant d'Analyse, & ie voy que ceux qui en ont sceu ne luy rendent aucune justice, & qu'ils taschent de la méprifer le plus qu'ils peuuent. Que si l'on trouue que l'introduction qui a esté enuoyée d'icy y puisse aider, ie ne seray pas marry que les Iesuites la voyent aussi ; Car ie serois bien-aise que plusieurs l'entendissent.

Ceux qui reprennent le mot de *tantost* en la page 380. font le mesme, que s'ils me blasmoient de ce que mon colet seroit de trauers, car l'vn ne touche pas plus à mon honneur que l'autre ; & s'ils n'approuuent pas que i'aye écrit, *ainsi qu'il a tantost esté dit*, ils deuroient aussi reprendre le mot *dit*, & m'obliger à mettre, ainsi qu'il a esté cy-deuant *écrit*, ou plustost, ainsi qu'il a esté cy-deuant *imprimé*, à cause que c'est vn Liure imprimé, & non pas écrit à la main.

Pour le mot, *car ou bien la quantité*, &c. en la page 381. ceux-là ne l'entendent pas, qui ne voyent pas que cette disjonction *ou bien* y est tres-necessaire, aussi bien que les lignes qui suiuent, comme ils connoistront par l'exemple que i'y ay mis, s'ils changent seulement les signes † & −, & qu'ils

lifent $+ y^6 + 8 y^4 - 124 yy + 64 \;||\; o$; Car le binome ra-
tionel, par lequel on peut diuiser cette équation, eſt $yy +$
16, & toutesfois la racine cherchée n'eſt pas 16, mais $4 +$
$\sqrt{12}$. ou bien $4 - \sqrt{12}$. C'eſt vne miſere que d'eſtre blaſmé
en ce qui eſt bien, pour cela ſeul que ceux qui ſe meſlent d'en
iuger ne l'entendent pas. I'auois quaſi oublié à vous remercier de la peinture des Couronnes que vous m'auez enuoyée,
laquelle i'ay eſté fort aiſe de voir, car elle ſe rapporte entierement à celles que ie décris. Ie ſuis, &c.

EXTRAIT D'VNE LETTRE
de M. Deſcartes au R. P. Merſenne.

SI d'vn nombre meſuré par 8. on oſte vne vnité, le nombre reſtant, ne ſera ny quarré ny compoſé de deux quarrez, ny de trois quarrez. Et ſi d'vn nombre meſuré par 4.
on oſte l'vnité, le nombre reſtant, ne ſera ny quarré, ny
compoſé de deux nombres quarrez. Ce que ie demonſtre
facilement par cela ſeul, que de tout nombre quarré, qui
eſt impair, ſi on oſte vne vnité, le reſte ſe meſure par 8. &
par conſequent auſſi par quatre (comme il ſe prouue de ce
qu'on les peut tous produire en adjoûtant 8. à 1. qui fait 9.
& deux fois 8. à 9. qui fait 25. & trois fois 8. à 25. qui fait 49.
& ainſi à l'infiny,) & que tout nombre quarré qui eſt pair ſe
meſure par 4. D'où il ſuit clairement, que deux nombres
quarrez joints enſemble en compoſent vn, lequel, ou
bien ſe meſure par 4. à ſçauoir, ſi ces deux quarrez ſont
nombres pairs, ou bien qui eſt plus grand d'vne vnité
qu'vn nombre meſuré par 4, à ſçauoir ſi l'vn d'eux eſt impair, ou qui eſt plus grand de deux vnitez, s'ils ſont tous
deux impairs ; Et de là ſe demonſtre leur ſecond Theoreme.
Car ſi tout nombre quarré, ou compoſé de deux quarrez
ne peut ſurpaſſer vn nombre meſuré par 4. que d'vn, ou de
deux, tous ceux qui le ſurpaſſent de trois, comme font tous
ceux qui ſont moindres d'vne vnité qu'vn nombre meſuré
par 4, ne peuuent eſtre ny quarrez, ny compoſez de deux

ꝗuarrez. Tout de mefme fi on joint enfemble trois quarrez
qui foient pairs, ils ne pourront furpaffer vn nombre me-
furé par 8. que de 4; & fi l'vn d'eux eft impair, ils ne lepour-
ront furpaffer que d'vn ou de 5; & s'il y ena deux impairs,
ils ne le furpafferont que de 2. ou de 6; & s'ils font tous trois
impairs, ils ne le furpafferont que de 3; de façon qu'ils ne le
peuuent iamais furpaffer de 7. ainfi que font tous les nombres mefurez par 8. apres qu'on les a diminuez d'vne vnité,
Qui eft ce qu'il falloit demonftrer; Et pour les fractions,
c'eft la mefme chofe. Leur autre queftion eft ce

PROBLEME.

*Trouuer vne infinité de nombres, lefquels eftant pris deux à
deux, l'vn eft égal aux parties aliquotes de l'autre, & reciproquement l'autre eft égal aux parties aliquotes du premier;
A quoy ie fatisfais par cette regle.*

SI fumatur Binarius, vel quilibet alius numerus ex folius
Binarij multiplicatione productus, modo fit talis, vt fi
tollatur vnitas ab eius triplo, fiat numerus primus; Item, fi
tollatur vnitas ab eius fextuplo, fiat numerus primus, &
deniquè fi tollatur vnitas ab eius quadrati octo-decuplo, fiat
numerus primus. Ducaturque hic vltimus numerus primus
per duplum numeri affumpti, fiet numerus cuius partes
aliquotæ dabunt alium numerum, qui, vice versâ, partes
aliquotas habebit æquales numero præcedenti. Sic affu-
mendo tres numeros 2, 8. & 64. habeo hæc tria paria nume-
rorum, aliaque infinita poffunt inueniri eodem modo.

284. cuius partes aliquotæ funt 220. & vice versâ.
18416   17296
9437056   9363584

A MONSIEVR DESCARTES.

LETTRE LXVII.

MONSIEVR,

Quant au ſieur de Roberual, il a trouué quantité de belles ſpeculations nouuelles, tant Geometriques que Mechaniques, & entr'autres ie vous en diray vne, à ſçauoir, qu'il a demonſtré que l'eſpace compris par la ligne courbe A C B, & la droite A B eſt triple du cercle ou de la roüe,

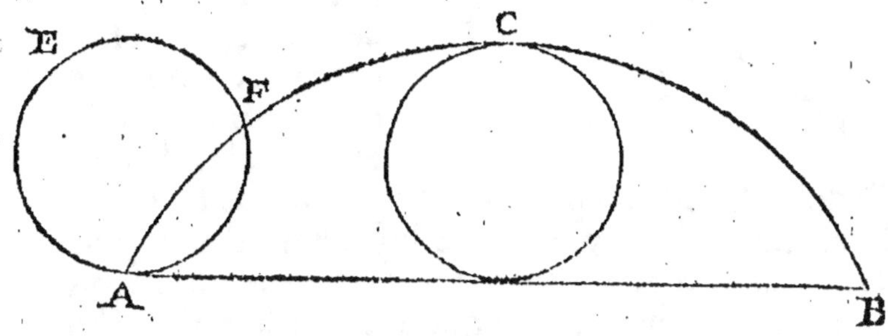

ou roulette A E F; Or ledit eſpace eſt fait par la roulette qui ſe meut depuis A iuſques à B, ſur le plan, ou ſur la ligne A B, lors que la ligne A B eſt égale à la circonference de ladite roulette. Et puis il a demonſtré la proportion de cét eſpace auec ledit cercle, lors que la roulette décrit A B plus grande, ou plus petite que ſa circonference, *In quacunque ratione datâ.*

2. Or agréez, s'il vous plaiſt, que ie vous propoſe deux difficultez, dont ie ſuis en controuerſe auec ledit ſieur de Roberual, leſquelles vous me ferez plaiſir de reſoudre, ſi vous le pouuez. La premiere eſt, ſuppoſé que Dieu n'euſt rien creé, il pretend qu'il y auroit encore le meſme eſpace

folide réel, qui eft maintenant, & fonde la verité eternelle
de la Geometrie fur cét efpace, tel que feroit l'efpace où
font tous les corps enfermez dans le Firmament, fi Dieu
anneantiffoit tous ces corps. Et moy ie dis qu'il n'y auroit
nul efpace réel, autrement il y auroit quelque Eftre réel
qui ne dependroit point de Dieu.

3. La feconde difficulté, laquelle il me femble defia vous

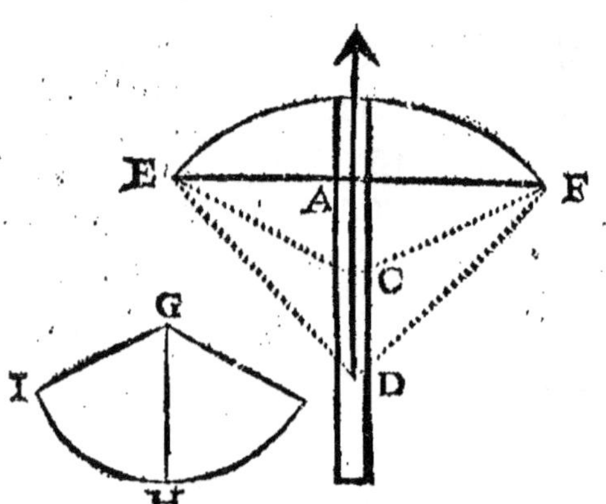

auoir touchée au-
trefois, eft d'vne
Arbalefte, à fça-
uoir, fi la corde
eftant bandée de-
puis A iufques à D,
fi fe decochant de
D, elle ne va pas plus
vifte de D à C, que
de C à A, en ache-
uant fon chemin. Ie
dis, que puis qu'elle
endure plus de vio-
lence en D qu'en C, elle ira plus vifte en partant de D, qu'en
paffant & chemin faifant par C; & luy dit qu'elle ira plus
vifte en C, & encore plus vifte en arriuant en A où eft fon
terme. Ce qui fait pour luy, eft que fi elle alloit plus vifte
en D, fuppofé que la corde fuft arreftée en C, le trait pouffé
de D en C, iroit plus vifte que lors qu'il eft tout en A; Et
auffi que le triangle E D F, eft plus grand que E C F, &
ainfi qu'il luy faut plus de temps pour mouuoir & attirer la
corde de D à C, que de C à A; Mais ie m'appuye fur la plus
grande force, ou le plus fort bandement de la corde en D. Il
adjoûte que comme la corde G H, attachée en G, & tirée
de H en I, defcend, & fe meut plus lentement, en commençant fon mouuement en I, & plus vifte en H, par où
elle paffe qu'en aucun autre endroit, de mefme la corde
partant de D va plus lentement qu'en aucun autre lieu du
fuft de l'Arbalefte D A, & en A plus vifte qu'en aucun

autre lieu. Or ce qui m'eſtonne icy, eſt, que la corde frappant auſſi viſte & auſſi fort la fléche en A, lors qu'elle ne
viendroit que de C en A, elle n'enuoyeroit pas la fléche ſi
loin, que ſi la corde venoit de D, ou de plus loin, C'eſt à
dire, qu'vn Arc, quoy que moins viſte, & frappant la fléche
moins fort, l'enuoye plus loin, quand il eſt plus grand; De
ſorte que ſi auec la meſme fléche vous bandez vn Arc deux
fois plus grand que les precedens, il enuoyera la fléche
beaucoup plus loin, encore que vous ayez moins de peine à
bander le grand Arc que le petit, & par conſequent encore
que le petit frappe la fléche plus viſte & plus fort ; de ſorte
que la longueur de la conduitte de la corde de l'Arc ſemble
imprimer de nouuelles forces à la fléche, & que ce n'eſt pas
la plus grande viteſſe de la corde frappante qui la fait aller
plus loin, mais la longueur du chemin que la corde accompagne la fléche; Que ſeroit-ce donc, ſi la corde accompa-
gnoit vne toiſe de long ladite fléche ? Ie croy neantmoins
que cét accompagnement n'y apporte plus rien, apres vn
certain eſpace, comme il arriue que les Canons, apres vne
certaine longueur paſſée, diminuent pluſtoſt la longueur
des portées qu'ils ne l'augmentent; Mais il n'eſt peut-eſtre
pas poſſible de determiner la longueur de cét accompagnement, & où finit ſon vtilité.

 4. Finalement, nous ſommes auſſi en grande difficulté,
pourquoy la balle d'Arquebuze n'a pas tant d'effet à quinze
ou vingt pieds de la bouche du canon, qu'à cinquante, puis
qu'il ſemble qu'elle va plus viſte les vingts premiers pieds,
qu'apres, C'eſt de meſme d'vne pierre qu'on iette, ſi à la
ſortie de la main elle rencontroit voſtre corps, elle ne vous
bleſſeroit pas tant qu'apres dix ou douze pas; Donc ce n'eſt
pas la ſeule viteſſe des miſſiles qui fait la plus grande impreſſion, ou bien ils ne vont pas ſi viſte au commencement
qu'apres, ce qui eſt contre voſtre opinion auſſi bien que
contre la mienne. Et ie ſçay qu'vn tour de chambre, fait
tout doucement, vous ſuffira pour nous dire ce qui eſt de
ces difficultez.

EXTRAIT D'VNE LETTRE
de Monſieur de Fermat, inſerée en celle
du R. Pere Merſenne.

*ſ. Eſto parabolicus Conoïs O B A u, cuius axis I A, baſis
circulus circa diametrum C I u. Quærere centrum grauitatis,
perpetua & conſtanti, quâ, maximam & minimam & tangentes linearum curuarum inueſtigauimus, methodo, vt, nouis
exemplis, & nouo vſu, eoque illuſtri, pateat falli eos, qui
fallere methodum exiſtimant.*

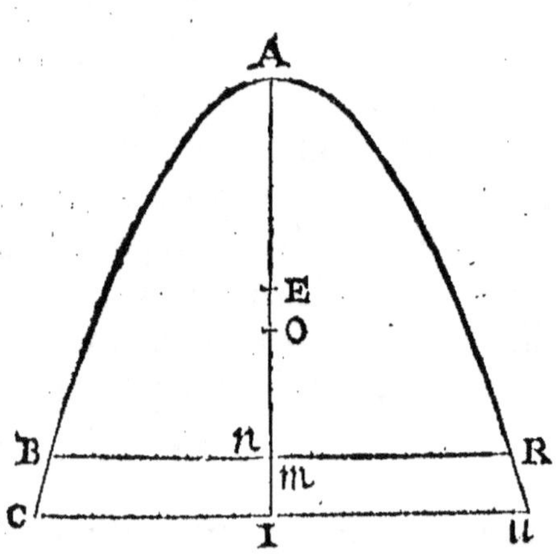

IE ſeray bien-aiſe de ſçauoir le iugement de Meſſieurs de Rober-ual & Paſcal ſur mon *Iſagoge topique*, & ſur l'Appendix, s'ils ont veu l'vn & l'autre, & pour leur faire enuie de quelque choſe d'excellent, il faut eſtendre les lieux d'vn point à pluſieurs *in infinitum* ; Et par exemple, au lieu qu'on dit d'ordinaire trouuer vne parabole, en laquelle prenant quelque point qu'on voudra, il produiſe touſiours vn meſme effet, ie veux propoſer.

Trouuer vne parabole en laquelle prenant tels 2, 3, 4, 5, &c. points que vous voudrez, ils produiſent touſiours vn meſme effet, & ainſi à l'infiny.

Bien plus, ie puis encore donner la reſolution de cette queſtion.

Trouuer autant de lignes courbes qu'on voudra, en cha-cune deſquelles prenans tels nombres de points qu'on vou-dra, tous ces points enſemble produiſent vn meſme effet,

6. Au reste, i'ay encore vne difficulté difputéé depuis peu de iours entre Monfieur Des-Argues & moy, dont ie vous prie de me donner la folution, fi vous la fçauez, C'eft fur vn globe qui roule fur vn plan, à fçauoir, fi fe mouuant d'vn point à vn autre, comme il arriueroit iottant à la courte boule fur vn plan parfait auec vne boule parfaitement ronde, iufques à ce qu'il reuienne au mefme point, il décrira vne ligne fur le plan égale à fa circonference. La raifon d'en douter, eft, que nulle partie de la ligne courbe ne peut conuenir auec ce plan pour la toucher, donc elle n'eft tou-chée que par les feuls points du globe, & non par fes parties, Et partant fur la ligne plate, il y aura autant de hiatus, ou de vuides que de points, & par confequent ce ne fera pas vne ligne continuë.

AV R. PERE MERSENNE,

LETTRE LXVIII.

MON REVEREND PERE,

I'ay receu vos Lettres du vingt-huitiéme Avril & du premier May en mefme temps, & outre les Lettres des autres, i'y trouue vingt-fix pages de voftre écriture, aufquelles ie dois réponfe. Veritablement c'eft vne extréme obligation que ie vous ay, & ie ne fçaurois penfer à la peine que ie vous donne, que ie n'en aye vn tres-grand reffentiment, Mais *ad rem*. Vous commencez par vne inuention de Monfieur de Roberual, touchant l'efpace compris dans la ligne cour-be que décrit vn point de la circonference d'vn cercle, qu'on imagine rouler fur vn plan, à laquelle i'auotte que ie n'ay cy-deuant iamais penfé, & que la remarque en eft affez belle, Mais ie ne voy pas qu'il y ait dequoy faire tant de bruit, d'auoir trouué vne chofe qui eft fi facile, que quiconque

fçait

fçait tant foit peu de Geometrie ne peut manquer de la
trouuer, pourueu qu'il la cherche : Car fi A D C eft cette
ligne courbe, & A C vne droite égale à la circonference

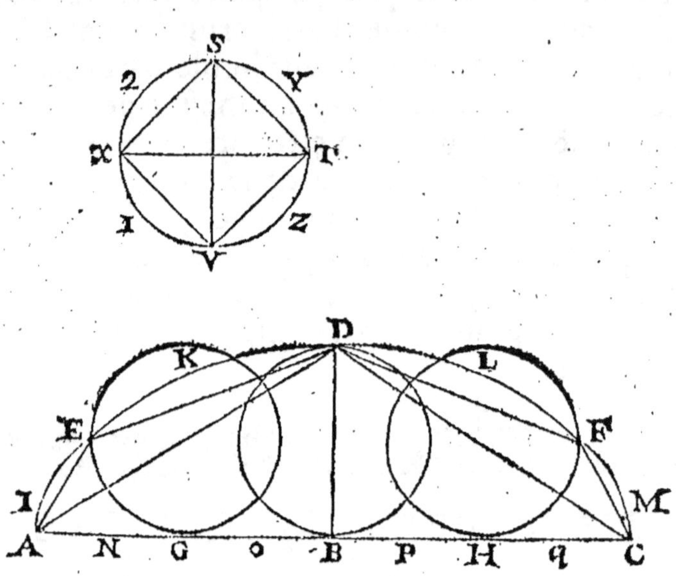

du cercle S T V X, ayant diuifé cette ligne A C en 2, 4, 8,
&c. parties égales par les points B, G, H, N, O, P, Q, &c.
Il eft euident que la perpendiculaire B D eft égale au diametre du cercle, & que toute l'aire du triangle rectiligne
A D C eft double de ce cercle. Puis prenant E pour le
point où ce mefme cercle toucheroit la courbe A E D, s'il
eftoit pofé fur fa bafe au point G, & prenant auffi F pour
le point où il touche cette courbe, quand il eft pofé fur le
point H de fa bafe, il eft euident que les deux triangles
rectilignes A E D & D F C, font égaux au quarré S T V X
infcrit dans le cercle. Et tout de mefme, prenant les points
I K L M pour ceux où le cercle touche la courbe, lors qu'il
touche fa bafe aux points N O P Q, il eft euident que les
quatre triangles A I E, E K D, D L F & F M C, font
enfemble égaux aux quatre triangles ifofceles infcrits dans
le cercle S Y T, T Z V, V I X, X 2 S, & que les huit

autres triangles inſcrits dans la courbe ſur les coſtez de ces 4, ſeront égaux aux 8 inſcrits dans le cercle, & ainſi à l'infiny. D'où il paroiſt que toute l'aire des deux ſegmens de la courbe, qui ont pour baſes A D & D C, eſt égale à celle du cercle ; & par conſequent toute l'aire compriſe entre la courbe A D C & la droite A C, eſt triple du cercle.

2. Pour la queſtion, ſçauoir, s'il y auroit vn eſpace réel, ainſi que maintenant, en cas que Dieu n'euſt rien creé, encore qu'elle ſemble ſurpaſſer les bornes de l'Eſprit humain, & qu'il ne ſoit point raiſonnable d'en diſputer, non plus que de l'infiny ; toutesfois ie croy qu'elle ne ſurpaſſe les bornes que de noſtre imagination, ainſi que ſont les queſtions de l'exiſtence de Dieu, & de l'Ame humaine, & que noſtre entendement en peut atteindre la verité, laquelle eſt, au moins ſelon mon opinion, que non ſeulement il n'y auroit point d'eſpace, mais meſme que ces veritez qu'on nomme eternelles, comme que, *Totum eſt majus ſuâ parte*, &c. ne ſeroient point veritez, ſi Dieu ne l'auoit ainſi eſtably, ce que ie croy vous auoir deſia autresfois écrit.

3. Pour l'autre queſtion touchant la corde d'vne Arbaleſte, ie ſuis de l'opinion de Monſieur de Roberual, excepté ſeulement qu'au lieu de dire ſans exception, que le mouuement de la corde s'augmente touſiours en ſe debandant depuis D iuſ-ques au point A, qui eſt en la ligne droite E A F, ie tiens que cela n'eſt exacte-ment vray, que lors qu'elle ne pouſſe point de fléche; Car lors qu'elle en a vne à chaſſer, la reſiſtance de cette fléche eſt cauſe que ſa viteſſe commence à

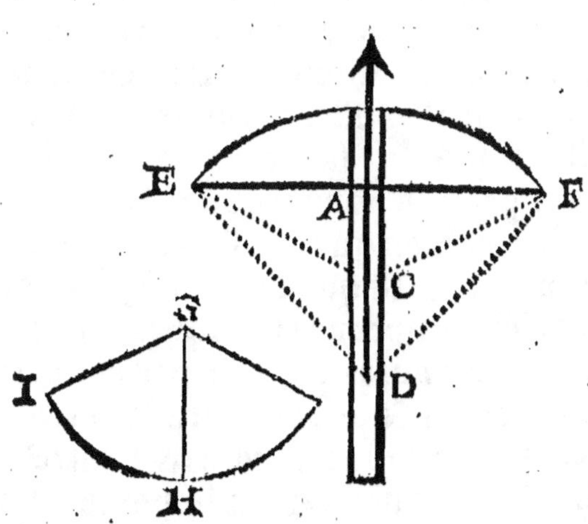

diminuer tant soit peu, deuant qu'elle soit arriuée au point
A. Il est vray aussi, que plus vn Arc est grand, plus il a de
force, bien qu'il ne soit pas plus tendu ; & il est vray qu'il y
a certaine proportion de grandeur, tant pour les Arcs que
pour les Canons, au dela de laquelle il seroit inutile, ou
mesme nuisible, de passer, mais ce n'est pas pour la mesme
cause touchant les Arcs, que touchant les Canons ; Car en
ceux-cy elle depend des proportions du feu, du fer, & de la
poudre ; & en l'autre, de celle du bois & de l'air.

4. Ie ne suis point encore certain de l'experience, sçauoir,
si vne Arquebuze a moins de force de prés que de loin, &
ie croy que l'effet varie selon la nature des corps, contre
lesquels elle agit, en sorte que ce ne sera pas le mesme, si on
en fait l'épreuue contre vne cuirace, que si on la fait contre
vne planche de sapin, mais que la balle ne laisse pas d'aller
plus viste en sortant du canon que par apres.

5. Le centre de grauité du Conoïde parabolique de Monsieur de Fermat se peut trouuer fort aisément, par la mesme
façon dont Archimede a trouué celuy de la parabole, sans
qu'il soit aucunement besoin pour cela de se seruir de sa
methode ; Et n'estoit qu'il faut du temps pour en faire le
calcul, & que vous m'auez taillé assez d'autre besongne en
vos dernieres, ie vous l'enuoyerois, mais ie le neglige comme facile ; Ie vous diray seulement, que ie n'ay point
encore veu qu'il ait donné aucun exemple de sa methode,
qu'on ne puisse aisément trouuer sans elle, ce qui me fait
croire qu'il n'en est pas luy-mesme fort assuré. Et pour ce
qu'il dit que i'ay fait tant de chemin, & que i'ay pris vne
voye si penible pour trouuer les tangentes en ma Geometrie, ie vois bien qu'il ne l'a pas entenduë ; Car elle est beaucoup plus courte que la sienne, laquelle ne conclut qu'entant qu'elle emprunte son fondement de celuy que i'ay pris,
comme vous aurez pû voir par celles que i'ay écrites il y a
quinze iours ; & pour en dire la verité, ie croy qu'il n'a parfaitement entendu ny l'vne ny l'autre.

6. Vous demandez, si ie pense qu'vn globe roulant sur

vn plan décrit vne ligne égale à fa circonference, à quoy ie
répons fimplement qu'oüy, par l'vne des maximes que i'ay
écrites, à fçauoir, que toutes les chofes que nous conceuons
clairement & diftinctement font vrayes ; Car ie conçoy
bien aifément, vne mefme ligne pouuoir eftre tantoft droite
& tantoft courbe comme vne corde; mais ie ne fçaurois conceuoir, ce qu'on entend par les points d'vn globe, lors qu'on
les diftingue de fes parties, ny comprendre cette fubtilité
de la Philofophie

Vous me demandez, fi ie croy que ce que i'ay écrit de
la refraction foit vne demonftration ; Ie répons qu'oüy, au
moins autant qu'il eft poffible d'en donner en cette matiere,
fans auoir auparauant demonftré les principes de la Phyfique par la Metaphyfique (ce que i'efpere de faire quelque
iour, mais qui ne l'a point efté par cy-deuant) & autant
qu'aucune autre queftion de Mechanique, ou d'Optique,
ou d'Aftronomie, ou autre matiere qui ne foit point purement Geometrique, ou Arithmetique, ait iamais efté demonftrée. Mais d'exiger de moy des demonftrations Geometriques, en vne matiere qui depend de la Phyfique, c'eft
vouloir que ie faffe des chofes impoffibles ; Et fi on ne veut
nommer demonftrations que les preuues des Geometres, il
faut donc dire qu'Archiméde n'a iamais rien demonftré
dans les Mechaniques, ny Vitellion en l'Optique, ny Ptolomée en l'Aftronomie, &c. ce qui toutesfois ne fe dit pas.
Car on fe contente en telles matieres, que les Autheurs
ayant prefuppofé certaines chofes qui ne font point manifeftement contraires à l'experience, ayent au refte parlé en
bonne forme, & fans faire de Paralogifme, encore mefme
que leurs fuppofitions ne fuffent pas exactement vrayes;
Comme, ie pourrois demonftrer, que mefme la definition
du centre de grauité qui a efté demonftrée par Archimede
eft fauffe, & qu'il n'y a point de tel centre, & les autres
chofes qu'il fuppofe ailleurs ne font point non plus exactement vrayes. Pour Ptolomée & Vitellion, ils ont des fuppofitions bien moins certaines, & toutesfois on ne doit pas

pour cela rejetter les demonstrations qu'ils en ont déduites.
Or ce que ie pretens auoir demonstré touchant la refraction
ne depend point de la verité de la nature de la Lumiere, ny
de ce qu'elle se fait ou ne se fait pas en vn instant, mais seu_
lement de ce que ie suppose qu'elle est vne action, ou vne
vertu, qui suit les mesmes loix que le mouuement local, en
ce qui est de la façon dont elle se transmet d'vn lieu en vn
autre, & qui se communique par l'entremise d'vne ligueur
tres-subtile, qui est dans les pores des corps transparens.
Et pour la difficulté que vous trouuez en ce qu'elle se com_
munique en vn instant, il y a de l'équiuoque au mot d'in_
stant; Car il semble que vous le consideriez comme s'il nioit
toute sorte de priorité, en sorte que la lumiere du Soleil pust
icy estre produite, sans passer premierement par tout l'espa_
ce qui est entre luy & nous, au lieu que le mot d'instant n'ex_
clud que la priorité du temps, & n'empesche pas que cha_
cune des parties inferieures du rayon ne soit dependante de
toutes les superieures, en mesme façon que la fin d'vn mou_
uement successif depend de toutes ses parties precedentes.
Et sçachez qu'il n'y a que deux voyes pour refuter ce que
i'ay écrit, dont l'vne est, de prouuer par quelques experiences ou raisons, que les choses que i'ay supposées sont
fausses; & l'autre, que ce que i'en déduis ne sçauroit en estre
déduit; Ce que Monsieur de Fermat a fort bien entendu;
Car c'est ainsi qu'il a voulu refuter ce que i'ay écrit de la re_
fraction, en taschant de prouuer qu'il y auoit vn Paralogis_
me; Mais pour ceux qui se contentent de dire qu'ils ne
croyent pas ce que i'ay écrit, à cause que ie le déduis de
certaines suppositions que ie n'ay pas prouuées, ils ne sça_
uent pas ce qu'ils demandent, ny ce qu'ils doiuent demander.

Pour le sieur P. ie n'ay nullement approuué son Escrit,
& ie iuge qu'il a eu enuie d'estre de feste, & de faire des ob_
iections sans auoir eu toutesfois aucune chose à objecter. Car
il n'a fait que se ietter en quelques mauuais lieux communs,
empruntez des Athées pour la pluspart, & qu'il entasse sans

beaucoup de iugement, s'arreſtant principalement à ce que
i'ay écrit de Dieu, & de l'Ame, dont il ſemble n'auoir pas
compris vn ſeul mot. Et ce qui m'a fait vous prier de tirer de
luy ſes objections contre ma Dioptrique, c'eſt que ie croy
qu'il n'en a point, & que ie doute s'il eſt capable d'en faire
qui ayent aucune couleur, ſans monſtrer tres-clairement
ſon inſuffiſance. Mais ce qui luy a fait promettre d'en faire,
c'eſt qu'il a eu peur qu'on luy demandaſt pourquoy il ne s'eſt
pas addreſſé à cette matiere, où il dit auoir employé dix ou
onze années, pluſtoſt qu'à vne matiere de Morale, ou de
Metaphyſique, qui n'eſt point du tout de ſa profeſſion, dont
la verité ne pouuant eſtre entenduë que de fort peu de perſonnes, bien que chacun ſe veüille meſler d'en iuger, les
plus ignorans ſont capables d'en dire beaucoup de choſes,
qui paſſent pour vray-ſemblables parmy ceux qui ne les
examinent pas de fort prés, Au lieu qu'en la Dioptrique, il
ne pourroit entrer tant ſoit peu en matiere, qu'on ne re-
connuſt tres-euidemment ſa capacité, Il ne l'a deſia que trop
monſtrée, par cela ſeul qu'il a voulu ſoûtenir que les verres
ſpheriques ſeroient auſſi bons que les hyperboliques, ſur ce
qu'il s'eſt imaginé qu'il n'eſtoit pas beſoin qu'ils euſſent plus
d'vn pouce, ou demy pouce de diametre.

Ie iuge tout autrement de Monſieur Morin, auquel ie
croy auoir de l'obligation de ſes objections, comme generalement ie croyray en auoir à tous ceux qui m'en propoſe-
ront, à deſſein de faire que la verité ſe découure, Meſme ie
ne leur ſçauray aucunement mauuais gré de me traitter auſſi
rudement qu'ils pourront, & ie taſcheray de leur répondre
à tous, en telle ſorte qu'ils n'auront aucun ſujet de s'en
faſcher.

Vous aurez à ce voyage ou au prochain l'Eſcrit que ie
vous auois promis pour l'intelligence de ma Geometrie, car
il eſt preſque acheué, & c'eſt vn Gentil-homme d'icy de
tres-bon lieu qui le compoſe. Vous pourrez aſſurer Meſſieurs de Fermat & de Roberual, & les autres, que ie ne
me pique nullement de ce qui s'écrit contre moy, & que ſi

lors qu'on m'attaque vn peu rudement, ie répons quelque
fois à peu prés de mesme stile, ce n'est qu'afin qu'ils ne pensent pas que ce soit la crainte qui me fasse parler plus doucement; Mais qu'à l'exemple de deux qui disputent au jeu, lors
que la partie est acheuée ie ne m'en souuiens plus du tout,
& ne laisse pas pour cela d'estre tout prest de me dire leur
seruiteur.

Ie vous remercie de l'Escrit du Reuerend Pere G. ie le
trouue tout pour moy, comme vous dites, & ie luy en ay
obligation, mais ie n'ay garde de le faire imprimer, ny aucune chose de M. de Fermat, ou d'autres qui ne le desirent
pas, ie suis trop éloigné de cette humeur; Et ce qui m'a fait
vous écrire, que ie ne desirois point qu'on m'enuoyast rien,
que ie ne pusse faire imprimer, a esté seulement pour obliger
ceux qui me voudroient enuoyer quelque chose, à le rendre
meilleur , & m'exempter autant que ie pourrois de lire des
sottises. Mais pour ceux qui nonobstant cela n'ont pas laissé
de m'en enuoyer, quelque permission qu'ils me donnent de
les publier, ce n'est pas à dire que ie le fasse. Et si ie donne à
imprimer quelques objections qu'on m'aura faites, ce seront
seulement celles qui pourront estre de quelque vtilité, &
auoir quelque forces, & qui me pourroient cy-apres estre
faites par d'autres, sans me soucier dauantage du reste, (à
sçauoir, de l'Escrit dont vous auez pris la peine de transcrire
vne fettille pour me l'enuoyer, & de ses semblables) que ie
ferois des injures que me diroit vn perroquet pendu à vne
fenestre pendant que ie passe par la ruë. Et ie vous prie de
ne me point enuoyer cét Escrit, ny aucun de pareille estof-
fe; non pour ce que i'aurois quelque fascherie en les lisant,
car au contraire ils me donnent de la joye & de la vanité. Ie
sçay que telles gens ne s'attaquent iamais qu'aux choses
qu'ils iugent les plus excellentes; mais ie les estime si peu,
que ie ne daigne pas prendre la peine de les lire , & ie ne
voudrois pas vous prier non plus d'y perdre du temps; mais si
vous les auez desia lûs, & que vous y ayez rencontré quelque
chose , à quoy vous pensiez que ie doiue répondre , vous
m'obligerez de me l'écrire.

La methode de Monſieur de Fermat pour trouuer deux
nombres tels que les parties aliquotes de l'vn, ſoient reciproquement égales à l'autre, ſe rapporte à la mienne, & n'a
rien de plus ny de moins, mais celle dont il vſe pour en trouuer, dont les parties aliquotes faſſent le double, ne peut
ſeruir pour en trouuer aucuns autres, que 120 & 672, ce
qui fait iuger qu'il ne les a pas trouuez par elle, mais pluſtoſt
qu'il l'à accommodée à eux, aprés les auoir cherchez à tâtons. Ie ne m'arreſte point à ſoudre leurs queſtions de Geometrie; Car ie croy que ce que i'ay fait imprimer peut ſuffire
pour vn eſſay en cette ſcience, à laquelle ie fais profeſſion
de ne vouloir plus eſtudier; Et pour en parler franchement
entre nous, comme il y en a qui refuſent de ſe battre en
duel contre ceux qui ne ſont pas de leur qualité, ainſi ie
penſe auoir quelque droit de ne me pas arreſter à leur répondre.

Pour ce que dit Monſieur de Roberual, qu'il n'y a rien
dans Archimede qui aide à demonſtrer (touchant des lignes
imaginées à l'imitation de la parabole & des ſpirales) des
proprietez, qui ſe rapportent à celles qu'il a demonſtrées
touchant ces lignes-là, il y a autant d'apparence, qu'à ce
qu'il dit, que la tangente ne peut eſtre conſiderée comme
la plus grande. Mais ie ne ſçaurois fermer la bouche de ceux
qui veulent touſiours parler, & moins i'employeray de
temps à conteſter auec eux, moins i'en perdray.

Il y a vne regle generale pour trouuer des nombres qui
ayent auec leurs parties aliquotes telle proportion qu'on
voudra, & ſi Gillot va à Paris, ie la luy apprendray auant
que de l'y enuoyer; Mais ie vous prie de me mander, ſi vous
iugez que la condition de Monſieur de Sainte Croix fuſt
bonne pour luy, il eſt tres-fidele, de tres-bon eſprit, & d'vn
naturel fort aimable, il entend vn peu de Latin & d'Anglois, le François & le Flamand. Il ſçait tres-bien l'Arithmetique, & aſſez de ma methode pour apprendre de ſoy-meſme
tout ce qui luy peut manquer dans les autres parties de Mathematique, Mais ſi on attend de luy des ſujettions comme
d'vn

vn valet, il n'y est nullement propre, à cause qu'il a toû-
urs esté nourry auec des personnes qui estoient plus que
y, & auec lesquels neantmoins il a vécu comme camarade.
utre qu'il ne sçait pas mieux les ciuilitez de Paris qu'vn
tranger, & ie crains que si on le vouloit faire trop trauail-
r dans les nombres, il ne s'en ennuyast; Car en effet c'est
 labeur fort infructueux, & qui a besoin de trop de patien-
 pour vn esprit vif comme le sien.

I'ay donné vos Lettres à Monsieur Bannius, lequel est
n seulement Catholique, mais auec cela Prestre. Il est
rt sçauant en la pratique de la Musique, pour la Theorie ie
us en laisse le iuge; Mais si vous ne luy auez encore enuoyé
stre Liure Latin, il n'est pas besoin que vous le fassiez, car
 croy qu'il l'a desia, aussi bien que le François, lequel il
 auoit presté cét Hyuer, & i'y ay trouué plusieurs obser-
tions que i'estime.

I'ay mandé à Leyde qu'on m'acheptast *Heinsius in No-*
m Testamentum; mais ie ne sçay par où vous l'enuoyer,
ar Monsieur de Zuitlychem est à l'armée, il faudra atten-
e quelqu'autre commodité. Le sieur Beeckman est mort,
y a desia plus d'vn an, & ie pensois vous l'auoir mandé.
omme i'estois prest à fermer cette Lettre, i'ay encore
eu vostre derniere du dixiéme May. Et pour réponse,

 écrit à Monsieur de Zuitlychem touchant l'affaire de
 nsieur Hardy, & si-tost que i'en auray réponse, ie luy
 nderay.

 e vous prie derechef, de ne me point enuoyer l'Escrit
 tre moy, dont vous m'auez fait voir vne feüille; car ie
 nois assez par ce peu, que le reste ne doit rien valoir, &
 e suis pas resolu de m'arrester à tous les foux qui auront
 ie de me dire des injures.

 our ce que Monsieur Des-Argues vous a dit de la part
 onsieur N. ie n'ay rien à y répondre, sinon que ie suis
 tres-humble seruiteur; mais que ie ne crois point que
 pensées de Monsieur le Cardinal se doiuent abbaisser
 ues à vne personne de ma sorte,

Tome III.   Ddd

Au reſte, pour en parler entre nous, il n'y a rien qui fuſt plus contraire à mes deſſeins que l'air de Paris, à cauſe d'vne infinité de diuertiſſemens qui y ſont ineuitables, & pendant qu'il me ſera permis de viure à ma mode, ie demeureray touſiours à la campagne, en quelque païs où ie ne puiſſe eſtre importuné des viſites de mes voiſins, non plus que ie le ſuis icy en vn coin de la Northollande, Et c'eſt cette ſeule raiſon qui m'a fait preferer ce païs au mien, & i'y ſuis main-tenant ſi accouſtumé, que ie n'ay nulle enuie de le changer.

Ie vous enuoye vne partie de l'Eſcrit que ie vous auois promis pour l'intelligence de ma Geometrie, le reſte n'a pû eſtre tranſcrit, c'eſt pourquoy ie le garde pour vn autre voyage. Il a principalement eſté fait à l'occaſion de Mon-ſieur Des-Argues, mais ie ne ſeray pas marry que tous les autres qui auront enuie de s'en ſeruir en ayent des Copies, au moins ceux qui ne ſe vantent point d'auoir vne methode meilleure que la mienne; car pour ceux-cy ils n'en ont que faire; & ie me ſuis expreſſément rendu vn peu obſcur en quelques endroits, afin que telles gens ne ſe puſſent vanter d'auoir ſceu ſans moy les meſmes choſes que i'ay écrites. Ie penſois écrire à Monſieur Morin à ce voyage, mais ie ſuis trop preſſé, ce ſera pour vne autre fois, auſſi bien ne ſuis-ie point reſolu de commencer ſi-toſt à faire imprimer aucunes objections; car i'en attens encore quelques-vnes qu'on m'a fait eſperer. Si vous le voyez cependant, vous luy ferez, s'il vous plaiſt, mes complimens. Ie ſuis,

AV R. P. MERSENNE.

LETTRE LXIX.

MON REVEREND PERE,

I'ay receu vos deux Lettres du douziéme & vingt-deu

xiéme Mars, toutes deux en mesme temps, en quoy i'admire
que la derniere soit venuë si viste; car ie n'en auois iamais
receu aucune de si fraifche datte. Pour l'accufation du
Geoftaticien, que ie ne donne rien des équations que Viete
n'ait donné plus doctement, *nego majorem*; Car comme ie
croy vous auoir defia remarqué quelqu'autre fois, ie commence en cela par où Viete auoit finy. Et pour ce qu'il dit,
que ie ne fuis pas excufable de n'auoir pas veu Viete, il auroit
raifon fi i'auois ignoré pour cela quelque chofe qui fuft dans
Viete, ce que ie ne croy pas qu'il m'enfeigne par ce beau
Liuret qu'il en a autrefois fait imprimer. Pour les lieux
folides, il eft aifé d'amplifier ce que i'en ay écrit; car ie ne
les enfeigne que par vn corollaire qui contient iuftement
onze lignes, à fçauoir, les deux dernieres de la page 334.
& les neuf premieres de la 335. Puis les fix ou fept lignes fui-
uantes feruent pour les lieux *ad lineas tres*, & *ad fuperficiem*;
Car ie mets dans la queftion de Pappus tout ce qu'il faut
fçauoir de plus pour les entendre. Mais le bon eft, touchant
cette queftion de Pappus, que ie n'en ay mis que la conftruction, & la demonftration, fans en mettre toute l'Analyfe, laquelle ils s'imaginent que i'ay mife feule, en quoy ils
témoignent qu'ils y entendent bien peu; Mais ce qui les
trompe, c'eft que i'en fais la conftruction, comme les Ar-
chitectes font les baftimens, en prefcriuant feulement tout
ce qu'il faut faire, & laiffant le trauail des mains aux Char-
pentiers & aux Maffons, Ils ne connoiffent pas auffi ma demonftration, à caufe que i'y parle par *a*, *b*, ce qui ne la
rend toutesfois en rien differente de celles des Anciens, finon que par cette façon, ie puis mettre fouuent en vne ligne,
ce dont il leur falloit remplir deux ou trois pages, & pour
cette caufe elle eft incomparablement plus claire, plus facile, & moins fujette à erreur que la leur. Pour l'Analyfe,
i'en ay obmis vne partie, afin de retenir les efprits malins en
leur deuoir; Car fi ie leur euffe donnée, ils fe fuffent vantez
de l'auoir fceuë long-temps auparauant, au lieu que maintenant ils n'en pourront rien dire, qui ne faffe connoiftre leur

D d d ij

ignorance. Pour ce qui eſt de connoiſtre à quel lieu l'équation faite appartient, ce que vous dites que Monſieur de Roberual euſt deſiré que i'euſſe mis en ma Geometrie ; s'il luy
plaiſt de lire depuis la penultiéme ligne de la p. 326. iuſques
à la 331. & de le rapporter au corollaire des lieux page 334.
il trouuera que ie les mets tous exactement. Il y a toutesfois
vn cas des plus aiſez de tous que i'ay obmis pour ſa trop
grande facilité, mais ne l'en auertiſſez pas, s'il vous plaiſt,
Car vray ſemblablement ils n'y prendront pas garde, & il
me ſera aiſé de l'y adjoûter en trois mots dans vne ſeconde
impreſſion. Or par cetue ſeule équation

$$y \,\|\, m - \tfrac{n}{z}x \dagger \sqrt{mm \dagger ox - \tfrac{p}{m}xx}$$ de la page 326. en changeant

ſeulement les marques † & $-$, ou ſuppoſant quelques termes
pour nuls, ie comprens toutes celles qui peuuent ſe rapporter à quelque lieu plan, ou ſolide. Ie ne croy pas qu'il ſoit
poſſible de rien imaginer de plus general, ny de plus court,
ou de plus clair & de plus facile que cela, ny que ceux qui
l'auront vne fois compris, daignent apres prendre la peine de
lire les longs Eſcrits des autres ſur cette matiere.

　Pour Monſieur Morin, ie vous prie de l'aſſurer que i'ay
receu ſon Diſcours en tres-bonne part, & que ie ne manqueray pas d'y répondre le plus ponctuellement, le plus ciuilement, & le pluſtoſt qu'il me ſera poſſible ; Et que ie le feray
imprimer auec ma Réponſe, puis qu'il le trouue bon, y
laiſſant ſon nom, ou l'oſtant, ainſi qu'il l'aura agreable ; &
meſme, s'il le deſire, que ie m'offre de luy enuoyer ma Réponſe en manuſcrit, afin qu'il y puiſſe changer, ou retrancher tout ce qu'il luy plaira, auant qu'elle ſoit imprimée.
Ie luy écrirois dés ce voyage, mais le temps me preſſe trop,
ie ſuis ſon tres-humble ſeruiteur.

　Pour le ſieur N. laiſſez-le faire, il y a grande apparence
qu'il n'acheuera rien, & ie croy que le moindre petit Tourneur, ou Serrurier, ſeroit plus capable que luy de faire voir
l'effet des Lunettes.

　Ie vous remercie du ſoin que vous auez eu pour les Liures

de Rome, le retardement ne sera peut-estre qu'auantageux, à cause que ceux ausquels ils s'addressent en auront pû cependant ouïr parler.

Celuy qui m'accuse d'auoir emprunté de Kepler les ellipses & les hyperboles de ma Dioptrique, doit estre ignorant, ou malicieux ; Car pour l'ellipse, ie n'ay pas memoire que Kepler en parle, ou s'il en parle, c'est assurément pour dire qu'elle n'est pas l'anaclastique qu'il cherche; Et pour l'hyperbole, ie me souuiens fort bien qu'il pretend demonstrer expressément que ce n'est pas elle non plus, bien qu'il die qu'elle n'est pas beaucoup differente. Or ie vous laisse à penser, si ie dois auoir appris qu'vne chose fust vraye, d'vn homme qui a tasché de prouuer qu'elle estoit fausse; Ce qui n'empesche pas que ie n'auouë que Kepler a esté mon premier Maistre en Optique, & qu'il est celuy de tous les hommes, qui en a le plus sceu par cy-deuant.

Ie vous prie de conuier Monsieur Petit de m'enuoyer au plustost tout le reste de ce qu'il dit auoir a objecter contre ma Dioptrique, ou autres choses, afin que i'y puisse répondre tout d'vn coup, sans auoir la peine d'en faire à deux fois ; Car il n'a que faire de craindre que la multitude m'accable, & pour le peu qu'il m'a enuoyé, ie ne veux employer à y répondre que quelques heures de recreation apres le repas.

Pour ce qui est de coupper l'œil d'vn bœuf en sorte qu'on y puisse voir le mesme que dans vne chambre obscure, comme i'ay écrit en la Dioptrique, ie vous assure que i'en ay fait l'experience ; & quoy que ç'ait esté sans beaucoup de soin, ny de précaution, elle n'a pas laissé pour cela de reüssir. Mais ie vous diray comment. Ie pris l'œil d'vn vieux bœuf, (ce qu'il faut obseruer, car celuy des ieunes n'est pas transparent) & ayant choisi la moitié d'vne coquille d'œuf, qui estoit telle, que cét œil pouuoit aisément estre mis & ajusté dedans sans changer sa figure, ie couppé en rond auec des ciseaux fort tranchans les deux peaux, *corneam & vneam*, sans offenser la troisiéme, *retinam* ; Et la piece ronde que ie

couppay n'eſtoit qu'enuiron de la grandeur d'vn ſol, & auoit
le nerf optique pour ſon centre; Puis, quand elle fut ainſi
couppée tout autour, ſans que ie l'euſſe encore oſtée de ſa
place, ie ne fis que tirer le nerf optique, & elle ſuiuit auec
la retine, qui ſe rompit, ſans que l'humeur vitrée fuſt aucunement offenſée; Si bien que l'ayant couuerte de ma coquille d'œuf, ie vis derriere ce que ie voulois; Car la coquille d'œuf eſtoit aſſez tranſparente pour cét effet, & ie
l'ay monſtrée à d'autres depuis en cette ſorte, meſme ſans
coquille d'œuf, auec vn papier. Il eſt vray que l'œil eſt ſujet
à ſe rider vn peu au deuant, & ainſi à rendre l'image moins
parfaite, mais on y peut obuier en le preſſant vn peu à coſté
auec les doigts, ou auſſi en prenant vn œil d'vn bœuf fort
fraiſchement tué, & le tenant touſiours dans de l'eau, ſi-toſt
qu'il eſt tiré de la teſte, & meſme l'y tenant pendant qu'on
en couppe les peaux, iuſques à ce qu'il ſoit ajuſté dans la
coquille. Voila pour voſtre premiere Lettre.

Ie viens à la derniere, où vous répondez à ma precedente,
& ie vous ſupplie tres-humblement de m'excuſer, ſi i'ay iugé
que les Amis de Monſieur de Fermat vous auoient deconſ-
ſeillé de luy enuoyer ma Réponſe, &c. Ie penſois en auoir
de grandes raiſons, pour ce que vous m'en écriuiez comme
de perſonnes qui eſtoient extremement ſes Amis, & qu'ils
ne trouuoient à reprendre en ma Réponſe qu'vne choſe,
qu'ils citoient tout au contraire de ce que i'ay écrit, Mais
encore qu'il euſt eſté vray, dequoy ie n'ay plus aucune opinion, puiſque vous me mandez le contraire; ie vous ſupplie
de croire tres-aſſurément, que ny cela, ny aucune autre
choſe qui puiſſe arriuer, n'eſt capable de diminuer en aucune façon mon affection tres-extreme à vous ſeruir, & ma
reconnoiſſance pour vne infinité d'obligations que ie vous
ay, Ie vous ſupplie de ne vous point excuſer de m'auoir trop
mandé de particularitez de ce qui ſe diſoit contre moy, car
dautant plus que vous m'en écriuez, dautant plus vous en
ay-ie d'obligation, & ie penſe auoir aſſez de retenuë, pour
vſer en telle ſorte des auertiſſemens que vous me donnez,

u'ils ne vous ſçauroient iamais prejudicier, & me peuuent
beaucoup ſeruir,

Ie ſuis extremement aiſe de ce que Monſieur Des-Argues
veut prendre la peine de lire ma Geometrie, & tant s'en faut
qu'il me faille prier pour luy enuoyer, ou à vous, ce que ie
croy eſtre vtile pour en faciliter l'intelligence, ie voudrois,
au contraire, le prier de l'accepter. Celuy qui m'auoit promis d'en écrire quelque choſe, n'eſt plus icy, & a des affaires qui me font craindre qu'il ne le puiſſe faire de cinq
ou ſix ſemaines; toutesfois ie le haſteray le plus que ie pourray; & ie l'écrirois moy-meſme ſans m'attendre à vn autre,
mais mon calcul m'eſt ſi commun, que ie ne puis imaginer
en quoy les autres peuuent trouuer de la difficulté. Au reſte,
ie penſe à vn autre moyen qui ſeroit beaucoup meilleur, qui
eſt, que le ieune Gillot que vous connoiſſez, eſt l'vn de ces
deux qui enſeignent icy les Mathematiques, & preſque celuy du monde qui ſçait le plus de ma methode, il fut l'année
paſſée en Angleterre d'où ſes parens l'ont retiré, lors qu'il
commençoit d'y entrer en reputation, & il n'a pas icy grande fortune qui l'oblige à y demeurer; S'il y auoit aſſurance
de luy en faire trouuer à Paris vne meilleure, i'ay aſſez de
pouuoir ſur luy pour l'y faire aller, & il pourroit donner
plus d'ouuerture en vne heure pour l'intelligence de ma
Geometrie, que tous les Eſcrits que ie ſçaurois enuoyer.

Vous auez grande raiſon de m'auertir que ie ne faſſe point
imprimer ce que le ſieur N. a écrit contre Meſſieurs de Roberual & de Fermat. Et ie ſuis bien-aiſe de ce qu'il me permet de le retrancher; mais ie n'aurois pas laiſſé de le faire
quand il ne me l'auroit pas permis; Car autrement ie parti-
ciperois à ſa faute, & ie n'ay point droit de faire imprimer
des médiſances, ſinon celles qui me regardent tout ſeul, afin
de m'en pouuoir iuſtifier.

Ie ſuis bien-aiſe d'apprendre que Meſſieurs Paſcal & Roberual n'ont point de ſi particuliere liaiſon auec Monſieur
de Fermat, que vos Lettres m'auoient fait imaginer; car cela
eſtant, ie ne doute point qu'ils ne ſe rendent enfin à la verité,

& ie ne croy pas auoir mis vne seule syllabe en ma Réponse
qui les puisse desobliger, & vous les pourrez assurer que ie
souhaitte & cheris l'affection des honnestes gens, autant
que personne.

Mais pour les questions Geometriques qu'ils vous pro-
mettent de me proposer, lesquelles ils ne peuuent soudre,
& qu'ils croyent ne pouuoir estre soluës par ma methode,
ie trouue que ce party est desauantageux pour moy; Car,
premierement, c'est contre le stile des Geometres, de proposer aux autres des questions qu'ils ne peuuent soudre eux-
mesmes, puis il y en a d'impossibles, comme la quadrature du
cercle, &c. Il y en a d'autres, qui bien qu'elles soient possi-
bles, vont toutesfois au delà des colomnes que i'ay posées,
non à cause qu'il faut d'autres regles, & plus d'esprit, mais
à cause qu'il y faut plus de trauail, & de ce genre sont celles
dont i'ay parlé en ma Réponse à Monsieur de Fermat sur
son écrit *De Maximis & minimis*, pour l'auertir que s'il
vouloit aller plus loin que moy, c'est par là qu'il deuoit
passer. Enfin il y en a qui appartiennent à l'Arithmetique,
& non à la Geometrie, comme celles de Diophante, &
deux ou trois de celles dont ils ont fait mention dans leur
Escrit, à toutes lesquelles ie ne promets pas de répondre, ny
mesme seulement d'y tascher; non que ces dernieres soient
plus difficiles que celles de Geometrie, mais pour ce qu'elles
peuuent quelquefois mieux estre trouuées par vn homme
laborieux, qui examinera opiniastrement la suite des nombres, que par l'addresse du plus grand Esprit qui puisse estre,
& que d'ailleurs comme elles sont tres-inutiles, ie fais profession de ne vouloir pas m'y amuser. Et toutesfois afin qu'ils
n'ayent pas pour cela occasion de croire que i'ignore la façon de les trouuer, ie mettray icy la solution de celles qui
estoient en leur papier,

Les premieres sont ces deux Theoremes. Si d'vn nombre
mesuré par 8. &c. Ce que ie demonstre facilement, par
cela seul que de tout nombre quarré qui est impair, si on
oste vne vnité, le reste se mesure par 8, & par consequent
aussi

auſſi par 4. comme on prouue de ce qu'ils ſe produiſent tous
en adjoûtant premierement 8. à 1. qui font 9. puis, deux fois
8. à 9. qui font 25. puis, trois fois 8. à 25. qui font 49. &
ainſi à l'infiny, & tout nombre quarré qui eſt pair ſe meſure
par 4. D'où il ſuit clairement que deux nombres quarrez
joints enſemble en compoſent vn, lequel ou bien ſe meſure
par 4. à ſçauoir, ſi ces deux quarrez ſont nombres pairs, ou
bien qui eſt plus grand d'vne vnité qu'vn nombre meſuré
par 4. à ſçauoir, ſi l'vn d'eux eſt impair, ou qui eſt plus grand
de deux vnitez, s'ils ſont tous deux impairs, & de là ſe demonſtre leur ſecond Theoreme. Car ſi tout nombre quarré
ou compoſé de deux quarrez ne peut ſurpaſſer vn nombre
meſuré par 4. que d'vn, ou de deux, tous ceux qui le ſurpaſſent de trois, comme font tous ceux qui ſont moindres
d'vne vnité, qu'vn nombre meſuré par 4. ne peuuent eſtre
ny quarrez, ny compoſez de deux quarrez. Tout de meſme,
ſi on joint enſemble trois quarrez qui ſoient pairs, ils ne
pourront ſurpaſſer vn nombre meſuré par 8. que de 4. Et ſi
l'vn d'eux eſt impair, ils ne le pourront ſurpaſſer que d'vn
ou de 5. & ſi deux ſont impairs, ils ne le ſurpaſſeront que
de deux ou de ſix; & enfin s'ils ſont tous trois impairs, ils
ne le ſurpaſſeront que de trois: De façon qu'ils ne le peuuent iamais ſurpaſſer de ſept, ainſi que font tous les nombres meſurez par 8. apres qu'on en a oſté vne vnité, qui eſt
ce qu'il falloit demonſtrer. Et pour les rompus, c'eſt la
meſme choſe.

  Leur autre queſtion eſt ce Probleme, trouuer vne infinité
de nombres, &c. auquel ie ſatisfais par cette regle. Si on
prend le nombre deux, ou quelqu'vn de ceux qui ſe produiſent en les multipliant par deux à l'infiny. Pour éuiter la
perte du temps, ie n'ay que faire d'en mettre icy la demonſtration, car i'épargne le temps; & en matiere de Problemes,
c'eſt aſſez d'en donner le fait, puis c'eſt à ceux qui l'ont propoſé, d'examiner s'il eſt bien reſolu, ou non. Mais ie ſeray
bien-aiſe auant que de leur faire voir cette regle, que vous les
priez de vous donner auſſi la leur, afin que ſi elle eſt meil-

deure, ie la puiſſe apprendre, I'euſſe pû faire celle-cy de plus
d'eſtenduë qu'elle n'eſt, mais elle euſt eſté plus longue; &
puis qu'ils ne demandent qu'vne infinité de tels nombres,
ſans les y comprendre tous; celle-cy ſatisfait aſſez à leur
Probleme, car elle en contient vne infinité.

En l'humeur où ie ſuis, i'adjoûterois icy tout d'vn train
la ſolution de toutes les autres queſtions qui ſont en leur papier; mais i'apprehende plus la peine de les écrire, que celle
de les chercher; Et pour ce que la premiere n'eſt qu'vn lieu
compris en ma Geometrie, lequel eſt meſme des plus faciles
par ma methode, & que toutes les autres ne ſont que des
ſuittes de ce qu'Archimede a demonſtré de la parabole &
des ſpirales, ie ne crains pas que ceux qui entendront ma
Geometrie, ſe puiſſent imaginer que i'aye de la difficulté à
les reſoudre; & vous ſçauez qu'il y a deſia plus de quinze ans
que ie fais profeſſion de negliger la Geometrie, & de ne
m'arreſter iamais à la ſolution d'aucun Probleme, ſi ce n'eſt
à la priere de quelque Amy; Comme en cette occaſion,
puiſque vous leur auez promis de m'enuoyer ce qu'il leur
plaira de propoſer, ie le receuray de tres-bon cœur, & taſcheray d'y répondre incontinent; mais ce ſera, s'il vous
plaiſt, pour vne fois, & ſans conſequence.

Au reſte, ie vous prie d'excuſer en tout cecy les erreurs
de la plume, s'il s'en rencontre; Car i'écris fort viſte, &
iettant les yeux dernierement ſur la Copie de ma Réponſe
aux Amis de M. de Fermat, i'en ay trouué vne que ie crains
qui ne ſoit auſſi dans l'Original, c'eſt en l'endroit où la
page eſt diuiſée en trois colomnes; Car au titre de la colomne du milieu, où ſont ces mots : *Ont plus grande proportion
entr'eux.* Il y faut encore adjoûter ceuxcy en parentaiſe (*A
ſçauoir, le plus grand au moindre.*) Ce que vous ferez, s'il
vous plaiſt, s'il eſt encore entre vos mains.

A propos de nos Miniſtres, i'ay à vous dire que N. Mathematicien d'Amſterdam, a commiſſion de Meſſieurs les
Eſtats d'aller par la France, en Italie, pour aprendre l'inuention de Galilée pour des longitudes. Et pour ce qu'il paſſe-

ay ie croy par Paris, & mefme qu'il s'y vantera peut-eftre de
mon amitié, i'ay à vous auertir qu'outre qu'il eft tres-igno-
rant, c'eft vne ame tres-noire & malicieufe, qui au mefme
temps qu'il me venoit voir, & feignoit de rechercher mon
amitié, médifoit de moy en compagnie, auec fi peu de vray-
femblance, & tant d'effronterie, que des perfonnes mefme
qui l'aimoient, & aufquels i'eftois indifferent, l'en querel-
lerent, dequoy ie voudrois pouuoir auertir ceux qui me
connoiffent, aufquels il fe pourroit addreffer.

Ie vous prie de faire ce qui fe pourra afin que Monfieur
Petit m'enuoye fes objections contre ma Dioptrique au
pluftoft; Ie vous prie auffi de m'enuoyer l'Efcrit du Pere
Gib, & de fes Amis contre mes raifons de l'exiftence de
Dieu, le plus promptement que vous pourrez; S'il y a moyen
d'auoir de luy quelque chofe de plus, tant mieux. Ie vous
prie auffi de m'interpreter ouuertement vn mot que vous
me mandez d'eux, qu'ils font fi fort occupez à d'autres chofes, que vous n'y penfez plus qu'à regret; Car ie ne l'entens
point, & commence à m'eftonner de n'entendre point de
leurs nouuelles, veu la bonne volonté qu'ils m'ont témoignée autrefois, fans que ie puiffe m'imaginer que ie leur aye
donné *cogitatione, verbo, vel opere*, aucun fujet de refroi-
diffement. Ie vous prie auffi de me mander des nouuelles
de Meffieurs Silhon & Cerifay. I'ay referué tout cecy pour
la fin de ma Lettre, afin que vous vous en fouueniez mieux.

I'ay penfé oublier de répondre à ce qui eft à la fin du papier de Monfieur Petit, touchant les refractions; à quoy ie
dis que la dureté des corps n'a aucun rapport auec elles,
comme i'expliqueray en ma Réponfe à Monfieur Morin.
Secondement, touchant la nature de la dureté, ie dis dans
les Meteores qu'elle confifte en ce que les parties de ces
corps font moins difpofées à fe mouuoir feparément l'vne
de l'autre, ou mieux jointes, & plus groffes. Troifiémement, fi vous defirez vous appliquer à ma Geometrie, i'en
feray tres-aife, & tout ce que i'y pourray contribuer ie le

E e e ij

feray auec paſſion ; mais il faudroit pour cela que le ſieur Gillot fuſt à Paris.

Ie penſois vous enuoyer vn billet ſeparé pour voſtre Geoſtaticien ; mais ie me rauiſe, car ie croy que cela n'en vaut pas la peine , & s'il vous en parle, vous luy pourrez faire voir que ie vous ay prié de me mander, ſi celuy qui m'a écrit en ces termes, *Qu'il demonſtre*, &c. eſt quelque Roy, ou autre qui ait authorité ſur moy, & que ſi cela eſtoit, ie me mettrois en deuoir de luy obeïr ; Mais que ſi c'eſt vne perſonne qui n'ait aucun droit de me commander, ie iuge de ſon ſtile qu'il ne merite pas que ie l'oblige, en luy enſeignant ce qu'il demande. Ou s'il ne veut pas auoüer qu'il l'ignore, & qu'il penſe auoir quelque methode meilleure que la mienne, pour chercher toutes ſortes de queſtions, c'eſt à luy à examiner ſi i'ay failly, & à ſe taire iuſques à ce qu'il le puiſſe demonſtrer. Ie ſuis,

MON R. P.

Voſtre tres-humble & tres-obeïſſant
ſeruiteur, DESCARTES.

AV R. PERE MERSENNE.

LETTRE LXX.

MON REVEREND PERE,

Monſieur le Roy reuenant icy m'a apporté la hauteur de la tour d'Vtrech tres-exactement meſurée, & elle eſt de 350. pieds de Roy, en contant le cocq, ou la giroüette qui eſt au deſſus, & cette giroüette auec la pomme qui la ſoûtient eſt haute de 16. pieds & 7. pouces ; Il vous en vouloit écrire, mais pour ce qu'il n'auoit autre choſe à vous mander, ie luy

ay promis de vous faire ses baise mains, & ainsi i'ay déchargé
mon pacquet dautant de papier. Or entre nous, quoy que
vous ne me mandiez point quel est l'Autheur des objections
ausquelles ie répons en l'autre feüillet, que vous separerez,
s'il vous plaist, de celuy-cy, en cas que vous vouliez le
monstrer, ie iuge neantmoins qu'elles viennent du Geosta-
ticien, car elles sont iustement de sa portée, & contiennent
des raisonnemens dignes de luy ; mais ie n'ay pas laissé d'y
vouloir répondre ciuilement : Assurez-vous que i'apprehende fort peu sa colere, & que i'aime mieux que telles
gens me soient ennemis declarez, & qu'ils parlent auec animosité contre moy, que non pas que feignant d'estre mes
Amis, ils dient froidement qu'ils s'estonnent de ce que i'ay
donné si peu de chose, &c. Or ie vous enuoye icy des solutions de tout ce que Monsieur de Roberual dit ne sçauoir
pas, dans la Lettre dont vous m'auez enuoyé la Copie, mais
ie vous prie de les faire voir à plusieurs auant luy, & mesme
de ne luy en point donner l'Original, car i'ay tant remarqué
de procedures indirectes en ces gens-là, que ie croy qu'il ne
s'y faut pas trop fier ; Et s'il n'auoit pû comprendre ma premiere demonstration de la Roulette, il ne comprendra
peut-estre pas non plus tout ce qui est en celles-cy, Mais il
m'eust fallu trop de peine à écrire, pour éclaircir le tout
pour des enfans. Ie seray bien-aise de sçauoir ce qu'il aura
dit de ma derniere explication de la demonstration de la
Roulette ; car ie croy qu'elle est si claire, que s'il la nie, les
moindres Escoliers seront capables de s'en moquer.

    Pour l'introduction à ma Geometrie, ie vous assure
qu'elle n'est nullement de moy, & ie l'ay seulement à peine
oüy lire vn peu deuant que ie l'enfermasse dans mon pacquet, & i'ay honte de ce que vous auez écrit à M. de Fermat, que i'y ay resolu son lieu plan ; car il est si facile par ma
Geometrie, que c'est tout de mesme que si vous luy auiez
mandé, que i'ay pû inscrire vn triangle dans vn cercle. A
propos dequoy, s'il vous souuient que ie témoignay en faire
estat la premiere fois que vous me l'enuoyastes, & que ie

vous manday que ſon Autheur deuoit eſtre fort ſçauant en
Geometrie, & que i'eſperois qu'il ſeroit l'vn de ceux qui
iugeroient le mieux de la mienne, vous pouuez connoiſtre
par là que ie ſuis d'vne humeur fort differente de la leur, veu
que ie lottois en eux vne choſe, que i'euſſe crû eſtre trop
baſſe pour moy; & eux au contraire mépriſent en moy des
choſes, qui ſont ſi loin au delà de leur portée, qu'ils ne ſont
pas ſeulement capables de les comprendre, lors que ie les ay
ſuffiſamment expliquées. I'ay conſideré exactement la demonſtration pretenduë de la Roulette enuoyée par Monſieur de Fermat, laquelle commence par ces mots; *Le centre du demy cercle n, le diametre diuiſé aux parties égales I K,
K L,* &c. Mais c'eſt à mon ſens la choſe la plus embroüillée
du monde; En effet il monſtre par là, que n'ayant rien ſceu
trouuer de bon touchant cette Roulette, & ne voulant pas
pour cela demeurer ſans Réponſe, il a mis là vn diſcours
embaraſſé, qui ne conclud rien du tout, ſur l'eſperance qu'il
a euë que les plus habiles ne l'entendroient pas, & que les
autres croyroient cependant qu'il l'auroit trouuée. Si le
ſieur de Roberual s'eſtoit contenté de cela, on pourroit
bien dire en bon Latin, que *mulus mulum fricat.* Vous m'auiez
mandé il y a vn an ou deux, qu'il auoit écrit vn Liure contre
Galilée, auec vn titre fort faſtueux, dequoy ie n'ay plus oüy
parler depuis, ie voudrois bien ſçauoir ce qui en eſt reüſſi.
En effet, que ces gens-là faſſent, ou diſent, ou écriuent tout
ce qu'ils voudront, ie ſuis reſolu de ne m'en pas ſoucier; Et
au bout du conte, ſi les François me font injuſtice *conuertam
me ad gentes.* Ie ſuis reſolu de faire imprimer bien-toſt la
Verſion Latine pour ce ſujet; Et ie vous diray que i'ay receu
cette ſemaine des Lettres d'vn Docteur que ie n'ay iamais
veu, ny connu, qui me remercie de ce que ie l'ay fait eſtre
Profeſſeur en Medecine dans vne Vniuerſité, où il n'euſt
iamais oſé pretendre ſans moy. Ce qui eſt arriué, pour ce
qu'ayant enſeigné en particulier quelque choſe de ma Philoſophie à des Eſtudians de ce lieu-là, ils y ont pris vn tel
gouſt, qu'ils ont prié le Magiſtrat de leur donner ce Pro-

feſſeur. I'en ay receu d'autres, qui entendent & enſeignent
ma Geometrie, ce que ie vous mande, afin que vous ſçachiez,
que ſi la verité ne peut trouuer place en France, elle ne laiſſera peut-eſtre pas d'en trouuer ailleurs, & que ie ne m'en
mets pas fort en peine.

Ie vous prie de faire mes complimens à Monſieur Morin,
lequel ie remercie de ſon obſeruation de l'Arc-en-Ciel, ie
luy ferois réponſe, mais puis qu'il m'enuoyera peut-eſtre
encore quelque replique à mes Réponſes, ie les attendray.

I'ay receu la Lettre de Monſieur de Zuitlychem, où il
me mande touchant Monſieur Hardy, qu'il y aura moyen
d'obtenir ce qu'il demande, pourueu, dit-il, qu'il luy plaiſe
d'y contribuer ce qu'on propoſe : *Nempe vt obiter id manu
propriâ teſtetur*, qui eſt à mon aduis la forme de caution, que
les gens d'honneur ont à rendre en ces occurrences. Ce ſont
ces mots, & il m'a enuoyé l'extrait de la Lettre que Monſieur Hardy luy auoit écritte ſur ce ſujet, où il mettoit, ce
me ſemble, quelque mot Latin qui ſignifie vne promeſſe
juridique, ou pardeuant Notaires, ie l'ay égaré entre mes
papiers, ſans cela ie luy enuoyerois. I'écrirois auſſi à Monſieur Hardy, mais ie n'ay pas le temps, ie ſuis ſon tres-humble ſeruiteur, & ie le prie de ne point faire voir ce que ie luy
ay mandé cy-deuant de la regle *De Maximis*, ſi ce n'eſt qu'il
l'ait deſia fait, car i'ay mis cy-deſſus, en ce que ie répons à la
Lettre de Monſieur de Fermat, qu'il n'en ſçauroit donner
la demonſtration, s'il ne l'a appriſe de ce que ie luy ay écrit.
l'oubliois à vous dire que la nouuelle ligne que ie propoſe
au ſieur R. à la fin de la quatriéme page de cette Lettre, eſt
toute la meſme que l'autre, ce que ie fais pour me rire de
luy, s'il ne le reconnoiſt pas, à cauſe qu'il dit la connoiſtre
comme le cercle. I'ay receu enfin de Leyde le Liure de Galilée, & ay employé deux heures à le feüilleter, mais i'y
trouue fort peu de matiere pour remplir les marges, & ie
croy que ie feray mieux de marquer ſeulement tout ce que
i'y trouueray de remarquable dans vn petit feüillet de papier, & vous l'enuoyer dans vne Lettre, car M. de Zuitly-

chém n'eſtant point à la Haye, ie ne ſçay par quelle voye ie pourrois vous enuoyer le Liure, & ſes marges eſtant toutes vuides vous ne le verriez peut. eſtre pas de bon œil. I'ay receu auſſi l'Eſcrit contre moy par l'Ambaſſadeur d'Angleterre, lequel ie n'ay pas encore ſeulement décacheté, & ſi vous ne me mandez derechef qu'il importe que ie le liſe, ie ne luy en veux point faire l'honneur, mais ie vous le renuoyeray tel qu'il eſt. Ie ſuis extremement obligé à Monſieur de Sainte Croix du fauorable iugement qu'il fait de moy, ie vous prie de m'entretenir en ſes bonnes graces, & de celuy qui vous a donné les nombres dont parties aliquotes font le triple; Il doit ſçauoir vne excellente Arithmetique, puis qu'elle le conduit à vne choſe où l'Analyſe a bien de la peine à paruenir. Ie n'auois point remarqué l'erreur de plume qui eſtoit au dernier de ſes nombres; car i'auois ſeulement examiné le ſecond, & l'ayant trouué bon, ie n'auois point douté que les autres ne le fuſſent auſſi; Mais cela me fait ſouuenir que ie me ſuis auſſi méconté en ce que i'ay écrit ſur la derniere queſtion à Monſieur de Sainte Croix, que tous les nombres au delà de 33, qui ſont compoſez de trois quarrez, le ſont auſſi de 4, excepté les quadruples de 6, & de 14; Car au lieu de 33, ie deuois mettre 41, & lors ce Theoreme eſt vray; Comme auſſi qu'il n'y a point d'autres nombres qui ne ſoient compoſez de quatre quarrez, excepté les quadruples de deux, comme 8, 32, 128, &c. leſquels ne ſont ny quarrez, ny compoſez de trois, ny de quatre quarrez, mais ſeulement de deux.

Ie croy que vos Lettres ne ſe perdent point par Haerlem, car i'en ay deſia receu cinq ou ſix, & ie fais icy réponſe à trois, dont la derniere eſt du douziéme de ce mois, & nous ſommes au 23. d'Aouſt 1638. Mais ie vous prie de prendre vn peu garde à les bien fermer; Car i'en ay receu deux ou trois qui auoient, ce me ſemble, eſté ouuertes; Il eſt vray qu'il n'y a iamais rien dedans que tout le monde ne puiſſe bien voir. Ie ſuis,

A

A MONSIEVR DE BEAVNE.

Du 20. Février 1639.

LETTRE LXXI.

MONSIEVR,

I'ay esté extremement aisé de voir vos notes sur ma Geometrie, & ie puis dire auec verité, que ie n'y ay pas trouué
vn seul mot qui ne soit entierement selon mon sens; En sorte
que i'ay admiré que vous ayez pû reconnoistre des choses
que ie n'y ay mises qu'obscurement; Comme en ce qui regarde la generalité de la methode, & la construction des
lieux plans & solides, &c. Et par tout ie prens garde que
vous auez plustost eu dessein d'excuser mes fautes, que de les
découurir; dequoy i'ay veritablement sujet de vous remercier, à cause que c'est vn grand témoignage de vostre bien-
veillance ; mais ie ne vous aurois pas moins remercié, si
vous les auiez remarquées, à cause de l'vtilité que i'en aurois
pû retirer. Et afin que vous sçachiez que ie ne me flatte pas
tant, que ie n'y reconnoisse beaucoup de manquemens, ie
vous en diray icy quelques vns. Premierement, au lieu de
m'estre employé depuis la page 324. iusques à 334. à construire la question de Pappus, & de n'auoir parlé des lieux
apres cela qu'en forme de corollaire, i'eusse mieux fait d'expliquer par ordre tous les lieux, & de dire en suitte que par
ce moyen la question de Pappus estoit construite.

De plus i'ay obmis le cas où il n'y a point d'yy, mais
seulement xy, auec quelques autres termes, ce qui donne
tousiours vn lieu à l'hyperbole, dont la ligne que i'ay nommée A B est asymptote, ou parallele à l'asymptote. Et en
l'équation de la page 325. dont ie fais vn modelle pour toutes

les autres, il n'y a aucun terme qui foit compofé de quantitez connuës ; ce qui eft bon pour la queftion de Pappus, à caufe qu'il ne s'y en trouue iamais par la façon que ie l'ay reduitte ; mais il y en falloit mettre vn, pour ne rien obmettre touchant les lieux. Et les deux conftructions que i'ay données pour l'hyperbole, pages 330. & 331. fe pouuoient expliquer par vne feule. Ie n'ay point donné l'Analyfe de ces lieux, mais feulement leur conftruction, comme i'ay fait auffi de la plufpart des regles du troifiéme Liure ; Et au contraire, pour les tangentes ie n'ay donné qu'vn fimple exemple de l'Analyfe, pris mefme d'vn biais affez difficile, & i'y ay obmis beaucoup de chofes qui pouuoient y eftre adjoûtées pour la facilité de la pratique. Toutesfois ie puis affurer que ie n'ay rien obmis de tout cela qu'à deffein, excepté le cas de l'afymptote que i'ay oublié ; Mais i'auois preueu que certaines gens qui fe vantent de fçauoir tout, n'euffent pas manqué de dire, que ie n'auois rien écrit qu'ils n'ayent fceu auparauant, fi ie me fuffe rendu affez intelligible pour eux, & ie n'aurois pas eu le plaifir que i'ay eu depuis, de voir l'impertinence de leurs objections ; Outre que ce que i'ay obmis ne nuit à perfonne. Car pour les autres, il leur fera plus profitable de tafcher à l'inuenter d'eux-mefmes, que de le trouuer dans vn Liure ; Et pour moy, ie ne crains pas que ceux qui s'y entendent m'imputent aucune de fes obmiffions à ignorance ; car i'ay par tout eu foin de mettre le plus difficile, & de laiffer feulement le plus aifé.

Quand on a $x^2 y$, ou $x^2 y^2$ dans vne équation, le lieu eft d'vne ligne du fecond genre ; & i'ay mis en la p. 319. que lors que l'équation ne monte que iufques au rectangle des deux quantitez indeterminées, c'eft à dire, lors qu'il n'y a que $x y$, le lieu eft folide ; mais que lors qu'elle monte à la troifiéme ou quatriéme dimenfion des deux, ou de l'vne, c'eft à dire, lors qu'il y a $x x y$, ou bien x^3, &c. le lieu eft plus que folide.

Ie vous remercie de la proportion des Refractions que vous m'auez enuoyée, ie ne doute point qu'elle ne foit tres-

exacte ; & ie fais si peu d'estat de celuy qui dit auoir fait des
experiences qui monstrent le contraire, que i'ay seulement
honte de nostre siecle, de ce que de telles gens en trouuent
d'autres qui daignent les écoûter ; mais ie ne croy pas qu'il
y ait personne, que les raisons dont vous le refutez ne persuadent. Ie n'ay rien à dire touchant ce que vous trouuez
bon de changer en la machine pour les Lunettes, car c'est
chose dont vous pouuez mieux iuger que moy ; Mais pour
ce qui est de commencer par les Lunettes à puces, ie crains
qu'elles ne fassent pas voir si clairement l'vtilité de la figure
hyperbolique comme les Lunettes de longue veuë ; Car
vous sçauez que pour les verres qu'on met proche de l'œil,
il n'importe pas tant que leur figure soit exacte ; C'est pourquoy ie me persuade que vous receurez plus de contentement de vostre trauail, si vous commencez par vne machine, qui puisse auoir au moins vn pied ou vn pied & demy de
hauteur, entre les lig. A B & R Q (p. 145. de la Diop.) & que
vous vous en seruiez à tailler des verres, qui ayent quatre ou
cinq pouces de diametre, pour des Lunettes de deux ou
3. pieds de longueur ; Car y adjoûtant seulement des verres
fort concaues, taillez au hazard, ie ne doute point que vous
ne les rendiez beaucoup meilleures que les ordinaires, qui
ne peuuent auoir des verres si grands, encore qu'elles soient
beaucoup plus longues ; Et vous pouuez faire aisément que
cette mesme machine serue pour diuerses hauteurs. Si ce
qu'on a dit au Reuerend Pere Mersenne de la Lunette apportée de Naples, est vray, à sçauoir, que le verre conuexe
en est extraordinairement grand, & que bien qu'il soit plus
mal poly que les ordinaires, il ne laisse pas d'auoir plus
d'effet, ie iuge qu'il doit auoir la figure de l'hyperbole, mais
i'apprens qu'on commence à en diminuer le bruit.

Pour vos lignes courbes, la proprieté dont vous m'enuoyez la demonstration me paroist si belle, que ie la prefere
à la quadrature de la parabole trouuée par Archimede ; Car
il examinoit vne ligne donnée, au lieu que vous determinez
l'espace contenu dans vne qui n'est pas encore donnée. Ie ne

croy pas qu'il foit poſſible de trouuer generalement la conuerſe de ma regle pour les tangentes, ny de celle, dont ſe ſert Monſieur de Fermat non plus, bien que la pratique en ſoit en pluſieurs cas plus aiſée que de la mienne; Mais on en peut déduire *à poſteriori* des Theoremes, qui s'eſtendent à toutes les lignes courbes qui s'expriment par vne équation, en laquelle l'vne des quantitez x, ou y, n'ait point plus de deux dimenſions, encore que l'autre en euſt mille; & ie les ay trouuez preſque tous en cherchant cy-deuant voſtre deuziéme ligne courbe; mais pour ce que ie ne les écriuois que dans des brouillons que ie n'ay pas gardez, ie ne vous les puis enuoyer. Il y a bien vne autre façon qui eſt plus generale, & *à priori*, à ſçauoir, par l'interſection de deux tangentes, laquelle ſe doit touſiours faire entre les deux points où elles touchent la courbe, tant proches qu'on les puiſſe imaginer : Car en conſiderant qu'elle doit eſtre cette courbe, afin que cette interſection ſe faſſe touſiours entre ces deux points, & non au deça ny au delà, on en peut trouuer la conſtruction; mais il y a tant de diuers chemins à tenir, & ie les ay ſi peu pratiquez, que ie n'en ſçaurois encore faire vn bon conte; Toutesfois vous verrez icy en quelle façon ie m'en ſuis ſeruy pour vos trois lignes courbes.

En la deuxiéme A V X dont le ſommet eſt A, au lieu de conſiderer l'axe A Y, auec ſon ordonnée X Y, i'ay conſideré l'aſymptote B C, vers laquelle ayant mené des ordonnées paralleles à l'axe, comme P V, R X, &c. & des tangentes comme A C, Z V n, G X m, &c. i'ay trouué que la partie de l'aſymptote qui eſt entre l'ordonnée & la tangente d'vn meſme point, comme P n, ou R m, &c. eſt touſiours égale à B C; ainſi que vous verrez facilement par le calcul. Or dautant que les deux lignes Z V n & G X m touchent la courbe aux points V & X, elles doiuent neceſſairement s'entrecoupper en l'eſpace qui eſt entre ces deux points, tant proches qu'ils puiſſent eſtre, comme par exemple au point D, par lequel ie mene F D parallele à P V. Et ie nomme A B || b, n P || b V 2; P F || e; F R || w,

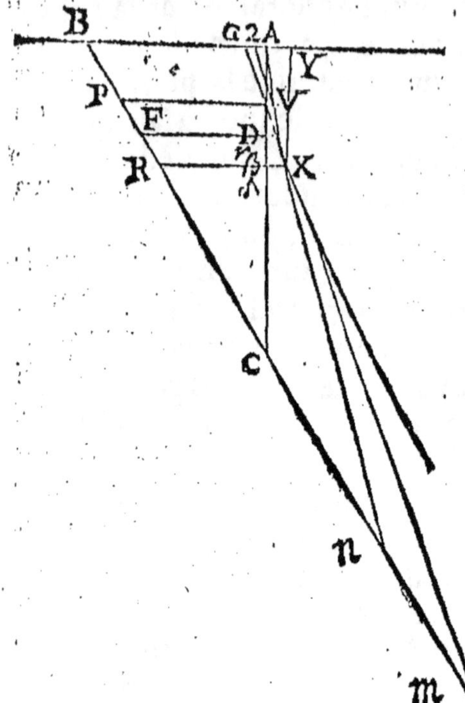

$PV \parallel \frac{nb}{m}$, & $RX \parallel \frac{nb-b}{m}$ entendant par m, vn nombre de parties égales, ausquelles ie suppose que toute la ligne b est diuisée; & par n, vn autre moindre nombre, qui exprime combien la lig. PV contient de telles parties; En sorte que si m est 16, & n est 13, i'ay $PV \parallel \frac{13}{16} b$, & $RX \parallel \frac{12}{16} b$ car ie suppose RX moindre que PV, d'vne de ses parties seulement, apres cela ie procede en cette sorte.

Comme $NP \parallel b\sqrt{2}$, est à $PV \parallel \frac{nb}{m}$, ainsi nR $\parallel b\sqrt{2} - e$, est à $FD \parallel \frac{nb}{m} - \frac{ne}{mP\sqrt{2}}$; Et comme $mR \parallel b\sqrt{2}$ est à $\frac{nb-b}{m}$ ainsi $b\sqrt{2}+\omega$ est à $FD \parallel \frac{nb-b}{m} + \frac{n\omega}{mP\sqrt{2}} - \frac{\omega}{mP\sqrt{2}}$; Si bien que i'ay FD en deux façons, qui me donnent $\frac{b}{m} \parallel \frac{n\omega - \omega + ne}{mP\sqrt{2}}$ ou bien $b\sqrt{2} \parallel n\omega - \omega + ne$: Ce qui monstre que PR, que i'ay nommée $e + \omega$ est $\frac{b\sqrt{2}+\omega}{n}$ ou bien $\frac{b\sqrt{2}-e}{n-1}$ c'est à dire, que PR est necessairement plus grande que $\frac{b\sqrt{2}}{n}$ & plus petite que $\frac{b\sqrt{2}}{n-1}$, ou bien afin de rejetter le nombre sourd $\sqrt{2}$, que la ligne $\alpha\beta$ est plus grande que $\frac{b}{n}$, & plus petite que $\frac{b}{n-1}$.

Et pour ce que le mesme se doit entendre de toutes les ordonnées paralleles à l'axe, qui ne different l'vne de l'autre que d'vne des parties de la ligne AB, cecy suffit pour demonstrer que si on diuise cette ligne AB en 8, & que PV contienne par exemple $\frac{3}{4} b$, $A\alpha$ sera plus grande que $\frac{1}{8} b$,

† $\frac{1}{7}$ b; & moindre que $\frac{1}{7}$ b, † $\frac{1}{8}$ b; Et que si on diuise A en 16, A α sera plus grande que $\frac{1}{16}$ b, † $\frac{1}{15}$ b, † $\frac{1}{14}$ b, † $\frac{1}{13}$ & moindre que $\frac{1}{15}$ b, † $\frac{1}{14}$ b, † $\frac{1}{13}$ b, † $\frac{1}{12}$ b, & ainsi d autres : De façon que diuisant A B en plus de parties, o peut approcher de plus en plus à l'infiny, de la iuste lon gueur des lignes A α, A β, & semblables, & par ce moye construire Mechaniquement la ligne proposée.

De plus, à cause que R X estant $\frac{1}{2}$ b, on ne sçauroi imaginer en la ligne A β, aucun point au dessus de β, comm γ, qui soit si proche de β, qu'il ne se demonstre par cec que l'interualle γ β, est moindre que le double de la diffe rence qui sera entre l'ordonnée R X, & l'ordonnée q passera par le point γ; Et qu'au contraire on ne sçauroi imaginer aucun point au dessous de β, comme δ, qu'il n se demonstre que l'interualle β δ, est plus grand que le dou ble de la difference qui est entre l'ordonnée R X, & cell qui passe par δ; Et que tout de mesme que P V estant $\frac{2}{3}$ on ne sçauroit mener aucune autre ordonnée au dessus d'el le, comme par le point n, que la ligne α n ne soit moindr que $\frac{2}{3}$ de leur difference; ny aucune au dessous, comme pa o, que α o ne soit plus grande que $\frac{2}{3}$ de leur difference, & ainsi des autres. Cela monstre que pour décrire exactemen cette courbe A V X, il faut mouuoir deux lignes droite en telle sorte, que l'vne estant appliquée sur la ligne A H & l'autre sur A B, elles commencent à se mouuoir en mesm temps également viste, A H vers B R, & A B vers R H & que celle qui se meut de A H vers B R, retienne tou jours sa mesme vitesse; Mais que l'autre qui descend de B parallele à R H, augmente la sienne en telle proportion que si elle a vn degré de vitesse en commençant, elle en ai $\frac{8}{7}$ lors que la premiere a parcouru la huitiéme partie de l ligne A B, & $\frac{8}{6}$ ou $\frac{4}{3}$, lors que la premiere a parcouru l quart de A B, & $\frac{8}{5}$, $\frac{8}{4}$, $\frac{8}{3}$, $\frac{8}{2}$ & 8, & 16 & 32, &c. lor que la premiere arriue à $\frac{3}{8}$, $\frac{4}{8}$, $\frac{5}{8}$, $\frac{6}{8}$ & $\frac{7}{8}$, & $\frac{15}{16}$ & $\frac{31}{32}$, &c. d la ligne A B, & ainsi à l'infiny; Et l'intersection de ce deux lignes droites décrira exactement la courbe A V X

qui aura les proprietez demandées. Mais ie croy que ces
deux mouuemens sont tellement incommensurables, qu'ils
ne peuuent estre reglez exactement l'vn par l'autre ; Et
ainsi que cette ligne est du nombre de celles que i'ay rejettées de ma Geometrie, comme n'estant que Mechanique,
ce qui est cause que ie ne m'estonne plus de ce que ie ne
l'auois pû trouuer de l'autre biais que i'auois pris, car il ne
s'estend qu'aux lignes Geometriques.

Pour vostre troisiéme ligne courbe, vous voyez assez
qu'elle est de mesme nature, & se décrit de mesme façon
que cette seconde, sans qu'il y ait autre difference, sinon
qu'au lieu qu'en celle cy l'angle B A H est de 135 degrez,
& H A Y de 45, ils doiuent estre tous deux droits en
l'autre.

Pour la quatriéme, ie ne l'ay point du tout examinée,
& ie n'en pourrois auoir le loisir, si ie ne differois à vn autre
voyage à vous écrire, mais ie m'assure que vous aimerez
mieux en faire la recherche.

Les petites remarques que i'ay faites sur le Liure de Galilée, ne valent pas la peine que vous les voyez ; mais puis
qu'il vous plaist, ie ne laisseray pas de prier le Reuerend
Pere Mersenne de vous les enuoyer. I'ay bien pris garde
que Galilée ne distingue pas les diuerses dimensions du
mouuement, mais cela luy est commun auec tous les autres,
dont i'ay veu quelques écrits de Mechanique.

Pour la difficulté qu'on a de conceuoir, comment plusieurs diuerses actions peuuent passer en mesme temps par
vn mesme espace sans s'empescher, comme par exemple,
toutes les couleurs d'vne prairie par le trou de la prunelle
de l'œil, elle vient principalement de ce qu'ayant remarqué
dés nostre enfance, que les corps durs empeschent souuent
les mouuemens les vns des autres, au lieu de prendre garde
que la cause n'en doit estre attribuée qu'à leur dureté, & à
leur grosseur, nous auons iugé qu'vn mesme corps n'estoit
pas capable de receuoir tout ensemble les impressions de
plusieurs diuers mouuemens, Et toutesfois il est tres-certain

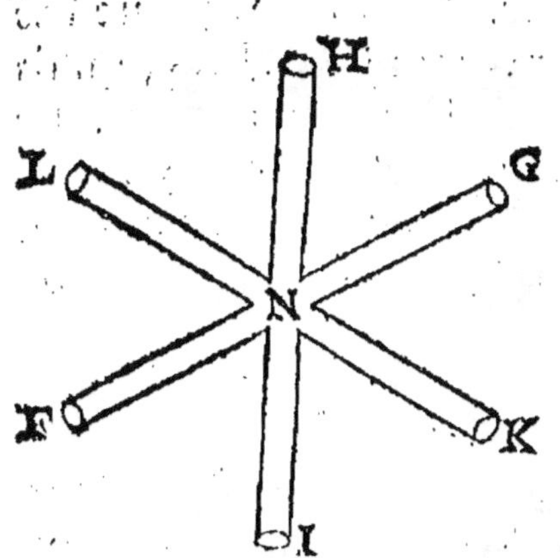

qu'il en peut receuoir vn nombre innombrable, non-obftant que chacune de fes parties ne puiffe pas pour ce-la fe mouuoir en plus d'vne forte; Comme on peut voir aifément plufieurs tuyaux F G, H I, K L qui foient joints par le milieu, & que plufieurs hommes foufflent en mefme temps, l'vn d'F vers G, l'autre d'H vers I, & l'autre de K vers L, &c. car bien que les parties de l'air contenuës en l'efpace N qui leur eft commun à tous, ne fe puiffent mouuoir chacune que vers vn cofté en mefme temps, elles ne laiffent pas de pouuoir feruir à transferer toutes les actions qu'elles reçoiuent; & l'on peut dire que l'action qui vient d'F paffe en ligne droite vers G, nonob-ftant qu'il n'y ait peut-eftre aucune partie de l'air qui vient d'F, laquelle eftant paruenuë à l'efpace N, ne tourne de là vers I & vers L; car en ce faifant, elles transferent l'action qui les determinoit vers G à d'autres parties d'air qui vien-nent d'H & de K, & qui tendent vers G tout de mefme que fi elles venoient du point F, & ainfi des autres; Au refte, afin que ie ne laiffe aucuns points de voftre Lettre fans quelque réponfe, ie vous diray que fi tout le monde vouloit receuoir mes penfées auffi fauorablement que vous, ie ne ferois au-cune difficulté de les publier; mais pour ce que i'éprouue que la plufpart, & mefme de ceux qui caufent le plus, font d'autre humeur, ie ne le iuge pas à propos. Ie fuis,

MONSIEVR,

Voftre tres-humble & fidele feruiteur,
DESCARTES.

A MONSIEVR ****.

LETTRE LXXII.

MONSIEVR,

I'employay dernierement vn quart d'heure, estant dans le bateau de Harlem, à lire le papier que vous m'auiez donné en partant de chez vous, & pour ce que vous ne l'auiez pas ce me semble encore lû, & que ie promis de vous en écrire mon sentiment, ce sera le sujet de cette Lettre.

Premierement, la question du Iohanne Baptista Art. est tres-mal proposée; Car outre la premiere condition, à sçauoir, que le Canon ait autant de force contre le flanc E D, que contre la face D C est ambiguë, ou plustost n'a point de sens intelligible, si ce n'est au regard de celuy qui l'a proposée, ce qui monstre clairement que c'est le sieur N. car il dit que cette force égale signifie que l'angle E D C doit estre diuisé en deux également par ligne D A, ce qui ne peut toutesfois estre vray, si on ne suppose la ligne E D égale à D C, ce qu'il ne fait pas. Et il est éuident que D C estant plus longue que D E, & l'angle C D A estant égal à E D A, le Canon a moins de force contre le point C, que contre aucun de ceux de la ligne E D, à cause que l'angle D C A est plus aigu que l'angle D E A, & au contraire qu'il a plus de force contre toute la ligne D C, que contre E D, à cause que l'angle D A C est plus grand que D A E; de façon que la *proportio æqualis* qui est demandée ne s'y trouue point.

De plus, cette ligne D A qui diuise l'angle E D C en deux parties égales, ou en telle autre façon qu'on voudra, estant trouuée, & le cercle C D G I qui passe par le point A estant aussi décrit, ce point A est entierement determiné

En sorte que ce qui est adjoûté par apres, à sçauoir, que la ligne M N est de trente-quatre vergés sept pieds sept pouces, & que C A n'est pas plus grande que soixante verges, ne peut seruir pour le trouuer, mais seulement pour connoistre la grandeur des lignes, & des angles de l'ouurage à corne, comme C D, C D E, &c. Et c'est chose entierement impertinente, pour faire connoistre la grandeur de ces lignes & de ces angles, de dire que C A ne doit pas exceder soixante verges ; car cela n'empesche pas qu'elle ne puisse estre d'vne infinité de diuerses grandeurs au dessous de celle-là. Et le sieur N ayant derechef donné à cecy vne interpretation à sa mode, & qui ne peut aucunement estre tirée des termes de la question, à sçauoir, que ces soixante verges doiuent estre prises pour le diametre du cercle qui passe par les points C, D, G, I, A, non seulement il fait voir que c'est luy-mesme qui l'auoit proposée, mais aussi qu'il ne sçait pour tout ce que c'est que de proposer ny de resoudre des questions. Car en cas que ce n'eust pas esté luy qui eust proposé celle-cy, il deuoit pour la resoudre premierement remarquer l'ambiguité de la premiere condition, & ayant denombré tous les sens qu'on luy peut donner, l'expliquer selon chacun d'eux ; Apres cela il deuoit monstrer l'impertinence de la troisiéme, à sçauoir, que la ligne A C ne doit pas estre de plus de soixante verges, & dire qu'elle ne sert de rien à la question, qui est seulement de trouuer le point A, & non de mesurer l'ouurage à corne, car ce point A se trouue sans elle : Mais au lieu de cela il s'en sert pour determiner la grandeur de la ligne E F, ou D C, laquelle n'estoit pas demandée, & s'en sert d'vne façon fort ridicule, en supposant que le diametre du cercle C D G I A est de soixante verges ; Comme si le Capitaine qui veut dresser vne batterie au point A, pouuoit supposer ce diametre, & en suitte faire la grandeur des lignes E F, & D C à sa volonté. Car en supposant ce diametre de cinquante-neuf verges, ou bien de quelque peu plus de soixante, il satisferoit tout aussi bien aux termes de la question, qu'en la supposant

iustement de soixante, mais ces lignes E F & D C se trouueroient autres. C'est pourquoy pour bien faire, il deuoit
supposer non le diametre du cercle C V, mais l'inscrite C
A de soixante verges, & par là chercher C D, & dire en
suitte que C D ne pouuoit estre plus grande que la quantité
qu'il eust trouuée par ce moyen, mais qu'elle pouuoit bien
estre moindre, Or toute sa solution pretenduë ne contient
autre chose que cela, excepté qu'il promet de monstrer en
son nouueau Liure, tant par les sections d'vn cube, que par
les sections d'vn cone, que la face I G est $28\frac{1}{2} - \sqrt{26\frac{1}{4}}$,
ce qui est derechef tres-impertinent; Car si elle s'explique
par ces nombres, il n'est nullement besoin de sections coniques, ny de cubes pour la trouuer, & mesme ce seroit vne
faute que de les y employer, dautant que le Probleme est
plan. Et le bon homme fait assez voir par là, qu'il ne sçait
pas seulement la difference qui est entre les Problemes
plans, & les solides; Mais qu'ayant oüy dire que d'autres
resoluoient les équations cubiques par les sections des cones, il a mis cela pour faire croire qu'il en sçauoit la façon;
En quoy il s'est tellement mépris, que cela mesme fait voir
qu'il l'ignore.

L'autre question supposant les mesmes choses que la premiere contient aussi les mesmes erreurs, & ie ne voy rien du
tout, ny en la proposition, ny en la solution de l'vne ou de
l'autre, qui témoigne tant soit peu d'esprit, ou de sçauoir;
mais elles sont entierement ineptes & pueriles.

Pour ce qui est du sieur Wassenaert, il n'y a rien à redire
en son Escrit, sinon qu'il a esté trop courtois enuers le sieur
Iean Baptiste, & le sieur St. en ce que sans s'arrester à reprendre leurs fautes, il a receu pour bon tout ce qu'ils
auoient dit, & s'est contenté d'adjoûter ce que le dernier
auoit obmis; dequoy il s'est tres bien acquitté; & ce en
suiuant de mot à mot les regles de ma Geometrie, pages
380. 381. 382. &c, comme il a voulu faire paroistre, en se
seruant mesme de mes Notes. De façon que s'il a failly,
c'est à moy à en répondre, & ie n'y auray pas beaucoup de

peine ; Car tout ce dont on l'accuse, est seulement qu'il n'a
pas donné la façon de trouuer le nombre 57 en la premiere
solution, & tout de mesme en l'autre, les nombres 2, 3, &c.
Touchant quoy il faut premierement remarquer le bon iugement du sieur St. qui n'ayant rien du tout à dire contre
le sieur Wassenaer, sinon qu'il auoit obmis quelque chose en
sa solution, appelle cela (*c'estoit du Flamand*) sans considerer
que si l'autre doit receuoir tant d'injures pour auoir obmis
quelque chose, luy merite pour le moins le foüet, pour en
auoir obmis beaucoup dauantage en sa pretenduë solution,
qui ne contient rien du tout que le fait qui suit de ses fausses
suppositions ; & toutefois il la nomme *Wisconstighe*, &c.
De plus, s'il reprend si rigoureusement vne simple omission,
que luy doit-on faire pour des choses si lourdes & si grossieres, comme celles que i'ay remarquées cy-dessus. Ie dis,
pour des fautes qui sont tres-apertement fautes, au lieu que
ce qu'il reprend ne peut estre appellé vne omission, qu'au
regard de ceux qui sont extremement ignorans, Tout de
mesme que lors qu'on suppose des Theoremes d'Euclide,
sans les demonstrer en quelque proposition de Geometrie,
ce sont veritablement des omissions, au regard de ceux qui
les ignorent, mais elles ne sont nullement reprehensibles
pour cela, & celle-cy ne l'est pas dauantage. Car tout ce
que le sieur Wassenaer auoit à faire, puis qu'il entreprenoit
seulement d'adjoûter ce que le sieur St. auoit obmis, & non
point d'examiner ce qu'il auoit mis, c'estoit de donner l'é-
quation $x^3 - 2700\,x + 31293 \parallel 0$, & de connoistre qu'encore que cette équation fust cubique, le Probleme ne laissoit pas d'estre plan, à cause qu'elle se pouuoit diuiser par
$x + 57$, & en suitte d'en donner les vrayes racines

$$28\tfrac{1}{2} + \sqrt{263\tfrac{1}{4}}, \;\&\; 28\tfrac{1}{2} - \sqrt{263\tfrac{1}{4}},$$ ce qu'il a fort bien fait.
Et le principal de cette solution consiste en ce que lors que
l'équation estant cubique, le Probleme est plan, l'vne des
racines vraye, ou fausse, doit necessairement estre vn nombre rationel, ou absolu (à sçauoir, la fausse en tel cas que

celuy-cy) ce qui est vn Theoreme que ie ne m'estonne pas
que le sieur St. ait ignoré, car ie ne sçache point qu'il aic
esté remarqué par personne, auant la publication de ma
Geometrie; Mais ie m'estonne de ce qu'il dit, que c'est en
l'inuention de ce nombre absolu que consiste la difficulté;
Car encore que le reste de son discours fasse assez voir qu'il
ne manque point de hardiesse, ie ne croy pas neantmoins
qu'il en eust assez eu pour dire cela, s'il auoit sceu qu'il y a
vne pratique vulgaire pour trouuer les racines de toutes sortes d'équations, lors qu'elles sont des nombres rationaux,
qui a esté receuë depuis trente ans par tous ceux qui se font
meslez de l'Algebre; En sorte que Wassenaer a eu autant
de raison de la supposer, sans la mettre dans sa solution, qu'on
en a d'obmettre les demonstrations des Theoremes d'Euclide. Mais ie iuge à peu prés ce que le sieur St. a voulu dire, à
sçauoir, que cette pratique vulgaire procede à tâtons, à
cause qu'elle fait examiner les parties aliquotes du nombre
absolu, pour essayer si la diuision de toute l'équation se peut
faire par quelqu'vne d'elles; & il voudroit qu'on luy donnast quelque regle, par laquelle on paruinst directement à
l'inuention de cette racine, A quoy on peut répondre que
ce n'est point proceder à tâtons, que de considerer les parties aliquotes d'vn nombre, lors que c'est d'elles que depend la question, ainsi qu'il arriue en ce cas; car les racines
des équations cubiques, ou plus hautes, ne sont point des
nombres rationaux de leur nature, mais seulement quelquefois par accident, lors qu'il arriue que les termes de cette
équation sont des nombres qui ont certaines parties aliquotes; Et qu'il arriue souuent aux operations d'Arithmetique, qu'il faut ainsi essayer plusieurs nombres, comme en
la diuision, en l'extraction des racines quarrées, en l'inuention des nombres parfaits, qui est mesme vne regle d'Euclide; Et enfin bien qu'on pust donner d'autres regles pour
trouuer ces racines rationelles, ausquelles on ne pourroit
rien objecter de semblable; toutesfois à cause qu'elles ne
sont point necessaires, & mesme qu'elles sont souuent plus

Ggg iij

difficiles à pratiquer que la commune, on les neglige. Pour
son instance, à sçauoir, que le sieur Wassenaer luy donne
donc tout de mesme vn nombre absolu pour la racine de
$x^3 - 1700\,x \dagger 31293$, (ou bien en l'autre équation y ayant
mis 118801, au lieu de 118800) elle est hors de propos; car
on peut bien par la mesme façon qu'on a trouuée la racine
57, trouuer qu'il n'y en a point de rationelle en ces équations, mais non pas faire qu'il y en ait, & sa nouuelle regle
sera fort merueilleuse, si elle peut trouuer ce qui n'est point
dans la Nature. Mais il est aisé à voir que ce ieune homme
tasche à acquerir de la reputation à fausses enseignes, & sans
auoir aucune science pour la meriter; Car desirant se faire
valoir, comme son Escrit témoigne assez qu'il le desire,
& Wassenaer luy en ayant offert quelque occasion, en pro-
posant vne petite question qu'il a mise à la fin de sa solution,
& qui se peut aisément resoudre par ce qui est desia dans les
Liures, sans sa nouuelle regle, il s'excuse d'y répondre, en
disant qu'elle a esté proposée au sieur Iean Baptiste, & non
pas à luy, c'est à dire, à son masque, & non pas à sa personne;
Ce qui me fait souuenir du Capitan de la Comedie, qui
apres auoir menacé quelqu'vn de le tuer de son regard,
comme vn basilic, ou de le pousser du pied iusqu'aux en-
fers, en reçoit patiemment des coups de baston sans se défendre, disant qu'il ne fait que chasser la poussiere de ses
habits, & qu'il ne touche point à sa peau. Au reste, si le
sieur Wassenaer veut meriter les cent richedales que l'autre
luy offre, en cas qu'il luy monstre en general cette regle
pour trouuer le nombre absolu par lequel on doit diuiser
l'équation cubique proposée, pour ce qu'il ne se contente-
roit peut-estre pas de la vulgaire, & qu'il diroit qu'elle procede à tâtons, il luy peut enseigner celle-cy,

    Lors qu'on a vn cube, — certain nombre de racines, $\dagger$ vn
nombre absolu, égal à rien, ainsi qu'au cas proposé, il faut
prendre la racine du premier nombre cube, qui est plus
grand que le nombre absolu adjousté au nombre des racines,
& par elle multiplier le nombre des racines ; puis derechef

prendre la racine du premier nombre cube, qui excede le
nombre abſolu adjoûté au nombre produit par cette multiplication, & repeter cette operation, iuſques à ce que le
nombre abſolu adjoûté au nombre produit par la multiplication du nombre des racines, ſe trouue ou égal, ou moindre, que le cube du nombre par lequel le nombre des racines a eſté multiplié ; car on ne peut manquer de paruenir
enfin à vn nombre égal, ou moindre ; & s'il eſt égal, ce
nombre eſt le cherché ; mais s'il eſt moindre, on connoiſt
par là qu'il n'y a aucune racine rationelle en l'équation, ny
par conſequent auſſi aucune autre, qui ſe puiſſe expliquer
ſans les corps ſolides, ou choſes équiualentes ; Ainſi ayant
$x^3 - 2700 \ x \dagger 31293 \ || \ 0.$ l'adjoûte 31293 auec 2700, ce
qui fait 33993, dont la racine cubique eſt plus grande que
32, c'eſt pourquoy ie prens 33, qui eſt la racine du premier
nombre cube, plus grande que 33993 ; & ayant multiplié
2700 par 33, il vient 89100, que i'adjoûte auec 31293, ce
qui fait 120393, & la racine du premier nombre cube, plus
grand que celuy-là, eſt 50. C'eſt pourquoy ie multiplie derechef 2700 par 50, & i'adjoûte le produit à 31293, ce qui
fait 166293 ; & la racine du premier nombre cube plus
grand que celuy-cy eſt 57 ; C'eſt pourquoy ie multiplie 2700
par 57, & adjoûte 31293, ce qui fait 185193, dont la racine
cubique eſt iuſtement 57 ; & par là ie connois que l'équation propoſée ſe peut diuiſer par $x \dagger 57.$ Que ſi on a $x^3 - 2700$
$x \dagger 3128 \ || \ 0$, on multipliera tout de meſme ſuiuant cette regle
2700 par 33, puis par 50, par 55, & enfin par 57 ; mais à
cauſe que le nombre produit par la derniere multiplication
& addition, à ſçauoir, 18183, eſt moindre que le cube 57,
cela monſtre qu'il eſt impoſſible de diuiſer cette équation
par aucun nombre rationel. Et on peut aiſément appliquer
cette meſme regle à tous les autres cas des équations cubiques, & meſme auſſi à toutes les autres équations, en y adjoûtant quelque peu de choſe par les varietez des ſignes $\dagger$
ou −, en ſorte qu'elle eſt tres-generale ; Et ſi le ſieur St.
eſtoit aſſez hardy pour mettre ces cent richedales entre les

mains de personnes neutres, qui fussent capables de iuger
des coups, il est certain qu'il les perdroit ; mais ie m'assure
qu'il ne s'y hazardera pas ; & en effet il n'en tireroit pas
grand profit : Car bien que cette regle soit entierement
methodique , & propre à fermer la bouche de ceux qui
disent qu'on ne trouue ces racines rationelles qu'à tâtons,
elle est toutesfois d'ailleurs inutile, à cause qu'on les peut
tousiours facilement trouuer sans elle. Et i'aurois crû fort
mal employer le papier de ma Geometrie, si ie l'auois remply de telles choses ; Aussi que c'estoit de la Geometrie que
i'écriuois, & non pas de l'Arithmetique , à laquelle seule
appartient cette regle. Ie ne pensois pas vous deuoir entretenir si long temps sur cette matiere ; mais il me semble
qu'elle n'est point si serieuse , ny ne requiert point tant
d'attention, qu'elle puisse augmenter le mal de vostre fiévre , de laquelle ie vous souhaitte vne parfaite déliurance,
& suis de tout mon cœur,

MONSIEVR,

Vostre tres-humble & tres-obeïssant
seruiteur, DESCARTES.

AV R. PERE MERSENNE,

LETTRE LXXIII.

MON REVEREND PERE,

En me voulant trop obliger vous m'auez extremement
embarassé ; Car i'eusse beaucoup mieux aimé vn Priuilege
en la plus simple forme, comme, si ie m'en souuiens, ie vous
en auois prié cy-deuant expressément ; iusques là que i'auois
trouué à redire dans le projet que vous m'en auiez enuoyé
auparauant, à cause d'vn mot qui me sembloit trop en ma
faueur,

faueur, vous me conuiez à faire imprimer d'autres traittez,
& vous retardez cependant la publication de celuy-cy. Ie
n'ose écrire tout ce que i'en pense, Mais ie vous prie au nom
de Dieu, de faire ou que nous ayons au pluſtoſt qu'il ſe
pourra le Priuilege, en telle forme que ce puiſſe eſtre, ou
bien au moins de nous écrire qu'on a refuſé de le donner,
ce que ie m'aſſure qu'on ne fera point, ſi ce n'eſt par là faute
des demandeurs. Le Libraire ne debitera aucun de ſes Exemplaires, ny n'en enuoyera aucun hors de Leyde que cela ne
ſoit. Et ayant le Priuilege, ie vous prie d'en enuoyer l'Original au Maire par le premier ordinaire de la Poſte, & d'en
retenir ſeulement vne Copie collationnée, pour ſeruir en
cas qu'il ſe perdiſt.

Au reſte, ie remarque par vos Lettres que vous auez fait
voir ce Liure à pluſieurs ſans beſoin; & au contraire que
vous ne l'auez point encore fait voir à Monſieur le Chancelier, pour lequel ſeul neantmoins ie l'auois enuoyé, & ie
deſirois qu'il luy fuſt preſenté tout entier. Ie preuoy que
vous luy donnerez encore iuſte ſujet de nous refuſer le Priuilege, pour ce que vous luy voulez demander plus ample
qu'il ne doit eſtre, ou bien s'il l'octroye en cette forme, vous
ſerez cauſe que ie luy auray vne particuliere obligation,
pour vne choſe que ie voudrois bien qui ne fuſt point. Car
outre que vous me faites parler là, tout au rebours de mon
intention, en me faiſant demander octroy pour des Liures
que i'ay dit n'auoir pas deſſein de faire imprimer, il ſemble
que vous me veüilliez rendre par force faiſeur & vendeur de
Liures, ce qui n'eſt ny mon humeur, ny ma profeſſion; &
s'il y a quelque choſe en cela qui me regarde, c'eſt ſeulement la Permiſſion d'imprimer; Car pour le Priuilege, il
n'eſt que pour le Libraire, qui craint que d'autres ne con-
trefaſſent ſes Exemplaires, en quoy l'Autheur n'a point
d'intereſt.

La Lettre que i'écriuois à Monſieur l'Abbé Delaunay
eſtoit dans le pacquet de Monſieur N. & ie n'auois differé
iuſques alors à vous l'enuoyer que pour vous en épargner le

port; Mais puis qu'il eſt d'opinion que ie tardois à luy répondre faute de pouuoir éclaircir les choſes que i'ay écrites
touchant l'exiſtence de Dieu, elle ne ſeruira pas à l'en oſter;
Car ie n'ay nullement taſché de le faire, mais ſeulement de
répondre à ſon compliment, & à l'offre qu'il me faiſoit de
ſon amitié. Et reſolument, quoy qu'on puiſſe dire ou écrire,
ie n'entreprendray point de ſatisfaire à aucune queſtion qui
ſera faite en particulier, principalement par des perſonnes
auec qui ie n'ay point eu cy-deuant d'habitude; mais ſeulement à celles qui me ſeront faites en public, ſuiuant ce que
i'ay promis en la page 75. du Diſcours de la Methode.

Pour l'Autheur de la Geoſt. il n'a pas fait, ce ſemble, vn trait
d'honneſte homme, d'auoir retenu la Diop. en la façon que
vous me mandez; Et ie m'eſtonne, puis qu'il en fait ſi peu d'é-
tat, de ce qu'il a pris tant de peine pour la voir auant les autres, & qu'il a meſme en quelque façon negligé ſon honneur
pour cét effet. Ie vous aſſure que ie ne ſuis point deſireux de
voir ſes Liures, & qu'encore qu'il y ait long-temps que vous
m'ayez écrit de ſa Geoſtatique, ie n'ay iamais eu neantmoins
aucune enuie de la voir, ſinon depuis voſtre derniere que
ie l'ay fait chercher à Leyde, où ne s'eſtant point trouuée
on m'a offert de la faire venir de Paris, mais ie ne l'ay point
deſiré, parce qu'en effet ie ne croy pas qu'vn homme de
telle humeur puiſſe eſtre habile homme, ny auoir rien fait
qui vaille la peine d'eſtre lû; Que ſi ie l'euſſe trouuée, ie
n'aurois pas manqué de vous en écrire mon opinion, tant
à cauſe que vous le deſirez, qu'à cauſe que vous me mandez
auſſi que Monſieur Des-Argues le deſire; Car luy ayant de
l'obligation, ainſi que i'apprens par vos Lettres, ie ſerois
bien-aiſe de luy témoigner qu'il a ſur moy beaucoup de
pouuoir; Comme en effet, il ne faudroit pas en auoir peu
pour m'obliger à reprendre les fautes d'autruy; car mon
humeur ne me porte qu'à rechercher la verité, & non point
à taſcher de faire voir que les autres ne l'ont pas trouuée;
Meſme ie ne ſçaurois eſtimer le trauail de ceux qui s'y
occupent; ce qui a eſté la premiere cauſe qui m'a empeſché

d'approuuer le Liure du sieur de la Brosse, & la seconde est,
qu'il s'est arresté à reprendre des choses qu'on peut excuser,
apres quoy il a finy, sans faire voir la suitte du raisonnement
qu'il refute, En sorte que ceux qui comme moy n'ont point
veu la Geostatique, ont occasion de iuger qu'il s'est contenté de l'égratigner, ou de luy arracher les cheueux, &
qu'il ne luy a point fait de grandes blessures.

Ie vous prie de m'excuser, si ie ne répons point à vostre
question touchant le retardement que reçoit le mouuement
des corps pesans par l'air où ils se meuüent; car c'est vne
chose qui depend de tant d'autres, que ie n'en sçaurois faire
vn bon conte dans vne Lettre; & ie puis seulement dire que
ny Galilée, ny aucun autre ne peut rien determiner touchant cela qui soit clair & demonstratif, s'il ne sçait premierement ce que c'est que la pesanteur, & qu'il n'ait les
vrais principes de la Physique.

Pour vostre objection touchant ce que ie vous ay autrefois écrit des tremblemens d'vne corde, qu'ils peuuent estre
alternatiuement inégaux & égaux, i'ay à y répondre que la
mesme inégalité se peut trouuer aux tremblemens de tous
les autres corps qui ont quelque son, comme des tuyaux
d'Orgues, ou du gosier d'vn Musicien, &c. Car generalement aucun son ne se peut faire que par le tremblement de
quelque corps.

Le iugement que l'Autheur de la Geostatique fait de mes
écrits me touche fort peu, & ie ne suis pas bien aisé d'estre
obligé de parler auantageusement de moymesme; Mais
pour ce qu'il y a peu de gens qui puissent entendre ma Geometrie, & que vous desirez que ie vous mande quelle est
l'opinion que i'en ay, ie croy qu'il est à propos que ie vous
die qu'elle est telle, que ie n'y souhaitte rien dauantage; Et
que i'ay seulement tasché par la Dioptrique & par les Meteores de persuader que ma methode est meilleure que l'ordinaire; mais ie pretens l'auoir demonstré par ma Geometrie. Car dès le commencement i'y resous vne question,
qui par le témoignage de Pappus n'a pû estre trouuée par

aucun des Anciens, & l'on peut dire qu'elle ne l'a pû eftre
non plus par aucun des Modernes, puis qu'aucun n'en a
écrit, & que neantmoins les plus habiles ont tafché de
trouuer les autres chofes que Pappus dit au mefme endroit
auoir efté cherchées par les Anciens, comme l'Apollonius
Rediuinus, l'Apollonius Batauus, & autres, du nombre
defquels il faut mettre auffi M. voftre Confeiller *De Maximis
& minimis*; Mais aucun de ceux-là n'a rien fceu faire que les
Anciens ayent ignoré. Apres cela, ce que ie donne au fecond
Liure touchant la nature & les proprietez des lignes courbes, & la façon de les examiner, eft, ce me femble, autant
au delà de la Geometrie ordinaire, que la Rethorique de
Ciceron eft au delà de l'a, b, c des enfans. Et ie croy fi peu
ce que promet voftre Geoftaticien, qu'il ne me femble pas
moins ridicule de dire qu'il donnera dans vne Preface des
moyens pour trouuer les tangentes de toutes les lig. courbes
qui feront meilleurs que le mien, que le font les Capitans
des Comedies Italiennes. Et tant s'en faut que les chofes
que i'ay écrites puiffent eftre aifément tirées de Viete, qu'au
contraire, ce qui eft caufe que mon traitté eft difficile à
entendre, c'eft que i'ay tafché à n'y rien mettre que ce que
i'ay crû n'auoir point efté fceu ny par luy, ny par aucun autre; Comme on peut voir fi on confere ce que i'ay écrit du
nombre des racines qui font en chaque équation dans la
page 372. qui eft l'endroit où ie commence à donner les
regles de mon Algebre, auec ce que Viete en a écrit tout
à la fin de fon Liure *De emendatione æquationum*; Car on
verra que ie le determine generalement en toutes équations,
au lieu que luy n'en ayant donné que quelques exemples
particuliers, dont il fait toutesfois fi grand eftat, qu'il a
voulu conclure fon Liure par là, il a monftré qu'il ne le
pouuoit determiner en general; Et ainfi i'ay commencé où
il auoit acheué; ce que i'ay fait toutesfois fans y penfer; car
i'ay plus feüilleté Viete depuis que i'ay receu voftre derniere, que ie n'auois iamais fait auparauant, l'ayant trouué icy
par hazard entre les mains d'vn de mes Amis; Et entre nous

fe ne trouue pas qu'il en ait tant fceu que ie penfois, nonobftant qu'il fuft fort habile.

Au refte, ayant determiné comme i'ay fait en chaque
genre de queftions tout ce qui s'y peut faire, & monftré les
moyens de le faire, ie pretens qu'on ne doit pas feulement
croire que i'ay fait quelque chofe de plus que ceux qui m'ont
precedé, mais auffi qu'on fe doit perfuader que nos Neveux
ne trouueront iamais rien en cette matiere que ie ne puffe
auoir trouué auffi bien qu'eux, fi i'euffe voulu prendre la
peine de le chercher. Ie vous prie que tout cecy demeure
entre nous ; car i'aurois grande confufion que d'autres
fceuffent que ie vous en ay tant écrit fur ce fujet.

Ie n'ay pas tant de defir de voir la demonftration de
Monfieur de Fermat contre ce que i'ay écrit de la refraction, que ie vous veüille prier de me l'enuoyer par la Pofte,
mais lors qu'il fe prefentera commodité de me l'addreffer
par Mer, auec quelques bales de Marchandife, ie ne feray
pas marry de la voir, auec la Geoftatique & le Liure de la
Lumiere de Monfieur de la Chambre, & tout ce qui fera
de pareille eftoffe, non que ie ne fuffe bien-aife de voir
promptement ce qu'écriuent les autres pour ou contre mes
opinions, ou de leur inuention ; mais les ports de Lettres
font exceffifs. Ie fuis,

MON R. P.

Voftre tres-humble & fidele feruiteur,
DESCARTES.

AV REVEREND PERE MERSENNE,

Réponse aux questions Numeriques proposées
par Monsieur de Sainte Croix.

LETTRE LXXIV.

MON REVEREND PERE,

La premiere question est telle.

Trouuer vn Trigone qui plus vn Trigone Tetragone fasse vn
Tetragone, & derechef; Et que de la somme des costez des
Tetragones resulte le premier des Trigones; & de la multi-
plication d'elle par son milieu, le second. I'ay donné 15. &
120. I'attens que quelqu'vn y satisfasse par d'autres nombres,
ou qu'il monstre que la chose est impossible.

Ie remarque icy premierement que de la multiplication
du premier Trigone par son milieu, il doit resulter vn second
Trigone, ce qui seroit manifestement impossible, si on n'entendoit parler que de la iuste moitié, & qu'on n'imaginast
ces Trigones qu'en nombres entiers. Mais cette difficulté
m'est ostée par l'exemple donné de 15. & de 120. à cause
que 8. par lequel on multiplie 15. pour produire 120. n'est
pas la iuste moitié de 15. Et ainsi ie voy que pour satisfaire
au sens de la question, il faut que le premier Trigone soit
vn nombre impair, & qu'on le multiplie ou par sa plus
grande ou par sa plus petite moitié, comme 15. par 8. ou par
7; 21. par 11. ou par 10, & ainsi des autres, car par ce moyen
il produit tousiours vn Trigone. Il est vray que si l'on veut
imaginer aussi ces Trigones en nombres rompus, à sçauoir,
en les composant de la moitié d'vn quarré & de la moitié de
sa racine, on peut faire qu'vn Trigone estant multiplié par

sa iuste moitié produise vn autre Trigone. Ainsi $\frac{3}{8}$ est vn Trigone, dont la racine est $\frac{1}{2}$. Car la moitié de $\frac{1}{4}$ qui est son quarré, plus la moitié de $\frac{1}{2}$ fait $\frac{3}{8}$, & multipliant ce Trigone par sa iuste moitié, à sçauoir, par $\frac{3}{16}$, il produit $\frac{9}{128}$, qui est aussi vn Trigone dont la racine est $\frac{1}{8}$. Car la moitié de $\frac{1}{64}$ qui est son quarré, plus la moitié de $\frac{1}{8}$ fait $\frac{9}{128}$. Mais on n'imagine ordinairement ces Trigones qu'en des nombres entiers, & l'exemple de 15. & de 120. qui seroit faux en cas qu'on considerast les fractions, m'oblige à ne les point icy considerer. Outre cela ie remarque de l'ambiguité au mot, *& derechef*; Car on peut entendre par ce mot qu'il faut trouuer vn autre Trigone, qui plus le mesme Trigone Tetragone qui a esté joint au Trigone precedent fasse vn Tetragone; ou bien vn Trigone, qui plus vn autre Trigone Tetragone fasse vn Tetragone; Ou enfin vn Trigone, qui plus le mesme Trigone Tetragone, & derechef vn autre Trigone Tetragone fasse vn Tetragone. Et bien que l'exemple de 15. & 120. ne s'accorde qu'auec le premier sens, il n'exclut point toutesfois le second; & le mot, *& derechef*, semble fauoriser le troisiéme.

Or pour le premier sens il est facile à demonstrer qu'il est impossible d'en donner aucun autre exemple en nombres entiers, que celuy de 15. & 120. Car on trouue par le calcul que cherchant generalement vn nombre qui estant adjoûté à vn Trigone Tetragone fasse vn Tetragone, & que ce nombre multiplié par sa moitié & adjoûté au mesme Trigone Tetragone fasse derechef vn Tetragone, duquel la racine adjoûtée à la racine de l'autre Tetragone soit égal au premier nombre, il faut que la racine quarrée du Trigone Tetragone soit composée de $\frac{3-qq}{2q}$, c'est à dire, de trois moins vn nombre quarré divisé par le double de la racine de ce mesme quarré, au moins si on suppose que ce premier nombre doiue estre multiplié par sa plus grande moitié, c'est à dire, par sa iuste moitié plus vn demy. Et si on suppose qu'il doiue estre multiplié par sa iuste moitié, la racine

quarrée du Trigone Tetragone sera $\frac{1-1}{2n}$. Et enfin s'il doit
estre multiplié par sa iuste moitié moins vn demy, elle sera
$\frac{1-1}{2n}$, ce qui ne peut produire aucun nombre entier, que
lors qu'on suppose la plus grande moitié, & qu'on fait *n*
egal à l'vnité; Et lors le premier nombre doit estre composé de 7, $+ \frac{1}{2}n + \frac{6}{1.n}$, qui est 15,

Mais si le sens de la question est qu'on puisse adjoûter au
second Trigone vn autre Trigone Tetragone que celuy
qu'on aura adjoûté au premier, elle n'est nullement impossible. Et selon la derniere interpretation, à sçauoir, qu'on
adjoûte au second Trigone le Trigone Tetragone qu'on
aura adjoûté au premier, & *derechef* vn autre Trigone Tetragone, on peut donner des nombres forts courts pour la
resoudre, à sçauoir, 45, & 1035. pour les deux Trigones
demandez : Car adjoûtant à 45. le Trigone Tetragone 36.
il vient 81. qui est quarré, puis adjoûtant à 1035, le mesme
36. & *derechef* vn autre Trigone Tetragone, à sçauoir 225.
il vient 1296. qui est quarré, & dont la racine, à sçauoir 36.
adjoûtée à 9. qui est la racine de 81. fait 45. & multipliant
45. par 23. qui est sa plus grande moitié, il vient 1035.

On peut aussi trouuer des nombres forts courts pour
resoudre cette question selon l'autre interpretation, à sçauoir, qu'il faille adjoûter vn Trigone Tetragone à vn Trigone pour faire vn quarré, & *derechef* vn autre Trigone
Tetragone à vn autre Trigone pour faire aussi vn quarré,
pourueu qu'on veüille receuoir des nombres rompus pour
Trigones Tetragones, non point entant que Trigones, mais
entant que Tetragones; En sorte que par exemple, $\frac{9}{100}$ soit
pris pour vn Trigone Tetragone, à cause que la racine
Tetragonale est $\frac{3}{10}$, & que les nombres 3, & 10. sont des
Trigones, & ainsi des autres. Et il n'est pas moins inusité
de refuser des nombres rompus pour des Tetragones, qu'il
est d'en receuoir pour des Trigones. C'est pourquoy il me
semble que les deux Trigones 21, & 231, satisfont entierement

ment à la question proposée. Car si à 11. i'adjoûte 4.
que ie nomme $\frac{61}{9}$, & ainsi i'en fais vn Trigone Tetragone
en fractions, il vient 25. qui est quarré, & si à 231. i'adjoûte
25. que ie nomme $\frac{225}{9}$ pour en faire aussi vn Trigone Tetragone en fractions, il vient 256. qui est quarré, & sa
racine qui est 16. jointe à la racine de 25. fait 21. Et multipliant 21. par sa plus grande moitié qui est 11. il vient 231.
Mais si on ne veut point receuoir icy de fractions, on ne
peut trouuer de nombres si courts pour resoudre cette question; & pour ce que ie ne sçay pas combien longs pourront
estre les premiers qu'on rencontrera, i'aime mieux mettre
icy vne regle par laquelle on les peut trouuer tous, & qui
est ie croy la plus simple & la plus aisée qu'on puisse donner
pour cét effet, que de m'arrester moy-mesme à faire le
calcul qui est necessaire pour les chercher. Voicy donc la
regle.

Il faut examiner par ordre tous les Trigones impairs, en
ostant par ordre tous les quarrez impairs moindres qu'eux,
& plus grands que l'vnité, iusqu'à ce qu'on trouue, en diuisant le reste du Trigone dont on a osté vn quarré par le double de la racine de ce quarré, que le quotient soit vn Trigone, & qu'ostant le double de ce quotient, plus le double
de cette racine de la plus grande moitié du premier Trigone, puis multipliant le residu par ce premier Trigone, &
luy adjoûtant le quarré du second, il vienne vn Trigone
Tetragone; ou du moins qu'il en vienne vn, apres qu'on
aura encore adjoûté le premier Trigone à la somme trouuée. Et lors que cela se rencontrera, le Trigone qu'on aura
examiné sera le premier des deux qui sont requis pour la
solution de la question; Puis en le multipliant par sa moitié
on aura le second, à sçauoir, en le multipliant par sa plus
grande moitié, si l'on a trouué le Trigone Tetragone de
la derniere somme sans y adjoûter le premier Trigone, &
en le multipliant par sa plus petite moitié, s'il a fallu l'y
adjoûter. Par exemple, i'examine le Trigone 21. duquel
i'oste 9. reste 12. que ie diuise par 6. le quotient est 2. qui

n'eſt pas Trigone, C'eſt pourquoy il faut paſſer à vn autre, au moins ſi l'on veut abſolument que le premier Trigone ſoit adjoûté à vn Trigone Tetragone en nombres entiers, mais ſi on ſe contente qu'il ſoit adjoûté à vn ſimple Tetragone, on doit pourſuiure & oſter le double de 2. qui eſt 4. plus le double de 3. qui eſt 6. de la plus grande moitié qui eſt 11. & il reſte 1. qu'il faut multiplier par 21. & luy adjoûter le quarré de 2. il vient 25. qui n'eſt pas Trigone Tetragone, mais à cauſe qu'il eſt Tetragone i'apprens par là que ſi au lieu de Trigones Tetragones, on auoit ſeulement demandé des Tetragones, les Trigones 21. & 231. ſatisfe-roient à la queſtion. De plus, au nombre trouué 25. i'ad-joûte 11. & il vient 46. qui n'eſt pas Trigone Tetragone, non plus que 25. Mais ſi au lieu du premier Trigone Te-tragone on auoit demandé vn ſimple Tetragone, & qu'au lieu du ſecond on euſt demandé vn nombre compoſé d'vn Trigone Tetragone qui auec cela fuſt Trigone, & des trois differences qui ſeroient entre ces trois racines, voyant que le nombre 46. a cette proprieté, on connoiſtroit de là que les Trigones 21. & 210. ſeroient les cherchez, Car 46. eſt compoſé de 36, † 5, † 3, † 2; Et 5 eſt la difference qui eſt entre 3 & 8, qui ſont l'vn la racine Trigonale Tetragonale de 36, & l'autre ſa racine Trigonale, 3 eſt la difference qui eſt entre 3 & ſa racine Tetragonale 6; Et 2 eſt la difference qui eſt entre 6 & 8. Tout de meſme pour examiner le Tri-gone 45, i'en oſte le quarré 9, reſte 36, que ie diuiſe par le double de la racine de 9 qui eſt 6, & il vient 6 qui eſt vn Trigone; c'eſt pourquoy ie pourſuis, & de 23 i'oſte 6 † 12, reſte 5, que ie multiplie par 45, il vient 225, auquel adjoûtant 36, il vient 261 qui n'eſt pas Trigone Tetragone, mais qui eſt compoſé du precedent Trigone Tetragone qui eſt 36, & d'vn autre Trigone Tetragone qui eſt 225. De façon qu'il ſatisfait à la queſtion, en cas que ce ſoit cela qui eſt demandé; Et peut-eſtre qu'on pourroit examiner tous les nombres iuſques à plus de cent chiffres de ſuitte, auant que de rencontrer vn exemple qui fuſt pareil à celuy-cy, ou au precedent. Ce qui fait voir que chaque nombre qu'on examine par cette regle, lors qu'il ne donne pas la solution de la question proposée, donne celle d'vn autre de mesme nature, & qui est autant ou plus difficile.

La seconde question est telle.

Trouuer vn Trirectangle dont chacun des costez soit l'aire d'vn Trirectangle. I'ay donné 210. 720. 750. I'attens, &c.

Ou pour ce qu'il n'y a aucune ambiguité, ie me contenteray de donner d'autres nombres pour la resoudre, à sçauoir, 330. 440. 550. pour les costez du Triangle rectangle. Car 330. est aussi l'aire d'vn autre Triangle rectangle, dont les costez sont 11. 60. 61; 440. est l'aire d'vn autre dont les costez sont $\frac{40}{3}$, 66. $\frac{202}{3}$; Et 550. est l'aire d'vn Triangle rectangle dont les costez sont $\frac{33}{7}$, $\frac{700}{3}$, $\frac{4901}{11}$. Que si l'on trouue à redire en ces nombres à cause qu'il y a des fractions, il ne faut que multiplier les trois premiers par 441. & les autres par 21. pour les reduire à des entiers, & on a 145530. 194040. 242550. &c.

La troisiéme question est telle.

Trouuer vn Barlong, ou Tetragone † sa pleure, & tel que l'aggregat dudit Tetragone, & de son double Tetragone fait vn Tetragone, dont sa pleure soit le Barlong ou Tetragone plus sa pleure. I'ay donné 6. I'attens, &c.

Si par vn Barlong on entend vn vray nombre pronic, qui ne soit composé que d'vn quarré plus sa racine, il ne faut qu'vn trait de plume pour monstrer qu'il est impossible d'y satisfaire par aucun autre nombre que par 6. Car posant x pour la pleure on a xx, † x pour le Barlong; & il y a équation entre x^4, † $2x^3$, † xx qui est son quarré, & $2x^4$, † xx qui est le Tetragone plus son double Tetragone; Ce qui monstre que x est égal à 2, & ainsi que deux est necessairement la pleure de ce Barlong. Mais si par vn Barlong on entend vn quarré plus quelque nombre de ses racines, il est aisé d'en trouuer vne infinité, en cherchant seulement vn quarré qui soit moindre d'vne vnité que le double d'vn autre, car l'aggregat des racines de ces deux quarrez est la racine du quarré qui compose le Barlong, & multipliant cét aggregat par la racine du quarré dont le double surpasse l'autre d'vne vnité, on a sa pleure. Comme, à cause que 49 est moindre d'vne vnité que 50 qui est le double de 25, 7 ✝ 5, c'est à dire 12, est la racine du quarré 144, & multipliant 12 par 5, on a 60 pour la pleure, en sorte que 204 est le Barlong requis, Car 144 plus deux fois 10736 fait vn quarré, dont la racine est 204.

La quatriéme question est telle.

Trouuer deux nombres, chacun desquels, comme aussi la somme de leur aggregat ne soit que de trois Tetragones. I'ay donné 3. 11. 14. I'attens, &c.

Pour resoudre cela generalement, il ne faut que prendre deux quarrez impairs, tels qu'on voudra, & à chacun adjoûter le nombre 2, puis les joindre ensemble; Car on peut demonstrer qu'aucun de ces trois nombres ne sçauroit estre quarré, ny composé de deux quarrez, ny manquer de l'estre de trois. Comme si, puis que 1 & 9 sont desia occupez par l'exemple donné, ie prens les deux quarrez impairs 15 & 49, i'ay 27, 51 & 78 pour les nombres qui satisfont à la question.

La cinquiéme question est telle.

On demande aussi vn nombre dont les parties aliquotes fassent le double; & parce qu'on en a desia trois qui sont 120, 672 & 523776, il est question de trouuer le quatrième, lequel est 1476304896, & il se compose de 3, 11, 43, 127 & 8192 multipliez l'vn par l'autre.

Au reste, mon Reuerend Pere, ie vous crie mercy, & i'ay les mains si lasses d'écrire cette Lettre, que ie suis contraint de vous supplier, & de vous conjurer de ne me plus enuoyer aucunes questions, de quelque qualité qu'elles puissent estre, Car lors que ie les ay, il est mal-aisé que ie m'abstienne de les chercher, principalement si ie sçay qu'elles viennent, comme celles-cy, de quelque personne de merite, Et m'étant proposé vne estude pour laquelle tout le temps de ma vie, quelque longue qu'elle puisse estre, ne sçauroit suffire, ie ferois tres-mal d'en employer aucune partie à des choses qui n'y seruent point. Mais outre cela, pour ce qui est des nombres ie n'ay iamais pretendu d'y rien sçauoir, & ie m'y suis si peu exercé, que ie puis dire auec verité, que bien que i'aye autrefois appris la diuision & l'extraction de la racine quarrée, il y a toutesfois plus de dix-huit ans que ie ne les sçay plus, & si i'auois besoin de m'en seruir, il faudroit que ie les estudiasse dans quelque Liure d'Arithmetique, ou que ie taschasse de les inuenter, tout de mesme que si ie ne les auois iamais sceuës. Ie suis,

MON R. P.

Vostre tres-humble & tres-obeïssant
seruiteur, DESCARTES.

A MONSIEVR DE CARCAVI,

Le 11. Iuin 1649.

LETTRE LXXV.

MONSIEVR,

Ie vous suis tres-obligé de l'offre qu'il vous a plû me faire de l'honneur de vostre correspondance, touchant ce qui concerne les bonnes Lettres, Et ie la reçoy comme vne faueur que ie tascheray de meriter par tous les seruices que ie

seray capable de vous rendre. I'auois cét aduantage pendant
la vie du bon Pere Mersenne, que bien que ie ne m'enquisse
iamais d'aucune chose, ie ne laissois pas d'estre aduerty
soigneusement de tout ce qui se passoit entre les doctes, En
sorte que s'il me failoit quelquefois des questions, il m'en
payoit fort liberalement les réponses, en me donnant aduis
de toutes les experiences que luy ou d'autres auoient faites,
de toutes les rares inuentions qu'on auoit trouuées ou cherchées, de tous les Liures nouueaux qui estoient en quelque
estime, & enfin de toutes les controuerses qui estoient entre
les sçauans. Ie craindrois de me rendre importun, si ie vous
demandois toutes ces choses ensemble, mais ie me promets
que vous n'aurez pas desagreable, que ie vous prie de m'apprendre le succez d'vne experience qu'on m'a dit que Monsieur Pascal auoit faite ou fait faire sur les montagnes d'Auuergne, pour sçauoir si le Vif-argent monte plus haut dans
le tuyau estant au pied de la montagne, & de combien il
monte plus haut qu'au dessus. I'aurois droit d'attendre cela
de luy plustost que de vous, parce que c'est moy qui l'ay
aduisé il y a deux ans de faire cette experience, & qui l'ay
asseuré, que bien que ie ne l'eusse pas faire, ie ne doutois
point du succez. Mais parce qu'il est amy de Monsieur R.
qui fait profession de n'estre pas le mien, & que i'ay desia
veu qu'il a tasché d'attaquer ma matiere subtile, dans vn
certain Imprimé de deux ou trois pages, i'ay sujet de croire
qu'il suit les passions de son Amy, lequel ne fait aucunement
paroistre, par ce que vous m'auez enuoyé de sa part, qu'il
sçache la solution de la difficulté de Monsieur de Fermat
touchant les équations entre cinq ou six termes incommensurables, Et afin que vous en puissiez voir la preuue, ie vous
diray que lors qu'on a $\sqrt{a} \dagger \sqrt{b} \dagger \sqrt{c} \parallel \sqrt{d} \dagger \sqrt{e}$, vne
partie de l'équation, apres que toutes les assymmetries sont
ostées, doit estre $a^7 b \dagger 7 a^5 b^3 \dagger 9 a^5 bbc, \dagger 22 a^3 bcd \dagger$
$94 a^4 bcde \dagger 52 a^3 b^3 cd \dagger 34 a^3 bbccd \dagger 190\, aabbcc$
de, auec tous les termes des mesmes especes que ces huit.
Comme par exemple, $a^7 c, a^7 d, a^7 e, b^7 a, b^7 c$, &c. sont

de mesme espece que $a^7 b$, & ainsi des autres. Faites donc, s'il vous plaist, que Monsieur R. vous donne l'autre partie de cette équation, auant que de croire qu'il la puisse trouuer. Mais si vous ne la pouuez auoir de luy, ie ne manqueray pas de vous l'enuoyer, & de tascher en tout ce qui me sera possible, de vous témoigner que ie suis, &c.

RESPONSE DE Mᵃ DE CARCAVI
à Monsieur Descartes.

A Paris le 9. Iuillet 1649.

LETTRE LXXVI.

MONSIEVR,

Si ie n'eusse esté absent de cette Ville pendant vn mois & dauantage, ie n'aurois pas manqué de faire plustost réponse à la Lettre que vous auez pris la peine de m'écrire du onziéme du mois passé, & vous remercier de la faueur que vous me faites de me donner de vos nouuelles, & d'agréer que ie vous écriue de temps en temps celles que ie croyray vous apporter dauantage de satisfaction ; Si i'auois les mesmes habitudes & la mesme pratique pour les experiences que le feu bon Pere Mersenne, vous en receuriez le mesme contentement ; Mais ie tascheray de suppléer à cela par la curiosité de ceux que ie sçauray qui les font auec plus de soin & de diligence. Celle que vous me demandez de M. Pascal le ieune est imprimée il y a desia quelques mois, & a esté faite fort exactement sur vne haute montagne d'Auuergne, appellée le Puys de Domme ; Sa hauteur est d'enuiron 500 toises ; On fit premierement l'experience au Conuent des Reuerends Peres Minimes de la ville de Clairmont, qui est presque le plus bas lieu de la Ville. L'on prit deux tuyaux de verre longs chacun de quatre pieds, le Vif-argent qui resta en chacun d'eux, joints l'vn contre l'autre, se trouua à mesme niueau, & il y en auoit au dessus de la superficie du vaisseau dans lesquels on les vuida, la hauteur de vingt-six pouces trois lignes & demie; apres cela on monta au haut de la montagne qui est tout proche de la Ville, plus haute, ainsi que i'ay dit d'enuiron 500 toises, où l'on trouua qu'il ne restoit plus de Vif-argent dans le tuyau que la hauteur de vingt-trois pouces deux lignes; & ainsi entre les hauteurs du Vif-argent de ces deux experiences, il y eut trois pouces vne ligne & demie de difference, ce qu'estant reïteré diuer-ses fois se trouua tousiours de mesme. Et encore en descen-dant de la montagne, l'on fit l'experience en vn lieu appellé la fon de l'Arbre, bien plus haut que les Minimes, mais aussi plus bas que le sommet de la montagne, & la hauteur du Vif-argent se trouua de 25. pouces.

Voila, Monsieur, en substance ce que vous m'auez de-mandé, à quoy ie n'adjoûteray pas grand-chose pour main-tenant, à cause du peu de temps qu'il y a que ie suis arriué, qui ne m'a pas mesme donné le loisir de lire deux petits Li-ures qu'on m'a enuoyez de Rome, & que ie faits porter chez M. Picot, parce qu'il y en a vn qui parle auec estime des Principes que vous auez fait imprimer, mais qui ne les a pas, ce me semble, bien entendus; Et Monsieur Picot s'est chargé de m'en écrire son aduis, pour le luy faire tenir à Rome, où il y a vn Minime, nommé le Pere Magnan, plus intelligent que le feu Pere Mersenne, qui m'a fait esperer quelques objections contre vos mesmes Principes, ce que ie souhaitterois estre fait auec iugement, & qui meritast vne Réponse de vostre main. Nous attendons bien-tost vostre traitté des Passions, & ce que Monsieur de Schooten a fait imprimer touchant vostre Geometrie. Icy il n'y a que la Philosophie democritique de Monsieur Gassendi, qu'il a faite au sujet de la vie d'Epicure, Vn ramas de Betinus, qu'il appelle *Ærarium*, semblable à son *Apiarum*; Quelques

traittez

traittez de feu Caualieri, & vne Deffense de la quadrature
du Pere Gregorius à S. Vincentio, contre ce qu'en a remarqué le Pere Mersenne dans ses derniers ouurages; lequel
Pere Mersenne ayant laissé à Monsieur de Roberual le soin
d'acheuer ce qu'il adjoûtoit à l'impression de la Perspectiue
du Pere Niceron, ledit sieur de Roberual prendra cette
occasion pour monstrer en peu de mots en quoy il croit qu'il
s'est trompé.

Vous me permettrez, s'il vous plaist, de vous écrire ce
qu'il m'a dit sur le sujet des asymmetries de Monsieur de
Fermat, sçauoir, que vous ne prenez pas, ou qu'il semble
que vous ne vouliez pas prendre, ce que ie vous ay mandé
de luy sur ce sujet, & que sa solution porte sa demonstration
auec soy, quelque nombre qu'il y ait de racines ; & que ce
que Monsieur de Fermat nomme $\sqrt{ba}$, il l'appelle b, &
ainsi des autres, ne s'arrestant point dans la suitte de l'operation, iusques à ce que l'équation subsiste sous b^2, ou ses
degrez plus hauts par nombre pair, & qu'ainsi l'asymmetrie
en est ostée. Voila tout ce qu'il m'a dit sur ce sujet, sur lequel
ie crois que vous me ferez la faueur de me mander vostre
methode auec sa demonstration, ainsi que ie vous en ay sup-
plié par ma precedente.

Ledit Sieur m'a encore dit, sur ce que vous l'appellez
vostre ennemy, qu'il n'a iamais eu d'autre pensée que de
vous honorer, & m'a prié de vous l'écrire formellement,
comme ie feray cy-apres, pourueu que vous me fassiez la
grace de le trouuer bon, & de croire que ie ne le fais pas
pour luy plaire, mais par vn desir que i'ay de restablir, si ie
pouuois, la paix entre vous, qui a peut estre esté troublée
innocemment par le bon Pere Mersenne, qui prenoit par
fois les choses vn peu trop cruëment, & les écriuoit souuent
plustost selon son genie, que comme elles estoient en effet.
Ledit sieur de Roberual m'a donc dit, que si vous l'appellez
vostre ennemy, parce qu'il vous a recherché en particulier
pour vous dire quelque chose qui ne luy sembloit pas bien
dans vostre Geometrie, dont il a esté obligé de donner des

demonſtrations à ceux qui l'en preſſoient, ſuiuant l'obligaꞏ
tion de ſa charge, il ne peut éuiter d'eſtre voſtre ennemy de
cette ſorte, mais que cette inimitié ne ſera pas reciproque,
car elle ne ſera que dans la creance que vous en aurez, eſtant
diſpoſé par tout ailleurs à rendre ce qu'il doit à voſtre merite
& à voſtre condition, ainſi qu'il vous a proteſté de viue
voix; Or ce qu'il trouue n'eſtre pas bien dans voſtre Geoꞏ
metrie eſt,

1. Page 326. Que le point C eſt par tout les angles que vous
auez nommez, & que vous ne nommez point celuy où il ne
peut eſtre; & que iamais la queſtion n'eſt impoſſible.

2. Page 373. vous dites qu'il y a autant de racines vrayes
que les ſignes † & — ſe trouuent de fois eſtre changez en
vne équation, &c. Il y a demonſtration du contraire en vne
infinité de cas.

3. Pages 405. 406. touchant le cercle qui couppe voſtre
parabole ou pluſtoſt conchoïde paꞇabolique, il y a vne faute
& vne omiſſion. La faute eſt en ce que vous ſoûtenez que
le cercle peut coupper cette conchoïde en ſix endroits,
ſans auoir égard à ſa compagne qui eſt de l'autre part de la
ligne D O, & que vous n'auez pas repreſentée; Il y a deꞏ
monſtration qu'il ne la peut coupper qu'en quatre endroits,
de quelque façon qu'elle puiſſe eſtre faite. L'omiſſion eſt
en ce que vous ne vous ſeruez pas de ſa compagne qui eſt
abſolument neceſſaire pour reſoudre les équations qui ont
ſix racines vrayes; & que cette omiſſion deuient bien plus
conſiderable, en ce que pour ſix racines vrayes vous faites
tomber vos perpendiculaires C G, N R, Q O, &c. ſur la
ligne D O, & cependant elle y eſt abſolument inutile, & il
ſe faut ſeruir d'vne autre, comme dans la parabole ordinaire,
qui la voudroit faire ſeruir à vne équation cubique, ou
quarrée, affectée ſous tous les degrez, accompagnant cette
parabole d'vn cercle, comme vous faites tres-elegamment,
il ne faut pas ſe ſeruir de l'axe. Excuſez, s'il vous plaiſt, ma
liberté, qui ne part que d'vn cœur ſincere & de

A MONSIEVR DE CARCAVI,

A la Haye le 17. Aouſt 1649.

LETTRE LXXVII.

MONSIEVR,

Ie vous ſuis tres-obligé de la peine que vous auez priſe
de m'écrire le ſuccez de l'experience de Monſieur Paſcal
touchant le Vif argent, qui monte moins haut dans vn tuyau
qui eſt ſur vne montagne, que dans celuy qui eſt dans vn lieu
plus bas ; l'auois quelque intereſt de la ſçauoir, à cauſe que
c'eſt moy qui l'auois prié il y a 2. ans de la vouloir faire, & ie
l'auois aſſuré du ſuccez, comme eſtant entierement conforme à mes Principes, ſans quoy il n'euſt eu garde d'y penſer,
à cauſe qu'il eſtoit d'opinion contraire. Et pour ce qu'il m'a
cy-deuant enuoyé vn petit Imprimé, où il décriuoit ſes premieres experiences touchant le vuide, & promettoit de ré-
futer ma matiere ſubtile, ſi vous le voyez ie ſerois bien aiſe
qu'il ſceuſt que i'attens encore cette refutation, & que ie la
receuray en tres-bonne part, comme i'ay touſiours receu
les objections qui m'ont eſté faites ſans calomnie. Si on
m'enuoye celles que vous me faites eſperer du Pere Magnan, ie ne manqueray pas d'y faire la réponſe que ie iugeray eſtre conuenable.

La Geometrie de Monſieur Schooten eſt imprimée, ſon
Latin n'eſt pas fort elegant, & pour ce que ie ne l'euſſe pû
voir auant qu'il fuſt imprimé ſans eſtre obligé de le changer
tout, ie m'en ſuis entierement diſpenſé. Pour mon traitté
des Paſſions, il eſt vray que i'ay promis il y a long-temps de
l'enuoyer à vn amy qui a deſſein de le faire imprimer, mais ie
ne luy ay pas encore enuoyé.

Pour la quadrature du Pere Gregorius à S. Vincentio, ie n'en fais pas meilleure iugement que Monſieur de Rober-ual ; Car quelque animoſité que ce dernier ait contre moy, il ne peut y auoir aucune conſideration qui me détourne du chemin de la verité, lors qu'il me ſera connu. Mais ie ne puis aucunement connoiſtre par ce qu'il vous a plû m'écrire de ſa part qu'il puiſſe demeſler les aſymmetries qui ont embroüillé Monſieur de Fermat. Ce n'eſt rien de dire comme il fait que ce que Monſieur de Fermat nomme $V\,b\,a$, il l'appelle b, & ainſi des autres, ne s'arreſtant point dans la ſuitte de l'operation iuſqu'à ce que l'équation ſubſiſte b^2, ou ſes degrez plus hauts par nombre pair ; La difficulté eſt de ſçauoir par quelle operation on peut faire cela, lors qu'il y a plus de quatre termes incommenſurables donnez. Lors qu'il n'y en a que quatre la choſe eſt facile, pour ce que faiſant $V\,a + V\,b$, $|| V\,c$, $+ V\,d$, leurs quarrez ſont $a + b + 2 V\,a\,b \,||\, c + d + 2 V\,c\,d$, ou le nombre des termes incommenſurables eſt diminué ; Mais ayant $V\,a + V\,b$, $+ V\,c \,||\, V\,d + V\,e + V\,f$, leurs quarrez ſont $a + b + c + 2 V\,a\,b + 2 V\,a\,c + 2 V\,b\,c \,||\, d + e + f + 2 V\,d\,e + 2 V\,d\,f + 2 V\,e\,f$, où le nombre des termes eſt augmenté ; C'eſt ce qui a embaraſſé Monſieur de Fermat, & qui embaraſſe encore maintenant Monſieur de Roberual, quoy qu'il diſſimule. Sans cela il ne feroit pas de difficulté d'acheuer l'équation, dont ie me ſouuiens de vous auoir enuoyé la moitié en ma precedente, pour ce que c'eſt choſe facile. Permettez-moy que ie l'attende encore iuſques à la premiere fois, que i'auray l'honneur de receuoir de vos Lettres, afin qu'il puiſſe dautant mieux eſtre conuaincu. Ie ne puis que ie ne vous aye de l'obligation, de ce que vous taſchez de me perſuader qu'il n'eſt point animé contre moy ; C'eſt auoir l'ame genereuſe & belle, que de ſe porter ainſi à preuenir les diſſentions, au contraire des Eſprits malins qui ſe plaiſent à les faire naiſtre & à les entretenir. Mais ie vous diray que de ma part, ie n'ay iamais fait tant d'honneur à ceux qui taſchent de me deſobliger que de les eſtimer dignes de ma haine ; Ie ne ſuis point

leur ennemy, bien qu'ils puissent estre les miens. Ie puis
aussi vous asseurer que le Reuerend Pere Mersenne n'a rien
contribué du sien. pour me faire iuger de l'animosité dudit
sieur de Roberual, il l'a rousiours plustost dissimulée, autant
que les loix de l'amitié luy ont pû permettre, C'est luy-
mesme qui me l'a declarée si expressément, & auec des paroles si hardies & si pleines de confiance, que s'il parle maintenant d'vne autre façon, i'ay sujet de penser que c'est seulement pour estre moins soupçonné de calomnie, lors qu'il dit
quelque chose à mon desauantage ; Et pour cette mesme
raison, i'ay interest que le monde sçache, qu'il est autant irrité & piqué contre moy, que le peut estre vn homme que
sa profession engage à vouloir paroistre docte, & qui m'ayant
attaqué cinq ou six fois pour faire preuue de son sçauoir,
m'a obligé autant de fois à découurir ses erreurs, comme il
m'y oblige encore à present par ses trois objections, que
vous auez pris la peine de mettre dans vostre Lettre. Car
premierement, lors qu'il m'objecte *Que le point C est par tous*
les angles que i'ay nommez en la page 326. & que ie n'ay point
nommé celuy où il ne peut estre, & que iamais la question
n'est impossible ; Il est euident que ce qu'il dit est hors de
raison, en quelque sens qu'il le puisse prendre. Car mes
paroles sont, page 326. ligne 3. *Que si la quantité y se trouue*
nulle, lors qu'on a supposé le point C dans l'angle D A G, il
faut le supposer aussi dans l'angle D A E, ou E A R, ou R
A G, & que si en toutes ces quatre positions la valeur d'y se
trouuoit nulle, la question seroit impossible au cas proposé. A
quoy ie n'ay pas besoin de rien adjoûter pour faire voir
clairement qu'il se trompe, premierement en ce qu'il dit
que le point C est *par tous les angles que i'ay nommez ;* Car en
l'exemple proposé, il ne se peut trouuer dans l'angle D A E,
ny aussi (pour vser de ses termes) *par l'angle D A E.* Mais
la particule (*par*) qu'il met au lieu de (*dans*) me fait connoistre qu'il peche en cecy vn peu plus que par ignorance.
Il peche par ignorance en ce que voyant que le cercle C A,
dans toutes les parties de la circonference duquel se trouue

le point C, paſſe par le point A, il s'eſt imaginé que ce point
C pouuoit eſtre le meſme que le point A, ce qui eſt tres-faux,
à cauſe qu'au point A la quantité y ſe trouue nulle, & il y
a difference entre tous les points & toutes les parties d'vne
circonference. De plus, quand on luy accorderoit que le
point C pourroit eſtre au point A, on ne pourroit dire pour
cela qu'il fuſt dans l'angle D A E, mais ſeulement en l'interſection des lignes qui le compoſent, Car le mot d'Angle
ſignifie vne quantité, & non pas le ſeul point où deux lignes
ſe rencontrent. On ne pourroit dire non plus qu'il fuſt par
l'angle D A E, car on ne peut ainſi parler d'vn point, c'eſt
ſeulement d'vne ligne qu'on peut dire qu'elle eſt, ou pluſtoſt
qu'elle paſſe par vn angle, lors que paſſant par le point où
les deux lignes qui le compoſent ſe rencontrent, elle paſſe
auſſi par le dedans de cét angle, c'eſt à dire, par la ſuperficie
contenuë entre ces deux lignes. Ainſi le cercle C A paſſe

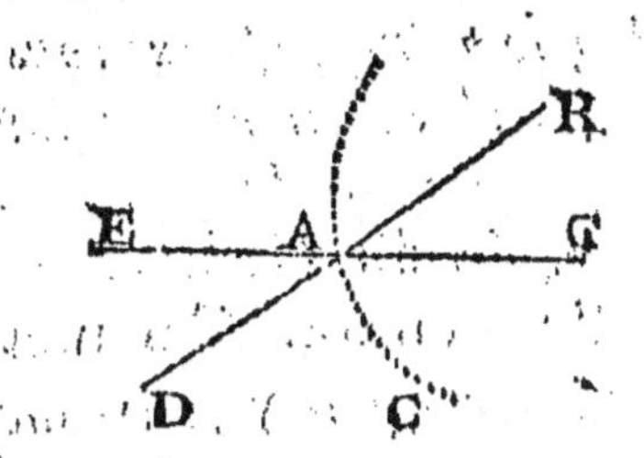

par les angles D A G & E A R,
mais non point par l'angle D A
E. De façon qu'en quelque ſens
qu'il s'explique, il a touſiours
tort, d'auoir dit que le point C
eſt par tous les angles que l'ay
nommez. Et ſa fineſſe paroiſt,
en ce que bien que mon ſens fuſt
tres-clair, & que lors que l'ay parlé de ſuppoſer le point C
dans l'angle D A G, il n'ait pû douter que le n'aye entendu
par cét angle toute la ſuperficie contenuë entre les deux lignes D A & G A, qui le contiennent, pour ce que cela
ne ſouffre aucune autre interpretation, & meſme que le
point C s'y voit peint dans la figure, il a neantmoins changé
mes mots, & par ce moyen en a corrompu le ſens.

Il eſt euident auſſi qu'il ſe trompe, en ce qu'il dit que ie
n'ay pas nommé l'angle où le point C ne peut eſtre, Car
ayant nommé tous les quatre angles qui ſe font par l'interſection des deux lignes D R & E G, l'ay nommé toute la
ſuperficie indefiniment eſtenduë de tous coſtez, & par

confequent tous les lieux, tant ceux où le point C peut
eftre, que ceux où il ne peut pas eftre. En forte qu'il auroit
efté fuperflu que i'euffe confideré d'autres angles. Enfin il
fe trompe de dire que cette queftion n'eft iamais impoffible, Car bien qu'elle ne le foit pas en la façon que ie l'ay
propofée, on la peut propofer en plufieurs autres, dont quelques vnes font impoffibles, & ie les ay voulu toutes comprendre dans mon difcours.

Sa feconde objection eft vne fauffeté manifefte, Car ie
n'ay pas dit dans la page 373. ce qu'il veut que i'aye dit, à
fçauoir, qu'il y a autant de vrayes racines que les fignes +
& — fe trouuent de fois eftre changez, ny n'ay eu aucune
intention de le dire. I'ay dit feulement qu il y en peut autant
auoir, & i'ay monftré expreffément dans la page 380. quand
c'eft qu'il n'y en a pas tant, à fçauoir, quand quelques-vnes
de ces vrayes racines font imaginaires. Et fon peu de memoire m'eft confirmé par ce que m'a dit le fieur Chauueau,
qui m'a affuré qu'il luy a defia cy-deuant répondu à cette
pretenduë objection, & monftré fon erreur; en forte qu'il
ne peche pas en cecy par ignorance, mais faute de memoire, ou autrement.

Au contraire dans fa 3. objection ie ne remarque qu'vne
ignorance groffiere. Il dit qu'en ma Geometrie *i'ay vne faute
& vne omiffion; La faute, en ce que ie fohtiens que le cercle
peut coupper en fix endroits la ligne courbe que i'y décris, fans
auoir égard à fa compagne qui eft de l'autre part de la ligne
D O, laquelle ie n'ay pas reprefentée; & qu'il y a demonftration
qu'il ne la peut coupper qu'en quatre endroits, de quelque façon
qu'elle puiffe eftre faite. L'omiffion, en ce que ie ne me fers pas
de fa compagne, qu'il dit eftre abfolument neceffaire pour refoudre les équations qui ont fix racines vrayes. Et que cette omiffion
deuient bien plus confiderable, en ce que pour fix racines vrayes,
ie fais tomber mes perpendiculaires C G, N R, Q O & femblables fur la ligne D O, qu'il dit y eftre abfolument inutile,
& qu'il fe faut feruir d'vne autre.* A quoy ie répons qu'il n'y
a ny faute ny omiffion en ce qu'il reprend, pour ce qu'il eft

tres-vray que le cercle peut coupper cette ligne courbe en
six endroits, & qu'il l'y couppe effectiuement toutes les
fois que l'équation, pour la resolution de laquelle on les
décrit suiuant la regle que i'en ay donnée, contient six
vrayes racines inégales entr'elles, sans qu'il faille pour cét
effet auoir aucun égard à sa compagne ; Ainsi que vous
verrez tres clairement, s'il vous plaist de prendre la peine de
chercher par cette regle les racines de l'équation suiuante,
ou de quelqu'autre semblable $x^6 - 25 x^5 \dagger 239 x^4 - 1115$
$x^3 \dagger 1664 \, x x - 3060 \, x \dagger 1296 \;\|\; 0$. Car d'autant qu'il y a
six vrayes racines en cette équation, qui sont 1, 2, 3, 4, 6
& 9, vous trouuerez que le cercle couppera la courbe en
six points, desquels tirant six perpendiculaires sur la ligne
D O, ces six perpendiculaires seront 1, 2, 3, 4, 6 & 9. Et
son ignorance est telle, que bien qu'il y ait desia onze ou
douze ans qu'il m'a fait la mesme objection, & que ie luy ay
répondu, il n'a sceu apprendre en tout le temps qui a coulé
depuis, à faire le calcul qui est requis pour examiner ma
regle, quoy qu'il soit si aisé qu'on le peut faire en moins d'vn
demy quart d'heure.

I'adjoûte, que tant s'en faut que la ligne qu'il nomme la
compagne de la courbe soit absolument necessaire en ma
regle, ainsi qu'il assure, qu'au contraire elle n'y peut iamais
aucunement seruir. Et on peut voir que ie ne l'ay point ob-
mise faute de la connoistre, pour ce que ie l'ay representée
dans la page 336. pour vne autre occasion où elle est vtile.
Enfin il se mocque de dire que la ligne droite D O est absolument inutile dans ma regle, qu'il s'y faut seruir d'vne
autre ligne droite; Car il suffit que celle-cy y soit employée,
& que la regle ne soit point fausse, comme certainement
elle ne l'est point, pour faire voir qu'elle y est vtile. Et ce
qui rend son ignorance moins excusable en tout cecy, c'est
qu'on peut, comme i'ay auerty dans la page 411. faire vne
infinité d'autres regles à l'imitation de la mienne ; Et il n'y
a aucune ligne droite que ie ne puisse faire seruir au lieu de
cette ligne D O en quelqu'vne de ces regles ; Comme aussi

a u

au lieu de la ligne courbe dont ie me suis seruy, ie pourrois y
employer sa compagne, ou telle autre ligne du second genre qu'il me plairoit, mais la regle ne pourroit pas aisément
se rencontrer si courte, ny si elegante. Et i'ose dire que
celle que i'ay donnée est la plus belle, & qui a esté sans comparaison la plus difficile à trouuer de toutes les choses qui
ont esté inuentées iusques à present en Geometrie, & qui
le sera peut-estre encore cy-apres en plusieurs siecles, si ce
n'est que ie prenne moy-mesme la peine d'en chercher
d'autres.

La regle où ie me sers de l'intersection de la parabole, ou
du cercle pour construire les Problemes solides, laquelle
vous loüez en vostre Lettre, est autant inferieure à celle cy,
qu'elle surpasse celle de la page 302. où ie me sers de l'intersection du cercle, & de la ligne droite pour construire les
Problemes plans. Mais ie voudrois qu'il nous fist voir les
demonstrations qu'il pretend auoir pour prouuer ses censures; Ie m'assure que nous y verrions de beaux Paralogismes,
comme i'en ay quasi tousiours trouué dans tout ce qu'il a
voulu produire de son inuention. Ie dis dans tout, sans que
i'en excepte presque aucune chose. Car pour l'aire de la
ligne décrite par la Roulette, dont il s'est fort vanté, c'est
Toricelli qui l'a trouuée; & c'est moy qui luy ay enseigné à
en trouuer les tangentes; Ce qu'il m'auoit fait demander
par le Reuerend Pere Mersenne, apres auoir confessé qu'il
ne les pouuoit trouuer. On me fit voir l'an passé des écrits
qu'il auoit enseignez à ses disciples, qui contenoient plusieurs raisonnemens tres-foibles qu'il debitoit pour des demonstrations, & à cause qu'il y concluoit des choses contraires à ce que i'auois écrit, il inferoit de là que i'auois
failly. Il a aussi vsé de ce mesme moyen pour me refuter, dans
vn écrit que le frere de Monsieur le Marquis de Neuf-Castel
m'a autrefois enuoyé de sa part. Il y raisonnoit en cette
sorte, ma demonstration est vraye (& c'estoit vne demonstration qu'il retenoit *in pectore* sans vouloir que ie la sceusse)
& la conclusion en est contraire à ce qu'vn tel pretend auoir

demonſtré , donc ſa demonſtration eſt fauſſe. Ainſi il vous
loit vaincre par ſa ſeule authorité d'vne façon fort magiſtra-
le , & ce me ſemble fort peu conuenable pour luy à mon
égard. Ie n'aurois iamais fait , ſi ie voulois mettre icy toutes
les raiſons que i'ay de ne l'eſtimer qu'autant que ie dois, &
de craindre qu'il ne parle pas ſelon ſon cœur , lors qu'il dit
qu'il n'eſt point animé contre moy. Mais ie ne laiſſe pas de
vous remercier de ce qu'il vous a plû m'en écrire. Et ie ſuis,

MONSIEVR,

Voſtre tres - humble & fidele ſeruiteur,
DESCARTES.

RESPONSE DE Mʳ DE CARCAVI.

A Paris le 24. Septembre 1649.

LETTRE LXXVIII.

MONSIEVR,

Ie croyois répondre tout auſſi-toſt à la Lettre que vous
m'auez fait la faueur de m'écrire du dix-ſeptiéme du mois
d'Aouſt, & vous remercier, comme ie fais de tout mon
cœur, de la peine qu'il vous plaiſt de prendre; Mais vne
fiévre qui m'a tenu quelque temps malade m'a contraint de
differer ce deuoir iuſques à maintenant. Monſieur Cler-
ſelier, de l'entremiſe duquel ie me ſers pour vous faire tenir
la preſente en l'abſence de Monſieur Picot, vous pourra témoigner que i'auois pris rendez-vous chez luy, il y a trois
ſemaines pour vous l'enuoyer.

I'ay écrit à Monſieur Paſcal, qui n'eſt pas encore de retour en cette Ville, ce que vous auez deſiré que ie luy fiſſe
ſçauoir de voſtre part touchant l'experience qu'il a fait

faire du Vif-argent ; Et ſi le Pere Magnan m'écrit quelque
choſe de Rome, ie vous l'enuoyeray où vous ſerez ; car nous
ne ſçauóns pas ſi c'eſt encore en Hollande, ou bien en Suede. Il m'a témoigné par ſa derniere Lettre qu'il euſt bien
deſiré de ſçauoir de quelle façon vous expliquez les actions
de l'entendement & de la volonté : *Sçachant aſſez*, dit-il,
*que celles des ſens, tant internes qu'externes ne conſiſtent qu'en
des mouuemens locaux, comme l'explique Monſieur Deſcartes
& Monſieur Hoqelande, ſi ce n'eſt le moſme, ainſi que quelques-
vns ont crû icy.* Voilà, Monſieur, ſes propres termes, dont
vous vſerez comme il vous plaira.

Pour ce qui eſt du Pere Gregorius à S. Vincentio, i'auois
bien crû que vous n'approuueriez pas ſa quadrature, encore qu'il paroiſſe auoir autant de Geometrie qu'aucun de
ceux que nous ayons véu de ſa Compagnie. Mais vous ne
ſçauez peut-eſtre pas qu'il a écrit ſous le nom d'vn de ſes
Eſcoliers quelque choſe contre le iugement que le Pere
Merſenne a fait de ſon ouurage, dans ſon dernier traitté
De reflexionibus Phyſico-Mathematicis, à quoy l'on a icy
répondu en peu de mots.

Le Liure de Monſieur de Schooten eſt attendu auec impatience ; Et bien qu'il ſoit fort ſçauant en Geometrie, il
euſt eſté neantmoins à ſouhaitter que vous vous fuſſiez donné la peine de le voir ; Car encore que vous ne l'ayez pas
fait, on aura ſujet de le penſer, à cauſe que vous eſtes au
meſme lieu, où vne perſonne qui témoigne vous honorer
ſi particulierement l'a fait imprimer ; & vous ſçauez qu'en
cette ſcience, on s'arreſte dauantage au ſens qu'aux paroles.

Vous m'excuſerez, s'il vous plaiſt, ſi ie vous parle ſi librement, mais l'intereſt que ie prens en ce qui vous regarde
m'y oblige, & voſtre derniere Lettre ne m'ayant pas fait
voir le contraire de ce que ie vous auois écrit, i'euſſe bien
deſiré que vous vous fuſſiez donné le loiſir de relire ce qui
regarde le lieu *ad tres & quatuor*, &c. contre lequel, au
moins contre ce que vous en auez mis dans voſtre Geometrie, vous me permettrez de vous dire ingenuëment, & par

le seul amour de la verité, ce que i'en pense, & qui est conforme à la demonstration que Monsieur de Roberual m'en a monstrée il y a tres-long-temps , & que ie vous enuoyeray quand il vous plaira , vous assurant que ie l'ay parmy mes papiers, & qu'il ne me faut qu'vn peu de temps pour la mettre en ordre. Car lors que ie vous ay écrit que ledit sieur de Roberual ne vous estoit pas ennemy , ie vous assure que ie vous l'ay mandé candidement , & comme ie luy ay oüy dire, ne l'excusant pas aussi s'il s'est seruy des termes dont vous m'écriuez, bien que le plus souuent la chaleur de la dispute nous emporte au delà de ce que nous ne ferions pas dans vn autre rencontre. Et pour ce qui est du Pere Mersenne , ie ne l'ay accusé que de ce que tous ceux qui l'ont connu ont remarqué en luy , ce qui n'estoit pas toutesfois absolument blasmable dans son intention , qui n'alloit qu'à la recherche de la verité, qui ne se trouue d'ordinaire que par le moyen de quelque émulation, & qui ne s'establit qu'apres plusieurs contestations ; Mais il m'a semblé qu'il ne mettoit pas toûjours assez de difference entre ceux qui disputent en matiere de science, & les autres qui se battent pour le point d'honneur, ce que i'ay tasché de faire en cette occasion , où vous me faites la faueur de me témoigner la satisfaction que vous en auez , & vous me donnez des loüanges qui me persuadent que vous agreérez que ie continuë, ou plustost que ie finisse dans cette Lettre ce que vous auez commencé de lire dans la precedente.

Et premierement , ie vous assure que ledit sieur de Roberual ne pense aucunement à biaiser, ny à prendre vos paroles autrement que vous ne les auez écrites ; Car lors que dans ma Lettre i'ay dit *par l'angle*, s'il y a quelque faute elle est à moy , parce qu'il l'entend de mesme que vous, & comme vous l'expliquez dans vostre Lettre, & dans vostre Liure, c'est à dire, dans l'espace compris par les lignes qui forment l'angle, & ayant pris vostre enonciation en mesme sens que vous, il m'en a fait voir la demonstration, ainsi que ie vous ay dit il y a tres-long-temps ; & mesme la publia dés l'année

1637. en l'assemblée de quelques Messieurs qui conferoient
des Mathematiques, Il ne s'est pas aussi arresté aux figures
de vostre Liure, mais seulement à vostre enonciation ; Car
celle de la page 331. monstre euidemment le peu d'intelligence de celuy à qui vous vous estes fié pour la tracer ; c'est
où le lieu est representée par vne hyperbole, laquelle ne
passant par aucun des six points où les quatre lignes peuuent
s'entrecoupper, coupent neantmoins la ligne T G au point
H, fort éloigné de tous ces six points, qui est vne absurdité
si manifeste, qu'encore que ledit sieur de Roberual croye
que vous ne vous soyez pas donné la peine de construire ce
lieu, il ne doute pas toutesfois que vous ne la voyïez incontinent ; de mesme que celle de la page 308. où vous dites
que pour trois ou quatre lignes données, les points cherchez
se rencontrent *tous* en vne section conique, ce qui n'est pas
veritable ; car ils ne se trouuent pas tous dans vne de ces sections, quand vous prendriez les deux hyperboles opposées
pour vne section, comme nous faisons auec les Anciens. Et
il m'a fait remarquer que cette faute peut bien auoir esté
cause d'vne autre dans la page 313. où vous dites qu'on
pourra trouuer vne infinité de points par lesquels on décrira
la ligne demandée : Car il se pourra faire que tous ces points
ne seront pas dans vne mesme ligne, sçauoir, lors que quelques-vns d'iceux seront dans l'vn des espaces qui sont di-
stinguez par les quatre lignes données, & d'autres en vn
autre espace ; Et finalement, il soûtient que vous ne sçauriez
donner aucun cas auquel la question ne soit tousiours possible, comme vous verrez, si vous desirez que nous en parlions
dauantage. Ie vous prie de me faire la faueur de croire que
ie procede en cecy tres-franchement, & que ie ne vous
manderois pas toutes ces choses, ny n'aurois pas prié Monsieur de Roberual (duquel i'ay assez de peine à chevir à cause des écoliers qui l'occupent) de s'expliquer dauantage
sur celles qui suiuent, si ce n'estoit par vne estime tres-particuliere que ie fais de vostre personne, car il me suffiroit de
les sçauoir,

Il m'a donc dit sur le sujet des racines (quelques vnes desquelles nous appellons positiues en dessus , ou *positiuæ supra* , sçauoir, celles que vous appellez vrayes ; Les autres positiues en dessous , ou *positiuæ infrà* , qui sont celles que vous appellez fausses ; & les autres impossibles , que vous appellez imaginaires) qu'il y a des équations qui changent alternatiuement de signe † & −, qui ne laissent pas d'auoir quelque racine fausse ou positiue en dessous, contre ce que vous auez pris la peine de m'écrire touchant vos pages 373, & 380. Et voicy vne de ces équations qui est cubique, en laquelle il n'y a , & ne peut auoir , par sa generation, aucune racine impossible, Mais seulement vne positiue en dessus, & vne positiue en dessous , quoy que la plus grande partie de celles de ce degré, c'est à dire cubique , en ayent trois, ex‑cepté quand il y en a d'impossibles,

$$4 - 4\,a \mathbin{\text{†}} 4\,a^2 - a^3$$

Et pour monstrer qu'il n'y en a point d'imaginaire, il ne faut que remarquer qu'en toute équation où il y a de ces racines impossibles, il n'y en a iamais moins de deux, & par‑tant en vne équation cubique, où il y auroit deux telles ra‑cines impossibles , il n'y en pourroit auoir qu'vne positiue en dessus , ou en dessous , ce degré cubique ne pouuant souffrir au plus que trois racines. Donc puis qu'en l'équa‑tion cy-dessus il y a deux racines positiues, il ne se peut faire qu'il y en ait de ces impossibles. On peut dire le mesme de l'équation quarrée quarrée suiuante qui a trois racines po‑sitiues en dessus , & vne en dessous, quoy que suiuant vostre doctrine elle n'en dust point auoir en dessous, & si elle en auoit d'impossibles, elle ne pourroit auoir que deux posi‑tiues au plus.

$$12 - 16\,a \mathbin{\text{†}} 7\,a^2 \mathbin{\text{—}} 4\,a^3 \mathbin{\text{†}} a^4$$

Pour ce qui regarde vostre conchoïde parabolique, voicy le calcul que nous en auons fait sur vostre figure de la page 404, que nous ne voulions pas vous enuoyer sans y adjoûter quelque chose de plus precis, La lettre *a* est l'inconnuë en la maniere de Monsieur Viete,

CG, vel M H	‖ a	L'équation est entre les quarrez I M
latus rectum	‖ b	& M C ensemble d'vne part, & le
D E	‖ c	quarré I C de l'autre, c'est à dire,
A B	‖ d	entre les quarrez
I H	‖ f	de $f - a$ de $\frac{ca}{b} - \frac{cd}{a} + g - \frac{aa}{b} + c$ d'vne
H B	‖ g	part & hh de l'autre, & l'équation
I C	‖ h	vient de cette sorte. $[da^5 + a^6 \parallel 0.$

$$+ b^2 c^2 d^2 - 2 b^2 cdga + b^2 g^2 a^2 + 2 bdga^3 - 2 bga^4 - 2$$
$$- 2 b^2 c^2 da + b^2 c^2 a^2 + 4 bdca^3 - 2 bca^4$$
$$- 2 bcd^2 a^2 - 2 b^2 f a^3 + d^2 a^4$$
$$+ 2 b^2 cga^2 \qquad\qquad + b^2 a^4$$
$$+ b^2 f^2 a^2$$
$$- b^2 h^2 a^2$$

Dans laquelle équation toutes les especes sont distinguées
auec leurs signes, supposant vostre figure comme elle est.
Nous l'aurions aussi faite supposant la ligne L H (que nous
appellons G) de l'autre part vers L, Mais nous ne vous
l'enuoyons pas, parce qu'on reconnoist incontinent qu'elle
est inutile en l'équation particuliere que vous auez enuoyée, qui est celle que nous voulions precisément examiner, où il se trouue qu'en la parabole requise à vostredite
équation numerique, sçauoir,
$$+ 1296 - 3060\, a + 2664\, a^2 - 1115\, a^3 + 239\, a^4 - 25\, a^5 + a^6 \parallel 0.$$
Le costé droit doit estre $\frac{671}{4}$, le quarré de D E, ou c^2 en
nos especes, $\frac{20736}{41937\frac{1}{5}}$, la ligne A B, ou D, $12\frac{1}{2}$; I H, ou
f, $\frac{409}{81}$; I c^2, ou H², $\frac{1411200}{40931\frac{1}{5}}$; & le rectangle sous le costé
droit & la ligne H B, ou $b\ in\ g$, est $39\frac{31}{50}$.

D'où il est manifeste qu'en cet exemple le centre du cercle C N Q est dans l'espace compris par la conchoïde parabolique Q A C N, & non pas au dehors, On voit aussi
que ce cercle ne doit pas coupper cette conchoïde de l'autre part de la ligne B vers A Q, parce que B estant desia
$12\frac{1}{2}$, & les autres perpendiculaires de cette part estant plus
grandes excederoient la plus grande racine 9, il faut donc
que les six points que le cercle donnera en cette conchoïde

ſoient dans la portion de cette ligne, depuis A par C, par
N, &c. à l'infiny; Voyez, s'il vous plaiſt, ſi cela ſe peut.

Le moyen que nous auons de l'examiner eſt indubitable,
Car poſé, par exemple, qu'on veüille examiner la racine G R
(ou peut-eſtre 9.) qui ſoit comme G C, (c'eſt le meſme pour
toutes les autres) il n'y a qu'à mener la parallele C M, & calculer où le cercle la couppe, Or pource qu'en cela G D ſera
connuë, on ſçaura où la ligne droite A C, prolongée couppera l'axe D B, & quelle longueur aura la ligne G C, d'où
l'on verra ſi E D reſte de la longueur requiſe; Et ſi cela
arriue à toutes les ſix racines, poſant qu'en tous les ſix cas
le point O, & ſes ſemblables ſoient tant dans la circonference du cercle que dans celle de la conchoïde, & dans la
ligne droite, ce qui n'a autre difficulté que la longueur du
calcul de ces triangles, Et bien que vous ayez ſuiuy vne
autre conſtruction que nous pour trouuer voſtre coſté droit
& vos autres lignes, nous les auons neantmoins trouué les
meſmes par la noſtre, ce qui nous a ſeruy de témoignage,
que nous ne nous eſtions pas mépris dans l'operation; Et
vous verrez auſſi par là que ce n'eſt pas à la veuë, mais par
le raiſonnement que l'examen en a eſté fait.

En voila ce me ſemble aſſez en matiere de Geometrie, &
peut-eſtre trop pour voſtre loiſir, s'il vous y falloit employer dauantage de temps qu'il n'en faut pour le lire, &
ie n'y adjoûteray rien de plus, ſi ce n'eſt que pour la demonſtration dont vous me parlez touchant Monſieur de
Cauendiſch, ledit ſieur de Roberual m'a aſſuré luy auoir
donnée, & qu'il n'a pas empeſché qu'il ne vous l'ait fait
voir, n'eſtant aucunement chiche de ces choſes, lors qu'il
croit qu'on les receura de meſme qu'il les donne. Pour les
aſymmetries, il dit qu'il ſuffit que vous voyiez comme il y
procede, & que ſa maniere eſt vniuerſelle, ſi la voſtre eſt
plus courte & meilleure, vous m'obligerez beaucoup de me
l'ennoyer. Et me permettrez, s'il vous plaiſt, de finir cette
Lettre, par ce que vous me mandez de Monſieur Toricelly,
ſur quoy ie crois vous pouuoir entierement ſatisfaire, en
ayant

ayant eu vne particuliere connoissance. Il ne s'est fait connoistre en France qu'en Octobre de l'année 1643. nous
auons l'Original de sa Lettre de 1646, dans laquelle il auoüe
que cette ligne de la roulette ou cycloïde ne luy appartient
point, & que iusques à la mort de Galilée qui fut en 1642.
on n'en sçauoit rien en Italie. Il a du depuis continué à écrire
qu'il n'auoit aucune connoissance des solides, soit à l'entour
de la base, soit autour de l'axe de cette ligne; & ayant quelque temps apres trouué la raison de celuy autour de la base
à son cylindre, il enonça aussi, mais faussement, la raison de
celuy autour de l'axe à son cylindre de mesme hauteur, sçauoir, comme de 11. à 18. Ce qui donna sujet à Monsieur de
Roberual en l'examinant de trouuer la veritable qui est
enoncée dans le Liure des reflexions du Pere Mersenne; Et
que ny ledit Toricelly, ny personne autre que luy, non pas
mesme Monsieur de Fermat, n'a iamais pû demonstrer.
Apres cela vous-mesme, Monsieur, auez écrit vne Lettre
que ledit sieur de Roberual m'a fait voir de l'année 1638.
dans laquelle vous donnez la demonstration de l'espace
compris par cette ligne & sa base, comme d'vne chose qu'il a
trouuée; I'ay plusieurs Lettres de Monsieur de Fermat de
l'année 1637. qui disent le mesme, & qui témoignent sa
franchise, en ce que s'estant mépris sur le sujet de cette ligne,
& d'vne enonciation dudit sieur de Roberual, qui luy ap-
parut d'abord fausse, il se retracta genereusement par le
Courrier suiuant. Monsieur Des-Argues a imprimé la mesme chose en 1639. & le Pere Mersenne en cent endroits; &
neantmoins si vous ne le trouuez pas bon, ledit sieur de Roberual ne veut pas se l'attribuer, & m'a dit qu'il la laisse
à celuy qui la pourra prendre; m'ayant encore assuré sur ce
sujet, ce que ie ne vous écrirois point si vous n'auiez interest
de le sçauoir, qu'il pourroit vous reprocher ce qu'vn Anonyme, qui a fait quelque petit écrit d'Algebre, vous objecte,
(quelques-vns croyent que c'est vn Pere Iesuite) que dans
la formation de vos équations, vous ne faites que redire ce
qui a esté publié dés l'année 1631. par vn Anglois, nommé

Hariot, duquel nous n'auons pas icy grande connoiſſance, du moins moy, qui ſuis parfaitement & en verité,

A MONSIEVR ****.

LETTRE LXXIX.

MONSIEVR,

Encore que les propoſitions du Reuerend Pere Ieſuite que vous auiez pris la peine de m'enuoyer ſoient tres-vrayes, ie n'eſpere pas pour cela qu'il en puiſſe déduire la quadrature du cercle, comme il me ſemble que vous m'auiez mandé qu'il pretend : De façon que s'il en publie quelque Liure, il eſt croyable que le ſieur W. y pourra trouuer à reprendre; Mais il ſeroit aſſez plaiſant s'il s'amuſoit à y reprendre ce qui n'eſt pas faux, & qu'il obmiſt ce qui l'eſt. Ie ne vous ay rien mandé touchant ce qu'il a écrit de ma Réponſe à ſes queſtions, que tout ſimplement ce que i'en penſois, & comme l'écriuant à vous ſeul; car ie ne ſçauois point qu'on vous euſt donné ſon Eſcrit pour me le faire voir, mais ie ne croy pas pour cela vous auoir rien écrit que ie me ſoucie qu'il ſçache, & ie laiſſe entierement à voſtre diſcretion de luy faire voir ma Lettre, ou vn extrait d'icelle, ou rien du tout. Ie ne puis en aucune façon ſatisfaire à ce que vous deſirez de la part de Monſieur Friquet; Car ie ne ſuis point aſſez habile pour porter iugement d'vn Liure, ſans en rien voir que le titre des chapitres. Tout ce que i'en puis dire, eſt, que Viete a eſté ſans doute vn tres-excellent Mathematicien, mais que les écrits qu'on a de luy ne ſont que des pieces détachées, qui ne compoſent point vn corps parfait, & dans leſquelles il ne s'eſt pas eſtudié à ſe rendre intelligible à tout le monde; C'eſt pourquoy ſi toute ſa doctrine eſt miſe par ordre par quelque ſçauant Homme, qui prenne la peine de l'expliquer fort clairement, l'ouurage en sera fort beau & fort vtile. Neantmoins si on n'y met rien de plus que ce qui est contenu dans les écrits de Viete qui ont desia veu le iour, il me semble qu'on ne portera pas si auant l'Algebre que d'autres ont fait. Pour des questions, celle des quatre globes que vous me mandez auoir enuoyée est fort bonne, afin d'éprouuer si on sçait bien le calcul ; mais pour remarquer aussi l'industrie de bien demesler les équations, ie n'en sçache point de plus propre que celle des trois bâtons, dont la solution n'a peut-estre point encore passé iusqu'en Bourgogne. *Tres baculi erecti sunt ad perpendiculum, in horisontali plano, expunctis A, B, C. Et baculus A est 6. pedum, B 18. pedum, C 8. pedum. Et linea A B est 33. pedum; Et vnâ atque eadem die extremitas vmbræ solaris quam facit baculus A, transit per puncta B & C, extremitas vmbræ baculi B, per A & C. Et ex consequenti etiam baculi C, per A & B. Quæritur in quanam poli altitudine, & qua die anni id contingat; Et supponimus illas vmbras describere accurate conicas sectiones, vt quæstio sit Geometrica, non Mechanica.* Et pour faire preuue des diuers vsages de l'Algebre on pourroit proposer touchant les nombres: *Inuenire numerum cuius partes aliquotæ faciant triplum,* en voicy deux 32760, dont les parties aliquotes font 98280. Et 30240, dont les parties font 90720. On en demande vn troisiéme auec la façon de les trouuer par regle, ou bien si on ne veut pas donner la regle, ie demande sept & huit tels nombres, pour ce que i'en ay autrefois enuoyé six ou sept à Paris, qui peuuent auoir esté diuulguez. Et touchant les lignes courbes on pourroit proposer celle-cy.

Datâ quâlibet lineâ rectâ N. Et ductis aliis duabus lineis indifinitis, vt G D, Et F E, quæ se in puncto A ita intersecent, vt angulus E A D sit 45. graduum; Quæritur modus describendi lineam curuam A B O, quæ sit talis naturæ, vt à quocumque eius puncto ducantur tangens & ordinata ad diametrum G D, (quemadmodum hic à puncto B ductæ sunt tangens B L, & ordinata B C.) semper sit eadem ratio istius

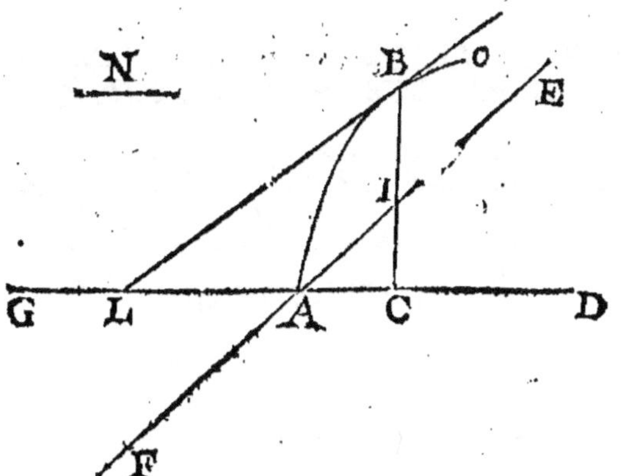

*ordinatæ B C, ad C L,
ſegmentum diametri
inter ipſam & tan-
gentem intercepti,
quæ eſt lineæ datæ
N, ad B I, Segmen-
tum ordinatæ à curua
ad reƈtam F E por-
reƈtæ.*

Cette queſtion me
fut propoſée il y a
cinq ou ſix ans par Monſieur de Beaune, qui la propoſa auſſi
aux plus celebres Mathematiciens de Paris & de Thoulouze,
Mais ie ne ſçache point qu'aucun d'eux luy en ait donné la
ſolution, ny auſſi qu'il leur ait fait voir celle que ie luy ay
enuoyée. I'ay veu depuis deux iours *Vltimam patientiam
Mar.* qui me ſemble eſtre fort bonne pour acheuer de pein-
dre Vo. Et peut. eſtre qu'elle m'exeptera d'écrire beaucoup
de choſes à quoy i'euſſe eſté obligé. Au reſte, ie vous aſſure
que ie n'ay aucune enuie d'aller où vous eſtes, ſi ie ne vous
y pouuois rendre ſeruice, non pas que ie penſe que mes ennemis m'y puſſent nuire en aucune façon, mais pour ce que
n'y ayant point affaire, il ſembleroit que j'irois à deſſein de
les brauer, ce qui n'eſt pas conuenable à mon humeur, I'aime
mieux qu'ils ſçachent que ie les mépriſe, & pour ce ſujet ie
n'ay pas auſſi enuie d'auoir aucunes Copies authentiques
des pieces produites par Sc. il y en a aſſez dans ce dernier
Liure. Ie ſuis,

A M. LA PRINCESSE ELIZABETH, &c.
Touchant le Probleme; trois cercles estant donnez, trouuer le quatriéme qui touche les trois.

LETTRE LXXX.

MADAME,

Ayant sceu de Monsieur de Pollot que Vostre Altesse a pris la peine de chercher la question de trois cercles, & qu'elle a trouué le moyen de la soudre, en ne supposant qu'vne quantité inconnuë, i'ay pensé que mon deuoir m'obligeoit de mettre icy la raison pourquoy i'en auois proposé plusieurs, & de quelle façon ie les demesle.

I'obserue tousiours en cherchant vne question de Geometrie, que les lignes dont ie me sers pour la trouuer soient paralleles, ou s'entrecouppent à angles droits le plus qu'il est possible; & ie ne considere point d'autres Theoremes, sinon que les costez des triangles semblables ont semblable proportion entr'eux, & que dans les triangles rectangles le quarré de la base est égal aux deux quarrez des costez. Et ie ne crains point de supposer plusieurs quantitez inconnuës pour reduire la question à tels termes, qu'elle ne depende que de ces deux Theoremes; au contraire, i'aime mieux en supposer plus que moins; Car par ce moyen ie voy plus clairement tout ce que ie fais, & en les demeslant ie trouue mieux les plus courts chemins, & m'exempte de multiplications superfluës, au lieu que si l'on tire d'autres lignes, & qu'on se serue d'autres Theoremes, bien qu'il puisse arriuer par hazard, que le chemin qu'on trouuera soit plus court que le mien, toutesfois il arriue quasi tou-

jours le contraire, & on ne voit point si bien ce qu'on fait,
si ce n'est qu'on ait la demonstration du Theoreme dont on
se sert fort presente en l'esprit ; & en ce cas on trouue quasi
tousiours qu'il depend de la consideration de quelques
triangles, qui sont ou rectangles, ou semblables entr'eux, &
ainsi on retombe dans le chemin que ie tiens.

Par exemple, si on veut chercher cette question des trois
cercles par l'aide d'vn Theoreme, qui enseigne à trouuer
l'aire d'vn triangle par ses trois costez, on n'a besoin de
supposer qu'vne quantité inconnuë; Car si A, B, C, sont

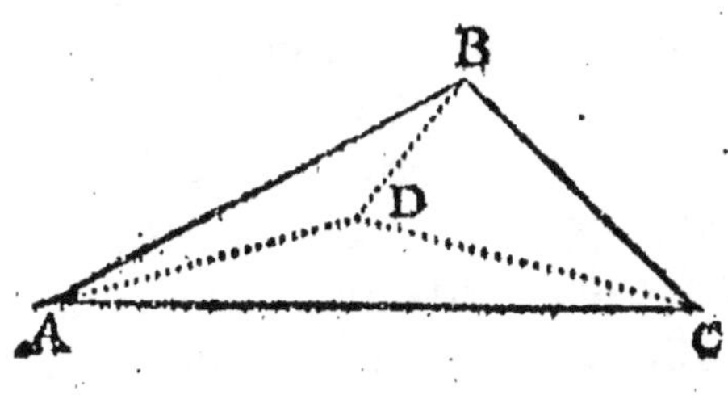

les centres des trois cercles donnez, & D le cen-
tre du cherché, les trois
costez du triangle A B C
sont donnez, & les trois
lignes A D, B D, C D
sont composées des trois
rayons des cercles don-
nez, joints au rayon du
cercle cherché, si bien
que supposant x pour ce
rayon, on a tous les côtez
des triangles A B D, A
C D, B C D; & par con-
sequent on peut auoir

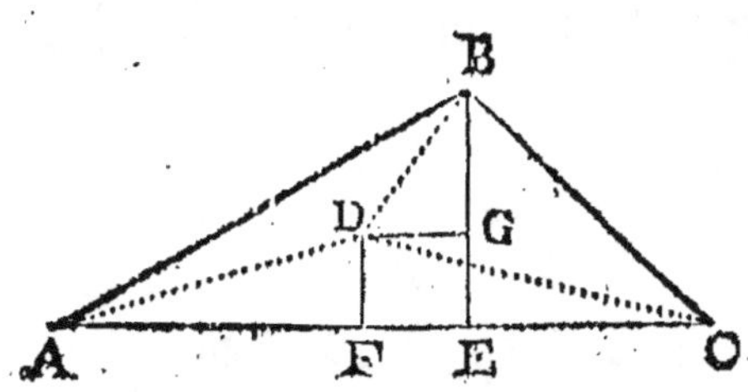

leurs aires, qui jointes ensemble, sont égales à l'aire du
triangle donné A B C; & on peut par cette équation venir
à la connoissance du rayon x, qui seul est requis pour la
solution de la question; Mais ce chemin me semble conduire
à tant de multiplications superfluës, que ie ne voudrois pas
entreprendre de les demesler en trois mois. C'est pourquoy
au lieu des deux lignes obliques A B & B C, ie mene les
trois perpendiculaires B E, D G, D F, & posant trois
quantitez inconnuës, l'vne pour D F, l'autre pour D G,
& l'autre pour le rayon du cercle cherché, i'ay tous les
costez des trois triangles rectangles A D F, B D G, C D E

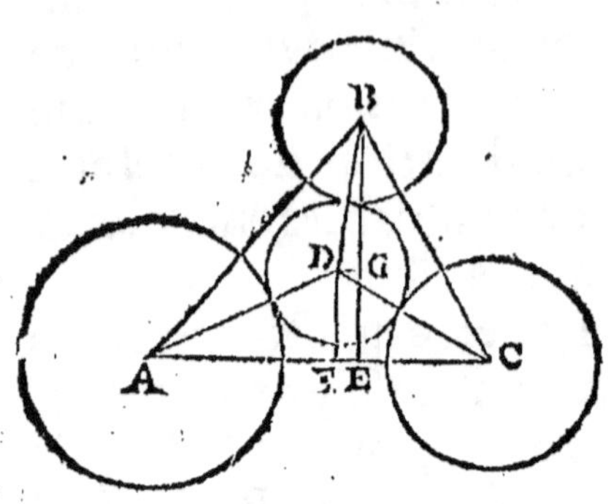

qui me donnent trois équations, pour ce qu'en chacune d'eux le quarré de la base est égal aux deux quarrez des costez.

Apres auoir ainsi fait autant d'équations que i'ay supposé de quantitez inconuës, ie considere si par chaque équation i'en puis trouuer vne en termes assez simples ; & si ie ne le puis, ie tasche d'en venir à bout en joignant deux ou plusieurs équations par l'addition ou soustraction; & enfin lors que cela ne suffit pas, i'examine seulement s'il ne sera point mieux de changer les termes en quelque façon ; Car en faisant cét examen auec addresse, on rencontre aisément les plus courts chemins, & on en peut essayer vne infinité en fort peu de temps.

Ainsi en cét exemple ie suppose que les trois bases des triangles rectangles sont

$$AD \parallel a + x$$
$$BD \parallel b + x$$
$$CD \parallel c + x$$

Et faisant $AE \parallel d$, $BE \parallel e$, $CE \parallel f$, DF ou $GE \parallel y$, DG ou $FE \parallel z$, i'ay pour les costez des mesmes triangles,

$$AF \parallel d - z \quad \& \quad FD \parallel y$$
$$BG \parallel e - y \quad \& \quad DG \parallel z$$
$$CF \parallel f - z \quad \& \quad FD \parallel y$$

Puis faisant le quarré de chacune de ces bases égal au quarré des deux costez, i'ay les trois équations suiuantes.

$$aa + 2ax + xx \parallel dd - 2dz + zz + yy$$
$$bb + 2bx + xx \parallel ee - 2ey + yy + zz$$
$$cc + 2cx + xx \parallel ff + 2fz + zz + yy$$

Et ie voy que par l'vne d'elles toute seule ie ne puis trou-

uer aucune des quantitez inconnuës fans en tirer la racine
quarrée, ce qui embaraſſeroit trop la queſtion. C'eſt pourquoy ie viens au fecond moyen, qui eſt de joindre deux
équations enſemble, & i'apperçois incontinent que les
termes xx, yy & zz eſtant femblables en toutes trois, ſi
i'en oſte vne d'vne autre, laquelle ie voudray, ils s'effaceront,
& ainſi ie n'auray plus de termes inconnus que x, y & z tous
ſimples ; Ie voy auſſi que ſi i'oſte la feconde de la premiere
ou de la troiſiéme, i'auray tous ces trois termes x, y & z ;
mais que ſi i'oſte la premiere de la troiſiéme ie n'auray que
x & z, ie choiſis donc ce dernier chemin, & ie trouue

$$cc + 2cx - 2aa - 2ax = ff + 2fz - dd + 2dz, \text{ ou bien}$$

$$z = \frac{cc - aa + dd - ff + 2cx - 2ax}{2d + 2f}$$

$$\text{ou bien } \tfrac{1}{2}d - \tfrac{1}{2}f + \frac{cc - aa + 2cx - 2ax}{2d + 2f}$$

Puis oſtant la feconde équation de la premiere ou de la
troiſiéme (car l'vn reuient à l'autre) & au lieu de z, mettant les termes que ie viens de trouuer, i'ay par la premiere
& la feconde

$$aa + 2ax - bb - 2bx = dd - 2dz - cc + 2cy. \text{ ou bien}$$

$$2cy = cc + aa + 2ax - bb - 2bx - dd$$

$$+ \frac{dd - df + ccd - aad + 2cdx - 2adx}{d + f} \text{ ou bien}$$

$$y = \tfrac{1}{2}e - \frac{bb}{2e} - \frac{bx}{e} - \frac{df}{2e} + \frac{ccd + aaf + 2cdx + 2afx}{2ed + 2ef}$$

Enfin retournant à l'vne des trois premieres équations,
& au lieu d'y ou de z, mettant les quantitez qui leur ſont
égales, & les quarrez de ces quantitez pour yy & zz, on
trouue vne équation où il n'y a que x, & xx inconnus ; de
façon que le Probleme eſt plan, & il n'eſt plus befoin de
paſſer outre ; Car le reſte ne ſert point pour cultiuer ou
recréer l'eſprit, mais feulement pour exercer la patience de
quelque calculateur laborieux, Meſme i'ay peur de m'eſtre
rendu icy ennuyeux à Voſtre Alteſſe, pour ce que ie me ſuis
arreſté à écrire des choſes qu'elle ſçauoit ſans doute mieux
que moy, & qui ſont faciles ; mais qui ſont neantmoins les
clefs

clefs de mon Algebre, ie la supplie tres-humblement de croire que c'est la deuotion que i'ay à l'honorer qui m'y a porté, & que ie suis,

MADAME,

De V. A,

Le tres-humble & tres-obeïssant seruiteur, DESCARTES.

A M. LA PRINCESSE ELIZABETH, &c,

LETTRE LXXXI.

MADAME,

La solution qu'il a plû à Vostre Altesse me faire l'honneur de m'enuoyer est si iuste, qu'il ne s'y peut rien desirer dauantage, Et ie n'ay pas seulement esté surpris d'estonnement en la voyant, mais ie ne puis m'abstenir d'adjoûter que i'ay esté aussi rauy de joye, & ay pris de la vanité de voir que le calcul dont se sert Vostre Altesse est entierement semblable à celuy que i'ay proposé dans ma Geometrie. L'experience m'auoit fait connoistre, que la pluspart des esprits qui ont de la facilité à entendre les raisonnemens de la Metaphysique, ne peuuent pas conceuoir ceux de l'Algebre, & reciproquement que ceux qui comprennent aisément ceux-cy sont d'ordinaire incapables des autres; Et ie ne voy que celuy de Vostre Altesse auquel toutes choses sont également faciles; Il est vray que i'en auois desia tant de preuues que ie n'en pouuois aucunement douter : Mais ie craignois seulement que la patience qui est necessaire pour surmonter au commencement les difficultez du calcul ne luy manquast. Car c'est vne qualité qui est extremement rare aux excel-

lens Efprits, & aux perfonnes de grande condition. Main
tenant que cette difficulté eft furmontée, elle aura beaucoup plus de plaifir au refte,& en fubftituant vne feule lettr
au lieu de plufieurs,ainfi qu'elle a fait icy fort fouuent,le calcul ne luy fera pas ennuyeux. C'eft vne chofe qu'on peut
quafi toufiours faire, lors qu'on veut feulement voir de
quelle nature eft vne queftion, c'eft à dire, fi elle fe peut
foudre auec la regle & le compas, ou s'il y faut employer
quelques autres lignes courbes du premier ou du 2. genre,
&c. & quel eft le chemin pour la trouuer; qui eft ce dequoy
ie me contente ordinairement touchant les queftions particulieres; Car il me femble que le furplus qui confifte à chercher la conftruction & la demonftration par les propofitions d'Euclide, en cachant le proceder de l'Algebre, n'eft
qu'vn amufement pour les petits Geometres,qui ne requiert
pas beaucoup d'efprit ny de fcience; Mais lors qu'on a quelque queftion qu'on veut acheuer pour en faire vn Theoreme, qui ferue de regle generale pour en foudre plufieurs
autres femblables, il eft befoin de retenir iufques à la fin
toutes les mefmes lettres qu'on a pofées au commencement;
ou bien fi on en change quelques-vnes pour faciliter le
calcul, il les faut remettre par apres eftant à la fin, à caufe
qu'ordinairement plufieurs s'effacent l'vne contre l'autre,
ce qui ne fe peut voir lors qu'on les a changées. Il eft bon
aufli alors d'obferuer que les quantitez qu'on denomme par
les lettres ayent femblable rapport les vnes aux autres le
plus qu'il eft poffible; cela rend le Theoreme plus beau &
plus court, pour ce que ce qui s'enonce de l'vne de ces quantitez, s'enonce en mefme façon des autres, & empefche
qu'on ne puiffe faillir au calcul; pour ce que les lettres qui
fignifient des quantitez qui ont mefme rapport, s'y doiuent
trouuer diftribuées en mefme façon, & quand cela manque,
on reconnoift fon erreur. Ainfi pour trouuer vn Theoreme
qui enfeigne quel eft le rayon du cercle, qui touche les
trois donnez par pofition, il ne faudroit pas en cét exemple
pofer les trois lettres a, b, c, pour les lignes A D, D C,

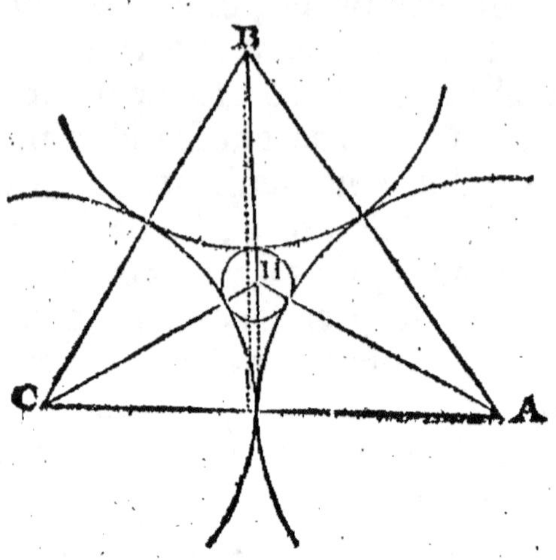

D B. Mais pour les lignes A B, A D, & B C, pour ce que ces dernieres ont mesme rapport l'vne que l'autre aux trois A H, B H, & C H, ce que n'ont pas les premieres ; Et en suiuant le calcul auec ces six lettres, sans les changer ny en adjoûter d'autres, par le chemin qu'a pris Vostre Altesse (car Il est meilleur pour cela que celuy que i'auois proposé) on doit venir à vne équation fort reguliere, & qui fournira vn Theoreme assez court. Car les trois lettres a, b, c, y sont disposées en mesme façon, & aussi les trois d, e, f ; Mais pour ce que le calcul en est ennuyeux, si Vostre Altesse a desir d'en faire l'essay, il luy sera plus aisé en supposant que les trois cercles donnez s'entre-touchent, & n'employant en tout le calcul que les quatre lettres d, e, f, x, qui estant les rayons des quatre cercles, ont semblable rapport l'vne à l'autre ; Et en premier lieu elle trouuera

$$A\,K \;\|\; \frac{dd + dff + dx - fx}{d + f} \qquad Et \; A\,D \;\|\; \frac{dd + dff + de - fe}{d + f}$$

Où elle peut desia remarquer que x est dans la ligne A K, comme e dans la ligne A D, pour ce qu'elle se trouue par le triangle A H C, comme l'autre par le triangle A B C ; puis enfin elle aura cette équation

$$\begin{matrix} ddeeff \\ ddeexx \\ ddffxx \\ eeffxx \end{matrix} \quad \| \quad \begin{matrix} 2deffxx + 2deeffx \\ 2deefxx + 2ddeffx \\ 2ddefxx + 2ddeefx \end{matrix}$$

De laquelle on tire pour Theoreme que les quatre sommes, qui se produisent en multipliant ensemble les quarrez

de trois de ces rayons, font le double de ſix, qui ſe produiſent en multipliant deux de ces rayons l'vn par l'autre, &
par les quarrez des deux autres ; ce qui ſuffit pour ſeruir de
regle à trouuer le rayon du plus grand cercle qui puiſſe
eſtre décrit entre les trois donnez qui s'entretouchent ; Car
ſi les rayons de ces trois donnez ſont par exemple $\frac{d}{2}$; $\frac{f}{3}$; $\frac{f}{4}$
i'auray 576 pour $d\,d\,e\,e\,ff$, & 36 $x\,x$ pour $d\,d\,e\,e\,x\,x$, &
ainſi des autres ; d'où ie trouueray $x \| - \frac{156}{47} \dagger \sqrt{\frac{31104}{2209}}$, ſi ie
ne me ſuis trompé au calcul que i'en viens de faire, Et Voſtre
Alteſſe peut voir icy deux procedures fort differentes dans
vne meſme queſtion, ſelon les differens deſſeins qu'on ſe
propoſe ; Car voulant ſçauoir de quelle nature eſt la queſtion, & par quel biais on la peut ſoudre, ie prens pour
données les lignes perpendiculaires ou paralleles, & ſuppoſe
pluſieurs autres quantitez inconnuës, afin de ne faire aucune
multiplication ſuperfluë, & voir mieux les plus courts chemins ; au lieu que la voulant acheuer, ie prens pour donnez
les coſtez du triangle, & ne ſuppoſe qu'vne lettre inconnuë;
Mais il a quantité de queſtions, où le meſme chemin conduit à l'vn & à l'autre, & ie ne doute point que Voſtre Alteſſe ne voye bien-toſt iuſques où peut atteindre l'eſprit humain dans cette ſcience ; Ie m'eſtimerois extremement heureux, ſi i'y pouuois contribuer quelque choſe, comme
eſtant porté d'vn zele tres-particulier à eſtre,

MADAME,

De V. A.

Le tres-humble & tres-obeïſſant
ſeruiteur, DESCARTES,

A MONSIEVR SCHOOTEN.

LETTRE LXXXII.

MONSIEVR,

Ie n'ay pas examiné foigneufement ce que vous me mandez des Notes de Monfieur de Beaune, pour ce que ie ne
croy pas qu'il en foit befoin, ny qu'il ait manqué dans fon
calcul; Mais ie me perfuade que tout ce qui vous donne de
la difficulté, vient de ce qu'il nomme l'axe de l'hyperbole
dans vne figure la ligne A Y, & dans l'autre la ligne A N,
qui eft la mefme, ce qui eft veritablement contre l'vfage,
& qui toutesfois fe peut excufer. Car comme dans l'hyperbole, & aux autres fections coniques, lors qu'elles font
connuës, on nomme leur axe la ligne qui rencontre a angles
droits les appliquées par ordre; Ainfi dans cette ligne courbe, qu'il ne confidere pas encore comme vne hyperbole,
mais comme vne courbe dont il cherche la nature, il a pû
appeller fon axe la ligne A N ou A Y, pour ce qu'il y ap-
plique par ordre les lignes L M & Y X, qui la rencontrent
à angles droits. Et cela n'empefche pas que par apres, lors
qu'il reconnoift que cette ligne courbe eft vne hyperbole,
dont A L eft vn diametre, auquel X L eft appliquée par
ordre, il n'ait raifon de dire que A M eft fon cofté trauerfant, au regard de ce diametre A L; Car vous fçauez qu'en
vne mefme hyperbole, il y a autant de diuers coftez trauer-
fans que de diametres.

Pour la remarque de N. elle eft impertinente, encore
qu'elle ne foit pas tout à fait fauffe. Car on fçait bien que les
mefmes lignes droites eftant pofées, & la queftion n'eftant
point changée, le lieu ne peut pas eftre tout enfemble au
cercle & à l'hyperbole, Et il ne faut pas auffi auoir grande

ſcience, pour connoiſtre que la ligne courbe doit paſſer en
cét exemple par les quatre interſections qu'il remarque;
Car dans la figure de la page 325. on voit à l'œil, que puiſque
C B multipliée par C F doit produire vne ſomme égale à
C D, multipliée par C H, le point C ſe rencontre neceſſairement aux quatre interſections ſuſdites, à ſçauoir,
en l'interſection A, pour ce qu'alors les lignes B C & C D
ſont nulles, & par conſequent eſtant multipliées par les
deux autres, elles compoſent deux riens, qui ſont égaux
entr'eux. Tout de meſme en l'interſection G, les lignes
C H & C B ſont nulles; & ainſi en l'vne des deux autres
interſections, qui ne ſont pas marquées dans la figure, C D
& C F, & dans l'autre C H & C F, ſont nulles. Mais on
peut changer la queſtion, en ſorte que le meſme n'arriue
point; & cela n'empeſche pas que voulant vſer de brieueté,
& rapporter tous les cas à vn ſeul exemple, comme i'ay fait,
(à ſçauoir, ie les ay tous rapportez à l'exemple propoſé dans
la figure de la page 311.) ie n'aye eu raiſon, apres auoir donné le vray lieu de cét exemple, qui eſt vn cercle, d'y appliquer auſſi l'hyperbole, afin que toutes les lettres I K L B
C D, &c. s'y trouuant aux meſmes lieux qu'auparauant,
on puſt entendre le peu que i'en voulois dire, plus facilement qu'on n'euſt fait, ſi la figure euſt eſté changée. Il me
ſemble donc que vous ne deuez point y mettre d'autre figure, Car il faudroit auſſi changer le diſcours, & la ſolution
en ſeroit plus embrouillée. Mais vous pourrez mettre cét
aduertiſſement dans la page 331. ou quelqu'autre ſemblable.

Notandum hic applicatam eſſe hyperbolam, ei poſitioni li-
nearum, cui ſolum circulum quadrare paulo poſt oſtendetur,
quod perſpicuitatis, & ſimul breuitatis ſtudio factum; faciliùs
enim eſt quæ hic ſcripta ſunt intelligere, cùm notæ A B C D,
&c. in iiſdem omnium figurarum locis reperiuntur, quàm ſi
nunc in vno, nunc in alio eſſent quærendæ. Nec etiam hinc ſequi-
tur vllus error, tota enim quæſtio nondum eſt determinata, ſed
in pagina 333. demum determinatur; poteſtque fieri paucis, ex
eâ mutatis, vt eidem poſitioni linearum, cui competit circulus,

quadret hyperbola, & quidem hyperbola quæ non transeat per vllas intersectiones datarum linearum, quemadmodum hic repræsentatur: Vt exempli causa si rectangulum ex F C, in C D debeat esse majus, quam rectangulum ex C B, in C H, quadam data quantitate, vel quid simile. Eiusdem breuitatis studio, nulla etiam hic mentio fit oppositarum hyperbolarum, non quod ab authore ignorentur, vt-pote qui paulo post in pagina 336. quatuor lineas hyperbolæ affines inter se oppositas, exposuit. Sed notandum est illum faciliora ferè semper in hac Geometria neglexisse, nihil autem ex difficilioribus, inter ea quæ tractanda suscepit, omisisse. Atque idcirco ipsum maluisse hic exhibere positionem linearum, cui quadrat circulus, quam alias, quibus quadrent ellypses aut hyperbolæ, quia eius inuentio peculiarem habet difficultatem.

Pour l'Annotation de Monsieur Haestrech à la page 378. elle ne me semble pas assez claire, mais vous pourriez mettre en cette sorte: *Notandum est nos vti posse hoc exemplo tanquam regula vel canone ad quantitatem, qua radices augendæ sunt, inueniendam. Si enim proposita sit exempli causa hæc æquatio.*

$$x^6 \dagger A\,x^5 \dagger b\,x^4 - c\,x^3 \sim d\,x\,x \dagger e\,x \dagger F \parallel 0.$$

Neglectis omnibus iis terminis in quibus notæ † & — aliæ sunt quam in canone; nempe hic neglectis terminis b, c & F, oportet tantum considerare omnes alios vt a, d & e, quia hic habetur † A x³, vt in canone † N x⁵ & − d x x, vt in canóve — 216 n⁴ x x, & † e x, vt in canone 1296 n⁵ x. Oportet autem singulos ex his terminis considerare seorsim, & quærere quantitatem n, quæ non sit minor quam a, quia in canone habetur n, vbi in datà æquatione est a. Item cuius quadratæ quadratum non sit minus quam $\frac{1}{216}$ d, quia in canone habetur 216 n⁴, vbi in datà æquatione est d; Item denique cuius super-solidum (vel vt Vieta nominat quadrato cubus) non sit minus quam $\frac{1}{1296}$ e, quia in canone habetur 1296 n⁵ vbi in datà æquatione est e. Quantitate n ita inuentà, manifestè demonstratur ex ipsa operatione, faciendo y − 6 n || x, prodire æquationem in quà nulla radix falsa esse potest; Hocque authoritam facilè

viſum eſt , vt fuſiùs explicare neglexerit. Au reſte , i'ay veu
depuis peu vne affiche du ſieur S. qui contient trois queſtions propoſées à ſa façon ordinaire , il y auroit bien
moyen de le confondre , s'il meritoit qu'on en prit la peine,
mais il ne le merite pas. Ie ſuis ,

A MONSIEVR ***.

Le 18. Decembre 1648.

LETTRE LXXXIII.

MONSIEVR,

Ie ne vous ſçaurois commodément enuoyer la propoſition
que vous me demandez , parce qu'il ne m'en ſouuient preſque plus , & que ie ſuis occupé à d'autres penſées ; C'eſt
pourquoy ie vous ſupplie de m'en diſpenſer , & ie vous l'enuoyerois tres-volontiers , ſi vous ne la demandiez que pour
vous ſeul ; Mais parce que vous la voudriez faire imprimer,
ie vous diray icy franchement que ie ſuis trop mal ſatisfait
de certains Geometres , pour leur vouloir plus rien apprendre. Tout le meilleur qu'ils ſçauent vient preſque de moy,
& neantmoins ils veulent perſuader aux ignorans qu'il n'y a
perſonne qui les égale. Ie vous prie ſi vous écriuez à Monſieur de Carcaui , de le remercier de ma part du ſouuenir
qu'il a de moy , & de l'offre qu'il me fait , de m'enuoyer le
Liure d'Italie qui traitte du vuide ; ie ne voudrois pas luy
en donner la peine , mais ſi nous en auions le titre , peut-eſtre
que nous le trouuerions chez les Libraires d'icy ; Et s'il luy
plaiſt de le faire voir à Monſieur l'Abbé Picot , ie pourray
apprendre de luy ce qu'il contient.

Voicy

Voicy maintenant le billet de M. de Fermat.

ASymmetrias in Algebraïcis omnino tollere, opus arduum nec satis hactenus ab Analystis tentatum.

Dentur, verbi gratia, termini asymmetri plures quatuor, & secundum Artis præcepta proponantur asymmetria liberandi. Vix est vt ab huiusmodi tricis expediat se Analysta, dum crescet labor, augebitur difficultas, & fatigatus tandem, nihil, post repetitas sæpiùs operationes, aut profecisse se, aut promouisse depræhendet ; An itaque hærebit Analysis, & asymmetriis vndique obruta conticescet ? Videant eruditi, & methodum huic negotio conducibilem inquirant.

Proponatur in exemplum latus (b in a, ⏤ a quad.) † latus (z quad, † d in a, † a quad.) † latus (m in a) † latus (d quad. ⏤ a quad.) ⏤ latere (r in a, † a quad.) æquari b † a.

Operetur secundum præcepta artis Analysta, & ab asymmetria proposita se expediat, aut artis inefficaciam fateatur.

Il me semble que les Illustres en cette science ne sçauroient prendre vn plus digne & plus necessaire employ que celuy d'aplanir ces difficultez ; Pour les y exciter vous leur pourriez dire par aduance, que i'ay fait quelque progrez en cette matiere, & qu'il y a beaucoup à découurir & à inuenter; Vous pourrez mesme en écrire en Italie & en Hollande, afin que la Prophetie du Chancelier d'Angleterre s'accomplisse : Multi pertransibunt, & augebitur scientia.

Pour le billet de Monsieur de Fermat, puis qu'il est Latin, il faut que i'y réponde aussi en Latin , & en suitte de ces mots : An itaque hærebit Analysis , & asymmetriis vndique obruta conticescet? Videant eruditi, & methodum huic negotio conducibilem inquirant. Ie répons.

Non hæret Analysis nostra in loco tam facili, & methodum huic negotio conducibilem talem habet. Omnibus asymmetriæ notis rejectis, Dati termini (hoc modo commensurabiles facti.) simul iungendi sunt, & postea quadratè multiplicandi ; Suntque ter ita multiplicandi, si dati fuerint quinque termini asym-

metri; quater, si dati fuerint sex; quinquies, si dati fuerint septem, & sic in infinitum.

Deinde ex terminis vltima multiplicatione productis, eorumue multiplis per solam additionem & substractionem simul junctis, exurgit æquatio nullis asymmetriis intricata quæ priori datæ æquipollet.

Ita in dato exemplo sunt sex termini asymmetri, quos sic scribo;

$$[\,†\,b\,b\,†\,2\,b\,a\,†\,a\,a.$$
$$b\,a\,-\,a\,a\,†\,z\,z\,†\,d\,a\,†\,a\,a\,†\,m\,a\,†\,d\,d\,-\,a\,a\,†\,r\,a\,†\,a\,a$$

Si autem semel quadrate ducti producunt terminos viginti & vnum duntaxat. Notandum enim est cuiuscunque termini omnes partes (quando habet plures) simul junctas esse retinendas; nec ante finem operationis cum aliorum terminorum partibus, quamuis plane similibus, confundendas. Hi autem 21. termini quadrate multiplicati, producunt multò plures; Sed quia ista multiplicationes per amanuensem fieri possunt, lapsusque calami amanuensis a perito Analysta facile emendantur, operationis prolixitas inter eius difficultates non est muneranda; Et noui sanè breuiorem, sed quæ non ita per amanuensem potest absolui.

Hic autem peto à Domino Fermat, nec non à Domino de Roberual, (& quidem præcipue ab hoc vltimo, cum enim occupet Cathedram Rami, tenetur ex officio ad eiusmodi quæstiones respondere, vel ista Cathedra se indignum esse debet fateri) peto inquam ab ipsis quomodo inueniendum sit quinam ex terminis vltima multiplicatione productis addendi sint, & quinam subtrahendi, vt exurgat quæsita æquatio. Nec prætendere debet D. de Roberual, vt solet, non istam multum temporis exigere, seque esse aliis negotiis occupatum, affirmo enim, atque cum opus erit demonstrabo, nihil à me hic peti, quod non possit a perito Analysta breuissimo tempore inueniri, profiteorque me in hac methodo quærenda & inuenienda, nec non etiam ad omnes asymmetriæ species extendenda, vix medium horæ quadrantem impendisse.

Propositio demonstrata à D. Descartes.

DAtâ qualibet conica sectione, & puncto extra eius
planum vt libet sito, quæritur circulus qui sit basis
coni quem describit linea recta, ex dato puncto, vt vertice,
circa datam conicam sectionem conuersa. Nam quod superficies ita descripta sit conica non dubium est, & post
inuentum circulum qui sit eius basis facilè potest demonstrari,

Solutio.

Hanc propositionem diuido in tres casus; Quorum primus est cum data sectio est ellipsis, & eius centro punctum
datum perpendiculariter incumbit; Secundus est cum perpendicularis à puncto dato cadit alibi in axem datæ ellipseos, aut vtilibet in axem datæ hyperbolæ aut parabolæ;
Tertius denique cum extra axes cadit.

Primus casus.

Data ellipsi B O L, & puncto A suprà eius centrum D

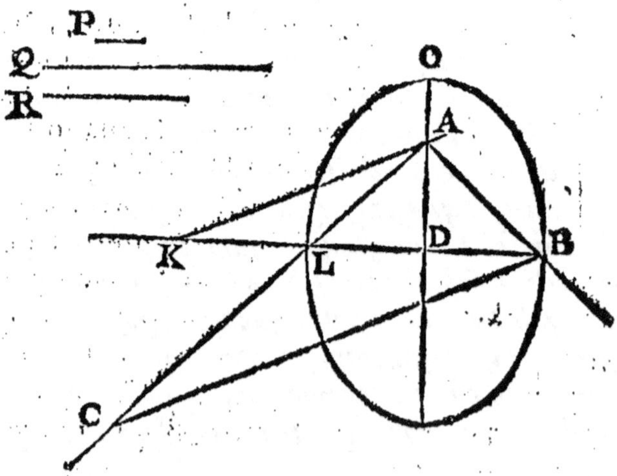

perpendiculariter erecto, ad distantiam lineæ A D, duco

lineas A B & A L, ab A vertice coni, ad B & L, extre-
mitates minimæ diametri datæ ellipseos. Deinde quæro
lineam P, quæ sit ad A B, vt D O est ad D O † D B; itemque lineam Q, quæ sit ad eandem A B, vt D O est ad
D O – D B; & lineam R, quæ sit media proportionalis
intrer P & Q. Ac denique ex centro A describo circulum,
cuius I radius æquetur lineæ R, hicque circulus secat diametrum B L productam in K, ita vt juncta linea A K, si
ex puncto B ducatur ipsi parallela B C, hæc B C est diameter circuli quæsiti, vt facilè per Analysim demonstratur.
Sequentes autem casus ad hunc reducentur, quia facilitùs
erit in ipsis inuenire ellipsim, cuius centro incumbat perpendicularis à vertice coni, quam circulum qui sit basis eiusdem coni.   *Secundus casus.*

   Data ellipsi B F C, & puncto A, suprà punctum E, axis

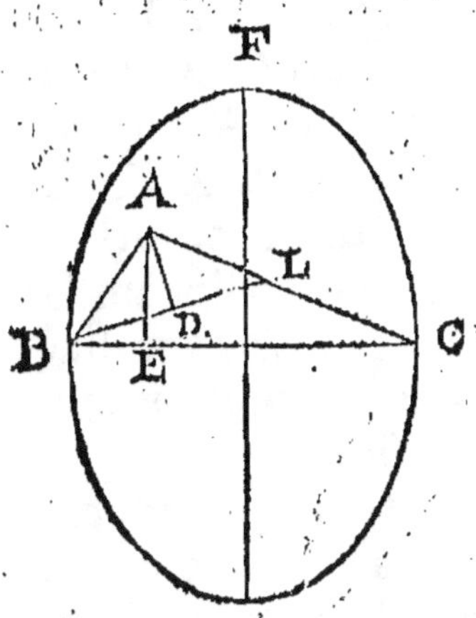

B C, perpendiculariter erecto, ad
distantiam lineæ A E, duco lineas
B A & C A, sumptaque A L in
longiori C A, quæ sit æqualis breuiori B A, habeo lineam B L pro
vna ex diametris ellipseos, cuius
centro D punctum A perpendiculariter incumbit. Et alia linea per
punctum D ducta, lineæ A D perpendicularis, & plano sectionis B
F C parallela, in conica superficie
vtrimque terminata, est alia eiusdem ellipseos diameter, priori con-

jugata. Datis autem conjugatis diametris ellipseos, ipsa
etiam ellipsis est data. Et data ellipsi cuius centro vertex
coni perpendiculariter incumbit, inuenitur circulus qui sit
eiusdem coni basis, modo iam ante explicato.

   Item datâ parabolâ B F & puncto A, suprà punctum E,
axis B C perpendiculariter erecto, ad distantiam lineæ
A E, duco lineam A B, itemque A L æqualem ipsi A B,
ac parallelam ipsi B C, estque B L vna ex diametris ellipseos,

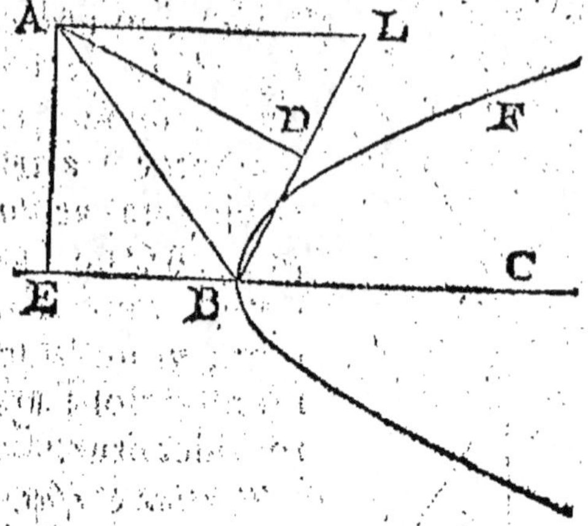

cuius centro D pun-
ctum A perpendi-
culariter incumbit.
Et alia ipsi conju-
gata diameter ha-
betur vt supra.

Item data hyper-
bola B F eiusque
opposita, cuius ver-
tex C, & dato pun-
cto A supra pun-
ctum E axis B C per-
pendiculariter ere-
cto, ad distantiam
lineæ A E, duco li-
neas B A & C A,
sumptaque A L, in
longiori C A, vltra
punctum A produ-
cta, quæ A L sit
æqualis breuiori B
A, habeo lineam B
L, pro vna ex dia-
metris ellipseos &c.
vt supra.

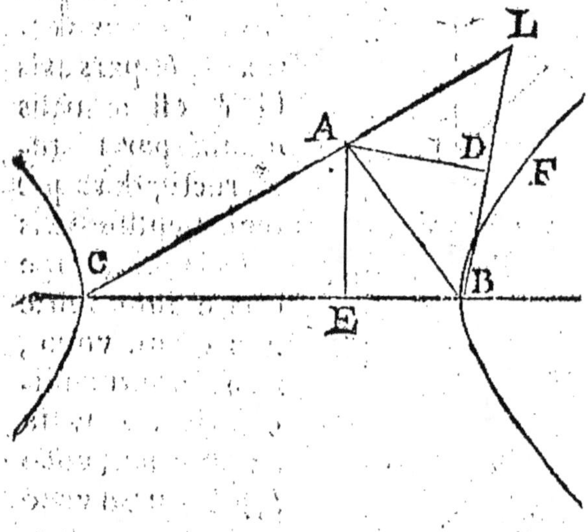

Item data hyper-
bola B F, eiusque
opposita, cuius vertex C, & dato puncto A supra punctum
E axis secundi H E perpendiculariter erecto, ad distantiam
lineæ A E, in axe H E sumo H G æqualem lineæ H A,
& ductis lineis B G, & C G producta in L, ita vt G L sit
æqualis B G, B L est vna ex conjugatis diametris ellipseos
quæsitæ, cuius scilicet centro D punctum A perpendiculariter incumbit, & alia linea per centrum D ducta perpendicularis lineæ G D, siue A D (litteræ enim A & G vnum
& idem punctum supra planum B C E, tanquam in aëre

imaginandum repræsentant) & plano sectionis B F C parallela, in conica superficie vtrimque terminata, est diameter alteri conjugata vt suprà. Atque hæc omnia tam clara sunt, vt nulla demonstratione egere videantur.

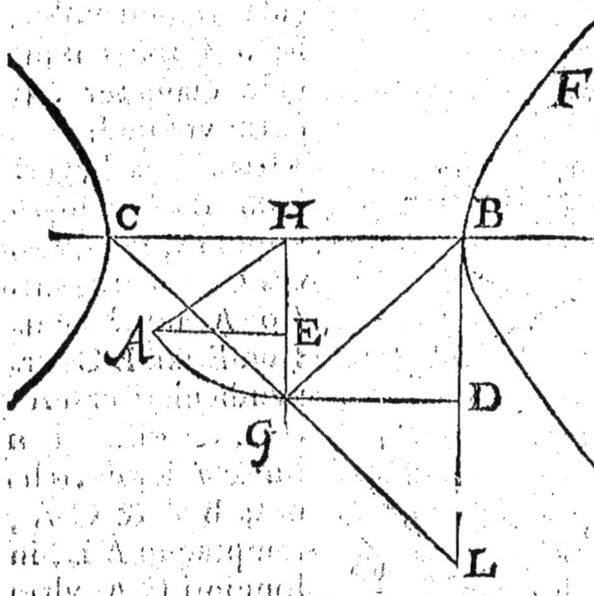

Tertius Casus.

Data parabola B G K cuius vertex G, & pars axis G Y est æqualis mediæ parti lateris recti, datoque puncto A extra planum sectionis, ex quo perpendicularis A E cadit extra axem, in E punctum plani sectionis, datæ etiam sunt lineæ A G quam voco, *a*, E F perpendicularis ab E in axem, quam voco *b*, F Y quam voco *c*, & latus rectum quod voco *r*, ex quibus quæro punctum D in quo parabola tangatur ab ellipsi in cuius centrum ca-

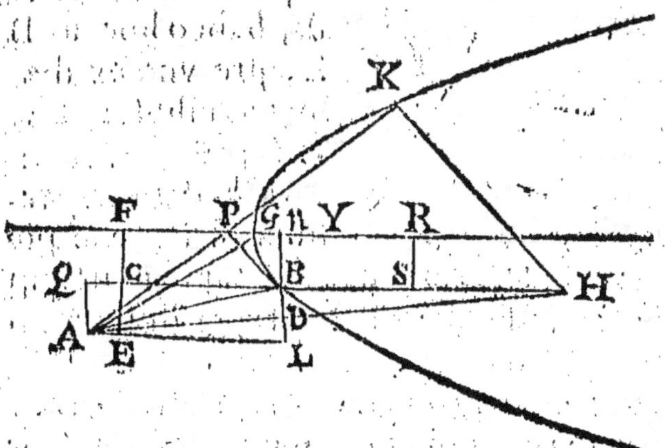

dit perpendicularis à puncto A; Siue quæro lineam B N perpendicularem axi G Y, quam voco *x*, atque per Ana-

DE Mr DESCARTES. 479

lyſim inuenio $x^3 \;\|\!|\; {+\frac{aa}{b} \atop -\frac{cc}{b}}\, xx + crx - \frac{1}{4}brr$ ex qua æqua-
tione facile habetur punctum B per meam Geometriam;
Nam ſi *a* & *c* ſint æquales, ſumenda eſt tantum in axe Y R,
quæ ſit media pars datæ F Y, & perpendicularis R S, quæ
ſit media pars datæ F E, ductuſque circulus ex centro S,
per verticem ſectionis G, ſecabit parabolam in quæſito
puncto B; Si autem *a* & *c* non ſint æquales, paulo quidem
prolixior erit hæc conſtructio, ſed non difficilior, Inuento
autem puncto B, duco rectam A B, itemque A L ipſi æqualem, ac parallelam axi G Y, eſtque B L vna ex diametris
ellipſeos quæſitæ, atque linea per eius centrum D ducta,
perpendicularis lineæ A D, ac parallela plano ſectionis, in
conici ſuperficie vtrimque terminata, eſt alia diameter
priori conjugata.

Inſtituitur autem Analyſis ad punctum B inueniendum
hoc pacto. Ex datis & aſſumptis A G, E F, F Y, Y G, G N
& N B quæritur A B, itemque B P, tangens parabolam in
B, & facta B H æquali ipſi A B, & axi G Y parallela, inuenitur A H, ex A Q, Q B & B H; itemque H K parallela
tangenti B P; Itemque K M perpendicularis à puncto A
in axem G Y; Itemque M G & M Y; atque ex datis vel
aſſumptis A G, E F, F Y, M Y & K M, inuenitur A k,
cuius quadratum æquari debet quadratis ex k H & A H;
quia vt angulus A D B, ita etiam A H k rectus eſt. Atque
æquatio quæ per hanc viam inuenitur eſt hæc

$$x^3 \;\|\!|\; {+\frac{aa}{b} \atop -\frac{cc}{b}}\, xx + crx - \frac{1}{4}brr$$

Eadem plane ratione inſtituetur Analyſis in hyperbola,
& in ellipſi, & quamuis aliquanto intricatior & longior ſit
futura, neceſſariò tamen reduci poterit ad æquationem,
quæ quatuor dimenſiones non excedet, atque idcirco iuxta
meam Geometriam, per ſolam regulam & circinum, in
data conica ſectione conſtruetur.

AV R. PERE MERSENNE.

LETTRE LXXXIV.

MON REVEREND PERE,

I'ay receu quatre pacquets de vostre part depuis huit ou dix iours, sans auoir toutesfois receu qu'vne de vos Lettres; Car le premier ne contenoit que les Liures de Monsieur Morin, de Monsieur Hardy, & les Theses du Pere Bourdin. Le second que la Perspectiue curieuse, & le Liure de Monsieur Laleu. Le troisiéme que des Lettres de Bretaigne. Mais enfin dans le quatriéme i'ay trouué vostre Lettre, auec vne autre de Monsieur de Beaune, & vne autre encore que Monsieur de Besly vous a écrite. Ie répondray icy par ordre aux articles de la vostre. Ce que i'ay dit aux pages 175. & 179. de la pesanteur, & de l'origine des fontaines est fort peu de chose, au regard de ce qui s'en peut dire, & vous verrez quelque chose de la pesanteur dans ma Réponse à Monsieur de Beaune.

I'admire que vous n'ayez pû faire geler de l'eau auec du sel & de la glace, Car l'experience en est si aisée, qu'il est presque impossible de la mal faire, & ie l'ay faite plus de cent fois, il est vray qu'il faut vn assez bonne quantité de neige ou de glace pilée, mais la neige y est meilleure, à cause qu'elle se mesle mieux auec le sel, qui doit estre aussi en assez bonne quantité, enuiron le tiers ou le quart de la neige, & il faut enscuelir le vase où est l'eau douce dans cette miction, & l'y laisser iusqu'à ce qu'elle soit quasi toute fonduë, Car à mesure que la neige se fond l'eau se glace, & cela se peut faire en toute saison, mais l'Esté il faut que ce soit dans vne caue, afin que la chaleur de l'air ne fasse point trop tost fondre la neige.

Ce qui empesche la lumiere de penetrer iusques au fond
de la mer, ou au trauers d'vn verre fort épais, n'est pas l'eau
ou le verre entant que Diaphanes ; mais ce sont des impu-
retez qui y sont meslées, & qui ne sont point Diaphanes.

Si vous ne mettez pas plus de sel dans de l'eau douce qu'il
s'en peut tirer de pareille quantité d'eau de mer, ie m'assure
qu'elle ne deuiendra point plus pesante que celle de mer ;
mais toute la mer n'est pas également salée ; Car aux em-
boucheures des riuieres, aux riuages, & vers les poles, elle
l'est beaucoup moins qu'ailleurs.

Les tangentes de deux lignes courbes de diuerse espece ne
peuuent auoir les mesmes proprietez specifiques, telles que
sont celles que vous marquez de la parabole & de l'ellipse ;
Mais il y a des proprietez Geometriques qui peuuent conuenir à plusieurs, & mesme à plusieurs de diuers genres. Com-

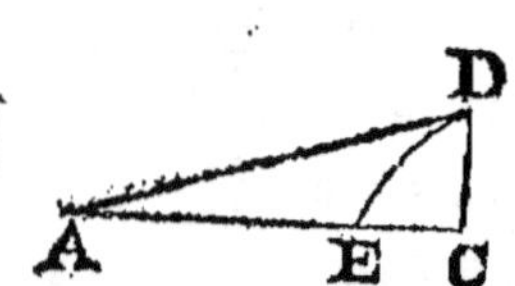

me si A D est la tangente de la courbe
E D & D C perpendiculaire sur A C,
& qu'il faille seulement que A E soit
à E C, comme nombre à nombre, on
peut trouuer des lignes courbes d'vn
infinité de diuers genres, qui auront cette proprieté. Pour
celuy de vos Geometres qui fait le fin sur ce sujet, il a monstré touchant les lignes de Monsieur de Beaune qu'il estoit
du nombre de ceux qui sçauent le moins ce qui en est ; Car
il maintenoit que les proprietez des tangentes données ne
suffisoient pas pour les determiner, Et cela mesme, qu'il dit
en auoir la demonstration, mais qu'il ne la dira qu'à bonnes
enseignes, est vn témoignage qu'il l'ignore, Car c'est vne
chose si claire & si aisée pour ceux qui la sçauent, que cela
ne merite rien moins que d'estre caché comme vn mystere.

Il faut que ie rie de ce que vous m'auez desia enuoyé cinq
ou six fois la façon pour trouuer la tangente de la Roulette,
tousiours differemment, & tousiours auec faute, ce qui ne
sçauroit venir de vostre plume ; Car vous auez pris la peine
de m'enuoyer Copie de plusieurs autres choses de Geometrie qui estoient bien, & vous auez expressément pris garde

à cette derniere, où la faute est qu'ayant tiré G I, perpen-

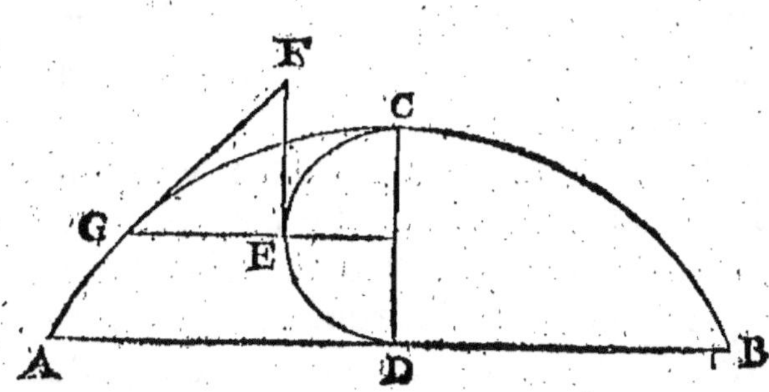

diculaire sur l'axe C D & E F, qui touche le cercle au point E, il dit que si le cercle est égal à la ligne A B, E F doit estre prise égale à G I, & que G F sera la tangente cherchée, ce qui est tres-faux ; Car il faut prendre E F égale à G E, & lors cette construction ne differe point de la mienne, & ie croy qu'il pensoit traitter auec des gruës, de vouloir par là persuader qu'il a trouué cette tangente, ie dis mesme en supposant qu'il n'y ait point de faute dans sa construction, & qu'il ait fait E F égale à G E, Car il deuoit monstrer outre cela le *medium* qui l'a conduit à cette construction, ainsi que ie vous ay desia mandé il y a long-temps, & qu'il fust different de ceux qui luy ont esté enuoyez, ou plustost se taire ; Car enfin cela mesme, qu'il vous a donné cinq ou six fois sa pretenduë construction pour m'enuoyer, sans que ie l'aye iamais demandée, me fait iuger qu'il affecte de faire croire vne chose qui n'est pas vraye.

Ie croy que vous faites trop d'honneur au sieur N. de luy contredire, il faut laisser aboyer les petits chiens sans prendre la peine de leur resister, & ie m'assure qu'il est plus fasché de ce que ie n'ay pas daigné luy répondre, que si ie luy auois dit tout le mal que i'eusse pû, bien qu'il m'en ait donné vne ample matiere. Vous vous estes fort bien auisé de vouloir enuoyer son traitté contre ma Dioptrique à Monsieur de Beaune plustost qu'à moy ; Car ie m'assure que par ce moyen il ne sera point de besoin que ie le voye, & ie reconnois tant de capacité & de franchise en M. de Beaune, que ie suis prest de souscrire dés à present à tout ce qu'il en iugera.

Il est vray-semblable que l'Arbaleste du *Padre Benedetto*

eſt auſſi excellente que la Lancette de Naples ; car l'vne &
l'autre viennent d'Italie.

Vous verrez dans ma Réponſe à Monſieur de Beaune
pourquoy ie ne croy plus que les corps peſans augmentent
également leur viteſſe en deſcendant.

Sa raiſon pourquoy il faut vne force quadruple pour faire
monter vne corde à l'octaue eſt tres-excellente, & voicy
comme elle s'entend. Que les cordes A B C & E F G ſoient
en tout égales, ſinon que A B C ſoit plus tenduë que E F G;
en ſorte qu'elle ait vn ſon plus aigu d'vne octaue, & qu'elles

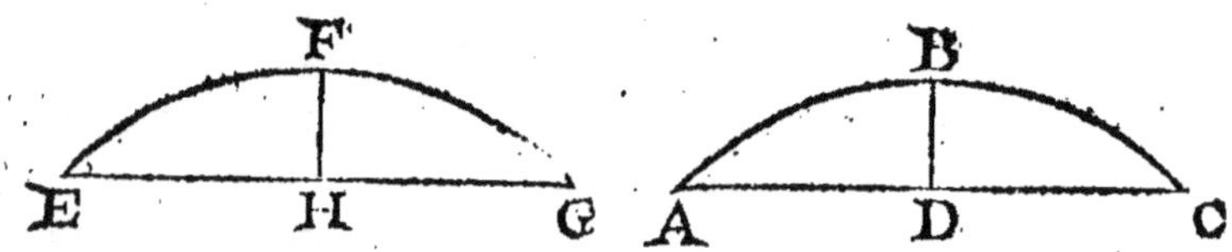

ſoient également éloignées de leur direction, c'eſt à dire,
que B D & F H ſoient égales, il eſt certain qu'il ne faut ny
plus ny moins de forces & de temps, en comptant l'vn auec
l'autre, pour faire que A B C reuienne iuſques à D, que
pour faire que E F G reuienne iuſques à H; C'eſt à dire,
que ſi A B C a plus de force il luy faudra moins de temps à
proportion; Car toutes les autres choſes eſtant égales, cette
inégalité de la force ne peut eſtre recompenſée que par
celle du temps. Il eſt certain auſſi que puiſque A B C fait
l'octaue au deſſus de E F G, elle n'employe que la moitié
dautant de temps à paſſer de B à D, que E F G à paſſer de
F à H; ſi bien qu'il ne reſte plus qu'à ſçauoir ſinon combien
la force qui la meut doit eſtre plus grande que celle qui meut
l'autre, afin que cette force & ce temps comptez enſemble
faſſent en toutes deux la meſme ſomme. Or pour ce que la
force agit touſiours également (au moins à peu prés, & on
ne conſidere point icy ce qui s'en faut) & que l'impreſſion
qu'elle fait à chaque moment, demeure iuſques à la fin du
mouuement, on peut repreſenter le temps par vne ligne,
comme K L ou K N, & la force par vne autre, comme N Q

ou L M ou N P, en sorte que l'vn & l'autre ensemble soit
representé par le triangle K N O ou K L M ou K N P;
A sçauoir, puisque A B C n'employe que la moitié dautant
de temps à aller de B à D, que fait E F G à aller de F à H,
il represente le temps de A B C par k l prise à discretion,

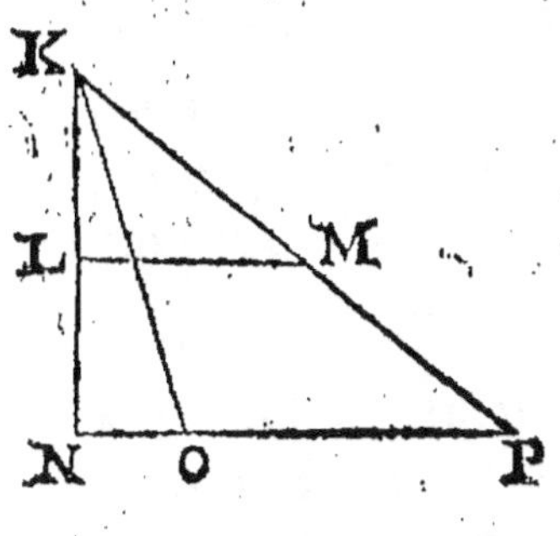

& celuy de E F G par k n, qu'il
fait double de k l, puis il represente la force de E F G par N O,
prise derechef à discretion, & celle
de A B C par N P en vn temps
égal, & par L M en vn temps de
la moitié moindre, & cette L M
doit estre telle (suiuant ce qui a
esté posé) que le triangle k L M
soit égal au triangle k N O, mais
à cét effet L M doit estre double de N O, & en suitte
N P doit estre quadruple de N O, donc la force qui meut
A B C doit aussi estre quadruple de celle qui meut E F G;
Car lors qu'elles sont considerées en elles-mesmes, & sans
auoir égard à aucun temps, elles ont mesme rapport l'vne à
l'autre, que lors qu'elles sont considerées au regard d'vn
temps égal.

Ie ne sçache point auoir receu cy-deuant aucune Lettre
de Monsieur de Besiy à laquelle ie n'aye fait réponse, &
quant à ce qu'il mande dans celle qu'il vous a écrite, ie n'ay
autre chose à dire, sinon qu'il est vray que ie me suis mépris
faute d'attention. Car ayant trouué d'abord tout ce qui
me sembloit contenir de la difficulté dans la question, qui
estoit de donner autant d'ellypses rationelles qu'on voudroit, qui eussent vne même ligne pour plus grand diametre,
& ayant d'autres pensées en l'Esprit, ie ne me suis pas arresté
à considerer toutes les exceptions qu'il falloit faire, afin que
cette ligne ne seruist point à plus grand nombre d'ellypses
qu'à celuy qui seroit demandé, & pensant prendre vn biais
qui m'en exempteroit, ie me suis trompé. Voicy mon procedé.
Prenant *a* pour le nombre qui exprime la ligne I K, & *b* pour

celuy qui exprime la ligne I C, i'ay trouué que D C deuoit
eſtre neceſſairement $\frac{166}{a}$ & F L eſtre $26\sqrt{\frac{26}{a}} - 1$. En ſuitte
dequoy il m'a eſté aiſé de voir quels nombres ie deuois
prendre pour a, & pour b, afin que $26\sqrt{\frac{26}{a}} - 1$ fuſt vn
nombre rationel, & que D C pût eſtre expliqué en autant
de diuerſes façons par $\frac{166}{a}$ qu'on auroit demandé d'ellypſes.

Mais pour ce que ie voyois que prenant vn nombre quarré,
ou double d'vn quarré pour D C ou $\frac{166}{a}$, $\sqrt{\frac{26}{a}} - 1$ pouuoit
eſtre vne fraction, & que neantmoins F L ou $26\sqrt{\frac{26}{a}} - 1$
ſeroit vn nombre entier, i'ay penſé que multipliant D C par
3. ou par quelqu'autre tel nombre qui empeſchaſt qu'il ne
fuſt quarré ou double de quarré, i'exclurois toutes les ellypſes qui peuuent naiſtre de ces fractions ; & c'eſt en quoy
i'ay failly ; Car comme Monſieur de Beſſy remarque fort
bien, cette multiplication eſt ſuperfluë, à cauſe que toutes
les autres lignes ſont auſſi multipliées par 3. Mais c'eſt vne
faute ſi groſſiere, que ie m'aſſure qu'il ne la prendra que
pour vne beueuë, qui monſtre que i'ay eu l'Eſprit diuerty
ailleurs. Et afin qu'il ait dautant plus de raiſon de m'excuſer, ie vous diray qu'il me ſemble n'auoir pas pris garde à
tout non plus que moy : Car premierement, il dit que ſi
D C eſt vn quarré impair, il ne pourra ſeruir à aucune

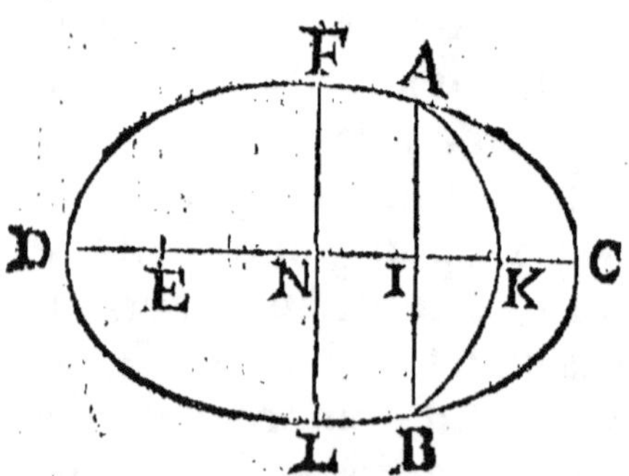

ellypſe dont les lignes requiſes s'exprimẽt par des
nombres entiers. Secon-
dement, & qu'il n'y a au-
cun nombre qui puiſſe
ſeruir de grand diametre
à vne ellypſe, qui ait les
lignes telles qu'on de-
mande, qui ne ſerue auſſi
à deux telles ellypſes, l'v-
ne deſquelles aura ſon pe-
tit diametre plus grand que la diſtance des points brulans,

& l'autre l'aura plus petit. Troifiémement , & que c'eft
pour cela qu'il a demandé que l'ellypfe euft vne de ces conditions. Quatriémement , & que ie n'ay point dû pour
cela exclure le nombre de 5. Or premierement, fi par exemple D C eft 15, I k fera 1, I C 5, & F L 10. *Item*, fi D C
eft 189, I k fera 1, I C 17, & F L 136, & ainfi des autres
où il ne fe trouue que des nombres entiers. Secondement,
& ny 15, ny 189 ne feruent que chacun à vn ellypfe ; mais
15 fert à vne qui a fon plus petit diametre plus grand que la
diftance de fes points brulans, & 289 fert à vne qui l'a moindre. Troifiémement , fi bien qu'il n'eftoit pas befoin pour
ce fujet d'exclure l'vne de ces conditions. Quatriémement,
& moy i'ay dû exclure le nombre 5 pour refoudre la queftion
aux termes qu'elle eftoit propofée. Et il me femble que la
meilleure folution eft de faire que D C foit vn nombre
quarré impair, dont la racine ou fes parties fe puiffe diuifer
en deux quarrez , autant de fois qu'on demande d'ellypfes.
Ainfi D C eftant le quarré de 629, il feruira à quatre ellypfes, & non plus, à caufe que 629 ne fe diuife qu'en 4, &
625 ; *item* en 100 & 529 ; *item* 37 fe diuife en 1 & 36 ; Et 17
fe diuife en 1 & 16, qui font quatre ellypfes, & non plus.
Et il eft aifé à determiner la plus grande & la moindre proportion entre lefquelles doit eftre celle de ces quarrez , afin

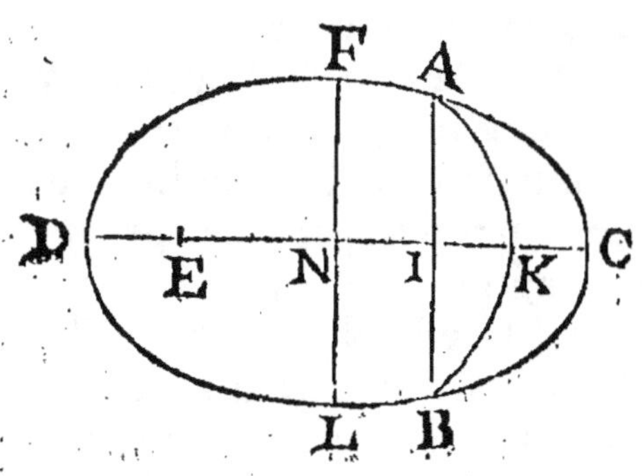

que E I foit plus grande
que F L, & que neant-
moins l'aire de l'ellypfe
foit plus grande que celle
du cercle qui aura E I
pour diametre. Mais ie ne
voy pas qu'il foit aifé de
donner vne regle pour
trouuer vn nombre qui fe
diuife ainfi, luy ou fes parties, en autant de quarrez

qu'on voudra, & non plus, fi ce n'eft qu'apres en auoir trouué
autant qu'il faut, on en ofte ceux qui s'y trouueront de plus

en tâtonnant : Il m'enseignera, s'il luy plaist, si ie me trompe,
Et cependant ie demeure son tres-humble seruiteur.

Ie reuiens aux Liures que vous m'auez enuoyez, desquels
ie vous remercie, & vous prie de remercier de ma part ceux
qui vous les ont donnez pour moy. Ie n'ay encore eu aucun
temps pour les lire, ce qui est cause que ie ne vous en puis
rien dire à cette fois. Ie suis,

MON R. P.

Du 30. Avril 1639.

Voître tres-humble & tres-obeïssant
seruiteur, DESCARTES.

AV R. P. MERSENNE.

D'Egmon ce 2. Mars 1646.

LETTRE LXXXV.

MON REVEREND PERE,

Encore qu'il n'y ait que huit iours que ie vous ay écrit, ie
trouue deux choses dans voître derniere, ausquelles ie ne
veux pas differer de répondre. La premiere est, que M. de
Roberual dit que ie n'ay pas resolu le lieu de Pappus, &
qu'il a vn autre sens que celuy que ie luy ay donné ; Sur
quoy ie vous supplie tres-humblement de luy vouloir demander de ma part, quel est cét autre sens, & qu'il prenne
la peine de le mettre par écrit, afin que ie le puisse mieux
entendre. Car puis qu'il dit qu'il s'est offert de me le demonstrer lors que i'estois à Paris, (comme de fait, ie croy
qu'il m'en a dit quelque chose, mais ie n'en ay qu'vne memoire fort confuse) il ne me doit pas refuser cette faueur,
& afin de l'y obliger dautant plus, ie m'offre en recompense
de l'auertir des principales fautes que i'ay remarquées dans

ſon Ariſtarque. L'autre point de voſtre Lettre, auquel ie ne
veux pas differer de répondre, eſt la queſtion touchant la
grandeur que doit auoir chaque corps, de quelque figure
qu'il ſoit, eſtant ſuſpendu en l'air par l'vne de ſes extremitez,
pour y faire ſes tours & retours égaux à ceux d'vn plomb
pendu à vn filet de longueur donnée. Car ie voy que vous
faites grand eſtat de cette queſtion, & ie vous en ay écrit
ſi negligemment il y a huit iours, que meſme ie ne me ſouuiens pas de ce que ie vous en ay mandé, auſſi que vous ne
m'en auiez propoſé qu'vn ſeul cas. La regle generale que
ie donne en cecy eſt, que comme il y a vn centre de grauité
dans tous les corps qui deſcendent librement en l'air à cauſe
de leur peſanteur, ainſi tous ceux qui ſont meus autour de
quelque point par la meſme peſanteur, ont vn centre de
leur agitation; & que tous les corps dans qui ce centre d'a-
gitation eſt également diſtant du point par lequel ils ſont
ſuſpendus, font leurs tours & retours en temps égaux,
pourueu toutesfois qu'on excepte ce que la reſiſtance de
l'air peut changer dans cette proportion : Car elle retarde
bien plus les corps legers, & ceux dont la figure eſt fort
éloignée de la ſpherique, que les autres.

Or pour trouuer ce centre d'agitation, ie donne les regles
ſuiuantes. 1. Si le corps n'a qu'v-
ne dimenſion ſenſible, comme
A D que ie ſuppoſe eſtre vn cylindre, qui a ſi peu de groſſeur
qu'il n'y a que ſa largeur ſeule à
conſiderer, ſon centre d'agitation eſt en l'endroit de ce corps
qui paſſe par le centre de grauité
du triangle A B C, lors qu'il
décrit ce triangle par ſon mou-
uement, à ſçauoir, au point e qui laiſſe vn tiers de la longueur A D vers la baſe.

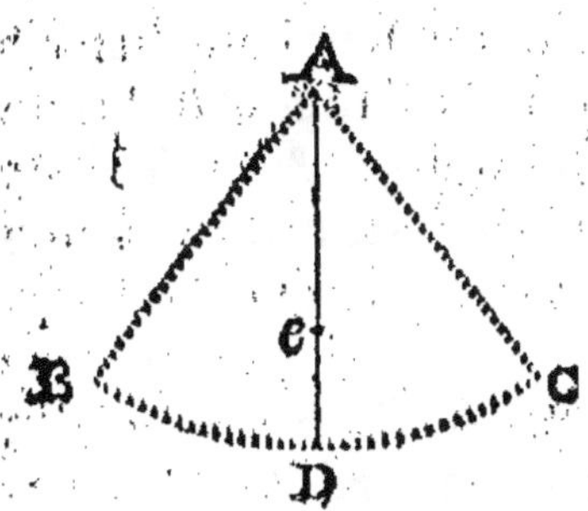

2. Si ce corps a deux dimenſions ſenſibles, comme le plan
triangulaire A B C, dont ie ſuppoſe les coſtez A B & A C
eſtre

eſtre égaux, & qu'il ſe meut autour du point A, & enſemble de l'aiſſieu F G, en ſorte que la ligne B C eſt touſiours
parallele à cét aiſſieu, alors ſon centre d'agitation eſt dans

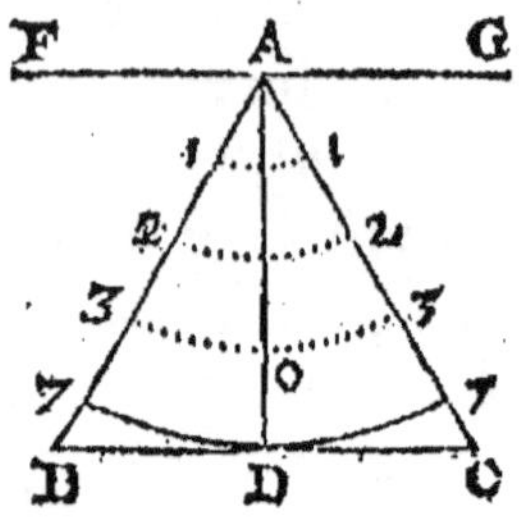
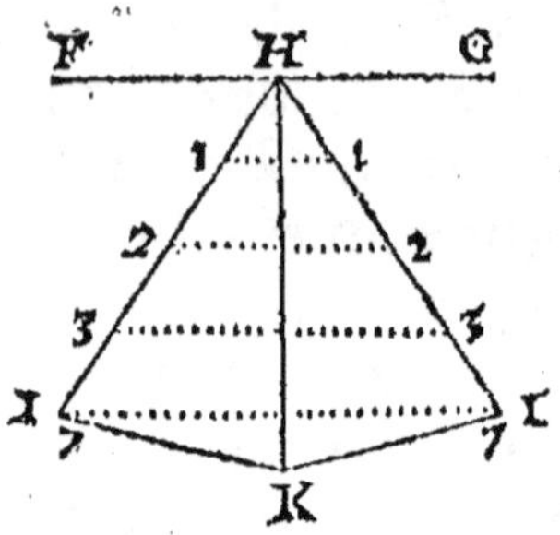

le point de la ligne A D perpendiculaire à ſa baſe B C,
lequel paſſe par le centre de grauité de la pyramide que décrit ce triangle, lors qu'il ſe meut en cette façon, à ſçauoir,
au point O ; en ſorte que O D eſt vn quart de la ligne A D.
Et il eſt à remarquer que ſoit qu'on ſuppoſe la baſe de cette
pyramide (laquelle baſe eſt vne partie quadrangulaire d'vne
ſuperficie cylindrique) fort eſtroite, ſoit qu'on la ſuppoſe
fort large, pourueu qu'aucun de ſes coſtez n'excede le demy
cercle, le centre de grauité y diuiſe touſiours la perpendiculaire en meſme façon.

   3. Si ce plan triangulaire A B C ſe meut autour du point
A en vn autre ſens, à ſçauoir, autour de l'aiſſieu A D perpendiculaire à F G, en ſorte que les points B & C s'entre-
ſuiuent, alors pour trouuer ſon centre d'agitation ie ne le
cherche plus dans la ligne A D, mais dans l'vn des coſtez
A B ou A C, & ie décris le trapeze H I k L, dont le diametre H k eſt égal au coſté A B ou A C, & toutes les
lignes droites qu'on y peut inſcrire en les ordonnant à angles droits à ce diametre, comme 11, 22, 33 & 77 ſont égales
à autant de parties de circonferences de cercles ayans leurs
centres au point A, qui peuuent eſtre inſcrites dans le
triangle A B C, & qui diuiſent les coſtez en meſme raiſon
que H k, comme ſont 11, 22, 33 & 77. Puis j'imagine que

ce trapeze eſtant meu quelque peu (c'eſt à dire, en ſorte
que chacun de ſes points décriue moins qu'vn demy cercle)
autour du point H & de l'aiſſieu F G, décrit vn ſolide qui
a ſix faces, duquel ſolide ie cherche le centre de grauité, &
ie dis que le point du diametre H k qui paſſe par ce centre
de grauité en décriuant ce ſolide, eſt le centre d'agitation
demandé.

4. Enfin ſi le corps duquel on demande le centre d'agitation à trois dimenſions ſenſibles, de quelque figure qu'il
puiſſe eſtre, comme A B C D, pour le trouuer, ie décris
premierement vne figure platte, comme H I k L M N,
dont les deux moitiez H I k L & H N M L doiuent eſtre
égales & ſemblables, & le diametre H L, égal au diametre
du plus grand cercle que decriue ce corps A D C B, lors
qu'il ſe meut autour du centre A, à ſçauoir, il doit eſtre

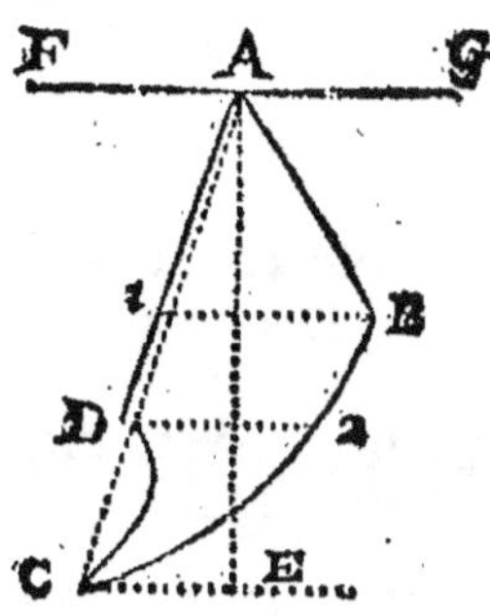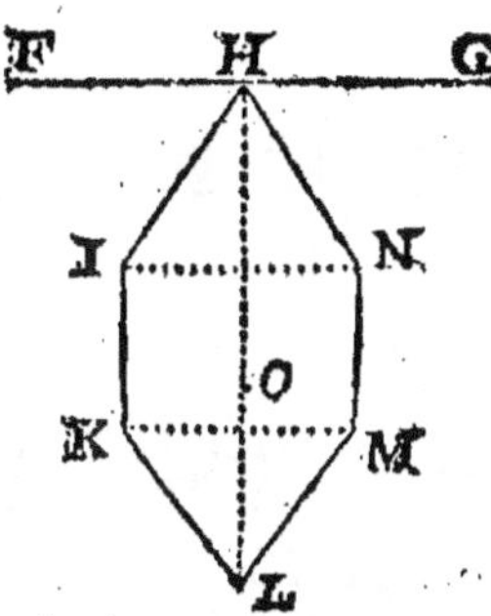

égal à la ligne A E, ſi ce corps ſe meut autour de l'aiſſieu
F G, & il doit eſtre égal à la ligne A C, s'il ſe meut autour
d'vn autre aiſſieu qui couppe F G à angles droits, & toutes
les lignes droites qu'on peut décrire dans cette figure H I
k L M N ordonnées à angles droits au diametre H L,
comme I N, k M, &c. doiuent auoir entre elles meſme
proportion que les ſuperficies cylindriques qui ſont des
ſections de ce corps A B C D, faites par des cylindres décris autour du meſme aiſſieu, autour duquel il ſe meut.

& qui diuisent son diametre en semblables parties, Par exemple, si ce corps se meut autour de l'aissieu F G, qu'il y ait mesme proportion entre les lignes I N & k M, qu'il y a entre les parties des superficies cylindriques representées par les lignes 1 B & D 2 inscrites dans ce corps, & que I N & k M diuisent H L, en mesme raison que 1 B & D 2 diuise A E, & ainsi des autres. Puis j'imagine que cette superficie H I k L M N estant meuë quelque peu (c'est à dire, en sorte que chacun de ses points fasse moins qu'vn demy cercle) autour de l'aissieu F H G, décrit vn solide, duquel solide ie cherche le centre de grauité, & ie dis que le point du diametre H L qui passe par ce centre de grauité en décriuant ce solide, par exemple, le point O, diuise H L en mesme raison que ce centre d'agitation demandé diuise A E, le diametre du corps donné. Ie n'adjoûte point les raisons de tout cecy, car il ne me reste ny temps ny papier, Ie suis,

MON R. P.

Voftre tres - humble & tres - obeïssant
seruiteur, DESCARTES.

A MONSIEVR DE CAVENDISCHE,
Cheualier Anglois.

D'Egmond ce 30. Mars 1646.

LETTRE LXXXVI.

MONSIEVR,

Ie tiens à beaucoup d'honneur qu'il vous ait plû me proposer vne question touchant laquelle quelques autres n'ont pû vous satisfaire, mais i'ay bien peur de le pouuoir encore moins, parce que mes raisonnemens ne s'accordent pas auec les experiences que vous auez pris la peine de m'enuoyer; Et toutesfois ie vous auoüe ingenuëment que ie ne puis encore apperceuoir en quoy ils manquent. C'est pourquoy ie les exposeray icy tels qu'ils sont, afin de les soûmettre à vostre iugement, & que vous me fassiez, s'il vous plaist, la faueur de m'instruire.

Il y a enuiron vn mois que le Reuerend Pere Mersenne m'ayant proposé la mesme difficulté, ie luy fis réponse que comme il y a vn centre de grauité dans tous les corps, selon lequel ils descendent librement en l'air; ainsi ceux qui se meuuent estant suspendus, ont vn centre de leur agitation, lequel regle la durée de ce que vous nommez leurs Vibrations, en sorte que tous ceux dans qui ce centre d'agitation est également distant de l'aissieu autour duquel ils se meuuent, font leurs Vibrations en temps égal. Mais i'exceptois neantmoins tres-expressément ce que la resistance de l'air peut changer dans cette proposition. Puis supposant qu'on auoit soin en faisant les experiences d'éuiter cette resistance de l'air, & n'examinant que les figures où elle n'est pas sensible, à cause que sa quantité ne peut estre determinée par raison, ie m'arrestois seulement à chercher ce centre d'agitation par les regles de la Geometrie, lesquelles ie pense infaillibles dans ce point. Et voicy celles que ie donnois.

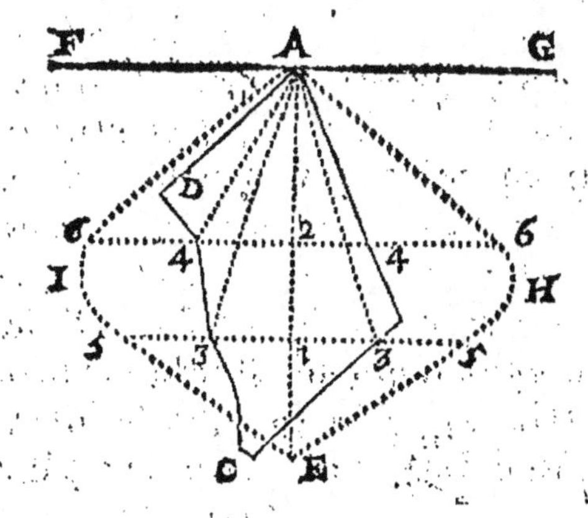

Ayant par exemple le corps A B C D, tant irregulier qu'on le voudra supposer (ce qui s'entend toutesfois en telle sorte que sa figure ne fasse point que la resistance de l'air soit sensible, & que par conséquent il n'ait pas beaucoup d'épaisseur) ie determine

premierement l'aiſſieu F G, autour duquel ie ſuppoſe qu'il
fait ſes Vibrations, & la perpendiculaire A E, qui rencontre cét aiſſieu à angles droits, & paſſe par le centre de
grauité de ce corps : Puis imaginant vne infinité de cylindres de diuerſes grandeurs, qui ont tous pour aiſſieu la ligne
F G, & qui couppent ce corps, ie décris vne figure platte
A H E I, qui a pour diametre la perpendiculaire A E, &
dans laquelle toutes les lignes droites ordonnées en meſme
façon des deux coſtez à angles droits à cette perpendiculaire, comme ſont 2, 6 & 1, 5, ont entr'elles meſme raiſon
que les pyramides dont le ſommet eſt au point A, & qui ont
des baſes égales aux parties des ſuperficies des cylindres
ſuſdits, leſquelles ſe trouuent dans ce corps ; En ſorte que
prenant à diſcretion dans cette perpendiculaire A E les
points 1 & 2, l'ordonnée 1, 5, ait meſme raiſon à l'ordonnée
2, 6 que toute la pyramide A 33, dont la baſe 33 eſt partie
d'vne ſuperficie cylindrique à la pyramide A 44, qui a auſſi
pour baſe la ſuperficie commune à ce corps & au cylindre
qui le couppe aux points 4, 4. Puis enfin ie cherche le
centre de grauité de cette figure platte, & ie dis que le centre d'agitation du corps donné A B C D eſt dans la perpendiculaire A E, au meſme point où eſt ce centre de grauité ; Dequoy i'adjoûteray icy la demonſtration.

Premierement comme le centre de grauité eſt tellemenc
ſitué au milieu d'vn corps peſant, qu'il n'y a aucune partie
de ce corps qui puiſſe par ſa peſanteur détourner ce centre
de la ligne ſuiuant laquelle il deſcend, dont l'effet ne ſoit
empeſché par vne autre partie qui luy eſt oppoſée, & qui a
iuſtement autant de force qu'elle, d'où il ſuit que ce centre
de grauité ſe meut touſiours en deſcendant par la meſme
lig. qu'il feroit s'il eſtoit ſeul, & que toutes les autres parties
du corps dont il eſt le centre fuſſent oſtées ; Ainſi ce que ie
nomme le centre d'agitation d'vn corps ſuſpendu, eſt le
point auquel ſe rapportent ſi également les diuerſes agitations de toutes les autres parties de ce corps, que la force
que peut auoir chacune d'elles à faire qu'il ſe meuue plus

ou moins viſte qu'il ne fait , eſt rouſiours empeſchée par
celle d'vn autre qui luy eſt oppoſée ; D'où il ſuit auſſi (*ex
definitione*) que ce centre d'agitation ſe doit mouuoir autour de l'aiſſieu auquel il eſt ſuſpendu , auec la meſme viteſſe
qu'il feroit ſi tout le reſte du corps dont il eſt partie eſtoit
oſté, & par conſquent de meſme viteſſe que feroit vn plomb
pendu à vn filet à meſme diſtance de l'aiſſieu F G.

A pres cela ie conſidere qu'il n'y a rien qui empeſche que
ce centre d'agitation ne ſoit au meſme point auquel eſt le
centre de grauité , ſinon que les parties les plus éloignées
de l'aiſſieu autour duquel ce corps ſe meut, ſont plus agitées
que celles qui en ſont plus proches ; d'où ie conclus qu'il
doit eſtre dans quelque point de la perpendiculaire A E,
dans laquelle ie ſuppoſe qu'eſt auſſi le centre de grauité,
pour ce qu'au regard des parties qui ſont des deux coſtez de
cette perpendiculaire également diſtantes de l'aiſſieu F G,
il n'y a aucune difference entre les proprietez de ces deux
centres ; Mais il doit eſtre dans vn point de cette perpendiculaire plus éloigné de cét aiſſieu que n'eſt celuy de grauité , pour ce que ce ſont les parties qui en ſont les plus éloignées qui ont le plus d'agitation.

Enfin ie conſidere que toutes les autres parties de ce corps
qui ſont également di-
ſtantes de cét aiſſieu F G,
c'eſt à dire, qui ſont dans
la ſuperficie d'vn meſme
cylindre lequel a auſſi F
G pour ſon aiſſieu, ſont
également agitées , &
que celles qui ſont dans
la ſuperficie d'vn autre
cylindre plus grand ou
plus petit, qui a auſſi F G
pour aiſſieu, ſont plus ou

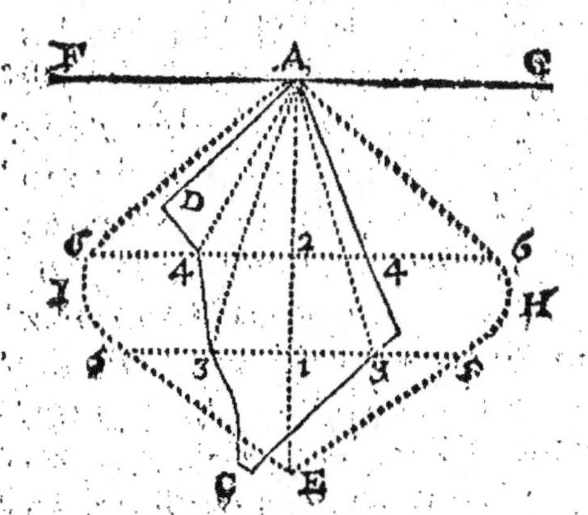

moins agitées à raiſon de ce que le diametre de leur cylindre
eſt plus ou moins grand que le diametre du precedent ; Et

par confequent qu'il y a mefme raifon entre la force de l'a-
gitation qu'ont enfemble toutes les parties de ce corps, qui
font dans la fuperficie du premier cylindre, & celles qu'ont
toutes les parties du mefme corps, qui font dans la fuperficie
du fecond, qu'il y a entre les pyramides ou autres folides de
mefme efpece quels qu'ils foient, qui ont leurs bafes égales
à ces fuperficies cylindriques, & leurs hauteurs égales aux
diametres ou demy diametres des mefmes cylindres. Car la
force de leur agitation ne fe mefure pas feulement par leur
viteffe, dont la difference eft reprefentée par les differentes
hauteurs de ces folides, mais auffi par la diuerfe quantité de
leur matiere, laquelle eft reprefentée par les diuerfes grandeurs des bafes. D'où il fuit euidemment que le centre de
grauité de la figure platte décrite cy-deffus, tombe au mefme point dans la perpendiculaire A E que le centre d'agitation demandé, qui eft ce que i'auois à demonftrer.

Mais pour ce que les experiences que vous m'auez fait la
faueur de m'enuoyer femblent eftre fort éloignées de ce
calcul; Il faut encore icy que ie tafche d'en dire la raifon,
laquelle ie croy proceder de ce que les figures des corps
qu'on a examinez rendent la refiftance de l'air fort fenfible.
Car pour les triangles ifofceles, ie m'affure que s'ils auoient
efté fufpendus par l'angle oppofé à leur bafe, & qu'on les
euft fait mouuoir autour d'vn aiffieu, auquel cette bafe euft
toufiours efté parallele, on euft trouué, auffi bien dans ceux
dont l'angle oppofé à la bafe eft de 60 ou de 90 ou de 120
degrez, que dans celuy de 20, que la perpendiculaire tirée
de cét angle fur fa bafe euft toufiours eu à peu prés la proportion de 4 à 3 auec le plomb, ou comme vous le nommez
le funependule, dont les Vibrations font *Ifocrones*, fuiuant
ce que i'ay cy-deuant écrit au Reuerend Pere Merfenne.
Mais fi on fait mouuoir ces triangles dans vn autre fens, en
forte que les angles à la bafe fe hauffent & fe baiffent l'vn
apres l'autre, & non point également en mefme temps (ce
que ie iuge qu'on a fait en vos experiences) cette proportion entre la perpendiculaire & le funependule doit eftre

beaucoup plus grande que de 4. à 3; Et elle doit eſtre dautant plus grande que l'angle oppoſé à la baſe eſt plus obtus,
comme i'auois auſſi mandé au Reuerend Pere Merſenne. Et
ie penſe que l'experience qui ſuit peut ſuffire pour demonſtrer que cela ne vient que de la reſiſtance de l'air.

Si vn bâton ou autre corps long, comme P Q, également
gros des deux coſtez eſt tellement ſuſpendu par ſon milieu
au point A, qu'il ſoit en parfait équilibre, il n'y a perſonne
qui n'auouë que la moindre force eſt ſuffiſante pour faire
hauſſer & baiſſer les deux bouts P & Q à toutes ſortes
d'inclinations, & qu'il n'y a rien que la reſiſtance de l'air qui
empeſche que cette meſme force ne le puiſſe hauſſer &
baiſſer auec la meſme viteſſe qu'elle ſe peut mouuoir eſtant
ſeule (car ie comprens icy ſous ce nom de reſiſtance de l'air,
ce que les autres appellent la tardiueté ou l'inclination au
repos qu'ils penſent eſtre naturelle à tous les corps, & ie luy
donerois encore vn autre nom, ſi i'entreprenois d'expliquer
toute cette matiere ſuiuant mes Principes, mais cela requer-
roit beaucoup de temps) De façon que le plomb B attaché

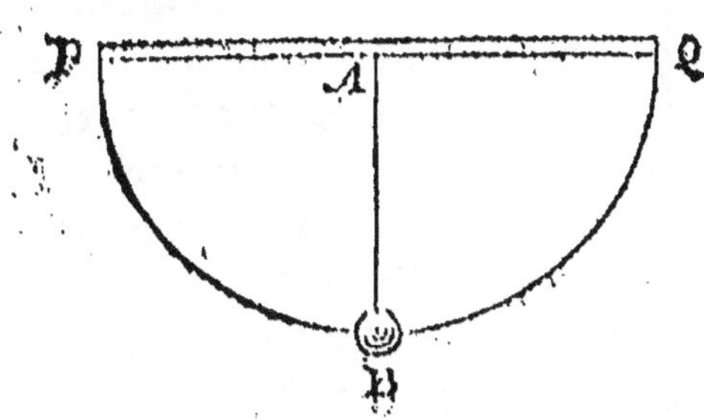

au filet A B, que ie ſup-
poſé egal à la ligne A P
ou A Q, faiſant ſes Vibrations en certain temps,
ſi on attache ce meſme
plomb B à l'vn des bouts
du bâton P ou Q (ou
bien auſſi à quelqu'au-
tre endroit que ce ſoit
du demy cercle P B Q,

lequel ie ſuppoſe ſi leger qu'il n'apporte en cecy aucun
changement qui ſoit ſenſible) il n'y a rien qui l'empeſche
de faire ſes Vibrations auſſi viſte qu'auparauant, ſinon la
reſiſtance que fait l'air au mouuement de ce bâton; Mais
on trouuera par experience que ſi ce plomb n'eſt point fort
gros & peſant à comparaiſon du bâton, il fera ſes Vibrations
beaucoup plus lentement, en le faiſant ainſi mouuoir auec
luy,

luy, que s'il n'eſtoit attaché qu'à vn filet. Si donc on fait
exactement cette experience, & qu'apres on conſidere le
triangle A C D tellement ſuſpendu en A, que lors que
ſon angle D deſcend de G vers E, ſon autre angle C monte
vers F, on verra clairement qu'il n'y a la pluſpart du temps

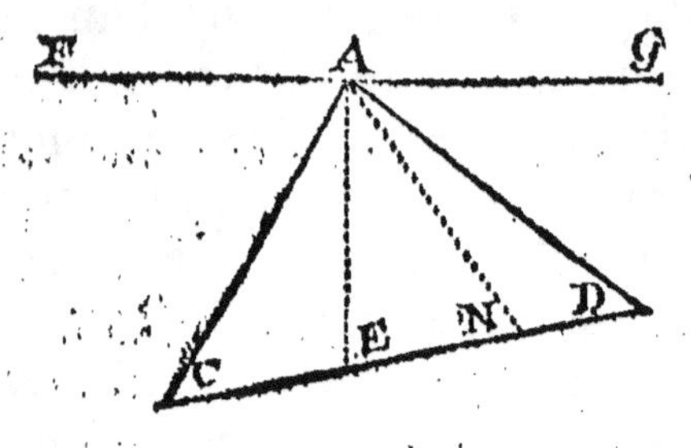

qu'vne petite partie de ce
triangle qui ait de la force
pour le mouuoir, & que
tout le reſte ne ſert qu'à
retarder ſes Vibrations, en
meſme façon que le bâton
P Q retarde celles du
plomb B; car au point où
il eſt maintenant, toute ſa
partie C A E qui eſt au delà de la perpendiculaire A E, &
vne autre partie de l'autre coſté qui luy eſt égale, à ſçauoir,
E A N ſont en équilibre, ainſi que les deux coſtez du bâton
A P, A Q, ſi bien qu'il ne reſte que D A N qui agiſſe &
qui repreſente le plomb B; Et à meſure que l'angle D
deſcend vers E, cette partie D A N deuient plus petite,
& l'autre N A C deuient plus grande, ce qui eſtant calculé,
& adjoûté à ce que i'auois cy-deuant mandé au R. Pere
Merſenne, ie ne doute point qu'il ne s'accorde auec toutes
les experiences, pourueu qu'elles ſoient faites exactement.
Mais il y a beaucoup de choſes à obſeruer afin de ne ſe pas
méprendre en les faiſant, & qu'il n'y ait point d'autres addi-
tions ou déductions à faire en ce calcul. Car premierement,
la longueur du funependule ne doit eſtre contée que depuis
le principe de ſon mouuement A, iuſques au centre d'agitation du plomb B, lequel n'eſt pas ſenſiblement different
de ſon centre de grauité; Puis il faut auoir ſoin que l'épaiſſeur des lames dont on fait ces triangles ſoit fort égale dans
toutes leurs parties, & que la pointe de l'angle par lequel
ils ſont ſuſpendus ſe rapporte bien iuſtement à l'aiſſieu autour duquel ils ſe meuuent.

Au reſte, Monſieur, i'ay bien peur que vous ne blaſmiez

ma temerité, de ce que i'ose ainsi determiner des choses
qui dependent de l'experience, sans que i'en aye fait l'é-
preuue auparauant; mais ie vous supplie de croire, que c'est
le zele que i'ay à vous obeïr qui m'a porté à écrire icy mon
sentiment sans aucune reserue; Comme ie suis aussi sans
reserue,

     MONSIEVR,

Vostre tres - humble & fidele seruiteur,
DESCARTES.

OBSERVATION DE M^R DE ROBERVAL,

sur le sujet de la precedente Lettre de Monsieur
Descartes à Monsieur Cauendische, où il
marque ses fautes.

LETTRE LXXXVII.

NOvs conuenons de définition Monsieur Descartes &
moy touchant le point qu'il appelle le centre d'agitation, lequel nous nommons icy le centre de percussion, mais
sa conclusion est entierement differente de la mienne, de
laquelle pourtant i'ay la demonstration absoluë; Il y a donc
quelque défaut en son raisonnement. C'est ce que ie pretens
icy vous faire paroistre. A cét effet, entre plusieurs figures
que ie pouuois choisir, ie me suis arresté à vn secteur d'vn
cylindre droit, dans lequel i'espere vous faire voir si clairement ce défaut, qu'il vous sera facile de connoistre qu'il a
lieu dans toutes les autres figures solides, mesme dans toutes
les figures planes, desquelles l'aissieu du mouuement n'est
pas dans le plan d'icelles, mais perpendiculaire ou oblique
à ce plan; Et ie croy Monsieur Descartes trop amateur de
la verité, pour ne le pas auoüer, s'il prend la peine de considerer mes raisons.

Soit donc vn ſecteur de cylindre droit A B C D E F G H,
duquel l'aiſſieu, tant du cylindre que de l'agitation du ſecteur, ſoit la ligne droite A B; ce ſecteur eſtant compris
des deux parallelogrammes rectangles A D, A F, qui ont
pour coſté commun l'aiſſieu A B; des deux ſecteurs de

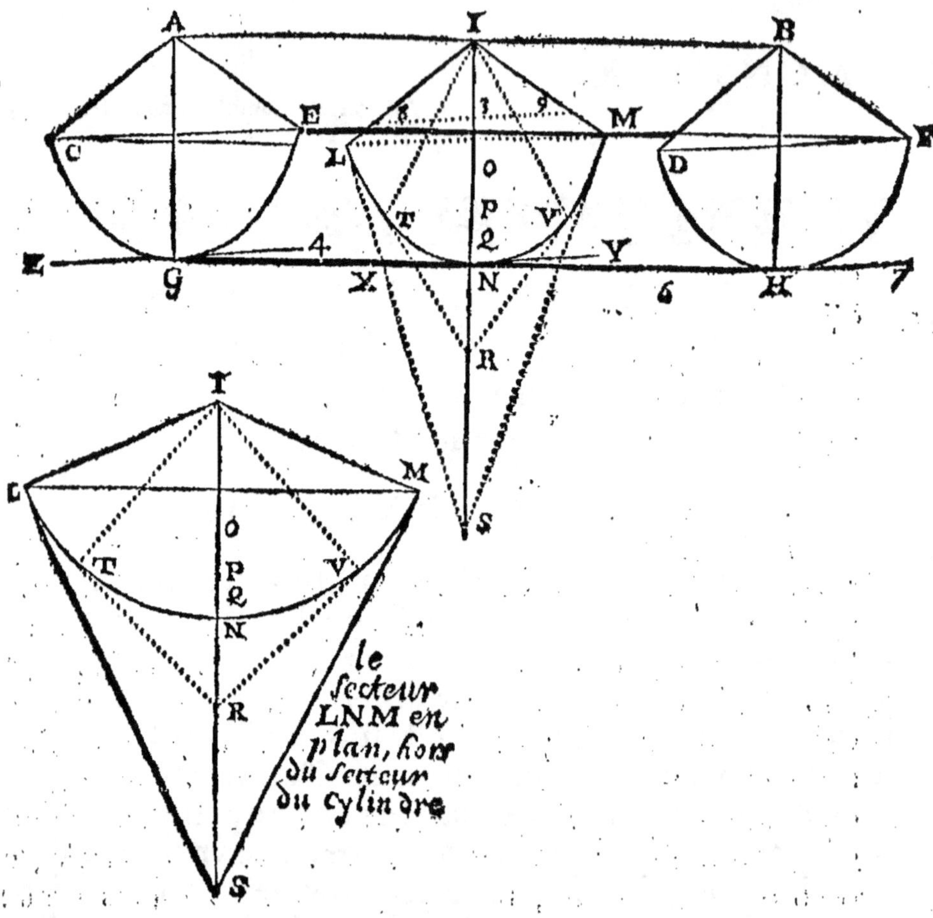

cercles A C G E, B D H F retranchez des baſes du cylindre;
& de la portion de la ſuperficie cylindrique C G E, F H D
retranchée par ces parallelogrammes & ſecteurs de cercles,
& ayant diuiſé en deux egalement l'aiſſieu A B au point I,
ſoit mené par ce point vn plan parallele aux baſes du cylin-

dre, lequel plan couppera le secteur de cylindre, & la section sera vn secteur de cercle, comme I L N M, égal & parallele aux precedens A C G E & B D H F, De ce secteur I L N M soient les demy diametres I L, I M, & l'arc L N M, lequel soit couppé en deux également au point N, auquel soit mené le demy-diametre I N, & prolongé en dehors vers N, autant qu'il en est besoin. Entendons aussi que cette ligne I N soit perpendiculaire à l'horison, & que A B soit de niueau. Dauantage soit I P les trois quarts de I N, & ayant mené L M, corde de l'arc L N M, soit entendu que comme l'arc L N M est à sa corde L M, air si les deux tiers du demy diametre I N soit à I O, portion du mesme demy diametre. Nous auons demonstré que ce point O est le centre de grauité, tant du secteur de cylindre A H, que du secteur de cercle I L N M. Que si au contraire, on entend que comme la corde L M est à son arc L N M, ainsi soit I P (trois quarts de I N) à I Q portion de I N, nous auons aussi demonstré que le point Q sera le centre de percussion ou d'agitation tant du secteur de cylindre A H, que du secteur de cercle I L N M.

Toutesfois suiuant le raisonnement de Monsieur Descartes, il faudroit que ce centre de percussion ou d'agitation tant du secteur de cylindre A H, que du secteur de cercle I L N M fust au point P, qui est aux trois quarts de la ligne I N, & ce en tout secteur grand ou petit, mesme au demy cylindre & au demy cercle. Ce qui est tout contraire à nostre raisonnement, qui fait voir que le veritable centre Q est tousiours plus éloigné d'I, que P, & ce dautant plus que le secteur approchera plus prés d'vn demy cercle, ou d'vn demy cylindre, n'estant pas toutesfois plus grand; iusques là, que si l'arc estoit d'vn quart plus grand que sa corde, le centre de percussion seroit le point N, & l'arc estant encore plus grand, ce centre seroit hors le secteur au delà de N.

Mais nostre demonstration est trop longue pour ce lieu, voyons donc le defaut de celle de Monsieur Descartes, ainsi

que nous nous sommes proposez. Et pour ce faire menons
des points L M, les lignes droites L S, M S, qui touchent
l'arc L M N, & qui se rencontrent au point S, dans le demy
diametre I N prolongé ; partant les angles I L S, I M S
seront droits. De mesme ayant pris dans l'arc L N M deux
autres points T, V, également éloignez de part & d'autre
du point N, soient menées les touchantes T R, V R, qui
s'entrecouppent au point R, dans le mesme demy diametre
I N prolongé ; Et ainsi derechef ayant mené les demy diametres I T, I V, les angles I T R, I V R seront droits,
Il en sera de mesme de tous les points éloignez également
de part & d'autre du point N. Enfin par les lignes A B &
& I N soit mené vn plan A B H G, qui couppera le secteur A H en deux autres secteurs égaux , & formera le
rectangle A B H G, duquel les costez A G & B H coupperont aussi en deux également les secteurs des cercles A C
G E & B D H F, & par les points G, N, H soient menées
des lignes droites qui touchent les arcs C E, L M, D F,
lesquelles touchantes soient Z G 4, X N Y, & 6 H 7,
qui seront perpendiculaires aux demy diametres A G, I N,
B H.

Monsieur Descartes fait donc N X égale à N Y ; Puis
dans le demy diametre ou perpendiculaire I N, ayant pris
tel autre point qu'on voudra, comme le point 3, & par ce
point entendant vne autre superficie cylindrique allentour
de l'aissieu A B, il veut que comme la pyramide dont le
sommet est I, & la base égale à la superficie cylindrique
C G H F est à la pyramide dont le sommet est I, & la base
égale à la superficie cylindrique qui passe par 3, & qui est
comprise dans le secteur A H, ainsi soit l'ordonnée N X à
vne autre 3 — 8 qui luy soit parallele, & ainsi d'vne infinité
d'autres points que l'on pourra entendre estre trouuez
comme ce point 8 ; Par tous lesquels points vne figure
platte estant décrite de part & d'autre de son diametre I N
qui la couppe en deux également, il pretend que le centre
de grauité de cette figure platte sera le centre d'agitation

du fecteur A H, ou de tout autre corps, pour lequel on aura fuiuy les regles de cette conftruction. Or il eft clair que les pyramides dont il parle font icy entr'elles, comme le quarré de N I au quarré de I 3, & partant l'ordonnée X N eftant à 8 3, comme ces pyramides, c'eft à dire, comme le quarré N I au quarré I 3, le centre de grauité de la figure platte (qui eft icy vn triligne aigu parabolique) fera au point, qui felon fon intention feroit auffi le centre d'agitation du fecteur A H.

Son raifonnement eft que toutes les parties qui font dans la fuperficie de quelque cylindre droit, duquel A B eft l'aiffieu, font également agitées ; & que celles qui font dans la fuperficie d'vn autre cylindre plus grand ou plus petit, qui a auffi A B pour aiffieu, font plus ou moins agitées, à raifon de ce que leur diftance de l'aiffieu A B eft plus ou moins grande ; D'où s'enfuit qu'il y a mefme raifon entre la force d'agitation qu'ont enfemble toutes les parties de ce corps, qui font dans la fuperficie du premier cylindre, & celles qu'ont toutes les parties du mefme corps, qui font dans la fuperficie du fecond cylindre, qu'il y a entre les pyramides qui ont leurs bafes égales à ces fuperficies cylindriques, & leurs hauteurs égales aux demy-diametres des mefmes cylindres ; d'où il fuit euidemment, dit-il, que le centre de grauité de la figure platte décrite cy-deffus, tombe au mefme point dans la perpendiculaire I N, que le centre d'agitation demandé.

Le défaut de ce raifonnement eft qu'il confidere l'agitation feule des parties du corps agité, oubliant la direction de l'agitation de chacune de ces parties ; laquelle direction change, & eft differente dans tous les points qui font inégalement éloignez du plan vertical A H, quoy que ces points foient dans vne mefme fuperficie cylindrique allentour de l'aiffieu A B ; Car la direction du point L, par exemple, eft la touchante L S, foit que ce point agité pouffe de L vers S, ou qu'au contraire, il tire vers la partie oppofée. Pareillement la direction du point M eft M S ; la di-

rection du point T est T R, la direction du point V est V R,
&c. Tellement que quoy que l'agitation de tous ces points
soit égale, toutesfois la difference de leur direction change
l'effet de cette agitation pour deux chefs. Le premier, qu'à
l'égard de la perpendiculaire I N, ils tirent ou poussent
par des points differens S, R, &c. Le second, que leurs
lignes de direction font des angles inégaux auec cette perpendiculaire. En vn mot de tous les points qui sont dans la
superficie cylindrique C G H F, il n'y a que ceux qui sont
dans la ligne G H, qui agissent & fassent leur effort par le
point N sur la perpendiculaire I N, tous les autres se faisant
en dehors entre N & S; Et partant le centre d'agitation
de tous ces points, c'est à dire, de cette superficie, est aussi
entre N & S, & non pas au point N, comme il le faudroit
pour faire que le raisonnement de Monsieur Descartes fust
bon. Et de fait, pour auoir ce centre, il faut entendre que
comme l'arc L M est à sa corde L M, ainsi le demy-diametre
I N soit à I S, & le point S sera le centre demandé; Que
si on fait le mesme pour toutes les autres superficies cylindriques, allentour de l'aissieu A B, moindres que C G H F,
& comprises dans le secteur A H, on viendra à vne conclusion toute autre que celle de Monsieur Descartes.

Ie passe sous silence, que dans toute autre ligne que I N,
pouruu qu'elle soit menée du point I dans le plan I L N
M, on peut assigner vn centre de percussion, & que tous
ces centres sont dans vn lieu.

Ie passe encore, que quoy que le centre de percussion ou
d'agitation fust assigné comme dessus, il ne paroist pas qu'il
fust la regle ou distance requise pour les Vibrations ou
balancemens des corps, auquel balancement le centre de
grauité contribuë quelque chose, aussi bien que le centre
d'agitation. Car ce centre de grauité est la cause de la re-
ciproquation de ce balancement de droite à gauche & de
gauche à droite; Veu que s'il n'y auoit que l'agitation, le
mouuement seroit continuel d'vne mesme part allentour
de l'aissieu.

Toutesfois iusques icy, les experiences se sont accordées
d'assez prés auec mes conclusions du centre d'agitation,
d'où i'ay conclu que le centre d'agitation y contribuë plus
que le centre de grauité.

*Le centre de percussion d'vne ligne droite A B tournant
circulairement autour du point fixe A, par
Monsieur de Robernal en 1646.*

SOit la ligne A B, indéfiniment diuisée és points A, G,
F, E, B, &c. Considerant la force d'agitation de chacun
de ces points, il est certain que leurs forces sont entr'elles
comme leurs agitations, ou comme leurs vitesses ou chemins, c'est à dire, comme les arcs semblables B C D,
E L H, F M I, &c. sont entr'eux.

C'est à dire, comme les distances ou rayons du point
immobile A iusques à chacun arc, telles que sont A B,
A E, A F, &c. ou encore comme les soustendantes B D,
E H, F I, &c. ou encore comme les lignes du triangle
A B D.

Or comme lesdites lignes B D, E H, F I, &c. sont
entr'elles, ainsi leurs forces de pesanteur sont entr'elles
(par les elemens de Mechaniques, si on les prend pour des
puissances de semblable direction) donc les forces des agitations des points
B, E, F, &c. de la li-
gne A B, sont en-
tr'elles comme les
forces de pesanteur
des lignes B D, E H,
F I, &c. sont en-
tr'elles.

Et partant le cen-
tre des forces d'agi-
tation de la somme
des points B, E, F,
&c.

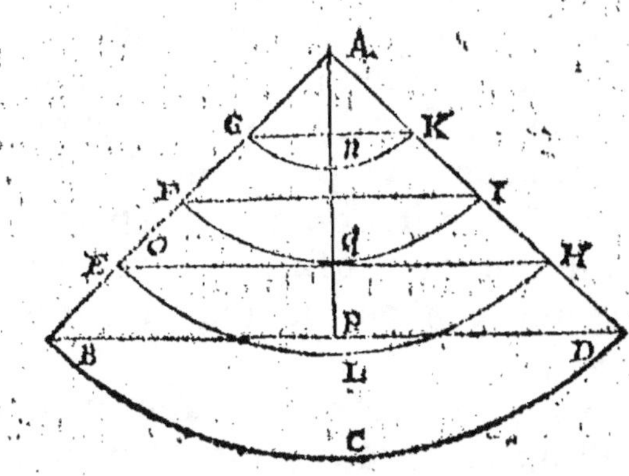

&c. (c'eſt à dire, de toute la ligne A B) eſt ſemblablement
poſé entre les points extremes A & B, que le centre de
peſanteur de toutes les lignes B D, E H, F I, &c. (c'eſt
à dire, du triangle A B D) entre la ligne extreme B D &
le point A, comme a demonſtré Lucas Valerius dans ſon
traité *De centro grauitatis.*

Or le centre de peſanteur du triangle A B D diuiſe A P
en Q, en ſorte que A Q eſt double de P Q ; Donc auſſi
O, centre d'agitation de la droite A B diuiſe A B en O,
en ſorte que A O eſt double de B O ; Partant eſt trouué le
centre d'agitation d'vne droite A B, ce qu'il falloit, &c.

A MONSIEVR ***.
Réponſe à la precedente.

LETTRE LXXXVIII.

MONSIEVR,

Ie vous remercie tres-humblement de la faueur qu'il vous
a plû me faire de m'enuoyer les objections de Monſieur de
Roberual, & pour ce qu'il n'y a rien au monde que ie ſou-
haitte tant que d'eſtre inſtruit & auerty de mes fautes, ie
ſuis touſiours bien-aiſe de voir les écrits de ceux qui ont
deſſein de me reprendre. Ie vous remercie auſſi de ce qu'il
vous plaiſt me permettre de n'y répondre qu'à mon loiſir,
mais ie ne voy pas qu'il m'ait donné de la matiere pour
m'occuper beaucoup de temps ; Car il n'y a que l'explication de ſa figure qui rende ſon écrit vn peu long, il euſt pû
en épargner les deux tiers, & rendre ſon diſcours plus clair
& plus facile, ſans rien diminuer de la force de ſes raiſons,
ſi au lieu du ſecteur de cylindre, il euſt ſeulement propoſé
le ſecteur de cercle I L N M.

Sa premiere objection, qui eſt que mon raiſonnement
doit eſtre defectueux, puiſque i'en tire vne autre concluſion

qu'il me fait du fien, lequel il veut que ie reçoiue pour tres
certain, fans toutesfois me dire
quel il eſt, ne prouue à mon
égard autre choſe, ſinon qu'il
veut que ie defere dauantage à
fon authorité, qu'à mes raiſons.

Sa feconde & derniere ob-
jection eſt, que ie confidere
l'agitation feule des parties du
corps agité, oubliant la dire-

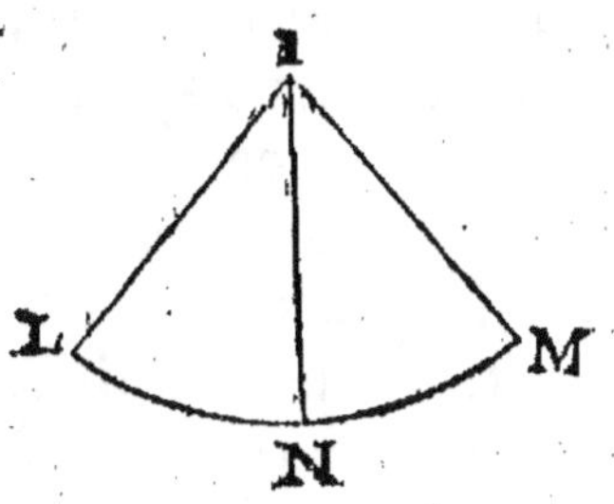

ction de l'agitation de chacune de fes parties, laquelle il dit
deuoir eſtre confiderée pour deux chefs; Le premier, qu'à
l'égard de la perpendiculaire I N il tirent ou pouſſent par
des points differens; Le fecond, que leurs lignes de direction
font des angles inégaux auec cette perpendiculaire. A quoy
ie répons facilement, en niant qu'il faille icy confiderer que
cette diuerfe direction fe rapporte à vne certaine perpendiculaire, & les deux raifons dont il vfe pour le prouuer, n'é-
tant fondées que fur la determination de cette perpendiculaire, n'ont aucune force, & s'éuanouiffent auec elle. Car
bien que la perpendiculaire de l'efpace dans lequel fe font
les Vibrations, c'eſt à dire, la ligne tirée du point par lequel
le mobile eſt fufpendu vers le centre de la terre, & auſſi celle
de ce mobile tirée du mefme point vers le point où eſt fon
centre de grauité, lors qu'il n'eſt attaché à rien, doiuent
eſtre confiderées pour examiner la quantité de fes Vibrations, ou l'empefchement que celles de fes parties qui font
en équilibre font au mouuement de celles qui n'y font pas,
ou chofes femblables. Toutesfois, il eſt euident qu'au regard
de fon agitation, il n'y a en luy aucune perpendiculaire plus
confiderable que toutes les autres lignes menées du point I
dans le plan I L N M, & que Monfieur de Roberual femble
auoir defia reconnu cette verité, quand il a mis fur la fin de
fon écrit, que (veu que toutes celles de fes parties qui font
dans vne mefme fuperficie, également diftantes de l'aiſſieu
fur lequel il tourne fe meuuent également vifte, & font par

conſequent également agitées) *dans toute autre ligne que I N*
on peut aſſigner vn centre de percuſſion, en quoy ie ſuis d'accord
auec luy ; Et la raiſon eſt que tous les points de ce plan, qui
ſont également diſtans du point I, ſont également agitez,
& le lieu dans lequel ſont tous ces centres eſt la circonference d'vn cercle. C'eſt pourquoy eſtant amateur de la verité,
il doit auoüer qu'il s'eſt mépris, ſi dans ſa pretenduë demonſtration, pour meſurer l'agitation des diuers points
d'vne meſme ſuperficie cylindrique, il les a rapportez à
quelque perpendiculaire determinée, au regard de laquelle
cette agitation fuſt inégale. Comme auſſi ie trouue qu'il
s'eſt mépris où il a penſé que le centre de grauité du mobile,
contribuaſt quelqu'autre choſe à la meſure de ſes Vibrations, que ce qu'y contribuë le centre d'agitation : Car le
mot de centre de grauité eſt relatif aux corps qui ſe meuuent librement en l'air, ou bien qui ſont appuyez ſur quelqu'autre corps ſans ſe mouuoir ; De façon que ceux qui ſont
ſuſpendus à quelque aiſſieu, autour duquel ils ſe meuuent,
n'ont aucun centre de grauité au regard de cette poſition & de ce mouuement, mais ſeulement vn centre d'agitation. C'eſt pourquoy au lieu de dire que le centre de grauité eſt cauſe de la reciprocation de droite à gauche, il deuoit ſeulement dire que c'eſt la grauité ou peſanteur du mobile qui en eſt cauſe, ſans parler du centre de cette grauité,
lequel n'eſt rien en ce cas qu'vne chimere ; Et ce qu'il dit
paſſer ſous ſilence ne fait rien contre moy ; Car par la définition du centre d'agitation, que i'ay donnée, & de laquelle
il dit conuenir auec moy, tous les corps dans qui ce centre
eſt également diſtant de l'aiſſieu, autour duquel ils ſe meuuent, font leurs Vibrations en temps égal. Maintenant,
Monſieur, ie vous ſupplie de vouloir iuger auquel des deux
raiſonnemens ie dois pluſtoſt donner creance, ou bien au
mien propre qui me ſemble tres-euident & tres-vray, & qui
a eſté veu & examiné par Monſieur de Roberual, ſans qu'il
y ait rien pû trouuer à redire, en quoy ie ne voye tres-clairement qu'il s'eſt mépris ; Ou bien au ſien, lequel ie n'ay

point veu, & dans lequel neantmoins par ce peu qu'il en a
declaré, ie remarque deux fautes bien signalées ; l'vne qu'il
imagine vne perpendiculaire, à laquelle il rapporte differemment l'agitation des diuerses parties du mobile qui sont
dans vne mesme superficie cylindrique, laquelle agitation
neantmoins est égale en toutes, à cause qu'elles se meuuent
également viste, & que c'est en cette seule vitesse que
consiste leur agitation ; l'autre qu'il imagine aussi vn centre
de grauité où il n'y en a point, pour ce qu'il est changé en
celuy d'agitation. Ie suis,

AV R. P. MERSENNE.

LETTRE LXXXIX.

MON REVEREND PERE,

Il y a enuiron vn mois que i'ay receu vostre penultiéme
du premier Decembre ; mais pour ce que ie vous auois écrit
fort peu auparauant, & qu'elle ne contenoit rien qui desirast
vne prompte réponse, & que vous me promettiez de m'enuoyer à huit iours de là vne Lettre que vous auiez faite pour
la deffense de Monsieur de Roberual, i'ay attendu iusques
icy à vous répondre ; mais encore que ie n'eusse point receu
vostre derniere du cinquiéme de ce mois, i'auois resolu de
vous écrire à ce voyage pour vous demander de vos nouuelles. Vous me mandiez dans vostre precedente que les Pre-
dicateurs sont contraires à ma Philosophie, à cause qu'elle
leur fait perdre leurs belles comparaisons touchant la Lumiere ; Mais s'ils y veulent penser, ils en pourront tirer de
plus belles de mes Principes, pour ce que les mesmes effets
demeurans, desquels seuls ces comparaisons sont tirées, il
n'y a que la façon d'expliquer ces effets qui est differente,
& ie pense que la mienne est la plus intelligible & la plus

facile. Ainſi pour expliquer les qualitez des corps Glorieux, ils peuuent dire qu'elles ſont ſemblables à celles de la Lumiere, & taſcher de faire bien conceuoir quelles ſont ces qualitez, & comment elles ſe trouuent en elle, ſans pour cela que les rayons ſont des corps, car ce ſeroit dire vne fauſſeté, & ſans vouloir perſuader que les corps Glorieux ont les qualitez qu'on leur attribuë, par la ſeule force de la Nature, ce qui ſeroit faux auſſi, Mais il ſuffit que les rayons ſoient corporels, c'eſt à dire, que ce ſoit des proprietez de quelques corps, pour perſuader que d'autres ſemblables proprietez peuuent eſtre miſes par miracle dans les corps des Bien-heureux. On m'a dit qu'il y a vn Miniſtre à Leyde qui eſt eſtimé le plus eloquent de ce païs, & le plus honneſte homme de ſa profeſſion que ie connoiſſe, il ſe nomme Hay, qui ſe ſert ſouuent de maPhiloſophie en Chaiſe, & en tire des comparaiſons & des explications qui ſont fort bien receuës, mais c'eſt qu'il l'a bien eſtudiée, ce que n'ont peut-eſtre pas fait ceux qui ſe plaignent qu'elle leur oſte leurs vieilles comparaiſons, au lieu qu'ils deuroient ſe réjouïr de ce qu'elle leur en fournira de nouuelles.

Pour vos Exemplaires du Liure de Viete vous les deuez auoir receus il y a long-temps, car lorsque le ſieur Elzeuier en donna vn pour moy à Monſieur Hogelande, il luy dit qu'il les auoit enuoyez dans la bale du ſieur Petit. Ie vous ay obligation de celuy que vous m'auez donné, & vous en remercie, mais tant s'en faut que i'en deſire dauantage, que meſme ſi vous voulez que ie donne icy à quelqu'autre celuy que i'ay, ie m'en paſſeray fort aiſément, car ie ne croy pas qu'il y ait rien que ie doiue apprendre, & il y a long-temps que ie n'eſtudie plus en Mathematique. Toutesfois ie ne les ay pas encore tant oubliées, qu'il ne m'ait eſté fort aiſé de faire l'Analyſe de la regle de M. de Roberual pour les Vibrations des triangles, Car voyant que vous aſſurez par voſtre Lettre qu'elle s'acorde touſiours auec l'experience, i'ay taſché de l'examiner, Mais outre que les experiences en celles matieres ne peuuent jamais eſtre fort exactes, ſa regle,

de la façon qu'il la propofe, eft comme vne eftriuiere qui
s'allonge & s'accourcit autant que l'on veut, ou comme les
Oracles de la Déeffe de Syrie, qui fe pouuoient tourner en
tous fens. C'eft pourquoy i'admire grandement voftre bonté, de vous eftre laiffé perfuader qu'elle fe rapporte à l'experience, fans que toutesfois il vous ait donné le moyen de
trouuer le iufte de fon calcul, lequel ie croy qu'il ne fçait
pas luy mefme ; Mais le voicy. Ayant le triangle A B C,

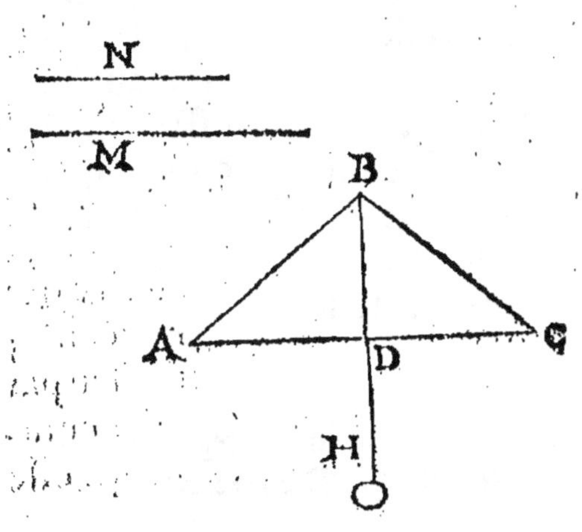

pour trouuer la diftance
depuis B iufques au cen-
tre de percuffion H, fui-
uant fa regle, comme
vous me l'auez écrite
dans voftre Lettre du
quinziéme Septembre,
ie fais comme la perpen-
diculaire B D eft à D C,
qui eft la moitié de la bafe, ainfi D C eft à vne
autre ligne, que ie nom-
me N, & derechef com-
me B D eft à N, ainfi N eft à vne autre ligne que ie nomme
M; puis adioûtant trois vingtiémes de M auec la moitié de
N, & les $\frac{1}{4}$ de B D, i'ay le iufte de ce qu'on trouue par fon
épouuentable calcul propofé d'vne façon peu intelligible.
Par exemple, fi D C eft égal à B D, N & M luy feront auffi égales,
& pour ce que $\frac{3}{10}$ & $\frac{1}{2}$ & $\frac{3}{4}$ adioûtez enfemble font $\frac{7}{5}$ la longueur du funependule ifocrone, H fera $\frac{7}{5}$ de la ligne B D.
Tout de mefme fi B D eft 1, & D C 2, N fera 4, & M
fera 16, & B H la longueur du funependule fera 5 $\frac{3}{10}$, c'eft
à dire, $\frac{3}{10}$ de 16, vne moitié de 4, & trois quarts d'vn. Et
mettant toufiours vn pour B D, fi D C eft 3, B H eft 17
$\frac{2}{5}$; Si D C eft 4, B H eft 47 $\frac{3}{10}$; Si D C eft 5, B H eft
107; Et fi D C eft 10, B H eft 1550 $\frac{1}{4}$, & ainfi des autres;
dequoy ie m'offre d'enuoyer la demonftration à Monfieur
de Beaune. Or maintenant vous pouuez voir fi fa regle s'ac-

corde auec l'experience, en luy demandant premierement
le iuste du funependule en quelques triangles par sa suppu-
tation, pour voir si elle s'accorde auec celle cy; Car s'il ne
les peut pas supputer, comment peut-il, sinon auec vne har-
dielse merueilleuse, asurer qu'elle s'accorde auec l'experience; & s'il les suppute bien, ce que ie ne croy pas qu'il puisse
faire, ie m'asure que lors que vous en viendrez à l'experience, vous la trouuerez fort éloignée du iuste calcul. Car
ie voy que posant l'angle A B C de 150 degrez, vous dites
que B H est seulement quatre fois aussi long que B D, au
lieu qu'il deuroit estre plus de 32 fois aussi long, suiuant sa
regle. I'admire vostre bonté, de ce que vous souffrez qu'il
vous paye de si fausse monnoye. Ie suis bien aise de ce que
vous auez fait voir les pieces du procez à Monsieur de Beaune; car ie sçay qu'il est tres-capable d'en iuger, & i'acquies-
ceray tres-volontiers à son jugement. Ie suis,

MON R. P.

Vostre tres-humble & tres-obeïssant
seruiteur, DESCARTES.

A MONSIEVR ***.

LETTRE XC.

MONSIEVR,

Ie ne voy rien dans les questions que vous auez pris la
peine de m'enuoyer de la part du Reuerend Pere Mersenne,
à quoy il ne me semble auoir desia répondu dans la Lettre
que i'ay eu cy-deuant l'honneur de vous écrire, ou dans
celles que ie luy ay addressées. Car premierement, ce qu'il
dit que les triangles dont l'angle opposé à la base est fort
aigu, comme lors qu'il n'est que de vingt ou vingt-cinq

degrez font leurs Vibrations en temps égal, foit qu'ils foient
fufpendus en la façon que i'ay propofée, foit en celle dont
il s'éftoit feruy pour les examiner, ie n'ay autre chofe à répondre, finon que la difference peut bien n'eftre pas fenfible
dans fes experiences, mais qu'il eft certain neantmoins qu'il
y en a, puis qu'elle paroift fi euidemment aux triangles dont
l'angle eft obtus. Puis, à ce qu'il demande, que ie luy determine par regle combien doiuent durer les Vibrations des
triangles fufpendus à fa façon, i'ay defia cy-deuant répondu
que tout ce qui retarde ces Vibrations dauantage qu'en
l'autre façon pour laquelle i'ay donné vne regle vniuerfelle,
ne vient que de ce que i'ay nommé l'empefchement de l'air,
la quantité duquel ie ne croy pas pouuoir eftre determinée
par le feul raifonnement, mais bien par l'experience, & il
me femble que i'ay cy-deuant écrit la façon dont on peut
faire cette experience. Il veut auffi que ie determine les
Vibrations des triangles pendus par la bafe en la façon que
i'ay propofée, à quoy il m'eft aifé de répondre que tous les
triangles ainfi fufpendus, ont leur perpendiculaire double
du funependule, dont les Vibrations font Ifocrones. Par

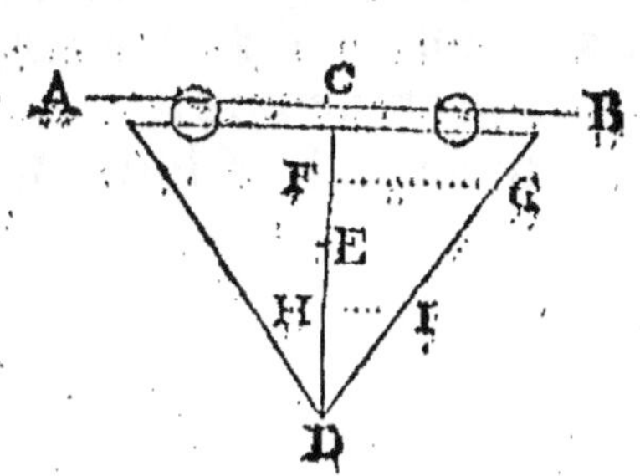

exemple, fi C D eft la perpendiculaire du triangle qui fe
meut autour de l'aiffieu A B,
faifant E D égal à E C, ie dis
que C E eft la longueur du funependule Ifocrone, & cela
fuit clairement de la regle que
i'ay donnée : Car prenant à
difcretion dans cette perpen-
diculaire les points F & H, également diftans du milieu
E, puis menant les lignes F G, H I paralleles à la bafe, le
rectangle C F G eft toufiours égal au rectangle C H I, Et
par confequent la figure dont il faudroit chercher le centre
de grauité, fuiuant ma regle, pour auoir le centre d'agitation de ce triangle, feroit quadrangulaire, & auroit fon
centre de grauité au point E. Enfin quand il adjoûte que ie
luy

luy die ce qu'il faut faire pour trouuer le centre d'agitation
d'vne pyramide, ou d'vn cone pendu par la pointe, ou par
la bafe, il témoigne ne fe pas fouuenir de la reglé que i'auois
enuoyée, pour ce qu'elle ne contient autre chofe que ce
qu'il faut faire pour trouuer ce centre dans toute forte de
corps, & par confequent auſſi dans ceux-là, & il peut fort
aifément eſtre calculé par Geometrie, c'eſt pourquoy i'en
laiſſeray, s'il vous plaiſt, le foin à Monſieur de Roberual,
pendant que i'attens les inſtructions qu'il vous a plû me faire
efperer de fa part. Il ne me ſçauroit rien venir de la voſtre
que ie n'eſtime, & ie fuis,

Et par confequent auſſi dans ceux-là. A ſçauoir, lors que Cecy eſtoit
la pyramide où le cone eſt fuſpendu par la pointe, fa hauteur rayé.
doit eſtre à la longueur du funependule, comme 5 à 4,
fuiuant ma regle ; & elle fe trouuera vraye dans tous les
cones ou pyramides dont l'angle qu'on nomme *angulus per*
axem eſt fort aigu, à caufe que l'empeſchement de l'air n'y
eſt pas fenfible, mais il n'en eſt pas de mefme de ceux où cét
angle eſt moins aigu, ny auſſi de ceux qui font fuſpendus par
leur bafe, à caufe que cét empeſchement eſt alors touſiours
fenfible ; ce qui fait que ie n'adjoûte point icy où eſt leur
centre d'agitation, qui eſt neantmoins fort aifé à trouuer,
c'eſt pourquoy ie penfe deuoir laiſſer à Monſieur de Roberual le foin de les chercher, en attendant fes inſtructions. Iε
fuis,

MONSIEVR,

Le tres-humble & tres-obeïffant
feruiteur, Descartes.

A MONSIEVR ***.

LETTRE XCI.

MONSIEVR,

Ie mets au nombre des obligations que ie vous ay que vous n'ayez pas voulu que ie reçeuſſe de vous la derniere Lettre de Monſieur de Roberual, & ie le tiens pour vn effet de voſtre courtoiſie, parce que cette Lettre contenant pluſieurs inuectiues & point du tout de doctrine, comme elle ne meritoit pas d'eſtre leuë de vous, auſſi n'aurois-ie pas fait grande perte de ne la point voir. Mais le Pere Merſenne a voulu que i'y fiſſe réponſe, & l'affection que ie ſçay qu'il a pour moy a eſté cauſe que ie n'ay pû manquer de luy obeïr. Cependant afin que vous ne penſiez pas que le deſir de contredire à vn homme pour qui ie n'ay pas toute l'eſtime qu'en font pluſieurs, & que i'ay ſceu dés long temps n'eſtre pas fort ardent à taſcher de m'obliger, m'ait fait écrire aucune choſe contre mon ſentiment, ie repeteray icy en peu de mots tout ce qui me ſemble pouuoir eſtre dit touchant la cauſe de la durée des Vibrations de chaque corps. Premierement, ie fais diſtinction entre ce qui fait mouuoir le corps, & ce qui l'empeſche, puis auſſi entre ce qui peut eſtre determiné par le raiſonnement, & ce qui ne le peut eſtre que par l'experience. Les cauſes qui le font mouuoir ſont la peſanteur de celles de ſes parties qui deſcendent, & l'agitation tant de celles qui deſcendent, que de celles qui montent ; Les cauſes qui l'empeſchent, ſont la peſanteur de celles qui montent, & la reſiſtance de l'air, laquelle reſiſtance eſt conſiderable en deux façons, La premiere conſiſte en ce que les parties de l'air peuuent n'eſtre pas diſpoſées à ſortir de leur place ſi viſte que le corps qui ſe meut tend à y

entrer, & cette refiftance n'eft icy gueres fenfible, dautant
que les Vibrations des corps fufpendus font affez lentes ;
L'autre n'appartient pas tant à l'air groffier que nous refpi-
rons, qu'à la matiere fubtile qui eft dans les pores de tous
les corps terreftres, laquelle fait que lors que ces corps font
en parfait équilibre, bien que la raifon femble perfuader
que la moindre force foit capable de les mouuoir, on trouue
neantmoins par experience, que cette force doit auoir
quelque proportion auec leur grandeur, & la viteffe dont
elle les meut. Et cette refiftance n'a point de lieu dans les
triangles ou autres corps fufpendus en la façon que i'ay décrite, à caufe que toutes leurs parties defcendent enfemble,
ou montent enfemble ; Mais elle en a beaucoup dans les
corps plats fufpendus en l'autre façon, à caufe qu'il y a prefque toufiours vn de leurs coftez qui monte, pendant que
l'autre defcend, & le plus petit de ces deux coftez eft en
équilibre auec vne portion de l'autre qui luy eft égale ; ainfi
qu'il me femble auoir remarqué dans la premiere Lettre
que i'ay eu l'honneur de vous écrire fur ce fujet. Or l'effet
general de la pefanteur eft que les Vibrations de chaque
corps doiuent auoir certaine proportion auec les mouuemens des Cieux ; & c'eft ce qui fait qu'vn funependule de
telle longueur doit faire iuftement mille Vibrations, par
exemple, en vne heure, & non plus, ny moins, mais cela ne
peut eftre determiné par le raifonnement, mais par l'experience feule ; C'eft pourquoy ie ne m'y fuis point arrefté, &
i'ay feulement examiné l'autre effet, qui eft la diuerfe viteffe
des Vibrations de diuers corps, comparez les vns aux autres, comme lors qu'vn triangle eft comparé auec vn funependule, &c. à quoy la pefanteur & l'agitation contribuent
conjointement, en telle forte qu'on ne les peut confiderer
l'vne fans l'autre, & c'eft ainfi que ie les ay confiderées, pour
former la regle que i'ay cy-deuant écrite, Pour l'empefche-
mentqui vient de la pefanteur des parties qui montent, entant qu'elles ne font point en équilibre auec d'autres qui
defcendent, ie ne me fuis point auffi arrefté à l'examiner, à

cause qu'ayant mesme rapport dans tous les corps, auec l'agitation que ces mesmes parties acquierent en descendant, il ne peut causer aucune varieté dans leurs Vibrations. Si bien qu'il ne reste que l'empeschement de l'air, lequel i'ay excepté tres-expressément dans ma regle, à cause que sa quantité ne peut aucunement estre determinée par le raisonnement, mais seulement par l'experience, & mesme i'ay donné la façon de faire cette experience, & aduerty en quel sens les corps plats doiuent estre suspendus, afin que cét empeschement y soit moins sensible. De façon que ie ne voy point encore à present que ie puisse adjoûter ny changer aucune chose en cette regle. Et comme ledit sieur de Roberual me semble peu habile de s'estre embarassé en des imaginations superfluës, en considerant le centre de grauité dans vn corps qui est suspendu, & la direction de tous ses points rapportez à ie ne sçay quelle perpendiculaire, pour determiner par ses raisonnemens vne question qui est purement de fait. Il me semble aussi fort injuste de dire que ma regle ne s'accorde pas à l'experience, à cause que l'experience monstre, que ce que i'en ay excepté, en doit estre veritablement excepté, & de m'accuser d'auoir failly, pour ce que ie n'ay pas suiuy les chemins par lesquels il s'est égaré.

Pour la difficulté que vous trouuez dans l'article 153. de la quatriéme partie de mes Principes, i'ay tasché de l'oster par l'article 56. de la seconde partie, où ie prouue qu'vn corps dur, tant gros qu'il soit, peut estre determiné à se mouuoir par la moindre force, lors qu'il est enuironné tout autour d'vn corps fluide ; Comme icy les aymans O & P sont enuironnez d'air, & la force qui les determine à s'approcher l'vn de l'autre, est que l'air qui est entr'eux deux vers S, est poussé plus fort par la matiere subtile qui sort de ces deux aymans, & qui agit conjointement contre luy, que celuy qui est vers R & T n'est poussé par la matiere subtile, qui ne sort que de l'vn de ces mesmes aymans ; d'où vient que cét air doit aller d'S vers R & T, & ainsi pousser les aymans O & P l'vn vers l'autre. Au reste, Monsieur, ie

suis bien glorieux, de ce que la premiere difficulté que vous
me faites l'honneur de me proposer est au 153. article de la
derniere partie, car cela me fait esperer que vous n'en aurez
point trouué en ce qui precede ; Mais ie n'ay point de plus
grande ambition que de vous pouuoir assurer que ie suis,

MONSIEVR,

Vostre tres-humble & fidele seruiteur,
DESCARTES.

AV R. PERE MERSENNE.

LETTRE XCII.

MON REVEREND PERE,

Ie voy par vostre Lettre du dix-septiéme Février, que
vous supposez que ie vous ay enuoyé vne regle pour les
Vibrations des triangles suspendus à vostre façon, ce qui
n'a aucunement esté mon intention, mais seulement de
vous faire voir la fausseté de celle que vous a donnée Monsieur de Roberual, en desembarassant son calcul, & vous
monstrant que lors qu'on le prend iuste, il est tout autre
qu'il ne vous a voulu persuader ; En sorte qu'au lieu qu'il
dit que l'angle de 150 degrez donne 4, il donne plus de 32
par son calcul, lors qu'il est fait iustement en la façon qu'il
veut qu'il soit fait, laquelle i'ay seulement reduite à vne
autre façon plus aisée, afin de le pouuoir faire iustement.
Et ce que ie vous ay mandé que ie pouuois demonstrer, n'est
autre chose, sinon que sa regle embarassée donne le mesme
nombre, lors qu'on en fait bien exactement le calcul, que
donne l'autre regle que ie vous ay enuoyée ; Mais ny l'vne
ny l'autre n'ont aucun rapport auec les Vibrations des
triangles. Et afin qu'il ne puisse feindre que i'aye manqué

en changeant quelque circonſtance de ſa regle, ie la tranſ-
criray icy de mot à mot, comme vous me l'auez enuoyée
dans vne Lettre du quinziéme Septembre 1646. vous verrez, s'il vous plaiſt, ſi elle eſt bien.

Soit diuiſé l'arc D I en tant d'arcs égaux qu'on voudra
(le plus ſera le meilleur, & la diuiſion infinie donnera le
iuſte) poſé qu'il ſoit diuiſé par degrez ; Soient priſes les
ſecantes d'vn degré, de deux, de trois, &c. De chacune de

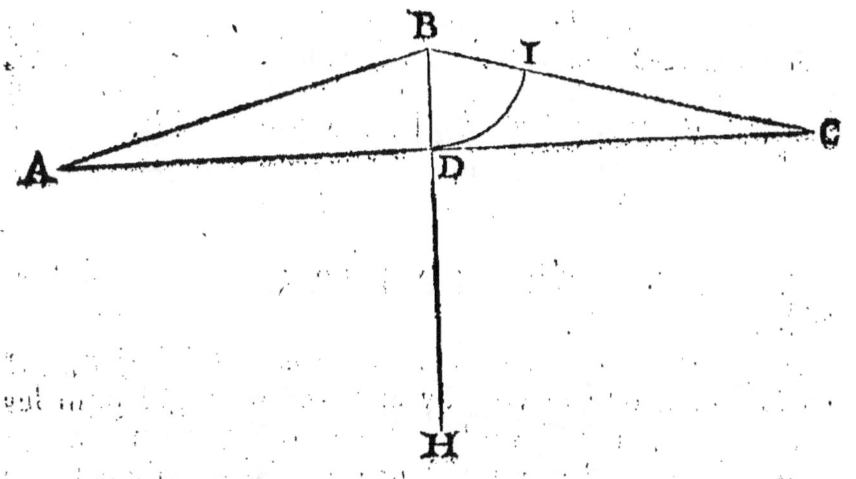

ces ſecantes ſoit pris le cube, & tous ces cubes ſoient adjoûtez enſemble pour auoir leur ſomme. Puis ſoit priſe la
ſomme deſdites ſecantes, laquelle ſoit multipliée par le ſinus
total, pour auoir le produit de cette multiplication. Par ce
produit ſoit diuiſé la ſomme des cubes ſuſdits pour auoir le
quotient de cette diuiſion ; Enfin par vne regle de trois ſoit
fait comme le ſinus total à ce quotient, ainſi les $\frac{3}{4}$ de la ligne
B D à vn quatriéme, qui ſera la diſtance depuis B iuſques
au centre de percuſſion nommé H. Or ie dis que ſi vn Ange
(car ce n'eſt pas vn trauail dont vn homme ſoit capable)
veut prendre la peine de diuiſer l'arc D I en tant de parties
qu'elles ſoient entierement inſenſibles, & d'acheuer en
ſuitte tout le calcul qui eſt propoſé par cette regle, la ſomme
qu'il trouuera ſera la meſme que celle qui ſe trouue par l'au-

tre calcul que ie vous ay enuoyé; Et ainſi que l'angle A B C
eſtant de 150 degrez, B H ne ſera pas ſeulement quadruple
de B D, comme il vous a voulu perſuader, mais plus de
trente-deux fois auſſi longue; C'eſt dequoy ie me ſuis offert
d'enuoyer la demonſtration.

Ie me ſuis ſans doute mépris, ſi i'ay écrit B C pour D C.
Il ſuit de mes Principes que l'agitation de la matiere ſubtile
doit eſtre plus grande, au lieu où eſt le point de reflexion
dans vn miroir parabolique, à raiſon de ce que la lumiere y
eſt plus grande. Et i'ay demonſtré dans la Dioptrique, que
lors que deux miroirs ſont d'inégale grandeur, & de figure
ſemblable, le plus grand ne brûle pas plus fort que le petit
intenſiue, mais ſeulement *extenſiue*, ainſi qu'vn petit charbon
de feu brûle autant *intenſiue*, qu'vn plus gros de meſme bois.

MON R. P.

Voſtre tres-humble & tres-obeïſſant
ſeruiteur, DESCARTES.

A V R. PERE MERSENNE.

Le 20. Avril 1646.

LETTRE XCIII.

MON REVEREND PERE,

Il y a enuiron trois ſemaines que i'ay écrit à Monſieur
de Cauendiſche, touchant les difficultez que vous propoſez,
& ie ne doute point qu'il ne vous faſſe voir ma Lettre, à
cauſe que i'y ay fait mention de celle que ie vous auois écrite
auparauant touchant le meſme ſujet. C'eſt pourquoy ie n'en
diray icy autre choſe, ſinon que la grande difference qui eſt
entre les Vibrations des triangles obtus, ou de ceux qui ſont

ſuſpendus par leurs baſes, & le calcul que i'en auois fait pour
tous les triangles en general, ne vient que de la cauſe que
i'auois nommée l'empeſchement de l'air, laquelle, comme
i'auois ce me ſemble dit cy-deuant, eſt beaucoup plus conſiderable aux triangles obtus qu'aux autres. Or ie croy que
la quantité de cét empeſchement ne ſe peut déterminer
que par l'experience. C'eſt pourquoy i'auois ſeulement
conſideré les triangles ſuſpendus par vn angle, & lors que
leur baſe demeure parallele à l'aiſſieu autour duquel ils ſe
meuuent, pour rendre cét empeſchement moins ſenſible:
Car ie ne preſume pas tant de moy-meſme, que d'entreprendre d'abord de rendre raiſon de tout ce qu'on peut
auoir experimenté, Mais ie croy que la principale addreſſe
qu'on puiſſe employer en l'examen des experiences, conſiſte à choiſir celles qui dependent de moins de cauſes diuerſes, & deſquelles on peut le plus aiſément découurir les
vrayes raiſons.

Ie vous enuoye icy quelques-vnes des fautes que i'ay
remarquées dans l'Ariſtarque, & ie vous diray icy entre
nous que i'ay tant de preuues de la mediocrité du ſçauoir &
de l'Eſprit de ſon Autheur, que ie ne puis aſſez admirer qu'il
ſe ſoit acquis à Paris tant de reputation; Car enfin, outre
ſon inuention de la Roulette, qui eſt ſi facile qu'elle auroit
pû eſtre trouuée par vne infinité d'autres auſſi bien que par
luy, s'il eſtoit arriué qu'ils l'euſſent cherchée, ie n'ay iamais
rien veu de ſa façon, qui ne puiſſe ſeruir à prouuer ſon inſuffiſance; Comme premierement, ce qu'il écriuit pour
défendre la regle de M. de Fermat contre moy, où il mit
pluſieurs choſes inutiles, Puis lors qu'il penſoit auoir trouué
vne omiſſion & vne faute dans ma Geometrie, où toutesfois
il s'eſtoit trompé dans l'vn & dans l'autre; Puis lors que ie
luy enuoyay la ſolution de trois queſtions qu'il confeſſa ne
pouuoir trouuer, & dont il ne pouuoit pas meſme entendre
les ſolutions, ſi Monſieur de Beaune ne luy euſt aidé, bien
qu'il euſt broüillé pluſieurs mains de papier pour taſcher de
faire vn petit calcul, que i'y auois obmis à deſſein, ſans qu'il
en

en puſt venir à bout. Ie n'adjoûte point qu'il n'a iamais
ſceu trouuer la queſtion que Monſieur de Beaune nous propoſa à tous, & dont ie n'ay point appris que perſonne que
moy luy ait enuoyé la ſolution, car elle eſtoit aſſez difficile.
Mais quand ie n'aurois iamais rien veu de luy que ſon Ariſtarque, où il ſuppoſe *tanquam ex Mechanicæ, vel Geometriæ, vel Opticæ principiis notiſſima*, des choſes qui ſont ap-
pertement fauſſes, ie ne pourrois iuger de luy autre choſe,
ſinon qu'il penſe eſtre beaucoup plus habile qu'il n'eſt, &
que c'eſt pluſtoſt en faiſant le capable, & en mépriſant les
autres, qu'il s'eſt acquis quelque reputation, que non pas
en produiſant quelque choſe de ſon Eſprit qui la meritaſt.
Il n'a pas beſoin de demander permiſſion pour répondre à
ce que ie vous enuoye contre ſon Liure ; Car c'eſt vne choſe
qu'il a droit de faire, encore que ie ne le vouluſſe pas, comme ie l'auray auſſi de dire mon ſentiment de ce qu'il a trouué
à reprendre dans ma Geometrie, quand ie l'auray veu. Mais
iuſques icy ie ne ſçache point qu'elle contienne aucune
choſe que ie vouluſſe y auoir miſe autrement que ie n'ay fait,
ny en quoy ie penſe auoir manqué à l'ordre ou à la verité
des choſes que i'ay écrites ; Seulement y ay-ie obmis quantité de choſes, qui auroient pû ſeruir à la rendre plus claire,
ce que i'ay fait à deſſein, & ie ne voudrois pas y auoir manqué. Au reſte, pour ce que i'ay remarqué par quelques vnes
de vos Lettres precedentes, qu'on vous en auoit parlé auec
mépris, ie vous diray encore icy, que ie ne croy pas que ny
Monſieur de Roberual, ny aucun de ceux qui ne ſeront
pas plus habile que luy, ſoient capables d'apprendre tout
ce qu'elle contient en toute leur vie ; & ainſi que ie n'ay pas
beſoin de la refaire, ny d'y adjoûter rien de plus, pour la
rendre recommandable à la poſterité. Rien ne m'auoit cy-
deuant fait propoſer de la refaire, que pour l'éclaircir en
faueur des Lecteurs ; mais ie voy qu'ils ſont la pluſpart ſi
malins que i'en ſuis entierement degouſté. I'ay veu le *Bo-
nauentura Cau.* eſtant dernierement à Leyde, mais ie n'ay
fait qu'en parcourir les propoſitions, pendant vn quart

d'heure, pour ce que le ieune Schooten, que vous auez veu à Paris, & qui est maintenant Professeur à Leyde en la place de son Pere, m'assuroit que ce Caualieri ne fait autre chose que demonstrer par vn nouueau moyen, des choses qui ont desia esté demonstrées ailleurs, & que ce nouueau moyen n'est autre que l'vn de ceux dont ie me suis seruy pour demonstrer la Roulette, en supposant que deux triangles curuilignes differens estoient égaux, pour ce que toutes les lignes droites tirées en mesme sens en l'vn qu'en l'autre, estoient égales, Si cela est, la clef qui a commencé d'ouurir l'Esprit de C, comme vous m'auez écrit cy-deuant, n'a pas encore toutes les façons qu'elle peut auoir, & son Esprit doit estre encore fermé à beaucoup de ressorts : Car i'en sçay mille plus importantes, & i'en ay mis quantité dans ma Geometrie, mais il ne les y trouuera pas aisément, puisque si chacun n'est expliqué par vn gros Liure, il ne les connoist pas. Si vous voyez Monsieur Picot, ie vous prie de luy dire que i'ay receu ses Lettres, mais que ie ne puis encore luy enuoyer la suite de sa Version, pour ce que ie n'ay encore sceu trouuer vn quart d'heure en tout vn an qu'il y a que i'en suis à cét article, pour éclaircir en quelque chose mes regles du mouuement ; Ie suis si degousté du métier de faire des Liures, que ie ne m'y sçaurois mettre en aucune façon, ie ne manqueray pas toutesfois de luy enuoyer dans quinze iours ce qu'il m'a demandé, & ie suis passionnément son seruiteur, comme aussi ie suis,

MON R. P.

Vostre tres-humble & tres-obeïssant
seruiteur, DESCARTES.

R. PATRI MERSENNO.

LETTRE XCIV.

REVERENDISSIME PATER,

Ægrè admodum me accingo ad iudicium ferendum de iis scriptis, de quibus saluâ veritate dicere nihil possum, quod eorum authoribus placiturum putem ; Eâque in re valdè dissimilis sum plerisque aliis, qui tum demum silent, cum nihil possunt inuenire, nec quidem fingere, quod reprehendant. Idcirco non scripsi antè hac quid notassem in subdititio illo Aristacho, de quo quid sentirem petieras, quamuis duo eius exemplaria duabus diuersis viis, eo fine à te transmissa, dudum acceperim. Sed quia iterum vrges, monesque illius authorem dicere se aliquos errores in iis quæ de Geometria ante nouem annos in lucem edidi reperisse, vt eum ad errores illos meos mihi indicandos inuitem, cogor hîc paucis exponere quid mihi de eius scripto videatur.

Quoties aliquid assumimus ad aliud explicandum, semper id quod assumimus isto alio probabilius, euidentius, simpliciusque, vel quocumque modo notius esse debet, alioqui nihil lucis ei potest afferre. Si quis autem pro singulis quæ voluit exponere, non modo totidem alia æque ignota, sed multò plura, & minùs credibilia supposuit, ac præterea ex iis quæ ita supposuit, ea quæ voluit concludere non sequantur, certè prætendere non debet se aliquid egregij præstitisse.

Tria autem dumtaxat ad systema mundi pertinentia, & alia tria quæ ad illud propriè non pertinent, in toto isto Libro notaui, quorum causas reddere author conatus sit. Primum est, quod Sol & Terra, & aliæ insigniores partes vni-

uerſi, quendam inter ſe ſitum ſeruent, Secundum, quod eædem circulariter moueantur; Tertium, quod earum tamen
motus non ſint perfectè circulares, ſed aliquid irregularitatis
contineant, ad quod vltimum referuntur ea omnia quæ de
Lunæ declinatione, de Apogæis & Perigæis, atque de præ-
ceſſione æquinoxiorum operosè diſſeruit. Alia tria ſunt, de
æſtu occeani, de generatione Cometarum, quos tanquam
Meteora conſiderat, & de apparentiâ eorum caudæ; Reliqua omnia quæ ibi habentur ex Copernico vel Keplero ex-
ſcripta ſunt, & nulla ratione illuſtrantur, ſed tanquam vera
atque indubitata ſupponuntur; Vt, quod materia Cælorum
ſit fluida, quod planetæ omnes circa Solem moueantur,
quod Terra ſit etiam inter planetas; & ſimilia.

Vt autem primum quod eſt de ſitu partium Vniuerſi explicet, ſupponit primò, Solem potenter calefacere, ac
materiam ex quâ mundus componitur eſſe fluidam, liquidam, permeabilem, diaphanam, quæ vi caloris majoris aut
minoris rarior aut denſior effici poſſit. 2. Corpus denſius
immiſtum rariori liquido manere non poſſe, ſed ferri ad
partes liquidi denſiores, ſi liquidum iſtud diuerſæ ſit denſi-
ratis; 3. Toti materiæ Mundanæ, & ſingulis eius partibus
ineſſe quandam proprietatem; vi cuius tota illa materia
cogatur in vnum corpus continuum, cuius partes omnes
continuo niſu ferantur ad ſe inuicem, ſeſéque reciprocè attrahant, vt arctè cohæreant. 4. Denique aliam ineſſe præterea ſimilem proprietatem omnibus & ſingulis terræ, aquæ,
aerisque partibus, vi cuius ad ſe inuicem ferantur, & ſe
reciprocè attrahant; Adeò vt hæ (ſimilique etiam modo
aliæ omnes quæ aliquos planetas componunt, vel circum-
dant) ſingulæ duas eiuſmodi habeant vires, vnam quæ ipſas
cum aliis partibus ſui planetæ, aliam quæ eaſdem cum reliquis partibus Vniuerſi, conjungat. Quæ ſanè omnia minus
intelligibilia ſunt vno illo mundi partium ſitu, quem ipſo-
rum ope vult explicare.

Nam 1. non magis experientiâ conſtat Solem calefacere,
mundi materiam eſſe fluidam, liquidam, permeabilem,

diaphanam, atque vi caloris multa corpora posse rarefieri,
quam constet eâdem experientiâ Solem & alia sydera eum
inter se situm habere, quem reuerà habent; Multòque faciliùs intelligimus quomodo ex eo solo quod ab initio eum
situm habuerint, nec detur ratio, cur illum postea mutarint,
sequatur eundem adhuc ab iis retineri, quam quomodo Sol
calefaciat, & ex eius calore sequatur rarefactio. Videmus
enim necesse fuisse, vt ab initio omnia corpora aliquem inter
se situm haberent, & quia non apparet causa cur alium potius quam hunc haberent, nulla etiam est quærenda cur
hunc habuerint; Non autem ita videmus Solem debuisse
calefacere, nec quid sit calor, nec quid sit esse fluidum, liquidum, permeabile, diaphanum, quid sit rarefactio, nec
quomodo hæc sequatur ex calore; quin imo docet etiam
experientia, quædam corpora vi caloris non rarefieri, sed
potiùs condensari, vt videre est in glacie, quæ si modicè
incalescat, vertitur in aquam se densiorem.

Atqui longè absurdius est quod præterea supponit,
nempe, corpus densius immistum rariori liquido manere
non posse, sed ferri ad partes liquidi densiores; Ad hoc enim
intelligendum, necesse est imaginari vnumquodque corpus,
siue vnamquamque particulam materiæ Mundanæ, quæ alterâ sibi contiguâ densior vel rarior esse potest, habere in
se ipsâ principium motus, hoc est esse animatam animâ sibi
peculiari, vulgo enim anima dicitur esse principium motus.

Denique absurdissimum est quod addit, singulis partibus
materiæ Mundanæ inesse quandam proprietatem, vi cuius
ad se inuicem ferantur, & se reciprocè attrahant; Itemque
singulis partibus materiæ Terrestris similem inesse aliam
proprietatem, respectu aliarum partium Terrestrium, quæ
priorem non impediat : Nam ad hoc intelligendum necesse
est, non modò supponere singulas materiæ particulas esse
animatas, & quidem pluribus animabus diuersis, quæ se
mutuò non impediant, sed etiam istas earum animas esse
cogitatiuas, & planè diuinas, vt possint cognoscere quid

Vuu iij

fiat in locis longè à se distantibus, siue vllo inter nuncio, &
ibi etiam vires suas exercere.

Nam vires istas tales esse supponit, vt si exempli gratia
S est Sol, T terra, A A aer terram ambiens, D D, sint

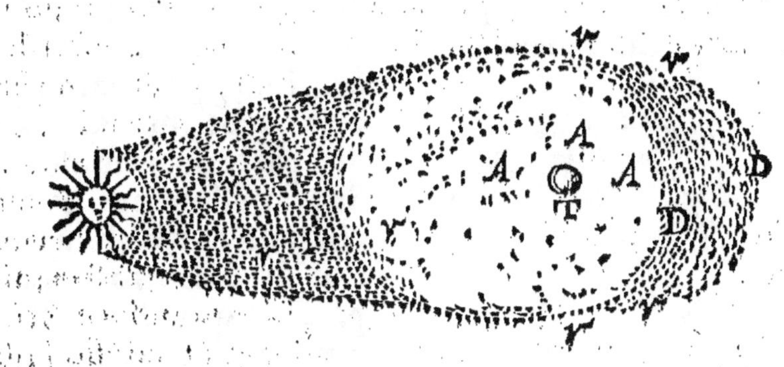

partes Coeli densiores, & r r rariores; vt inquam singulæ
terræ T particulæ tendant versùs D D, atque vt econtra
omnes particulæ aeris circumfusi tendant versùs r r; licet
propter alias vires, quæ omnes aeris partes terræ annectunt,
ab inuicem non sejungantur, & ideò maneant simul suspensæ inter D D & r r. Quâ autem ratione possunt singulæ
terræ particulæ diuinare sibi tendendum esse versùs D D,
potius quam versùs r r, quò totus aer circumfusus tendit,
& quâ vi possunt materiam quæ est versùs D D, reciprocè
ad se attrahere, nisi præditæ sint cognitione & potentiâ
planè diuinâ.

Si liceat hoc pacto vires quaslibet in singulis corporibus
imaginari, non erit profectò difficile aliquas excogitare,
quæ sint tales, vt iis positis quiuis datus effectus euidentissi-
mè sequatur; Sed tamen eæ omnes, quas author noster supposuit, non sufficiunt, ad id quod voluit inferendum; Nempe, materiam Mundanam cogi debere in perfectum globum, in cuius centro sit Sol, qui eam inæqualiter rarefaciat,
magis scilicet prope se, quam in locis remotioribus. Nam

contra ex iis concludi debet omnes denſiores materiæ partes
versùs centrum confluere, rariores autem versùs circumferentiam; Adeò vt ſi Solis corpus aliquo modo ſit durum,
quale poſtea ſupponit, figura mundi debeat eſſe gibboſa,
& habere Solem in ſummitate illius gibbi. Ita ſcilicet vt ſi
O, ſit centrum mundi, ad quod denſiſſimæ materiæ partes
confluxerunt, tantumdem quidem ſit materiæ inter hoc

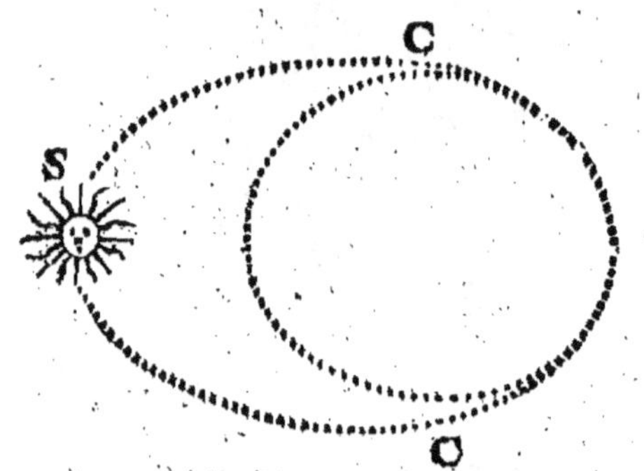

centrum, & mundi cir-
cumferentiam C C, in
vnâ parte quam in alia;
Sed nihilominus iſta
circumferentia remo-
tior ſit à centro in eâ
parte in quâ eſt Sol S,
quam in reliquis, quia
Sol materiam omnem
ſibi vicinam facit ra-
riorem, majuſque ideò ſpatium occupantem.

Quæ ſequuntur in toto reliquo libro meliora non ſunt, &
ſi vnquam operæ pretium ſit, demonſtrabo; Sed cum ferè
tantùm de quatuor primis eius paginis hic egerim, ſi reliqua
eodem modo examinanda ſuſciperem, non poſſemus ſiue
tædio ego ſcribere, tu legere tam multa; Quapropter hac
vice nihil his addam, niſi me eſſe ex aſſe tuum.

Egmondæ 20. Aprilis 1646.

✥✥✥✥✥✥✥✥✥✥✥✥✥✥✥✥✥✥

A V R. P. MERSENNE.

LETTRE XCV. *Verſion de la precedente.*

MON REVEREND PERE,

Ie ne prens iamais la plume qu'auec quelque ſorte de

déplaifir, quand ie ne puis , fans faire violence à la verité,
porter vn iugement des écrits qu'on m'a donné à examiner,
qui puiffe plaire à leurs Autheurs, En quoy ie puis dire fans
feintife , que ie fuis fort éloigné de l'humeur de certaines
perfonnes qui ne fçauroient fe taire , que lors qu'ils ne trouuent rien qu'ils puiffent reprendre. Et c'eft ce qui m'a empefché iufques icy de vous dire le iugement que ie fais de cét
Ariftarque fuppofé , que vous m'auez enuoyé à ce deffein
par deux diuerfes voyes , & dont i'ay receu depuis long-
temps les Exemplaires. Mais puifque vous m'en priez derechef, & que vous me faites la grace de m'auertir que celuy
qui en eft l'Autheur dit auoir trouué quelque chofe à redire dans ce que i'ay publié depuis neuf ans touchant la
Geometrie , pour l'obliger à me faire voir les fautes qu'il dit
eftre dans mon écrit , ie veux bien vous dire icy en peu de
mots ce qu'il me femble du fien.

Toutes & quantesfois que nous auançons ou fuppofons
quelque chofe pour en expliquer vne autre , ce que nous
auançons & fuppofons ainfi, doit toufiours eftre plus probable, plus euident, & plus fimple, ou enfin plus connu en
quelque maniere que ce foit, que cette autre que nous voulons expliquer par fon moyen, autrement cela ne peut feruir
à la faire mieux connoiftre, Que fi quelqu'vn pour chaque
chofe qu'il a voulu expliquer , en a non feulement fuppofé
autant d'autres auffi inconnuës , mais vn plus grand nombre,
& mefme moins croyables, & qu'auec cela ce qu'il a voulu
conclure ne fuiue pas de fes fuppofitions, certainement il
ne doit pas pretendre d'auoir rien fait qui foit digne de re-
commandation,

Ie n'ay remarqué dans tout ce Liure que trois chofes qui
appartiennent au fyfteme du monde, & trois autres qui ne
luy appartiennent pas proprement, dont l'Autheur a tafché
de dire ou d'expliquer les caufes. La premiere, que le Soleil,
la Terre, & les autres plus confiderables parties du Monde,
gardent entr'elles vne certaine fituation ; La feconde,
qu'elles fe meuuent toutes circulairement ; Le troifiéme,
que

que neantmoins leurs mouuemens ne sont pas parfaitement circulaires, mais vn peu irreguliers; A quoy se rapporte tout ce qu'il a dit auec beaucoup de discours de la declinaison de la Lune, des Apogées, des Perigées, & de la precession ou auancement des Equinoxes. Les 3. autres choses sont du flus & du reflus de la Mer, de la generation des Cometes (qu'il considere comme des Meteores) & de l'apparence de leur queuë; Tout le reste de ce qui est contenu dans ce Liure, n'est qu'vn extrait de ce qui se trouue dans Copernic & dans Kepler, & n'est soûtenu ou illustré d'aucune raison, mais est supposé comme vray & indubitable; Par exemple, que la matiere des Cieux est fluide; Que toutes les Planettes se meuuent autour du Soleil; Que la Terre doit estre mise au rang des Planettes, & choses semblables.

Or pour expliquer le premier point, qui concerne la situation des parties de l'Vniuers, il suppose premierement que le Soleil est extremement chaud, ou plustost qu'il a vne grande vertu d'échauffer; & que la matiere dont le monde est composé est fluide, liquide, permeable, & transparente, qui a cela de propre de pouuoir estre rarefiée ou condensée, selon que la chaleur est plus forte ou plus foible. 2. Qu'vn corps dense plongé dans vn liquide plus rare n'y peut demeurer, mais qu'il se porte vers les parties plus denses du liquide, si ce liquide a des parties d'vne differente densité. 3. Que toute la matiere de l'Vniuers & chacune de ses parties, a vne certaine proprieté, par la vertu de laquelle toute cette matiere s'vnit & s'assemble en vn seul corps continu, dont toutes les parties ont inclination, & font effort pour se joindre les vnes aux autres, en s'attirant reciproquement l'vne l'autre, pour estre le plus estroitement jointes qu'il est possible. 4. Que toutes & chacunes les parties de la terre, de l'eau, & de l'air, ont aussi vne proprieté toute semblable, par laquelle elles s'attirent aussi reciproquement l'vne l'autre, & font effort pour se joindre; En sorte que chacunes d'elles (& ce que ie dis icy des parties de la terre, ou de l'air, se doit aussi entendre de celles qui composent

ou qui enuironnent les autres Planettes) ont en foy ces deux
vertus, l'vne qui les joint auec les autres parties de leur
Planete, & l'autre qui les vnit auec le reſte des parties de
l'Vniuers. Toutes leſquelles choſes ſont ſans doute beaucoup moins intelligibles, que la ſeule ſituation des parties
de l'Vniuers, qu'il a eu deſſein d'expliquer par leur moyen.

Car premierement, l'experience ne nous apprend pas
moins que le Soleil échauffe, que la matiere du monde eſt
fluide, liquide, permeable, & diaphane, & que pluſieurs
corps peuuent eſtre rarefiez par la chaleur, que nous ſçauons
par la meſme experience, que le Soleil & les autres Aſtres
gardent entr'eux la ſituation qu'ils ont en effet, Et nous
comprenons bien plus aiſément, comment de cela ſeul que
dés le commencement du monde ils ont eu cette ſituation,
& que l'on n'apporte point de raiſon pourquoy ils l'ayent
dû changer par apres, il ſuit qu'ils doiuent encore la retenir,
que nous ne comprenons comment le Soleil échauffe, &
comment la rarefaction eſt vne ſuitte ou vn effet de ſa chaleur. Car nous voyons bien qu'il a eſté neceſſaire que dés
le commencement du monde tous les corps ayent eu entr'eux quelque ſituation, & pour ce que nous ne voyons
point de raiſon pourquoy ils ayent dû en auoir vne autre
pluſtoſt que celle qu'ils ont, on ne doit point auſſi demander
pourquoy ils ont celle là pluſtoſt qu'vne autre. Mais nous
ne voyons pas ſi clairement que le Soleil ait dû auoir la vertu
d'échauffer, ny ce que c'eſt que la chaleur, ny ce que c'eſt
que d'eſtre fluide, liquide, permeable, & diaphane, ou ce
que c'eſt que la rarefaction, ny comment elle ſuit de la
chaleur: Car au contraire, l'experience meſme nous monſtre que certains corps ſe condenſent par la chaleur, bien
loin de ſe rarefier, comme on peut voir dans la glace, laquelle eſtant mediocrement échauffée ſe conuertit en eau,
qui eſt plus denſe qu'elle.

Mais ce qu'il ſuppoſe en ſuitte eſt bien plus abſurde, c'eſt
à ſçauoir, qu'vn corps denſe plongé dans vn liquide plus
rare n'y peut demeurer, mais qu'il ſe porte vers les parties

plus denses du liquide ; Car pour conceuoir cela , il faut s'i-
maginer que chaque corps , ou chaque partie de la matiere
de l'Vniuers , qui peut estre plus dense ou plus rare que celle
qui luy est voisine , a en soy mesme vn principe de mouuement , c'est à dire , est animée d'vne Ame qui luy est particuliere, Car l'on dit ordinairement que l'Ame est le principe
du mouuement.

Enfin ce qu'il adjoûte est tres-absurde , c'est à sçauoir,
que chaque partie de la matiere dont l'Vniuers est composé,
a vne certaine proprieté , au moyen de laquelle elles se portent toutes les vnes vers les autres , & s'attirent reciproquement l'vne l'autre, Et de mesme, que chacune des parties de
la terre a vne autre proprieté toute pareille , à l'égard des
autres parties terrestres , laquelle neantmoins n'empesche
point l'effet de la premiere. Car pour conceuoir cela , il ne
faut pas seulement supposer que chaque partie de la matiere
de l'Vniuers est animée , & mesme animée de plusieurs diuerses Ames qui ne s'empeschent point l'vne l'autre , mais
mesme que ces Ames sont intelligentes , & toutes diuines,
pour pouuoir connoistre ce qui se passe en des lieux fort
éloignez d'elles , sans aucun courrier qui les en auertisse , &
pour y exercer leur pouuoir.

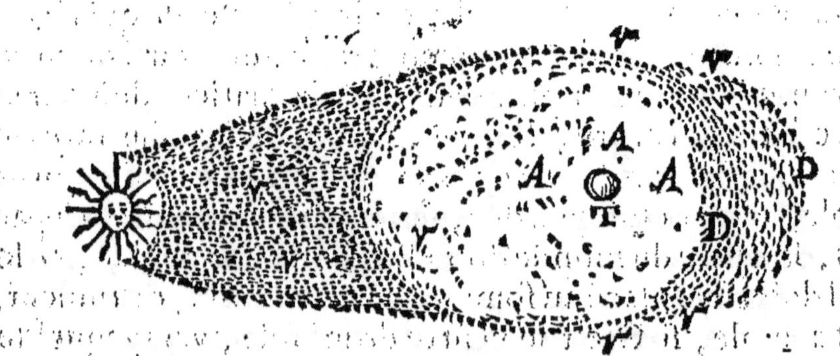

Car il suppose qu'elles ont vne telle vertu , que si par
exemple , S est le Soleil , T la Terre , A A l'Air qui enui-

ronne la terre, D D des parties du Ciel plus épaisses, & r r
plus rares ; Que, dis-ie, chacune des parties de la terre T,
tendent vers D D, & qu'au contraire toutes celles de l'air
d'allentour tendent vers r r ; Quoy que pourtant elles ne
laiſſent pas de demeurer ſuſpenduës, comme on les voit icy
dépeintes, entre D D & r r, par la force de certaines autres vertus, qui attachant toutes les parties de l'air à la terre,
empeſchent qu'elles ne ſe ſeparent & ne ſe déjoignent d'enſemble. Or par quel inſtinct toutes les parties de la terre
peuuent-elles deuiner qu'elles doiuent tendre vers D D,
pluſtoſt que vers r r, où tend tout l'air qui l'enuironne ; Et
par quelle force ou vertu peuuent-elles reciproquement
attirer la matiere qui eſt vers D D, ſi elles ne ſont douées
d'vne connoiſſance & d'vne puiſſance toute diuine.

S'il eſt ainſi permis de feindre toutes ſortes de vertus dans
chaque corps, certainement il ne ſera pas difficile d'en inuenter de telles, qu'on puiſſe par leur moyen expliquer
tres-facilement toutes ſortes de Phainomenes. Mais neantmoins, toutes celles que noſtre Autheur a ſuppoſées ne
ſont pas ſuffiſantes pour inferer ce qu'il en a voulu conclure,
à-ſçauoir, que toute la matiere de l'Vniuers ſe doit aſſem-
bler en vn globe parfait, au centre duquel ſoit le Soleil qui
rarefie cette matiere inégalement, c'eſt à dire, qui rarefie
dauantage celle qui eſt proche de luy, que celle qui en eſt
plus éloignée : Car de là, au contraire, on doit conclure
que toutes les parties plus denſes de la matiere doiuent ſe
rendre vers le centre, & que celles qui ſont plus rares ſe
doiuent porter vers la circonference. En ſorte que ſi le corps
du Soleil eſt tant ſoit peu dur, tel qu'il le ſuppoſe eſtre par
apres, la figure du monde doit eſtre boſſue ou enflée, & le
Soleil doit eſtre placé au ſommet de cette boſſe, ou tumeur.
Par exemple, ſi O eſt le centre du monde, vers lequel ſe
ſoient renduës & écoulées les parties plus denſes de la matiere, il doit à la verité y auoir autant de matiere entre ce
centre & la circonference du monde C C d'vn coſté que
de l'autre ; Mais neantmoins cette circonference doit eſtre

plus éloignée du centre du costé où est le Soleil S, qu'aux autres endroits, à cause que le Soleil rend toute la matiere qui est proche de luy plus rare, & par consequent estenduë dans vn plus grand espace.

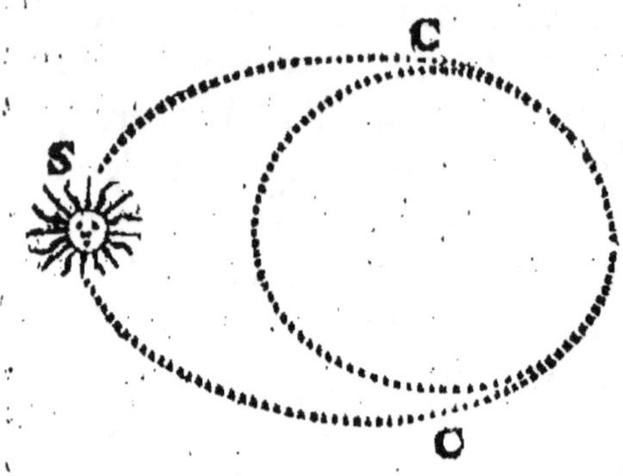

Tout ce qui est contenu dans le reste du Liure ne vaut pas mieux, comme ie le feray voir aisément, si iamais il en est besoin, mais n'ayant presque icy examiné que les quatre premieres pages de son Liure, si i'auois entrepris d'examiner le reste auec vne pareille exactitude, nous ne pourrions sans ennuy, moy écrire, & vous lire tant de choses; C'est pourquoy pour cette fois ie n'adjoûteray icy rien de plus, sinon que ie suis entierement à vous.

AV R. PERE MERSENNE.

LETTRE XCVI.

MON REVEREND PERE,

Si ce que i'auois écrit de l'Aristarque, dont ie vous ay enuoyé les censures, n'eust esté vray, il ne seroit pas si en colere qu'il est, Mais c'est la verité qui l'a picqué, & le dépit de n'auoir point de bonnes raisons pour se deffendre, qui le fait passer aux inuectiues. Il dit premierement que ie me suis contredit, Mais ses propres paroles suffisent pour faire voir l'injustice de son accusation. *Vide suprà M vsque ad B.* Ie nie aussi qu'au regard de l'agitation d'vn corps suspendu, il y ait en luy quelque perpendiculaire plus confiderable que les autres lignes, i'entens plus confiderable, en telle forte que la direction de tous les points de ce corps luy doiue eftre rapportée, ainfi que pretendoit l'Ariftarque. Mais ie ne laiffe pas d'accorder que le centre de cette agitation eft dans la mefme perpendiculaire, à laquelle il a voulu que cette direction fuft rapportée, & il n'y a en cela aucune apparence de contradiction.

En fecond lieu, il dit qu'il n'a point penfé à me donner fa demonftration, ny à faire paffer fon authorité pour objection. Et ainfi il auoüe que le tiers de fon premier écrit, qui ne contient rien du tout que cela, eft inutile, à fçauoir, depuis ces mots : *Nous conceuons*, &c. iufques à ceux-cy: *Mais noftre demonftration eft trop longue*, &c. Où par ces mots de *Nous* & de *Noftre*, il me fait fouuenir du Capitan de la Comedie; & on luy peut dire comme à celuy de Terence, *Labore alieno partam gloriam verbis fæpè in fe tranfmittit, qui habet falem, qui in te eft.*

En troifiéme lieu, il dit qu'il foûtient diuerfes chofes; Mais pour ce qu'il n'en prouue aucune, on les peut joindre auec fa demonftration pretenduë, qu'il referue *in pectore*, & dire que ce font des difcours du Capitan.

En quatriéme lieu, il perfifte dans l'erreur de fon premier écrit, où il pretend que ce qu'on nomme le centre de grauité contribuë à la determination, de ce que i'ay nommé le centre d'agitation; Et il la deffend d'vne façon fort magiftrale, en forgeant vn principe Mechanique, lequel il veut que le refpecte comme vn Oracle qui fort de fa bouche. Son Principe pretendu eft, que quand vn mefme corps eft porté de deux differentes puiffances, chacune à fon centre particulier, ce que ie maintiens n'eftre pas generalement vray; Car lors que ces deux differentes puiffances font tellement jointes, que l'vne depend entierement de l'autre, comme icy, où l'agitation depend de la pefanteur, elles ne peuuent auoir qu'vn mefme centre; Et fon erreur confifte en ce qu'il imagine que le point qu'on nomme le centre de grauité, eft

quelque chose d'absolu, qui retient tousiours vne mesme
force dans les corps pesans, au lieu qu'il est relatif, & ne
peut estre dit centre de grauité, qu'entant que toutes les
parties du corps où il est sont également libres à descendre,
ou sont également empeschées. C'est pourquoy icy, où le
costé du mobile par lequel il est suspendu, est moins libre
que les autres, ce centre de grauité change de place, & n'est
point different du centre d'agitation. Ce qu'on verra fort
clairement, si on considere que la pesanteur & l'agitation
sont deux puissances, qui concourrent à faire que les corps
descendent en ligne droite quand ils sont libres, aussi bien
qu'à faire qu'ils aillent & reuiennent de costé & d'autre,
quand ils sont suspendus; mais neantmoins que ces deux
puissances n'ont qu'vn mesme centre. En sorte que le point
qu'on nomme le centre de grauité dans vn corps qui descend librement en l'air, est aussi le centre de l'agitation qu'il
a pour lors, Et le point que i'ay nommé le centre d'agitation
en ceux qui sont suspendus, peut aussi estre nommé le centre
de leur grauité, entant qu'ils sont ainsi suspendus.

  Au reste, ce qu'il dit que l'experience contredit constam-
ment à mes conclusions, est vne chose tres-fausse; Car en
mes conclusions i'ay excepté ce que i'ay dit pouuoir estre
nommé l'empeschement de l'air, ou la tardiueté naturelle
des corps, ou bien pour m'expliquer par circonlocution,
l'empeschement que font les parties qui sont en équilibre
au mouuement de celles qui n'y sont pas, La quantité duquel empeschement i'ay dit ne pouuoir estre determinée
que par l'experience, Et mesme i'ay employé toute la moitié de ma premiere Lettre à donner le moyen de faire cette
experience. Et enfin i'ay dit qu'il n'y auoit que les corps
plats, suspendus en la façon que i'ay décrite, où cét empeschement n'est point sensible; C'est pourquoy, afin que
l'experience s'accorde entierement auec mes conclusions,
il faut que le calcul que i'ay fait ne se trouue vray qu'aux cas
où i'ay dit que cét empeschement n'est pas sensible, & qu'en
tous les autres les Vibrations soient plus tardiues; Et pour

ce que cela se trouue par experience, il est euident que
l'experience s'accorde tres-constamment auec mes conclusions. Mais au contraire, l'Aristarque en se vantant d'auoir
determiné par son raisonnement ce qui ne le peut estre que
par l'experience, fait voir qu'il n'entend pas assez ce qu'il
dit, & qu'il ne sçait quasi rien en cette matiere, que ce qu'il
a pû apprendre de mes Lettres, il est seulement habile en
cela, qu'il retient ses demonstrations *in pectore*, afin que ie
n'en découure pas les défauts.

Pour ce qu'il adjoûte à la fin, que ie luy ay reproché sa
longueur, ie ne l'ay pû lire sans rire; Car il m'a fait souuenir
d'vn petit Nain, qui ayant oüy que quelqu'vn se mocquoit
de sa grosse teste, pensoit que cela fust à son auantage, &
qu'on luy reprochoit d'estre trop grand; I'ay dit en passant
qu'il eust pû épargner beaucoup de paroles, s'il eust fait
considerer vn secteur de cercle, au lieu d'vn secteur de cylindre, pour l'auertir honnestement que tout ce qu'il auoit
écrit de ce cylindre estoit superflu, & n'est bon qu'à embarasser les Lecteurs, Et ainsi ie me suis mocqué de voir vn écrit
de trois petits fueillets, dont les preambules inutiles en contiennent plus de deux, à sçauoir, iusques à ces mots : *Le
défaut de ce raisonnement*, &c. En sorte que c'est vn Nain
qui a vne teste si monstrueuse, qu'elle est deux fois plus
grosse que le reste du corps, & en laquelle il y a bien peu de
sens. Voilà ce qu'il nomme luy reprocher sa longueur.

Il m'a fallu rire aussi en voyant sa conclusion, en laquelle
il menace ma Geometrie, & ce que i'ay écrit contre l'Aristarque, Car il m'a fait souuenir derechef du Capitan, lequel
apres auoir esté battu, ne laisse pas de continuer ses rodo-
montades, & demeure tousiours victorieux & inuincible.

La premiere preuue de ses armes qu'il a faite contre moy,
ce fut lors qu'il voulut maintenir vne regle *ad inueniendam
maximam*, dans laquelle i'auois dit qu'il manquoit quelque
chose, & il y reüssit si mal, que Monsieur de Fermat qui
estoit Autheur de cette regle, témoigna le desauoüer, en
inserant adroitement dans sa Réponse les choses que i'auois
dit manquer à sa regle.

La

La seconde, fut lors qu'il pensoit auoir trouué vne omission & vne faute dans ma Geometrie, Où ie luy fis voir tres-
clairement qu'il se trompoit dans l'vn & dans l'autre.

Ie puis mettre pour la troisiéme vn grand nombre de
questions de Geometrie que vous m'enuoyastes par apres
de sa part, de toutes lesquelles ie vous enuoyay les solutions telles qu'on les pouuoit donner; Et en ayant trouué
quelques-vnes impossibles, ie reconnu qu'il me proposoit
des choses qu'il ignoroit, afin de les apprendre sans m'en
sçauoir gré; Ce qui m'obligea de vous prier que vous ne
m'enuoyassiez plus aucunes questions de sa part, s'il ne con-
fessoit auparauant qu'il ne les pouuoit soudre, & vous m'en
enuoyastes trois de cette sorte, la solution desquelles ie
vous enuoyay sans aucun delay au voyage suiuant. Et pour
voir iusques où alloit sa science, i'y laissay deux calculs sans
estre acheuez, desquels il ne se pût iamais demesler, mais il
fallut que Monsieur de Beaune luy enseignast la façon de les
acheuer.

La quatriéme preuue de ses armes, est la question que le
mesme Monsieur de Beaune proposa par apres à luy & à
moy, laquelle ie resolus, mais pour luy iamais il n'y a sceu
mordre. Apres ces diuers essais qui luy auoient si mal reüssi,
s'il ne vouloit pas me rendre la reconnoissance qu'il me deuoit, il m'auroit au moins laissé en paix, s'il auoit eu plus de
retenuë; Mais pour ce qu'il s'est encore vanté depuis, qu'il
auoit trouué quelque chose à reprendre dans ma Geometrie, i'ay voulu l'obliger à dire ce que c'est; Et pour cét effet,
ie vous ay mandé ce que ie trouuois à redire dans les premieres pages de l'Aristarque, où il y a tant de fautes contre le
bon sens, que i'aimerois mieux ne me mesler iamais d'écrire,
que de voir qu'on pust dire de moy, auec autant de verité,
de telles choses; Mais pour luy, encore qu'il y ait desia sept
ou huit mois que cela s'est passé, il se contente toutesfois de
persister dans ses vanteries, & de menacer de loin; Ce qui
m'oblige aussi de persister à faire si peu d'estat de tout ce
qu'il peut dire, que ie ne daigneray pas mesme lire doresna-

uant aucune chose de sa part, si ce n'est que vous, ou quelques autres qui s'y entendent, m'assuriez qu'elle meritera
d'estre luë, & qu'il aura mieux rencontré qu'il n'a de coû-
tume. Ie suis,

MON R. P.

Vostre tres-humble & tres-obeïssant
seruiteur, DESCARTES.

LETTRE DE Mr CLERSELIER,

(qui fut luë dans l'assemblée de M. de Montmor
le treiziéme Iuillet 1658. sous le nom de Monsieur
Descartes, & comme si c'eust esté luy qui l'eust
autrefois écrite à quelqu'vn de ses Amis) seruant
de réponse aux difficultez que Monsieur de Roberual y auoit proposées en son absence, touchant
le mouuement dans le plein.

LETTRE XCVII.

MONSIEVR,

I'ay desia tasché autant que i'ay pû de resoudre, ou plûtost de preuenir les difficultez que vous me faites, touchant
l'impossibilité du mouuement des parties de la matiere dans
le plein, ayant éclaircy ce me semble assez nettement en
diuers endroits de mes Principes, selon que mon sujet m'y a
porté, toutes les choses qui pouuoient y faire conceuoir de
la repugnance ou de la difficulté. Mais par ce que ie voy
que quelque soin que i'aye pris, ie n'ay pourtant pû faire
que des personnes tres-habiles ne soient tombées dans les
mesmes difficultez, ie veux icy faire mon possible, pour les
oster entierement, Et pour ce que ie iuge que cela ne procede que faute de bien comprendre toute l'economie de

mon fyfteme, & la fuitte des raifons qui feruent à faire conceuoir comment cela eft poffible, ie vous remettray icy deuant les yeux tout ce que ie iugeray neceffaire à cét effet, &
qui m'a fait auoir des penfées toutes contraires aux voftres,
& trouuer de la facilité où vous ne trouuez que de la repugnance. Si tous ceux qui ont quelque chofe à m'objecter
vouloient en vfer comme vous, ie me fuis affez declaré pour
les obliger à croire que ie ferois tout mon poffible pour les
fatisfaire, Mais la plufpart fe contentent de me condamner
fans m'ouïr & faute de m'entendre, & quelques-vns feroient
bien-aife de fe diuertir par des difputes fans fin, & par des
difcours dont le fens s'éuanouïft auffi-toft que le fon des
paroles, à quoy ie vous confeffe que ie ne me fuis iamais
voulu foûmettre; Ce qui fans doute aura pû faire croire ces
iours paffez à l'vn des plus fçauants & des plus eftimez Mathematiciens de la France, que ie n'auois eu aucune réponfe
à faire à fes difficultez (qui reffembloient entierement aux
voftres) pour n'auoir pas voulu entrer en conteftation auec
luy chez vne perfonne de marque, & en affez bonne compagnie; Mais ie ne le fis que pour l'obliger à écrire, à quoy
ie le conuiay, ce que pourtant ie n'ay pû encore obtenir de
luy iufques à prefent; De forte que s'il a lieu de fe vanter
que ie fus lors fans repartie, ie puis auffi de mon cofté me
glorifier que ie l'ay reduit à n'ofer écrire, Mais en attendant
qu'il s'y foit difpofé, ie veux vous diuertir & moy auffi par
la réponfe que i'ay à vous faire, arreftant tantoft voftre
Efprit fur la confideration des Eftres de ce monde, & tantoft
le faifant promener dans vn monde tout nouueau.

Premierement, ie remarque que tous les corps de l'Vniuers font compofez d'vne mefme matiere, & que cette matiere ne confifte qu'en l'eftenduë, en longueur, largeur &
profondeur, qui eft telle que chacune de fes parties occupe
toufiours vn efpace tellement proportionné à fa grandeur,
qu'elle n'en fçauroit remplir vn plus grand, ny fe refferrer
dans vn moindre, ny fouffrir que pendant qu'elle y demeure
quelqu'autre y trouue place,

Yyy ij

2. I'adjoûte que cette matiere peut estre diuisée en vn nombre indefiny de parties, chacune desquelles est capable d'vne innombrable varieté de figures & de mouuemens.

3. Ie ne mets aucune difference réelle entre cette matiere, & ce que les Philosophes ont coustume de nommer *espace*; à cause que ie ne conçoy l'vn & l'autre que sous la notion d'vne chose estenduë en longueur, largeur & profondeur. Et quand on y en voudroit establir quelqu'vne, elle seroit de nulle importance pour mon dessein, qui est d'expliquer nettement les raisons de tous les effets de la Nature, puisque ie ne parle iamais de cét espace que comme d'vne chose abstraitte, que mon Esprit considere; & que ie suppose cette matiere comme vn vray corps parfaitement solide, qui remplit entierement & également toutes les longueurs, largeurs & profondeurs de ce grand & immense espace, que les Philosophes appellent imaginaire, & qu'ils nous disent estre infiny, & de vray ils doiuent bien en estre creus, puisque ce sont eux mesmes qui l'ont fait.

4. Il est aisé de voir que ie ne puis admettre de vuide, puisque ce vuide qu'on me voudroit faire admettre auroit les conditions que ie donne à la matiere, & partant selon moy seroit vn vray corps; Et de plus ayant supposé que la totalité de l'espace est remplie d'vn vray corps, ou d'vne matiere parfaitement solide, dont les parties ne se peuuent ny estendre ny resserrer, il est impossible que ie puisse conceuoir aucun vuide en la Nature.

5. Bien que ie suppose que cette matiere n'a la forme ny de la terre, ny du feu, ny de l'air, ny d'aucune autre chose plus particuliere, non plus que les qualitez de chaude, de froide, de seche, d'humide, de legere ou de pesante, & que ie ne suppose aussi en elle aucun goust, ou odeur, ou son, ou couleur, ou lumiere, ou autre chose semblable, dans la nature de laquelle on puisse dire qu'il y ait quelque chose qui ne soit pas euidemment connuë de tout le monde, il ne faut pas penser pour cela qu'elle soit cette matiere premiere des Philosophes, qu'on a si bien dépouillée de toutes ses

formes & qualitez, qu'il n'y est rien demeuré de reste, qui puisse estre clairement entendu. Au lieu que la nature que i'attribuë à cette matiere est si claire, & toutes ses proprietez, à sçauoir, sa diuisibilité, & la grandeur, la figure, la situation, & le mouuement de ses parties, si intelligibles, qu'il n'y a rien que le commun mesme des hommes conçoiue plus clairement & plus distinctement.

6. Mais pour éuiter toute dispute auec les Philosophes de ce Monde, permettez maintenant pour vn peu de temps à vostre pensée d'en sortir, & de considerer ce qui pourroit arriuer dans vn autre tout nouueau, si ie luy en faisois naistre vn en sa presence dans les espaces imaginaires, sans y rien supposer de plus que ce que i'ay desia dit, Et vous verrez que sans y receuoir d'autres loix que les loix ordinaires de la Nature, elles seront suffisantes pour faire que les parties de cette vaste matiere, ou si vous voulez de ce Chaos, se demeslent d'elles-mesmes, & se disposent en si bon ordre, qu'elles auront la forme d'vn Monde tres-parfait, & dans lequel on pourra voir non seulement de la Lumiere, mais aussi toutes les autres choses tant generales que particulieres qui paroissent dans ce vray Monde.

7. Auant que ie vous explique cecy plus au long (ce que ie pourray faire quelque iour, puisque vous m'en priez, me contentant aujourd'huy de parler de ce qui peut seruir à l'éclaircissement de vos difficultez presentes) arrestez-vous vn peu à considerer ce Chaos, & remarquez qu'il ne contient aucune chose qui ne vous soit si parfaitement connuë, que vous ne sçauriez pas mesme feindre de l'ignorer. Car pour les qualitez que i'y ay mises, si vous y auez pris garde, ie les ay seulement supposées telles que vous les pouuez imaginer; Et pour la matiere dont ie l'ay composé, il n'y a rien de plus simple ny de plus facile à connoistre dans les creatures inanimées, Et son *idée*, à sçauoir, *l'étenduë*, est tellement comprise dans toutes celles que nostre imagination peut former, qu'il faut necessairement que vous la conceuiez, ou que vous n'imaginiez iamais aucune chose.

X y y iij

8. Toutesfois pour ce que les Philosophes sont si subtils, qu'ils trouuent des difficultez dans les choses qui semblent les plus claires aux autres hômes, & que le souuenir que vous auez de leur matiere premiere (qu'ils confessent eux-mesmes estre assez mal-aisée à conceuoir) vous pourroit diuertir de la connoissance de celle dont ie parle, il faut que ie vous die en cét endroit, que si ie ne me trompe, toute la difficulté qu'ils éprouuent dans la leur, ne vient que de ce qu'ils la veulent distinguer de sa propre quantité, & de son estendue exterieure, toutesfois ie veux bien qu'ils croyent auoir raison, car ie n'ay pas dessein de m'arrester à leur contredire; mais ils ne doiuent pas aussi trouuer estrange, si ie suppose que la quantité de la matiere que i'ay décrite ne differe non plus de sa substance, que le nombre fait des choses nombrées, & si ie considere son estendue, ou la proprieté qu'elle a d'occuper de l'espace, non point comme vn *accident*, mais comme sa *vraye forme* & *son essence* ; Car ils ne sçauroient nier qu'elle ne soit tres-facile à conceuoir en cette sorte, & mon dessein n'est pas auiourd'huy de vous expliquer comme eux, les choses qui sont en effet dans le vray Monde, mais seulement d'en feindre vn à plaisir, dans lequel il n'y ait rien que les plus grossiers Esprits ne soient capables de conceuoir, & qui puisse toutesfois estre creé tout de mesme que ie l'auray feint. Si i'y mettois la moindre chose qui fust obscure, il se pourroit faire que parmy cette obscurité il y auroit quelque repugnance cachée, dont ie ne me serois pas apperceu, & ainsi que sans y penser ie supposerois vne chose impossible ; Au lieu que pouuant distinctement imaginer tout ce que i'y mets, il n'y a point de doute qu'encore qu'il n'y eust rien de tel dans l'ancien Monde, Dieu le pourroit toutesfois créer dans vn nouueau ; Car il est certain qu'il peut créer toutes les choses que nous pouuons clairement & distinctement imaginer.

9. C'est pourquoy ie me garderay bien, comme ont fait quelques-vns, de supposer en la composition d'vn systeme, des choses qui soient autant ou plus difficiles à conceuoir

que ce qu'ils pretendent expliquer par elles ; Ainſi ie n'ay
garde de ſuppoſer que le Soleil ſoit extremement chaud,
ny que la matiere dont le monde eſt compoſé ſoit fluide,
liquide, permeable, & diaphane, & qu'auec cela elle a
cette vertu de pouuoir eſtre rareſiée, ou condenſée, ſelon
que la chaleur eſt plus forte ou plus foible ; Et beaucoup
moins que toute la matiere de l'Vniuers, & chacune de ſes
parties, a vne certaine proprieté par la vertu de laquelle
toute cette matiere s'vnit & s'aſſemble en vn ſeul corps
continu, dont toutes les parties ont inclination & font
effort pour ſe joindre les vnes aux autres, en s'attirant reciproquement l'vne l'autre ; En ſorte que chaque partie de
la terre, ou de l'air, ou de l'eau, ou de quelqu'autre Planette,
a en ſoy deux vertus ſemblables, l'vne qui les joint auec les
autres parties de leur Planette, & l'autre qui les vnit auec
le reſte des parties de l'Vniuers, ſans que l'vne de ces deux
proprietez empeſche l'effet de l'autre ; Car toutes ces choſes
me ſemblent auoir beſoin de grande explication, & la pluſpart meſme me ſemblent inconceuables, à moins que d'admettre dans les parties de la matiere vne intelligence & vne
puiſſance toutes Diuines ; Outre que ceux-là meſmes qui
ſuppoſent toutes ces qualitez dans la matiere dont l'Vniuers eſt compoſé, n'ont pû encore bien expliquer iuſques
icy ce qu'ils entendent par la matiere, ſans quoy neantmoins
tout ce qu'ils diſent ne ſçauroit paſſer tout au plus que pour
de pures ſuppoſitions, qui n'ont point la clarté que doit auoir
vn Principe, & qui ne peuuent ſeruir à faire connoiſtre aucune choſe.

10. Mais pour venir à vos difficultez, la premiere choſe
que ie deſire que vous remarquiez eſt, la difference qui eſt
entre les corps durs & ceux qui ſont liquides ; Et pour cét
effet, penſez que chaque corps peut eſtre diuiſé en des parties extremement petites ; Ie ne veux pas determiner ſi leur
nombre eſt *infiny*, ou *non*, mais à tout le moins il eſt certain
qu'au regard de noſtre connoiſſance il eſt *indefiny* ; & que
nous pouuons ſuppoſer qu'il y en a pluſieurs milliers dans le

moindre petit grain de fable qui puiſſe eſtre apperceu de
nos yeux. Et remarquez que ſi deux de ces petites parties
s'entretouchent ſans eſtre en action pour s'éloigner l'vne de
l'autre, il eſt beſoin de quelque force pour les ſeparer tant
peu que ce puiſſe eſtre: Car eſtant vne fois ainſi poſées, elles
ne s'auiſeroient iamais de s'en oſter d'elles-meſmes. Remarquez auſſi qu'il faut deux fois autant de force pour en ſeparer
deux que pour en ſeparer vne, & mille fois autant pour en
ſeparer mille, de ſorte que s'il en faut ſeparer pluſieurs milliers tout à la fois, comme il faut peut-eſtre faire pour rompre vn ſeul cheueu, ce n'eſt pas merueille s'il y faut vne force
aſſez ſenſible. Mais au contraire, ſi deux ou pluſieurs telles
parties ſe touchent ſeulement en paſſant, & lors qu'elles
ſont en action pour ſe mouuoir l'vne d'vn coſté, l'autre de
l'autre, il eſt certain qu'il faudra moins de force pour les
ſeparer, que ſi elles eſtoient tout à fait ſans mouuement; Et
meſme qu'il n'y en faudra point du tout, ſi le mouuement
auec lequel elles ſe peuuent ſeparer d'elles-meſmes eſt égal
ou plus grand que celuy auec lequel on les veut ſeparer. Or
ie ne trouue point d'autre difference entre les corps durs &
les liquides, ſinon que les parties des vns peuuent eſtre ſeparées d'enſemble, beaucoup plus aiſément que celles des
autres; Car meſme celles des corps les plus durs peuuent
eſtre ſeparées par vne force capable de vaincre leur reſiſtance, De ſorte que pour compoſer le corps le plus dur qui
puiſſe eſtre imaginé, ie penſe qu'il ſuffit, ſi toutes ſes parties ſe
touchent ſans qu'il reſte d'eſpace entre deux, ny qu'aucune
d'elles ſoit en action pour ſe mouuoir; Car quelle colle, ou
quel ciment y pourroit-on imaginer outre cela, pour les
faire mieux tenir l'vne à l'autre, Ie penſe auſſi que c'eſt aſſez
pour compoſer le corps le plus liquide qui ſe puiſſe trouuer,
ſi toutes ſes plus petites parties ſe remuent le plus diuerſement l'vne de l'autre, & le plus viſte qu'il eſt poſſible, encore
qu'auec cela elles ne laiſſent pas de ſe pouuoir toucher l'vne
l'autre de tous coſtez, & ſe ranger en auſſi peu d'eſpace que
ſi elles eſtoient ſans mouuement.

11. Car

11. Car souuenez-vous que tous les corps tant durs que liquides sont faits d'vne mesme matiere, & qu'il est impossible de conceuoir que les parties de cette matiere composent iamais vn corps plus solide, c'est à dire, qui occupe moins d'espace, qu'elles font lors que chacune d'elles est touchée de tous costez par les autres qui l'enuironnent. D'où il suit, ce me semble, que s'il peut y auoir du vuide quelque part, ce doit plustost estre dans les corps durs, que dans ceux qui sont parfaitement liquides ; Car il est euident que les parties de ceux-cy se peuuent bien plus aisément presser & agencer l'vne contre l'autre, à cause qu'elles se remuent sans cesse, quenon pas celles des autres qui sont sans mouuement ; Et par exemple, si vous mettez de la poudre dans quelque vase, vous le secoüez & frappez contre, pour faire qu'il y en entre dauantage ; mais si vous y versez quelque liqueur, elle se range incontinent d'elle-mesme, en aussi peu de lieu qu'on la peut mettre.

12. Ie me souuiens bien de la difficulté que vous me faites là dessus qui est assez considerable ; c'est à sçauoir, que les parties qui composent les corps liquides ne peuuent pas ce semble se remuer incessamment, comme i'ay dit qu'elles font, si ce n'est qu'il se trouue de l'espace vuide parmy elles, au moins dans les lieux d'où elles sortent à mesure qu'elles se remuent. Mais à cela i'ay deux choses à repartir, qui doiuent, à mon aduis, satisfaire toute personne qui veut écoûter la raison, & non pas se faire des obstacles inuincibles de ses difficultez. La premiere est la connoissance parfaite de la nature des trois Elemens de ce Monde telle que ie l'ay décrite. Et la seconde est la façon que gardent les corps en se remuant.

13. Pour celle-cy ie n'ay pas seulement connu par la raison, mais i'ay mesme reconnu par diuerses experiences, que tous les mouuemens qui se font au monde, sont en quelque façon circulaires, c'est à dire, que quand vn corps quitte sa place, il entre tousiours en celle d'vn autre, & ainsi de suitte iusques au dernier, qui occupe au mesme

inſtant le lieu delaiſſé par le premier ; En ſorte qu'il ne ſe
trouue pas dauantage de vuide parmy eux lors qu'ils ſe meuuent, que lors qu'ils ſont arreſtez. Et remarquez icy qu'il
n'eſt point pour cela neceſſaire que toutes les parties des
corps qui ſe meuuent enſemble ſoient exactement diſpoſées
en rond comme vn vray cercle, ny meſme qu'elles ſoient
de pareille groſſeur ou figure ; Car ces inégalitez peuuent
eſtre recompenſéés par d'autres inégalitez qui ſe trouuent
en leur viteſſe ; & par la facilité que les parties les plus ſubtiles & les plus deliées des corps liquides, qui peuuent bien
n'eſtre pas toutes égales, ont à ſe diuiſer. Or on ne remarque
pas communément ces mouuemens circulaires, quand les
corps ſe meuuent dans l'air, dautant que la pluſpart ſont
accouſtumez à ne conceuoir l'air que comme vn eſpace
vuide ; Mais voyez nager des poiſſons dans le baſſin d'vne
fontaine, s'ils ne s'approchent point trop de la ſurface de
l'eau, ils ne la feront aucunement branler, encore qu'ils
paſſent deſſous de tous coſtez auec vne tres-grande viteſſe:
D'où il paroiſt manifeſtement que l'eau qu'ils pouſſent
deuant eux, ne pouſſe pas indifferemment toute l'autre,
mais ſeulement celle qui peut mieux ſeruir à parfaire le
cercle du mouuement, & rentrer en la place qu'ils laiſſent;
Et cette experience ſeule ſuffit pour monſtrer combien ces
mouuemens circulaires ſont aiſez & familiers à la Nature.
Et la raiſon nous monſtre qu'il ne s'en peut faire d'autres,
à cauſe que tout eſtant auſſi plein qu'il ſçauroit eſtre, vn
corps ne peut quitter ſa place qu'il n'entre dans celle d'vn
autre, lequel doit enfin venir occuper la place abandonnée
par le premier, comme n'y en ayant point d'autre où il ſe
puiſſe mettre en tout le reſte de l'Vniuers.

14. Enfin ie n'ay plus qu'à vous expliquer la nature que
i'attribuë à chacun des Elemens, afin que vous la puiſſiez
vne fois bien conceuoir ; car toutes vos difficultez ne viennent que faute de cela. Ie conçoy le *premier*, comme vne
liqueur la plus ſubtile & la plus penetrante qui ſoit au monde ; Et en ſuitte de ce que ie vous ay dit cy-deuant, touchant

la nature des corps liquides, ie m'imagine que les parties sont
beaucoup plus petites, & se remuent beaucoup plus viste
qu'aucunes de celles des autres corps ; Ou pluftoft, pour
bannir tout à fait le vuide de la Nature, & pour ofter mefme
toutes les chicanes que les plus difficiles & les plus fcrupu-
leux me pourroient faire là deffus, ie n'attribuë à fes parties
aucune groffeur ou figure determinée ; Mais ie me perfuade
que l'impetuofité de fon mouuement eft fuffifante pour faire
qu'il fe diuife en toutes façons, & en tous fens, par la rencontre des autres corps, & que fes parties changent de figure à tous momens, pour s'accommoder à celles des lieux
où elles entrent ; en forte qu'il n'y a iamais de paffage fi
eftroit, ny d'angle fi petit entre les parties des autres corps,
où celles de cét Element ne penetrent fans aucune difficulté, & qu'elles ne rempliffent exactement. Pour le *fecond Element*, ie le conçoy bien auffi comme vne liqueur tres-fubtile,
en le comparant auec le troifiéme, mais pour le comparer
auec le premier, il eft befoin d'attribuer quelque groffeur
& quelque figure à chacune de fes parties, & de les imaginer
à peu prés toutes rondes, & jointes enfemble ainfi que des
grains de fable ou de pouffiere ; En forte qu'elles ne peuuent
fi bien s'agencer, ny tellement fe preffer l'vne contre l'autre,
qu'il ne demeure toufiours autour d'elles plufieurs petits in-
terualles, dans lefquels il eft bien plus aifé au premier Element de fe gliffer, que non pas à elles de changer de figure
tout exprés pour les remplir ; Et ainfi ie me perfuade que
ce fecond Element ne peut eftre fi pur en aucun endroit du
Monde qu'il n'y ait toufiours auec luy quelque peu de la
matiere du premier. Apres ces deux Elemens ie n'en reçois
qu'vn *troifiéme*, duquel ie iuge que les parties font dautant
plus groffes, & fe meuuent dautant moins vifte à comparaifon de celles du fecond, que font celles-cy à comparaifon
de celles du premier. Et mefme ie croy que c'eft affez de le
conceuoir comme vne ou plufieurs groffes maffes, dont les
parties n'ont que fort peu ou point du tout de mouuement
qui leur faffe changer de fituation au refpect l'vne de l'autre,

15. Et remarquez que ce n'est pas sans raison que ie ne reçoy point d'autres Elemens que ces trois que i'ay décrits, Car la difference qui est entr'eux & les autres corps que les Philosophes appellent mixtes ou composez, consiste en ce que les formes de ces corps meslez contiennent tousiours en soy quelques qualitez qui se contrarient, & qui se nuisent, ou du moins qui ne tendent point à la conseruation l'vne de l'autre, au lieu que les formes des Elemens doiuent estre simples, & n'auoir aucunes qualitez qui ne s'accordent ensemble si parfaitement, que chacune tende à la conseruation de toutes les autres. Or c'est ce qui se rencontre dans les formes de ces trois Elemens. Mais si vous examinez toutes les formes que les diuers mouuemens, grosseurs, figures, & arrangement des parties de la matiere peuuent donner aux corps meslez, ie m'assure que vous n'en trouuerez aucucune qui n'ait en soy des qualitez qui tendent à faire qu'elle se change, & en se changeant qu'elle se reduise à quelqu'vne de celles de ces Elemens.

Mais de plus, comme ie ne reçois que trois Elemens, de mesme aussi, si nous considerons generalement tous les corps dont l'Vniuers est composé, nous n'en trouuerons que de trois sortes qui puissent estre appellez grands ; Et nombrez entre ses principales parties, à sçauoir, le Soleil & les Estoiles fixes pour le premier, les Cieux pour le second, & la Terre auec les Planettes & les Cometes pour le troisiéme. C'est pourquoy nous auons grande raison de penser que le Soleil & les Estoiles fixes n'ont point d'autre forme que celle du premier Element tout pur, les Cieux celle du second, & la Terre auec les Planettes & les Cometes celle du troisiéme. Et pour les corps meslez, nous n'en apperceuons en aucun autre lieu que sur la superficie de la terre ; Et si nous considerons que tout l'espace qui les contient, à sçauoir, tout celuy qui est depuis les nuës les plus hautes iusques aux fosses les plus profondes, est extremement petit à comparaison de toute la terre & des immenses estenduës du Ciel, nous pourrons facilement nous imaginer que ces

corps meſlez ne font tous enſemble que comme vne petite
écorce qui s'eſt engendrée au deſſus de la terre, par l'agitation & le meſlange de la matiere du Ciel qui l'enuironne;
De ſorte qu'il ne peut y auoir de corps meſlez ailleurs que
ſur les ſuperficies de ces grands corps; Mais il ſemble que là
il faille de neceſſité qu'il y en ait : Car les Elemens eſtant
chacun de nature fort contraire, il ne ſe peut faire que deux
d'entr'eux s'entretouchent, ſans qu'ils agiſſent contre les
ſuperficies l'vn de l'autre, & donnent ainſi à la matiere qui
y eſt, les diuerſes formes de ces corps meſlez.

16. C'eſt aſſez pour ce coup vous entretenir du gros de
mon ſyſteme, ie reuiens à vos difficultez qui doiuent ce me
ſemble eſtre maintenant leuées. Ie demeure d'accord auec
vous que chaque partie de la matiere du premier Element,
la plus petite qui ſoit, conſiderée dans l'eſtat qu'elle eſt au
moment qu'on la conſidere eſt figurée, & auſſi ſolide qu'elle
puiſſe eſtre; Mais vous ne deuez pas confondre la notion de
ſolide auec celle de dur. Car par exemple, le Soleil eſt tres-
ſolide, & neantmoins il eſt le corps le moins dur, & le plus
liquide qui ſoit, puis qu'il eſt compoſé de la matiere la plus
ſubtile, la plus fluide, & la plus penetrante que nous puiſſions
imaginer; Et dont chaque partie priſe à part, & conſiderée
toute ſeule, ne doit pas non plus eſtre appellée dure, à cauſe
qu'elle n'a point de groſſeur ny de figure determinée, mais
qu'elle ſe peut diuiſer à tous momens en pluſieurs diuerſes façons; ce qui eſt le propre des corps liquides & non pas des
corps durs. I'accorde auſſi que chaque petite partie du premier Element ne ſe pourroit mouuoir, au moins d'vn mouuement direct, ſi toutes celles qui la touchent immediatement eſtoient dans le repos, & ne luy pouuoient faire paſſage; Mais il ne faut pas ſimplement conſiderer chaque partie
dans l'eſtat preſent où elle eſt, il faut auſſi que vous conſi-
deriez celles entre leſquelles elle eſt, dans l'eſtat preſent où
elles ſont; Et pour ce que toutes enſemble elles compoſent
vn corps parfaitement liquide, toutes ſont dans le mouuement, toutes diſpoſées à ceder leur place, & toutes ſans

aucune figure determinée ; De forte que fi chaque petite partie a quelque figure dans le moment auquel vous la confiderez, comme de vray elle en a vne, elle n'eft point pour cela obligée de la garder dans le moment fuiuant, fi la determination où fon mouuement la porte l'oblige à changer fa figure, pour s'accommoder à celle des lieux où elle doit entrer. Car, fi vous vous en fouuenez, ie vous ay dit que chaque partie de la matiere du premier Element eftoit fi petite, & d'ailleurs fe mouuoit fi vifte, que la feule impetuofité de fon mouuement eftoit fuffifante pour faire qu'elle fe diuifaft, rompift, brifaft, ou s'écachaft en toutes façons & en tous fens par la rencontre des autres corps. Il n'eft donc pas befoin d'aller iufques au bout du Monde pour trouuer le cercle qui fe doit faire, afin que la moindre partie de la matiere du premier Element fe meuue ; Car fans eftre obligée d'imprimer aucun mouuement dans pas vne autre, elle fe peut mouuoir à fon aife dans la place mefme que fes voifines font difpofées à luy ceder en fe remuant ; Et pour rendre la chofe plus intelligible par vn exemple fenfible, quand vous faites mouuoir vn bâton en ligne droite, il eft certain que lors que fa premiere partie A fe remuë & qu'elle a auancé d'vn pouce, fa feconde partie B en mefme temps a auffi auancé d'vn pouce, & a iuftement remply fa place, laquelle a efté occupée par celle marquée C, & ainfi de fuitte iufques au bout du bâton ; Et l'efpace delaiffé par la derniere partie du bâton, a efté auffi en mefme temps remply par autant de d'air, que la premiere auoit chaffé vers là, quand le bâton a commencé à fe mouuoir ; non qu'il foit neceffaire que le bâton ait donné aucun mouuement à l'air, mais feulement il a pû determiner celuy que l'air auoit déja, à faire qu'il s'allaft ranger à la place que l'extremité du bâto delaiffoit. De forte que fi vous auez bien compris la nature que i'atribuë à la matiere fubtile, & comment fe font les mouuemens circulaires, qui ne doiuent point neceffairement eftre ny des ouales ny de vrais cercles, mais qui ne font appellez circulaires, qu'à caufe que leur mouuement finit où il auoit commencé,

quelque irregularité qui se trouue dans le milieu, & aussi
que toutes les inégalitez qui peuuent estre dans la grosseur
& dans la figure des parties, peuuent estre recompensées par
d'autres inégalitez qui se trouuent en leur vitesse, & par la
facilité que les parties de la matiere subtile, ou du premier
Element, qui se trouuent meslées par tout, ont à se diuiser,
& à accommoder leur figure à celle de l'espace qu'elles
doiuent remplir, ie m'assure qu'il ne vous restera plus aucune difficulté, touchant le mouuement des parties de la matiere dans le plein. I'aurois poussé la chose plus auant, si
i'eusse eu à faire à quelque personne moins docile que vous,
& plus resoluë à contredire. Mais i'aime mieux vous laisser
cela à mediter vn peu, pour y accoûtumer vostre Esprit, &
pour delasser le mien, à qui il ne reste plus de force ny
d'haleine que pour vous dire que ie suis, &c.

A MONSIEVR FERRIER.

D'Amsterdam le 18. Iuin 1626.

LETTRE XCVIII.

MONSIEVR,

Depuis que ie vous ay quitté, i'ay beaucoup appris touchant nos verres, en sorte qu'il y a moyen de faire quelque
chose qui passe ce qui a iamais esté veu; Et le tout semble si
facile à executer, & est si certain, que ie ne doute quasi plus
de ce qui depend de la main, comme le faisois auparauant;
Mais c'est vne chose que ie ne sçaurois écrire; car il arriue
mille rencontres en trauaillant qui ne se peuuent preuoir sur
le papier, & qui se corrigent souuent d'vne parole lors
qu'on est present; c'est pourquoy il seroit necessaire que
nous fussions ensemble; ie n'ose pourtant vous prier de

venir icy ; Mais ie vous diray bien que si i'euſſe penſé à cela
lors que i'eſtois à Paris, i'aurois taſché de vous amener, Et
ſi vous eſtiez aſſez braue homme pour faire le voyage, &
venir paſſer quelque temps auec moy dans le deſert, vous
auriez tout loiſir de vous exercer, perſonne ne vous diuer-
tiroit, vous ſeriez éloigné des objets qui vous peuuent donner de l'inquietude ; bref vous ne ſeriez en rien plus mal que
moy, & nous viurions comme freres ; Car ie m'oblige de
vous défrayer de tout auſſi long-temps qu'il vous plaira de
demeurer auec moy, & de vous remettre dans Paris lors que
vous aurez enuie d'y retourner. Si vous auez maintenãt quelque bõne fortune, ie ſerois marry de vous débaucher, Mais ſi
vous n'eſtes pas mieux que lors que ie vous ay quitté, ie vous
diray franchement que ie vous conſeille de venir ; Le voyage n'eſt pas de la moitié ſi long que pour aller en voſtre païs,
Nous ſommes en Eſté, & la Mer eſt maintenant fort aſſurée.
Il faudroit apporter les outils dont vous pourriez auoir beſoin, ils ne couſteroient à apporter que iuſqu'à Calais,
car c'eſt le chemin qu'il vous faudroit prendre. De Calais
vous pourriez paſſer par Mer en vn iour ou deux, iuſqu'à
Dort, ou Roterdan, c'eſt à dire icy ; car delà on peut venir
plus ſeurement iuſques icy, qu'on ne fait à Paris depuis le
logis iuſqu'à l'Egliſe. Et meſme eſtant à Dort, vous pourriez
voir Monſieur Beecman qui eſt Recteur du College, & luy
monſtrer ma Lettre, il vous enſeignera le chemin pour venir
icy ; & ſi vous auiez beſoin d'argent, ou dequoy que ce ſoit,
il vous en fourniroit, en ſorte que vous ne deuez conter
pour la difficulté du voyage que iuſqu'à Calais. Si vous auez
auſſi quelques meubles qu'il vous falluſt laiſſer à Paris, il
vaudroit mieux les apporter, au moins les plus vtiles ; Car
ſi vous venez ie prendray vn logis entier pour vous & pour
moy, où nous pourrons viure à noſtre mode & à noſtre aiſe ;
N'eſtoit que ie ne vous ſçaurois faire donner d'argent à
Paris, ſans mander où ie ſuis, (ce que ie ne deſire pas) ie
vous prierois auſſi de m'apporter vn petit lit de camp, car
les lits d'icy ſont fort incommodes, & il n'y a point de ma-

telas,

telas; Mais si vous estes en doute de venir, venez plustost
tout nud que d'y manquer. Ie serois pourtant bien-aise
d'apprendre que ce fust l'abondance & la commodité qui
vous en empeschast; mais si c'estoit la necessité, ie croyrois
que vous auriez manqué de courage, car il n'y a rien qui
vous y doiue si-tost faire resoudre; Et mesme vne mediocre
fortune, ou bien de legeres esperances ne vous doiuent pas
retarder, si vous auez l'ambition de faire quelque chose qui
passe le commun: Car toutes mes regles sont fausses, ou
bien, si vous venez, ie vous donneray moyen d'executer de
plus grandes choses que vous n'esperez. En tout cas, ie vous
prie de m'écrire si-tost que vous aurez receu celle-cy. Au
reste, ie vous prie que personne ne sçache que ie vous ay
écrit, non pas mesme Monsieur Mydorge, encore que ie
sois bien fort son seruiteur; mais ie suis en lieu où ie ne luy
sçaurois rendre aucun seruice; Et mesme si vous venez vous
deuez souhaitter que personne n'en sçache rien; Car si vous
faites quelque chose de bon, il en sera meilleur lors qu'on
ne l'aura point attendu, & le retardement ne degoustera
personne. Pour moy ie me trouue si bien icy, que ie ne pense
pas en partir de long-temps. Ie vous prie de m'aimer, comme ie croy que vous faites, & de me croire comme ie suis,

A MONSIEVR FERRIER.

D'Amsterdam le 8. Octobre 1629.

LETTRE XCIX.

MONSIEVR,

Ie souhaitterois que la fortune vous fust plus fauorable,
ie croy pourtant que vous ne deuez pas desesperer de vous
loger au Louure, encore que le Pere Gondran soit absent;

S'il vacque quelque place auant son retour, vous deuez aller trouuer le Pere Gibieuf, ou le Pere de Sancy, & les importuner de vous garantir ce qu'vn des leur vous a fait auoir. Sur tout ie vous conseille d'employer le temps present, sans vous attendre à l'aduenir, Car si vous differez tousiours de trois mois en trois mois, iusqu'à ce que vous soyez mieux que vous n'estes, sçachez que vous n'auancerez iamais rien. Ie voudrois bien que vous fussiez icy, mais selon que ie voy vos affaires, ie ne l'oserois esperer, Et puis nous sommes en vne saison qui vous seroit incommode, il faudroit attendre l'Esté, & entre cy & là il se peut presenter mille autres occasions. Sur tout puisque vous me faites la faueur de vouloir entendre mon aduis, ie vous conseille d'employer le temps present à quelque prix que ce soit. Acheuez l'instrument de Monsieur Morin, le temps que vous n'y pouuez trauailler, employez-le à faire des choses qui vous donnent du profit present, & si vous pouuez auoir du temps de reste pour trauailler sur l'esperance d'vn plus grand profit à l'aduenir, ie vous conseille de l'employer aux verres. Mais afin que vous iugiez, auparauant que de vous y employer, si c'est chose qui puisse reüssir, ie vous decriray icy vne partie de ce que i'en ay pensé, & vous en enuoyeray des modeles au prochain voyage, si vous le desirez, sans qu'il vous manque aucune chose de ce qui dependra de moy, non plus que si i'estois à Paris.

Premierement, ie croy que vous vous souuenez de la machine que ie vous decriuis auant que de partir, qui consistoit en trois pieces principales, Sçauoir, l'axe A B qui tournoit en rond, la piece C D qui se mouuoit au trauers de l'axe A B, & le cylindre E F qui couloit entre les deux planches G H & I K, & tailloit le verre auec l'vne de ses extremitez E ou F. Maintenant ie desire que cette machine vous serue seulement pour tailler les lames de fer ou d'acier de la figure qu'est P *n o m*, c'est à dire, comme le fer d'vn Rabot de Menuisier, en sorte que P *n o*, qui est la partie tranchante, soit la ligne que nous desirons. Ie retiens donc

de la machine precedente l'axe A B & la piece C D, mais qui
doit estre ferme auec l'axe A
B, en sorte qu'il n'y ait que le
seul mouuement circulaire en
toute la machine ; Et ie ne me
sers plus du cylindre E F, dautant que lors qu'on tourne l'a-
xe A B, la partie de C D qui
se rencontre entre les deux
planches, à sçauoir L, y décrit
exactement nostre ligne. I'ap-
plique la lame *n m* ferme entre
les deux planches contre la
partie L de la piece C D, laquelle partie ie voudrois estre
taillée en forme de lime, afin
qu'en tournant elle pust limer
la lame *n m* selon la ligne P *n o*,

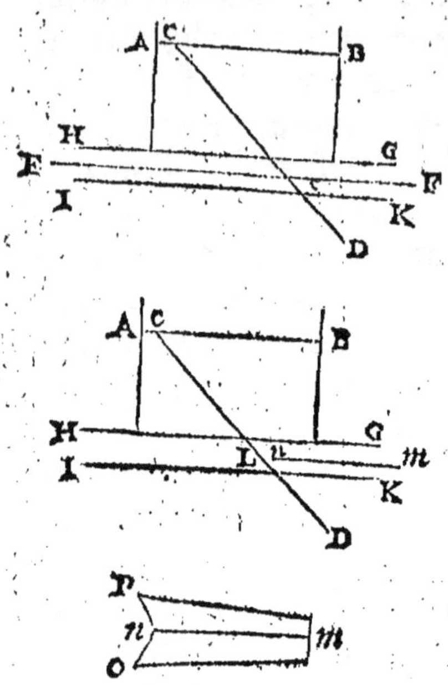

ainsi que nous le desirons ; Et apres l'auoir ainsi limée, ie
voudrois qu'on changeast la piece C D, ou sa partie L, &
qu'on en mist vne autre en sa place, non plus taillée en lime,
mais polie, & de matiere propre pour aiguiser & adoucir le
plus qu'il se pourroit le tranchant de la lame *n m* ; Ie desire
aussi qu'on fasse plusieurs lames d'acier bien trempé parfaitement semblables, afin que l'vne s'vsant, on puisse se seruir
d'vne autre, & pour cela, il faut que leur tranchant P *n o*
soit exactement taillé selon nostre ligne. Ie voudrois aussi
que vous choisissiez quelque matiere douce qui fust propre à
manger peu à peu & polir le verre ; A cela il me semble que
ces pierres semblables à de l'ardoise, auec lesquelles on ai-
guise les instrumens dont le tranchant doit estre fort delicat, seroient assez propres ; mais ie vous en laisse le choix,
lequel vous pouuez mieux faire que moy. Ie voudrois donc
que vous fissiez la rotte *q* d'vne de ces pierres, ou de semblable matiere, qui fust comme les rottes des Emouleurs
de couteaux, & qu'appliquant contre, vne ou plustost plu-

fieurs lames *n m*, vous luy donnaffiez exactement tout autour felon fon épaiffeur la figure de la ligne P *n o*, en tour-

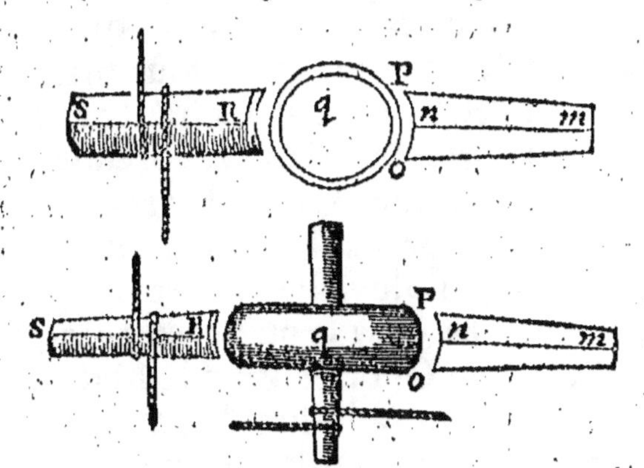

nant la roüe *q* fur
fon centre, ainfi que
vous voyez en cette
figure, que i'ay tour-
née en deux fens,
afin que vous l'en-
tendiez mieux. Or
cette roüe *q* eftant
ainfi taillée, ie vou-
drois que vous l'ap-
pliquaffiez contre le
verre R, mis fur vô-
tre tour S, ainfi qu'eftoit le premier verre, que ie vous ay
veu tailler, & qu'il tournaft là fur fon centre, pendant qu'en
mefme temps la roüe *q* tourneroit auffi fur le fien, & caueroit ce verre felon la ligne P *n o* tres-exactement, par le
moyen de ces deux mouuemens differens, car elle mangeroit le centre du verre auffi bien que les extremitez. Et afin
que cette roüe eftant de matiere douce ne perdift rien de
fon exacte figure, ie voudrois qu'au mefme temps qu'elle
tourneroit pour tailler le verre, vous appliquaffiez toufiours
contre, vne ou plufieurs lames *n m*, pour l'entretenir en la
figure. Tout ce qu'il y a icy à obferuer, c'eft que le diametre
de la roüe *q* ne doit pas exceder certaine mefure, laquelle
ie vous enuoyeray quand vous en aurez affaire, mais encore
qu'il foit plus petit cela n'importe. Il faut auffi obferuer
que la ligne *n m*, qui eft le milieu de la lame P *n o m*, doit
eftre exactement parallele à l'axe A B de la premiere machine, & que la ligne perpendiculaire qui tomberoit de
l'axe A B fur les planches G H & I K, tombe iuftement
fur cette ligne *n m*. De plus aux dernieres figures, il faut
que la mefme ligne *n m* prolongée, paffe iuftement par le
centre de la roüe *q*, & fe rencontre faire vne ligne droite
auec l'axe R S, fur lequel tourne le verre. En voila affez pour

ce coup; Si vous vous en voulez seruir, ie vous prie de me
mander si vous l'entendez bien, car il se poura faire que vous
croyrez l'entendre, & que vous oublierez neantmoins quelque circonstance necessaire; C'est pourquoy ie vous prie,
si vous y voulez trauailler, de m'en faire vous-mesme toute
la description (selon que vous l'entendez) dans vos premieres Lettres, comme si vous me le vouliez apprendre tout de
nouueau; Ie connoistray aisément par là si vous l'entendez
bien, & ie serois marry que vous y employassiez vostre temps
inutilement. Or si vous iugez que cecy se puisse executer,
i'ose vous promettre que l'effet en sera tres grand; Mais il
faudroit preparer toutes les machines à loisir, & par apres
ie croy que chaque verre se pourroit tailler en vn quart
d'heure. Maintenant pour reuenir à vos affaires, si vous
pouuez changer de demeure, ie vous le conseille, & de
souffrir plustost ailleurs toutes sortes d'incommoditez,
pourueu que vous puissiez auoir du temps pour trauailler à
cecy. Mais si vous ne pouuez déloger d'où vous estes, ie vous
conseille, plustost que de differer de trauailler, de dire ouuertement à Monsieur Mydorge tout vostre dessein, à sçauoir, que vous auez reconnu par experience qu'il estoit impossible de faire reüssir les verres selon la façon commencée,
que ie vous conseillay auant que de partir de Paris d'y trauailler d'vne autre façon; & mesme si voulez que ie vous en
ay encore écrit depuis; car il ne m'importe pas que vous
luy disiez de moy tout ce que vous voudrez, & ainsi que vous
ne laissiez pas d'y trauailler en sa presence. Ie sçay bien qu'il
vous fait mal au cœur qu'on se donne de la vanité en vne
chose où l'on n'a rien contribué, mais au fonds cela n'importe pas tant, que vous deuiez à cela prés manquer de trauailler; Et la verité se découure tousiours bien.

RESPONSE DE Mʀ FERRIER
à Monſieur Deſcartes.

A Paris le 26. Octobre 1629.

LETTRE C.

Mᴏɴsɪᴇᴠʀ,

Parmy tant de rencontres que ma mauuaiſe fortune
oppoſe à toute heure à mes deſſeins, ie ne ſçaurois receuoir
vne plus grande conſolation que les témoignages que vous
me donnez de la continuation de voſtre bien-veillance, que
ie cheris au delà de tout ce qui ſe peut dire; Ie feray tout
mon poſſible pour m'en ſeruir vtilement, & taſcheray de
me tirer d'où ie ſuis s'il m'eſt poſſible, pour pouuoir vacquer
plus commodément à preparer ce qui eſt neceſſaire pour le
trauail des verres, ſuiuant vos bonnes inſtructions, que ie
penſe entendre aſſez bien.

Et puis qu'il vous plaiſt m'ordonner de vous en écrire,
comme ſi i'eſtois en eſtat de vous inſtruire de nouueau, ie
vous diray donc qu'il me ſouuient tres-bien de la conſtruction de la machine que vous m'auez cy-deuant decrite, laquelle conſiſte en trois pieces principales, ſçauoir l'axe A B,
qui tournoit en rond; la piece C D, qui ſe mouuoit au
trauers de l'axe A B; & le cylindre E F, qui couloit entre les
deux planches G H & I K, & deuoit tailler le verre auec
l'vne de ces extremitez E ou F. A preſent vous deſirez que
cette machine ſerue ſeulement pour tailler des lames d'acier
de la figure qu'eſt P *n o m*, pour ſeruir comme le fer d'vn
Rabot, en ſorte que P *n o*, qui doit eſtre la partie tranchante,
ſoit taillée ſelon la ligne qu'on deſire. Vous voulez qu'on
retienne de la machine precedente l'axe A B & la piece

Voyez la
fig. P. 555.

C D, & que cette piece demeure ferme auec l'axe A B, en
forte qu'il n'y ait que le mouuement circulaire en toute la
machine, & qu'on ne fe ferue plus du cylindre E F, dautant
que lors qu'on tourne l'axe A B, la partie de C D qui fe
rencontre entre les deux planches, à fçauoir L, y décrit
exactement voftre ligne ; & appliquant la lame *n m* ferme
entre les deux planches, contre la partie L de la piece
C D, elle prend la figure que cette partie L luy donne;
C'eft pourquoy cette partie L doit auoir la forme, & doit
eftre de matiere propre pour limer & vfer la lame P *n o* de
la figure qu'on defire ; & quand cette lame eft ainfi limée
& vfée, il faut appliquer vn autre bout à l'endroit L, qui
puiffe en adoucir & aiguifer vniment le tranchant.

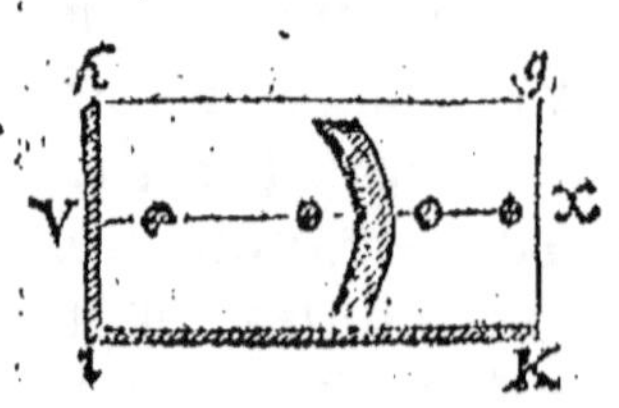

Il me femble que ces lames peuuent
eftre taillées par les deux bouts, pour
feruir aux deux lignes neceffaires, mais
ie croy qu'il faut deux differentes machines en grandeur, & que le cofté M
de la premiere lame peut feruir à tailler
les roües pour faire le concaue des
verres, & le cofté P *n o* le conuexe.

Ie trouue vne difficulté en cét endroit, fur ce que vous defirez que la
piece C D demeure ferme à l'axe A B,
& qu'il n'y ait que le mouuement circulaire en toute la machine, & que vous dites en fuitte, que la partie de la piece
C D, qui fe rencontre entre les deux planches G H & I K,
à l'endroit L, donnera la figure hyperbolique requife, à la
lame *n m*, eftant appliquée fermement entre les deux planches, Car vous ne dites pas qu'il foit befoin que la piece
C D foit prolongée vers B, &
qu'elle paffe au delà de l'épaiffeur
des deux planches, qui pour cét
effet doiuent eftre refenduës plus
que de l'épaiffeur de la piece C D,
& à peu prés de la grandeur de la

A

ligne qui se trace sur la lame P *n o*, ainsi qu'il est marqué
dans cette figure. Car si la piece C D n'a le mouuement
libre au trauers de l'axe A B, il ne se peut faire qu'en tournant l'axe A B, cette piece ne hausse & ne baisse, comme
le cylindre de la premiere machine la contraignoit de faire;
Et tournant ainsi circulairement, estant attachée fermé-
ment à l'axe A B, elle ne sçauroit toucher sur le plan des
planches qu'en vn point au milieu, à l'endroit de l'axe de
la ligne requise, au point *n*, à moins qu'on ne haussast la
lame *n m* pardessus les planches & le point L. Mais si vne
fois toutes choses sont bien disposées, pour pouuoir tailler
les lames *n m*, suiuant la ligne hyperbolique concaue P *n o*,
ainsi qu'il est representé dans la seconde lame, en sorte
qu'elles puissent seruir à faire prendre à la rouë *q* la mesme
ligne hyperbolique conuexe, ie ne doute point qu'en changeant seulement la disposition de la piece C D, & la faisant
pancher, par exemple, de droite à gauche, au lieu qu'elle
estoit auparauant panchée de gauche à droite, ie ne doute
point, dis-ie, qu'en faisant mouuoir la machine comme
auparauant, on ne puisse tailler, à l'autre extremité des
lames *n m*, d'autres lignes hyperboliques conuexes, semblables à la ligne hyperbolique concaue P *n o*, qui pourront
seruir à donner à d'autres rouës *q* la forme hyperbolique
concaue. Car entre les lignes P *n o*, qui se peuuent faire
sur les lames d'acier *n m*, à l'opposite l'vne de l'autre, celles
qui sont propres à tailler le concaue des rouës *q*, n'ont en
soy que la ligne du conuexe; & celles qui peuuent tailler le
conuexe des rouës, n'ont en soy que la ligne du concaue.
Ie remarque encore, que suiuant vostre instruction les rouës
qui seruent à tailler les verres concaues doiuent estre plus
petites que les autres; mais il me semble que cela seroit inutile à vostre dessein, & qu'il faudroit differentes machines,
selon les differentes grandeurs, pour tracer les deux lignes
necessaires.

　　Il me semble aussi qu'il n'est pas necessaire de faire deux
planches, il sera plus facile d'ajuster à vne seule les lames

n m, fuiuant la ligne v *x*, que fi elles eftoient couuertes d'vne autre planche, & ces lames fe peuuent plus aifément affermir par des vis, ou autres inuentions qui me font affez communes à inuenter, que par des planches.

Ie remarque encore, touchant les deux figures de la roüe *q* que vous m'auez enuoyées, qu'il ne faut pas dans la premiere figure que la lame *n m* foit reprefentée couchée comme elle eft fur le plat ; Car vous auez reprefenté cette roüe dans cette premiere figure pour eftre veuë en fa largeur, & non pas en fon épaiffeur ; c'eft pourquoy il faut feu-

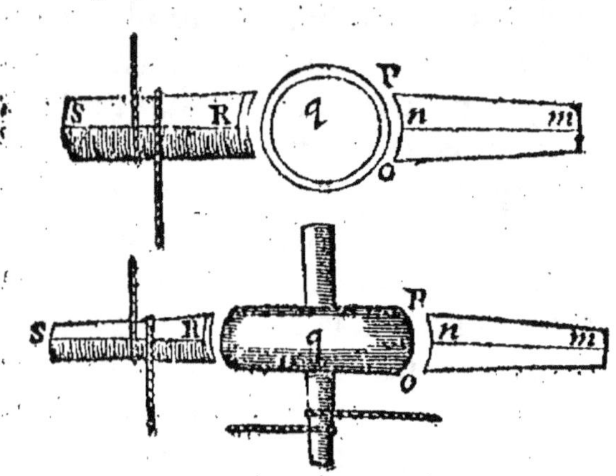

lement prefenter à la veuë l'épaiffeur de la lame *n m*, & non pas le plat ou fa largeur ; Mais dans la feconde figure il eft neceffaire de faire paroiftre la largeur de la lame, parce que la roüe y paroift en fon épaiffeur.

Ie trouue en fuitte vne autre difficulté, fçauoir, que pour donner vn tranchant vny à la lame *n m*, vous voulez qu'on faffe d'autres pieces femblables à C D, en longueur & é-paiffeur, mais taillées diuerfement, pour ébaucher & ache-üer la ligne neceffaire. Ie trouue tres-difficile de les pou-uoir faire tellement femblables, qu'elles puiffent conuenir l'vne à la place de l'autre, pour les attacher à l'axe A B fans prendre vne nouuelle inclination, fi l'on ne trouue moyen de le pouuoir faire, & de rectifier ce qui pourroit l'empefcher; Et mefme par la friction qui fe fait de ces chofes, où le dur frotte contre le moins dur, il fe fait voye entre deux par la limaille qui en fort, ce qui empefche que l'inclination requi-fe fe puiffe conferuer, fi l'on n'approche fans ceffe ces chofes

l'vne contre l'autre, à proportion de la refiftance du fort
contre le foible.

D'ailleurs au lieu des petites limes d'acier qu'il faut appliquer au point L de la piece C D, il eft neceffaire d'y
appliquer des pierres à éguifer pour donner le dernier tranchant aux lames *n m*; Or ces pierres doiuent eftre douces,
& partant elles diminuent facilement, & s'vfent à l'ouurage, en rencontrant des chofes plus dures qu'elles, comme font ces lames *n m*; Car bien que ces lames doiuent
eftre trempées apres auoir receu leur premiere figure par
ces petites limes, elles ne font pas neantmoins en eftat de
coupper; car apres la trempe, le feu ayant émouffé le vif-
arrefte du tranchant, il eft neceffaire de leur en donner vn
nouueau par le moyen des pierres à éguifer.

Ie vous fupplie, Monfieur, de me donner voftre auis fur
ce qui fe peut faire pour rectifier les inconueniens que i'apprehende en ces applications.

Apres, vous fouhaitteriez que l'on choifift quelque matiere douce qui fuft propre à manger & polir le verre, comme font certaines pierres femblables à de l'ardoize, dont on
fe fert à faire yn tranchant fort delicat, & vous voudriez
qu'on en fift la roüe *q*, comme les roües des Emouleurs de
couteaux, & qu'appliquant contre, vne ou plufieurs lames
d'acier femblables à *n m*, on luy donnaft tout autour exactement felon fon épaiffeur la figure de la ligne P *n o*, en tournant la roüe *q* fur fon centre, comme il eft marqué dans vos
deux fig. qui les font voir de deux diuers fens. Et cette roüe
ainfi taillée, vous voudriez qu'on appliquaft contre, le verre
R, mis fur le tour ordinaire S, & qu'il tournaft fur fon
centre, pendant qu'en mefme temps la roüe *q* tourneroit
auffi fur le fien; Et cela eftant, cette roüe caueroit le verre
felon la ligne P *n o* tres exactement, par le moyen de ces
deux mouuemens differens, & mangeroit le centre du verre
auffi bien que les extremitez.

Et afin que cette roüe, qui doit eftre de matiere douce,

puſt conſeruer ſon exacte figure, vous voudriez auſſi qu'en
meſme temps qu'elle tourneroit pour tailler le verre, la
lame *n m* (vne ou pluſieurs) demeuraſt touſiours ferme
contre elle, pour l'entretenir dans ſa figure. Vous dites auſſi
que le diametre de la roüe *q* ne doit point exceder certaine
proportion (laquelle vous me faites eſperer) mais qu'encore
qu'il ſoit plus petit, il n'importe ; Enfin vous dites qu'il faut

aussi obſeruer que la
ligne *n m* qui fait le
milieu de la lame P
n o m, doit eſtre exa-
ctement parallele à
l'axe A B de la pre-
miere machine, &
que la ligne perpen-
diculaire qui tombe-
roit de l'axe A B ſur
les planches G H &
I K tombe iuſtement

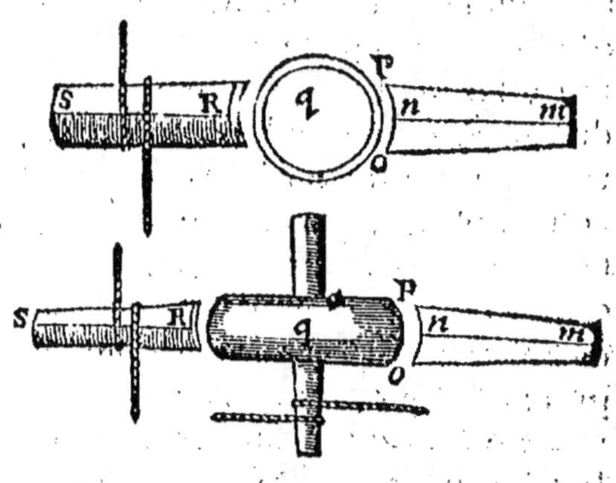

ſur cette ligne *m n*. De plus, aux dernieres figures il faut
que la meſme ligne *n m* prolongée, paſſe iuſtement par le
centre de la roüe *q*, & ſe rencontre faire vne ligne droite
auec l'axe R S, ſur lequel tourne le verre.

Or, Monſieur, puiſque vous me donnez la liberté de vous
propoſer mes difficultez pour bien entendre voſtre deſſein,
& pour m'inſtruire, vous me permettrez de vous dire mon
opinion ſur tout ce que deſſus, afin que vous iugiez ſi ie le
comprens ; Ie vous prie meſme de m'excuſer, ſi ie ne m'explique pas aſſez nettement. Ie dis donc que i'eſtime auoir
clairement compris l'inuention de vos machines, comme
auſſi celle de la roüe *q*, & la differente façon dont ſe meuuent la roüe & le verre qui eſt attaché au tour R S, pour
empeſcher qu'il n'arriue le défaut ordinaire du point en
relief, qui ſe fait dans le centre des verres, en tournant l'axe
du modele ſur l'axe du verre, à cauſe que ſur ce centre il n'y
a point de mouuement qui puiſſe agir, & qui le puiſſe manger

Bbbb ij

& vſer, comme ſe mangent & s'vſent les autres parties qui s'en éloignent. Toutes ces inuentions que vous me donnez ne peuuent venir que de vous. Ie dis ſeulement qu'il y a telle matiere que vous auez crû pouuoir ſeruir à vos ouurages, qui n'eſt pas propre à vſer & manger parfaitement le verre.

Premierement, pour la matiere de la roûe *q*, il n'y a aucune ſorte de pierre, quand ce ſeroit meſme du diaman, qui puiſſe manger le verre, ſans mettre entr'elle & le verre vne matiere qui mange, & qui ſe broye entre deux, comme le grez ou l'aimery, leſquelles choſes mangeroient bien plus de la roûe que du verre, comme eſtant plus tendre ; & à chaque verre l'on vſeroit vne roûe entiere ; Et quelque dureté que la trempe euſt donnée aux lames *n m* qui ſeroient appliquées contre la roûe, elles s'vſeroient encore dauantage, puiſque le verre eſt plus dur que tout cela. Et de plus ces lames *n m* ne ſçauroient frayer tant ſoit peu contre aucune ſorte de pierre à éguiſer, ſi douce qu'elle fuſt, que cette pierre par ſon mouuement ne mange promptement le tranchant de la figure qui luy auroit eſté donnée, & ainſi ce ſeroit la roûe qui donneroit la figure au fer, au lieu qu'il faut tout le contraire.

Ie me perſuade auſſi que la roûe *q* diminuant en ſa circonference à meſure qu'elle s'vſeroit (bien qu'elle puiſſe conſeruer la figure neceſſaire en ſon épaiſſeur) creuſeroit diuerſement les verres, les ſeconds plus que les premiers, & ainſi de ſuitte, puiſque les cercles prés de leurs centres ſont moindres & plus voûtez que ceux qui en ſont plus éloignez ; Ie ne ſçay pas ſi en cela il pourroit y auoir du défaut pour l'effet des verres, puiſque vous m'auez dit qu'il n'importe pas pour la petiteſſe de la roûe, mais pour la grandeur il y doit auoir, dites-vous, vne proportion que vous me faites eſperer de me donner.

Nonobſtant tout cela, il me ſemble qu'on peut reparer vne partie de ces difficultez par les moyens dont ie voudrois me ſeruir, que ie ſoûmets à voſtre cenſure. Ie dis donc en premier lieu, que la maniere de ſe ſeruir de la ſeconde machine, pour donner la ligne qu'on deſire aux lames *n m*, eſt

tres-excellemment inuentée, pourueu qu'on trouue moyen
de rectifier ce qui deperit de la matiere par la friction du
mouuement, soit qu'on s'en serue pour tailler les lames, ou
pour tailler la roüe *q*, que ie voudrois faire de laton ou de
fer, afin qu'elle pust conseruer plus long temps la figure
que la lame *n m* luy auroit donnée, & quand sa figure seroit
gastée, on la pourroit reparer auec la mesme lame ou vne
autre semblable. Mais cette roüe *q*, de laton ou de fer, doit
estre posée, & auoir son mouuement au dessus du verre, lequel doit auoir le sien par dessous; & ie le donneray aussi
facilement de cette sorte, que s'il estoit de costé, par vne
façon que i'ay pensé se pouuoir executer, & faire que la roüe
& le verre tourneront diuersement & également à la fois
par le mouuement du pied, sans qu'il soit besoin d'aucune

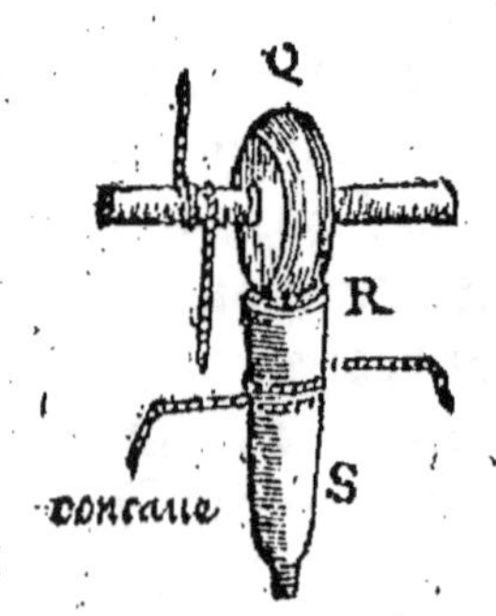

roüe dentelée, ny de pignon, qui font
vn mouuement tremblant, à cause des
dents de la roüe qui s'engrennent dans
celles du pignon. Or il est necessaire
que le verre soit ainsi posé, afin que les
matieres qu'on met entre deux pour
l'vser, & que l'on arrouse d'eau ou
d'huile, ne soient pas si-tost emportées
par le mouuement de la roüe, & se con-
seruent plus longuement dans le creux
du verre, que s'il estoit posé de costé contre la roüe *q*.

De plus, ie preparerois les verres par quelqu'autre voye
commune pour leur donner à peu prés la ligne qu'ils doiuent auoir, sans me seruir de la roüe ny du tour que pour
leur donner la derniere & exacte figure; Car ie trouue assez
d'affaires à bien tailler les lames *n m*, qui se peuuent dejetter
ou courber à la trempe; outre que ie croy estre tres-necessaire de faire que le plan P *n o* soit bien droit sur le tranchant, autrement il arriueroit des fautes dans la ligne.

Il me souuient aussi que vous ne m'auez iamais dit qu'il
fust necessaire de faire de grands concaues, mais plustost
qu'il les faut petits; Cela estant, ie ne trouue point de diffi-

culré à faire la roüe (pour petite qu'elle foit) auec fon axe
tout d'vne piece, pour luy donner vn mouuement affuré;
Ce qui ne fe pourroit faire fi la roüe eftoit de pierre, à caufe
que la roüe & l'axe ne pourroit eftre que de deux pieces.

Ie n'ay pas compris que les figures des roües *q*, quoy que
difpofées de deux diuers fens, fuffent faites pour tailler les
verres conuexes ; Car ie croy que pour cela elles doiuent
eftre taillées & creufées en forme de poulie, comme eft la
figure cy jointe. Et les lames *n m*, qui les doiuent creufer,

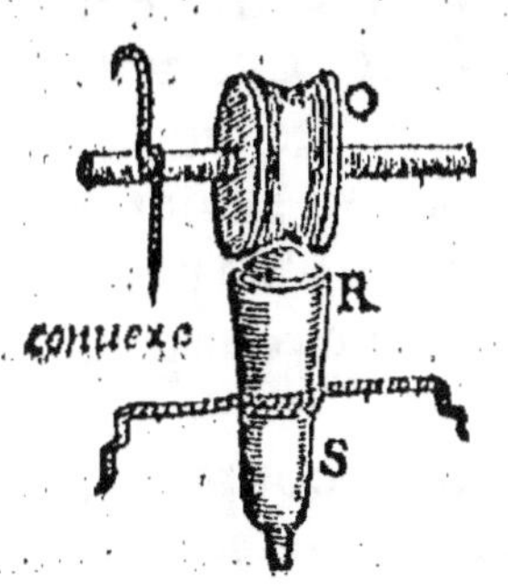

doiuent eftre prefentées à la lime L D
du cofté de H I, pour receuoir d'elle
leur ligne ou leur figure ; & la lime L D
doit eftre panchée de G vers I. Et cette
forte de roüe ne fçauroit vfer le verre
conuexe en mefme temps que l'autre
vfe le concaue ; car il ne fraye contre,
que côme vne ligne trauerfante le diametre du verre feulement. Neantmoins
elle mangera toufiours mieux le point
qui fe fait au milieu, en tournant l'axe du verre contre celuy
du modele concaue, comme i'ay dit cy-deuant, ce qui feruira à difpofer le verre à reparer le défaut de la roüe ; Mais

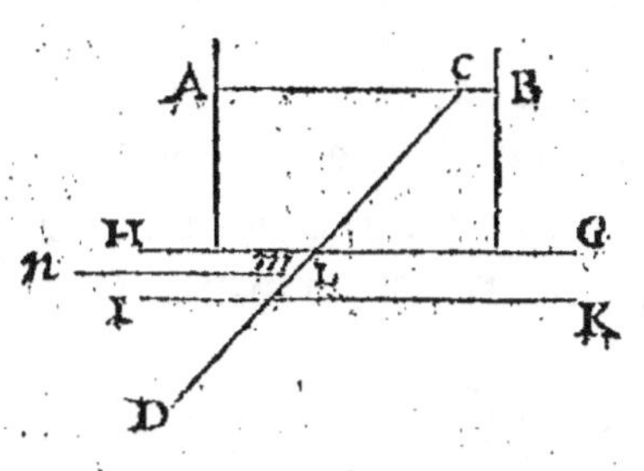

il fe peut faire, fi le verre conuexe eft d'vne grande eftenduë, que l'vfage de la roüe fera
inutile ; Car comme le fraye-
mët eft plus grand vers ce qui
eft loin du centre, que vers ce
qui en eft prés, la matiere que
l'on met entre deux pour vfer,
eft traifnée plus long-temps

par le cercle *a a* que par *b b*, & mange par confequent plus en
faifant vn grand tour qu'en faifant vn petit, & ainfi le verre
& le modele femangent, & perdent leur fig. n'eftant pas en vn
mefme tour vfez également. Il eft encore à remarquer, que
la matiere qu'on met entre deux pour vfer le verre, eft em-

portée incontinent par le mouuement de la roüe, & y demeure moins qu'en l'autre roüe.

Ie vous propose toutes mes difficultez, afin de me pouuoir
instruire, & qu'il vous plaise m'en éclaircir, & me mander

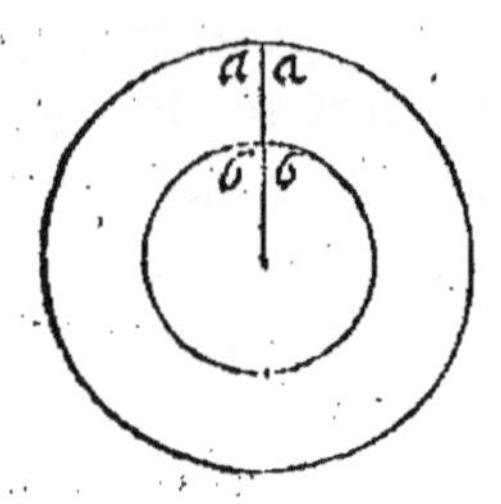

par mesme moyen, si les verres estant
faits, & mis dans des essais, il est necessaire que toutes leurs parties demeurent découuertes, sans amoin-
drir leur figure par vne carte mise au
deuant, auec vn trou moindre que le
diametre des verres; Parce que m'é-
tant voulu seruir des petits verres
conuexes que vous auez veus, pour mettre à vne Lunette
à puce, i'ay trouué qu'elle fait mieux n'y laissant qu'vn petit
espace découuert au milieu, & que les objets se voyent plus
distinctement.

Toutes ces difficultez ne m'estonnent pas beaucoup, car
auec vostre assistance i'espere les surmonter, & faire voir
que ie sçauray mieux faire que dire.

Il me reste encore vn doute que ie ne sçaurois laisser en
arriere, touchant la maniere requise pour trouuer la ligne
necessaire par les triangles & mon cadran, qui est de sçauoir
si deux triangles de verre d'vn mesme Diaphane estant differens, & faisant par consequent differentes refractions sur
la ligne diuisée qui arreste le rayon audit cadran, on traçoit
deux modeles, conformes aux differentes lignes des refractions, sçauoir, dis-ie, si l'effet des deux verres peut estre
semblable, comme pour brûler en vn point determiné, suiuant vos regles.

Vous m'auez enseigné que les triangles peuuent estre
construits de tel angle que l'on veut à discretion, ie ne sçaurois en faire l'épreuue, car les triangles que i'ay à present
sont tous semblables, ie vous supplie de me resoudre ce
point. Ie sçay bien aussi que vous m'auez dit que tous les
petits verres concaues peuuent seruir à tout grand verre
conuexe. I'ay perdu vn morceau de papier sur lequel vous,

m'auiez tracé la façon de décrire la ligne requife auec le compas ordinaire, en cherchant plufieurs points par où elle doit paffer.

Monfieur Mydorge propofe vn moyen qu'il a de tracer la ligne neceffaire pour brûler à vn point qu'il determinera à tout verre donné, fans rien perdre de fon diametre, ny de fon épaiffeur au milieu, & dit que luy feul en a trouué l'inuention. Ie fçay que ce fecret ne vous eft pas inconnu, & que led. fieur n'en fçait que ce que vous luy en auez appris. Si vous iugiez que ie peuffe le comprendre, vous m'obligeriez grandement de me le communiquer à voftre commodité. Mais il adjoûte qu'on luy fourniffe vn homme qui fçache tailler le verre exactement. I'eftime cette derniere condition autant difficile que tout le refte, s'il ne fait forger de nouueaux ouuriers faits exprés & de commande, n'eftimant pas qu'il en trouue à fa mode pour le prefent. Il m'eftime fi peu, qu'il ne croit pas que i'aye affez d'efprit pour entendre & entreprendre de moindres chofes, puis qu'il le dit en ma prefence. I'auotie mon infuffifance, qui doit eftre excufée, n'ayant iamais efté inftruit en quoy que ce foit que par vous, Monfieur, à qui ie veux deuoir toutes chofes, Ce mépris neantmoins ne fçauroit tellement me rebuter, que ie ne fente affez d'inclination en moy, pour goûter & comprendre les veritables connoiffances des fciences qui me pourroient eftre communiquées par des perfonnes de voftre merite, tant i'ay d'ambition de me faire connoiftre par quelque chofe au delà du commun; ce qui me donne quelque forte de courage pour chercher les moyens de furmonter beaucoup de difficultez qui fe rencontrent dans les operations des ouurages exquis. Ne faites pas, s'il vous plaift, pareil iugement de moy qu'en fait Monfieur Mydorge; i'efpere tant de voftre affection, que vous voudrez bien auoir le contentement de fçauoir que vous m'aurez donné tout ce que ie poffederay; & fi ma mauuaife fortune m'ofte les moyens d'en vfer vtilement, elle ne m'oftera pas l'affection que i'ay de reconnoiftre par mes tres-humbles feruices les

infinies

infinies obligations que ie vous ay, & d'auoüer par tout
cette verité. Ie suis,

RESPONSE DE Mr DESCARTES
à Monsieur Ferrier.

D'Amsterdam le 13. Nouembre 1629.

LETTRE CI.

MONSIEVR,

Vous m'auez fait plaisir de me déduire tout au long vos
difficultez sur ce que ie vous auois mandé, & ie tascheray
d'y répondre suiuant le mesme ordre que vous les proposez.
I'ay marqué auec des lettres A , B , C , les points ausquels
ie répons, afin que vous les puissiez reuoir dans la Lettre que
vous m'auiez écrite.

   Ie supposois ce que vous dites, que la ligne C D passoit   **A**
au trauers des deux planches ; Et pour cela i'auois mis le
point D beaucoup plus bas que L, qui est celuy que ie faisois rencontrer entre les deux planches.

   Tout ce que ie vous auois écrit n'estoit que pour le verre   **B**
concaue, afin de ne vous pas broüiller du commencement ;
Mais ie suis bien-aise que vous l'ayïez rapporté au conuexe ;
pour lequel toutesfois il faudra de beaucoup plus grandes
machines.

   Il est vray qu'il n'y faut point deux planches, s'il vous
est plus commode autrement, & ie ne les auois laissées, que   **C**
pour vous mieux faire entendre ma pensée. Toutesfois vous
deuez remarquer que le tranchant P *n o* doit estre en vne
superficie parfaitement platte, autrement il ne prendroit
pas la figure requise ; Et pour ce que ce tranchant se fait non
pas contre la planche v *x*, lors que la lame *n m* est appliquée

Tome III.   Cccc

deſſus, mais au deſſus vers l'axe A B, & que la piece C D
en limant la ligne P *n o*, pourroit courber la ſuperficie

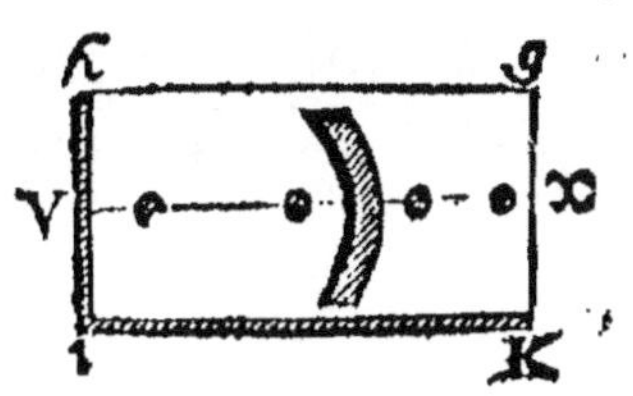

platte P *n o m*, ie ſuis d'aduis que
vous appliquiez donc encore au
deſſus de la lame *n m* quelqu'autre
piece platte de cuivre ou autre matiere, qui meſme ſe lime auec la ligne P *n o*, ou bien qui en ait deſia
la figure, afin d'empeſcher que la
lame ne ſe courbe; Ou ſi vous l'aimez mieux, il faut appliquer les lames *n m* au deſſous de la planche v *x*, & non pas au
deſſus. (Cecy eſt pour le verre concaue ſeulement; car au
conuexe, le tranchant de la ligne P *n o* eſt contre la planche
v *x*, & deſſus.) Il faut auſſi remarquer icy que la lame *n m*,
en quelque façon que vous l'affermiſſiez ſur la ligne v *x*, n'y
doit pas eſtre tout à fait immobile, mais qu'il faut que quelque poids ou reſſort la preſſe continuellement contre la lime L D; Car ſi elle eſtoit immobile, & que L D ne s'a-
uançaſt point auſſi vers elle, comme elle ne le doit pas, elle
ne pourroit eſtre taillée.

Toute l'importance eſt de bien acheuer la lame *n m*;
Toutesfois ie croy que ſi elle n'a eſté bien taillée auant la
trempe, il feroit preſque impoſſible de la racommoder par
apres; c'eſt pourquoy ie vous conſeille d'ébaucher meſme
les lames *n m*, auec cette machine; Et ie ne trouue pas qu'il
y ait tant de difficulté à changer la piece C D, & en mettre
vne autre qui garde la meſme inclination, par le moyen d'vn
petit modele de cuivre Z, ou Z Z, qui ſoit taillé ſelon
l'angle de l'inclination, comme Z, ou bien ſelon ſon complement, comme Z Z. Car vous deuez remarquer qu'il n'eſt
pas neceſſaire que toute la ligne C D garde cette inclination. Ie vous auois tracé les lignes A B & C D toutes nuës,
comme des lignes Mathematiques, pour vous faire mieux
comprendre les fondemens de la machine; Mais vous les
pouuez faire tout d'vne piece, ou comme vous voudrez,
pourueu ſeulement que la partie qui doit eſtre taillée en

lime, à ſçauoir L D, garde l'inclination réquiſe. Encore
que ie ſois fort mauuais Peintre, vous entendrez peut eſtre
bien mes figures.

La premiere eſt pour le verre concaue, où la piece
C L Y D tourne ſur les deux poles A & B, la ligne V X mar-

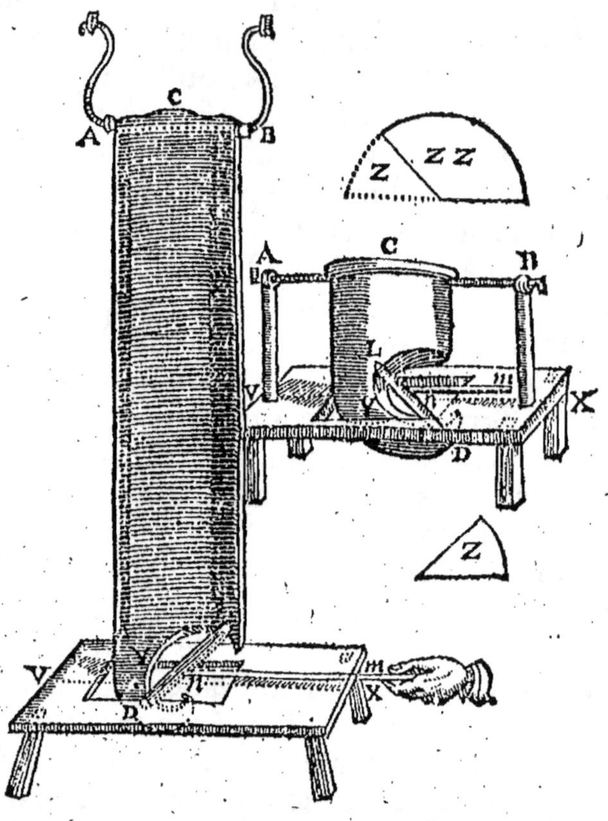

que la planche que vous auez tracée dans voſtre Lettre, laquelle doit eſtre parallele à l'axe A B, & percée en ſorte
que Y D paſſe par deſſous ; La ligne L D eſt ce qui doit
eſtre taillé en lime, pour tailler les lames *n m* ; & cette ligne
L D doit eſtre affermie aux points L & D, ainſi qu'il vous
ſera plus commode, ou par des vis, ou autrement. Au reſte
vous donnerez à L D l'inclination requiſe par le moyen de
voſtre triangle Z Z, vn coſté duquel vous appliquerez ſur

la ligne V X, au lieu où est *n m*, en sorte que l'autre se rapporte iustement contre L D. Vous ferez le mesme auec le triangle Z pour le verre conuexe, où il n'ya de difference que pour la grandeur de la machine, laquelle se mesure par la distance qui est entre les lignes A B & V X. Laquelle machine, pour le petit verre, c'est à dire pour le verre concaue, ne doit pas estre de plus de deux ou trois pouces, ny par consequent le demy-diametre de la roüe *q*, ainsi que ie diray cy-apres; Et les poles A & B peuuent estre soûtenus sur des pieces qui descendent vers la planche V X. Mais pour le verre conuexe, il faut que depuis A B iusques à V X il y ait huit ou dix pieds de distance, au moins pour les plus rares effets: C'est pourquoy les poles A & B doiuent estre appuyez au plancher de la chambre où vous trauaillerez à quelque poutre qui soit bien ferme; ie dis bien ferme, car le moindre tremblement osteroit toute la iustesse de la ligne. Vous pouuez au lieu d'attacher cette seconde machine au plancher de la chambre, la coucher tout du long sur vne table, ou sur quelqu'autre chose, & ie croy que son mouuement sera plus asseuré en cette sorte; & il faut que la piece C L Y D soit de telle grosseur & de telle matiere qu'elle ne plie en aucune façon. Il n'y a rien à considerer en ces machines que les trois lignes A B, L D, & V X, ou plustost la lame *n m* posée sur V X, dont la superficie doit estre exactement platte du costé qu'elle doit trancher. Pour tout le reste de la machine faites-le gros ou petit, droit ou courbé, il n'importe. Or si vous trouuez encore de la difficulté à mettre les pieces L D selon l'inclination requise, i'ay à vous dire pour vous consoler, & afin que vous ne laissiez pas d'ébaucher les lames *n m* auec ces machines, qu'encore mesme que l'inclination n'y fust pas exactement obseruée, toutesfois la ligne que vous traceriez seroit sans comparaison plus propre à tailler les verres, que toutes celles que vous sçauriez faire autrement; & mesme il seroit par apres beaucoup plus aisé de luy donner la vraye figure, que si vous l'auiez ébauchée autrement.

Ce qu'il y a de plus icy à remarquer, c'est que la piece L D taillée en lime ou autrement, laquelle ie vous ay fait iusques icy considerer comme vne ligne simplement, peut-estre assez grosse, & taillée en rond comme vn cylindre pour le petit verre; Mais pour le conuexe,

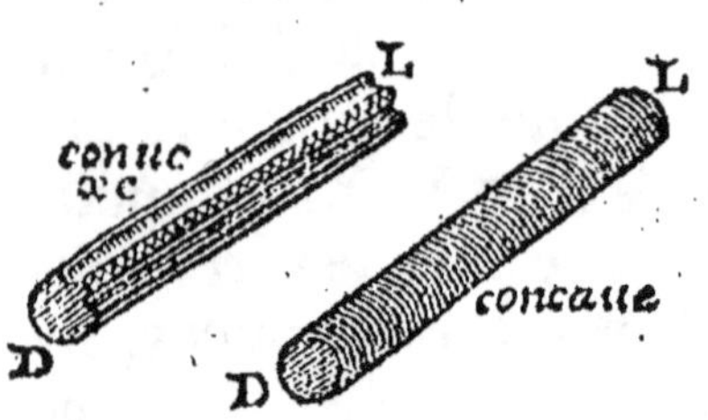

elle doit auoir vne ligne droite au milieu, comme vne areste, plus releuée que le reste, & ses deux costez doiuent estre vn peu creusez en rond, afin qu'en se mouuant, les costez ne défassent pas la figure qui doit estre donnée seulement par la ligne du milieu, laquelle doit croiser iustement la ligne V X, lors que la machine n'est point remuée; Et pour ne point faillir vous deuez imaginer que l'axe indiuisible A B, sur lequel tourne la machine, la ligne V X, ou nm, & cette ligne qui est la plus auancée sur la lime L D, doiuent toutes

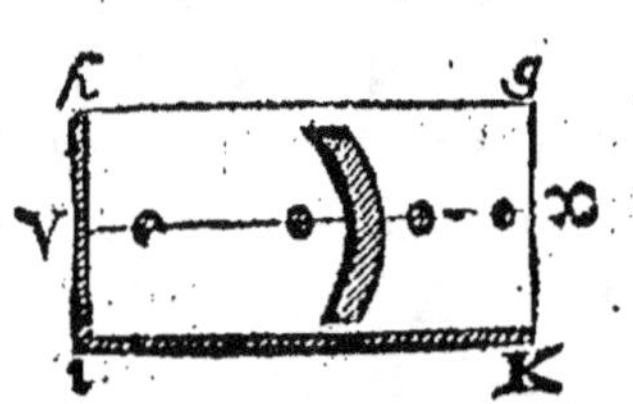

se rencontrer en vn mesme plan, lequel vous imaginerez tomber à plomb & à angles droits sur la planche h g K i.

Ie m'estonne que vous n'ayez point trouué de difficulté à faire que les lames n m puissent tailler la rouë q, estant posées toutes droites sur cette rouë, car de cette sorte elles ne peuuent faire que racler, & non point coupper, comme font les rabots des Menuisiers, le fer desquels est couché de biais, & sans cela ils ne s'en pourroient seruir; Mais il y a moyen de faire aussi des lames n m, lesquelles estant couchées, ainsi que le fer des rabots, auront le mesme effet que les precedentes qui seroient toutes droites. Il faut seulement changer en vos machines l'angle de l'inclination pour la ligne L D, selon la proportion que ie vous écriray à la fin de cette Lettre, si i'en ay le loisir.

Vous deuez sçauoir que la rouë qui taille le verre concaue

ne le doit toucher que d'vne seule ligne, non plus que celle qui taille le conuexe, laquelle vous auez fort bien comprise, sans que ie vous en euſſe rien écrit; or c'eſt pour cette raiſon que la roüe q ne doit pas exceder certaine grandeur, Car vous ſçauez que la circonference des petits cercles eſt plus

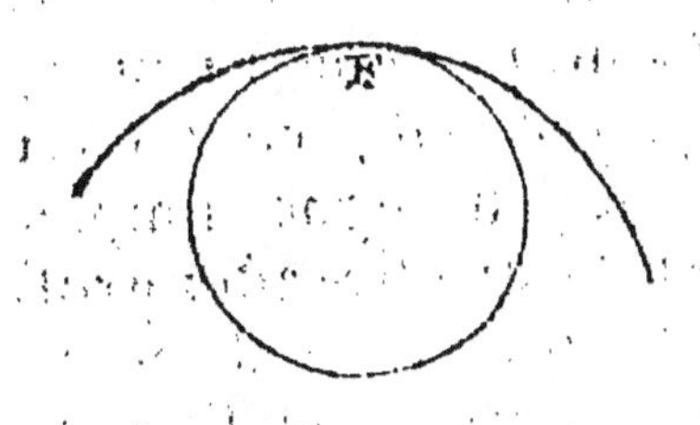

courbe que celle des grands, comme vous voyez au point F, Et ſi la circonference eſtoit moins courbe que la ligne P n o, ce ſeroit elle qui donneroit la figure au verre, & non pas P n o; Et ainſi le verre ſeroit ſpherique; mais il faut qu'elle ſoit plus courbe que P n o, ſans qu'il importe de combien, Seulement faut-il obſeruer pour ſa plus iuſte grandeur, que le demy-diametre de la roüe q n'excede pas la hauteur qu'il y a en la premiere machine, depuis la planche V X iuſques à l'axe A B, c'eſt à dire deux ou trois pouces, & qu'il ſoit pluſtoſt vn peu moindre, Pour le conuexe, faites la roüe grande ou petite, il n'importe pas,

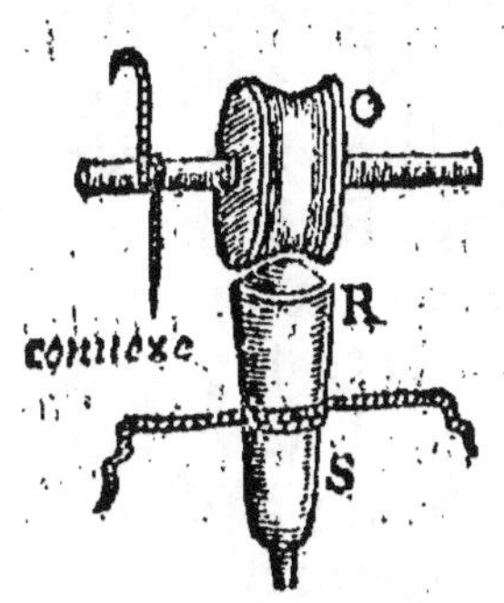

I'approuue bien que la roüe q ſoit de telle matiere que vous iugez à propos, & que le tour ſoit tourné ainſi que vous le trouuez plus commode. Mais il faut remarquer que les mouuemens du tour & de la roüe q ne doiuent point eſtre égaux; Car au contraire, c'eſt ce que i'eſtime vn des principaux ſecrets de tout l'artifice, qu'en rendant l'vn plus viſte & l'autre plus lent, ſelon que vous iugerez eſtre de beſoin, vous pourrez perfectionner les figures autant qu'il eſt poſſible par la main d'vn homme, Mais la proportion de ces mouuemens ne ſe peut auoir que par l'vſage, c'eſt à dire, que fuſſiez-vous vn Ange, vous ne ſçauriez ſi bien faire la premiere année que la ſeconde, Seulement puis-ie dire en general, que pour les verres concaues la roüe doit tourner fort viſte, & le tour fort lentement, & au contraire pour les cónuexes. Il faut auſſi remarquer que la roüe *q* ne puiſſe varier ny çà ny là en tournant, & toutesfois qu'elle ſoit libre de deſcendre à meſure que le verre ſe taille, & qu'elle le preſſe touſiours, car autrement elle ne le tailleroit pas; Si vous ne trouuez inuention pour cela, i'en trouueray aſſez.

La ligne des verres conuexes ſera d'vne ſi grande eſtenduë qu'elle ſemblera à l'œil eſtre toute droite; C'eſt pourquoy vous ne deuez rien craindre pour les difficultez que vous y propoſés, car il n'eſt quaſi pas queſtió de tailler le verre, mais ſeulement de le polir, à quoy toutesfois ie ne iuge pas l'vſage de la roüe moins neceſſaire que pour les concaues; Ie veux dire qu'ápres même que le verre eſt tout taillé, cóme ie vous l'ay veu polir auec vn morceau de cuir ou de bois, ie voudrois que ce cuir meſme, ou ce bois, ou quoy que ce fuſt, fuſt vne roüe qui euſt la figure requiſe: Car la iuſteſſe de cette figure doit eſtre ſi preciſe, que ie ne doute point qu'encore que le verre euſt la figure auant que d'eſtre poly, toutesfois le poliſſant apres ſans machine, vous la luy pourriez oſter. D'où vient que ſi vous penſiez ſeulement appliquer contre le verre, vne des lames *n m*, ou pluſtoſt vn modele taillé par ſon moyen, tous les défauts qui ſeroient en la lame *n m* (car vous ne deuez pas eſperer qu'il n'y en ait point) feroient vn cercle de fautes, tant au modele qu'au verre; où au contraire, ce qui eſt principalement à eſtimer en la roüe, c'eſt qu'elle eſt compoſée tout autour d'vne infinité de lignes P *n o* toutes diuerſes, en ſorte que ce qu'il peut y auoir de défaut en chacune ne touche le verre qu'en vn point, & incontinent il ſuccede vne autre ligne qui racommode ce que la precedente a pû gaſter; Et pourueu qu'en toute la ſuperficie de la roüe, il y ait plus de points qui correſpondent à la vraye figure, qu'il n'y en aura d'autres, elle donnera la figure exacte au verre, ſans luy communiquer aucun de ſes défauts; au lieu que tous les défauts qui ſont aux modeles ſe communiquent au verre. C'eſt auſſi la raiſon pourquoy

i'auois marqué qu'il faut auoir plusieurs lames *n m* toutes
semblables, & ne se contenter pas d'vne seule pour tailler
la roüe *q*, afin que si l'vne manque en quelques points,
l'autre supplée au défaut. Et il est probable, que se seruant
ainsi de plusieurs lames tout à la fois, on pourra faire la
roüe *q* en sorte qu'elle approchera fort de la vraye figure,
& le verre en approchera encore dauantage ; Ce que ie
vous mande, afin que vous sçachiez en quoy consiste l'artifice & l'vtilité de tous ces monuemens, qui est, qu'encore
qu'il y ait quelque chose à redire en tous vos modeles, c'est
à dire, aux lames *n m*, & à la roüe *q*, vous ne laisserez pas
de pouuoir tailler le verre exactement.

Il est tres-certain que la vision est tousiours plus distincte, lors qu'on regarde par vn petit trou, que lors qu'on
regarde par vn plus grand ; Mais il n'importe pas tant que
le trou soit grand, quand la figure est exacte, que quand
elle ne l'est pas. Et il ne vous faut pas persuader que les verres
taillez pour les grandes Lunettes, soient bons pour les Lunettes à puce, il y a bien de la difference ; Car pour celles-
cy ils doiuent estre taillez des deux costez. Ie vous manderay
vne autre fois toutes les figures & applications des verres
pour toutes sortes de Lunettes, faites-m'en souuenir.

Encore que les triangles de verre d'vn mesme diaphane
soient differens, & par consequent qu'ils ayent differentes
refractions, toutesfois, suiuant la methode que ie vous auois
donnée, ils vous donneront tous la mesme ligne, pour
tailler les verres brûlans. Mais pour ce que ie voy bien que
vous auez oublié vne partie de ce que ie vous en auois dit à
Paris, il faut que ie me frotte vn peu le front, & que ie m'efforce de vous en écrire tout au long vne bonne fois.

Soit la ligne de vostre quadran A E, le triangle de verre
apliqué dessus FGH, de quelque grandeur qu'il puisse estre,
pourueu que la ligne G H d'iceluy tombe à angles droits
sur A E, afin que le rayon du Soleil passant par la pinnule I,
aille tout droit iusques à D, sans faire de refraction en entrant dans le verre, mais seulement lors qu'il en sort, à
sçauoir

ſçauoir au point D. Remarquez donc la ligne G D F, qui
repreſente l'inclination du verre, dans laquelle ſe fait la refraction, & le point D, auquel elle eſt couppée par le rayon

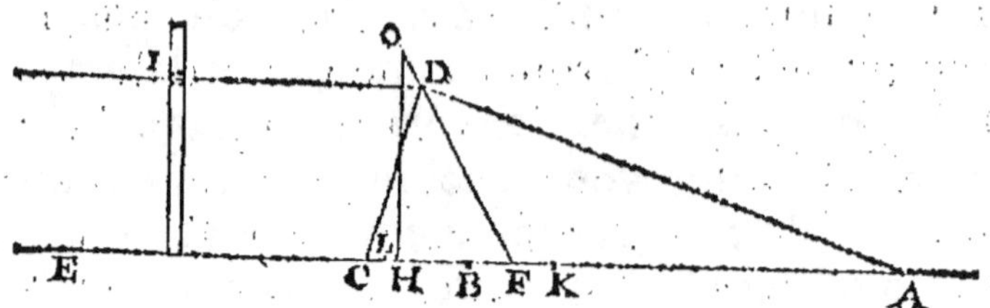

du Soleil, & le point A, auquel le rayon du Soleil I D A
couppe la ligne de voſtre quadran. Vous auez donc l'angle
A D F. Maintenant du point D, tirez vne autre ligne D C,
en ſorte que l'angle F D C, ſoit égal à l'angle A D F, &
par conſequent que tout l'angle A D C ſoit double de l'angle A D F. Et remarquez en quel point cette ligne D C
couppera voſtre quadran, ſçauoir au point C, lequel eſtant
trouué, prenez la ligne C K égale à C D, & la ligne A L
égale A D. Cherchez apres le milieu entre les points K &
L, à ſçauoir B. Et ayant les trois points A B C, qui vous
donnent la proportion qui eſt entre les lignes A B & B C,
vous n'auez plus que faire de tout le reſte; Or cette proportion viendra touſiours ſemblable, quelque triangle de
verre que vous preniez, pourueu qu'ils ſoient tous d'vn
meſme diaphane.

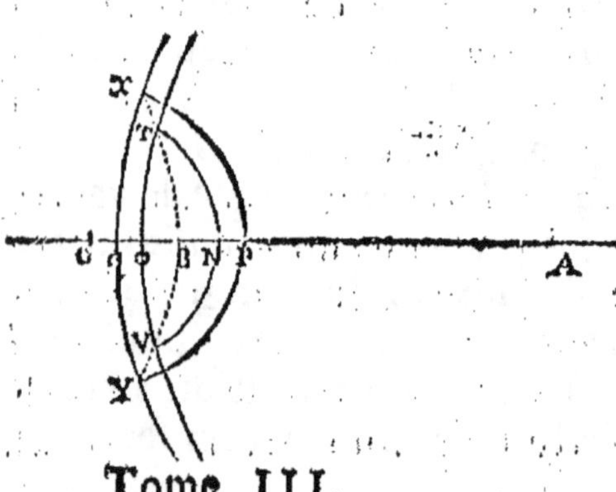

Ayant les points A B C,
vous pourrez décrire la
ligne pour brûler en cet-
te ſorte, Mettez la poin-
te du compas au centre
B, & l'ayant ouuert ſi
peu que vous voudrez,
marquez ſur la ligne A C
deux points N & O,
également diſtans de B;

Tome III.   D d d d

Apres rapportant vn pied du compas en A , & l'autre en O, tirez vne portion de cercle T O V, & tournant derechef le compas, vn pied en C , & l'autre en N , tirez vne autre por-tion de cercle qui couppe la precedente aux points T & V, par lefquels doit paffer voftre ligne, comme auffi par le point B. Vous pouuez ainfi trouuer vne infinité de points ; Car mettant derechef vn pied du compas en B , & l'ouurant vn peu plus que la premiere fois, vous prenez deux autres points également diftans de B , à fçauoir P & q. Puis du centre A tirant le cercle x q Y, & du centre C le cercle x P Y, l'inter-fection de ces deux cercles vous donne derechef les deux points x & Y, & ainfi à l'infiny ; Et ie croy que c'eft là toute la façon dont fe fert M. Mydorge. Vous pouuez pratiquer cela fans mettre qu'vne fois le pied du compas en chacun des points A, B & C, à fçauoir, fi ayant le pied du compas en B , vous prenez les points N O & P q , & infinis autres ; Puis ayant le pied du compas en A , vous tirez les cercles T O V, x q Y, & femblables ; Et apres mettant le compas en C , vous tracez les autres cercles T N V, x P Y ; Cecy eft le plus court, mais il ne fe faut pas méprendre, & mar-quer l'interfection d'vn cercle au lieu de l'autre. Or la ligne ainfi décrite brûlera à la diftance qui eft depuis A iufques à B.

Que fi vous en voulez tracer vne qui brûle à vne plus grande ou moindre diftance, par exemple, à la diftance de D E, cherchez E F, qui foit à D E, comme B C eft à A B, & l'ayant trouuée, feruez - vous des points D E F pour tracer voftre ligne, comme vous auez fait des points A B C, c'eft à dire, que fi vous auez vne fois la proportion qui eft entre les lignes A B & B C, par le moyen de voftre quadran , elle vous feruira pour tous les verres d'vn mefme diaphane , à quelque diftance que vous les veuilliez faire brûler. Pofons le cas que la ligne A B foit fix fois auffi grande que B C, & vous voulez tailler vn verre qui brûle à fix pouces de diftance, faites D E de fix pouces, & E F d'vn pouce, & décriuez voftre ligne fur les trois points D

E F. Si vous en voulez tailler vn qui brûle à six pieds, faites
D E de six pieds & E F d'vn pied, & ainsi à quelque distance
qu'il vous plaira.

Que si vous auez vn morceau de verre lequel vous veüilliez
tailler pour brûler, sans rien perdre de son épaisseur du
milieu, ny de son diametre, faites ainsi. Seruez-vous de
quelque ligne pour brûler que vous ayez desia toute tracée,
par exemple, de la ligne hyperbolique E M, & sur la ligne
E F marquez E G, qui soit l'épaisseur du milieu de voltre

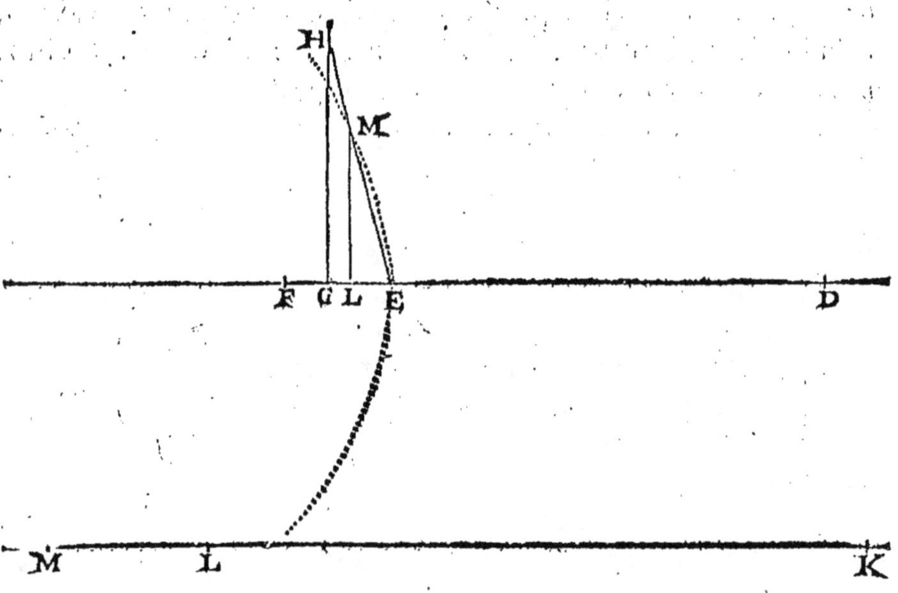

verre, & tirez à angles droits G H, qui soit le demy-
diametre du mesme verre donné ; Puis tirez vne ligne qui
passe par les points E & H, laquelle couppera la ligne
brûlante en quelque endroit, à sçauoir en M, tirez donc
du point M vne perpendiculaire M L, Puis cherchez vne
ligne qui soit à D E, comme G H est à M L, & encore
vne autre qui soit à E F, comme G H est à M L, & seruez-
vous de ces deux lignes, au lieu des lignes D E & E F, pour
tracer la ligne requise. Par exemple, D E est de six pouces,
& G H est double de M L, il faut donc prendre vne ligne

de douze pouces, à sçauoir K L ; Puis E F est d'vn pouce,
prenez donc L M de deux pouces ; Et auec les trois points
K L M vous tracerez la ligne requise pour ne rien perdre
de vostre verre, & faire qu'il brûle à la distance de la ligne
K L. Vous m'auez fait rire de nommer cela vn secret ; Ce
n'est rien que vous n'eussiez fort aisément trouué de vous-
mesme, si vous eussiez bien entendu ce qui precede ; Et si
vous en parlez, ie seray bien-aise que vous disiez que vous
l'auez trouué de vous-mesme, sur ce que ie vous auois dit
generalement la façon de tracer la ligne ; & vous pourrez
dire que ce n'est rien qu'vne regle de trois ; Car vous dites,
si la ligne M L me donne D E & E F que me donnera G H,
& ainsi vous trouuerez K L & L M.

Mais c'est vn plus grand secret, ayant les trois points

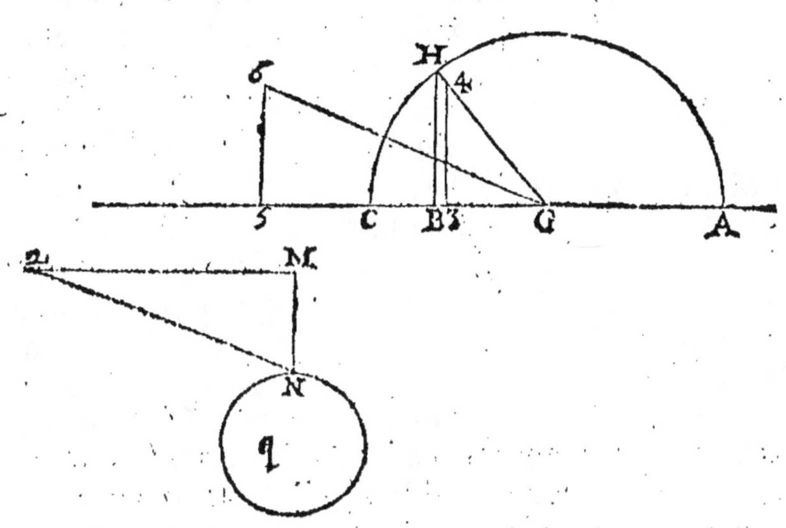

A B C ou D E F, ou autres semblables, de trouuer par leur
moyen l'angle de l'inclination que doit auoir vostre machine ; Et ie ne sçay si quelqu'autre vous le pourroit dire, encore que la pratique n'en soit pas difficile ; Elle est telle.
Cherchez le milieu entre les points A & C, à sçauoir G,
& d'iceluy tirez vn cercle qui passe par les points A & C,

à sçauoir A H C ; Puis de B, éleuez vne perpendiculaire
B H, qui couppe le cercle au point H, duquel vous tirerez
la ligne H G, & l'angle H G B est celuy que vous cherchez, selon lequel il faudra tailler vn modele de cuivre Z,
pour ajuster l'inclination de vostre machine, & son complement est H G A, suiuant lequel vous taillerez le triangle Z Z, comme i'ay desia dit

Or tout ce que ie viens de vous dire ne sert que pour tailler
les lames n m de telle sorte, qu'elles doiuent estre posées
toutes droites sur la roüe q ; Mais pour ce qu'en cette façon
elles ne feroient que racler, & que ie me persuade que vous

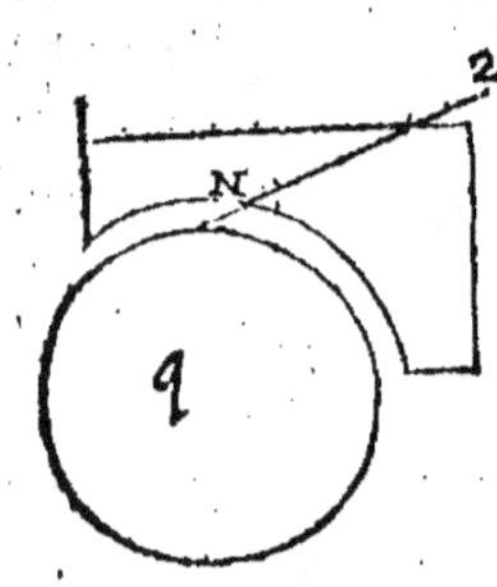

vous pourrez beaucoup mieux seruir
de celles qui seroient couchées
comme le fer des Rabots. Considerez la ligne N M appliquée toute
droite sur la roüe q, & du point N
tirez vne autre ligne N 2, autant couchée que vous desirez que soit le fer
de vostre Rabot. Puis du point M
tirez la ligne M 2, en sorte que l'an-
gle N M 2 soit droit ; Cela fait, prenez G 3 égal à N M, &
G 5 égal à N 2, puis tirez à angles droits 3 4, qui touche
la ligne G H au point 4. Apres tirez la ligne 5 6, aussi à
angles droits, égale & parallele à la ligne 3 4 ; Cela fait,
tirez la ligne 6 G ; Et l'angle 6 G 5 est celuy selon lequel
vous deuez tailler le triangle Z, & 6 G A son complement
seruira pour Z Z. En sorte que si vous vous seruez de cette
nouuelle inclination en vostre machine, au lieu de la precedente H G C, pour tracer la ligne P n o en la lame n m,
cette ligne P n o sera beaucoup plus courbe que l'autre, &
la lame estant couchée sur la roüe comme le fer d'vn Rabot,
elle taillera la mesme figure. Et cecy n'est pas vne des moindres parties de l'inuention ; Car quand ie vous auray vne
fois bien fait entendre le rapport que ces diuerses inclinations ont les vnes aux autres, vous ne pourrez quasi faillir,
pourueu que vous vous seruiez de ces machines ; encore

mefme que vous trouuiez des verres qui ayent plus grande
refraction les vns que les autres ; Mais il eſt impoſſible d'é-
crire tout dans vne Lettre. Vous pourrez faire veritablement vn Rabot de ces lames ainſi couchées, lequel ſera
taillé en rond par deſſous, ſelon la groſſeur de la roüe *q*.

S'il y a quelque choſe en tout cecy que vous n'entendiez
point, mandez le moy, & ie n'épargneray pas le papier pour
vous répondre ; Au reſte, n'eſperez pas auec toutes ces
machines de faire des merueilles du premier coup, ie vous
en aduertis, afin que vous ne vous fondiez pas ſur de fauſſes
eſperances, & que vous ne vous engagiez point à trauailler
que vous ne ſoyez reſolu d'y employer beaucoup de temps;
Mais ſi vous auiez vn an ou deux à vous ajuſter de tout ce
qui eſt neceſſaire ; i'oſerois eſperer que nous verrions par
voſtre moyen, s'il y a des animaux dans la Lune.

A MONSIEVR FERRIER,

LETTRE CII.

MONSIEVR,

Puis que vous me faites la faueur de m'aduertir de ce que
vous auez fait touchant la taille des verres hyperboliques,
ie ſuis obligé de vous mander auſſi ce qu'vn de mes Amis a
fait faire par vn Tourneur d'Amſterdam qu'il y a employé;
La machine fut fort bien-faite dés l'année paſſée, &
les lames ou ciſeaux d'acier dont il a taillé la roüe, mais
il n'a iamais ſceu faire cette roüe ſi exacte, qu'il ait pû tailler
vn verre par ſon moyen dont la figure fuſt vniforme ; Pluſieurs ſe trouuent viſiblement plus eſpais d'vn coſté que
d'autre, & en la pluſpart on y voit deux centres ; ce qui
vient, comme ie croy, de ce qu'il tourne la roüe tantoſt
d'vn coſté & tantoſt d'vn autre, quoy que ie l'aye auerty

plusieurs fois de ne le pas faire ; Et pour ce sujet, au lieu du
tour qui est décrit dans ma Dioptrique, auec vn arc qui va
& reuient ; i'ay fait qu'il se sert d'vne grande rouë, qui
tourne tousiours d'vn mesme sens. Mais il dit qu'il se fait
tant de cercles dans le verre, quand il ne tourne sa rouë que
d'vn costé, que ie n'ay sceu obtenir de luy, qu'il en acheuast
aucun en cette façon, & ayant esté voir sa rouë, i'ay trouué qu'elle estoit fort inégale, & qu'elle n'appuyoit pas tost-
jours de mesme force contre le verre. Ie l'ay conuié à la
mieux polir ; mais il dit qu'apres l'auoir renduë la plus iuste
& exacte qu'il est possible, ces défauts s'y trouuent le lendemain ; Ce qu'il croit venir de ce que le dedans de cette
rouë est de bois, qui fait hausser ou baisser selon le temps le
cuivre dont elle est faite en sa circonference ; & la poudre
dont il se sert pour tailler le verre, entrant dans ce cuivre,
l'a rendu si dur, qu'il luy est presque impossible d'en oster
les défauts qu'il y voit. Nonobstant cela il m'apporta icy
dés l'année passée deux ou trois verres qui me donnoient
bonne esperance, Car encore qu'ils fussent si troubles & mal
polis, que lors qu'on n'en laissoit qu'vne partie découuerte,
de la grandeur des verres des Lunettes ordinaires, on ne
voyoit rien que de fort obscur ; neantmoins quand ils
estoient tout découuerts, ils auoient autant d'effet que les
ordinaires ; ce qui monstroit que s'ils eussent esté aussi polis,
ils eussent eu dautant plus d'effet, qu'ils estoient plus
grands, qui est tout ce qu'on peut esperer. Et leur diametre
estoit d'enuiron trois pouces, pour seruir dans vn tuyau
d'enuiron deux pieds. Depuis il n'a rien fait ; car l'Hyuer
il y a fort peu trauaillé, & celuy qu'il employoit, a quitté
la demeure d'Amsterdam au commencement de cét Esté.
Ce que vous m'auez fait esperer est cause que ie n'ay point
voulu leur conseiller de poursuiure ; car s'il y a quelqu'vn au
monde qui en puisse venir à bout, ie ne doute point que ce
ne soit vous. Ie suis,

A MONSIEVR ****.

LETTRE CIII.

MONSIEVR,

Ie vous ay tant d'obligation du souuenir qu'il vous plaist
auoir de moy, & de l'affection que vous me témoignez, que
i'ay regret de ne la pouuoir assez meriter, Excusez & mon
peu d'esprit, & les diuertissemens qui me portent à d'autres
pensées, si ie ne puis satisfaire à vostre question, sçauoir,
pourquoy il est plus permis de passer de la dixiéme mineure
à la sexte majeure, que des tierces à l'octaue. Sur quoy ie
vous diray neantmoins, qu'il me semble que ce qui rend le
passage d'vne consonance à l'autre agreable, n'est pas seulement que les relations soient aussi consonantes, car cela
ne se peut ; mesme quand il se pourroit, il ne seroit pas
agreable, dautant que cela osteroit toute la diuersité de la
Musique ; Et d'ailleurs touchant les mauuaises relations, il
ne faut presque considerer que la fausse quinte, & le triton,
car les 7. & 9. se rencontrent presque tousiours, lors qu'vne
partie va par degrez conjoints. Mais ce qui empesche qu'on
ne peut aller de la tierce à l'octaue, est à cause que l'octaue
est vne des consonances parfaites, lesquelles sont attenduës
de l'oreille, lors qu'elle entend les imparfaites ; Mais lors
qu'elle entend les tierces, elle attend la consonance qui leur
est la plus proche, à sçauoir, la quinte ou l'vnison ; de sorte
que si l'octaue suruient au lieu, cela la trompe, & ne la satisfait pas. Mais il est bien permis de passer des tierces à vne
autre imparfaite ; Car encore que l'oreille n'y trouue pas ce
qu'elle attend, pour y arrester son attention, elle y trouue
cependant quelqu'autre varieté qui la recrée, ce qu'elle
ne trouueroit pas en vne consonance parfaite, comme est
l'octaue.   I'ay

I'ay appris de Monsieur Ferrier combien vous m'auiez
obligé en sa personne, & encore qu'il y ait beaucoup plus
de choses en luy, qui vous peuuent conuier à procurer son
auancement, que ie n'en reconnois en moy pour meriter
l'honneur de vos bonnes graces, ie n'eus pas laissé de reconnoistre que c'est moy qui vous suis redeuable des faueurs
qu'il a receuës ; non seulement à cause que ie l'aime assez
pour prendre part au bien qui luy arriue, mais aussi pour ce
que mon inclination me porte si fort à vous honorer & seruir, que ie ne crains pas de deuoir à vostre courtoisie, ce
que i'auois voüé à vos merites. Et de plus, ie suis bien-aise
de me flater, en me persuadant que i'ay l'honneur d'estre
en vostre souuenir, & que vous daignez faire quelque chose
en ma consideration; Ce qui me fait auoir meilleure opinion
de moy, & me donne tant de vanité, que i'ose entreprendre de vous recommander plus particulierement le mesme
sieur Ferrier, en vous assurant qu'outre qu'il est tres-hon-
neste homme, & extremement reconnoissant, ie ne sçache
personne au monde, qui soit si capable que luy, de ce à quoy
il s'employe. Il y a vne partie dans les Mathematiques, que
ie nomme la science des miracles, pour ce qu'elle enseigne
à se seruir si à propos de l'Air & de la Lumiere, qu'on peut
faire voir par son moyen toutes les mesmes illusions, qu'on
dit que les Magiciens font paroistre par l'aide des Demons;
Cette science n'a iamais encore esté pratiquée, que ie sçache, & ie ne connois personne que luy qui en soit capable:
Mais ie tiens qu'il y pourroit faire de telles choses, qu'encore que ie méprise fort de semblables niaiseries, ie ne vous
celeray pas toutesfois, que si ie l'auois pû tirer de Paris, ie
l'aurois tenu icy exprés pour l'y faire trauailler, & employer
auec luy les heures que ie perdrois dans le jeu, ou dans les
conuersations inutiles.

I'ay esté rauy de voir par la Lettre que vous m'auez fait
l'honneur de m'écrire, que vous me conseillez de voir le
commencement du septiéme chapitre du premier Liure des
Meteores d'Aristote, pour seruir à ma défense. Car c'est vn

lieu que i'ay cité à la fin de ma Philofophie, & le feul d'A-
riftote que i'aye cité. Ainfi ce ne m'eft pas vne petite preuue
de voftre affection, de voir que vous me confeillez iuftement
la mefme chofe, dont i'ay crû me deuoir feruir. Pour la
cenfure de Rome, touchant le mouuement de la Terre, ie
n'y voy aucune apparence ; Car ie nie tres-expreffément ce
mouuement. Ie croy bien que d'abord on pourra iuger que
c'eft de parole feulement que ie le nie, afin d'éuiter la cenfure, à caufe que ie retiens le fyfteme de Copernic ; Mais
lors qu'on examinera mes raifons, ie me fais fort qu'on trouuera qu'elles font ferieufes & folides, & qu'elles monftrent
clairement, qu'il faut pluftoft dire que la terre fe meut, en
fuiuant le fyfteme de Tycho, qu'en fuiuant celuy de Copernic, expliqué en la façon que ie l'explique : Or fi on ne
peut fuiure aucun de ces deux, il faut reuenir à celuy de Ptolomée, à quoy ie ne croy pas que l'Eglife nous oblige iamais,
veu qu'il eft manifeftement contraire à l'experience ; Et
tous les paffages de l'Efcriture, qui font contre le mouuement de la terre, ne regardent point le fyfteme du monde,
mais feulement la façon de parler ; en forte que prouuant,
comme ie fais, que pour parler proprement, il faut dire
que la terre ne fe meut point, en fuiuant le fyfteme que
i'expofe, ie fatisfais entierement à ces paffages. Mais ie ne
laiffe pas de vous auoir beaucoup d'obligation, de m'auoir
aduerty de ce qui peut eftre contre moy.

La raifon pour laquelle ie croy qu'vne corde tenduë, ou
vn arc, ou vn reffort retourne en fa direction, eft que la
matiere fubtile qui coule continuellement, ainfi qu'vn tor-
rent, par les pores des corps terreftres, ne trouuant pas fi
libre paffage dans ces pores que de couftume, fait effort
pour les remettre en leur eftat ordinaire. Par exemple, fi
les pores d'vn morceau d'acier trempé font tout ronds, lors
qu'il eft droit, & iuftement de la grandeur qu'il faut, pour
donner paffage aux parties de la matiere fubtile, que i'imagine auffi eftre rondes, ils deuiendront ouales, lors qu'il fera
plié, & ces parties de la matiere fubtile preffant les bords

de ces ouales, en l'endroit où elles font le plus eftroittes, feront effort pour leur rendre leur premiere figure, &c. Vous auez fort bien pris mon fens, en ce que i'auois écrit de l'étenduë des fuperficies, à fçauoir, que l'air refifte plus à la mefme quantité de matiere, felon qu'elle eft plus ou moins eftenduë en fes fuperficies; car ie ne confidere aucune inertie *abfolutè loquendo*, ou felon la nature de la chofe, mais feulement ayant égard aux corps circonjacens. Ainfi, lors que ie dis, que plus vn corps eft grand, mieux il peut tranf-ferer fon mouuement aux autres corps, & peut moins eftre meu par eux, ma raifon eft, qu'il les pouffe tout entiers vers vn mefme cofté; au lieu que les petits corps qui l'enui-ronnent, ne peuuent iamais fi bien s'accorder tous enfem-ble à le pouffer tous au mefme inftant en mefme fens, & le pouffant, l'vn vne de fes parties d'vne façon, l'autre vne autre partie d'vne autre façon, ils ne le font pas tant mou-uoir, Ie vous prie de me continuer l'honneur de vos bonnes graces, & de me croire, &c.

A MONSIEVR ****.

LETTRE CIV.

MONSIEVR,

Ie ne receus voftre derniere que Lundy matin, vne heure apres auoir enuoyé celle que ie vous écriuis Dimanche au foir, ce qui eft caufe que ie n'y adjoûtay point mon fyfteme pour faire vn inftrument de Mufique qui foit parfait, car ie ne penfois pas que vous le vouluffiez encore voir, & ie fçay bien que vous n'en auez aucun befoin pour l'Efpinette que vous voulez faire faire à Mademoifelle voftre fille, Car pour l'âge où elle eft, il ne faut chercher que les chofes les plus faciles, & ce fyfteme eft beaucoup plus difficile que le vul.

gaire ; Mais vous en pourrez aiſément iuger , car le voicy.

A ſçauoir, au lieu qu'on a couſtume de diuiſer l'octaue en douze parties, pour les inſtrumens ordinaires , il faut icy la diuiſer en dix-huit ; Comme par exemple, aux Eſpinettes les marches d'vne octaue ſont ainſi diſpoſées, &c. & elles le deuroient eſtre ainſi, &c.

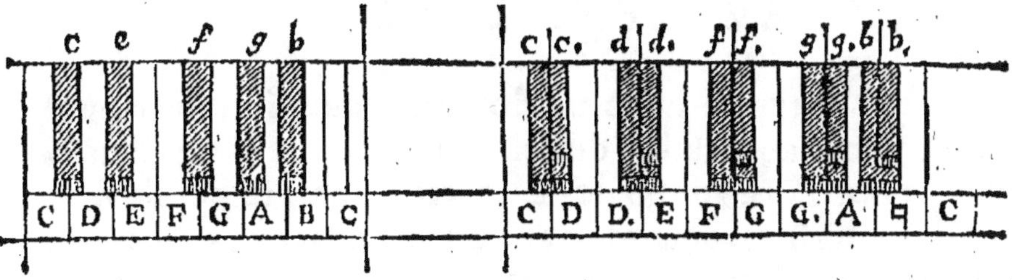

Et les ſons de ces marches doiuent auoir entr'eux meſme proportion que les nombres icy mis ; En ſorte que ſi la corde qui fait le ſon C eſtoit diuiſée en 3600 parties égales, 3456 de ſes parties donneroient le ſon c, & 3375 le ſon c. & 3240 le ſon D, & ainſi des autres. Et c'eſt ſuiuant cela qu'il faut accorder cette Eſpinette. Et on s'en peut ſeruir pour joüer toutes les meſmes pieces qu'on joüe ſur les autres, ſans qu'il ſoit beſoin d'y rien changer, ſinon qu'il faut prendre garde que quand on veut ſe ſeruir de la feinte c auec A ou E, il faut prendre le premier c; & que quand on s'en ſert auec F, il faut toucher le ſecond c. Et qu'il faut toucher le premier D auec A ou F, & D. auec G ou ♯; & d auec ♯, & d. auec G ; & f auec A , & f. auec ♯ ; & g auec E , & g. auec F ou C; & enfin b auec F, & b. auec G ; Ce qui s'entend pour les pieces qu'on joüe en B quarré; Et pour celles qu'on joüe en B mol, il ne faut que mettre F au lieu de C; G & G. au lieu de D & D. & ainſi de ſuitte. Et ce que i'ay dit icy d'vne octaue, ſe doit entendre de tout le Clauier, dans lequel toutes les octaues doiuent eſtre diuiſées l'vne comme l'autre. Ie ſuis,

AV R. P. MERSENNE.
LETTRE CV.

MON REVEREND PERE,

Ie fouhaitterois auec paffion de pouuoir contribuer quelque chofe au lottable deffein qu'a Monfieur de Cauendifche, pour faire reüffir les Lunettes; mais ie penfe vous auoir defia écrit cy-deuant tout ce que i'en fçay : A fçauoir, qu'il y a de la difference entre la Theorie & la Pratique, en ce que celle-cy ne pouuant atteindre à la perfection de celle-là, on doit fe contenter d'en approcher le plus qu'on pourra, & que du refte, il faut principalement auoir foin que les verres foient bien nets, c'eft à dire, fans ondes ou nuages au dedans, & bien polis, tant du cofté qu'on laiffe plat, que de l'autre. On a reüffy quelquefois à faire d'affez bonnes Lunettes, en tafchant feulement de faire les verres fpheriques, à caufe que la figure de tels verres eftant petite, n'eftoit pas fenfiblement differente de l'hyperbolique; Mais eftant plus grands la difference y eft fort fenfible, comme vous voyez que le cercle A *b* C & l'hyperbole

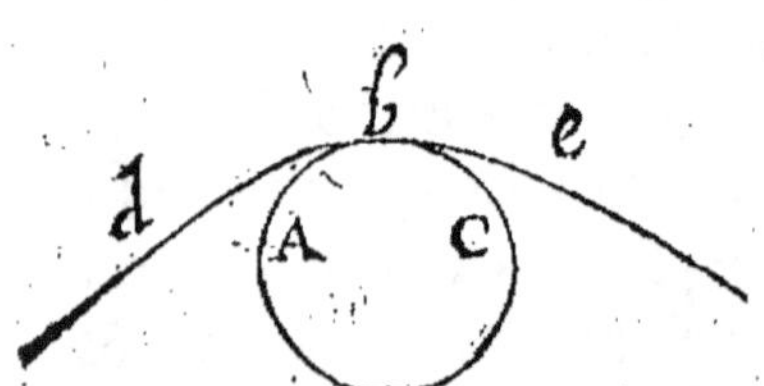

d b e, fe touchent prefque, en vn affez long efpace vers *b*, mais que vers A *d* & C *e* ils s'éloignent beaucoup. Or toute l'importance eft de faire des verres conuexes affez grands, & bien polis, qui ayent à peu prés la figure de l'hyperbole; Et pour les petits verres, bien que felon la Theorie il n'en faille qu'vn feul à chaque homme, qui luy peut feruir pour joindre à tous les verres conuexes; Selon la Pratique il en faut plufieurs de diuerfes concauitez, à caufe que la figure du con-

uexe n'eftant pas exacte, il faut que celle du concaue fupplée
à ce défaut. Et dautant que plus le petit verre eft concaue il
reçoit les rayons d'vne plus grande partie du conuexe, comme on peut voir dans la page 85. de ma Dioptrique, & qu'il
arriue fouuent qu'vne petite partie du conuexe approche
plus de la vraye figure qu'vne grande; de là vient que prefque toufiours les petits verres les moins concaues reüffiffent
mieux pour rendre la vifion plus diftincte, mais ils n'agran-
diffent pas tant les objets. Ie fuis,

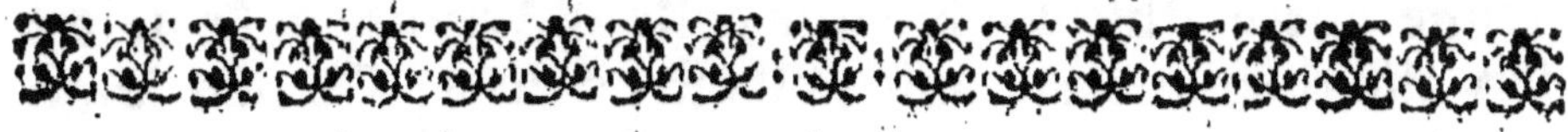

A MONSIEVR ****,

LETTRE CVI.

MONSIEVR,

Les nouuelles que i'apprens de diuers lieux, touchant
ce qui fe paffe à Vtrech, me donnent beaucoup de fujet
d'admiration, quoy qu'elles ne m'eftonnent, ny ne me faf-
chent en aucune façon, finon entant qu'elles touchent
Monfieur le Roy; Car on ne dit rien moins à Leyde, finon
qu'il eft deffa demis de fa Profeffion; ce que ie ne puis toutesfois croire, ny mefme m'imaginer que cela puiffe iamais
arriuer; & ie ne voy pas quel pretexte fes ennemis auroient
pû forger pour luy nuire. Mais quoy qu'il arriue, ie vous
prie de l'affurer de ma part, que ie m'employeray pour luy
en tout ce que ie pourray, plus que ie ne ferois pour moy-
mefme; & qu'il ne fe doit nullement fafcher, pour ce que
cette caufe eft fi celebre, & fi connuë de tout le monde,
qu'il ne s'y peut commettre aucune injuftice, qui ne tourne
entierement au defauantage de ceux qui la commettroient,
& à la gloire, & mefme peut-eftre auec le temps au profit
de ceux qui la fouffriroient. Pour moy, iufques icy, en ne
iugeant que des chofes que ie fçay affurément, ie ne puis

tant blaſiner Meſſieurs d'Vtrech, comme ie voy que tout le
monde les blaſme, & il ſemble que ce qu'ils ont fait peut
aiſément tourner à bien, & faire qu'ils ſoient loüez de tout
le monde, en cas qu'ils ſe veüillent défaire de leur Pedago-
gue pretendu, lequel, à ce qu'on me dit encore à preſent,
ſe meſle de preſcher contre eux, à cauſe qu'ils n'ont pas
défendu mon Liure; Car pour ces derniers bruits, qui ſont
que Monſieur le Roy eſt demis, ie ne les croy point. Mais
on m'a aſſuré qu'ils ont fait vne Loy en leur Academie, par
laquelle ils deffendent expreſſément, qu'on n'y enſeigne
aucune autre Philoſophie que celle d'Ariſtote; Ie ſeray
bien aiſe d'en auoir Copie, s'il eſt poſſible; Ce que ie ne
demanderois pas, ſi ie penſois qu'ils le trouuaſſent mauuais,
mais puis qu'ils l'ont publiée, ie croy qu'ils veulent bien
qu'õ la ſçache, & qu'ils ſont trop ſages pour ſuiure les impertinentes regles d'vn homme qui me nomme *in alienâ Repu-
blicâ curioſus*, & qui ſe plaint de tous ceux qui oſent écrire les
fautes qu'il oſe faire en public. Toutesfois ie ne voudrois pas
que mes Amis m'écriuiſſent aucune choſe, qui ne puſt eſtre
veüe de tous, comme ie n'écris rien que ie ne veüille bien
que tout le monde voye; Et ſur tout ie vous prie de ne vous
faire aucuns ennemis à mon occaſion, ie vous ſuis deſia trop
obligé ſans cela, & cela ne me ſeruiroit point. Ie ſuis,

A MONSIEVR ****.

LETTRE CVII.

MONSIEVR,

Ie tiens à vne extréme faueur que parmy tant de
diuerſes occupations, & tant d'importantes affaires qui
doiuent paſſer par voſtre Eſprit, vous daigniez encore vous
ſouuenir d'vne perſonne ſi inutile comme ie ſuis. Et ie ne

doute point que les Lettres que vous auez pris la peine de procurer pour le Tourneur n'ayent porté coup ; mais il n'en a pas encore senty les effets, sinon en tant que Messieurs de cette Ville n'ont iusques icy donné à personne la place qu'il desire, & que le visage de ceux ausquels il a parlé ne luy en a point osté l'esperance. Ie m'estonne qu'on vous ait dit que ie faisois imprimer quelque chose de Metaphysique, pour ce que ie n'en ay encore rien mis entre les mains de mon Libraire, ny n'ay mesme rien preparé, qui ne soit si peu, qu'il ne vaut pas le parler ; & enfin on ne peut vous en auoir rien rapporté qui soit vray, si ce n'est ce que ie me souuiens vous auoir dit dés l'Hyuer passé, à sçauoir, que ie me proposois d'éclaircir ce que i'ay écrit dans la quatriéme partie de la Methode, & de ne le point publier, mais d'en faire seulement imprimer douze ou quinze Exemplaires, pour les enuoyer à douze ou quinze des principaux de nos Theologiens, & d'en attendre leur iugement. Car ie compare ce que i'ay fait en cette matiere aux demonstrations d'Apollonius, dans lesquelles il n'y a veritablement rien qui ne soit tres-clair & tres-certain, lors qu'on considere chaque point à part ; Mais à cause qu'elles sont vn peu longues, & qu'on ne peut y voir la necessité de la conclusion, si l'on ne se souuient exactemēt de tout ce qui la precede, on trouue à peine vn homme en tout vn païs qui soit capable de les entendre, Et toutesfois à cause que ce peu qui les entendent, assurent qu'elles sont vrayes, il n'y a personne qui ne les croye. Ainsi ie pense auoir entierement demonstré l'existence de Dieu, & l'immaterialité de l'Ame humaine ; Mais pour ce que cela depend de plusieurs raisonnemens qui s'entre-suiuent, & que si on en oublie la moindre circonstance, on ne peut bien entendre la conclusion, si ie ne rencontre des personnes bien capables, & de grande reputation pour la Metaphysique, qui prennent la peine d'examiner curieusement mes raisons, & qui disant franchement ce qu'ils en pensent, donnent par ce moyen le branle aux autres, pour en iuger comme eux, ou du moins pour auoir honte de leur contredire,

dire sans raison, ie preuoy qu'elles feront fort peu de fruit.
Et il me semble que ie suis obligé d'auoir plus de soin de
donner quelque credit à ce traitté, qui regarde la gloire de
Dieu, que mon humeur ne me permettroit d'en auoir, s'il
s'agissoit d'vne autre matiere. Au reste, ie croy que ie m'en
vais entrer en guerre auec les Iesuites, car leur Mathematicien de Paris a refuté publiquement ma Dioptrique en ses
Theses; Sur quoy i'ay écrit à son Superieur, afin d'engager
tout leur Corps en cette querelle; Car bien que ie sçache
assez il y a long-temps qu'il ne fait pas bon s'attirer des ad-
uersaires, ie croy pourtant que puis qu'ils s'irritent d'eux-
mesmes, & que ie ne le puis éuiter, il vaut mieux vne bonne
fois que ie les rencontre tous ensemble, que de les attendre
l'vn apres l'autre, en quoy ie n'aurois iamais de fin. Cependant mes affaires domestiques m'appellent en France, & si
ie puis trouuer commodité pour y aller dans cinq ou six semaines ie me propose de faire le voyage. Mais Vassanaer ne
desire pas que ie parte auant l'impression de ce que l'opiniâ-
treté de son aduersaire l'a contraint d'écrire; & quoy que ce
soit vne drogue dont ie suis fort las, l'honneur toutesfois ne
me permet pas de m'exempter d'en voir la fin, ny le seruice
que ie dois à ce païs d'en dissimuler la verité. Vous la trouuerez icy dans sa Preface, dont ie luy feray encore differer
l'impression quinze iours, ou plus s'il est besoin, afin d'en
attendre vostre iugement, s'il vous plaist me faire la faueur
de me l'écrire, & il nous seruira de Loy inuiolable. Cependant ie vous prie de croire tres-assurément que son aduersaire a tres-bien sceu que tout son Liure ne valoit rien, auant
mesme que de le publier, comme les subterfuges de sa gajeu-
re l'ont assez monstré, & qu'il a eu la science de Socrate, en
ce qu'il a sceu qu'il ne sçauoit rien; mais il a auec cela vne
impudence incroyable à calomnier, & à se vanter de sçauoir
des choses impossibles & extrauagantes, qui est à mon iugement la qualité la plus dangereuse, & la plus nuisible qu'vn
homme de sa condition sçauroit auoir; & ie pense estre obligé de vous mander en cela mon iugement; car ie suis,

~~~~~~

A MONSIEVR ****.

LETTRE CVIII.

MONSIEVR,

Ie fuis bien glorieux de l'honneur qu'il vous a plû me
faire, en me permettant de voir voftre taitté Flamend, touchant l'vfage des Orgues en l'Eglife, comme fi i'eftois fort
fçauant en cette langue ; Mais quoy que l'ignorance en foit
fatale à tous ceux de ma nation, ie me perfuade pourtant que
l'idiome ne m'a pas empefché d'entendre le fens de voftre
difcours, dans lequel i'ay trouué vn ordre fi clair & fi bien
fuiuy, qu'il m'a efté aifé de me paffer du meflange des mots
eftrangers, qui n'y font point, & qui ont couftume de me
faciliter l'intelligence du Flamend des autres. Mais ce n'eft
pas à moy à parler du ftile, & i'aurois mauuaife grace de
l'entreprendre ; Mais pour vos raifons, ie puis dire qu'elles
font fi fortes & fi bien choifies, que vous perfuadez entierement au Lecteur tout ce que vous auez témoigné vouloir
prouuer ; Ce que i'auoüe icy auec moins de fcrupule, à caufe
que ie n'y ay rien remarqué qui ne s'accorde auec noftre
Eglife. Et pour les Epithétes que vous nous donnez cependant en diuers endroits, ie ne croy pas que nous deuions
nous en offenfer dauantage, qu'vn feruiteur s'offenfe quand
fa maiftreffe l'appelle fchelme, pour fe vanger d'vn baifer
qu'il luy a pris, ou pluftoft pour couurir la petite honte
qu'elle a de le luy auoir octroyé. Il eft vray que ce baifer
n'auance gueres, & ie voudrois qu'en nous difant de telles
injures vous euffiez auffi bien deduit tous les points qui
pourroient feruir à rejoindre Geneue auec Rome. Mais
pourcexe que l'Orgue eft l'inftrument le plus propre de tous
pour commencer de bons accords, permettez à mon zele
~~~~~~

de dire icy *omen accipio*, fur ce que vous l'auez choifie pour
fujet. En effet fi quelques Indiens ont refufé de fe rendre
Chreftiens, pour la crainte qu'ils auoient d'aller au Paradis
des Efpagnols, i'ay bien plus de raifon de fouhaitter que le
retour à noftre Religion me faffe efperer d'eftre apres cette
vie auec ceux de ce païs, auec lefquels i'ay monftré par effet
que i'aimois mieux viure que dans le mien propre. Et pardonnez-moy, fi ie me plains vn peu de vous à ce propos, de
ce que vous m'auez eftimé eftre vne *fera beftia*, lors que
vous auez fceu que i'auois deffein d'aller en France; Car fi
ie m'en fouuiens, c'eft ainfi que Iuftinien nomme ceux qui
n'ont pas *animum redeundi*, & ie me propofe de ne faire
qu'vne courfe de quatre ou cinq moins. Ie me plains auffi du
fujet que vous dites auoir appris de mon depart; Car ie ne
fuis pas, graces à Dieu, d'humeur fi déraifonnable ny fi
tendre, Ie fçay tres-bien que les plus beaux corps ont toûjours vne partie qui eft fale, mais il me fuffit de ne la point
voir, ou d'en tirer fujet de raillerie fi elle fe monftre à moy
par mégarde; Et ie n'ay iamais efté fi degofté que d'aimer
ou eftimer moins pour cela, ce qui m'auoit femblé beau ou
bon auparauant. Au refte, Monfieur, en me plaignant de
ce que vous m'auez iugé d'autre humeur que ie ne fuis, ie
ne laiffe pas de me fentir tres-obligé de la bien-veillance
qu'il vous plaift me témoigner par cela mefme, & ie vous
fupplie tres-humblement de croire que ie feray toute ma
vie, &c,

AV R. PERE MERSENNE.

De Leyde le 18. Mars 1641.

LETTRE CIX.

MON REVEREND PERE,

Ie vous enuoye enfin ma réponse aux objections de Monsieur Arnault, & ie vous prie de changer les choses suiuantes dans ma Metaphysique, afin qu'on puisse connoistre par là que i'ay deferé à son iugement, & ainsi que les autres, voyant combien ie suis prest à suiure conseil, me dient plus franchement les raisons qu'ils auront contre moy, s'ils en ont, & s'opiniastrent moins à me contredire sans raison.

La premiere correction est *In synopsi ad quartam Meditationem.* Apres ces mots, *quam ad reliqua intelligenda*, où ie vous prie d'adjoûter ceux-cy: (*Sed ibi interim est aduertendum nullo modo agi de peccato, vel errore qui committitur in persecutione boni & mali, sed de eo tantum qui contingit in dijudicatione veri & falsi; nec ea spectari quæ ad fidem pertinent, vel ad vitam agendam, sed speculatiuas tantum, & solius luminis naturalis ope cognitas veritates*) & de les enfermer dans vne parenthese, afin qu'on voye qu'ils ont esté adjoûtez.

Dans la sixiéme Meditation page 96. apres ces mots: *Cum authorem meæ originis adhuc ignorarem*, ie vous prie de mettre (*vel saltem ignorare me fingerem*) aussi en parenthese.

Puis dans ma Réponse aux premieres objections, où il est question, *an Deus dici possit esse à se vt à causa*, à l'endroit où sont ces mots: *Adeo vt si putarem nullam rem idem quodammodo esse posse erga se ipsam*, &c. ie vous prie de mettre à la marge: *Notandum est per hæc verba nihil aliud intelligi*, *quam quod alicuius rei essentia talis esse possit, vt nulla causa efficiente indigeat ad existendum.*

Et vn peu plus bas, où sont ces mots : *Ita, etiam si Deus nunquam non fuerit, quia tamen ille ipse est qui se reuerà conseruat,* &c. Ie vous prie aussi de mettre à la marge : *Notandum etiam hic non intelligi conseruationem quæ fiat per positiuum vllum causæ efficientis influxum; Sed tantum, quod Dei essentia sit talis vt non possit non semper existere.*

Et trois lignes plus bas, où sont ces mots : *Etsi enim ij qui putant impossibile esse vt aliquid sit causa efficiens sui ipsius, non soleant,* &c. Ie vous prie de corriger ainsi le texte : *Etsi enim ij qui non nisi ad propriam & strictam efficientis significationem attendentes, cogitant impossibile esse, vt aliquid sit causa efficiens sui ipsius, nullumque hic aliud causæ genus efficienti analogum locum habere animaduertunt, non soleant,* &c. Car mon intention n'a pas esté de dire que *aliquid potest esse causa efficiens sui ipsius,* en parlant *de efficiente proprie dicta,* mais seulement que lors qu'on demande *an aliquid possit esse à se,* cela ne se doit pas entendre *de efficiente proprie dicta;* Parce que comme i'ay dit, *Nugatoria esset quæstio;* Et que l'axiome ordinaire de l'école, *nihil potest esse causa efficiens sui ipsius,* est cause qu'on n'a pas entendu le mot *à se* au sens qu'on le doit entendre; en quoy ie n'ay pas voulu toutesfois apertement blasmer l'école.

Ie vous prie aussi de n'oublier pas la correction dont ie vous ay écrit dans mes precedentes pour la fin des mesmes Réponses, où sont ces mots, *Deinde quia cogitare non possumus,* &c. Car pendant que mon écrit n'est pas imprimé, ie pense auoir droit d'y changer ce que ie iugeray à propos. Ie pense aussi auoir quelque droit de desirer que dans les objections de M. Arnault, vers la fin de celle où il examine *an Deus sit à se vt à causa,* & où il cite de moy ces paroles. *Adeo vt si putarem nullam rem idem esse posse erga seipsam,* &c. qu'on mist, *Idem quodammodo esse,* &c. Car ce mot *quodammodo,* qu'il a oublié change le sens, & il est ce me semble mieux que ie vous prie de l'adjoûter dans son texte,

que si ie l'accusois dans ma Réponse de n'auoir pas cité le
mien fidelement ; outre qu'il semble ne l'auoir obmis que
par oubliance, Car il conclud, *cum euidentissimum sit nihil
vllo modo erga se ipsum*, &c. où son *vllo modo* se rapporte à
mon *quodammodo*.

Ie pourrois en mesme façon vous prier de mettre au
commencement de la mesme objection, où il cite de moy
ces mots ; *Ita vt Deus quodammodo idem præstet respectu sui
ipsius*, &c. de mettre, dis-ie, ceux-cy, *Ita vt liceat nobis
cogitare Deum quodammodo idem præstare*, &c. comme il y a
dans mon texte, Et vn peu plus bas où il me cite, disant que
efficientis significatio non videtur ita esse restringenda, il obmet
la principale raison que i'en ay donnée, qui est que *nugatoria
quæstio esset*, &c. & rapporte seulement la moins principale ;
mais i'ay remedié à cela tout doucement par ma Réponse ;
C'est pourquoy il importe moins de le changer, & il ne le
faudroit pas faire sans sa permission.

Ie viens à vostre derniere du deuxiéme Mars que i'ay
receuë il y a huit iours, car ie n'ay point eu de vos Lettres à
ce voyage, vous y parlez de l'opinion de l'Anglois qui veut
que la reflexion des corps ne se fasse qu'à cause qu'ils sont
repoussez comme par vn ressort, par les autres corps qu'ils
rencontrent ; mais cela se peut refuter bien aisément par
l'experience. Car s'il estoit vray, il faudroit qu'en pressant
vne balle contre vne pierre dure, aussi fort qu'elle frappe
cette mesme pierre quand elle est jettée contre elle, cette
seule pression la pust faire bondir aussi haut que lors qu'elle
est jettée contre. Et cette experience est aisée à faire, en
tenant la balle du bout des doigts, & la tirant en bas contre
vne pierre qui soit si petite qu'elle puisse estre entre la main
& la balle, ainsi que la corde d'vn arc de bois est entre la
main & la fléche, quand on la tire du bout des doigts pour
la décocher ; Mais on verra que cette balle ne rejaillira aucunement, si ce n'est peut-estre fort peu en cas que la pierre
se plie fort sensiblement comme vn arc, Et pour leur faire
auoüer que la balle ne s'arreste en aucune façon au point de

la reflexion, il leur faut faire confiderer que fi elle s'arreſtoit
quand la reflexion ſe fait iuſtement à angles droits, elle
deuroit auſſi s'arreſter quand ils font tant ſoit peu moindres,
& ainſi par degrez, encore qu'ils ſoient les plus aigus qui puiſſent eſtre, car il n'y a pas plus de raiſon pour l'vn que pour
l'autre ; Mais ces angles plus aigus font les angles de con-
tingence qui ſe trouuent en tous les points imaginables qui
font en la circonference d'vn cercle, en forte qu'il faudroit
imaginer que lors qu'vne balle ſe meut en rond, elle s'arreſte
en tous les points de la ligne qu'elle décrit, ce qui ne ſe peut
ſoûtenir que par vne opiniaſtreté ridicule ; Si ce n'eſt qu'on
auoüe auſſi qu'elle s'arreſte en tous les points de ſon mouuement quand elle va en ligne droite ; car on ne voit point
qu'elle aille notablement plus viſte en droite ligne qu'en
rond. Et ſi on veut qu'elle s'arreſte en tous les points de ſon
mouuement, ce n'eſt rien de particulier de dire qu'elle s'arreſte auſſi au point de reflexion ; & il leur faut expliquer la
cauſe qui luy fait reprendre ſon mouuement apres qu'elle l'a
perdu en chacun des points où elle s'arreſte, ainſi qu'ils pretendent la donner par leur reſſort, qui le luy fait reprendre
au point de la reflexion. Mais ie ne me ſouuiens point d'a-
uoir dit que ſes concluſions touchant la refraction ſuiuiſſent
mal de ſes ſuppoſitions, car en effet ie croy qu'elles ſuiuent
bien, & il n'eſt pas mal-aiſé de bâtir des principes abſurdes
dont on puiſſe conclure des veritez qu'on a appriſes d'ailleurs ; Comme ſi ie diſois *omnis equus eſt rationalis, omnis
homo eſt equus ; Ergo omnis homo eſt rationalis*, la concluſion
eſt bonne, & l'argument eſt en forme, mais les principes ne
valent rien.

Ie ſuis bien-aiſe que Monſieur Petit ait pris quelque gouſt
en ma Metaphyſique ; Car vous ſçauez qu'il y a plus de joye
dans le Ciel pour vn pecheur qui ſe conuertit, que pour
mille juſtes qui perſeuerent.

Ie vous laiſſe le ſoin de tous les titres de ma Metaphyſique ; car vous en ſerez s'il vous plaiſt le parrain : Et pour les
objections, il eſt fort bon de les nommer *primæ objectiones,*

focundæ objeffiones , &c. & apres de mettre, *Refponfio ad obi-jeffiones* , pluſtoſt que *folutiones objeffionum* , afin de laiſſer iuger au Leſteur ſi mes Réponſes en contiennent les ſolu-tions , ou non. Car il faut laiſſer mettre *folutiones* à ceux qui n'en donnent que de fauſſes, ainſi que ce ſont ordinairement ceux qui ne ſont pas nobles, qui ſe vantent le plus de l'eſtre.

Ie ne vous enuoye pas encore le dernier feüillet de ma Réponſe à Monſieur Arnault, où i'explique la tranſubſtan-tiation ſuiuant mes Principes ; Car ie deſire auparauant lire les Conciles ſur ce ſujet , & ie ne les ay encore pû voir. Ie ſuis,

---

A MONSIEVR ****,

LETTRE CX,

MONSIEVR,

Ie vous ſuis tres-particulierement obligé , pour les Notes que vous m'auez fait la faueur de me procurer & de m'en-uoyer. Ie m'eſtonne de la precipitation & de l'aueuglement de ces gens qui penſent voir des choſes dans mes écrits , qui ne ſont iamais entrées en mon imagination. Ie n'ay point décrit en detail dans mes Principes tous les mouuemens de chaque Planette ; Mais i'ay ſuppoſé en general tous ceux que les obſeruateurs y remarquent, & i'ay taſché d'en ex-pliquer les cauſes. Ainſi dautant que toutes les Planettes ont cela de commun, qu'elles s'écartent irregulierement du cercle regulier qu'on imagine qu'elles doiuent décrire , la Lune autour de la Terre, & les autres autour du Soleil , ce qui a fait qu'on leur a attribué diuers Apogées ou Aphelies, & Perihelies ou Perigées , i'ay donné des raiſons de ces Apogées qui ſont communes pour toutes les Planettes, & les ay miſes dans la page 181. & 182. Puis, à cauſe qu'outre

toutes

toutes les irregularitez qu'on obſerue en la Lune, tout de meſme qu'en chacune des autres Planettes, on y obſerue encore cela de particulier, que toutes ces irregularitez, que ie nomme en Latin *aberrationes à motu medio*, ſont plus grandes en ſes quarties, que lors qu'elle eſt pleine ou nouuelle, il m'en a fallu donner vne raiſon particuliere; Et celle que i'ay donnée eſt que le Ciel qui la contient à la figure d'vne ellipſe, Car ce Ciel eſtant fluide, & portant tellement la Lune auec ſoy, qu'elle ne laiſſe pas d'eſtre auſſi cependant quelque peu pouſſée ou diſpoſée à ſe mouuoir par d'autres cauſes, la raiſon veut que ces autres cauſes produiſent vn plus grand effet, quand elle eſt aux endroits où ſon Ciel eſt le plus large, que quand elle eſt aux endroits où il eſt le plus eſtroit. Tout de meſme que ſi l'on imagine en la figure de la page 110. que la matiere qui eſt entre les deux lignes A B C D, 5678 eſt l'eau d'vne riuiere qui tourne en rond d'A par B vers C, puis vers D & vers A, & que la Lune ſoit vn bateau qui eſt emporté par le cours de cette riuiere, il eſt euident, que ſi quelqu'autre cauſe diſpoſe tant ſoit peu ce bateau à s'approcher dauantage de l'vn des bors de cette riuiere que de l'autre, cette meſme cauſe agiſſant contre luy, lors qu'il ſera entre B & 6, ne le fera pas tant écarter du lieu où le ſeul cours de l'eau le conduit, que lors qu'il ſera entre C & 7. Et il eſt euident auſſi que ſi ce bateau ſe meut plus lentement que l'eau de la riuiere, ainſi que i'ay dit que la Lune ſe meut plus lentement que la matiere de ſon Ciel, il augmentera dauantage la viteſſe de cette eau, quand il ſera entre B & 6, que quand il ſera entre C & 7, mais il ne l'augmentera point dauantage s'il eſt proche du bord de cette riuiere marqué B, que s'il eſt proche du bord 6. En ſuitte dequoy tout ce que i'ay écrit de la Lune, & du flux & reflux de la Mer me ſemble ſi clair, que ie n'y voy aucune occaſion de douter.

Pour la deſcription de l'animal, il y a long-temps que i'ay quitté le deſſein de la mettre au net, non point par negligence, ou faute de bonne volonté, mais pour ce que i'en

Voyez la fig. de l'art. 49. de la 4. partie des Principes.

Tome III, Gggg

ay maintenant vn meilleur. Ie ne m'eſtois propoſé que de
mettre au net, ce que ie penſois connoiſtre de plus certain
touchant les fonctions de l'animal, pour ce que i'auois preſque perdu l'eſperance de trouuer les cauſes de ſa formation;
Mais en meditant là deſſus, i'ay tant découuert de nouueaux
païs, que ie ne doute preſque point que ie ne puiſſe acheuer
toute la Phyſique ſelon mon ſouhait, pourueu que i'aye du
loiſir & la commodité de faire quelques experiences.

Ie ne ſçay quelles correſpondances vous pouuez auoir en
Suede, mais elles vous font entendre des choſes de moy que
ie ne ſçay pas moy-meſme. Ie ne ſçay auſſi d'où m'eſt venu
vn Liure de Metaphyſique, ſur le couuert duquel i'ay trouué
voſtre nom, l'Autheur ſe nomme Georgius Ritchel Bohe-
mius, & ie ne puis croire que ce ſoit luy qui ait voulu que ie
viſſe ſon Liure, pour ce que ie n'y trouue rien qui me puiſſe
fort attirer à le lire, & ayant veu que dés le commencem'ent
il dit pluſieurs fois *hic ſubſiſtendum*, i'ay voulu luy obeïr, &
n'ay pas continué de le lire, mais ie continueray toute ma
vie d'eſtre,

A MONSIEVR ***.

Le 2. Iuin 1631.

LETTRE CXI.

MONSIEVR,

Pour reſoudre vos difficultez, imaginez l'air comme de
la laine, & l'æther qui eſt dans ſes pores comme des tourbillons de vent, qui ſe meuuent çà & là dans cette laine, &
penſez que ce vent qui ſe joüe de tous coſtez entre les petits
fils de cette laine, empeſche qu'ils ne ſe preſſent ſi fort l'vn
contre l'autre, comme ils pourroient faire ſans cela; Car

ils font tous pefans, & fe preffent les vns les autres autant
que l'agitation de ce vent leur peut permettre; Si bien que
la laine qui eft contre la terre eft preffée de toute celle qui
eft au deffus iufques au delà des nuës; Ce qui fait vne grande
pefanteur; En forte que s'il falloit éleuer la partie de cette
laine, qui eft, par exemple, à l'endroit marqué O, auec
toute celle qui eft au deffus en la ligne O P q, il faudroit

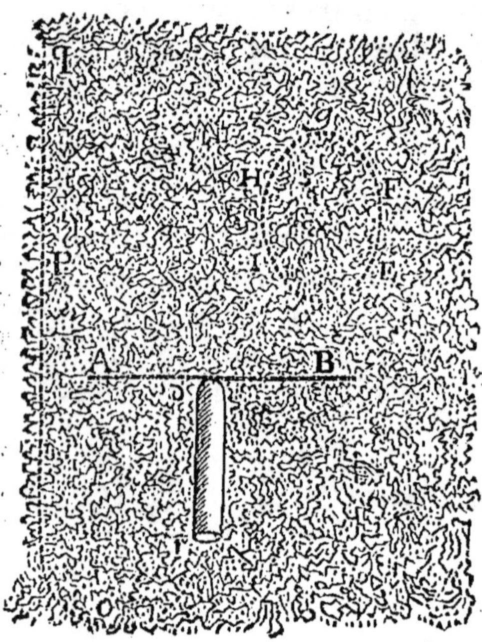

vne force tres-confide-
rable. Or cette pefan-
teur ne fe fent pas com-
munément dans l'air,
lors qu'on le pouffevers
le haut; pour ce que fi
nous en éleuons vne
partie, par exemple
celle qui eft au point E,
vers F,celle qui eft en F
va circulairement vers
G H I, & retourne en
E, & ainfi fa pefanteur
ne fe fent point; non
plus que feroit celle
d'vne roüe, fi on la fai-
foit tourner, & qu'elle
fût parfaitement en ba-
lance fur fon aiffieu.

Mais dans l'exemple que vous apportez du tuyau *dr*, fermé
par le bout *d*, par où il eft attaché au plancher A B, le
Vif-argent que vous fuppofez eftre dedans, ne peut commencer à defcendre tout à la fois, que la laine qui eft vers *r*,
n'aille vers O, & celle qui eft vers O n'aille vers P & vers
q, & ainfi qu'il n'enleue toute cette laine qui eft en la ligne
O P q, laquelle prife toute enfemble eft fort pefante; Car
le tuyau eftant fermé par le haut, il n'y peut entrer de laine,
ie veux dire d'air en la place du Vif-argent lors qu'il defcend, Vous direz qu'il y peut bien entrer du vent, ie veux

Gggg ij

dire de l'æther , par les pores du tuyau , ie l'auoüe ; Mais
confiderez que l'æther qui y entrera ne peut venir d'ailleurs
que du Ciel ; Car encore qu'il y en ait par tout dans les pores
de l'air , il n'y en a pas toutesfois plus qu'il en faut pour les
remplir ; Et par confequent s'il y a vne nouuelle place à
remplir dans le tuyau , il faudra qu'il y vienne de l'æther
qui eſt au deſſus de l'air dans le Ciel, & partant que l'air ſe
hauſſe en ſa place.

Et afin que vous ne vous trompiez pas, il ne faut pas croire
que ce Vif-argent ne puiſſe eſtre ſeparé du plancher par
aucune force, mais ſeulement qu'il y faut autant de force
qu'il en eſt beſoin pour enleuer tout l'air qui eſt depuis là
iuſqu'au deſſus des nuës.

Maintenant quand il y a de l'air chaud dans vn verre, imagi-
nez-vous que c'eſt cette laine dans laquelle il y a des tourbillons de vent fort impetueux, qui la font eſtendre plus que
de couſtume, & ainſi occuper plus de place que lors que l'air
ſe refroidit ; Or il faut que vous ſçachiez que l'impetuoſité
de ce vent eſt plus forte que la peſanteur de toute la laine
qui eſt au deſſus, puis qu'elle ne laiſſe pas de faire que les
parties de celle qui eſt deſſous s'éloignent l'vne de l'autre en
ſe rarefiant ; Que ſi on renuerſe vn verre ſur vne pierre, &
qu'on le bouche bien tout autour, l'air qui eſt dedans en ſe
refroidiſſant, c'eſt à dire, les parties de cette laine ceſſant
d'eſtre menës par le vent qui eſt parmy, n'auront plus beſoin
de tant de place, & ainſi la peſanteur de la laine qui eſt au
deſſus commencera à auoir ſon effet en preſſant le verre
tout autour, & le faiſant reſſerrer & reſtrecir en dedans le
plus qu'il luy eſt poſſible ; Mais pour ce que vous dites qu'encore que ce verre ne cede aucunement, l'air qui eſt enfermé
dedans ne laiſſera pas de ſe refroidir ſans ſe condenſer, ie
l'accorde ; Car quoy que le vent ſoit beaucoup diminué, il
eſt touſiours ſuffiſant pour épandre çà & là dans tout le
creux du verre le peu de laine qui y eſt renfermé. I'écris cecy
en courant, afin d'enuoyer ma Lettre dés ce ſoir, & ie vous
en pourray dire Ieudy dauantage. Adieu.

A MONSIEVR ****.

LETTRE CXII.

MONSIEVR,

Il semble ie croy au **Pere Mersenne** que ie sois encore soldat, & que ie suiue l'armée, puis qu'il m'addresse les Lettres qu'il vous écrit. Celle que vous trouuerez auec celle-cy, a esté huit iours à venir de Leyde icy, & si vous estes party de la Haye, ainsi que la Gazette me fait croire, ie ne sçay quand elle vous pourra atteindre. Le principal est qu'il n'y a rien dedans d'importance, car m'ayant esté enuoyée ouuerte, i'ay eu le priuilege de la lire; Et pour ce qu'il y philosophe principalement de la proprieté de l'Ayman, ie joindray icy mon auis au sien, afin que ma Lettre ne soit pas entierement vuide. Iē croy vous auoir dessia dit, que i'ex-

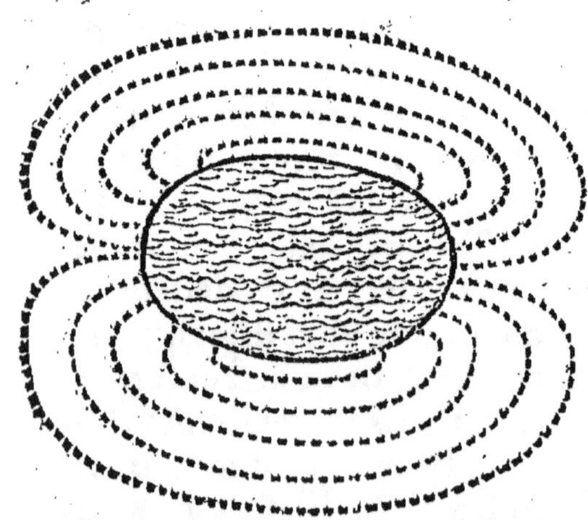

plique toutes les proprietez de l'Ayman par le moyen d'vne certaine matiere fort subtile, & imperceptible, qui sortant continuellement de la terre, non seulement par le pole, mais aussi par tous les autres endroits de l'hemisphere Boreal, passe de là vers l'hemisphere Austral, par tous les endroits duquel elle entre derechef dans la terre, & d'vne autre pareille matiere, qui sort de la terre, par l'hemisphere

Gggg iij

Auſtral, & y rentre par le Boreal, à cauſe que les parties
de ces deux matieres ſont de telle figure, que les pores de la
terre, ou de l'Ayman, ou du fer touché de l'Ayman, par
où peuuent paſſer celles qui viennent d'vn hemiſphere, ne
peuuent donner paſſage à celles qui viennent de l'autre hemiſphere, comme ie penſe demonſtrer dans ma Phyſique,
où i'explique l'origine de ces deux matieres ſubtiles, & les
figures de leurs parties, qui ſont longues & entortillées en
forme de vis, les Boreales au contraire des Auſtrales. Or ce

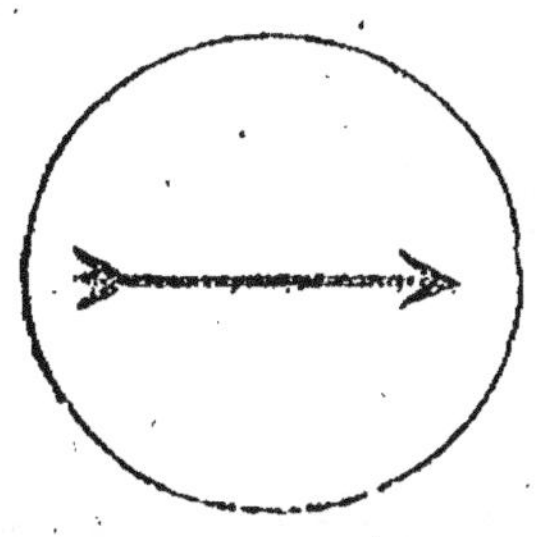

qui cauſe la declinaiſon des aiguilles
qui ſont paralleles à l'horizon, eſt
que la matiere ſubtile qui les fait
mouuoir, ſortant des parties de la
terre aſſez éloignées de là, vient
quelquefois plus abondamment des
lieux vn peu éloignez des poles, que
des poles meſmes ; Laquelle cauſe
ceſſe en partie, lors que les aiguilles
ſont perpendiculaires ſur l'horizon ; car alors elles ſont
principalement dreſſées par la matiere ſubtile qui ſort de
l'endroit de la terre où elles ſont ; Mais à cauſe que l'autre
matiere ſubtile qui vient du pole oppoſé, aide auſſi à les
dreſſer, ie croy bien qu'elles doiuent moins decliner que les
autres, mais non pas qu'elles ne declinent point du tout ; Et
ſi l'experience exacte s'en peut faire, ie ſeray bien aiſe de la

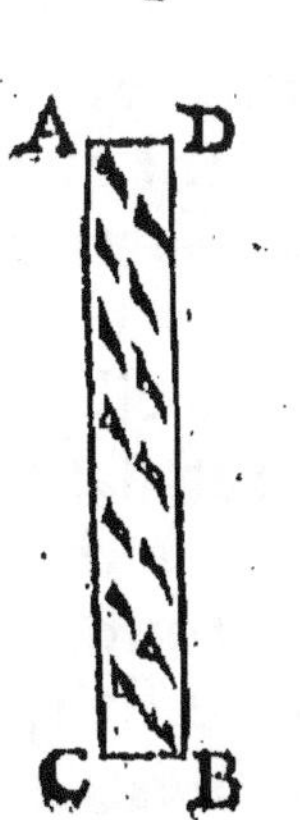

ſçauoir. Pour la raiſon qui fait que ces aiguilles
perpendiculaires ſe tournent touſiours vers le
meſme coſté, ie l'explique quaſi comme le Pere
Merſenne ; car ie croy qu'elle vient de ce que
le fer a quelque latitude, & que la matiere
ſubtile qui paſſe par dedans, ne monte pas tout
droit de bas en haut, mais prend ſon cours en
declinant du pole Boreal vers l'Auſtral, en cét
hemiſphere ; Comme, ſi l'aiguille eſt A C B D,
la matiere ſubtile qui ſort de la terre ſe forme
des pores dans cette aiguille qui ſont panchez

de B vers A, & l'acier est de telle nature que ses pores
peuuent ainsi estre disposez à receuoir cette matiere subtile,
par l'attouchement d'vne pierre d'Ayman, & qu'ils re-
tiennent apres cette disposition. Mon papier finit, & ie
crains de vous ennuyer. Ie suis,

AV R. P. MERSENNE.

Du 17. Mars 1642.

LETTRE CXIII.

MON REVEREND PERE,

La Lettre du Pere Vatier n'est que pour m'obliger, car il
y témoigne fort estre de mon party, & dit qu'il a desauoüé
de cœur & de bouche ce qu'on auoit fait contre moy, &
adjoûte encore ces mots : *Ie ne sçaurois m'empescher de vous
confesser que suiuant vos Principes vous expliquez fort clairement le mystere du saint Sacrement de l'Autel, sans aucune
entité d'accidens.* Le sujet de sa Lettre est sur ce qu'il suppose
qu'on m'a dit qu'il auoit eu dessein de censurer mes écrits,
à quoy ie luy répons que ie n'en ay iamais oüy parler, ny
n'en ay eu aucune opinion.

Pour la raison qui fait que l'eau descend & le vin monte
en deux bouteilles posées l'vne sur l'autre, elle ne vient que
de ce que l'eau est vn peu plus pesante, & que ses parties
sont de telle nature qu'elles coulent facilement contre celles du vin, sans toutesfois se mesler entierement auec elles,
ainsi qu'on voit en jettant vne goutte de vin clairet dans
de l'eau ; Car on voit qu'elle se separe en plusieurs petits
filets qui se répandent çà & là auant que de se confondre
entierement auec l'eau ; Mais le mesme n'est pas de l'air,
dont les parties sont de nature si differente de celles de

l'eau, qu'elles ne peuuent pas ainſi ſe meſler enſemble, Mais
quand il y a de l'air ſous de l'eau , il s'aſſemble en rond & fait
vne boule aſſez groſſe , comme fait auſſi l'eau quand elle eſt
ſur l'air , & pour ce que ces deux boules ne peuuent paſſer en
meſme temps par le goulet d'vne bouteille, lors qu'il eſt fort
eſtroit, de là vient que l'eau qui eſt dedans n'en peut ſortir.

Ie ne voy rien de meilleur pour conuaincre ceux qui
ſoûtiennent qu'vn corps paſſe par tous les degrez de viteſſe
lors qu'il commence à ſe mouuoir , que de leur propoſer
deux corps extrememement durs, l'vn fort grand, qui ſe meuue
par la force qu'on a imprimée en luy en le pouſſant, en ſorte
que la cauſe qui a commencé à le mouuoir n'agiſſe plus,
comme vn boulet de Canon vole en l'air apres auoir eſté
chaſſé par la poudre, & vn autre fort petit, qui ſoit ſuſpendu
en l'air dans le chemin par où paſſe ce plus grand ; & leur
demander s'ils penſent que ce grand corps , par exemple, le
boulet de canon A, eſtant pouſſé auec grande violence

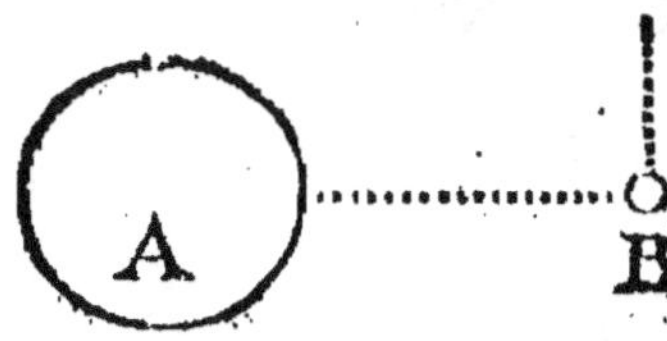

vers B, doit chaſſer deuant ſoy
ce corps B, qui ne tient à rien
qui l'empeſche de ſe mouuoir.
Car s'ils diſent que ce boulet de
Canon ſe doit arreſter contre
B, ou refléchir de l'autre coſté,
à cauſe que ie ſuppoſe ces deux
corps extrememement durs, ils ſe rendront ridicules, pour ce
qu'il n'y à aucune apparence que leur dureté empeſche que
le plus gros ne pouſſe le plus petit, & s'ils auoüent qu'A
doit pouſſer B, ils doiuent auoüer par meſme moyen, qu'il
ſe meut dés le premier moment qu'il eſt pouſſé, de meſme
viteſſe que fait A , & ainſi qu'il ne paſſe point par pluſieurs
degrez de viteſſe; Car s'ils diſent qu'il ſe doit mouuoir fort
lentement au premier moment qu'il eſt pouſſé , il faudra
que A, qui luy ſera joint, ſe meuue auſſi lentement que luy,
Car eſtant tous deux fort durs , & ſe touchant l'vn l'autre,
celuy qui ſuit ne peut aller plus viſte que celuy qui precede.
Mais ſi celuy qui ſuit va fort lentement pendant vn ſeul mo-

ment,

ment, il n'y aura point de raifon qui luy fafſe par apres reprendre ſa premiere viteſſe, à cauſe que la poudre à Canon qui l'auoit pouſſé n'agit plus, & quand vn corps a eſté vn moment ſans ſe mouuoir, ou à ſe mouuoir fort lentement, c'eſt autant que s'il y auoit eſté plus long temps.

Où i'ay calculé la force du mail, i'ay ſuppoſé que la premiere fois il eſtoit meu de certaine viteſſe, qui diminuoit au moment qu'il touchoit la boule, & qu'à la ſeconde fois il eſtoit meu de meſme viteſſe que la premiere, auant que de toucher la boule, & qu'en la touchant ſon mouuement diminuoit moins, à cauſe qu'il trouuoit moins de reſiſtance; mais il faut auſſi ſuppoſer que l'air n'aide ny ne nuit point à ces mouuemens. Ie n'ay plus de loiſir que pour vous dire que ie ſuis,

AV R. PERE MERSENNE.

LETTRE CXIV.

MON REVEREND PERE,

Ie vous enuoye ma Réponſe au Reuerend Pere Gibieuf, ie l'ay fermée ſeulement par bien-ſceance, car il n'y a rien que tout le monde ne puiſſe voir; Et ſi vous témoignez auoir enuie de ſçauoir ce que ie répons au Reuerend Pere de la Barde, ie ne doute point qu'il ne vous le monſtre. Pour les Ieſuites, ie ne voy point encore bien clair en leur fait; l'ay receu les billets du Pere Bourdin, qui monſtrent qu'ils ne cherchent pas vn accommodement, & pendant qu'ils n'agiront auec moy que par luy, ie ne croiray pas qu'ils veüillent la paix, auſſi ne ſuis-ie pas reſolu de taire au public ce qui ſe paſſera entr'eux & moy. Vous pouuez bien leur donner parole que ie n'ay aucun deſſein d'écrire contre eux, c'eſt à dire, d'vſer d'injures & de calomnies pour taſcher à les decrediter ; Mais ie vous prie de ne leur pas donner parole que ie ne prendray point vn de leurs Cours de Philofophie pour en monftrer les erreurs ; Car au contraire ie veux bien qu'ils fçachent que ie le feray, fi ie le iuge vtile à faire connoiftre la verité, & ils ne le doiuent aucunement trouuer mauuais, s'ils preferent la verité à la vanité de vouloir eftre eftimez plus fçauants qu'ils ne font : Mais i'attens leurs objections pour determiner ce que i'en feray. Monfieur de Zuitlichem ne m'a encore rien enuoyé, ie luy écriray dans quatre ou cinq iours, pour le prier de ne retarder pas entre fes mains les objections des Iefuites.

Pour le calcul touchant le mouuement d'vne boule de mail frappée plufieurs fois de mefme force, vous l'auez fort bien pris ; Car au premier coup elle reçoit vn tiers de la force du mail, au fecond vn neufiéme, au troifiéme vn vingt-feptiéme, au quatriéme vn 81, & ainfi à l'infiny ; Vous auiez feulement laiffé couler vne erreur de plume, à fçauoir, que le tiers de treize eft quatre & vn quart, au lieu que c'eft quatre & vn tiers, ce qui vous auoit empefché de trouuer le conte iufte.

Pour ce que Monfieur Vitus m'objecte touchant la rarefraction de l'eau quand elle fe change en vapeur, difant, *Sed ei primo declarandum eft vnde talis ille motus competat, & quæ neceffitas tantam violentiam iis imprimens: Deinde in vacuo vel in pleno fit hæc volutatio*, &c. Ie répons que cette force ou violence de mouuement eft communiquée aux parties de l'eau par la matiere fubtile, & qu'elle remplit auffi tout l'efpace qu'elles n'occupent pas, & ainfi que leur mouuement fe fait *in pleno*. Mais ie ne trouue pas eftrange que cela luy femble difficile ; Car ie n'ay pas encore affez expliqué la nature de cette matiere fubtile, ie tafcheray de le faire cy-apres en fon lieu, & i'ay oüy faire telle eftime de Monfieur Vitus par Monfieur d'Igby, que ie me promets de l'auoir de mon cofté.

L'inuention du point de reflexion, *datis fpeculo, oculo, & objecto*, eft vn Probleme folide que Vitellion a refolu auec

vne hyperbole touchant les miroirs conuexes , & il n'y a
pas plus de difficulté pour les concaues, de façon que cela
ne vaut pas la peine d'eſtre cherché , & il y a plus de vingt
ans que ie l'ay trouué, mais ie ne m'en ſouuiens plus.

Au reſte i'ay éprouué ces iours paſſez vn moyen de peſer
l'air qui m'a aſſez bien reüſſi ; Car ayant vne petite phiole
de verre, fort legere & ſoufflée à la lampe , de la figure que
vous la voyez icy peinte, de la groſſeur d'vne petite balle

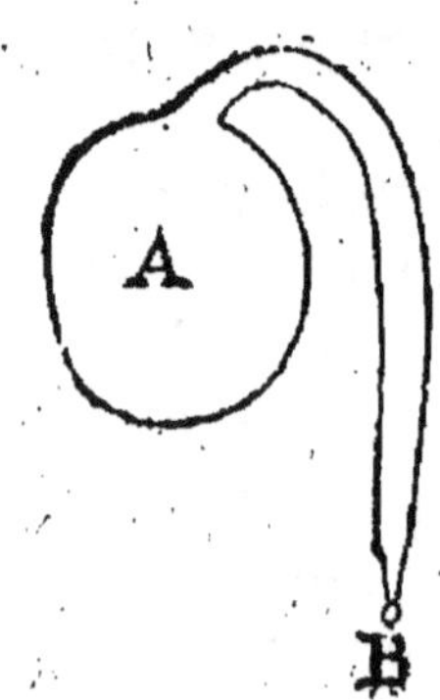

de jeu de paulme, & n'ayant qu'vne petite
ouuerture à paſſer vn cheueu en l'extremité de ſon bec B, ie l'ay peſée dans vne
balance tres-exacte, & eſtant froide elle
peſoit 78 grains & demy ; Apres cela ie
l'ay chauffée ſur des charbons, puis la re-
mettant dans la balance en la ſituation
qu'elle eſt icy peinte, c'eſt à dire, le bec en
bas, i'ay trouué qu'elle peſoit à peine 78
grains, puis plongeant le bec B dans de
l'eau, ie l'ay laiſſée ainſi refroidir, & l'air

ſe condenſant à meſure qu'elle ſe refroidiſſoit, il eſt entré
dedans autant d'eau que la chaleur en auoit chaſſé d'air auparauant ; enfin la peſant auec toute cette eau , i'ay trouué
qu'elle peſoit 72 grains & demy plus que deuant, d'où ie conclus que l'air qui en auoit eſté chaſſé par le feu eſt à l'eau qui
eſtoit rentrée en ſa place comme $\frac{1}{2}$ eſt à $72\frac{1}{2}$, ou bien comme 1 eſt à 145, mais ie me puis eſtre trompé en cecy, car
il eſt mal-aiſé d'y eſtre iuſte ; Seulement ſuis-ie aſſuré que le
poids de l'air eſt ſenſible en cette façon, & i'ay mis icy mon
procedé tout au long, afin que ſi vous auez la curioſité d'en
faire l'épreuue, vous la puiſſiez faire toute ſemblable. Ie
ſuis,

A MONSIEVR L'ABBE' PICOT.
LETTRE CXV.

MONSIEVR,

I'ay esté extrememement aise de receuoir voſtre troiſiéme Partie, & ie vous en remercie tres-humblement ; ie ne l'ay pas encore toute leuë, mais ie vous puis aſſurer que ce que i'en ay veu, eſt auſſi bien que ie le ſçaurois ſouhaitter ; comme auſſi les difficultez que vous me propoſez monſtrent que vous entendez parfaitement la matiere ; car elles n'auroient pû tomber en l'eſprit d'vne perſonne qui ne l'entendroit que ſuperficiellement. Ce que i'ay écrit en l'art. 36. que *alij phanetæ habent aphelia ſua aliis in locis*, eſt conforme à l'experience : Mais ce que vous dites eſt plus conforme à la raiſon, tirée de l'inégale ſituation des Eſtoiles fixes, s'il n'y auoit qu'elle ſeule qui fuſt cauſe de l'excentricité des Planetes ; Mais i'en ay adjoûté encore quatre autres dans les articles 142, 143, 144 & 145 pour toutes leurs erreurs en general, & celles des articles 144 & 145 me ſemblent ſuffire pour excuſer cette irregularité.

La raiſon pourquoy i'ay dit en l'article 74 que *e, g ſolis ecliptica paulo magis inclinatur à parte e verſus polum d quàm verſus f, ſed non tantum quàm linea recta S M*, eſt que par cette ligne S M ie deſigne ſeulement l'endroit vers lequel la matiere du premier element qui ſort du Soleil tend auec le plus de force, à ſçauoir, pour paſſer vers C, & ie ne parle point là de la matiere du Ciel, c'eſt à dire, du ſecond element, comme il ſemble que vous auez ſuppoſé. Or ce qui determine cette matiere du premier element à aller pluſtoſt vers M que vers la ligne qui couppe l'aiſſieu du Soleil d f à angles droits, c'eſt la ſituation du Ciel M C M, par les poles du

quel (qui font M & M) elle paffe facilement, & c'eft la
mefme caufe auffi qui empefche que l'ecliptique du Soleil
e g ne couppe pas fon aiffieu *d f* à angles droits, c'eft à dire,
que cette mefme matiere du premier element, pendant
qu'elle eft dans le Soleil, n'y décriue fes plus grands cercles
(lefquels marquent fon ecliptique) en telle forte qu'ils
couppent le mefme aiffieu *d f* à angles droits, & les fait
incliner vers M; Mais il eft euident que cette mefme caufe
qui refide dans le Ciel M C M a plus de force pour detour-
ner de fon cours naturel la matiere du premier element
qui fort du Soleil, & qui va vers M, que pour en détourner
celle qui compofe fon corps, où elle eft plus éloignée du
centre C, & plus proche de l'autre caufe qui la fait incliner
à couper l'aiffieu *d f* à angles droits, laquelle caufe eft qu'il
doit tournoyer enuiron autant de matiere entre *d* & *e* dans
le corps du Soleil, qu'entre *d* & *g*; De façon que ces deux
efpaces deuroient eftre égaux, ou ne l'eftant pas, il faut que
cette matiere coule plus vifte entre *e* & *d* qu'entre *f* & *d*.

Pour l'article 155, il eft vray que ie n'y ay marqué qu'en
vn mot la difference entre les parties canelées qui peut eftre
caufe de celle qui eft entre l'équateur & l'ecliptique, à fçauoir, i'imagine que ces parties canelées viennent plus groffes de certains endroits du Firmament que des autres, à
caufe que les tourbillons par où elles paffent font plus petits;
Car la raifon dicte que plus vn de ces tourbillons eft petit
plus les petites boules du fecond element qui le compofent
doiuent eftre groffes pour refifter à celles des tourbillons
voifins, d'où il fuit que les parties canelées qui fe forment
dans les angles qu'elles laiffent autour d'elles font auffi plus
groffes; Mais ie n'auois pas pris la peine de deduire cette
particularité tout au long, à caufe que i'auois crû que perfonne n'y regarderoit de fi prés que vous auez fait, & ie
l'auois feulement defignée par vn mot, en difant *particulas*
ftriatas ab illâ parte cœli venientes multos meatus ad magnitu-
dinem fuam ficaptaffe, &c.

D'Egmond le 17 Février 1645.

MONSIEVR SCHOOTEN
à Monsieur Descartes.

A Leyde ce 10. Mars 1649.

LETTRE CXVI,

MONSIEVR,

Ie n'ay pas voulu manquer de vous enuoyer les deux Liures
que ie vous auois promis, sçauoir, *Diogenes Laertius de
vitis Philosophorum; & Gregorius à S. Vincentio de quadraturâ
circuli, & sectionum coni.* Touchant ce dernier, ie desire
fort de sçauoir vostre sentiment, dautant que le feu Pere
Mersenne dans vn Liure qu'il a nagueres mis en lumiere, qui
sert de second tome au Liure intitulé *Cogitata Physico-Ma-
thematica*, parle fort sobrement en faueur de cét Autheur,
ne le nommant pas vne seule fois, encore qu'il parle assez
apertement & amplement de son Liure. La plus grande
loüange qu'il luy donne, est qu'il ait composé vn grand
Liure, & qu'il a cherché cette quadrature par des chemins
fort longs, & qui desia sont connus. Ce que ie prens pour
le iugement de Monsieur de Roberual, lequel ie sçay s'estre
employé à l'examiner. Mais par ce que Vincentius luy-mesme declare que la chose principale dont il s'est seruy pour
en venir à bout, est *per proportionalitates*, dont il a fait vn
traité; & qu'il traite aussi de *ductu plani in planum*, qui sans
doute sont des choses nouuelles & qui meritent de la loüange, dont pourtant le Pere Mersenne ne dit mot, ie doute
fort que ce sentiment soit assez equitable. Si vous voulez
lire ce que le Reuerend Pere Mersenne en a écrit, ie vous
enuoyeray son Liure, lequel ie puis facilement obtenir icy
d'vn de mes Amis, qui m'a appris ce que ie vous en viens

d'écrire. Au reste i'ay écrit à Monſieur de Zuitlichem le ieune, que les Vers qu'il auoit compoſez pour mettre ſous voſtre effigie ne ſont pas encore graués. Vous les verrez dans cette feüille cy jointe, où i'ay adjoûté ceux que Monſieur Bartholinus a compoſez ſur le meſme ſujet ; Et ie l'ay fait en faueur de ceux *qui in tui laudem, ſe profitentur poëtas vel pictores,* &c. *Sed his omiſſis,* il faut que ie vous propoſe vne petite difficulté qui m'eſt ſuruenuë en voulant reſoudre vne équation de quatre dimenſions, dont la racine eſt cubique, en deux autres, ſelon la regle de la page 385. à ſçauoir, de diuiſer 12 par $3 - \sqrt{e} \, 3 - \sqrt{e} \, 2$, ce que ie ne puis autrement faire, qu'en mettant $\dfrac{12}{3 - \sqrt{e} \, 3 - \sqrt{e} \, 2}$, mais ie ne me ſatisfais pas ainſi. De plus ie ſerois bien aiſe que vous vouluſſiez prendre la peine d'examiner ſi ces deux queſtions paradoxes ſont bien reſoluës. *Perſonæ duæ A & B ſocietatem ineuntes, lucrati ſunt 12 aureos ; quorum A expendit aureos 5 ; B autem reliquatur aureos 2, hoc eſt habet — 2 aureos. Quæritur quantum cuilibet ex hâc ſummâ debeatur ? Reſpondetur. Soluendos eſſe à B ipſi A 8 aureos, quamuis lucrum eſſe manifeſtum ſit. Aliud exemplum de damno. Perſonæ duæ A & B jacturam faciunt 12 aureorum, hoc eſt, habent — 12 aureos. Cùm igitur A contribuerit 5 aureos, & B — 2 aureos : Manifeſtum ſit, ipſi A ex naturâ quæſtionis deberi — 20 aureos, & ipſi B † 8 aureos, hoc eſt, B habebit 8 aureos : Etiamſi jacturam factam eſſe conſtet.* En finiſſant ie vous remercie tres-humblement de l'honneur que i'ay nouuellement receu en voſtre logis, vous aſſurant qu'il n'y a choſe au monde que ie deſire auec plus de paſſion, que de pouuoir eſtre capable de vous rendre quelque ſeruice, & dont ie faſſe plus d'eſtat, que d'auoir acquis la gloire de voſtre connoiſſance, laquelle ie taſcheray de me conſeruer, en vous aſſurant, que ie ſuis,

RESPONSE DE MR DESCARTES
à Monsieur Schooten.

LETTRE CXVII.

M ONSIEVR,

Ie vous remercie des Liures & de tous les autres biens qu'il
vous a plû m'enuoyer ; Ie n'auois iamais esté si bien fourny
de plumes que ie suis maintenant, & pourueu que ie ne les
perde point, i'en ay plus qu'il ne m'en faut pour écrire cent
ans durant, cela me donnera sujet de penser à vous toutes
les fois que i'auray la plume en main, & il m'a esté beaucoup
plus aisé de faire la diuision de 12 par $3 - \sqrt{c\,3} - \sqrt{c\,2}$
que vous m'auez demandée, qu'il ne m'eust esté si ie n'eusse
point eu de si bonnes plumes ; Car le calcul en est plus long
que l'inuention n'en est difficile. Il vient pour le quotient

$$\frac{23210}{3137} + \frac{11088}{3137}\sqrt{c\,3} + \frac{12276}{3137}\sqrt{c\,2} + \frac{5820}{3137}\sqrt{c\,9} + \frac{7278}{3137}\sqrt{c\,4} + \frac{7788}{3137}\sqrt{c\,6} + \frac{4556}{3137}\sqrt{c\,18} + \frac{5022}{3137}\sqrt{c\,12} + \frac{3186}{3137}\sqrt{c\,36}.$$

Comme vous pourrez aisément verifier en multipliant ces
neuf termes par $3 - \sqrt{c\,3} - \sqrt{c\,2}$. Car le produit sera 12.

    Les deux questions que vous nommez paradoxes sont
bien resoluës ; & encore qu'il ne soit pas ordinaire, qu'vn
homme qui a quelque bien se mette en compagnie auec vn
autre qui a moins que rien, il peut toutesfois arriuer des cas
ausquels cela se pratique. Par exemple, deux Marchands
d'Amsterdam ont chacun leur Commis en Alep, & pour ce
qu'ils ne se fient pas trop en ces deux Commis, & qu'ils sçauent qu'ils sont ennemis l'vn de l'autre, ils leur écriuent que
du iour qu'ils auront receu leurs Lettres, ils se rendent compte l'vn à l'autre de tout ce qu'ils ont entre leurs mains du
bien de leur Maistre ; & que s'il se trouue que l'vn d'eux doiue plus qu'il n'a, que cela soit payé de l'argent de l'autre, &

que

que le surplus soit mis en commun, pour estre employé en marchandise, sans que l'vn des Commis puisse rien vendre ny acheter sans le sceu de l'autre ; Et ils s'accordent entr'eux qu'ils partageront ensemble le gain ou la perte, à raison de l'argent que leurs Commis auront eu entre leurs mains, lors qu'ils receuront leurs Lettres. En suitte dequoy, s'il arriue qu'vn de ces Commis ait cinq mil liures, & que l'autre doiue deux mil liures, ayant payé ces deux mil liures de l'argent du premier, il restera trois mil liures qu'ils employeront en marchandise ; Et si de ces trois mil liures ils gaignent douze mil liures, c'est le quadruple de leur argent : C'est pourquoy celuy qui auoit au commencement cinq mil liures en doit gagner vingt mil, & par consequent l'autre qui estoit reli-quataire de deux mil liures en doit perdre huit mil. Au con-traire, s'il y a douze mil liures de perte, celuy qui auoit cinq mil liures en doit perdre vingt mil, & l'autre par con-sequent en gagner huit mil, pour ce qu'ayant payé ses deux mil liures de l'argent du premier, il l'a empesché de les em-ployer en la marchandise où il y auoit le quadruple à per-dre. Pour le pourtrait en taille douce, vous m'obligez plus que ie ne merite d'auoir pris la peine de le grauer, & ie le trouue fort bien-fait, mais la barbe & les habits ne ressem-blent aucunement ; Les Vers sont aussi fort bons & fort obligeans, mais puis qu'ils ne satisfont pas assez leur Au-theur, i'approuue extremement le dessein que vous m'auez dit que vous auiez de ne vous point seruir du tout de ce pourtrait, & de ne le point mettre au deuant de vostre Li-ure. Mais en cas que vous l'y voulussiez mettre, ie vous prierois d'en oster ces mots, *Perronij toparcha, natus die vltimo Maij 1596*. Les premiers, pour ce que i'ay auersion pour toutes sortes de titres ; & les derniers, pour ce que i'ay aussi de l'auersion pour les faiseurs d'horoscope, à l'erreur desquels on semble contribuer, quand on publie le iour de la naissance de quelqu'vn. Ie ne vous renuoye pas encore vos Liures, pour ce que ie n'ay pas eu le temps de les lire ; Mais i'en ay assez veu pour remarquer vn paralogisme dans la quadrature du cercle pretenduë; & ie n'ay encore rien rencontré dans tout ce gros Liure, sinon des propositions si simples & si faciles, que l'Autheur me semble auoir merité plus de blasme d'auoir employé son temps à les écrire, que de gloire de les auoir inuentées. Pour trouuer son paralogisme, i'ay commencé par la 1134. page, où il dit : *Nota autem est proportio segmenti L M N K, ad segmentum E G H F.* Ce qui est faux; Et pour en chercher la preuue, i'ay examiné les propositions qui precedent iusques à la trente-neufiéme du mesme Liure page 1121. où i'ay veu que sa faute consiste en ce qu'il veut appliquer à plusieurs quantitez conjointes, ce qu'il a prouué en la proposition trente-septiéme des mesmes quantitez estant diuisées, où sa consequence est tres-fausse: Car ayant, par exemple, les quantitez 2., 4., 8., &c. bien qu'il soit vray que 8 est à 32, en raison doublée de 4 à 8, & 18 à 50, aussi en raison doublée de 6 à 10; Ce n'est pas à dire que 8 † 18, c'est à dire 26, soit à 32 † 50, c'est à dire 82, en raison doublée de celle qui est entre 4 † 6, c'est à dire 10, & 8 † 10, c'est à dire 18. Tout ce qu'il décrit *de proportionalitatibus*, & *de ductibus* ne me semble aussi d'aucun vsage, & ne luy a seruy que pour s'embroüiller, & se tromper soy-mesme plus aisément. Ie suis,

2	4	8.
2	6	18.
2	8	32.
2	10	50.

AV R. P. MERSENNE.

LETTRE CXVIII.

MON REVEREND PERE,

Ie n'ay lû que les quinze premieres pages de l'écrit que vous auez voulu que ie visse, pour ce que c'est seulement iusques-là, que vous m'auez dit que i'y estois refuté; Mais ie vous auoüe que ie les ay admirées, en ce que ie n'y ay

trouué aucunechofe qui ne fuſt fauſſe, excepté celles qui ſe
trouuent en mes écrits, & que l'Autheur monſtre en auoir
tirées, dautant qu'il ſe ſert de mes propres paroles pour les
exprimer, Et s'il en change quelques-vnes, comme lors
qu'il nomme *l'impreſſion*, ce que ie nomme *la viteſſe*, & la
direction, ce que ie nomme *la determination à ſe mouuoir vers
vn certain coſté*, cela ne ſert qu'à l'embroüiller. L'vne des
principales fautes eſt à la fin de la ſeconde page, où ayant
mis pour maxime vne concluſion qui eſt de moy, à ſçauoir,
que dans le cercle G B F, le mobile qui vient de G vers B

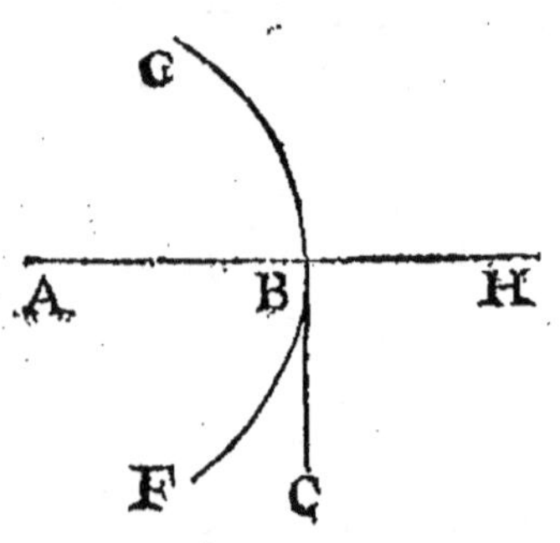

tend vers C, il le prouue ridicu-
lement, en diſant que la Nature
ne ſouffre rien d'indeterminé, &
qu'il n'y a point d'autre ligne que
B C qui ſoit icy determiné : Car
qui empeſche de dire que le mobile ira de B vers H pluſtoſt que
vers C, veu que B H eſt auſſi bien
determiné que B C, & qu'on
ſçait que le mobile tend à s'éloigner en ligne droite du centre A.

Dans la page neufiéme il y a vne diſtinction abſurde
entre deux ſortes d'impreſſions, L'vne par laquelle les corps
ſont chaſſez, & l'autre par laquelle ils ſont attirez ; Car il
n'y a aucune attraction telle qu'il l'imagine. Et ſi ce qu'il
nomme l'impreſſion, eſt la viteſſe du mouuement dans le
corps qui ſe meut, ainſi qu'on le doit prendre pour donner
quelque ſens à tout ce qu'il dit, il eſt certain qu'il n'y en a
que d'vne ſorte ou eſpece, & qu'elle eſt tout de meſme dans
l'Ayman ou dans le fer, que dans les autres corps.

Mais la principale de ſes fautes eſt dans la page dixiéme,
où il prend pour principe vne choſe qui eſt apertement
fauſſe, à ſçauoir, *Que ſi A meu vers D par vne ligne perpendiculaire rencontre l'obſtacle B C, il ſera refléchy en telle ſorte,
que s'il ne communique rien de ſon impreſſion à l'obſtacle, il
reuiendra preciſément en A,* &c. Car bien que les corps

peſans retournent à peu prés en cette ſorte, lors que leur
ſeule peſanteur les porte directement vers le centre de la
terre, c'eſt vne choſe abſurde d'en faire
vn principe, pour ce que ce n'eſt pas
l'impreſſion qu'ils ont eſtant au point
D qui les fait ainſi retourner, mais l'a-
ction de leur peſanteur qui continuë en
eux pendant qu'ils remontent ; & le
meſme n'arriue point, quand la ligne
B C n'eſt pas parallele à l'horizon, ny
quand le mobile eſt pouſſé d'A vers D

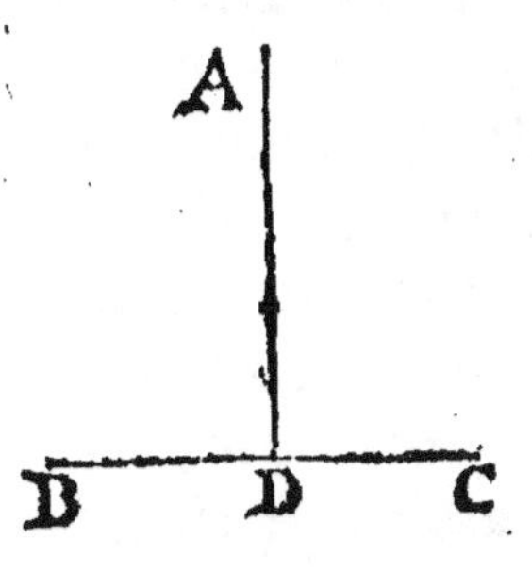

par vne autre force que ſa ſeule peſanteur. Et ſon abſurdité
paroiſt encore mieux dans les trois pages ſuiuantes, où par
le moyen de ce faux principe, il pretend demonſtrer la
quantité des reflexions & des refractions d'vne façon que
l'experience contredit euidemment. Car par ſon pretendu
raiſonnement, en ſuppoſant que la balle qui vient d'A vers
B rencontre la ſuperficie C B E qui luy oſte la moitié de ſon
impreſſion ou de ſa viteſſe, il dit que ſi on fait B E égale à
C B, & qu'on prenne E I égale à
la moitié de A C, la refraction
fera aller cette balle de B vers I.
En ſorte que de quelque grandeur
que ſoit l'angle d'incidence A B H,
A C, qui eſt la tangente de ſon
complement, ſera touſiours double de E I, qui eſt la tangente du
complement de l'angle rompu G

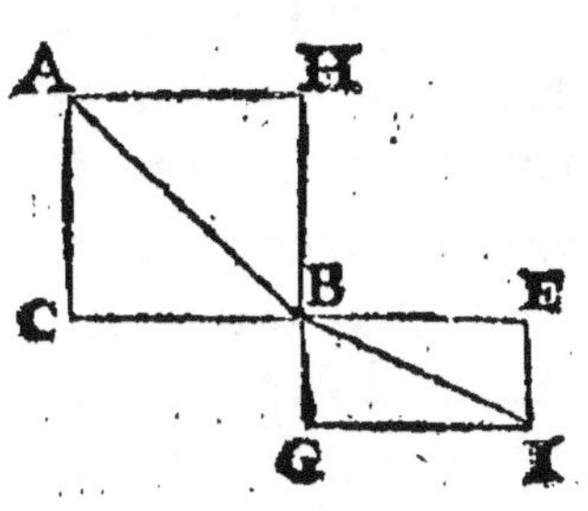

B I. D'où il ſuit que les proportions qui ſeront entre les
ſinus de ces deux angles A B H & G B I doiuent eſtre differentes, ſelon que l'angle d'incidence A B H eſt ſuppoſé
plus grand ou plus petit, & qu'il ne peut eſtre ſuppoſé ſi
grand, que le mobile ne paſſe au deſſous de la ſuperficie C
B E. Au lieu que l'experience monſtre euidemment que cét
angle A B H peut eſtre ſi grand, que le mobile ne paſſera
point au deſſous de cette ſuperficie C B E, mais ſe refléchira

de l'autre costé ; & que lors que le mobile passe au dessous
de cette superficie, il y a tousiours mesme proportion entre
les sinus de l'angle d'incidence, & de l'angle rompu, encore
que la grandeur de cét angle d'incidence A B H se change.

En suitte de ces beaux raisonnemens, cét Autheur dit
dans la page 13. que i'ay manqué, en ce que pour demonstrer
la reflexion, ie ne me suis pas seruy d'vn raisonnement semblable au sien ; comme si c'estoit vne faute de n'auoir pas
imité les fautes d'vn autre. Et il monstre n'auoir point de
Logique naturelle ; Car encore qu'il n'eust pas failly, il in-
fereroit mal de dire que i'ay failly, pour ce que ie ne me suis
pas seruy de son raisonnement, à cause qu'on peut souuent
prouuer vne mesme chose en plusieurs façons. En second
lieu, il dit que dans ma Dioptrique page 17. ligne derniere,
ie confons la determination du mouuement auec la vitesse;
ce qui est tres-faux; Car six lignes auparauant ie parle de la
vitesse qui se rapporte à tout le mouuement, & là ie ne parle
que de la determination de gauche à droite, qui distingue
deux parties en ce mouuement. En troisiéme lieu, il pretend
dans la page 14. reprendre ce que i'ay écrit de la reflexion
qui se fait sur la superficie de l'eau, en disant que ie me sers
d'vn raisonnement qui est different de certaines conjectures
impertinentes qu'il met là. Et dans la page quinziéme, il
met seulement ces mots ; *Enfin Monsieur Descartes pages
21. & 22. &c. où par son*, &c. Il semble vouloir faire entendre qu'il a encore beaucoup d'autres choses à reprendre
en mes écrits ; en quoy ie ne sçay si ie dois plus admirer, ou
son ingratitude, d'auoir tasché de me reprendre, bien qu'il
n'y ait rien de passable dans tout son écrit qu'il n'ait eu de
moy ; ou sa stupidité d'auoir commis de si lourdes fautes
contre le raisonnement & le sens commun ; ou enfin son
arrogance ridicule, de pretendre qu'vn autre a failly pour
cela seul qu'il n'a pas suiuy ses imaginations, comme si rien
ne pouuoit estre bien, s'il n'est conforme à ses fantaisies;
Mais ce que i'admire le plus, c'est que par telles impertinences & vanteries il est paruenu à quelque reputation, &

qu'il se trouue des hommes qui luy donnent de l'argent pour apprendre de luy des choses fausses.

A MONSIEVR ***

LETTRE CXIX.

MONSIEVR,

Ie vous remercie tres-humblement des Lettres que vous m'auez fait la faueur de m'enuoyer, & des nouuelles dont il vous a plû me faire part. Monsieur Pollot me vient d'écrire, qu'il a esté appellé par vostre moyen à la profession en Philosophie & Mathematique de la part de son Altesse. Ie me réjouïs d'apprendre qu'on veüille ainsi faire fleurir les Sciences dans vne Ville où i'ay autrefois esté soldat. Il y a quelque temps que le Professeur m'enuoya vn écrit du second fils de M. de Zuitlichem, touchant vne inuention de Mathematique qu'il auoit cherchée ; & encore qu'il n'y eust pas tout à fait trouué son conte (ce qui n'estoit pas estrange, pour ce qu'il cherchoit vne chose qui n'a iamais pû estre trouuée de personne) il s'y estoit pris de tel biais, que cela m'assure qu'il deuiendra excellent en cette science, en laquelle ie ne voy presque personne qui sçache rien. Pour le sieur N. c'est vn personnage en qui ie ne pense plus du tout, ses entreprises sont si décriées, que ie ne croy pas qu'il y ait doreshauant aucun homme vn peu raisonnable qui fasse estat de tout ce qu'il sçauroit dire ou écrire. Que si nonobstant cela, on veut qu'il soit *Ecclesiarum Belgicarum decus, & ornamentum*, ainsi qu'il se qualifie luy-mesme, & qu'on l'estime plus necessaire à vostre Eglise, que saint Iean Baptiste n'a esté à celle de tous les Chrestiens, ainsi que soûtiennent quelques-vns de ses idolatres, & que pour ce sujet on luy veüille donner vn octroy de dire tout ce que

bon luy semble, à cause que saint Iean n'a point feint d'appeller les Iuifs engeance de viperes, ce n'est pas à moy à
m'en formaliser; Puis qu'il en attaque tant d'autres, qui ont
incomparablement plus de pouuoir que moy, ie ne dois
pas trouuer estrange s'il ne m'épargne pas non plus; Ie dois
plustost croire qu'il a cét octroy particulier de parler d'vn
chacun comme bon luy semble, & qu'il n'est pas permis de
dire la verité de ses vices, mesme lors qu'on y est contraint
par justice, ainsi que m'apprend son procez contre Sc. sans
qu'on se mette au hazard d'estre condamné par ceux qui le
maintiennent. Ie n'auois point sceu qu'il eust rien fait imprimer contre Messieurs les Chanoines; mais Sch. me semble si
froid à défendre sa propre cause, que ie ne le iuge pas fort
propre à défendre la leur. Et mesme ie ne sçay si la nouuelle
qu'on me vient d'apprendre est vraye, ou non, mais on
m'écrit qu'il a perdu son procez à Vtrech, faute d'auoir pû
verifier les choses qu'il auoit produites; Quoy qu'il en soit,
permettez-moy que ie vous die icy en liberté, que lors que
i'auois écrit contre luy, le droit du jeu estoit qu'il me ré-
pondit aussi par écrit, & non pas qu'il implorast le secours
de son Magistrat, comme il a fait; Mais lors qu'il écrit
contre vn des membres des Estats de la Prouince, le droit
du jeu est qu'on luy fasse son procez, & non pas qu'on s'a-
muse à faire contre luy des Liures; Le trop de retenuë de
ceux qui ont vn iuste pouuoir, & le trop d'audace de ceux
qui le veulent vsurper, est tousiours ce qui trouble & qui
ruine les Republiques.

Pour ce qui est de la difficulté que vous me faites l'honneur de me proposer touchant l'Optique, ie répons qu'il est
tres-vray, que les rayons qui viennent de l'objet doiuent
estre *diuergentes*, ou au moins paralleles, lors qu'ils entrent
dans l'œil, & non point *conuergentes*, pour rendre la vision
distincte; d'où il suit que si le verre conuexe A B fait que les
rayons qui viennent du point D soient *conuergentes*, & s'as-
semblent au point C, l'œil estant mis au point C ne pourra
voir distinctement l'objet mis au point D; Mais ce mesme

verre qui fait que les rayons qui viennent du point D s'af-

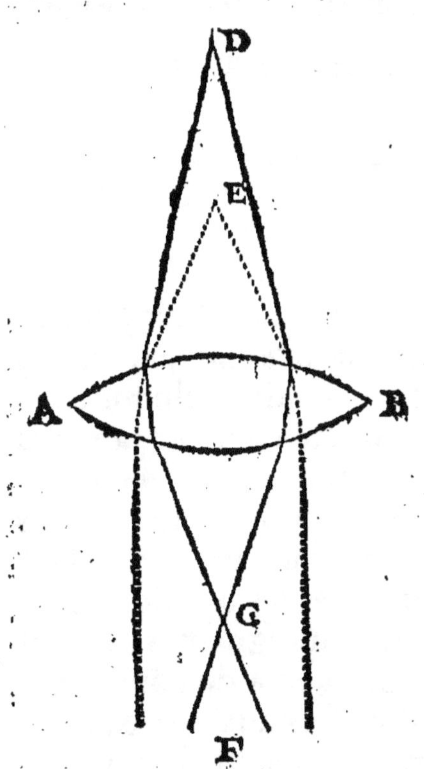

semblent au point C, fait
auſſi que ceux qui viennent
d'vn autre point plus proche, par exemple du point
E, ſont paralleles, ou diuer-
gens, lors qu'ils entrent dans
l'œil mis au point C, non pas
exactement, comme ils doiuent eſtre en venant tous
d'vn meſme point, mais auec
ſi peu de difference qu'elle
n'eſt aucunement ſenſible:
C'eſt pourquoy l'objet é-
tant mis au point E, pourra
eſtre veu aſſez diſtinctement
par l'œil C; Et meſme l'objet eſtant au point D, pourra
eſtre veu par l'œil mis au
point F; De ſorte que ſi on
met l'objet vn peu plus pro-

che de ce verre, comme vers E, ou bien qu'on en recule
l'œil vn peu dauantage, comme vers F, alors les rayons
qu'il enuoyera vers l'œil de chaque point, ſeront à peu prés
paralleles, ou bien *diuergentes*, non pas à la verité comme
s'ils venoient exactement d'vn meſme point, mais il s'en faudra ſi peu, que cela n'empeſchera pas la viſion d'eſtre aſſez
diſtincte. Ie ſuis,

MONSIEVR,

Voſtre tres-humble & tres-obeïſſant
ſeruiteur, DESCARTES,

A

A MONSIEVR ****.

LETTRE CXX.

MONSIEVR,

I'employay la iournée d'hier à lire les Dialogues *de Mundo* que vous m'auez fait la faueur de m'enuoyer, mais ie n'y ay remarqué aucun lieu où l'Autheur ait voulu me contredire. Car pour celuy où il dit qu'on ne fçauroit faire des Lunettes d'approche plus parfaites que celles que l'on a deffa, il y parle fi aduantageufement de moy, que ie ferois de mauuaife humeur fi ie le prenois en mauuaife part. Il eft vray qu'en plufieurs autres endroits il a des opinions fort differentes des miennes, mais il ne témoigne pas là qu'il penfe à moy, non plus qu'en ceux où il en a de conformes à celles que i'ay ; Et i'accorde volontiers aux autres la liberté que ie leur demande pour moy, qui eft de pouuoir écrire ce que l'on croit eftre le plus vray, fans fe foucier s'il eft conforme ou different de quelques autres.

Ie trouue plufieurs chofes fort bonnes dans fes trois Dialogues ; Mais pour le fecond, où il a voulu imiter Galilée, ie le trouue trop fubtil. Ie voudrois bien pourtant qu'on publiaft quantité d'ouurages de cette forte ; Car ie croy qu'ils pourroient preparer les Efprits à receuoir d'autres opinions que celles de l'école, & ie ne croy pas qu'ils peuffent nuire aux miennes.

Au refte, Monfieur, ie vous fuis doublement obligé, de ce que ny voftre affliction, ny la multitude des occupations qui comme ie croy l'accompagnent, ne vous ont point empefché de penfer à moy, & de prendre la peine de m'enuoyer ce Liure ; Ie fçay que vous auez beaucoup d'affection pour vos proches, & que leur perte ne peut manquer de vous eftre

Tome III.   Kkkk

extremement senſible, Ie ſçay bien auſſi que vous auez l'Eſprit tres-fort, & que vous n'ignorez aucun des remedes qui
peuuent ſeruir à adoucir voſtre douleur, Mais ie ne ſçaurois
m'abſtenir de vous en dire vn que i'ay trouué tres-puiſſant,
non ſeulement pour me faire ſupporter la mort de ceux que
i'ay le plus aimez, mais auſſi pour m'empeſcher de craindre
la mienne, nonobſtant que i'eſtime aſſez la vie, Il conſiſte
dans la conſideration de la nature de nos Ames, que ie penſe
connoiſtre ſi clairement deuoir durer apres cette vie, &
eſtre nées pour des plaiſirs & des felicitez beaucoup plus
grandes que celles dont nous jouïſſons en ce monde, pourueu
que par nos déreglemens nous ne nous en rendions point
indignes, & que nous ne nous expoſions point aux chaſti-
mens qui ſont preparez aux méchans, que ie ne puis conceuoir autre choſe de la pluſpart de ceux qui meurent, ſinon
qu'ils paſſent dans vne vie plus douce & plus tranquille que
la noſtre, & que nous les irons trouuer quelque iour, meſme
auec la ſouuenance du paſſé, Car ie trouue en nous vne
memoire intellectuelle, qui eſt aſſurément independante
du corps. Et quoy que la Religion nous enſeigne beaucoup
de choſes ſur ce ſujet, i'auoüe neantmoins en moy vne infir-
mité, qui m'eſt ce me ſemble commune auec la pluſpart des
hommes, à ſçauoir, que nonobſtant que nous veüillions
croire, & meſme que nous penſions croire tres-fermement
tout ce qui nous eſt enſeigné par la Religion, nous n'auons
pas neantmoins couſtume d'eſtre ſi touchez des choſes que
la ſeule Foy nous enſeigne, & où noſtre raiſon ne peut atteindre, que de celles qui nous ſont auec cela perſuadées
par des raiſons naturelles fort euidentes. Ie ſuis,

MONSIEVR,

Voſtre tres-humble & tres-obeïſſant
ſeruiteur, DESCARTES.

AV R. PERE MERSENNE,
objections Metaphyſiques.

LETTRE CXVI.

Lectæ (Reuerendiſſime Pater) Meditationes quarum copiam mihi feciſti, ſemel tantùm ſed per diligenter, ſublimes & pererudita mihi viſæ ſunt. Dubia tamen mihi inter legendum non pauca orta ſunt. Æquum non eſt vt poſcam ſolutionem eorum ab ipſo authore, niſi ſæpius, & attentiſſimè perlectis iiſdem Meditationibus, ne ſic quidem ſatisfacere mihimet ipſe poſſem. Vnum tamen eſt quod clariùs mihi explicatum interim vellem, nimirum quid intelligere debeam per voces has, ideam Dei, ideam Animæ, & vniuerſaliter ideas rerum inſenſibilium. Philoſophorum vulgus, per ideam ſignificare ſolet Conceptum ſimplicem, qualis eſt imago, manens (vt loquuntur) in phantaſiâ, quæ vocatur etiam phantaſma. Sed negat Author Meditationum intelligere ſe talem Dei ideam. Neque ſi ſic eam intelligeret vlla omnino Dei idea eſſe poſſet. Deus enim incomprehenſibilis & infinitus, non poteſt repræſentari per facultatem noſtram imaginatiuam, quæ rerum ſenſibilium & finitarum tantum capax eſt. Videtur autem is ponere ideam quandam rationalem, quæ ratiocinando excitatur, & quam ideò non phantaſiæ, ſed menti, rationi, intellectui tribuit. Vt verbi gratia, idea Solis phantaſtica, ſit imago illa eius quæ habet dimenſiones eas quas per Aſtronomicas demonſtrationes in Sole eſſe concipimus. Item ſi Poligonum mille laterum viſui obiiciatur, ſtatim habetur eius idea quæ pertinet ad imaginatiuam ; Sed ea quæ pertinet ad mentem, non habetur niſi lateribus prius numeratis. Ego iam diſtinctionem idearum, per hæc exempla conſiderans, inuenio in exemplo primo habere me per viſionem quidem ideam Solis conſiſtentem circulo lucidiſſimo non magno, quæ idea ſimplici nomine exprimitur, vt quando dico, *Sol.* Nomina enim ſignificant Conceptus ſimplices tantùm. Poſtquam autem ratiocinando collegerim Solem multoties majorem eſſe quam idea illa quæ oculis apparuit, tunc vel fingo circulum ei æqualem, quæ ſemper eſt idea imaginatiua, vel concipiens Solem ſine aliâ ideâ præter illam pedalem, dico tamen multo majorem eum eſſe quam videtur. Iam ſi id quod his verbis exprimitur, idea vocanda ſit, eo ſenſu quo idea Dei intelligitur, ſequitur ideam Dei exprimendam eſſe per propoſitionem, puta hanc, *Deus exiſtit;* non per nomen vnum tantùm, quod non eſt niſi propoſitionis pars. Similiter idea Poligoni quæ videndo acquiritur, eadem eſt in phantaſiâ antè & poſt laterum numerationem; Sed idea quæ latera numerando acquiritur, (ſi tamen idea vocanda eſt) eſt conceptus complexus, & exprimitur propoſitione, putâ hâc. *Figura hæc habet mille latera,* Hæc inquam ſunt quæ ego intelligo circa diſtinctionem inter ideam quam ponit ille in phantaſiâ, & illam quam collocat in mente, ſiue intellectu, ſiue ratione. Quæ ſi rectè & ſecundum ſententiam Authoris intelligo, erit ſumma argumentationis qua probat Deum exiſtere, petitio principij. Vel enim ſumit ſine probatione, quod datur idea Dei, & per ideam Dei intelligit, cognitionem (per rationem) huius propoſitionis, Deus exiſtit, & ſic ſumit quod debebat probare; vel non ſumit ſed probat dari ideam Dei, per hoc, quod ratiocinando poſſumus inferre Deum exiſtere, & ſic probat idem per idem. Idem enim eſt habere ideam Dei, & ratiocinando inferre Deum exiſtere. Idem vitium eſt in argumentatione qua probare vellet, Animam exiſtere incorpoream. Sed vereor ne mea hebetudine non ſatis aſſequutus ſim ſententiam eius de talibus ideis. Nolo tamen meâ causâ interpelles virum, vt audio, in promouendis ſcientiis occupatiſſimum. Tua ope, vbi conuenerimus, tractatumque illum relegero, ſpero me, quid per ideas eius intelligendum ſit, meliùs expiſcaturum. Vale.   Pariſiis 19. Maij 1641.

AV R. PERE MERSENNE.

A Paris ce 19. Mars 1641.

LETTRE CXXII. *Version de la precedente.*

MON REVEREND PERE,

Apres auoir leu vne fois feulement, mais pourtant auec vn grand foin, les Meditations que vous auez bien voulu me confier, elles m'ont femblé tout à fait releuées, & pleines de beaucoup d'erudition. Il eft vray neanrmoins qu'en les lifant plufieurs doutes fe font prefentez à mòn Efprit; Mais il ne feroit pas iufte que i'en demandaffe la folution à celuy qui en eft l'Autheur, fans les auoir auparauant reluës encore plus d'vne fois, & auec toute l'attention dont ie fuis capable, pour voir fi ie ne pourray point m'en déliurer moy-mefme, & me fatisfaire là deffus. Il n'y a qu'vne feule chofe dont ie fouhaitterois cependant d'eftre éclaircy, qui eft de fçauoir ce qu'il faut entendre par l'idée de Dieu, par l'idée de l'Ame, & generalement par les idées des chofes infenfi-bles. Le commun des Philofophes par ce mot d'idée, a coû-tume d'entendre vn fimple Concept, tel que peut eftre l'i-mage qui eft depeinte (comme ils difent) en la fantaifie, d'où vient qu'ils l'appellent auffi vn fantofme ; Mais noftre Autheur dit luy-mefme que ce n'eft pas cela qu'il entend par l'idée de Dieu, & quand il l'entendroit ainfi, vn tel fantofme ou vne telle image ne pourroit pas eftre l'idée de Dieu : Car Dieu eftant infiny & incomprehenfible ne peut pas eftre re-prefenté par noftre imagination, qui n'eft capable que de reprefenter des chofes fenfibles & finies. Mais fi i'ay bien compris fa penfée, par cette idée, il entend vne idée intel-lectuelle ou raifonnable, que la raifon forme elle-mefme

Kkkk iij

en raisonnant, & que pour cela il n'attribuë pas à la fantaisie, mais à l'Esprit, à la raison, ou enfin à l'entendement. En sorte, par exemple, que l'idée fantastique du Soleil, c'est à dire, l'idée du Soleil entant qu'elle est peinte en la fantaisie, est cette image du Soleil qui a toutes ces dimensions que par des demonstrations Astronomiques nous conceuons estre dans le Soleil. De mesme, si vn Poligone de mille costez se presente à nos yeux, tout aussi-tost on en a l'idée qui appartient à l'imagination, mais pour celle qui appartient à l'Esprit, nous ne l'auons point que nous n'ayons premierement conté ses costez.

Maintenant, considerant par ces exemples la distinction qui est entre les idées, ie trouue dans le premier exemple que i'ay allegué, qu'à la verité i'ay par la veuë l'idée du Soleil, qui consiste dans vn cercle mediocrement grand & tres éclatant de lumiere, laquelle s'exprime par vn seul mot, à sçauoir, par le nom du Soleil; Car les noms ne nous representent ou ne signifient que de simples Concepts. Mais quand apres auoir bien raisonné, ie viens à conclure que le Soleil est plusieurs fois plus grand que cette idée qui paroist à nos yeux, alors où ie me figure vn cercle qui luy est égal, & cela n'est encore qu'vne idée de l'imagination, ou sans conceuoir le Soleil par vne autre idée que par celle qui me le represente grand de deux pieds, ie ne laisse pas de dire qu'il est beaucoup plus grand qu'il ne nous paroist.

Or, si ce qui est exprimé par ces paroles doit estre appellé du nom d'idée, au mesme sens que l'on entend l'idée de Dieu, il s'ensuit que l'idée de Dieu se doit exprimer par vne proposition, par exemple par celle-cy, Dieu existe, & non pas par vn simple nom, qui ne sçauroit estre qu'vne partie d'vne proposition.

Tout de mesme, l'idée d'vn Poligone qui se forme en nous par la veuë, est la mesme dans la fantaisie, soit deuant soit apres le denombrement de ses costez; Mais l'idée qui s'en forme en moy quand i'en fais le denombrement (si toutesfois cela se doit appeller du nom d'idée) est vn Concept

composé, qui s'exprime par vne proposition, par exemple
par celle-cy, cette figure-là a mille costez.

Voilà ce que ie conçois touchant la distinction que nostre
Autheur met entre l'idée qu'il dit estre dans la fantaisie, &
celle qu'il dit estre dans l'Esprit, dans l'entendement, ou
dans la raison. Que si i'ay en cela veritablement atteint le
sens de l'Autheur, il me semble que sa principale raison, sur
laquelle il fonde toute sa preuue de l'existence de Dieu, n'est
rien autre chose qu'vne petition de principe; Car ou bien il
suppose sans le prouuer que nous auons en nous l'idée de
Dieu, & par cette idée de Dieu il entend vne connoissance
acquise par la raison de cette proposition, *Dieu existe*, &
ainsi il suppose ce qu'il deuoit prouuer, ou bien il ne suppose
pas, mais il prouue que nous auons en nous l'idée de Dieu,
de ce que nous pouuons prouuer par raison que *Dieu existe*,
& ainsi il prouue vne chose par elle-mesme, car c'est la
mesme chose d'auoir l'idée de Dieu, ou de prouuer par raison que *Dieu existe*.

Il y a ce me semble vn semblable défaut, ou vn vice tout
pareil, dans la façon d'argumenter dont il se sert, pour prouuer que nostre Ame n'est pas corporelle; Mais ie crains que
la grossiereté de mon Esprit ne m'ait empesché de bien penetrer le veritable sens de l'Autheur touchant ces sortes
d'idées. Ie ne desire pas neantmoins qu'en ma consideration
vous alliez interrompre vn homme que i'apprens estre tout
à fait occupé à trauailler à l'auancement des Sciences; Il
suffira que nous nous en entretenions vn iour ensemble
quand nous nous verrons, & que i'auray releu son traité;
I'espere qu'alors ie pourray apprendre & découurir plus
parfaitement ce qu'il faut entendre par ses idées.

AV R. PERE MERSENNE,

Réponse à la precedente,

LETTRE CXXIII.

MON REVEREND PERE,

Si ie ne me trompe, celuy dont vous m'auez fait voir l[a] Lettre Latine qu'il vous a écrite, n'eſt pas encore à prendr[e] party dans le iugement que nous deuons faire des choſes ; I[l] s'exprime trop bien quand il explique ſes propres penſées pour croire qu'il n'ait pas entendu celles des autres ; Ie m[e] perſuade bien pluſtoſt qu'eſtant preuenu de ſes opinions, i[l] a de la peine à gouſter ce qui s'oppoſe à ſes iugemens. Ainſ[i] ie preuoy que ce ne ſera pas là le dernier different que nou[s] aurons enſemble ; Au contraire, ie m'imagine que cett[e] premiere Lettre eſt comme vn cartel de défi qu'il me pre ſente, pour voir de quelle façon ie le receuray ; & ſi apre[s] auoir moy-meſme ouuert le champ de bataille à tous ve nans, ie ne feindray point de meſurer mes armes auec le[s] Sciences, & d'éprouuer mes forces contre luy, Ie vou[s] auouë que ie prendrois vn ſingulier plaiſir d'auoir à fair[e] auec des perſonnes d'Eſprit comme luy, ſi par ce qu'il m'e[n] a fait paroiſtre, il ne me ſembloit deſſa trop engagé ; Mai[s] ie crains qu'à ſon égard tout mon trauail ne ſoit inutile, & que quelque ſoin que ie prenne pour le ſatisfaire, & pou[r] taſcher de le retirer du mal-heureux engagement où ie l[e] voy, il ne s'y replonge plus auant de luy-meſme, en cher chant les moyens de me contredire.

Eſt-il croyable qu'il n'ait pû comprendre, comme il dit, ce que i'entens par l'idée de Dieu, par l'idée de l'Ame, & par les idées des choſes inſenſibles, puiſque ie n'entens rien autre

que chose par elles, que ce qu'il a dû necessairement co
prendre luy mesme, quand il vous a écrit qu'il ne l'ente
doit point. Car il ne dit pas qu'il n'ait rien conceu par le n
de Dieu, par celuy de l'Ame, & par celuy des choses inse
sibles, il dit seulement qu'il ne sçait pas ce qu'il faut ente
dre par leurs idées ; Mais s'il a conceu quelque chose par
noms, comme il n'en faut point douter, il a sceu en mes
temps ce qu'il falloit entendre par leurs idées, puis qu'il
faut entendre autre chose que cela mesme qu'il a conce
Car ie n'appelle pas simplement du nom d'idée les imag
qui sont depeintes en la fantaisie ; au contraire, ie ne
appelle point de ce nom, entant qu'elles sont dans la fant
sie corporelle; mais i'appelle generalement du nom d'ide
tout ce qui est dans nostre Esprit, lors que nous conceuo
vne chose, de quelque maniere que nous la conceuions.

Mais i'apprehende qu'il ne soit de ceux qui croyent
pouuoir conceuoir vne chose, quand ils ne se la peuue
imaginer, comme s'il n'y auoit en nous que cette seule m
niere de penser & de conceuoir. Il a bien reconnu que
n'estois pas de ce sentiment ; & il a aussi assez monstré qu
n'en estoit pas non plus, puis qu'il dit luy-mesme que Di
ne peut estre conceu par l'imagination ; Mais si ce n'est p
par l'imagination qu'il est conceu, ou l'on ne conçoit ri
quand on parle de Dieu (ce qui marqueroit vn épouua
table aueuglement) ou on le conçoit d'vne autre manier
mais de quelque maniere qu'on le conçoiue, on en a l'idé
puisque nous ne sçaurions rien exprimer par nos parole
lors que nous entendons ce que nous disons, que de ce
mesme il ne soit certain que nous auons en nous l'idée de
chose qui est signifiée par nos paroles.

Si donc il veut prendre le mot d'idée en la façon que i'
dit tres-expressément que ie le prenois, sans s'arrester à l'
quiuoque de ceux qui le restraignent aux seules images d
choses materielles qui se forment dans l'imagination, il l
sera facile de reconnoistre, que par l'idée de Dieu ie n'ente
autre chose que ce que tous les hommes ont coustume d'e

tendre lors qu'ils en parlent, & que ce qu'il faut aussi de-
cessité qu'il ait entendu luy-mesme; autrement, comment
auroit-il pû dire que Dieu est infiny & incomprehensible,
& qu'il ne peut pas estre representé par nostre imagination;
& comment pourroit-il asseurer que ces attributs, & vne
infinité d'autres qui nous expriment sa grandeur, luy conuiennent, s'il n'en auoit l'idée. Il faut donc demeurer d'accord, qu'on a l'idée de Dieu, & qu'on ne peut pas ignorer
quelle est cette idée, ny ce que l'on doit entendre par elle;
Car sans cela nous ne pourrions du tout rien connoistre de
Dieu. Et l'on auroit beau dire, par exemple, qu'on croit que
Dieu est, & que quelque attribut ou perfection luy appartient, ce ne seroit rien dire, puisque cela ne porteroit aucune
signification à nostre Esprit; Ce qui seroit la chose la plus
impie, & la plus impertinente du monde.

Pour ce qui est de l'Ame, c'est encore vne chose plus
claire; Car n'estant, comme i'ay demonstré, qu'vne chose
qui pense, il est impossible que nous puissions iamais penser
à aucune chose, que nous n'ayons en mesme temps l'idée de
nostre Ame comme d'vne chose capable de penser à tout
ce que nous pensons. Il est vray qu'vne chose de cette nature
ne se sçauroit imaginer, c'est à dire, ne se sçauroit representer par vne image corporelle; Mais il ne s'en faut pas
estonner: Car nostre imagination n'est propre qu'à se representer des choses qui tombent sous les sens; Et pour ce que
nostre Ame n'a ny couleur, ny odeur, ny saueur, ny rien de
tout ce qui appartient au corps, il n'est pas possible de se
l'imaginer, ou d'en former l'image; Mais elle n'est pas pour
cela moins conceuable; au contraire, comme c'est par elle
que nous conceuons toutes choses, elle est aussi elle seule
plus conceuable que toutes les autres choses ensemble.

Apres cela ie suis obligé de vous dire que vostre Amy n'a
nullement pris mon sens, lors que pour marquer la distinctiõ
qui est entre les idées qui sont dans la fantaisie, & celles qui
sont dans l'Esprit, il dit que celles-là s'expriment par des
noms, & celles-cy par des propositions: Car qu'elles s'expri-

ſt par des noms ou par des propoſitions, ce n'eſt pas cela
qui fait qu'elles appartiennent à l'Eſprit ou à l'imagination,
les vnes & les autres ſe peuuent exprimer de ces deux manieres, mais c'eſt la maniere de les conceuoir qui en fait la difference ; En ſorte que tout ce que nous conceuons ſans image
eſt vne idée du pur Eſprit, & que tout ce que nous conceuons
auec image en eſt vne de l'imagination. Et comme les bornes
de noſtre imagination ſont fort courtes & fort eſtroites, au
lieu que noſtre Eſprit n'en a preſque point, il y a peu de choſes meſme corporelles que nous puiſſions imaginer, bien que
nous ſoyons capables de les conceuoir. Et meſme toute cette
ſcience que l'on pourroit peut-eſtre croire la plus ſoûmiſe à
noſtre imagination, parce qu'elle ne conſidere que les grandeurs, les figures, & les mouuemens, n'eſt nullement fondée
ſur ſes fantoſmes, mais ſeulement ſur les notions claires &
diſtinctes de noſtre Eſprit ; ce que ſçauent aſſez ceux qui
l'ont tant ſoit peu approfondie.

Mais par quelle induction a-t'il pû tirer de mes écrits,
que l'idée de Dieu ſe doit exprimer par cette propoſition
Dieu exiſte, pour conclure, comme il a fait, que la principale raiſon dont ie me ſers pour prouuer ſon exiſtence, n'eſt
rien autre choſe qu'vne petition de principe ? Il faut qu'il
ait veu bien clair, pour y voir ce que ie n'ay iamais eu intention d'y mettre, & ce qui ne m'eſtoit iamais venu en
penſée deuant que i'euſſe veu ſa Lettre. I'ay tiré la preuue
de l'exiſtence de Dieu de l'idée que ie trouue en moy d'vn
Eſtre ſouuerainement parfait, qui eſt la notion ordinaire
que l'on en a ; Et il eſt vray que la ſimple conſideration d'vn
tel Eſtre, nous conduit ſi aiſément à la connoiſſance de ſon
exiſtence, que c'eſt preſque la meſme choſe de conceuoir
Dieu, & de conceuoir qu'il exiſte ; Mais cela n'empeſche
pas que l'idée que nous auons de Dieu, ou d'vn Eſtre ſouuerainement parfait, ne ſoit fort differente de cette propoſition, *Dieu exiſte*, & que l'vn ne puiſſe ſeruir de moyen ou
d'antecedant pour prouuer l'autre.

De meſme, il eſt certain qu'apres eſtre venu à connoiſ-

fance de la nature de noftre Ame, par les degrez que i'y ſuis
venu, & auoir par ce moyen connu qu'elle eſt vne ſubſtance
Spirituelle, parce que ie voy que tous les attributs qui appartiennent aux ſubſtances Spirituelles luy conuiennent, il
n'a pas fallu eſtre grand Philoſophe pour conclure, comme
i'ay fait, qu'elle n'eſt donc pas corporelle; Mais ſans doute
qu'il faut auoir l'intelligence bien ouuerte, & faite autrement que le commun des hommes, pour voir que l'vn ne
ſuit pas bien de l'autre, & trouuer du vice dans ce raiſonnement. C'eſt ce que ie le prie de me faire voir, & ce que i'attens d'apprendre de luy, quand il voudra bien prendre la
peine de m'inſtruire; Quant à moy ie ne luy refuſeray pas
mes petits éclairciſſemens, s'il en a beſoin; Et s'il veut agir
auec moy de bonne foy. Ie ſuis,

A MONSIEVR ****.

LETTRE CXXIV.

MONSIEVR,

Encore que i'aye vn extréme reſſentiment des bien-faits
que i'ay receus de voſtre faueur, tant lors que i'eſtois à
Paris, que depuis encore, ainſi que i'ay ſceu de Monſieur
de Martigny, qui m'a mandé que ſans vous il n'euſt pû rien
faire en l'expedition du Breuet de penſion qu'il m'a enuoyé,
ie ne vous en feray pas neantmoins icy de grands remercimens; Il n'appartient qu'à ceux qui ont enuie d'eſtre
ingrats de ſe ſeruir de cette monnoye, afin de payer auec
des paroles les veritables bien-faits qu'ils ont receus. Mais
ie vous ſupplie tres-humblement de trouuer bon que ie vous
die, que ie ne puis douter que vous n'ayez doreſnauant
beaucoup de bonne volonté pour moy, non point pour aucun merite que ie pretende auoir, mais pour ce que vous

ſauez deſia fait plus de bien, que la pluſpart de tous les païens ou amis que i'ay iamais eus ; en ſorte que vous pouuez à bon droit me conſiderer comme l'vne de vos creatures ; Et en examinant toutes les cauſes de l'amitié, ie n'en trouue point d'autre qui ſoit ſi puiſſante ny ſi preſſante que celle-là. Ce que ie prens la liberté d'écrire, afin que lors que vous ſçaurez que ie fais cette reflexion, vous ne puiſſiez auſſi douter que ie n'aye vn zele tres-particulier pour voſtre ſeruiçe. A quoy i'adjoûteray ſeulement encore vn mot, qui eſt que la Philoſophie que ie cultiue n'eſt pas ſi barbare ny ſi farouche qu'elle rejette l'vſage des paſſions; Au contraire, c'eſt en luy ſeul que ie mets toute la douceur & la felicité de cette vie ; Et bien qu'il y ait pluſieurs de ces paſſions dont les excez ſoient vitieux, il y en a toutesfois quelques autres que i'eſtime dautant meilleures, qu'elles ſont plus exceſſiues; & ie mets la reconnoiſſance entre celles-cy, auſſi bien qu'entre les vertus ; C'eſt pourquoy ie ne croyrois pas pouuoir eſtre ny vertueux ny heureux, ſi ie n'auois vn deſir tres-paſſionné de vous témoigner par effet dans toutes les occaſions que ie n'en manque point. Et puiſque vous ne m'en offrez point preſentement d'autre que celle de ſatisfaire à vos deux demandes, ie feray mon poſſible pour m'en bien acquitter, quoy que l'vne de vos queſtions ſoit d'vne matiere qui eſt fort éloignée de mes ſpeculations ordinaires.

Premierement donc ie vous diray que ie tiens qu'il y a vne certaine quantité de mouuement dans toute la matiere creée qui n'augmente ny ne diminuë iamais; & ainſi que lors qu'vn corps en fait mouuoir vn autre, il perd autant de ſon mouuement qu'il luy en donne; Comme lors qu'vne pierre tombe de haut contre terre, ſi elle ne retourne point & qu'elle s'arreſte, ie conçois que cela vient de ce qu'elle ébranle cette terre, & ainſi luy transfere ſon mouuement; Mais ſi ce qu'elle meut de terre contient mille fois plus de matiere qu'elle, en luy transferant ſon mouuement elle ne luy donne que la miliéme partie de ſa viteſſe. Et pour ce que ſi deux corps inégaux reçoiuent autant de mouuement l'vn que

l'autre , cette pareille quantité de mouuement ne donⁿ
pas tant de viteſſe au plus grand qu'au plus petit, on peuᵗ
dire en ce ſens que plus vn corps contiént de matiere, plus il
a d'Inertie Naturelle; A quoy l'on peut adjoûter qu'vn corps
qui eſt grand peut mieux transferer ſon mouuément aux
autres corps qu'vn petit , & qu'il peut moins eſtre méu par
eux ; De façon qu'il y a vne ſorte d'Inertie qui depend de la
quantité de la matiere, & vne autre qui depend de l'étenduë
de ſes ſuperficies.

Pour voſtre autre queſtion , vous auez , ce me ſemble,
fort bien répondu vous-meſme ſur la qualité de la connoiſſance de Dieu en la Beatitude , la diſtinquant de celle que
nous en auons maintenant, en ce qu'elle ſera Intuitiue ; Et
ſi ce terme ne vous ſatisfait pas , & que vous croyïez que
cette connoiſſance de Dieu intuitiue ſoit pareille, ou ſeulement differente de la noſtre, dans le plus & le moins des
choſes connuës , & non en la façon de connoiſtre, c'eſt en
cela, qu'à mon aduis, vous vous détournez du droit chemin. La connoiſſance intuitiue eſt vne illuſtration de l'Eſprit , par laquelle il voit en la lumiere de Dieu les choſes
qu'il luy plaiſt luy découurir , par vne impreſſion directe de
la clairté Diuine ſur noſtre entendement , qui en çela n'eſt
point conſideré comme Agent, mais ſeulement comme re-
ceuant les rayons de la Diuinité. Or toutes les connoiſſances que nous pouuons auoir de Dieu ſans miracle en cette
vie, deſcendent du raiſonnement & du progrez de noſtre
diſcours qui les déduit des principes de la Foy qui eſt obſcu-
re, ou viennent des idées & des notions naturelles qui ſont
en nous, qui pour claires qu'elles ſoient ne ſont que groſſieres & confuſes ſur vn ſi haut ſujet; De ſorte que ce que nous
auons ou acquerons de connoiſſance par le chemin que tient
noſtre raiſon , a premierement les tenebres des principes
dont il eſt tiré, & de plus l'incertitude que nous éprouuons
en tous nos raiſonnemens.

Comparez maintenant ces deux connoiſſances, & voyez
s'il y a quelque choſe de pareil en cette perception trouble

douteuſe, qui nous couſte beaucoup de trauail, & dont
ncore ne jouiſſons nous que par momens apres que nous
l'auons acquiſe, a vne lumiere pure, conſtante, claire, certaine, ſans peine, & rouſiours preſente.

Or que noſtre Eſprit lors qu'il ſera détaché du corps, ou
que ce corps glorifié ne luy fera plus d'empeſchement, ne
puiſſe receuoir de telles illuſtrations & connoiſſances directes, en pouuez-vous douter, puiſque dans ce corps meſme,
les ſens luy en donnent des choſes corporelles & ſenſibles,
& que noſtre Ame en a deſia quelques vnes de la beneficen-
ce de ſon Createur, ſans leſquelles il ne ſeroit pas capable
de raiſonner ? l'auoüe qu'elles ſont vn peu obſcurcies par
le meſlange du corps; mais encore nous donnent elles vne
connoiſſance premiere, gratuite, certaine, & que nous
touchons de l'Eſprit auec plus de confiance que nous n'en
donnons au rapport de nos yeux; Ne m'auoüerez vous pas
que vous eſtes moins aſſuré de la preſence des objets que
vous voyez, que de la verité de cette proportion, *Ie penſe
donc ie ſuis* ; Or cette connoiſſance n'eſt point vn ouurage de
voſtre raiſonnement, ny vne inſtruction que vos Maiſtres
vous ayent donnée, voſtre Eſprit la voit, la ſent, & la manie;
Et quoy que vôtre imagination, qui ſe méle importunément
dans vos penſées, en diminuë la clarté la voulant reueſtir de
ſes figures, elle vous eſt pourtant vne preuue de la capacité
de nos Ames à receuoir de Dieu vne connoiſſance intuitiue.
Il me ſemble voir que vous auez pris occaſion de douter,
ſur l'opinion que vous auez que la connoiſſance intuitiue de
Dieu, eſt celle où l'on connoiſt Dieu par luy meſme ; Et ſur
ce fondement, vous auez baſty ce raiſonnement. Ie connois
que Dieu eſt vn, par ce que ie connois qu'il eſt vn Eſtre neceſſaire; Or cette forme de connoiſtre ne ſe ſert que de Dieu
meſme; Donc ie connois que Dieu eſt vn, par luy-meſme; Et
par conſéquent ie connois intuitiuement que Dieu eſt vn.
Ie ne penſe pas qu'il ſoit beſoin d'vn grand examen pour
détruire ce diſcours ; Vous voyez bien que connoiſtre Dieu
par ſoy-meſme, c'eſt à dire, par vne illuſtration immediate

de la Diuinité sur nostre Esprit, comme on l'entend par
connoissance intuitiue, est bien autre chose que se seru̇
de Dieu mesme pour en faire vne induction d'vn attribut a
l'autre, ou pour parler plus conuenablement, se seruir de la
connoissance naturelle (& par consequent vn peu obscure,
du moins si vous la comparez à l'autre) d'vn attribut de Dieu,
pour en former vn argument, qui conclura vn autre attribut
de Dieu. Confessez donc qu'en cette vie vous ne voyez pas
en Dieu & par sa lumiere qu'il est vn, Mais vous le concluez
d'vne proposition que vous auez faite de luy, & vous la tirez
par la force de l'argumentation, qui est vne machine souuent défectueuse. Vous voyez ce que vous pouuez sur moy,
puisque vous me faites passer les bornes de philosopher que
ie me suis prescrites, pour vous témoigner par là combien
ie suis,

A MONSIEVR DE LA FORGE
Medecin à Saumur,

*Observations de Monsieur Clerselier, touchant l'action
de l'Ame sur le Corps.*

A Paris le 4. Decembre 1660.

LETTRE CXXV. *Et derniere.*

MONSIEVR,

　Ie ne sçauois pas encore que vous fussiez vn si bon Maistre
d'escrime; Car ie voy que vous ne vous contentez pas d'es-
quiuer ou de parer aux coups de ciuilité qu'vne iuste connoissance que i'ay de vostre merite m'auoit fait vous porter,
vous les repoussez contre moy si viuement, que vous me
mettez tout hors de garde, & m'ostez le moyen dem'en
défendre,

défendre, mais ie veux bien receuoir en moy les coups d'vne main si adroite, si officieuse, & si agreable que la voſtre, & me confeſſer à preſent vaincu, pour n'auoir pas la honte de l'eſtre plus d'vne fois. Treue donc s'il vous plaiſt deformais de tout compliment entre nous.

Ce que i'ay maintenant à vous dire, eſt que ie voy fort peu de difference entre ce que vous penſez de la façon dont l'Ame & le corps agiſſent l'vn ſur l'autre, & ce que ie vous ay fait voir que ie penſois là deſſus. Ie trouue comme vous que la force qui meut, & meſme celle qui ne fait que determiner à ſon gré & comme il luy plaiſt le mouuement, ne dit rien en ſoy de corporel, & partant ie ne trouue point d'inconuenient qu'elle puiſſe appartenir à l'Ame. Bien plus, ie trouue que cette force n'eſt point du tout du reſſort du corps, mais qu'elle doit neceſſairement venir d'ailleurs, pour auoir ſon effet dans le corps. Car l'eſſence du corps ne conſiſtant que dans l'étenduë en longueur, largeur & profondeur, ie trouue en ſuitte que cette eſtenduë a bien de ſa nature d'eſtre diuiſible en pluſieurs parties, & ces parties d'eſtre capables de mouuement ; Si bien qu'vn corps en particulier eſt de ſoy capable d'eſtre meu, mais non pas de ſe mouuoir ſoy-meſme, ny de mouuoir vn autre corps, ſinon entant que deſia il eſt meu, Et ainſi le principe du mouuement eſt hors du corps.

Mais comme nous ne connoiſſons que deux ſortes de ſubſtances, l'vne ſpirituelle & l'autre corporelle, il eſt neceſſaire que toutes les proprietez que nous reconnoiſſons auoir quelque exiſtence, appartiennent à l'vne ou à l'autre de ces deux ſubſtances ; & partant que celles que nous reconnoiſſons ne point appartenir à la ſubſtance corporelle, comme celle de donner le premier mouuement au corps, ou de luy en imprimer vn tout nouueau qui augmente la quantité de celuy qui eſt deſia dans le monde, appartiennent à la ſubſtance ſpirituelle.

Mais à quelle ſubſtance ſpirituelle? A la finie, ou à l'infinie ? Ie dis qu'il n'y a que l'infinie ſeule qui ſoit capable

Tome III. Mmmm

d'imprimer le premier mouuement au corps ; mais que la
finie, comme l'Ame de l'homme, peut seulement estre capable de determiner le mouuement qui est desia. Dont la
raison est que ie ne reconnois point d'autre puissance capable de créer, ou de faire qu'vne chose qui n'est point, soit,
& existe, que celle de Dieu ; A cause que la distance infinie
qu'il y a du neant à l'Estre, ne peut estre surmontée que par
vne puissance qui soit actuellement infinie.

Vous me direz peut-estre que le mouuement n'estant
qu'vn mode de la matiere, lequel suppose desia son sujet, au
moins par vn ordre de nature, il n'est pas besoin d'vne si
grande puissance pour l'y introduire ; la matiere de sa nature estant diuisible, & sans repugnance à le receuoir.

Mais à cela ie répons que comme auant que la matiere fût, il
falloit la voix toute-puissante du Createur pour la faire sortir
du neant où elle estoit ; De mesme pour mouuoir ou animer
cette matiere, & faire sortir de son neant le principe general
& vniuersel de toutes ses formes, il ne faut pas moins que la
mesme voix ; Et celle d'aucun autre Esprit ne sçauroit estre
assez forte pour se faire entendre & obeïr, à moins que la
volonté du Createur ne se trouue jointe auec la sienne. Car
quelles que puissent estre les proprietez de cette matiere,
elles ne sçauroient estre autres que Dieu l'a voulu ; Et ainsi
quand il seroit vray qu'à la voix d'vn Ange, c'est à dire, au
desir de sa volonté, la matiere auroit esté meuë & diuisée la
premiere fois, sa voix n'auroit esté que l'instrument de celle
de Dieu, de qui la vertu seule auroit operé cette merueille,
n'estant pas possible que le neant du mouuement obeïsse
qu'à vne puissance infinie.

Il n'en est pas de mesme de la determination du mouuement, qui n'adjoûte rien de réel dans la Nature, & qui ne
dit rien de plus que le mouuement mesme, lequel ne peut
estre sans determination. Si bien que ce n'est pas merueille
que l'Ame ait la faculté de le determiner, ainsi que nostre
propre experience nous conuainc qu'elle a ; Car cela n'empesche pas que Dieu ne soit l'Autheur de toutes les formes

qui arriuent succeſſiuement à la matiere, qui ſont toutes des effets, des ſuittes, & des dépendances du mouuement qu'il y a introduit, & qu'il y conſerue, & qu'ainſi il ne ſoit veritablement Createur de toutes choſes.

De ſçauoir maintenant comment ſe fait cette determination, il eſt vray que nous n'auons pas connoiſſance de quelle façon noſtre Ame enuoye les Eſprits animaux dans les nerfs, & en ſuitte dans les muſcles, pour mouuoir nos membres conformément à nos volontez. Mais comme nous enſeigne noſtre Maiſtre il ne s'en faut pas eſtonner ; Car cette façon ne dépend pas de l'Ame ſeule, mais de l'Vnion qui eſt entre l'Ame & le corps ; Vnion qui ne dépend pas non plus d'elle, & dont tous les effets, ou les ſuittes, ſont pour cela meſme en quelque façon confuſes & obſcures à l'Ame, D'où vient qu'il appelle nos ſenſations des penſées confuſes. Et neantmoins ſi nous y voulons prendre garde, nous auons connoiſſance de toute cette action par laquelle l'Ame meut les membres, entant qu'vne telle action eſt dans l'Ame, & dépend d'elle, puiſque ce n'eſt rien autre choſe en elle que l'inclination de ſa volonté à vn tel ou tel mouuement, laquelle inclination luy eſt claire, & n'a rien d'obſcur. Mais que cette inclination de ſa volonté ſoit ſuiuie du cours des Eſprits dans les nerfs & dans les muſcles, & de tout ce qui eſt requis pour ce mouuement, cela n'arriue pas ſimplement parce qu'elle le veut, autrement noſtre volonté ſeroit touſiours executée, & le corps ne ſeroit iamais paralytique ; (Car quand eſt-ce que noſtre Ame a iamais plus de volonté de faire mouuoir le corps auquel elle eſt jointe, que lors qu'il n'eſt pas en eſtat de luy obeïr) Mais cela arriue à cauſe de la conuenable diſpoſition où le corps ſe trouue, quand noſtre Ame veut, & ſe determine à quelque mouuement, de laquelle diſpoſition elle peut bien n'auoir point de connoiſſance.

Mais ce n'eſt pas tout ; Car il faut outre cela que l'Ame ſoit vnie à ce corps qui eſt bien diſpoſé ; dautant que l'Ame n'a point de pouuoir ſur le corps le mieux diſpoſé du monde auquel elle n'eſt point vnie. Mais quoy que noſtre Ame ne

M m m m ij

connoiſſe pas la maniere de ſon vnion, elle ne peut pourtant pas méconnoiſtre l'vnion qui eſt entre ſon corps & elle, ce qu'elle témoigne aſſez par les determinations de ſa volonté, qui ſe portent toutes à mouuoir le corps auquel elle ſçait eſtre jointe, & non pas les autres.

Ce n'eſt pas encore aſſez que le corps ſoit bien diſpoſé, ny que noſtre Ame luy ſoit jointe, afin que de l'inclination de noſtre volonté il s'enſuiue vn mouuement dans le corps; Il faut de plus que ce mouuement ſoit joint naturellement auec la volonté que nous auons (ce qui monſtre que cette liaiſon ne vient pas de nous, puiſque nous n'en ſommes pas les maiſtres, & partant qu'elle vient de l'Autheur de cette vnion :) Car nous pouuons auoir des volontez qui ne ſeront point ſuiuies de leurs effets, quoy que noſtre corps ne manque pas de diſpoſition pour les executer; Par exemple, ayons tant qu'il nous plaira la volonté d'exciter dans noſtre corps cette diſpoſition qui cauſe en nous le ſentiment de la joye ou de la triſteſſe, nous n'en viendrons iamais à bout, quoy que noſtre corps ne manque pas de diſpoſition pour cela; puis qu'au moindre ſujet qui ſe preſente, c'eſt à dire, à la moindre penſée à laquelle ce mouuement ou changement du corps eſt naturellement joint, il ne manque pas d'en prendre auſſi-toſt la diſpoſition.

On ne peut pas dire auſſi que noſtre Ame ſoit jointe & vnie à vn corps, quoy qu'il ſe meuue conformément à ſa volonté, à moins que ce mouuement ne ſuiue immediatement de ſa volonté, & que l'Ame auec cela ne connoiſſe qu'elle luy eſt vnie, par vn ſentiment ou perception qu'elle ne peut pas ne point connoiſtre. Car, par exemple, quand ie remuë vn bâton, ou vne plume, comme ie fais à preſent, quoy que cette plume ſe remuë conformément à ma volonté, ſon mouuement ne vient pourtant pas immediatement de ma volonté, puiſque ce n'eſt que par l'entremiſe de ma main qu'elle ſe remuë; Et ſi vn chien vient quand on l'appelle, quoy qu'en cette rencontre il faſſe ce que noſtre volonté veut, nous ſçauons pourtant bien par noſtre propre expe-

rience que noſtre Ame n'eſt pas vnie au corps de ce chien,
Auſſi faut il employer ou la main ou la voix, ou quelqu'autre
ſigne exterieur pour le faire venir vers nous, & non pas ſeulement la penſée, ou l'acte interieur de noſtre volonté, laquelle
ſuffit pour mouuoir le corps bien diſpoſé auquel noſtre Ame
eſt jointe, quand ce mouuement eſt naturellement joint
auec la penſée ou la volonté que nous auons.

Ce n'eſt pas que ie ne croye que l'Ame peut eſtre vnie à
vn corps, ſans qu'il y ait aucune apparence exterieure de
cette mutuelle correſpondance d'action & de paſſion qui
eſt entre l'vn & l'autre, & ſans qu'il en reſte aucun ſouuenir,
Cela ſe reconnoiſt dans la lethargie, où nous ne pouuons pas
deſauoüer que pour lors l'Ame ne laiſſe pas d'eſtre vnie au
corps, quoy que le commerce qui a couſtume d'eſtre entre
l'vn & l'autre ſemble preſque tout interrompu, & que nous
n'ayons aucune ſouuenance de tout ce qui s'eſt alors paſſé
dans noſtre Ame à l'occaſion du corps. Mais ie ne puis pourtant croire que l'Ame ne s'apperçoiue touſiours de l'vnion
qu'elle a auec le corps auquel elle eſt jointe, quand elle y
fait reflexion. Et de cette perception reſulte en l'Ame vne
connoiſſance que ce corps luy appartient, d'vne autre maniere, plus proche & plus particuliere, que tous les autres
qui ſont au monde, Elle connoiſt que cette vnion le rend
& le fait ſien, & que c'eſt par elle & à cauſe d'elle ſeulement,
que ce corps eſt en effet & réellement ſon propre & veritable corps.

Que ſi apres cela nous voulions aller plus auant, pour
ſçauoir comment noſtre Ame, qui eſt incorporelle, peut
mouuoir le corps, Monſieur Deſcartes adjoûte fort iudi-
cieuſement au meſme lieu, qu'il n'y a ny raiſonnement ny
comparaiſon tirée des autres choſes qui nous le puiſſe apprendre, Mais que neantmoins nous n'en pouuons douter,
puiſque des experiences tres certaines & tres-euidentes ne
nous en conuainquent que trop tous les iours. Et il faut
bien prendre garde que c'eſt là vne de ces choſes qui ſont
connuës par elles meſmes, & que nous obſcurciſſons toutes

les fois que nous les voulons expliquer par... Et la
raiſon qui me fait acquieſcer à ce ſentiment de Monſieur
Deſcartes, eſt, que ie trouue que nous ne deuons & ne
pouuons non plus connoiſtre comment le ſpirituel agit ſur
le corporel, ou le corporel ſur le ſpirituel, que nous pouuons
connoiſtre comment Dieu a creé toutes choſes, comment il
s'eſt fait entendre & obeïr par le neant, bref comment il agit
hors de luy; Car ce ſont des effets de ſa Toute-puiſſance &
de ſa Sageſſe, qui ſont au deſſus de la portée de nos Eſprits;
n'eſtant pas poſſible que des Eſprits finis, comme les noſtres,
puiſſent connoiſtre la maniere d'agir de l'Eſprit infiny, ny
que la creature puiſſe comprendre comment elle eſt ſortie
des mains de ſon Createur. La creature peut bien connoiſtre
& admirer l'effet de ſa Toute-puiſſance en ſe voyant & ſe
regardant quand elle eſt, mais elle n'a pû connoiſtre auant
qu'elle fuſt, la maniere dont il s'eſt ſeruy pour la faire eſtre;
De meſme auſſi l'Ame peut bien connoiſtre & admirer l'effet de ſon vnion auec le corps, & le pouuoir reciproque
qu'ils ont l'vn ſur l'autre, mais elle ne peut pas rendre raiſon
de ſon vnion, ny de ſes effets; Car n'y ayant aucun rapport
ou affinité entre les proprietez de l'vn & de l'autre, c'eſt à
dire, entre les mouuemens du corps & les penſées de l'Ame,
l'vnion qui eſt entre les vns & les autres ne peut auoir d'autre cauſe que la volonté de celuy qui les a joints & vnis enſemble, & il n'y a que la ſeule experience qui nous puiſſe
apprendre qu'elle eſt cette vnion. Ie ſuis,

F I N.

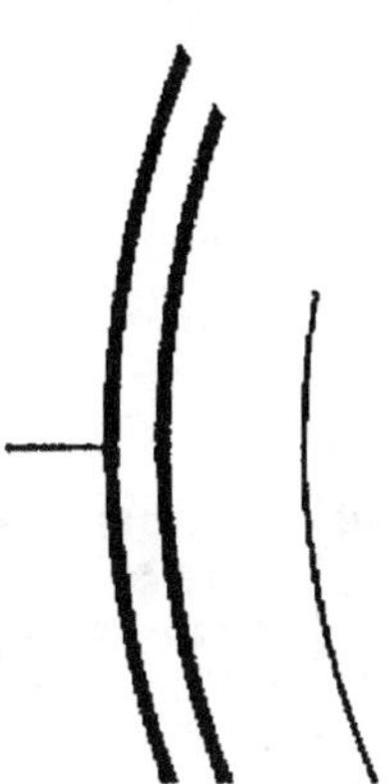

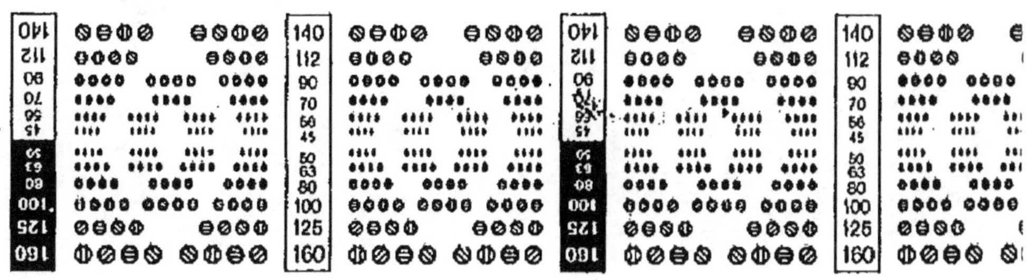

379.69.70

graphicom

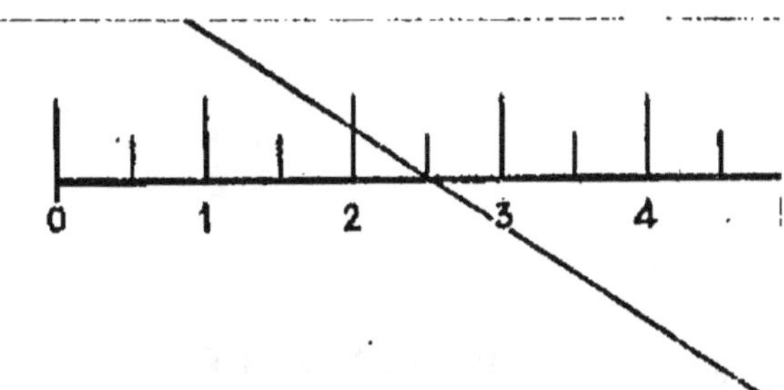

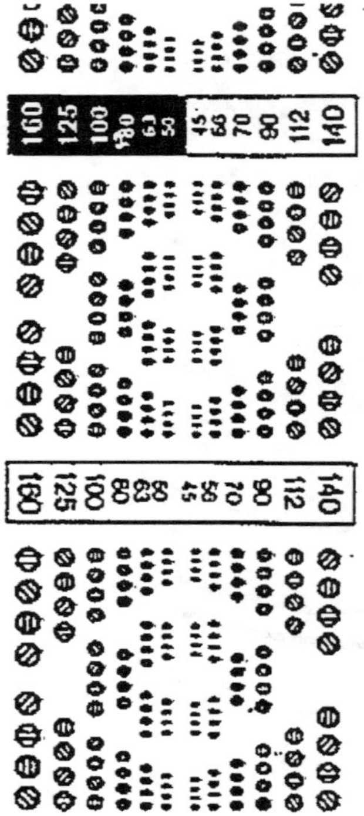

MIRE ISO N° 1

NF Z 43-007

AFNOR

Cedex 7 - 92080 PARIS-LA-DÉFENSE